杉山茂丸論——「国士」の自画像と実像

坂上知之

「いよいよ、おれがお役にたつ時が来たのさ。財布に金を入れておくのだぞ」

——ウィリアム・シェイクスピア『オセロー』福田恆存訳、新潮文庫

目次

第五章　著述三昧……401

本文中、杉山茂丸の著作からの引用についての凡例

杉山茂丸の著作のうち、左記の単行本からの引用については本文内注記とし〔 〕内に略記号と該当頁数のみを表記する。例示すれば、〔俗、一二三〕は『俗戦国策』の一二三頁を示す。

『其日庵叢書第一編』博文館、一九一一年。〔其〕と略記、以下同じ。
『桂公の裏面』菊屋出版部、一九一四年。〔裏〕
『青年訓』弘道館、一九一四年。〔青〕
『屑籠』台華社、一九一六年。〔屑〕
『桂大将伝』博文館、一九一九年。〔桂〕
『デモクラシーと寡頭政治』台華社、一九二一年。〔デ〕
『建白』私家版、一九二二年。〔建〕

『建白』には複数の版が存在するが、本書で引用、参照するのはすべて一九二二年版に拠る。この版は国立国会図書館所蔵本では『我帝国政治向き全体御改革の儀に付建言の次第』の書名が付されている。

『山縣元帥』博文館、一九二五年。〔山〕
『百魔』大日本雄辯会、一九二六年。〔百〕
『浄瑠璃素人講釈』黒白発行所、一九二六年。〔浄〕
『百魔続篇』大日本雄辯会、一九二六年。〔続〕
『俗戦国策』大日本雄辯会講談社、一九二九年。〔俗〕

第一章　「国士」の自画像

第一節　言説と虚構

杉山の事績をめぐって

二十一世紀に入って以後、杉山茂丸の生涯の事績について書かれた論説は五十篇あまり存在するが、その生涯を通覧して紹介する趣旨で書かれたものに限れば、管見では八篇を数える。これらの論説で、杉山はどのような人物として描かれているだろうか。たとえば前坂俊之は杉山を「明治国家の参謀」と呼んでいるし[1]、坪内隆彦は「大物政治家を手玉にとった」人物と評している[2]。与那原恵は「政界の黒幕」[3]、堀雅昭は「魔人」[4]と、これらは比較的使い古されたいい回しを使っている。

彼らはなぜ、そうした表現を用いたのだろうか。それは杉山の生涯の事績が、彼らをしてそう呼ばしむるにふさわしいものと認識されていたからに相違なかろう。坪内の論説を例にとってみよう。ここには政治経済に関わるものだけでも二十項目以上に及ぶ杉山の事績が記されている。佐々友房からの借金、山岡鉄舟の紹介状と伊藤博文暗殺未遂事件、頭山満との出会い、香港貿易、日本興業銀行設立運動とJ・P・モルガンからの借款、台湾糖業振興の献策、南満洲鉄道の創立計画、日英同盟を実現するための献策等々。いずれも杉山の事績に触れたことがある者にとっては、よく知られたものばかりであるが、この論説で初めて杉山の事績に接する者にとっては、おそらく驚嘆すべき政財界の裏面史と映るであろう。然り、これらが事実であるのならば、まさに杉山とは「明治国家の参謀」と呼ばれ、「政界の黒幕」と呼ばれるにふさわしい「魔人」に違いない。

しかしこれら論説には、共通した問題が内在している。それは杉山の事績なるものが、いったい誰がどのような形で事績として提示したのかということへの、テクスト・クリティークの視点を欠いていることである。右にみたいくつかの杉山の事績は、いったい誰がそのような事績が存在するといったのだろうか。杉山が佐々友房から借金をし、山岡鉄舟から紹介状をもらい、そうして伊藤博文に面会して暗殺しようと志したにもかかわらず、逆に説伏されたという事績を、いったい誰が知っていたのだろうか。伊藤博文が日露協商を目指してロシアにいけば、きっと英国は日英同盟締結を申し入れてくるに違いないと、杉山が桂太郎らに献策したという事績は、いったい誰によってわれわれの前に提示されたのであろうか。

それは杉山茂丸自身によってであった。これらは皆、杉山が著わした『百魔』や『俗戦国策』などの回顧録に書かれている事績である。すなわち前坂も坪内も、与那原も堀も、そして杉山の生涯の事績を通覧的に描いた著述家たちのほとんどが、うちそろって杉山自身がそう語った回顧録に全面的に依拠しているのである。しかし杉山の事績とは、杉山自身がそう物語っただけのことで、誰もそれが事実であったとは立証していない。そもそも杉山が回想した事績の多くが、杉山と政界要人とが一対一で、あるいは一対少数で対座した場面での出来事であって、しかもその事績のほとんどは対座した人々が物故した後に語られたものだということ、それはすなわち立証も反証も不可能な事績が選ばれ語られたものだということに、誰も気付いていないのか、あるいはあえてそこから目を背けているのだろうか。

たとえば評論家の西原和海は、杉山の小伝「あだ名はホラ丸　近代史の落丁・杉山茂丸」の中で、前田蓮山の「かれはホラ丸と呼ばれたくらいで、その言行を誇張する癖があったので、かれの話をそのまま受け取るわけには行かないけれども、形もないうそを、文章に書いて公表するほど、破廉恥な人間ではなかったと信ずる」(5)ということばを引用し、その前段の記述に対して批判的に「そうは言いながら、蓮山も茂丸の記述を引用せざるを得ないのだ。こういったやり口は、今日においても茂丸の著書について触れた文章に少なからず見ることができる」と論じた上で、「だが茂丸は、自分の本の中でも決してホラを吹きまくっていたわけではない。その文体が、かなり戯作調であるにしてもだ」と主張している。西原は杉山が「ホラ丸」と呼ばれたのは「彼の政治的ビジョンがいかに壮大であったかを意味するにすぎないのだ」とも述べて、その回顧録に記された事績の数々を、基本的に肯定するばかりである。[6]杉山の子息夢野久作の埋もれた作品の多くを発掘し、杉山が主宰していた雑誌『黒白』の存在とその重要性を夢野研究者に広く知らしめたほどの西原にしても、杉山の言説を批判的にみることはないのだ。

とはいえ、その責を彼らだけに押しつけるわけにはいかない。厳密な史料批判を前提としているはずの研究者にあってさえも、杉山が回顧録に書き残した事績に対しては、なぜか寛容な態度を示しているのだから。

先行研究における杉山の言説の受容

大学に籍を有する研究者が学術的に杉山を研究したのは、管見の限りでは九州大学の教授であった西尾陽太郎が最も早い。西尾は昭和四十三（一九六八）年の論文「杉山茂丸小論」において杉山の生涯を素描し、玄洋社に代表される福岡・九州の国権主義思想の流れの中に彼を位置づけた。[7]西尾はこの論文において、杉山が回顧録『俗戦国策』の中で「人間と云ふ動物は、弱い天性を持つて居る者で、其各自の伝記などを見ても、皆全部、当代の大偉勲は俺が一人で成功したやうに書いてあるのである」「読者は此の庵主の記述に対して二割も三割も充分に割引をして読む事」などと述べているのを引用して、「この著作態度は一応信用できる」と評価し、杉山の死後に企図された彼の伝記資料の残存稿中に含まれる関係者の追憶談などとの照合結果として、「かの「ホラ丸」の「ホラ談義」風の『俗戦国策』や『百魔』なども、ほぼ彼のいう「事実」として認め得るものが多いと思われる」と述べている。西尾はそれに続けて「これを歴史学の中において取り扱うには、さらに幾段かの資料操作を必要とするが、この点は今後の研究に俟たねばならない」と断わりを入れてはいる。しかしこうした西尾の認識は、後年同じ九州大学教授の有馬学によって、「議論の枠組みはほとんど杉山の祖述に近い」「現在の筆者の眼から視ると、それはほとんど杉山茂丸その人のための弁明といった趣を呈している」と批判されることになるのである。[8]

西尾の業績に続くのは、早稲田大学などの教授を務めた国際法学者一又正雄の晩年の研究である。一又の杉山茂丸研究は生前に発表されることはなく、その死後未完の遺稿が教え子らによって編集され単行書[9]として公刊された。西尾の論文はまさしく「小論」であったが、一又の著書は四百ページに及び、杉山の家族関係、著作や趣味、さらに杉山の交友関係などにまで踏み込んでおり、杉山という人物の全体像を示したという点ではその後の杉山研究の道標となるべきものであった。しかし一又もまた、杉山の事績を語る上においては、彼の回顧録に大きく依存している。一又は杉山の評伝執筆を企図して原稿をまとめていたもので、そのスタンスは杉山の著作に示された彼の事績を編年的に追い、その事績に関係する周辺資料や関係者の日記といった一次史料を参照しながら叙述するものであり、杉山の回顧録を批判的に検証するよりも、周辺情報と併せて杉山の事績を提示することに重きを置いたものである。このため、周辺情報に乏しい事績については、杉山の著述がほとんどそのまま提示されているものも存在する。したがって、上述した有馬学の西尾陽太郎に対する批判のことばは、この一又の著作にも適用できるであろう。

杉山茂丸研究において、最も学術的アプローチを鮮明にしているのは東筑紫短期大学の室井廣一が二十年に垂んとする期間をかけて発表し続けた「杉山茂丸論ノート[10]」である。室井も杉山の著作を基礎としてはいるが、九州日報などの地方新聞や、杉山が明治大正期に深く関与していた雑誌『サンデー』と『黒白』などを博捜して数々の資料を発掘し、さらに杉山の遺子や関係者へのインタビューを行って、杉山の回顧録だけではみえてこないその実像の一端を提示した。杉山の著述活動のほぼ全容が室井の研究で解明された[11]ほか、住居と事務所の変遷も明らかにされるなど、杉山の伝記的研究の基礎を打ち立てたといってよい。ただ、主に所属大学の紀要に連載されたこの研究は、昭和五十六（一九八一）年の第一回以来二十一回を数えたが、平成十一（一九九九）年を最後に中断された。

杉山の生涯を通年的にみたとき、その人生のほぼ半ばあたりに位置する明治三十一（一八九八）年ごろまでで中断されており、彼が東京に移ってひとり政財界でのし上がっていく端緒が開かれようとする時期までしか研究がなされていないことになる。この時期までが杉山に関する一次史料の最も乏しいときであり、その研究困難な時代を詳細に解き明かそうとしたところに室井の研究の真価をみるべきであろうが、一方で明治三十五（一九〇二）年前後から杉山と関係があった人物の文書中に彼の書翰が残されるようになり、政治家の日記などにもその名が散見されるようになってくるから、そうした一次史料を駆使できる以前で中断されてしまったことが惜しまれよう。しかし室井にあってさえも、杉山の回顧録を史料批判の立場からどう受けいれるのかという点について、「私は、これ迄杉山の自伝的回想記録や著書20数冊を読んできて、彼が自分の人間関係史的なもので、全くの作り話をするとは考えられない」[12]と述べていることを見過ごすわけにはいかない。室井のこの認識は、かつての西尾の認識と変わるところがないとみなさざるを得ないものである。

杉山の事績と史料状況

このように、杉山について何らかのことを語ろうとする――それは研究論文であると随筆類であるとにかかわらず――人々にとって、杉山の回顧録に書かれた事績を肯定的に捉えることは、おそらく共通する避けがたい誘惑なのであろう。その誘惑に抗しきれない事情は、ある程度は察することができる。

まず、杉山の事績は、彼自身が書いた回顧録を除けば、ほとんど信頼できる史料を見出すことができない。杉山は日記を残していないし、彼の手許に存在したはずの文書類も、関東大震災によって本拠であった築地台華社が焼失したことや、昭和十（一九三五）年七月に杉山が世を去った後、十一（一九三六）年三月に長男泰道が、十二（一九三七）年八月に妻幾茂が相次いで死去したことによって、多くは失われ、あるいは散逸したものと考えられる。

福岡県立図書館には杉山の孫にあたる龍丸が寄託した資料が現存し「杉山文庫」の名で所蔵されているが、そこに残されたのはわずかなものに過ぎない。西尾陽太郎が検証したという杉山の未完の伝記原稿も、杉山関係者の回顧談がほとんどで、彼の事績を検討する上では史料としての厳密性に乏しい。このため、杉山の事績は客観的な史料によって検証できるものが著しく少なく、史料に基づいて彼の生涯を再構築することは不可能といっても過言ではない。この事実は、杉山という人物を語ろうとする際に、彼の回顧録への依存度を否応なく大きくさせるであろう。

一方で、杉山が生前に交際した政界要人たちの文書には、合計すれば二百通以上の彼の書翰が残されている。伊藤博文、山縣有朋、大隈重信、後藤新平、寺内正毅といった人物の文書に多数の杉山書翰が残されて、ある程度は彼らと杉山との応接の実情を読み取ることができる。また日記に杉山の動静を書きとめた政治家たちも、原敬、松本剛吉、田健治郎、寺内正毅など数多く存在する。さらに政財界人の自伝や評伝の中に、杉山の動きが記されたものも多数にのぼる。これらから得られる情報は断片的であるが、杉山が自身の回顧録に書き記した事績に関係する内容が見出せるものもある。それは歴史的事実というほどのものではなく、何らかの関わりがあったことを示すだけの、いわば関与の痕跡に過ぎないものではあるが、それらの史料に接した者にとっては、杉山の言説に対する一定の信頼の醸成を扶助するものにはなり得よう。

こうした状況に鑑みるなら、杉山について語ろうとするときに、彼の回顧録に依拠するという誘惑に抗することができない事情もわからないではない。

だが、もし杉山が回顧録の中で嘘をいっているとしたら、作り話をしているとしたら、西尾陽太郎や室井廣一、西原和海らが杉山の言説に対して表明した認識は正当性を維持できるであろうか。ここで筆者が問題にしているのは、記憶違いやちょっとした筆先の誤謬というようなものではなく、意図的な事実の捏造である。たとえひとつでもそうした事実の捏造があるのなら、そもそも事実として立証することが難しい杉山の回顧録中の事績は、それが事実であるという推定や信頼のよりどころが根底から崩れてしまう。それればかりか逆に、まず事実であることを疑う態度を、杉山の回顧録に対するわれわれの基本姿勢にしなければなるまい。

そしてまさしく、杉山の回顧録には事実の捏造がある。明らかに嘘をつくことを意図したものと考えなければならない捏造である。以下に、その事実の捏造について、二つの事例を採り上げて論証してみよう。

事例一　衆議院議員監禁事件

一例目に採り上げるのは、『百魔』第十一話「外資案計画を時の政府に」と題された一章である。よく知られている日本興業銀行設立運動とJ・P・モルガンからの借款成功という杉山の事績に関連した回顧談である。日本興業銀行設立運動については本書第二章で詳述するが、この回顧談は杉山がモルガンとの交渉をまとめて帰国した後の明治三十一（一八九八）年の出来事を記したもので、初出は雑誌『黒白』の大正七（一九一八）年二月号（第二巻第二号）である。

この逸話はまず、杉山がJ・P・モルガンとの間に一億三千万ドルの借款の仮契約を締結したことを、当時の蔵相に持ち込んだところ一蹴され、憤慨した杉山がやり込めて謝罪させたという自慢話から始まる。作中では「大蔵大臣」としか書かれていないが、それが井上馨であることは、読む者にはすぐに判るような書きぶりである。次に、伊藤博文を指すと判読できる総理大臣から、興業銀行法案提出の見返りとして、政府が国会に提出を予定している増税案に対し、杉山らと関係ある議員が賛成するよう勧誘することを持ちかけられ、杉山は小美田隆義とともに「山下クラブや帝国党など」の議員に働きかけ、二週間で大多数の賛同者を取りまとめる。しかしそのあと伊藤が、銀行家や資本家が反対しているので興業銀行法案は提出できないと手のひらを返したので、杉山は小美田とともに報復のための策略をめぐらせ、増税法案採決当日に賛成派の議員六十三名を札束で釣っておびき出し、小美田配下の剣客二十名を配して監禁して、本会議への出席を阻止する。その結果増税案は賛成者二十八人の少数で否決され、直ちに衆議院が解散される。杉山は伊藤に向って「どうだ、正義で魂を鎧うた日本浪人の反対力は！」と豪語し、伊藤は「イヤ、感心したよ、君が国士の自負は今日僕が慥に承認したよ」と白旗を揚げたという内容である。

しかしこれは、少なくとも議員を監禁して国会への出席を阻み政府の増税案を否決せしめたという部分は杉山の作り話であるし、おそらく章全体を虚構の物語とみなしても間違いではなかろう。

この逸話の舞台になっているのは、第三次伊藤博文内閣の第十二回帝国議会である。明治三十一（一八九八）年六月十日に開かれた衆議院本会議において、政府提出の「増税法案」すなわち地租条例改正法案は、国民協会の佐々友房による賛成討論、同志倶楽部の新井章吾による反対討論ののち記名投票で採決され、賛成二十七、反対二百四十七の大差で否決された。賛否の総数二百七十四、無効票が三票あったから、採決に加わったのは二百七十七人である。[13] このとき衆議院の議員定数は三百人であったから、それだけで杉山のいう六十三人監禁なる説が成立しないのは明らかであるが、いま少し細部をみておこう。

この日の本会議は日程第一に地租条例改正案が予定されていたが、自由党所属の板東勘五郎議員が動議を提出し、地価修正法案建議案の先議を求めた。この動議を採決するに当たり、記名投票とするか無記名投票とするかでまず会議が紛糾し、議長の片岡健吉は投票方法を決するための記名投票を実施し、投票の結果百六十四票対百二十七票で、記名投票によって動議が採決されることとなった。改めて記名投票が行われた地価修正法案建議案は、賛成百二十七、反対百六十五で否決された。これに続き、政府提出の地租条例改正法案が議事とされ、上述したとおりの結果となって否決されたのである。以上のように、この日の本会議では記名投票による採決が三度あった。投票結果は議事録に記録されているから、誰がどんな投票行動をとったのかは一目瞭然である。それを議員名簿と照合すると、いずれの採決にも投票していない者が七名おり、これが当日欠席の議員であったと推定できる。

すなわち定数三百人のうち、少なくとも二百九十三人はこの日の本会議に出席していたのである。[14] この事実から、たとえ杉山がいう議員の監禁があったのだとしても、それは最大七人に過ぎないし、その七人の中に、彼が議会工作の対象として名を挙げた山下倶楽部や国民協会（杉山のいう「帝国党」）所属議員は一人しかいない。以上の事実から、杉山が作り話をしていることは明白である。

一方、地租条例改正法案の採決に加わらなかった議員が十六人いるが、これも杉山のいう地租増徴案否決工作とはなんら関係を持つものではない。採決に加わらなかった十六人と無効票を投じた三人の、地価修正法案建議案への賛否をみると、十九人中十七人が建議案に賛成票を投じていた。十七人のうち九人が自由党、進歩党が二人、国民協会が三人、山下倶楽部が二人、無所属が一人であった。[15] すなわちこれら十七人は、地価修正法案建議案否決という結果を受けて、地租条例改正案採決を欠席したか、あるいは無効票を投じたものと考えられる。こうした投票行動には、地租増徴と地価修正をめぐる政治的な駆け引きが反映されていた。

政府の地租改正は、地価の二・五パーセントという従来の税率を三・七パーセントに引き上げようとするものであったが、一方地租のベースとなる地価について、制定当時に高い地価を設定された地域において引き下げを求める運動が起こっていた。首相の伊藤博文はこの動きを地租改正に利用しようと考えていたのである。すなわち地価修正がなされることによって、地租増徴に反対する意見が相殺されて法案が可決される見通しがあると判断していたのであった。しかし伊藤の思惑は外れ、地価修正法案建議案は否決された。建議案に賛成した議員の多くはそのことに失望し、地租条例改正法案では反対に回った。[16] 建議案賛成、地租条例改正法案反対という投票行動をとった議員は、伊藤の勢力範囲であった自由党で四十人にのぼり、国民協会や山下倶楽部においても十人以上がそうした行動を示した。[17] 地租条例改正法案が無惨というべき大差で否決されたのは、このような理由による。採決に加わらなかった議員たちは、党議と個人意思の狭間で地租条例改正法案への態度を決しかね、やむなく議場を退出したとみるべきであろう。

これらを踏まえると、そもそも杉山茂丸が議会工作に従事したという説自体に信憑性がない。伊藤博文から議会工作を頼まれたという言説もおそらく嘘であろう。『百魔』第十一話で語られた杉山の事績は、それを信じ得べき部分はほとんど存在せず、明らかな捏造が史料から実証できる荒唐無稽なものである。しかも杉山は、この回顧談の初出と同年の七月に九州日報に掲載された談話筆記「其日庵過去帳」(18)の中で、日本興業銀行設立計画に「伊藤公井上侯など云ふ閣台の人迄庵主の創案に絶対反対であつたのである、然るに庵主の書いた大芝居代議士六十三名監禁の一件（百魔小美田劉宜伝参照）で美事伊藤内閣が崩潰して」云々と、嘘の上塗りまでしているのである。

しかし戦後比較的早い時期に杉山について言及したジャーナリストの高宮太平は、このホラ話を真に受けた。高宮は昭和三十一（一九五六）年に「黒頭巾の怪物・杉山茂丸」と題した著作で杉山茂丸を採り上げ、昭和四（一九二九）年の日魯漁業事件における杉山の暗躍ぶりを描いた上で、「あるときは政府が提出した法案を通過させる為に、貴族院議員や衆議院議員を二、三十名も一室に監禁し、その中の一人は二階から飛びおりて逃げようとして、松の木にブラ下つたなどという喜劇を演じた。そんな手荒なことをしても誰一人彼を告訴するものもなければ、政治問題にする者もなく、闇から闇に葬られた。そこに彼の恐るべき魔力があつたのである」と書いた(19)。これは政府提出議案に対する杉山の態度があべこべになっていたり、監禁された議員数が違っていたりするが、『百魔』の物語に依拠していることは疑いない。しかし右の論証に明らかなように、「闇に葬られた」事実などなかったし、杉山に「恐るべき魔力」などなかった。それは杉山の言説の中と、それを盲信した者の心の中にしか存在しなかったのである。

事例二　桂内閣誕生秘話

もうひとつの事例は、明治三十四（一九〇一）年六月二日に発足した第一次桂太郎内閣の、いわば誕生秘話とよぶべき逸話である。ここでは『俗戦国策』の十七番目の章である「日露開戦の魂胆」を検討の素材として採り上げる。初出は雑誌『現代』の昭和三（一九二八）年五月号（第九巻第五号）である。

杉山はこの回顧談で、明治三十四年五月二日の第四次伊藤博文内閣の崩壊に始まり、第一次桂太郎内閣発足に至る一ヶ月の間の、自身の裏面工作活動を詳細に語っている。それによれば、伊藤の辞表捧呈後、元老が会して伊藤に留任を勧説したが、伊藤がこれを肯んじず、一旦井上馨に組閣の命が下された。大命降下後、井上や伊藤と昵懇な帝国ホテル経営者の横山孫一郎が井上の使者として杉山を訪れ招請の向きを伝えた。杉山はそれを断ったが、間もなく児玉源太郎がやってきて、井上が杉山のことを「アレは正直者で悪るい男でない事は誰れでも知って居る」などと評価していたことを告げ、「兎も角出て来て見よ今、井上を助けて置くのは悪るい事ではないと思ふから」と説得されたのだという。そして杉山は「私は井上侯の内閣は決して出来ぬと思ひます」と予言めいたことをいってみせ、児玉に組閣を勧めたという。そんなやりとりを間に挟んで、結局杉山は児玉とともに井上邸へ赴き、組閣に向けて奔走することになった。しかし「殆んど一ヶ月許」を費やしても思うように人選が進まず、いき詰った挙句に杉山が井上の使者として山縣有朋に状況を報告にいくことになった。このとき杉山は、伊藤との関係を山縣に咎められた経緯があるため尻込みしたが、井上が山縣に宛てた手紙を持たせるというので山縣を訪問することになった。翌日面会した山縣は、杉山の奔走をねぎらい、児玉の来訪を求める伝言を託した。それを児玉に伝えたところ児玉は、山縣は陸軍の軍人を伊藤の後任に考えているのではないかといった。その二日後、児玉が杉山のもとへやって来て、山縣、伊藤、井上の間での協議の様子を伝え、桂太郎が候補者なので桂に会って政党関係について話をせよといった。杉山は桂に面会したが、桂は意を決しかねている様子であった。そこへ児玉が来訪し、桂に向かって日露間の危機や元老の無能を痛罵し、「君が此際心身を挙げて、陛下の御馬前に進み、此国難に戦死するの決心を以てするならば、僕は此日露開戦の前に此身命を以て、君が為に戦死し、以て秋毫の悔を遺さぬであらう」

と声高に覚悟を語って、遂に桂に組閣の決心をなさしめた。その際の桂と児玉の応答に、杉山は「生れて恐怖と云ふ事を知らざる大馬鹿者の庵主さへ思はず膚に粟を生じた」のだという〔俗、三五六〜三五七〕。

この回顧談と同様のことは、同じ『俗戦国策』の「伊藤公の霊に捧ぐ」の章にも書かれているし、杉山の他の著作にも書かれている。物語の原型とみられるのは大正十四(一九二五)年に上梓された『山縣元帥』の巻末に収められた「追録」で、『俗戦国策』と細部は異なるが、大命を受けた井上が児玉に協力を求め、児玉から杉山に話があり、井上の使者として山縣を訪ね、そこでの話から児玉が山縣の真意に気付くという流れや、児玉と杉山とで桂を説得し、日露開戦への決意を児玉が述べるといったところは同じである。そして杉山は「庵主は桂内閣の成立と共に「お目出度う」と云ふを其儘、誰にも云はずに米国に飛んで行った」〔山、四三七〜四四三〕という。またこれらより時期的に早いものとして、大正三(一九一四)年の『桂公の裏面』では、組閣運動の細部には触れていないものの、「裏面に於ける児玉伯との相談が纏った為めに『よしやる』と云ふ決心がドカンと腹の底に極った。そこで児玉伯等の斡旋に依り、表面元老より桂公に総頼みと云ふ手続を経て桂公は終に内閣を組織することになったのである」と述べ、「親任式を了って宮中より下って来られたときの桂公の容貌は顔色殆ど蒼白を呈し、恰も勇士の今や大敵を前に見たる戦場に駈向はんとするが如き場合に武者振ひをする有様と同じことに見受けられた」〔裏、二〇〜二二〕と、桂内閣成立時の様子を書き記している。大正五(一九一六)年の談話筆記「雨か風か」でも、「桂公が親任式から帰つて来た時は、アームチヤーにドンと身を打寄せて、人間の顔色は仕て居なかつた。側に居る俺も一寸慰める詞が無つた」[20]と、親任式直後の桂の様子が実見談として語られている。また大正八(一九一九)年の『桂大将伝』の「自序」では、児玉と桂の応答の場面に出会したことを「予生れて四十幾年。徒らに寝ね、徒らに奔り、徒らに怒りて、永の年月無可有然たる原野を、徒らに狂ひ廻りて来たが、今月今日、何の光栄か生存中に此驚天動地の大快諾を聴く事を得たのである。否又何の天縁か、予が其席に列せしめられるの大幸を得たのである」

〔桂、自序一〇〕と語っている。

桂内閣成立の裏面には、このように感動的な男たちの物語が存在したと杉山はいうのだが、実にこれが始めから終りまで、何もかも杉山の作り話であった。ここには真実のひとかけらさえもない。杉山が児玉源太郎とともに井上馨の組閣のために奔走したり、山縣有朋を訪ねたり、桂太郎と児玉との応答の場に居合わせたり、さらには桂が親任式を終えて宮中から退出してきたときの姿をみることなどできるはずがなかったのである。なぜなら、杉山は伊藤博文の辞表捧呈と時を相前後して渡米の途に立ち、七月中旬まで帰国しなかったからだ。彼が『俗戦国策』などで井上のために奔走したといっている時間は、実際には太平洋を渡る汽船の船中であったり、アメリカ西海岸からニューヨークへ向う汽車に揺られていた時間だったのである。そのことを示す史料を左に掲げる。

明治三十四年六月三日ワシントン発　加藤外務大臣宛　高平全権公使公電
杉山茂丸伊藤侯ヨリノ紹介状ヲ持参シ同氏ハ児玉台湾総督ト内密協議ノ上台湾公債三千五百万ヲ米国ニ於テ募集スルノ目的ヲ以テ渡米シタル旨本官ニ語レリ閣下ヨリ親シク台湾総督ニ本件御問合セノ上本官ガ右公債募集ニ対シ幇助ヲ与ヘ然ルヘキヤ否ヤヲ回報アリタシ(21)

これは明治三十四年六月三日に米国ワシントン駐在の特命全権公使高平小五郎から、外務大臣に向けて発せられた公電の訳文で、後藤新平の文書に残されているものである。これよって明らかなように、右の公電に記された杉山茂丸という人物が、筆者が本書で論じている人物と同姓同名の別人でない限り、杉山は桂内閣が発足したとき日本にいなかったのである。

では、杉山はいつアメリカへ渡ったのか。井上内閣成立のために彼が奔走する時間はあったのか。事実経過を追ってみよう。伊藤博文が単独辞表捧呈に及んだのは五月二日、これを受けて伊藤と山縣有朋、松方正義、西郷従道による元老会議が開かれたのは五日、八日、九日の三回である。十日に西園寺公望が臨時首相になり、井上馨が参内して組閣を命ぜられたのは十六日であった。したがって杉山が横山孫一郎の来訪を受けて児玉源太郎とともに井上邸を訪ねたのが事実だとすれば、それは早くとも十六日のことであろうから、それから「殆んど一ヶ月許」にも渉って奔走したなどということはあったはずがない。井上はわずか一週間後の二十三日には大命拝辞の上奏を西園寺に託しているのである。[22]では「一ヶ月」云々を杉山の誇張とみて、十六日以後井上の大命拝辞を受けて元老会議が桂太郎推薦を決した二十三日あたりまで杉山が日本にいて、組閣工作にあたっていた可能性はあるだろうか。それは、東京とニューヨークを十三時間ほどで結ぶジェット機が一日に何便も就航している現代ならいざ知らず、船便しか渡米手段がなかった時代には不可能といわねばならない。横浜とバンクーバーを結ぶ北米航路の、当時の平均的な運航日数は十二日前後を要した。[23]西海岸とニューヨークを結ぶ大陸横断鉄道の所要日数については明確な資料を見出せないが、杉山自身の言によればシアトルからグレートノーザン鉄道に乗ってニューヨークまで五日間を要したというから、[24]少なくとも全行程に二週間あまりを要したことは間違いない。とすれば、六月三日までにワシントンの日本公使館を訪れるためには、遅くとも五月二十日ごろには横浜を出発する必要がある。しかしこの年五月に横浜からアメリカに出航した定期船は、十八日出航のサンフランシスコ行きのあと二十五日出航のバンクーバー行きまで待たねばならない。[25]前者では後継内閣の目処は全く立っていないし、後者では六月三日にワシントンに到着することは不可能である。

先の『山縣元帥』からの引用では、あたかも杉山茂丸は桂内閣成立を見届けてから渡米したかのような書きぶりだが、このときの渡米について杉山は、明治三十五（一九〇二）年三月に東京朝日新聞の記者に対して、『俗戦国策』など右にみた自己言及とは全く異なる話をしている。それによれば、杉山が横浜から米国へ出立したのは五月四日のことで、「インプレス号」に乗船した。そして同月十九日にはシカゴに到着し、以後ボストンからニューヨークを巡回したという[26]のである。この旅程であれば平仄は合うし、杉山が乗った船も特定できる。杉山が乗ったのは、エンプレス・オブ・インディア号で、バンクーバー行き[27]であっただろう。このときの杉山の渡米目的は、右に掲げた公電のとおり台湾事業公債を売り出すため、米国の資本家と下交渉を行うことにあった。この事件そのものについては、本書第三章で詳しく論じる。

嘘と矛盾

このように杉山の回顧録には事実の捏造が存在する。彼は、ありもしないことをあたかも事実であったかのように、何度も繰り返し語っていたのである。そして杉山の回顧録に存在する嘘は、右にみた二つの事績だけではない。一つの回顧談がほとんどすべて捏造だというようなものではなくとも、大小さまざまな虚言が堂々と、時にはさりげなく、ちりばめられている。例えば『俗戦国策』の第十三番目の章「一億三千万弗借款事件」では、日本興業銀行設立計画のため明治三十（一八九七）年六月と翌年三月の二度にわたって渡米したと語られているが、二度の渡米というのは嘘である。また同書第十九番目の章「古鉄責め事件」では、台湾総督である児玉源太郎に、製糖機械を断わりもなく二度送りつけて閉口させたというエピソードが語られているが、製糖機械を勝手に送りつけたという事実はない。これらについても後の章で詳細に事実関係を検証するが、小さなところでは、同書「はし書」にある「庵主は昔から、自ら（土龍《もぐらもち》）と称して、世の中に名を出す事が大の嫌ひで、単独で、地底斗りを潜り歩いた男故、自己の関係した事を、世に公けにした事は、今日まで一度もない」〔俗、はし書三〕という部分が、『俗戦国策』以前に二十冊あまりの著書を上梓し、それらの著書の中で再三にわたって自己の来歴を語っていた事実からみて、実に鉄面皮な嘘であることは明白であろうし、同書の冒頭の章「我国上流の腐敗、下流の健全」で「一度も会社の発起人と株主と重役と、役人と商人とになつた事がない」〔俗、六〕といっているのも事実ではない。彼は三興社という貿易商社の経営者であったし、巴石油株式会社という会社の取締役であったし、関門海底鉄道株式会社の発起人であった。

捏造の存在は杉山の言説の真偽を考える上で最も重要であるが、問題はそれだけではない。彼の回顧録につじつまの合わない記述が多く存在することはよく知られている。これまで杉山について語ろうとして来た先人たちは、一貫性のない言説の前に、事績の確定に難渋させられたのである。杉山の言説における一貫性の欠如すなわち矛盾は、三つの態様に区分できる。ひとつは彼の言説相互における矛盾であり、これを本書では**自己言説矛盾**と呼ぶことにする。ふたつめは彼の言説と歴史的事実との矛盾であり、**言説事実矛盾**と呼ぶ。三番目は杉山の言説と彼自身の実際の行動との間の矛盾で**言動矛盾**と呼ぶが、当然のことながらこの矛盾は彼の回顧談などを読むだけでは見出すことはできない。

また杉山の回顧談には、実例は多くないが、嘘と矛盾の境域をまたがる**時間の偽装**を見出すことができる。**時間の偽装**とは、ある出来事と別の出来事との間に経過した時間を、意図的に収縮させて実際よりも短くみせかけたり、あるいは膨張させて実際よりも長くみせかけたりする作為的な語りを指す。時間を収縮させた場合には、実際には時間的に遠く離れた二つの出来事が、あたかも連続して起こったかのような物語を創りだすことができる。逆に膨張させた場合には、相当に接近した二つの出来事があたかも時間的に遠く離れた出来事であったかのように語ることにより、その二つの出来事の間に別の出来事を嵌入させて物語の組み立てを変容させることができるのである。**時間の偽装**は、扱われる出来事が事実であるがゆえに、テキスト上は**言説事実矛盾**として表現されるが、作為的な語りであるという意味では嘘と呼ぶべきものである。こうした事例は後の章で具体的に指摘することとする。

杉山の言説における矛盾の例を、少しみておこう。まず**自己言説矛盾**である。桂太郎内閣誕生の裏話については先にみたとおり、杉山によって捏造された物語であったが、この物語を語った『俗戦国策』の二つの章で、自己言説矛盾の例がみられる。先に概要を述べた「日露開戦の魂胆」の章では、桂太郎の起用は山縣有朋の内意であって、児玉源太郎は山縣からの伝言を杉山から聞いて、その内意に感づいたことになっている。しかし「伊藤公の霊に捧ぐ」の章では、井上馨の意向を受けて児玉と杉山が奔走したにも関わらず成果が得られなかったため「児玉の意見で井上に、当時陸軍大臣をして居る、桂太郎を、引摺り出して、新総理大臣に、推薦しようでないかと、薦めたら、困りに困つて行止つて居る井上であるから、直ぐに同意をして、桂に相談を持掛けた」〔俗、四五〇〕のだということになっている。これでは全く違う物語になってしまう。後者の初出は雑誌『現代』昭和三（一九二八）年八月号（第九巻第八号）であるから、前者に後れること三ヶ月。わずか三ヶ月前に発表した物語の設定を、杉山は忘れてしまったのだ。だが、もっと馬鹿馬鹿しい例がある。やはり『俗戦国策』の二十二番目の章「牢記せよ国難に当れる先輩の苦心」において、同じ章の中に**自己言説矛盾**がある。この回顧談は日露戦争の末期に、杉山がナップという米国人から日本の軍事機密が漏洩していることを聞きつけ、もはや戦争を止めるべき時期だと判断して満洲軍総参謀長の児玉源太郎に宛てて、深夜鼻血を大量に流しながら暗号電報を打ったエピソードに始まり、杉山が山縣有朋参謀総長や桂太郎首相を歴訪して戦争終結を勧説したという物語が展開されている。矛盾は、杉山が児玉に暗号電報を打った後、思いついて山縣有朋の屋敷を訪問する場面と、その山縣邸から築地に戻る場面との間に生じている。彼は山縣邸を訪問する際に「袴羽織を着けポイツと外に出て早足に車屋の丁場に行いたら、一人起きて居る車夫があつたので夫を激励して綱牽後押を付けて真直線に小石川目白台の参謀総長山縣邸に馳せ付けた」〔俗、五一五〕のだが、要談を終えて辞去するときには「庵主は其頃軽快な露西亜の幌馬車に乗つて居たから、一鞭宛てゝ山縣邸を馳せ去つた」〔俗、五二〇〕のだと語っている。もし灰かぶり姫がその場にいたら驚いたに違いない。杉山が山縣と会見している間に、南瓜ならぬ三人挽きの人力車が、馬丁付きの自家用馬車に変じてしまったのである。

これは杉山の執筆態度の杜撰さや疎慢さが表出した結果である。彼は思いつくままに書き散らしているに違いない。こうした**自己言説矛盾**は、『俗戦国策』一篇の中だけでなく、それと『百魔』や『其日庵叢書第一篇』などの間にも多数みることができる。杉山は二十年以上に渉って著述活動を続けているが、先の桂内閣誕生秘話が一例であるように、その間に同じ出来事を何度も繰り返し語った。しかし語り直しが行われる度に、その細部に矛盾が積み重ねられていったケースも種々ある。本書の後の章においては、必要に応じてそうした事例が指摘される。

次に**言説事実矛盾**をみておこう。『俗戦国策』の二十四番目の章「反対党も陛下の忠臣」は、杉山が山縣有朋を説いて貧窮の極にある板垣退助を救済せしめたという物語であるが、この中に大隈重信の叙勲に関して杉山が桂太郎に働きかけて授章を実現させたということが語られている。この部分は、杉山から板垣の窮状を訴えられた山縣が、伊藤博文や井上馨らを語らい六千円の金を作り、それを杉山に託して板垣に届けるよう依頼したところ、杉山はそれを断わり、天皇の恩賜が下るよう計らって欲しいと涙を絞って訴える感動的な場面である。杉山の真意を知った山縣は、宮中に恩賜を願うのは桂首相の仕事であるからと、杉山に桂に話をするようにいったところ、杉山はそれも断る。杉山は、自分の維新功労者への心情を桂はよく知っているはずだといい、その具体例として杉山が桂に対し、大隈が過去に受けた叙勲よりも上位の勲章を得られるよう説得した結果、「桂総理は、其事を陛下に奏上せられてか、大隈伯は、新しき勲章を拝受せられて、桂総理の所に、挨拶に来られたと聞いて居升」（俗、五八七）ということを山縣に語ったのである。ここで問題となるのは、板垣に天皇から恩賜が下るより前に、すでに杉山の働きかけによって大隈の叙勲が実現していたという状況設定である。板垣への恩賜金二万円下賜と大隈の旭日菊花大綬章授与は、事実としては同日に発令されている。明治四十三（一九一〇）年四月二十九日のことであり、桂首相の奏請によるものとされている。(28) 従って杉山が大隈の叙勲に関して桂首相に何らかの働きかけをしたのが事実と仮定しても、それが板垣への恩賜より前に実現していたはずがない。またこれらが明治四十三年の出来事である以上、山縣が六千円の金を作った際に伊藤博文に働きかけたこともあったはずがない。伊藤はその前年にハルビンで客死していたのだから。もう一例挙げよう。やはり『俗戦国策』で、最終章の「寺内、原、加藤、田中」[29]において、寺内正毅内閣のシベリア出兵に関し、杉山と寺内の間に意見の衝突があったことが述べられている。シベリア出兵はロシア革命後の同国の内乱状態を背景としているが、杉山はその内乱に乗じて東部シベリアに独立国を樹立させ、日本の保護国とするために出兵せよと主張したという。これに対し寺内は「ソンナ大仕掛けで出兵するのは、対世界的に非常な面倒を外交上に惹起するから、日本は単に、尼港に於て「パルチザン」の乱暴の為め、邦人七百人を殺されたから、夫れの敵討に出兵するのぢや。夫であると仕掛けも小さく、金も少なくて済む。世界的の了解も手易い。日本人の気受も良い」〔俗、六三八〕と主張したというのである。矛盾は寺内の発言の中の「尼港に於て「パルチザン」の乱暴の為め、邦人七百人を殺された」という部分にある。これはロシア極東アムール川河口のニコラエフスクという町で、ロシアのパルチザン軍に包囲された日本軍の駐留部隊が全滅し、日本の領事官員や在留邦人も多くが犠牲になった事件、いわゆる「尼港事件」のことを指している[30]が、この事件が起こったのは大正九（一九二〇）年三月から五月にかけてのことである。日本のシベリア出兵は大正七（一九一八）年八月の出兵宣言に始まり、出兵時の首相は寺内正毅であったが、尼港事件が起きたのは次の原敬内閣のことである。従って杉山と寺内の間に意見対立があったというのが事実だとしても、そのときに尼港事件が話頭にのぼったはずがない。しかも寺内正毅は尼港事件発生の半年前に既に世を去っていたのだから、その事件が起こったことさえ知り得なかったのだ。これら**言説事実矛盾**は、あるいは虚言、捏造の一種かも知れない。とはいえ、杉山のいうような「事実」の存否まで、史料が存在しない状況下で断定することはできない。このように、事実と矛盾した言説に意図的な嘘の存在を論証できるかどうかが、捏造なのか単なる誤謬なのかをわける判断基準となるだろう。

三番目の**言動矛盾**は、杉山の言説と彼の実際の行動とのギャップを論証する必要がある。例えば「人間の依頼心は、自殺以上の罪悪である」〔百、一八二〕といった他者への訓誡が、杉山自身の実際の行動と整合しているのかどうか。そのような検証が**言動矛盾**の判断材料となるであろう。よって**言動矛盾**については、次章以後の各章において必要の都度具体的に論じる。

　言説の矛盾は、必ずしも悪意を伴わないという意味では、嘘と同列に論じることはできない。杉山が『俗戦国策』の「はし書」で、予防線を張るかのように「素より庵主、神でない以上は、思ひ違ひや、考へ違ひはあるで有らう」〔俗、はし書二〕と書いたとおり、誰にも記憶違いはある。人間の脳の記憶システムが、情報の正確な蓄積という機能に関して不完全なものであり、ある過去の出来事が想起されるたびに記憶の改変が生じるのはごく一般的なことであるという事実も、現代の脳神経科学や心理学によって明らかにされている[31]から、杉山の言説に矛盾があるのは何も不思議なことではない。ただ、われわれが杉山の生涯という歴史的な過去の再構築を試みようとするなら、矛盾の存在は看過できるものではない。野家啓一は「過去に関する言明の真偽を決定する基準は、事実との「対応」ではなく、他の諸々の言明との「整合性」、つまりは「物語の筋の一貫性」なのである[32]」と指摘するとともに、「歴史的過去を記述するためには（略）現在知覚可能なさまざまな証拠や痕跡と矛盾せず（通時的整合性）、またすでに知られている過去の同時代の出来事とも齟齬をきたさない（共時的整合性）ことを基準に[33]」される必要があると述べているが、まさしく杉山の**自己言説矛盾**や**言説事実矛盾**は、野家のいう「筋の一貫性」から逸脱し、歴史的過去の通時的・共時的整合性を揺るがせるものであって、伝記的事実を考察するための素材として適格性を持たないという意味において、嘘と同等の効果を持つのである。

　以上のように、杉山の回顧録は嘘と矛盾に彩られており、これを無批判に信用するのが誤りだということは、もはや火をみるよりも明らかであろう。では、彼の回顧録を抜きにしたとすれば、われわれは杉山に関して何を語り得るであろうか。ウィトゲンシュタインの命題を真似て、語り得ぬものについては沈黙しなければならないと嘯くしかないのだろうか。

自伝研究の基礎を築いたフィリップ・ルジュンヌは、虚偽を伴う自伝について「偽造された主体の向こうに私達がなおも推測する、ともかくも自伝を書く意図を持った主体の本当の姿を、言表行為のレベルで依然として私達に教えてくれる」(34)と指摘している。この指摘は、杉山茂丸という人物を考察する上で、重要な示唆を与える。嘘の存在は、嘘を書き記した者の本性を顕現させるのである。それは杉山における言表行為《エクリチュール》の意味にまで到達し、彼の人物像を照射するであろう。

そのためには、嘘の混在する蓋然性が高い語りの内容は度外視し、語りの真偽は一切問わず、彼がどのように語っているのかという言説の形式《スタイル》のみに着目することによって、語りの意図の在処を見出さねばならない。以下では、主として『俗戦国策』に材をとり、文学や社会学、心理学といった分野で広く用いられているナラティヴ分析の手法を参考にしながら、杉山のテキストの特質を考察してみよう。

第二節 『俗戦国策』のナラトロジー

自己について語る

『俗戦国策』は昭和四(一九二九)年二月末に大日本雄辯会講談社から出版された。商業出版物としては、杉山の生前で最後のものである。初出は同じ版元の雑誌『現代』に、昭和二(一九二七)年四月号(第八巻第四号)から翌年八月号(第九巻第八号)まで、都合十七回連載されたものであるが、単行本とするに際し十章分が書き下ろされたとみられる。「黒田清隆と初対面」「背汗三斗」「帝国憲法発布」の三章と、二十一章目の「日露開戦」から末章の「寺内・原・加藤・田中」までの七章がそれに該当する。初出誌面を飾った細木原青起の挿絵は、一部が単行本にも使用されている。

杉山が本格的な著作活動を始めたのは、明治四十二（一九〇九）年八月、彼自身が深く関与していた週刊雑誌『サンデー』に連載した「義太夫論」が端緒とみられる。以後彼は『サンデー』誌上に、「刀剣譚」「借金譚」「法螺の説」「辛棒録」を、翌年七月末までほぼ毎号執筆し続けた。これらは明治四十四（一九一一）年、杉山の最初の著書『其日庵叢書第一編』として博文館から出版されることになるが、この初期五篇に既に、生涯を通じた杉山の言説の特徴がほとんど姿をみせている。義太夫節や刀剣への傾倒、地口無駄口をとりまぜた浄瑠璃もどきの七五調と噺家や講談師の語り口をまねた戯作調の文体、講談まがいの勧善懲悪物語、一人称としての「庵主」の使用などが、その特徴として挙げられよう。そして重要なのは、自己についての言及である。

杉山茂丸は著作活動の最も初期から晩年まで、自分自身の来歴、事績を語り続けた人物であるといっても過言ではあるまい。上記の初期五篇では「義太夫論」を除き、いずれも自分自身の事績について物語っているし、明治四十五（一九一二）年に「近世百魔伝」の題で執筆を開始し、昭和八（一九三三）年まで書き続けた「百魔」(35)も、他者の伝記を標榜しつつ自己についての言及は極めて多い。大正六（一九一七）年から約一年間『九州日報』紙上に断続的に掲載された太宰隠士名義の「其日庵過去帳」は、同紙の記者が杉山の回顧談を筆記したものである。杉山は他者の伝記をいくつか著わしたが、そのひとつ『山縣元帥』の巻末には「追録」と題して、百四十頁に及ぶ長篇の回顧談が収められている。また雑誌に発表されたまま書籍化されていない随筆類の中にも、彼自身の来歴に触れたものは多数ある。政府当路者への政策提言であるはずの『建白』においてさえ、自身の事績を延々と語り続ける部分が何カ所も存在しているほど、彼は自己言及に執着していたのである。

『俗戦国策』は、そうした杉山の自己言及の中で最大の著作である。少年期から昭和初期に至るまで、自身が関わったさまざまな事件について書かれた作品で、彼の主要事績として知られる事件の多くがここで包括的に語られており、いわば彼の回顧録の集大成である。『俗戦国策』をナラティヴ分析の対象として採り上げる意味はそこにある。

シークェンスとコード

『俗戦国策』は著者杉山茂丸の回顧録であるから、必然的に著者＝語り手＝登場人物（主人公）という等式で結ばれ、主人公に内的焦点化された一人称形式で物語が語られる。回顧録ではあっても、直接話法が多用されるため物語性が極めて強く、客観的な回顧的記述に乏しいという特徴を持つ。杉山の生涯にわたる自己言及を通覧するなら、この特徴は先にみた初期五篇の中の回顧談にはみられず、明治四十五（一九一二）年の「百魔」執筆のころから顕著になったものである。

『俗戦国策』をナラティヴ分析の視点から読み込んでいくと、特徴的なディスクールが数多く見出される。それは、いくつもの文節から成るひとまとまりのエピソードとして提示される場合もあれば、ひとつの文や文節の中にその特徴が見出される場合もある。本書では、前者をシークェンスと呼び、後者をコードと呼ぶ。コードはシークェンスの内部にも含まれている。

シークェンスもコードも、特定の機能を持つディスクールである。ウラジーミル・プロップは、物語を進行させる役割を持つディスクールを機能と呼んだが[36]、本書で機能と呼ぶのは、『俗戦国策』の主人公である〈庵主〉の人物像を操作する役割を担うディスクールである。いい替えれば、機能とはそのディスクールが読者に与える印象操作である。

シークェンスとコードが、どのように印象操作を担うのかを、次にみていく。

輿望：シークェンス

シークェンスとして見出されるのは、**輿望**と**アノミー**、**頓知問答**の三つである。

輿望のシークェンスでは、おおまかにいって次のような定式化された物語が展開する。

ある人物が〈庵主〉を訪ね、困りごとを抱えていることを打ち明けて、〈庵主〉に解決の方法を相談する。これを請け合った〈庵主〉は、智謀を働かせて奇策を案出する。多くの場合、奇策を案出した〈庵主〉は依頼者以外の第三者に何らかの働きかけを行う。その働きかけの結果、依頼者の困りごとは無事に解決することになる。

具体例をみよう。『俗戦国策』の最初の章「我国上流の腐敗、下流の健全」の後半部分は、〈庵主〉の十四歳ごろのエピソードが語られている。物語は、当時〈庵主〉が住んでいた村の庄助という百姓が、自家の水田の上下に位置する水田の利水の紛争、いわゆる水論の板挟みになっているという状況の説明がなされる。そして板挟みに苦悩した庄助が、ある日〈庵主〉を訪ねて来て、「若旦那様、私は御存じの水論の為め（略）トンと思案に暮ました。ドウしたら好い物でムりませう、若旦那様何とか好い智慧を貸して戴けますまいか」と、涙ながらに頼む。〈庵主〉は自分の父親が善蔵という米屋から借りた三俵の米を、夜間密かに庄助の水田の脇に積んで置いて、翌朝やって来た庄助に「庄助よ是は貴様が正直で祈ったから、屹度鎮守の神様が此米を下さったのに違ひない」といって、「此三畝の田の稲を抜取って、此三畝を上方下方の双方の田地持の水道に提供して、本年の水論の根を絶ち、関係を離れて仕舞へ」と稲作を放棄するよう諭す。その後〈庵主〉は他の村人に対し、将来とも庄助に稲作を諦めさせる見返りとして、毎年一定量の米を拠出させることを承諾させる。更に〈庵主〉は自家の食糧米がなくなってしまったので、米屋の善蔵を訪ね、その息子で足の不自由な善吉を独り立ちの下駄職人に育て上げてやるからといって、再度三俵の米を〈庵主〉の家に貸してくれるよう頼みこみ、了解させる。こうして〈庵主〉の奇策によって村内の水論は解決し、庄吉は稲作をせずとも米を確保することが可能となり、更に足の不自由な善吉の生計の手段も立つことになったのである〔俗、一〇～一八〕。この物語では依頼者が庄助で、庄助以外の村人と米屋の善蔵が、〈庵主〉が働きかけを行う第三者である。

次の「決闘介添事件」にも**輿望**のシークェンスがみられる。この章では、大阪の西成郡で自由党の某と帝政主義者の某とが大げんかをしそうだという状況が短く説明され、そこで〈庵主〉の友人の「大阪府の官吏某」が〈庵主〉を訪ねて来て、世上の安寧を考慮すると事前の取り締まりも事後の検束も為しがたい状況にあることを打ち明け、「此際何とか君の工夫で、此大闘争が世間に知れずに、穏便に落着するやうな処置はあるまいか」と相談を持ちかける。これに対して〈庵主〉は、「君が若し庵主の要求を容れるなら、此闘争は僕が屹度音なしに片付るやうにして遣ってもよい」といって、事件解決のために〈庵主〉がすることには一切干渉しないこと、警察に拘留されている〈庵主〉の部下を放免すること、機密費三百円を〈庵主〉に与えること、の三点の条件を示して承諾させる。〈庵主〉は紛争の当事者である自由党員と帝政主義者をそれぞれ訪問し、乾分を引連れて大勢で喧嘩をするのは国士の面汚しだと罵り、「双方単独の個人で決闘をし給へ」と焚き付ける。両者が承諾すると〈庵主〉は、銃器店で拳銃二丁を手に入れ、実弾を蠟細工にすりかえて決闘場所に持ち込み、自身が介添人となって決闘させたところ、両者とも引き金を引いた途端に腰を抜かす。〈庵主〉は「双方とも無事である……、我帝国政治界の為めに祝すべし」といって両者を料理屋に連れていき、手打ちをさせた上で、実弾すりかえのからくりを打ち明けたところ、両者は「実に君の親切と注意には、僕等は何とも感謝の辞はない」と感謝し、〈庵主〉は部下の放免や機密費三百円を稼ぎ取って、事件は落着したのだという〔俗、一九～三一〕。ここでは官吏が依頼者、喧嘩の当事者である自由党員と帝政主義者が〈庵主〉の働きかけの対象となる第三者である。〈庵主〉が依頼を請け合うに際し官吏に対して条件を出しているのは、**輿望**のシークェンスでしばしばみられる類型的なディスクールで、**威服**というコードに分類される。コードについては別項で論じる。

右でみた二つの事例は、どちらもいわば無名の依頼者、無名の第三者が登場人物であったが、以下では実在した大物政治家たちが依頼者になったり、働きかけの対象となったりする。まず、「政府と三菱の大経済戦」と題された第十四章をみる。この章では、はじめに日本郵船会社の成立の経緯が長々と語られる。その上で明治三十一（一八九八）年ごろのこととして、〈庵主〉が参謀総長の川上操六から相談事を受ける物語に入っていく。川上の相談とは、政府から郵船会社に保護金を交付して船舶の改修をさせたいと考えているが、蔵相の松方正義が承知しないのだという。川上は〈庵主〉に「君はコンナ事の工夫者でゴワすが、何とか名案はありませんか」と頼む。〈庵主〉は今すぐに松方に話をしてもだめだと答えるが、その数日後に当の郵船会社社長の近藤廉平と副社長の加藤正義と会食し、その場で郵船会社への交付金が閣議で否決されたと聞くと、その足で松方正義を訪問する。そこで〈庵主〉は松方を相手に、米国の新聞記者と太平洋航路をめぐる日米の競争について議論したことや、かつて榎本武揚が李鴻章と議論した後方勤務艦隊の海運貿易収支のことなどを延々と話して、郵船会社保護の検討を勧める。その翌日には榎本武揚を宴席に招いて郵船会社保護のことを書いた書面を手渡し、更に首相の山縣有朋に面会して事の経緯を説明したところ、山縣は「吾輩から松方に云うて見よう」と理解を示す。その結果、一旦は閣議で否決された郵船会社保護が復活し、予算措置もなされることになったのだという〔俗、二七八〜二九八〕。この章では、川上操六のほか郵船会社の近藤と加藤も依頼者とみてよい。働きかけ対象の第三者は松方正義、榎本武揚、山縣有朋という、綺羅星のごとき明治政界の大立者がうち揃っている。

もう一例みよう。第二十五章にあたる「電車市有問題」である。この章では東京の市街鉄道の市有化問題が語られる。第二次桂内閣のときの出来事で、市街鉄道の市有化問題が何度も浮き沈みし、株式の買い占めなどの投機的な動きが激しく、政治家や投資家を捲き込んで騒動の起こっていることがまず語られる。そんなあるとき、株式仲買人の村上太三郎と小池國三が、深夜に〈庵主〉を築地台華社に訪ねて来る。両者は市街鉄道の市有化が不成立となると、自分らだけでなく銀行もいくつも潰れるだろうと話し、「ドウか、絶対に出来そこなはぬ様に、工夫はあり升まいか」と頼み込む。〈庵主〉はこともなげに「市有を成立させる位は、何でもない」と嘯き、「今の市有運動が不成立になった時、電車会社の株式半数以上の権利所有者が、二ヶ月間、庵主に其成敗を一任し、一切其指揮に従ふ事を誓ひ、若し庵主の命令に、背いた時は、一千万円以上の、損害要償を甘受すると云ふ、合法的の、公正証書に、其権利者全部が、二ヶ月間庵主の許可を得ずしては、決して株も売らぬと云ふ事に調印して、総て夫が、訴訟上の合理になった、契約さへすれば屹度成立させて遣る」と、絶対服従を承諾させる。その後市有化は一旦不成立となるが、〈庵主〉は村上と小池を指揮して株式総数の六割一分の委任状を取り付けさせた上で、不成立となったのは政府との仲介者が多額のコンミッションを得ようとしているからだと暴露して、株式売却希望価格を定めた公正証書を作成し、桂首相を訪問する。〈庵主〉は桂に対し、自分が適当と考える時期まで公正証書等の書類を保管しておくよう依頼する。それから一ヶ月半後、〈庵主〉は桂を訪問して書類を出させ、市街鉄道市有化を進めるよう献策し、逓信大臣の後藤新平を使って東京市長に鉄道買収を伝達するようシナリオを授ける。この結果、一旦挫折した市街鉄道市有化は、当初の交渉価額より三百万円も廉い価額で成立し、村上や小池ら投資家は希望価額で売却することができたのだという〔俗、五九二〜六〇五〕。ここでは村上太三郎、小池國三という投資家が依頼者で、首相の桂太郎が働きかけの対象である。

以下、いちいち事例の内容は記さないが、「生首抵当事件」で鉄道国有案に関し佐々友房らから窮状を訴えられる物語、「悪政党撲滅論」で大隈内閣の人事に不満を持った鳩山和夫から報復手段の知恵を求められる物語、同じく大磯に引きこもってしまった伊藤博文を引っ張り出す際の原敬と〈庵主〉の会話、「児玉・後藤と台銀問題」での台湾銀行設立に関する後藤新平からの相談や、同じく柳生一義救済方法について寺内正毅首相から相談を持ちかけられる物語、「公然たる賄賂収容銀行兼賄賂行使銀行」での林策一郎から相談を受ける京浜銀行の醜聞隠蔽工作の物語、「戦後の大経綸―満鉄の創立」での児玉源太郎から満洲占領地の鉄道処分方策について依頼を受ける物語、同じく満鉄総裁に後藤新平を引っ張り出す工作を児玉から託される物語、「寺内・原・加藤・田中」で野田卯太郎から政友会の難局を打破する工夫を頼まれる物語などが、同様の構造を持った物語である。また、第三者への働きかけというプロセスが省略されているが、「血を以て彩る条約改正事件」の中で手下の者に頼まれて水車小屋を買う資金五百円を調達する物語や、「古鉄責め事件」で東京の精製糖会社の脱税事件の処理方法を〈庵主〉が総理大臣以下から相談される物語なども、構造的に同一のものである。

以上みてきたように、『俗戦国策』には多数の**輿望**のシークェンスを読み取ることができるが、同書以外にも杉山の言説には同じ構造の物語が存在するので、以下に一例のみ挙げておく。杉山の回顧談を太宰隠士が筆記した「其日庵過去帳」の「杉村濬」の回[37]である。この物語では外務省通商局長の杉村濬が面識もない〈庵主〉を訪ねて来て、当時猖獗を極めていた移民会社の横暴を打ち明け「何とか君の力で此移民会社を取締る方法は無いでせうか」と依頼したのだという。〈庵主〉はそれを引き受け、移民会社の経営者を糾合してトラストを作らせ、自身が社長に就任して、内部からトラストが崩壊するような経営をし、他の重役の不満を爆発させてトラストを解散させる一方で、杉村濬に注意を与えて再度の移民会社設立申請を厳しく審査して許可を与えさせず、その結果「移民会社征伐」が成功したのだという。この物語が『俗戦国策』に頻出する**輿望**のシークェンスと全く同じ構造を持つものだということは明白であろう。

このように、誰かからの依頼→〈庵主〉の奇策→第三者への働きかけ→難問の解決という定式化された物語が語られるのが**輿望**というシークェンスであり、依頼者や第三者などは単なる可変項目でしかない。これらはすべて、その本質において同じ物語が繰り返されているに過ぎない。可変項目に入るのが名もない百姓であろうが天皇に親任された顕官であろうが、依頼の内容がどれほど難問であろうが、〈庵主〉の奇策は必ず成功すると決まっているのである。これらの物語が事実であるかどうかも語り手にとって重要ではない。灌漑用水の利害調整は村名主などの有力者が担っているはずなのに、庄助がそれに頼らず、かつての殿様であっただろう〈庵主〉の父にも相談せず、現代でいうなら中学生の年齢のこわっぱにすぎない〈庵主〉に相談を持ちかけたのはなぜなのかということは説明されない。外務省の局長が一面識もない〈庵主〉に、重要な行政課題の解決方法の相談をもちかける必然性は那辺にあったのかということも説明されない。これらは、説明する必要がないのである。なぜなら語り手にとっては、事件そのものや解決プロセスを語ることが重要なのではなく、〈庵主〉の智謀の巧妙さや、〈庵主〉への依頼者は必ず願望を満たされるということを印象づけることこそが、物語の真の《シニフィエ》意味だからである。

アノミー：シークェンス

アノミーというシークェンスで展開される物語は、常に〈庵主〉と他の登場人物との対話の場面である。他の登場人物とは、概ね世上に名の通った政財界の有力者である。この対話の場で、〈庵主〉は常識的には無礼とみなされる発言ないし行動をとり、対座の場に混乱《アノミー》を惹き起こす。その上で〈庵主〉は訝しがる相手に対して堂々たる正論を吐き、相手をやり込める。それによって〈庵主〉は対話の主導権を握り、自身が求める結果を得るのである。

具体例をみよう。杉山の青年期のエピソードとしてよく知られている佐々友房への借金申し込みを語った「生首抵当事件」である。この物語で、〈庵主〉は上京資金を得るために熊本へ赴き、面識もない佐々友房に面会して二百円の借金を申し込むが断られる。〈庵主〉は佐々の部屋の壁に掛った藤田東湖の回天詩の掛け軸を所望し、佐々がこれを与えると、その場で掛け軸を破り捨てるという暴挙に出る。佐々がそれを咎めると〈庵主〉は、回天詩の「三たび死を決して死せず」という文言を引き合いに出して「男子の決すべき死は一回限りの筈で、二回も三回もあるべき筈の物でない」と決めつけ、そのような詩を「仰々敷壁間に掲げて三拝九拝」しているから、佐々は西南戦争で死に損なったことを恥とも思わず生きのびているのだと、痛烈な批判を浴びせる。佐々はこれに反論することなくその場は一旦別れるが、翌朝佐々が〈庵主〉の旅宿を訪れ、徹宵かき集めた百六十円を差し出して〈庵主〉に与えるのである〔俗、四四〜四八〕。この物語で掛け軸を破る行為が、**アノミー**発動の原因であることはいうまでもなかろう。

次の例もよく知られているエピソードである。「一億三千万弗借款事件」で、〈庵主〉は渡米してJ・P・モルガンとの会見に成功し、かつ借款供与までもモルガンに承諾させる。〈庵主〉は覚書の作成を申し入れるが、モルガンは大声で「『ゼー・ピー・モウガン』が承認《エース》ですぞ」と叫んで机を叩く。〈庵主〉は徐ろに「今一度テーブルを叩いて戴きたいと思ひますが」といい、なぜだというモルガンの問いに、堂々と正論で反駁する。モルガンは暫し沈黙ののち、〈庵主〉の要求どおり覚書を作成し、自署して〈庵主〉に与える〔俗、二六九〜二七二〕。ここではモルガンにもう一度机を叩けという発言が、**アノミー**を惹き起こす役割を担っている。自らの発言に対して疑問を呈することを許さない傲岸なモルガンに、無礼にも机をもう一度叩けという〈庵主〉が対比されているのである。

この「一億三千万弗借款事件」では、モルガンと〈庵主〉との対決場面の前にも、**アノミー**のシークェンスが語られている。それは藤田伝三郎から渡米資金を借用する場面である。この場面では、〈庵主〉が渡米費用の算段に窮し、二十歳前のころに会ったことのある藤田伝三郎への借銭を思いついて下阪する。突然の訪問にもかかわらず面会に応じた藤田に、〈庵主〉はいきなり三千円という大金の借用を申し出る。藤田が「一体ドンナ事で御入用ですか」と訊くと、〈庵主〉は「夫を聞いて、事柄に依りて是非を決せらるゝのならば、モウ借用は致しますまい、詰り男の為る事を為るのです……善悪となく、三千円を捨てる積りなら貸せる筈ぢやと思ひ升」と答える。自ら借銭を申し込みながら、金の使途を訊くならもう借りぬと開き直るのは無礼に違いない。しかし藤田が「是は失礼」と引き下がって金を渡すと、〈庵主〉は一転して「茲に私が御相談を致した理由を一寸お聞下さる事は出来ますまいか」といいだすのである。前言との違いに困惑する藤田に、〈庵主〉は「夫が小生は男子の礼儀ぢゃと思うて居升、……貴下も訳を聞いて貸されては、貴下男子の一分が立ちませぬ……小生も訳を云うて借用しては、小生男の一分が立ませぬ」と、はじめに理由を聞くなと発言した真意を明かす。それに感じた藤田に、〈庵主〉は興業銀行設立の構想などを説明して賛同を得る。その結果〈庵主〉は帰京後、藤田からさらに三千円を融通されるという成果を得るのである〔俗、二五一〜二五九〕。この物語では、使途を訊くなという無礼と、そういった尻から使途を聞けという無礼の二つから繰り返し**アノミー**が生じる構成になっているのである。

もうひとつ例を挙げておこう。『俗戦国策』の最終章「寺内・原・加藤・田中」の、〈庵主〉と加藤高明との対話の場面である。この物語では、加藤高明に肩入れを始めた〈庵主〉が策略を巡らせて、加藤の憲政会と政友会との連立内閣成立の端緒を裏面で画策したことが語られている。ある日〈庵主〉は、政友会の領袖である野田卯太郎と面会したあと、事前の約束もなく加藤の屋敷を訪問する。〈庵主〉が十分ほど話をしたいと申し入れると、加藤は外出を見合わせて〈庵主〉を招じ入れる。〈庵主〉はいきなり「閣下が総理大臣におなりなさる時期が来たかと思ひ升」というと、加藤は「例の馬鹿にしたやうな態度で」嘘だろうと答える。〈庵主〉は加藤に、それが嘘かどうか知っているのかと詰め寄り、さらに「知らずに人の云ふ事をドウして嘘と云はれ升か」と畳みかけ、加藤が返答に窮して話を聞こうというと、今度は「私の申上る事を全部御信用なさらなければ、一言も云ひませぬ。閣下の私に対する信用の御自覚ある時を待ち斗りでム り升、お暇を致升」と対話を拒否する態度に出るのである。このあと〈庵主〉は加藤に、翌日渋谷の自宅で話をすることを約す。翌日、〈庵主〉の自宅には加藤のほかに野田卯太郎も招かれていて、その場で両者へ協力関係を結ぶよう〈庵主〉が説得し、その二ヶ月ほどのちには加藤高明の第一次内閣が成立したというのである〔俗、六五七〜六六六〕。この物語では、話をしたいといってやってきた〈庵主〉が、加藤の応対に難癖をつけて、揚句の果てに話を拒否するという非常識な行動に出て**アノミー**を惹き起こしているのである。

これら以外に**アノミー**に分類されるディスクールとしては、「黒田清隆と初対面」で黒田に「今日酒を飲んでゐられますか」と聞く場面、「公然たる賄賂収容銀行兼賄賂行使銀行」で曾禰蔵相相手に京浜銀行の調査に入るのなら伊藤山縣ら元老連を逮捕せねばならぬと脅す場面、「古鉄責め事件」で朝吹英二から受け取った借用証を大江卓に突き付ける場面、同じく益田孝振り出しの手形を馬越恭平に割り引かせる場面、「反対党も陛下の忠臣」で紅葉狩りに出掛けようとする山縣有朋に板垣退助の窮状を聞かせる場面などが挙げられよう。

アノミーのシークェンスも**輿望**と同様に、〈庵主〉と対話する相手は可変項目に過ぎず、それが誰であってもよい。単に世によく知られた人物であればよく、〈庵主〉よりも社会的に高い地位や優位な立場にある者であれば、誰でも〈庵主〉の鋭い舌鋒の槍玉に挙げられ得るのである。彼らは〈庵主〉の非礼を咎めることもなく、その堂々たる正論の前にうなだれ、反論もできず、唯々諾々と〈庵主〉の要求を容れるだけの存在である。このシークェンスは、権威に隷従せず、自己の利害を顧慮せず、堂々たる弁舌で相手をやりこめる〈庵主〉の、勇猛果敢な人物像を印象づけるための機能を担っているのである。

なお、**頓知問答**というシークェンスについては、行論の都合上、コードの末尾で考察を行う。

さまざまなコード

コードには多くの種類が見出せるが、まず**藉口**について検討しよう。

藉口のコードに分類されるディスクールは、典型的には次の例が挙げられる。

「杉山君……僕は君の誠意を感謝する……僕は生れて六十四年君程の人を知らなかった」（俗、二三四）

これは「決死の苦諫伊藤公に自決を迫る」の章で、韓国統監の伊藤博文が、韓国併合を要求する〈庵主〉の滔々たる弁舌のあと洩らしたことばである。外にも「古鉄責め事件」では乃木希典が〈庵主〉に「杉山君、本官は……君が国家に必要な人士であると云ふ事は能く知つて居る」〔俗、四一八〕というし、同じく児玉源太郎も〈庵主〉に「君の深切はよく分つた有難う、君は初め友に薄く又元老にも薄きが如し併し国家には厚い人である、夫が驪ては友にも元老にも厚い所以である」〔俗、四三九〕という。山縣有朋も〈庵主〉に対して「君が国家の為め、始終間断なき熱誠の注意は誠に以て感謝の至である」〔俗、五一六〕、「君は始終、我輩共の行為に注意をして、誠の事を云うて呉れられるから、何時も感謝する事斗りでノウ」〔俗、五八〇〕、「君の平生、国家を思ふの思慮と、友誼に厚い事は、僕の何時も感心する所である」〔俗、六二〇〕と感謝感心を連発している。

これらのディスクールは、元老級の国家の重鎮たちが、うち揃って〈庵主〉を絶賛するものである。そうした重鎮たちの「発言」を回顧録に書き記すのは、ひとことでいうなら〈庵主〉の自讃であろう。それを他者の発言として直接話法で書くところにこのディスクールの意味がある。すなわち、伊藤博文や山縣有朋から直接そういわれたのだということに藉口して自讃するのが**藉口**のコードに分類されるディスクールである。いわば自讃行為のより巧妙な形態であり、直接話法を多用する『俗戦国策』の語りのスタイルが活かされているのである。

藉口に分類されるディスクールには、単に元老らが〈庵主〉を褒めたたえるだけではなく、他者の〈庵主〉に対する信頼を表明する内容のものもある。「日露開戦の魂胆」で伊藤博文が〈庵主〉にいう「君は是から児玉に会うてよく相談をして桂を此際誤らせぬやうにしてくれ玉へ」〔俗、三八六〕がその一例として挙げられる。

藉口のコードが付されるディスクールは、『俗戦国策』中に六十箇所あまり見出すことができるが、そのうちもっとも巧妙なのは、「決死の苦諫伊藤公に自決を迫る」の章の末尾に、伊藤博文から山縣有朋に当てられた書翰の引用として提示されたものである。この書翰を杉山は山縣からみせられたのだと称して、その内容を次のように書きとめている。

拝啓、這回杉山氏来訪、快談徹宵、老を忘れ、爽然を覚え候、論中対韓施政方針の事共、縷々有之老生に対する、剴切周到の親切、深く同人の誠意に相感申候、何れ明年早々上京、高教も相仰度候間、予め同人より御聞取置の程切望致候〔俗、二四一〕

他の**藉口**コードのディスクールでは、有力者が直接〈庵主〉に向って讃辞を述べるが、ここでは伊藤と山縣という明治政界の二大巨頭の間の私信の中で、〈庵主〉が激賞されている。これは〈庵主〉に直接讃辞を呈する場合に比べ、通常対座の場で意識される世辞の要素を排することによって、〈庵主〉の与り知らぬところでも彼は政界巨頭に讃えられる人物であるという印象を強く読者に与える効果があるだろう。

また、**藉口**のディスクールは物語の本筋とは何の関係も持たないことに留意しなければならない。このディスクールが存在しなくとも、物語の展開には何の影響もないのである。例えば本項の冒頭で引用した伊藤博文の発言には、引用部に続いて「……夫では一体ドウしたら好いと云ふのか……」という発言が続いているが、この続きの部分は物語の展開に必要不可欠である。なぜならこの問いかけに対して〈庵主〉が伊藤に辞職を促し、「辞職をしなかったら、君はドウする」という伊藤の反駁に対して「御自殺を願ます……私も此儘お伴を致します」〔俗、二三四〜二三五〕という、この物語の最大のヤマ場が導かれるからである。この部分はロラン・バルトがいう「枢軸機能体」[38]に当たり、物語を次の展開に導くためになくてはならない役割を担っている。しかし先に引用した伊藤の〈庵主〉に対する讃辞の部分は、語られなくともヤマ場への展開には何の影響も与えない。このように**藉口**は、物語の本筋から遊離して、〈庵主〉が元老などの有力者から褒めたたえられ、信頼されている人物であることを印象づける機能に特化されたディスクールとみなすことができるのである。このように、物語の本筋から遊離して〈庵主〉の人物像操作のために特化されたディスクールを、ここでは「**テキストの余剰**」と呼ぶことにする。

次にみるのは**清廉**というコードに分類されるディスクールである。**清廉**に分類されるディスクールでは、〈庵主〉が誠実であること、不正なことをしない人物であること、礼節を弁えていること、そして何よりも金銭に淡泊であることが語られる。自身が貧乏である、多額の借金を抱えているということを繰り返し言表するのも、**清廉**のコードに含まれる。このディスクールは金銭への淡泊さを強調するディスクールと相俟って、〈庵主〉の清廉さを強調する。

具体例をみよう。「未だ一度も警察署と裁判所の御厄介になつた事がない。未だ一度も松島事件や山林事件で手を縛られた事がない。未だ一度も会社の発起人と株主と重役と、役人と商人とになつた事がない」〔俗、六〕というのは「我国上流の腐敗、下流の健全」の一節である。前段で不正をしない印象を、後段で金銭に恬淡とした印象を形づくっているであろう。同じ章では、「庵主が処世の秘法は、借金をするのである。門下や知友の窮状、見聞に忍びざる時は借れる丈け借りて、其用を弁ずるが、其借金を以て、決して家屋敷を買はぬ。株券を買はぬ、公債を買はぬ。其他は刀剣を少し買ふのと、義太夫を時々語るの外は、総てを彼の親切事項に使用するのである」〔俗、八〜九〕という一節もある。借金をしてまで他者に対し世話をする〈庵主〉の姿を印象づけている。同じく〈庵主〉が借金を繰り返していることを述べたあとに「夫が庵主の心裡に不透明な事があったら、斯く四十八年間繰り返される筈もあるまい」〔俗、九〕と語るのも、誠実さや私利私欲との無縁さを強調している。

先にみた「一億三千万弗借款事件」における藤田伝三郎からの借銭の場面で、〈庵主〉が一旦は金の使途を聞くなといいながら、金を受け取った後に使途を聞いてくれと藤田に申し出るのは、〈庵主〉が礼節を弁えた人物であ

在しているのである。同様のディスクールは「生首抵当事件」で佐々友房との**アノミー**のシークェンスにおいて、夜を徹して金の算段をした佐々に対し「君方がソンナ思ひをして拵へてくれた金なら、五十円でも余りある程用に足りるのである。元々二百円と云ふ入用は予算を立てゝ決定した金額でないから、素より過不足はないのぢや。併し元来一面識もない青年に、徹夜してまで金策をしてくれた君方御両人の僕に対する着眼点は那辺にあるのであらうか、心得の為め夫を聞いて置きたい」〔俗、四八〜四九〕という場面も挙げることができる。

「一億三千万弗借款事件」には、外にも**清廉**のコードが複数存在している。モールスから二万円の大金を差し出される場面では、モールスの言として「此封金は曩きに仁川鉄道の事にて、貴下の尽力を煩はした事と、神戸水道布設の事に尽力をして戴いた事との二つに対して、当時薄謝を呈したが、貴下が東洋「ヒロイズム」とか云うて受けられなかつたが……」〔俗、二五六〕という記述がある。これはモールスの発言に藉口した**清廉**のコードで、巧妙な表現である。それに続いて「今日から三十年前の二万円は、今の二十万円よりも遣ひ力があるかも知れぬ、夫を庵主が金とも何とも思はず、一に藤田や「モールス」の箴言を真面目に考へて、其使用方法を誤らなかつたためにこそ、今日斯くして生きて、太平楽を並べて威張つてゐるのである」といい、「庵主は元々、三千円の入用であるから、此二万円は無くても好い物である、故に一文も之に手を付けず、頭山翁其他の親交ある恩人に、幾干か分配した残りは、大軍のやうに押寄せて居る借金取と、九州に庵主の為めに破産せんとしつゝある、幾多の人に塩を撒くやうに、少しづつ分配して仕舞うた」〔俗、二五七〕と続ける。これはどちらも〈庵主〉が金銭に淡泊で、自己を利することを顧慮しない人物であると印象づけるディスクールである。

また「悪政党撲滅論」では、伊藤博文に政友会創設資金を提供しようと金策する場面で、ある友人が「近藤廉平其他の人々と外濠電車を布設して大分の金を儲けたらしいが、庵主に其分配をするとか云うて百円紙幣を大分新聞紙に包んで、持つて来た事がある、庵主は故あつて夫を取らなかつた」〈俗、三二五〉と語られている。これも金銭への淡泊さを示す。因みに同じ物語が語られている『山縣元帥』の「追録　其六」では、「此人が或時庵主が碌な世話を為たとも思はぬのに、或る仕事に大成功をして、巨額の金儲けをしたと云ふので百円紙幣を幾束か新聞紙に包んで庵主に与へんとした事があつた」が、「庵主は平生金の入り用なき故其金を取る事を好まず返戻した事がある」〈山、四三〇〜四三一〉のだと語られている。「故あつて」と理由を伏せるよりも、こちらの方が金銭への淡泊さを強調する度合いは強いといえよう。

「公然たる賄賂収容銀行兼賄賂行使銀行」では京阪電車の株式が「非条理な程の、『プレミヤム』が付いて株式界に飛ぶやうに噬呑された、庵主は其頭金を第一銀行から貰ひ先第一に京浜銀行の欠損金を引去つて残りを全部臼井、佐々、長谷場の三人に遣つた」〈俗、四一四〉とされ、「電車市有問題」では東京市街鉄道の市有化工作を懇願した二人の株式仲買人に費用や謝礼を尋ねられて「費用は一文も掛らぬ。お礼も一文も入らぬ」〈俗、五九五〉と答えている。このうち後者の事例は、物語展開の必然性から遊離した「**テキストの余剰**」に該当する。

このように、**清廉**のコードは『俗戦国策』中に三十箇所あまり見出されるが、このコードで印象づけられる〈庵主〉の人物像は、誠実で清貧、私利私欲から超越した聖人のようである。しかし物語の登場人物たる〈庵主〉がそうであったとしても、現実にこの世に生きていた杉山茂丸が、それと同一であったわけではない。それは別の章で論じることになる。

『俗戦国策』において**藉口**のコードと並んで頻出するのが**栄光浴**というコードであり、六十箇所あまりを数える。**栄光浴**とは心理学で使用される術語を借用したものであるが、意味も心理学で使われるものと同じで、著名な人士との親交を強調することによつて、自己の価値を高めようと意図したディスクールである。

具体例は数多いので、いちいち章題を記すことは省略するが、「庵主と同年の友人、亀井栄三郎と云ふ警視総監」

〔俗、六〕「庵主の稀世の友人、陸軍大尉たる、荒尾精」〔俗、一五〇〕「庵主の知人の後藤象二郎」〔俗、一七六〕「庵主の別懇であつた、曾禰荒助子」〔俗、二四一〕「同郷の友人金子堅太郎子爵」〔俗、二四六〕「庵主の親交ありし川上操六と云ふ子爵」〔俗、二七八〕「庵主の畏友たる床次内務大臣や、岡警視総監」〔俗、二九九〕「庵主の友人であつた進歩党のある男（鳩山和夫）」〔俗、三〇一〕「曾て親交なりし陸奥宗光」〔俗、三三八〕「庵主は、乃木将軍が、福岡連隊に居られた時からの知人で、長く交際」〔俗、四一九〕「親友後藤〔新平。筆者註〕」〔俗、五五四〕「庵主は寺内子と、三十年の友達である」〔俗、六一一〕「若い時から世話をした横田千之助」〔俗、六四七〕「稀世の畏友、原敬」〔俗、六五二〕「田中〔義一。筆者註〕大将は何でも庵主と同じ年齢であつて、古い〳〵友人」〔俗、六六七〕といった具合である。ここでは政官界で一定の地位を築いた人物のみ抽出したが、同様の表現はまだ数多くある。巧妙な例としては「清浦伯の如きは、当時警保局長であつて、何でも此井上氏に、庵主が始めて面会の時、出会したやうに思う」〔俗、四二二〕というディスクールがある。これは〈庵主〉が井上毅に会ったときに清浦と面識ができたと語っているのだが、清浦奎吾という首相にもなった有力政治家を、まだ今ほど偉くもなかったころから知っていたのだとアピールするニュアンスが読み取れよう。

いうまでもないが、『俗戦国策』は全巻を通じて伊藤博文や山縣有朋、井上馨、桂太郎、児玉源太郎といった政界の巨星たちと〈庵主〉との応接が物語の中心にある。**栄光浴**のコードはこれら〈庵主〉の政界冒険物語の準主役たち以外にも、〈庵主〉の親交の輪が際限なく拡がっていることを強調する機能を持つのである。

なお、特殊な表現として『百魔』の第十六章「異郷の天地に星一氏と遇ふ」に、「庵主が端なく米国に用務が出来て、時の農商務次官藤田四郎氏と帝国大学の教授理学博士箕作佳吉氏と共に、横浜からチヤイナ号と云ふ船に乗つて米国に渡航し」〔百、一一五〕たというディスクールがある。これは、歴史的な事実としては偶然同じ船に乗り合わせて知り合ったものであるが、あたかも同じ用務のために一緒に渡米したかのようないい回しになっている。

このディスクールは物語の筋とは何の関係もないもので、書かれなかったとしても物語の展開には一切影響しない「**テキストの余剰**」である。それを敢て書くのは、**栄光浴**の効果を狙ったものと理解できるであろうし、延いては**栄光浴**というコードが存在する意味も自明になるであろう。

教説というコードは、〈庵主〉と政界要人との対話の中で、〈庵主〉が相手に説き聞かせる長広舌の意見表明として提示されるもので、二十箇所あまり見出せる。多くの場合、対話のテーマとなっている事項に関して、その歴史的経緯を延々と〈庵主〉が語り続ける。「黒田清隆との初対面」では黒田首相が王政復古の意義を説諭され〔俗、三七〜四〇〕、「決死の苦諫伊藤公に自決を迫る」では韓国統監伊藤博文が韓国保護をめぐる日露関係の歴史を長々と説かれた〔俗、二二八〜二三四〕揚句、続いて有史以来世界中で起こった暗殺の歴史を聞かされる〔俗、二三八〜二三九〕。伊藤は「悪政党撲滅論」においても、伊藤自身が明治憲法起草者であるにもかかわらず、〈庵主〉から憲法の趣意から始まって政党への悪罵を延々と聞かされる〔俗、三〇八〜三一二〕羽目に陥る。山縣有朋は「反対党も陛下の寵臣」の章で板垣退助や大隈重信に対する長州閥政府の冷遇について何度も諫言を受ける〔俗、五八二〜五八八〕し、大隈重信は「大隈内閣、寺内内閣、政党の罪悪」で〈庵主〉の天皇論を肇国の昔まで遡って教えられるのである。このように**教説**というコードに分類されるディスクールでは、〈庵主〉が政界の大立者に対して説教を垂れ、大立者たちは反論もできず〈庵主〉の説教の前にひれ伏すしかない。〈庵主〉は明治政界を動かしてきた最高権力者たちに対して、指導誘掖する智者として表現されているのである。

蛮勇というコードは、〈庵主〉が自身の家庭や生命をも顧みず国事に尽瘁する人物として描写する機能を担っている。「決闘介添事件」では、自由党の某と帝政主義者の某とに決闘をそそのかす場面で、〈庵主〉は「夫がイヤなら僕と決闘を仕給へ、今でも相手をするよ」〔俗、二四〕と豪語する。「生首抵当事件」では「我讎敵とする大臣の首を取つて、自分は自刎する積りであるから首は二つ共貸主へ無断提供の覚悟をして、阿修羅王の荒れ廻る程荒れたのである」〔俗、五〇〕と、若き日の自分を回顧してみせる。同じ章で「当時庵主には、警視庁が付けて居る巡査が昼夜とも二人宛であつ」〔俗、五四〕たと、警察にマークされる危険人物ぶりをアピールするディスクールもみられる。同様のディスクールは「雌伏して風雲を狙ふ新聞売子」でも「庵主等は何としても、藩閥政府が暴政を施き、悪政を行ふから、夫が気に入らずに、度々の詰まり狙撃《ねらひうち》に殺すの外道ないと云ふ手段に出たのである」〔俗、八五〕と物騒な表現をしてみせる。これらと同工異曲のディスクールが、『其日庵叢書第一編』や『百魔』における回顧談にも頻出することはいうまでもなかろう。

また先に**藉口**のコードでみた「決死の苦諫伊藤公に自決を迫る」で、「庵主は懐より長船則光の短刀を出して「テーブル」の上に静かに置いて」〔俗、二三四〕伊藤に自決を要求したとされる場面は、**蛮勇**のコードの典型であろう。同じ章で、自身の婚礼の席で「此杉山の家は、拙者一代で滅家させるのである、妻を迎へるのは、父母を定省する為めである、子が出来たら、男子は坊主になす事、女子は他に嫁せしむる事、拙者は朝鮮が日本の有になつた時に死ぬるのである、妻は祖先と、父母と、拙者の墓を守つて、其墓畔で死ぬるのである、其妻の死と共に、此杉山の家名も、祭祀の礼も、廃滅するのである」〔俗、二一九〜二二〇〕と宣言したのも、朝鮮を取るという国事のためには家をも犠牲にする覚悟を持っていた国士としての〈庵主〉を印象づけている。しかし同時に〈庵主〉の粗暴さ、乱暴さもこのコードで強調されるところは、**清廉**のコードで礼節を弁えた人物として印象づけがなされていることとは対照的である。

なお、前節で捏造であることを論証した『百魔』第十一話の衆議院議員監禁事件は、シークェンスとして**蛮勇**の印象づけが提示されたディスクールとみることができよう。

易々事と名づけたコードは、**輿望**のシークェンスの内部でしばしばみられる。難問の解決について相談を受けた〈庵主〉が、容易いことであると豪語するディスクールで、「児玉、後藤と台銀問題」の章での「台湾銀行の実施的の事位は、訳もない事である」〔俗、三三八〕といい、「公然たる賄賂収容銀行兼賄賂行使銀行」の章では京浜銀行の仕末について「出来るよ……訳もない事ぢや」〔俗、三九八〕といい、「伊藤公の霊に捧ぐ」の章では日英同盟の実現を「御両君の、御決心さへ確実であれば、日英同盟は何でもありますまい」〔俗、四五四〕といい、「電車市有問題」の章でも「市有を成立させる位は、何でもないよ」〔俗、五九四〕と豪語するのである。これらは〈庵主〉の智謀、先見性、洞察力などをアピールする機能を担っているディスクールである。

同様に**輿望**のシークェンスの内部には、先に言及した**威服**というコードがしばしばみられる。このコードは〈庵主〉が相談事の依頼主に対して服従を要求するディスクールを示し、先に引用した「決闘介添事件」や「電車市有問題」における諸条件の提示のほかにも、「生首抵当事件」で佐々友房らを救済する方策を案じる場面で「併し一つの条件がある。夫は計画主が僕である以上は、何事に依らず此事の成功するまでは君方は長谷場、臼井と協議し、僕の云ふ通りに働かねばならぬ」〔俗、六三〕と服従を要求しているし、「戦後の大経綸満鉄の創立」では満鉄創立計画を児玉源太郎から託された際に「今後の露支の事業は、今までのやうに官憲斗りの仕事でなく、最も密接に国民を引入れての計画でなければ、此緊張味を継続する事は出来ませぬと思ひ升。夫は此鉄道斗りでなく、何事にでもソウでなければならぬ事を閣下は御承知にならねばイケませぬ」〔俗、五四三～五四四〕と、引き受ける条件を提示している。また「寺内、原、加藤、田中」の章でも、山縣有朋から寺内正毅首相に引導を渡す役目を命ぜられた〈庵主〉が、「此内閣の後継者を御下問になった時、閣下御一己の思召で又藩閥の人を御推薦になるやうな事があれば、私はモウ決して寺内に此忠告は致しませぬ。……此は単に閣下と私との間丈けに於て、閣下の思召丈けを伺うて置きたい」〔俗、六四〇〕と見返りを要求している。**威服**のディスクールは、〈庵主〉の要求する条件に従うのであれば、必ず依頼事は成就することを印象づける機能を持つものである。

衒学というコードで括られるのは、〈庵主〉の智識や教養の豊かさを印象づけるディスクールである。内外の古典や歴史、権威ある学説などを引き合いに出してその内容を長々と語るが、〈庵主〉の事績とは直接に関係のない「**テキストの余剰**」に過ぎないことが多い。また語りの中にしばしば英単語が用いられるのも**衒学**のディスクールである。「背汗三斗」では地球の成り立ちを物理や化学、地質学などの知見から語り、アリストテレス、ミル、ルソー、ダーウィンといった碩学の名を次々に数え上げ〔俗、七〇～八一〕てみせる。「東亜の大経綸と大官の密議」では、シベリアの資源の豊富さを数字を挙げて説く〔俗、一二二～一二四〕。「児玉、後藤と台銀問題」や「伊藤公の霊に捧ぐ」では中国の『戦国策』からエピソードを拾い上げて〔俗、三三二～三三四、四四二～四四六〕饒舌をふるい、「日露開戦」ではナポレオンの対英戦争の歴史に始まり、トルストイの引用が続き、インドの尊者の伝説に終っていて〔俗、四七二～五〇四〕、事績を語るのが目的なのか、知識教養を衒うのが主眼なのか判断に苦しむほどである。英単語の使用はいちいち章題を記さないが、「（デーライト）即ち日の出」〔俗、二五〕、「世界の「クリエーション」に依て」〔俗、七四〕、「ハーフ・センチユリー（半世紀）」〔俗、二九〇〕、『カストム・ハウス』（税関）の役人」〔俗、四二三〕、「アツプライズして」〔俗、四九八〕、「デベロツプして」〔同〕といった具合で、『俗戦国策』だけではなく、『百魔』などでも数え切れないほど見出すことができる。

外にも、外国人との人脈をアピールする**外国人脈**のコード、他者との違いを強調して自身が凡百の人物ではないことを印象づける**差異化**のコード、他者を悪者にすることによって〈庵主〉を正義漢と印象づける**讒言**のコード、〈庵主〉の洞察力や先見性を印象づける**予言**のコードなどが見出されるが、量的にはさほど多くないものであり、煩瑣にわたるので省略する。

頓知問答・謎かけと戯画化：コードから成るシークェンス

頓知問答というシークェンスは〈庵主〉と他者とのダイアローグであり、交互に現われる**謎かけ**と**戯画化**という二つのコードによって構成される。**謎かけ**は〈庵主〉の発言、**戯画化**は対話相手の発言として表現される。以下に一例を示す。「牢記せよ国難に当れる先輩の苦心」の章の、〈庵主〉が桂太郎首相に日露戦争を終結させるよう勧説する場面である。引用が長くなるので〈庵主〉の発言部分は大幅に省略している。また桂太郎の発言には傍線を付している。

ソコデ庵主は桂に向つて、昨夜来の顛末を、落もなく咄して、

「今日は断然、日本から媾和を申込む、間髪を容れざる、絶好の時機と存升」

と云ふと桂は、

「何所に媾和を申込むのじや」

「米国に申込むので厶い升」

「エー、ドウして米国に申込のじや」

「夫は米国は、日露の勝敗を見ゆるまでは、黙して居升が、日本が勝つと極まれば、世話が焼きたうて〳〵溜らぬので厶い升、其事情は、私の友人の、金子堅太郎子は、能く存じて居升、私も夫を能く存じて居升」

「ムウ……媾和の時機に付いては、独乙の公使が、小村に何か云うたと云うて居たぜ」

「夫は大間違で厶い升（略）日本が、奉天戦の決勝点を抑へた以上は、米国は、向ふ見ずにでも、世話をするに相違厶りませぬ」

「ムウ……今日が媾和の時機じやと云ふ、君の意見はドウじや」

「（略）此奉天戦を限りとして、日本は人道上の問題に、ヒツクリ返つて、夫にからみを付け、米国に訴へて、戦争の惨事を、休止するの方針を取るが、一番よいと思ひ升」

「戦ひ勝って〳〵と云ふが、世界の目から見たらば『ハルビン』まで行かねば、勝つたが勝つたに、ならぬでないか」

「夫は計算が違ふと思ひ升（略）今が分岐点じやと存升」

と云ふと桂は、

「今ソンナ事を云ひ出しても、児玉等は中々承知せぬぞ」

と云ふから、庵主は一層膝を進め、

「閣下此一大事は、児玉将軍の諾否などを、顧るやうな、一小事では厶りませぬ（略）私は児玉将軍は、閣下と共に、総てを犠牲として、即時に御同意になると思ひ升」

「君は児玉に何事か云うて遣つたか」

「ハイ……コンナ暗号電報を打ました」

と昨夜の電報原稿を示したら、桂はヤ、暫く之を審読して、大変な顔をして居たが、曰く、

「君は此原稿を山縣に見せられたか」

「イヤまだお目に掛けませせぬ」

「ムウ、小村は困るであらうナア」

「此問題は、小村外相が困られようが、閣下がお困りにならうが、寸時も辛棒の出来る事では厶りませぬ（略）」

と息を詰めて、桂の顔を睨み詰めて居たら、桂は直ぐに、給仕を呼んで、小村外相に電話を掛けて呼ばれた、其時は午後の一時頃であつた。〔俗、五二四～五二九〕

このシークェンスでは、〈庵主〉が桂の予想していないことを次々提起し、その度に桂は〈庵主〉の発言をただ

ちには了得できていないことを露呈し続ける。〈庵主〉が桂に**謎かけ**をし、それを了得できない桂の姿が**戯画化**されているのである。**謎かけ**のコードは、**易々事**と同様に〈庵主〉の智謀の冴えを印象づける機能を持ち、**戯画化**のコードは対話の相手を主体性に欠けた無能な人物としてカリカチュアライズすることにより、〈庵主〉の智謀をより際立たせる機能を担っている。この二つの機能が交互に繰り返されることで構成された**頓知問答**のシークェンスは、ひたすら〈庵主〉にその智謀を語らせるための機能を持つ。そのため、**戯画化**される対話相手は、〈庵主〉の発言のたびに合いの手を入れて、〈庵主〉の言説の継続を促す役回りである。右の引用では〈庵主〉の発言をかなりの部分省略したので対話が成立しているようにみえるが、実際の本文では**教説**のコードに該当する長広舌も出てくるから、実はこの両者は対話を行う関係にあるのではなく、〈庵主〉の一方的な饒舌と、間の抜けた合いの手を入れる聞き手の関係に過ぎない。対話はただの形式である。このため**頓知問答**のシークェンスにおける対話の相手は、引用した章での桂太郎であろうが、児玉源太郎であろうが、あるいは山縣有朋であろうが、誰であっても同じようなキャラクターとして表現されることになる。こうした構成のシークェンスを作り上げるために、『俗戦国策』の特徴である直接話法の多用が活かされている。直接話法による語りを用いなければ、このようなシークェンスとその機能を表現することはできなかったであろう。

頓知問答のシークェンスは、外に「悪政党撲滅論」における鳩山和夫との対話、「日露開戦の魂胆」で児玉源太郎が井上馨へ協力するよう〈庵主〉に働きかける場面での児玉との対話、「公然たる賄賂収容銀行兼賄賂行使銀行」における佐々友房らと〈庵主〉の京阪鉄道出願をめぐる対話、「伊藤公の霊に捧ぐ」における日英同盟締結のための秘策を〈庵主〉が児玉源太郎と桂太郎に授ける場面、「日露開戦」における日英同盟改定に関する〈庵主〉と桂太郎の対話、「戦後の大経綸満鉄の創立」における後藤新平担ぎ出し工作のための〈庵主〉と児玉源太郎の対話、「電車市有問題」における桂太郎と〈庵主〉との対話、「大隈内閣、寺内内閣、政党の罪悪」における〈庵主〉と大隈重信の後継内閣をめぐる対話などに見出すことができる。

『俗戦国策』が意図したもの

以上のように『俗戦国策』には、主人公〈庵主〉の人物像を印象づけるための、さまざまなディスクールが埋め込まれている。シークェンスはそれを劇的に描き出す。コードはさりげなく、しかし執拗に繰り返される。コードの中には、語られている物語の進行には何の役割も持たず、ただ〈庵主〉の人物像を印象づけるだけのために存在する「**テキストの余剰**」さえもある。これらが指し示す〈庵主〉の人物像とは、智謀に優れた人物、金銭に恬淡とした無私無欲の人物、権威に屈従しない人物、政界の最高権力者たちさえも一目おく人物、他者の輿望や倚藉に応え信頼を裏切らない人物、国家と正義のためには蛮勇を揮うことを恐れない人物といったところであろう。そして『俗戦国策』は自伝契約の外形を持つから、主人公〈庵主〉の人物像は著作者である杉山茂丸という実在に還元される。このことは『俗戦国策』という著作に籠められた杉山の意図を浮き彫りにするであろう。彼は著作の中で自ら「国士」と名乗るが[39]、『俗戦国策』で印象づけようとした〈庵主〉の人物像、すなわち杉山茂丸の自画像とは、まさしく自分自身を「国士」として印象づけるために必要であったのだ。それをひとことでいいあらわすなら、自己宣伝という以外にない。そして杉山の自己宣伝が、何も『俗戦国策』において初めて試みられたものでないことは、シークェンスやコードが、彼の他の著作にもしばしば見出せることから明らかであろう。彼は著作活動の多くを、自己宣伝のために費やしていたのである。しかも彼は、自分自身を「世の中に名を出す事が大の嫌ひ」な人物であると宣伝しているのであるから、欺瞞的といわねばなるまい。

ここでわれわれは、小倉孝誠の論文「自伝の構図」の一節に注目する必要があろう。小倉は「そもそも自伝作家はつねに、多かれ少なかれ強烈な自意識と自己の生にたいする肯定的態度を有している人間」であり「慎み深さや謙虚といった美徳とは本来無縁の存在なのだ」と指摘し、自伝行為がもたらす虚栄や快楽を剔抉している。[40] 実際、「世の中に名を出す事が大の嫌ひ」なはずの人間が、何を好んで二十年もの長期に渉って、間断なく自己の事績を語り続けるわけがあろうか。むしろ杉山とは自己を語ることの虚栄と快楽に惑溺した人物であったし、自己を宣伝することは彼にとってレゾンデートルのひとつでもあったのだ。杉山は自身を次のように定義づけていた。

おれは昔から考があつて、月給を取らず、金もーけをせず、財産もなにもない、かわりに、顔を売つて、世の中に立つて、天下に名を知られて居る、男である（大正元年十月十九日付森あや宛杉山茂丸書翰[41]）

これは杉山が森あやという彼の隠し子に宛てた書翰の一節である。「顔を売」ることによって「天下に名を知られて居る」のだと豪語するあたり、名前を売ることが自分の存在の基盤であるという杉山の自己認識が表出している。実の娘に宛てた極めて私的な書翰であるがゆえか、ここには謙徳の意識はかけらもなく、彼の凄まじいまでの自意識がむきだしになっている。にもかかわらず杉山は、「自己の関係した事を、世に公けにした事は、今日まで一度もない」などと空々しい嘘をつくのである。

『俗戦国策』とは杉山茂丸の自画像である。しかしその自画像は、さまざまな装飾を施された仮面を被っている。彼を真実の「土龍《もぐら》」と呼び得るとすれば、常に仮面の下に素顔を隠しているという、その一点に尽きる。彼はその仮面の裏側で何を考え、何を求めていたのだろうか。アーヴィング・ゴッフマンはいう。「パフォーマーは、自分にとって利益になる、オーディエンスにはかくされた、しかも自分の活動についてオーディエンスにもってもらいたいと彼が希望している見解とは矛盾する活動に、携わることがある」[42]と。『俗戦国策』という物語の裏面に潜んだ、杉山の「利益になる」活動とはどのようなものであったのか。それを探るのは、次章以後の課題である。

（1）前坂俊之「明治国家の参謀　杉山茂丸の「もぐら」人生」『歴史街道』一五三、二〇〇一年、九六頁。
（2）坪内隆彦『維新と興亜に駆けた日本人』展転社、二〇一一年、二六二頁。
（3）与那原恵「「政界の黒幕」杉山茂丸との交友」『東京人』二二（一二）、二〇〇七年、七〇頁。
（4）堀雅昭『杉山茂丸伝《アジア連邦》の夢』弦書房、二〇〇六年、八頁。
（5）前田蓮山『星亨伝』高山書院、一九四八年、一九二頁。
（6）西原和海「あだ名はホラ丸：近代史の落丁・杉山茂丸」第十三回、西日本新聞、一九九〇年六月二十日。
（7）西尾陽太郎「杉山茂丸小論」『日本歴史』二三八、一九六八年、六一～七二頁。
（8）有馬学「杉山茂丸における〈記憶の場〉」『彷書月刊』二三九、二〇〇五年、一三頁。
（9）一又正雄著、大畑篤四郎編『杉山茂丸　明治大陸政策の源流』原書房、一九七五年。
（10）「杉山茂丸論ノート」は⑴及び⑶から⒀までが『研究紀要』（東筑紫短期大学。巻号及び発行年は⑴が一一号、一九八一年。⑶から⒀が一二～二二号、一九八二～一九九一年。）⑵が『海外事情』二九（三）、拓殖大学海外事情研究所、一九八一年。⒁から㉑が『東筑紫短期大学研究紀要』（東筑紫短期大学。巻号及び発行年は二三～三〇号、一九九二年～一九九九年）。なお⑴～⒂には「政治的黒幕の研究」という副題が付いている。
（11）杉山の著述活動については、室井の業績をもとに遺漏を補い、年譜としてまとめた拙稿「杉山茂丸〈百魔〉の書誌と著作年譜」『民ヲ親ニス』四、夢野久作と杉山3代研究会、二〇一六年、六八～一三三頁を参照。
（12）室井廣一「杉山茂丸論ノート⑸」『研究紀要』一四、東筑紫短期大学、一九八三年、七三頁。
（13）「第十二回帝国議会衆議院議事速記録第十六号」『官報号外』明治三十一年六月十一日、二一～一〇頁。
（14）同前。
（15）同前。
（16）伊藤之雄『伊藤博文　近代日本を創った男』講談社、二〇〇九年、四〇〇頁。
（17）前掲「第十二回帝国議会衆議院議事速記録第十六号」二一～一〇頁。
（18）太宰隠士「其日庵過去帳　男爵藤田伝三郎㈠」『九州日報』大正七年七月二十一日。
（19）高宮太平「黒頭巾の怪物・杉山茂丸」『特集文藝春秋　三代日本の謎』文藝春秋新社、一九五六年、一三九頁。

(20)杉山茂丸「其日雑譚十五　雨か風か」『九州日報』大正五年十一月九日。
(21)『後藤新平文書デジタル版』資料番号24002「台湾事業公債と杉山茂丸氏」。筆者による翻字。英文はJACAR（アジア歴史資料センター）Ref.B11090716200。
(22)井上馨侯伝記編纂会編『世外井上公伝第四巻』内外書籍、一九三四年、七八一〜七八七頁。
(23)『横浜&バンクーバー　太平洋を越えて』横浜開港資料館、二〇〇五年、一〇頁。
(24)杉山茂丸口述「米国に於ける外債事件顚末（続）」『東京朝日新聞』明治三十五年三月八日。
(25)「米国航船出帆表」『横浜貿易新聞』明治三十四年四月二十八日。
(26)杉山茂丸口述「米国に於ける外債事件顚末（続）」『東京朝日新聞』明治三十五年三月五日。
(27)前掲「米国航船出帆表」。
(28)宮内庁『明治天皇記　第十二』吉川弘文館、一九七五年、三九二頁。
(29)この章題は同書目次による。本文の見出しでは「寺内・原・加藤」と表記されている。内容的には寺内内閣から田中内閣まで言及されているので、目次の表記に従うのが正しいと判断した。
(30)麻田雅文『シベリア出兵　近代日本の忘れられた七年戦争』中公新書、二〇一六年、一五四〜一六二頁。
(31)もちろん、こうした科学的な事実の存在は、杉山が意図的な嘘をついている可能性を緩和する意味を持ってはいても、それ以上のものではない。むしろ杉山の言説を無批判に受容することへの戒めとして作用するものである。
(32)野家啓一『物語の哲学』岩波現代文庫、二〇〇五年、一一八頁。
(33)同前、二七八頁。
(34)フィリップ・ルジュンヌ『自伝契約』花輪光監訳、水声社、一九九三年、五〇頁。
(35)前掲拙稿「杉山茂丸〈百魔〉の書誌と著作年譜」七〇〜七五頁。
(36)ウラジーミル・プロップ『昔話の形態学』北岡誠司・福田美智代監訳、白馬書房、一九八三年、三一〜四〇頁。
(37)太宰隠士「其日庵過去帳　杉村濬」上・中・下『九州日報』大正七年六月四日、五日、八日。
(38)ロラン・バルト「物語の構造分析序説」『物語の構造分析』花輪光訳、みすず書房、一九七九年、一七頁。
(39)たとえば『俗戦国策』では二二頁、『百魔』では二四頁を参照。

(40) 小倉孝誠「自伝の構図」『人文学報』二四六、東京都立大学、一九九三年、五二頁。
(41) 浜田雄介・鈴木優作・市地英「成蹊大学図書館所蔵　杉山茂丸書翰　翻刻と考察」『成蹊人文研究』二八、二〇二〇年、四八頁。
(42) アーヴィング・ゴッフマン『行為と演技』石黒毅訳、誠信書房、一九七四年、四八頁。

第二章　単騎世に出づ

第一節　神話から現世へ

点と点の痕跡

杉山茂丸は幕末の元治元（一八六四）年八月十五日に出生した。これは杉山自身が著書の中でそう明言した（続、三四九）ことだが、これを事実として立証することはできるであろうか。摩訶不思議とでもいうべきか、いわば単純な事実にすぎない出生日ですら、杉山の言説には信憑性が伴わない。嫡孫の杉山龍丸が公表した杉山家の戸籍謄本によれば[1]、杉山茂丸は文久三（一八六三）年九月十七日の出生とされているのである。杉山の言説が悪意なき誤認であるのか、戸籍の記載に誤謬があるのか、いずれであったにせよ、この齟齬は彼の言説が信頼に値せざるものであることを巧まずして象徴している。

前章第一節で指摘したように、杉山茂丸に関する信頼すべき史料は極めて乏しい。管見の限りではあるが、彼の名が史料に登場するのは、福岡の旧山家宿の満生家に残されていた『明治十年七月工商願控』中に「酢醤油販売杉山茂丸」と記されているのが最も古いものである[2]。これに続くのが、明治十九（一八八六）年二月二十四日の福岡日日新聞に掲載された彼の投稿「新聞紙ノ読方ヲ論ジ併セテ青年諸士ニ政治思想ノ乏シキヲ嘆ズ」である。杉山の出生日を、公証性を持つ戸籍上の日付と措定するなら、三つの「点」によって記された痕跡以外に、出生から二十二歳ごろまでの彼の足跡の証となるものはない。

杉山の父三郎平の名を史料に求めると、明治六（一八七三）年のいわゆる筑前竹槍一揆に際し、遠賀郡芦屋町近傍で一揆勢の鎮圧に従事した事実が確認できる[3]。また明治九（一八七六）年には第五大区（遠賀郡）第三小区の二等副戸長に任命され福岡県官吏に就いたことが知られる[4]。これらの事実は、杉山茂丸が父とともに芦屋町に在住していたことを推認させ得るであろう。

二次文献を参照するなら、芦屋から山家に移った杉山家が、宿場医であった加島家に寄寓して零細な賃仕事で生計を立てていたこと、その後山家の西に隣接する夜須郡の二村《ふた》（現朝倉郡筑前町二《ふた》）に移り、敬止義塾を開いたことなどが知られる(5)ほか、杉山茂丸が一時期筑紫小学校の代用教員になったという証言(6)も存在する。

こうした点と点の間に刻み込まれた痕跡以外には、杉山茂丸の二十年あまりの人生を語る材料は存在しない。にもかかわらず、われわれは杉山のその二十年について、さまざまなことを知っているように思い込んでいる。否、われわれは杉山茂丸の言説によって、そう思い込まされてしまっているのだ。

いわばこの時代は、杉山茂丸の「神話」の時代である。この「神話」世界の物語は、しばしば現実界に侵入して混淆を企てる。虚実の境目は曖昧になり、われわれは時に、存在するはずもない「神」の姿をみたような幻覚に囚われる。「神」のことばを伝える審神者《さにわ》は、しかし当の杉山茂丸その人である。身構えねばならない。虚実の境に目をこらすことが、ここでの目的である。

神話のはじまり

杉山茂丸の出生という「点」から、次の山家在住期という「点」までの間には、父三郎平による藩主への直諫と勘気を蒙っての謹慎被命、遠賀郡芦屋村への移住、藩主の太刀持ちに召し出されて茂丸の名を拝領といった、杉山茂丸幼少期の出来事としてしばしば言及されるエピソードがある。これらは杉山茂丸によって語られ、杉山茂丸以外には誰も語らなかった物語であって、歴史上の事実として論証されているものではない。杉山家の芦屋在住は事実として確認できても、城下から移住した経緯やその時期などは、当の杉山が語ったいくつもの物語が互いに**自己言説矛盾**の凝塊を形成していて、信頼性は皆無である。たとえば『百魔続篇』一冊をみるだけでも、杉山は三つの章で芦屋移住に言及しているが、あるときは帰農在住の藩命によるもの〔続、三五〇〕であるといい、あるときは直諫と謹慎を移住の前提〔続、一一九、二六四〕に語る。直諫の時期についても、あるときは廃藩置県が実施されたときといい〔同〕、あるときは維新前のこと〔続、二六三〕と語るのである。他の著作で語られたものもあわせみるなら、ほとんど混沌状態と評するしかない。(7) すなわちこれらは、論理的整合性を要求すること自体を不見識と考えざるを得ない神話世界の物語なのである。

杉山が茂丸という名を藩主から与えられたという言説も、右の芦屋移住の時期とともに検討するなら、実に不可思議なものである。彼はそれを「七歳の時」〔百、七〕すなわち明治三（一八七〇）年のことだというのだが、それを杉山家の芦屋移住を明治三年とする言説〔続、三五〇〕と接合した場合、城下を離れること五十キロメートルの芦屋の地から、七歳の小児がどのようにして勤番を務め得たのかという問題を惹き起こすであろうし、移住を明治四（一八七一）年とする言説〔続、二六四〕と接合するなら、それは杉山の父三郎平が閉門の処分を受けていたという言説とも接合するから、被処分者の一子が君側に召し出されるという到底あり得ない物語を生み出してしまう。すなわちこれもまた、杉山によって語られた神話物語である。

もちろん、七歳前後までの幼児期のことであるから、杉山の記憶がどれだけ確乎としたものなのかは疑問とせざるを得ないし、父母から聞かされた物語に依存する部分も多かろうから、これらの言説の矛盾をことさらいい立てることにあまり意味はない。より重要なのは、山家在住期という二番目の「点」と、明治十九年に刻まれた三番目の「点」との間について、彼が著作で語ったことである。そこには、われわれが杉山茂丸という人物に対して抱かされているイメージを形成するための、多くの神話物語が積み重ねられている。

テロリスト志願

そのおよそ十年間について、杉山自身が語った彼の閲歴を簡単にみておこう。

香月恕経の演説を聞いたことによって政治的に覚醒した杉山は、農閑期に全国を遊歴し、山岡鉄舟の門下に入り、やがて藩閥政治を憎んでその首魁を討つことを決意する。それを実行するため、杉山は未知の佐々友房を頼って熊本へ赴き、そこで佐々が愛蔵していた書幅を破り捨てるという蛮行に及ぶが、かえって佐々の信を得て金を借り、上京する。東京での杉山はさまざまな国事犯的活動によって警察から追われる身となる。杉山はある政府高官を暗殺しようとして面会に成功したものの、逆に説伏されて自身の非を悟る。その後一旦北海道に逃げた杉山は、偽名を使って戻った東京で頭山満と出会い、福岡に帰郷して玄洋社のために働くことになる。

こう書くと、いかにも杉山のおよそ十年間の閲歴が一望できるかのようだが、これは杉山がさまざまな著作の中で好き放題に語ったことを、明治十九年には福岡に戻っていたという事実を基準点として、遡行しながら筋道が通るように構成してみただけであって、彼の著作の内容それぞれは、例によって矛盾が矛盾を呼ぶ状態のまま語り捨てられている。

山岡鉄舟の門に入ったという言説をみるなら、それを彼は明治十三（一八八〇）年のことで、京都で閑居していた山岡を訪問したのだというのだが、山岡鉄舟は明治五（一八七二）年から侍従となって同十五（一八八二）年に致仕するまで宮中勤めをしており[8]、明治十三年には宮内省大書記官兼皇后宮亮という重職にあったのだから[9]、到底こんなことがあったはずがない。また書幅破棄をめぐる佐々友房とのエピソードは、すでにみたとおり典型的な**アノミー**のシークェンスで作り物臭が芬々としている。そして佐々友房から金を借りて上京して以後の出来事に関する言説は、支離滅裂といっても過言ではない。たとえば、同じ明治十七（一八八四）年十二月ごろという設定の下で、ある言説では脚気衝心で大磯に転地療養していた〔俗、五〇〕といい、別の言説では手下の者に「誠の男の働き振り」をみせるために新聞売りとして東京中を走り回っていた〔俗、八八〜九六〕というのだから恐れ入るしかない。また、警察に追われて豆腐屋の煙突の中に隠れたという逸話では、巡査をやり過ごしたあと「夜の中に八丁堀の炭積船に金を遣つて、甘く談判して乗込み、今日の如く水上警察も整備して居ない時だから、無事に出帆して伊豆の下田に往き、兎や角東海道から神戸に出て多度津に渡り、金比羅参りをして伊予の松山に往き、夫から漁船に乗りて対州の厳原に往き、釜山に往き、仁川に行つて京城に入り、難なく縲絏の耻かしめを免かれ」〔其、三三〜三四〕たのだという。お尋ね者が呑気に金比羅参りをした揚句、朝鮮国の首府までいったというのだから、ただただ呆れるしかない。金も続かないだろうし、半年や一年はそれだけで過ぎてしまうに違いない。これはいうまでもなくただの作り話であろう。

杉山は東京へ出てからの自己の行動を、テロリスト志願者、国事犯のお尋ね者としてイメージされるように造形し続けている。それが彼の考える国士像だったのであろう。杉山は「阿修羅王の荒れ廻る程」〔百、一〕と自己を擬神化するほど、イメージ造形に執着していた。その典型のひとつが、一般に伊藤博文暗殺未遂事件として知られている当時の杉山の逸話である。

伊藤博文の首

多くの杉山に関する伝記的な著作において、このエピソードは一般に次のようにいわれている。曰く、伊藤博文暗殺をこころざした杉山茂丸は、佐々友房から借りた金で上京し、山岡鉄舟からもらった紹介状を懐にして伊藤博文に面会し、その秕政を厳しく糾弾したところが、逆に説伏されておのれの誤りに気付いた、と。これは杉山の青年期における事績のハイライトといってよかろう。杉山という人物を紹介する際には、必ずといってよいほど言及されるエピソードである。

しかし、なぜわれわれはこのエピソードを、杉山茂丸が伊藤博文の暗殺を試みて果たせなかった事件と思っているのだろうか。杉山は、『其日庵叢書第一篇』の「借金譚」と『俗戦国策』とで、この事件について語っているが、この二篇の物語の中で、彼が山岡鉄舟に紹介状をもらって面会した相手が伊藤博文であったとは、一度たりともいっていない。これはわれわれの認知上のバイアスである。

杉山がこの物語をどう語っているのかを振り返ってみよう。「借金譚」第四席では、「或る大臣の首」を抵当にして友人から百六十円を借りた〔其、一一一〕といい、第六席でも「午前八時に其の首を覗つて居る、大臣の官邸に出掛け」、ようやく面会して難詰すると「大臣は、所有《あらゆる》政府の書類、電報の翻訳文又、規則、或時は、勅語などを持出し」ていちいち杉山の難詰に対する説明をした〔其、一二四〜一二八〕のだという。杉山は一貫して「大臣」というだけで、人名は伏せられている。それは『俗戦国策』でも同じで、「山岡鉄舟先生に依つて添書を貰ひ其大臣に面会を求めた」〔俗、五〇〕といい、「庵主は其大臣の慰諭を受けて其官邸を立去つた」〔俗、五二〕と書くのみで、伊藤博文の名前など、どこにも書かれていないのである。

ただ、杉山がその「大臣」を伊藤博文と読者に思わせるように書いていることは間違いない。ことに『俗戦国策』では、当該章の「生首抵当事件」の冒頭に「斯る暴威の発源は、主に長藩の伊藤、井上、山縣であると思うたに相違ない」〔俗、四三〕と書いて、暗殺のターゲットがこの三人のいずれかであるということを示唆しているし、大臣に面会して一二ヶ月のちに佐々の使いの人物の訪問があって、「佐々の処に総理大臣の秘書官井上毅氏より手紙が来た。其趣は、貴下が山岡鉄舟氏の添書を以て総理大臣に面会せられた顚末を、総理より井上氏が聞かれ、井上氏は山岡氏を訪問し」云々ということを告げられた〔俗、五三〕と書かれている。ここで「総理大臣」と書くことによって、名前を出さずともそれが伊藤であることを強く印象づけていることは疑いない。初出雑誌と単行本に使用された細木原青起の挿画も、ことさらに伊藤の似姿を描いて印象付けを狙っている。

杉山が伊藤博文を名指しして、右のエピソードに近いことを書いたのは、伊藤がハルビンで横死した際に『サンデー』五十号に寄稿した「憶伊藤公爵閣下」という追悼文で、そこには「余は昔日政治上の見解より、数年の間公の首を覗ひたる者なり。当時余は親しく公に面晤して、公に対する満腔の不平と慷慨の所思を開陳することを得たり。而して余が此の公との会晤は余が公の首を数歳覗ひたるの誤解を悔悟せしむると同時に、公も又余等を誤解せしめたるの行動を悔悟せられたるなり」[10]と書かれているから、これが「借金譚」や『俗戦国策』で語られたエピソードの原型であることは推定できる。この文章は「借金譚」よりも早く発表されているから、杉山は何らかの事情があって「借金譚」では実名を隠したと考えることはできよう。とはいえ、伊藤が死去した後に語られた逸話であるから、真実とも虚構とも証明することが不可能な神話世界の物語であることに違いはない。

杉山は自身のイメージ造形に際して、このエピソードを藩閥巨魁の打倒を目指して郷里を出てから頭山満との出会いまでの期間の、狂瀾怒濤の青年期のクライマックスとして位置づけようとしていたことは疑いない。今日、このエピソードは杉山に関心を持つ者にとって語らずには済まされないほど一般化しているから、彼の意図は十二分に成功したといってよかろう。その反面、このエピソードが存在するがゆえに、出郷から帰郷までの、おそらくわずか一年半ほどの短い期間の彼の閲歴には、蔽い難いほどの矛盾が惹き起こされているのである。

国事犯イメージの造形

杉山茂丸が明治十七（一八八四）年夏ごろに郷里を出立〔俗、四四〕してから、頭山満との出会いを経て福岡に帰るまでの時間関係について、室井廣一の研究では伊藤博文との面会が明治十八（一八八五）年二月ごろ、北海道に逃げてから東京に戻るのは同年十月ごろ、頭山と出会うのはそれから間もないころと推定されている。[11]では、杉山はこの一年半足らずの期間に、どのような活動をしていたのだろうか。彼自身が語った物語を、発表された順にたどってみよう。

① 明治四十三（一九一〇）年一月初出の「借金譚　第四席」では「熊本の友達」から金を借りて上京し、目的の大臣の官邸に忍び込んだが留守と判ったので犬一匹を刺し殺しただけで退散したことが語られる。「同　第五席」では、大臣との面会が果たせないまま脚気を発症し大磯に転地療養したのち、翌年一月末ごろに東京に戻って山岡鉄舟を訪ね、大臣への紹介状を書いてもらったことが語られる。「同　第六席」では、大臣との面会に成功したものの説伏されて自分の誤りに気づいたことが語られる〔其、一一一～一三〇〕。この一連の物語では、大臣を暗殺するという目的を果たすための活動をしていたことだけが語られており、大臣との面会以後のことは何も語られていない。

② その六ヶ月後に発表された「辛棒録　第三棒」では、悪事を働いているある役人に対し「終に一命を擲ちて此の暴政を抑止しようと決した、夫から服心のもの四人を率ゐて其事の実行にかゝつた」が、「其の機会が明後日となつた時、庵主等が泊つて居る宿に、他の犯罪を為した客人が有つた為め、警察から手が入り、其掛り合で友人二人丈けフン捕まつて、胴巻に入れて居た書類を皆捲き揚げられて牢に入り、庵主と今一人は東京を逃亡せねばならぬことになつた（略）処が時の警視総監は古今の辣腕家で実に其の警戒の厳重なことは舌を捲く位で、宇都宮までは往つたが、一日の半時も安全を保つことが出来ぬやうになつた」〔其、一二五～一二七〕と語っている。この物語は年代などを推定させる要素が排除されているが、「役人」が「借金譚」で首を狙った大臣であることや、「警視総監」が三島通庸であろうことは推察できる。「借金譚」では語られなかった「服心のもの」の存在に言及されており、この状況設定が次の言説に引き継がれていくことになる。

③ これに続くのが大正六（一九一七）年三月初出の『百魔』第一話である。その冒頭で杉山は、郷里出立から頭山との出会いの直前までを次のように語った。曰く「庵主が佐々克堂氏等と誓約をして、政権を私して国威の宣揚

を沮害する、藩閥の頭を叩かんと覚悟して、故郷を立出で、馬関海峡に陽関曲を高唱して、生還を期せず、急箭の如く東京に乗り込み、阿修羅王の荒れるが如く荒れ廻つたので、忽ち時の政府の厳忌に触れ、鼎鑊斧鉞前後に迫りて、広き大江戸の中に五尺の体の置処もないようになつたのは、明治十七八年の頃、即ち故三島日本銀行総裁の厳父三島警視総監の宰領であつた。幾多の同志は牢獄に繋がれ、刎頸の親友は道途に憤死し、常に志を通ずるの知人も四方に紛散して、運善く庵主だけは、同情ある義客侠婦等の為めに縲絏桎梏の難を免れ、わずかに新聞売をして人目を忍んでいたのである。この時庵主の為めには彼の水滸伝の柴大官人とも云うべき熊本の八重野範三郎と云う長者が、深く庵主の境遇を憫み、佐々克堂氏等と共に庵主を同郷の偉人頭山満なる人に紹介せんと勧めた」〔百、一〜二〕と。ここでは、上京した杉山が同志とともに何らかの過激な行動に走り、そのために警察に追われる身になったことが語られ、初めて三島警視総監が名指しされている。しかし大臣の首を狙ったことは語られていないし、北海道へ逃亡したという言説はまだ登場していない。「新聞売をして」いたという状況設定はのちに『俗戦国策』に引き継がれる。

④同年十一月の「其日庵過去帳　井上毅（上）」では、明治二十年ごろという設定で「当時庵主は刺客四人組として警視庁から睨まれて居たが、一人は遂に捕はれて警視庁第二局に牢死し、一人は現行犯未遂で逃走の途中青森県浅虫で追究された果自殺した、後に残つて居るのは武田祐雄と庵主とであつたが庵主も厳しい捜索に逢つて下宿屋は勿論友人の宅に隠れても居れぬ様になつたので遂々上野山内両大師の側に生ひ繁つた熊笹を時に取つての褥とし、蔽ひ被さつた大木の枝葉の繁に雨露を僅に凌いで其の筋の眼を免れて居た[12]」と述べられている。

⑤同年十二月の「其日庵過去帳　真島幸七」では、時期不明であるが「庵主は当時国事犯嫌疑者として警視庁の追補が実に厳重なので殆んど東京市中に身の置き処がない、夫れかと云つて市外に一歩でも歩み出せば田舎は狭いから直に注目されて捕まつて仕舞ふ、進退谷まつた[13]」とある。時期不明の言説であり、具体性は何もない。

⑥　大正七（一九一八）年八月の「其日庵過去帳　海江田信義（上）」には「当時庵主の身辺には警視庁の警戒が甚だ厳で林矩一と云ふ変名をも更に何とか別な仮名にせねばならぬ程危険が迫つて居」(14)たと述べられている。これも時期不明の言説であるが、林矩一という偽名をさらに変えねばならないというのだから、頭山満との出会いより随分後のことと想定される。なお杉山が林矩一の偽名を名乗ったという言説は、すでに大正六（一九一七）年十一月の「其日庵過去帳　星亨（上）」に登場している。

⑦　大正九（一九二〇）年八月初出の『百魔』第三十三章では、杉山が「憚ながら今お尋の首淩組の棟梁、林矩一（庵主の当時偽名）と云う兇状持」と自己紹介する場面があり、さらに「今の三島と云ふ警視総監は恐ろしい程物の分らぬ官吏であつて、云うても叩いても志士と云う人間の道理が一つも判らず、何でもかでも、俺共をひつ縛らねば承知せぬ蛮性の男である。夫で俺は二ケ月前から追廻されて、とう〳〵天水桶の中にまで寝起をして、どうしても東京の非常線を潜つて高飛をする事が出来ぬ」〔百、二六四〕と続けている。林矩一の偽名を名のりながらも、三島警視総監に追われているというのである。

⑧　大正十四（一九二五）年の『山縣元帥』の「追録」では、「庵主が明治十三年以降、東京で杉山茂丸の本名で色々の悪党斗りを集めて、其頭目となり、自からジヤコビン党と称して、藩閥の頭目と拮抗し、三島通庸と云ふ鬼と呼ばれた、警視総監と戦ひ、見る間に味方の者共は打滅ぼされて、或は牢獄に死し、或は国外に遁れなどして、庵主も終に身の置所なさに北海道に逃亡し（略）東京に帰る船中にて、重病人の胆振の国の農夫、林矩一と云ふ者に出会ひ（略）双方合意の上、彼が所持する当時の身元証明と云ふ物と庵主の所持する物とを取替へたので、此船中より彼は杉山茂丸となり、庵主は林矩一となつて警察の眼をマンマと晦ました」と述べられている。またこれに続いて、林矩一の偽名を名乗った杉山が「又してもく〳〵思ふ存分悪い事斗りをズン〳〵遣つたのである」〔山、三八〇〜三八二〕と語られているのは、偽名使用後にも警察に追われたという右の言説と響き合っている。

⑨　昭和二（一九二七）年六月初出の『俗戦国策』の「生首抵当事件」では、この一年半が総括的に語られる。すなわち「明治十七年の夏頃の事かと思ふ（略）庵主は佐々と袂を別ち、急箭の如く東京に上り、佐々との誓言も糞もあつた物ではない、直ちに我讎敵とする大臣の首を取つて、自分は自刎する積りであるから首は二つ共貸主へ無断提供の覚悟をして、阿修羅王の荒れ廻る程荒れたのである。ソコが田舎出の上に、天性馬鹿を超越した無法者であつたから、見る間に警察の注意人物となつて、三人の子分は、当時鬼総監と云はれた三島通庸と云ふ暴官の為めに引縛られて、三人とも相前後して牢死したのである。庵主は脚気の衝心症に罹つて、永らく大磯の下宿に起臥し、万死に一生を得て、前回の後、又直ちに生蕃式首取に出掛けたが、ドウしても其大臣に面会する事が出来ぬ。ソコデ万策尽きて、山岡鉄舟先生に依つて添書を貰ひ其大臣に面会を求めた」が、説伏されて悔悟する。その後「郵船朝日丸と云ふに三円五十銭で函館までの下等切符を買ひ出帆したが、北海道に居る事九ケ月許りにて東京のホトボリも冷めたとの通知に接し、ソロ〳〵東京に帰る事となつた」が、青森へ向かう船中で林矩一と出会い、「トウ〳〵合意の上、双方が所持する戸長役場の身元証明書なる物を取替へ」、東京に戻って「同郷の頭山翁などへ八重野、佐々の紹介にて邂逅して、共に郷里に帰つ」（俗、四四〜五九）たのだというのである。

⑩　同年七月初出の『俗戦国策』の「雌伏して風雲を狙う新聞売子」には、「丁度明治十七八年前後は、庵主が狂的行為の最も甚だしき時であった。未だ同郷の頭山其他の人々へも面会せぬ頃であったから、純なる独立独行で、自己の生命も、人の存亡も、更らに眼中になく、擦過傷でも政府に負はせさへすればよいと思うて、泡沫野郎と蛆虫書生の本分を盛んに発揮して居る時であつた。ナゼ左様に泡沫的自己を軽んじて緊張したかと云へば、庵主の公敵とも云ふべき、三島通庸は福島県令となり、又栃木県令となつて、専制政府でも躊躇する程の暴威を揮うたのである。当時庵主の所に往来した人は、群馬県の宮部襄であつたが、情報日夜に継いで来るので、マッチ一本でも、全身が燃えるやうになつて居る。庵主及び手下三四人は、皆な二十歳前後の向ふ見ず許りの者であるから、其為す

事も無鉄砲であつた」〔俗、八三〕とある。
⑪　同年十二月初出の『俗戦国策』の「決死の苦諫伊藤公に自決を迫る」では、「庵主等は（略）藩閥政府に対して無益の問題は抜きにして、自らを無煙火薬無声銃に擬して隼の如く東京に駈け上り、直ぐに伊藤、山縣、井上の三巨頭を相手に、首を争うたのである。夫が即ち速成の有志家、注意人物、国事犯嫌疑者の名を庵主が得た訳である」〔俗、二一八〕と述べられている。
⑫　昭和四（一九二九）年二月、単行本出版時に書き下ろされたとみられる『俗戦国策』の「黒田清隆と初対面」では、杉山が「私は国事を憂慮するの第一として、薩長藩閥の官吏を、帝国政権の詐欺師と思うて居ますから……我帝国の政治を純正ならしむるには、第一に是非此詐欺師の征伐をせねばならぬと思ひまして、色々と力を尽しましたのを、政府は私を国事犯にもせず、破廉恥罪を以て捕縛せんと致しますから、偽名までして其捕縛を免れて居る」〔俗、三六〕と、自身の境涯を吐露する場面が語られている。

このように一連の言説を通覧すると、杉山がテロリスト志願者、国事犯としての自己イメージをどのように作り上げてきたのかが明瞭になる。①で語られたのは、犬の刺殺を除けば、大臣暗殺を志していたということだけであり、説伏された結果としてその内心の激情が外部に放散されてはいない。②もまた、悪事を働く役人を襲う計画を立てていたが、突発的な出来事のため未発に終わっている。しかし計画が露見したという状況設定によって、警視総監に追われる身になったことが新たに付け加えられている。これが③になると仲間が捕縛されたことや命を失ったことなどが語られ、いかにも命をかけて官憲と闘っていたかのようにイメージを膨らませていることがわかるが、警察に追われるようになった由縁が具体的に語られているわけではない。⑧では、③で形づくられたイメージをさらに膨らませて具体化し、官憲の追及から逃れるために北海道へ逃げたことや、林矩一という偽名を使うことになった由来が追加されている。⑨は一連の物語の完成形であり、ほぼすべての要素がここに盛り込まれている。

⑩から⑫まではその余滴というべきものである。なお、④では明治二十（一八八七）年ごろという時期が明示され、⑥と⑦では林矩一という偽名に言及していることから、明治十七（一八八四）年から十八（一八八五）年までの物語の後日譚とみなされる。これらの物語においては、彼が帰京し林矩一という偽名の下で行った活動によっても警察に追われるようになったことが示唆されている。

杉山は著作活動の初期から終息期にいたるまでのおよそ二十年間にわたり、この時期のことを何度も語り続けてきたわけだが、その過程でさまざまなエピソードを追加して物語を膨張させてきた。それはあたかも、一棟の家屋に無秩序な増改築を繰り返した建築物のようで、結果としてさまざまな箇所に矛盾を生じさせることになったのである。

テロリストの虚実

その矛盾に関して、真っ先に指摘しておかなければならないのは、警視総監三島通庸によって追われていたという言説である。杉山はこの言説を何度も繰り返し語っているが、三島の警視総監就任は明治十八（一八八五）年十二月二十二日、内閣制度発足のその日である。杉山は明治十九（一八八六）年二月に福岡日日新聞に寄稿した事実があるから、十八（一八八五）年の暮ごろには頭山とともに帰郷していたと推定される。彼が佐々から金を借りて上京し、警察に追われるほど「阿修羅王の荒れるが如く荒れ廻つた」〔百、一〕のが事実だとしても、彼を捕縛しようとしたのが三島通庸でないことは明白である。これは**言説事実矛盾**であるが、むしろ虚言とみた方が当を得ている。おそらく杉山は、国士を弾圧する暴虐な警察権力を象徴させるために三島通庸の名を使っているに過ぎないのだろう。三島通庸は福島県令や栃木県令として辣腕をふるって鬼県令などと呼ばれ、また警視総監に就けば保安条例の峻厳な執行で名を知られた。その「三島通庸と云ふ鬼と呼ばれた、警視総監と戦」〔山、三八〇〕ったのだと自称することによって、杉山は青年期の自分が矯激なテロリスト志願者であり、さまざまな事件に関与して警察に追われる国士であったという「事実」を印象づけることを意図している。いわば逆説的な**栄光浴**のコードがこれらの言説には内包されているのである。

前項に列挙した杉山の一連の言説にはさまざまな矛盾が存在するが、煩瑣を避けて小さな矛盾[15]は等閑に付すとしても、無視するわけにはいかない大きな疑問点がある。それは北海道に遁れた理由、偽名を用いなければならなかった理由である。

杉山が北海道に逃げざるを得なかった理由が、大臣の首を狙ったためではないことは、自明のように思われる。というのは、杉山は平和裡に大臣に面会し、議論をし、そして大臣の言を容れてなにごともなく官邸を去った。それどころか「借金譚」第六席によれば、晩飯まで食わせてもらった〔其、一二九〕ことになっている。とすれば、杉山が警察に追われる原因がこのエピソードにあったとは考えられず、別のところにその原因を求めなければならない。

そうすると、③や⑨で「阿修羅王」と表現されたテロ活動のイメージをそこに当てはめざるを得ないのだが、想定される時間軸に沿って考えるなら、彼は明治十七（一八八四）年の晩夏ないし初秋ごろに東京へやってきて、翌年二月ごろに大臣に面会するまでの半年ほどの短い期間に、脚気で転地療養をしながらも、何人もの手下を率いて数々の無法な行動をし、警察に追われて三人の子分が捕縛され獄死したことになる。これが事実であるなら、彼はまさしく矯激極まりないテロリストであったのだろうが、しかしその無法な行動がどのようなものであったのか、杉山は具体的には何も語ろうとせず、イメージをかき立てるだけである。

杉山の言を受容するとしても、彼が具体的にどのような嫌疑をかけられていたのかはわからない。にも関わらず彼は「時の政府の厳忌に触れ、鼎鑊斧鉞前後に迫」っていつ捕縛されるかも知れない状況にあったというのである。

しかし杉山がそれほど警察からマークされている危険人物であったのなら、いかに山岡鉄舟の紹介状を持参したとはいえ、大胆にも大臣官邸に現われたそのテロリストを、なぜ警察官は捕縛しなかったのだろうか。

また「生首抵当事件」には、実に奇妙なことが書かれている。大臣に面会したのち佐々が上京して再会したとき、杉山には「警視庁が付けて居る巡査が昼夜とも二人宛」〔俗、五四〕という状況だったというのである。杉山が大臣に面会する以前、さまざまな犯罪的行為に関わり、それがゆえに警察から追われる身となって諸処を逃げ回っていた事実があるなら、この記述が成立しないのは自明であろう。彼が警察に追われる理由は、大臣との面会以前の事件に関わるものであって、それは大臣と面会したからといって消滅するはずはないから、面会以後において警察が杉山の所在を把握し警察官を尾行させながら、その身柄を確保しなかった理由など、およそ考えられない。当時の刑法で、たとえば懲役刑を受けた者が、刑期を終えたのち一定期間、付加刑として警察の監視下に置かれることはあったが、杉山が自身でいうような嫌疑をかけられたまま捕縛されることなく尾行だけが付いている状態というのは不自然きわまりない。

さらにいうなら、⑫では杉山が林矩一の偽名で薩摩の重鎮黒田清隆に面会し、本名を明かした上で「其本名では現総理大臣一派の官憲がドウしても捕縛せねば承知しませぬから、昨年北海道に行きましてから、林矩一と変名をしまして東京に来て居る」〔俗、三六〕ことを打ち明ける。捕縛せねば承知しないという官憲が、杉山の所在を把握しながら巡査に尾行させるだけで捕縛しなかったというのはいかにも不審であろう。ましてそれを杉山は「現総理大臣一派の官憲」によるものという。これは、杉山が面会したその大臣を指しているのだから、平和裡に面会し、疑問誤解を氷解させて円満に別れたという言説との間に矛盾を惹き起こしているであろう。

杉山は本当に官憲に追われていたのだろうか。本当に触法行為に携わっていた矯激なテロリストだったのだろうか。次項では偽名にまつわる疑問点を検討する。

偽名林矩一

ここでは、杉山がこのころ林矩一という偽名を使っており、それが広く通用していたという言説について検討する。

林矩一を名乗っていたという杉山の言説は数多い。おそらく最も古いのは、大正六（一九一七）年十一月二十九日の「其日庵過去帳　星亨（上）」で、星亨が「三十間堀で発行して居る自由の燈新聞社に毎日々通つて居た」ころ、杉山が「林矩一と変名して銀座の安宿に世を忍んで居た」と記されている。『百魔』では第三十三話「男勝りのお菊婿」（初出『黒白』四（八）、大正九年八月）に「今お尋の首俊組の棟梁、林矩一（庵主の常時偽名）と云う兇状持」〔百、二六四〕とあるなど二ヶ所に、この偽名を使っていたと書かれている。ただし、これらは単に偽名を使っていたというだけで、偽名の由来などには触れられていない。それが明らかにされるのは、大正十四（一九二五）年二月発行の『山縣元帥』の「追録」においてであり、続いて『俗戦国策』の「生首抵当事件」で同様の物語が語られた[16]のである。

その物語とは、前後関係の矛盾を捨象するなら、杉山が官憲の追及を遁れるために北海道へ逃げたのち、室蘭から青森へ向う木材輸送船の船中で、病を得て衰弱している林矩一という人物と知り合い、互いの身の上を打ち明けた上で「身元証明書」を交換し、やがて林矩一本人は函館に着く前に死亡して、遺骸は杉山茂丸の名で水上警察に引き取られ死亡手続きが取られたというもので、以来杉山は林矩一の名で東京に舞い戻ったというのである。そして後日世間にそのことを明かして杉山茂丸の名で活動することになったが、明治二十年代の末ごろまではまだ林矩一で通用していたという。

しかしこれは、よく考えれば実に奇妙な物語であって、このようなことが実際に行われ得たものなのか、多くの疑問がある。以下、当時の法制度からみたいくつかの疑問点について考察していく。

まず、なぜ杉山茂丸は林矩一という偽名を名乗る必要があったのかという点を押さえておく。これについては容易に解を見出せよう。それは彼すなわち福岡県士族杉山茂丸という人物が、「国事的凶状持」〔俗、五七〕として警察に名を知られていたからだ。本名を消すことによって、警察の追及を遁れようとしたわけである。

では、彼が実際に警察に追われるような犯罪を犯していたとして、警察はどのようにしてその犯罪者を杉山茂丸という個人と結び付けたのだろうか。それはおそらく、東京で逗留していた旅宿が警察に把握されたことによるのであろう。彼が林矩一なる人物と交換したという「身元証明書」とは、明治四年四月制定の戸籍法第十四則により旅行者が携帯を義務づけられていた「鑑札」を指す。旅行者が止宿する際、鑑札を提示して内容を宿帳に記載しなければ、旅宿側は止宿させてはならないことが同法第十五則に定められていた。警察が、ある国事犯容疑者を杉山茂丸という特定の人物に結び付けるためには、杉山の関係者から情報を得たのでなければ、このルートを辿ったとしか考えられない。

次に、犯罪容疑者として杉山茂丸の素性を特定したのち、彼の行方がわからなくなった場合、警察はどのような行動を取るだろうか。これは捜査の基本であろうが、東京警視庁は内務省警保局を通じて福岡県警察部へ捜査協力を求め、杉山の留守家族や彼の知己などに聞き込みや監視を行ったに違いない。身元が知られている以上、その立ち寄り先として最も有力な郷里に捜査の網が被せられないなどということは、およそ考えられない。各府県警察部における捜査手順はある程度独自に定められていたとしても、「諸府県へ捜索捕縛方ヲ要スル者ハ委曲警保課へ報知スヘシ」[17]という手続きは全国に共通するものであったはずだ。

以上の状況を前提として、次の論点を検討する。

杉山が林矩一と鑑札を取り換えて自身が死亡したように装った場合、法律上杉山は行旅死亡人として処理されることになる。本籍地が遠方であるから、おそらく函館の地で共同墓地に埋葬され、函館の役場から福岡の本籍地戸長へ杉山の死亡が通知される。併せて、戸長を通じて遺族に対し、行旅死亡人取扱規則（明治十五年太政官布告第四十九号）に基いた埋葬費などの請求がなされたはずだ。杉山茂丸は死亡の身分登記がなされ、続いて生じるのが家督相続の問題である。杉山は十六歳の折りに父を説得して家督を相続した(18)とされているから、杉山家の戸主である。しかし妻帯前で実子もいないから、おそらく実弟の五百枝が家督を継ぐことになったであろう。家督相続が行われれば、戸籍は新戸主の名において再編成されることになる。こうして杉山茂丸の存在は法律上消え去り、彼に対する東京警視庁の捜索も自然消滅することになるであろう。これが死亡を偽装したことによる法律上の効果である。

次に論点として提示しておかなければならないのは、死亡したはずの杉山茂丸が、どのようにして法律上生存を回復できたのかという点である。明治三十一年に制定された戸籍法においては、管轄裁判所の許可を得て身分登記の変更を申請することができる旨定められているが、明治四年制定の戸籍法ではこうした規定はみられない。とはいえ、生死という重要な身分上の変動を伴うものである以上、裁判所や権限ある官公署の許可なくして、法律上の死亡事実が覆されることはあり得ない。許可を申し立てた場合に立証しなければならないと考えられるのは、林矩一という名の鑑札を所持した人物が既に死亡したとされる杉山茂丸に間違いないという事実だけでなく、函館の水上警察が死亡を確認したはずの人物が何者であったのかということを併せて立証する必要があろうし、取り違えが生じた経緯の立証も必要となるであろう。彼が林矩一ではなく杉山茂丸であるということは、家族や知己の証言を除けば、何も証明するものはなかったはずだ。現代であればＤＮＡ鑑定によって高い確率で科学的な立証を行うことができるであろうが、明治中葉にこうした事実を立証するのは、ほとんど不可能に近いことであったに違いない。まして、函館で実際に死亡が確認された人物を林矩一という胆振の住人であると証明することは、まずできない。もしそれらを証明することができたとしても、彼は否が応でも、警察を欺くために他者の鑑札を用いたことを明らかにする羽目に陥っただろうから、刑法二百十四条の「属籍身分氏名ヲ詐称シ其他詐欺ノ所為ヲ以テ免状鑑札ヲ受ケタル者」か、あるいは同二百三十一条の「官署ニ対シ文書又ハ言語ヲ以テ其属籍身分氏名年齢職業ヲ詐称シタル者」として処罰を免れなかったはずである。

また、ある時期に生存を明らかにして本名を名乗るようになったのはなぜかということも検討しておかなければならない。『山縣元帥』では「時機を見て公然復姓の事の通知を発して遣らうと決心をしたのである、其後ち年と共に考へも違つて来て、心も善化良遷して来たので」それを実行したという。『俗戦国策』でも「時機を見て東京で復姓を公表して遣らうと思うた。後年に至り、化良遷善の男となつた時、東京にて各方面に其通知を発した」とされる。挙げられている理由は二つである。ひとつは時機であり、もうひとつは杉山自身の内心の善化ということである。しかし時機は、内心の善化を前提として決められたように語られている。すなわち杉山の恣意によって時機が決められたというのであるが、これをそのまま受け容れることは可能であろうか。彼が偽名を用いなければならなかったのは、犯罪の嫌疑によって警察に追われていたからであった。嫌疑が杉山の恣意によって消滅するものでないことは論ずるまでもない。とすれば、その理由として二つの要因を検討しなければならない。

ひとつは、警察が杉山に対する嫌疑を解いたという可能性である。これについて、杉山自身の言説では「其日庵過去帳」の「井上毅[19]」において、明治二十年ごろに初めて井上毅に面会して種々論議したところ、井上から「君方二三士の冤をお救ひするから安心仕玉へ」といわれ、さらに「其後一週間許りして井上子から使が来て明日警視庁に出頭せよとの事であつたから行つて見ると茲に庵主と武田とに対し役人が三人立会の上色々御苦労を掛けて気の毒でしたと云つて注意人物たるの疑から免かれる事が出来たのであるが、其後保安条例発布の時も庵主等は退去を命ぜられずに済んだ」と語られている。これをそのまま受け容れるのであればことはたやすかろうが、そうであればその時点で林矩一の偽名は用済みになっているはずで、明治二十年代の末まで偽名を使っていたという言説と矛盾する。この言説も含め、井上毅との初対面に関する杉山のさまざまな言説には一貫性が全くなく、かえって疑問を生むばかりである。『俗戦国策』の「黒田清隆と初対面」では、明治十八年に後藤象二郎の紹介で黒田清隆に面会したのち、「友人佐々友房の添書を以て、伊藤総理の秘書官井上毅氏に面会して、此政府の迫害を諄々と説いたら、快く承知して、庵主のみならず、庵主の知人数人は、全く警察官から特別除外的の待遇を受けて、明治二十年の保安条例の時も、退去を命ぜられなかつた」という。同じく「爆弾事件（大隈伯の片足が飛ぶ）」では保安条例施行の際に「庵主等は全く物の数にも入れて居ないかして、此摘み出しの厄を免れたのである。後にて聞けば、伊藤の秘書官たる井上毅と、根本的諒解があつたために、彼は事前に既に庵主等を除外して居たさうで、手下の者三名と共に、都下に晏然として居る事が出来たのである」といい、その礼をいうために初めて井上毅を訪問したのだという。井上との初対面の時期は、以上のように全く整合性がない。また杉山が井上を、一貫して「伊藤総理の秘書官」と称しているのも不審である。内閣制度が発足して第一次伊藤内閣ができたとき、最初に総理大臣秘書官に任じられたのは伊東巳代治と金子堅太郎である。井上毅は内閣制度発足後、臨時官制審査委員長に任じられたのであり、その官歴に、総理大臣秘書官の被命は見出せない[20]。さらに、警察を指揮するのは内務大臣の権限であり、いかに井上毅が有力な官僚であっても、山縣有朋という大物が鎮座しているところへ手を突き込むことができたとは考えられないし、「其日庵過去帳」の言説で、当時の杉山の境遇が「当時庵主は刺客四人組として警視庁から睨まれて居た」ため、寺院の境内で野宿を余儀なくされるほどの困窮ぶりであったとされているのも信用できない。明治二十年であれば杉山は、頭山満の配下として福陵新報の事務に携わっていたはずだ。

このように井上毅との関係を語る杉山の言説は、例によってほとんど信を置くことができないものである。このことから、もうひとつの要因として、公訴時効との関係を考慮しなければなるまい。

当時の公訴時効は期満免除と呼ばれ、治罪法第十一条で罪の種類により三つの期限が定められていた。違警罪では六月、軽罪で三年、重罪は十年である。違警罪とは十日以内の拘留や科料に処せられる罪、軽罪とは重禁固、軽禁錮、罰金に処せられる罪で、重罪は死刑から軽禁獄までの七種の刑に処せられる罪である。杉山は自身を「国事犯」と称しているが[21]、どのような罪に問われていたのか、あるいはどのような国事的犯罪に関わっていたのかは具体的には語っていない。「大臣の首を取る」(「借金譚第五席」)や「阿修羅王の荒れるが如く荒れ廻つた」(『百魔』第一話)、「暴政の枢機を握る巨頭を狙ひ撃に倒」す(『俗戦国策』「雌伏して風雲を狙ふ新聞売子」)など、いずれも抽象的ないい回しに終始している。そもそも国事犯ということばは多義的であり、刑法に定める「国事ニ関スル罪」のみならず、政治的な混乱を招くおそれがあり法令により処罰され得る行為全般に対して用いられたと考えられる。例えば明治二十二年の憲法発布に際して、いわゆる国事犯に対する大赦が行われた際に赦免された者の名簿をみると、著名なところでは河野広中が内乱陰謀罪、大井憲太郎が外患罪と爆発物取締罰則犯、井上角五郎が官吏侮辱罪、片岡健吉が保安条例違反、星亨が出版条例違反と罪人隠避に問われていたことなどがわかる。このとき赦免された人数は三百七十余人に及ぶが、その罪刑は右の外に新聞紙条例違反、不敬罪、兇徒聚衆罪などであった[22]。これらが、いわゆる国事犯と呼ばれる罪であったとみてよかろう。これらの罪名のうち、軽罪にあたる罪名は官吏侮辱罪(一月以上一年以下の重禁錮)のみで、それ以外は主訴罪名として軽禁獄以上の罪名を与えられる可能性があった。

刑法の「国事ニ関スル罪」は「内乱ニ関スル罪」と「外患ニ関スル罪」とがあった。後者は戦時利敵行為などに対する罪刑であるが、第百三十三条で「外国ニ対シ私ニ戦端ヲ開キタル者」の罪が定められており、大阪事件で大井憲太郎らが問われたのはこれであった。杉山は自身の朝鮮への関心について何度も言及しており、特に『山縣元帥』では日清戦争前に手下の者に金を与えて朝鮮に渡航させたようなことまで語っている(山、三八八)が、明治十七年ごろの状況について彼がさまざまな著作で示唆していることを踏まえるなら、「内乱ニ関スル罪」の方に該当するとみてよかろう。内乱罪にもさまざまな規定があるが、単独あるいは数人程度の少数の同志で行動していたという彼自身の言説を前提とすれば、具体的に内乱を企図した罪ではなく、「政府ヲ変乱スルノ目的ヲ以テ人ヲ謀殺シタル者ハ兵ヲ挙ルニ至ラスト雖モ内乱ト同ク論シ其教唆者及ヒ下手者ヲ死刑ニ処ス」と定められた第百二十三条か、その未遂犯に対する第百二十四条の規定を想定し得るであろう。すなわちこれは重罪であって、期満免除の期間は十年である。

彼が何らかの重罪に価する刑事犯であって、期満免除となるために十年もの期間を要したと仮定するなら、次に検討しなければならないのは、彼が生存の事実を法的に回復した時期はいつなのかという点になる。杉山は本名を回復した時期を明確には示していない。彼は『山縣元帥』の「追録」で、明治二十六（一八九三）年に東京に出て来て、川上操六や陸奥宗光、山縣有朋らと面会して対清強硬政策を論じたと語っているが、「其頃は庵主がマダ前科者同様で、郷里の福岡と、熊本丈けが本名で通るので、其他の日本国中は、総て林矩一と云ふ偽名であつた」（山、三八〇）といっているから、明治二十六（一八九三）年か二十七（一八九四）年ごろはまだ本名を回復していなかったことになる。『俗戦国策』では「陸奥伯薨去の時頃までは林矩一で通知が来た。大江卓の如きは日清戦争頃までは林腐軒詞兄などと云ふ手紙を呉れた」（俗、五九）とされているから、陸奥宗光が死んだ明治三十（一八九七）年より以前に、復姓を各方面に通知したということであろう。すなわち明治二十七（一八九四）年から三十（一八九七）年の間あたりに、彼は林矩一が偽名であり本名は杉山茂丸であるということを、世間に通知したというのである。これを信用するなら、右の期満免除の期間と一定の整合をみることが可能である。しかし、この言説にも多くの疑問がある。

彼が頭山満に伴われて福岡に帰参したのは、おそらく明治十八（一八八五）年末か十九（一八八六）年初頭ごろのことであるが、本節の冒頭に書いたように、帰郷後間もない十九（一八八六）年二月には、堂々と本名を明記して福岡日日新聞に投稿しているのである。もし生存の事実が確認されれば、彼が福岡県警察部の探索を免れないのは自明であろう。福岡と熊本では本名で通ったというのは欺瞞に満ちている。彼は重罪の容疑をかけられたお尋ね者であったはずだ。十九（一八八六）年二月という時点で、東京や大阪や、あるいは北海道で本名を名乗ったら捕縛される恐れがあるにも関わらず、福岡では本名を名乗っても捕縛される恐れがないという理由は想像も及ばない。生存の事実が明らかになれば、その事実は東京警視庁にも通知され、彼はたちまち捕縛されるか、運がよくても再び逃亡生活に戻らねばならなかったはずだ。彼の知己や関係者は犯人隠匿罪（刑法第百五十一条）に問われることになろう。彼の家族は刑法第百五十三条に定める不論罪に該当して罪に問われることはなかったであろうが、警察の追及は免れなかったに違いない。

それにもまして重大な事件が、明治二十二（一八八九）年十月に彼の身の上に起こっている。玄洋社員来島恒喜による大隈重信暗殺未遂事件である。この歴史に残る大事件が発生したとき杉山は、進藤喜平太や林斧助、結城虎五郎ら十三人の共謀容疑者の一人として、十月十九日に官憲に拘引され、検事の取り調べを受けた。杉山自身も『百魔』や『俗戦国策』で物語っているこの事件で、検事は彼をどこの誰と認識して取り調べを行ったのであろうか。北海道胆振から福岡へやってきて滞在中の林矩一としてであろうか。否、彼は杉山茂丸として拘引されたのである。福岡で何人もの連累容疑者が拘引されたことを報じた大阪毎日新聞の記事には、紛れもなく杉山茂丸の名が記されている。[23] 彼は杉山茂丸として拘引され、杉山茂丸として取り調べを受け、杉山茂丸として放免されたのである。彼が上京中に重罪犯として追われ、死亡を偽装して他人の名を名乗っていたのが事実とするなら、来島事件に関する容疑が晴れたからといって、「国事犯杉山茂丸」が、上京中の犯罪に関しても無罪放免というわけにはいかなかったはずだ。このときに本名で拘引を報じられたのが事実である以上、彼が来島事件への嫌疑だけで放免されたのは理解不能といわねばならない。むしろ即時性を持つ新聞報道という事実に依拠して、数十年後に語られたものに過ぎない杉山の自己言及の真実性に疑いをかけるのが常識的なものの見方であろう。

加えて、彼は郷里に戻ってから結婚し、子ももうけた。杉山が大島家からホトリを娶った時期は分明ではないが、両者の間に生まれた長男直樹は明治二十二（一八八九）年一月四日の出生であるから、遅くとも明治二十一（一八八八）年春ごろまでには結婚していたはずだ。結婚や子の出生は、当然のこととして法律上の手続きを必要とする。彼がその時点で相変わらず、法律上死んでしまった人間であったとするなら、結婚はもちろんできない。生まれた子は母親の私生児にならざるを得ないから、かの夢野久作は出生時には大島直樹という姓名であり、杉山茂丸の生存が確認されて戸籍が回復されたのちに、父の戸籍に入籍するという手続きが必要となったはずであるが、いうまでもなくこのような事実はない。

またこの時期、杉山にはもうひとつの重要な身分上の変動を伴う法律行為が存在した。明治二十七（一八九四）年三月、杉山茂丸の隠居である。彼の隠居については別項で詳細な検討を行うが、隠居に伴い長男直樹が家督を相続し、直樹を戸主とする新たな戸籍が編成された。この事実はすなわち、彼の隠居以前に、杉山茂丸を戸主とする戸籍が存在し、そこには直樹の出生の事実も記載されていたことをも意味するのである。彼の隠居の事実は、子息直樹の戸籍上の記録(24)によって証明されている。ここから推察するなら、おそらく結婚と子の出生も同様に、その時々に法規に則って手続きがなされたはずだ。

これらの論点を総合するなら、杉山が林矩一という人物と鑑札を交換して死亡を偽装したという言説は、荒唐無稽な作り話だと考えるしかない。死亡したはずの人物が、その法律上の生存を回復するためのハードルは極めて高い。それが犯罪の隠蔽に由縁するものであるのならなおさらであろう。杉山がいうような、一片の通知だけで生存の事実を回復することができないのは、ここまでの検討から自明である。彼と彼の親族、戸長、戸籍吏や警察、裁判所を捲き込んだ大騒動になるのは必至であろう。加えて彼は福岡への帰郷後間もない時期から本名を堂々と名乗り、世上を騒がせた大事件に関連して本名のまま検事の取り調べを受け、身分に関わる重要な法律行為を重ねている。これらは、彼が死亡を偽装したという言説を真っ向から否定する事実である。彼は出生してから昭和十(一九三五)年に本当に死ぬまで、一度たりとも「死亡」したことはなかったに違いない。

とするなら、彼が重罪犯として警察から追われていたという言説も再考が必要になる。軽罪であっても三年は潜伏せねばならない。そこから推して考えると、彼が自らを国事犯と呼び、凶状持ちだったというのは、**蛮勇**のコードに分類される自己像の印象操作を目的とした言説に過ぎないのではないかと考えることができよう。彼は著作の中で執拗に、この時期の自分自身を無謀で兇悪なテロリスト志願者として印象づけることに腐心しているが、実は軽罪にも値しない人物——これが杉山を貶める表現と受け止められないことを願う——だったのではないのだろうか。

杉山茂丸はテロリストをこころざしたが、東京でなすところなく、尾羽うち枯らして頭山に拾われ郷里に帰ってきた。それは彼にとって消し去りたい失意の過去であったがゆえに、彼は後年の著作活動において、さまざまな蛮勇ぶりをアピールしてその過去を隠蔽し、自己を国士として偽装した——これはあくまで筆者が想像するオルタナティブな物語[25]である。

有史時代の夜明け——頭山満との出会い

杉山茂丸が八重野範三郎や佐々友房の斡旋を受けて頭山満と出会ったのは、明治十八(一八八五)年十月前後[26]と考えられている。

このころの杉山は、「銀座三丁目裏町の木賃宿」に身を潜め、「新聞売をして人目を忍」びながら、「唯だ単身独歩自分の考へたる事丈けを実行して、安んじて死に就くの覚悟」〔百、二〕をしていたという。たしかに境遇はそうであったかも知れない。しかし彼がその時点でいまだに「殺人魂が止められるものか」〔百、三〕と考えていたという言説が、すなわち「単身独歩自分の考へたる事」であったのなら、ここでもわれわれは大きな矛盾に逢着せざるを得ない。というのは、杉山は首を狙った大臣に面会したことによって、テロリスト志願者たる彼の悲憤慷慨が「田舎新聞や田舎慷慨の粗慢にして正しからざる煽動に過まられた事を自覚した」〔俗、五二〕はずであった。藩閥秕政の根本と目した大臣への憎悪が、自身の誤解に出でたものであったことを杉山が了得したのであれば、テロリスト稼業はそのときに廃業されていたはずである。警察に追われて転々と居所を移していたという言説を受容したとしても、そのような境遇にあってなおテロリストたらんとする意志を持ち続けていたとするなら、それは大臣との面会によって得られたはずの自覚と根本から矛盾する。杉山は林矩一という偽名を名乗るようになってから「又してもく〳〵思ふ存分悪い事斗りをズン〳〵遣つたのである」〔山、三八二〕と嘯いているが、大臣謀殺の志望が己の浅慮であることを自覚して、いったい何の悪事を行ったのか、否、何の悪事を行うべき動機があったのだろうか。テロの標的はもはや彼からは失われてしまっているのである。すなわちこれも、国士としての自己像を印象形成するための言説とみなさねばなるまい。

杉山は目的を見失って路傍に立ち尽くし、進むもならず退くもならぬ状態に陥っていたであろう。食うに事欠き、着すに窮していたであろうことは、頭山とともに福岡へ帰ろうとする杉山の姿をみた関屋斧太郎の「其風体と云へば、シルクハットの半ば新聞紙で貼つたのを冠り手拭地を綿入れにしたのを着た、まるで乞食見たやうな偉大漢でしたが、飴売にしては太鼓を持つて居らず、何とも評しようのない恰好[27]」という談話にいい尽くされているだろう。いつ陋巷に斃死するかも知れぬ境遇に堕ちて進退谷まっていた杉山にとって、八重野から頭山に会うよう勧められたことは、旱天に慈雨を得たも同然であったはずだ。それを「深く八重野氏の厚意を謝すると同時に、堅く同郷人に面会する事を拒絶した」〔百、二〕というのは、杉山の後知恵であろう。単身国を誤らせる大官の首を狙った国士としての自己像を堅持するため、大望破れておめおめと同郷人に縋った屈辱を、恩人八重野の強い慫慂に抗えなかったことに還元しているのだ。『百魔』第一章は杉山の自己弁護の物語である。

しかしこうした状況下で杉山が頭山満と会い、そして頭山の言を借りるなら「始めて私を訪ねて来てからといふものは、毎日々々私の宿にやつて来て、一日も私から離れぬやうになつた」(28) ことは事実なのであろう。このとき杉山と頭山との間にどのような会話があったのかはわからない。杉山が『百魔』に書いた「才は沈才たるべし、勇は沈勇たるべし」(百、四〜五) 云々ということばは、あまりに出来すぎていて、到底ほんとうらしくない。あるいは頭山がそれに類したことをいったのかも知れないが、三十年余の時を経て『百魔』に語り直される際に、かなり劇的な演出がなされているだろう。

杉山はなぜかくも頭山に心服したのか。『百魔』はそれを頭山の大人物ぶりに還元しているが、おそらくは杉山の政治的志向と、頭山のそれとが一致したことが最も大きな理由ではないだろうか。それは、青年期に杉山が諸国を経巡った結果として、「郷人を侮蔑する事異人種の如き」(百、二) 心境に至り、福岡の民権運動に顔を背けて熊本の佐々友房を頼ろうとした動機と通ずる政治的志向である。(29) 頭山は民権政社たる玄洋社の重鎮であったが、当時玄洋社社長の箱田六輔が進めようとしていた熊本相愛社との提携とは別に、相愛社とは対立する関係にあった紫溟会の佐々友房らとの関係を深めていた。杉山は頭山との対話を通じて、そのことを知ったであろう。いわば頭山満は、佐々友房や八重野範三郎ら熊本人脈の一員として、杉山茂丸の前に立ち現れたのである。

杉山茂丸と玄洋社

かくして杉山茂丸は頭山満に拾われて郷里へ帰り、玄洋社で働くことになった。杉山の神話時代は終熄を迎え、彼は現世へ降誕するのである。

とはいえ、まだ神話と現世とは混淆している。杉山が頭山満と五項目の共同事業を企図し、それを実現するために安場保和を福岡県令にかつぎだしたというエピソード（百、一四〜一七）は、神話と現世との混淆の最も顕著な例といえよう。杉山はあたかも、それを彼一己の考えによって実現したかのように物語っているが、ついこの間まで警察に追われて身の置き所に窮していたはずの若造が、頭山と知り合った途端に、ひとりで元老院議官を福岡県令にかつぎだすようなことができたはずがない。『頭山満翁正伝』が、安場の県令就任について「杉山茂丸がその間に介在したといふが実際の橋渡しは佐々友房であつたと思ふ、翁と佐々との交游、安場と紫溟会との関係などより推してさう判断される」(30)と記し、また室井廣一が「杉山のこの問題での役割は、ほぼでき上がっていた所に、歓迎の志気を添えるということであった」(31)と指摘しているように、杉山が実際に安場に面会したのだとしても、その役割はただのメッセンジャーボーイに過ぎなかったのである。

一方、玄洋社の資金源となった炭鉱取得や、その機関紙たる日刊新聞『福陵新報』の創刊などに杉山が深く関与したことは間違いないとみられるが、饒舌に自己を語りあげる杉山とも思えないほど、彼は玄洋社の事業に従事する組織の内部的存在としての自己を語ろうとしない。そこには杉山における自己言及《エクリチュール》の意味が隠されている。すでに指摘したように、杉山にとっての自己言及とは、それぞれのエピソードにおいて意図される自己像の提示である。その自己像とは、あくまで彼が読者に対して印象づけたい「杉山茂丸」像であって、彼の実像である必要はない。彼が望む自己像の印象づけが可能な限りにおいて、物語が語られるのである。よって、安場保和に対するメッセンジャーボーイとしての自己を語ることはないが、安場を説得して知事に担ぎ出した若者としての自己には言及するのであり、頭山の手下として福陵新報の創刊や炭鉱取得のための金策に走り回る自己については、語られる必要に乏しいのであろう。

しかし福陵新報創刊に関わったことは、杉山のその後の人生に大きな影響を与えたであろう。それはメディアというものが持つ政治的宣伝機能の重みを知ったことである。杉山は明治四十一（一九〇八）年創刊の週刊雑誌『サンデー』と太平洋通信社の創立を援助し、四十二（一九〇九）年末には九州日報社主に就任、また大正六（一九一七）年には月刊雑誌『黒白』を創刊するなど、深くメディアと関わってきた。それ以前にも東京日日新聞の買収に興味を示したことがある。(32) 彼が政治的プロパガンダのための装置として新聞雑誌などのメディアに大きな関心を有することとなったきっかけが、この福陵新報創刊に携わった経験であったことは疑いなかろう。

ところで、杉山茂丸が玄洋社の社員であったのかどうかという問題は、杉山を語る者によって認識も異なり明確な結論は出ていないが、杉山在世当時から彼と玄洋社との関係はさまざまに論評(33)されていた。室井廣一はこの点について、「社員ではなかったという言い方をする場合は、頭山との関係、玄洋社の資金源の確立、機関紙の発刊、来島事件等々への杉山の関与、死後の玄洋社葬等を射程に入れておかねばなるまい。その上で、杉山は尚かつ玄洋社員ではなかったという指摘の意味が追求されなければなるまい」と論じつつ、「玄洋社と杉山の関係というものの本質は、ほとんど、頭山と杉山と佐々と結城の政治的態度と人間関係の中にかくされて在ると私は考えている」(34)と述べている。この見解は漠然とした表現だが重要である。先に指摘したように、杉山にとって頭山とは、八重野や佐々ら熊本人脈につながる人物であり、それこそが杉山をして頭山と結ばせた契機であった。杉山は決して玄洋社という政治結社との繋がりを求めたわけではなかったし、八重野や佐々らも杉山を玄洋社へ送り込もうと考えたわけではなかろう。すなわち杉山は玄洋社で働いたのではなく、頭山の下で働いたのであって、いわば頭山の手兵であった。頭山が「杉山と結城は初めからの玄洋社員ではなかつた。社でも彼等を埒外の者と見てゐたが、たゞ俺について働いた関係から後には社と密接するようになり、社の兵站実業方面のことにはこの二人を働かせた」(35)と語っていることも、杉山と玄洋社の関係を考える上で参考になる。杉山が玄洋社の社員であったかどうかを追求することは、行論上はあまり意味がなく、むしろ杉山が玄洋社という政治結社の中で、どのような立ち位置にあり、周囲の社員との間にどのような関係を結んでいたのかという点の方が重要であろう。

明治末期から大正初期に新聞や雑誌に出た記事をみてみよう。まず東京朝日新聞の明治四十四年の記事には「浦上氏其他玄洋社の旧同志が東京に落合ひたるに、旧友中の数氏が嘗て玄洋社より排斥せられし杉山氏の門下に馳趨して後藤系の禄を食み、杉山氏等が頭山満氏に親近なるものゝ如く言ひ触らし、恩師の名誉を傷くること少からずとて先づ郷党の不名誉を恢復せんが為に」云々と報じられている。[36] 匿名氏の署名がある「新政党の策士杉山茂丸と秋山定輔」では「杉山は元来頭山門下で玄洋社の出身であるが（略）生粋の玄洋社の連中からは排斥を受けて居る。玄洋社時代に頭山を出し抜いて閥族と結托した形蹟があるといふので今日に至るまで擯斥されてゐる」[37]と書かれている。また大正二（一九一三）年五月三十一日に大阪時事新報に掲載された無署名記事「浪人列伝(一)杉山茂丸」には、「深謀遠慮群を抜く彼は、蠢々たる群盲に伍して時勢の魔酒に酔ふものではない。兎と亀とは其歩調が一致せざるが如く、意気のみを貴ぶ玄洋の健児と智に於て月鼈の差異がある。そこで勢い水火相容れぬから、彼は衷心甚だ面白くない。恰も石田三成が豊太閤に愛されながら他の諸将に嫌はれたるやうに、郷党の奴等は自分等の闇愚を棚に揚げ、師頭山を誤らしむるは杉山であると迄讒誣中傷した。頭山が炭砿経営の際には随分骨を折って見たが、周囲の空気が彼を好まぬから、男子出世の門口唯玄洋社のみではあるまいと決心して、屑く頭山と絶縁した」[38]（適宜句読点を付した）とある。もうひとつ、『玄洋社社史』の著者で後年には杉山と親近した菊池秋城は、大正二（一九一三）年九月の著述で「金儲け、是れ頭山に於て何ぞ疚まんであるが、金に関係するやうになつてから、今では玄洋社のバチルスたる杉山茂丸の輩を、何かの便利に遣はねばならなくなつた、杉山は頭山を利用する為に追従至らざるなし」[39]と痛烈に批判している。

これらをみると、杉山を取り巻いていた玄洋社の人間模様がある程度みえてくるだろう。これらの記事より少し前の大正元（一九一二）年に、頭山満は雑誌記者のインタビューで、「(杉山が）玄洋社の連中から海の中にホリ込まれる所をアナタが助けてやつたと言ふ事を聞いたがホントですか」と聞かれ、「ソンナ事があつたよ、杉山は元自分が下に使つて居たので、何をサシテも間に合ふ男じやつた、玄洋社の連中はソンナのがキライでね[40]」と答えている。杉山の才気が玄洋社の社員たちとの間に軋轢を惹き起こし、頭山によって暴発が抑えられていた様子がうかがえよう。杉山と玄洋社とは、このように緊張関係を孕んだ状態で結びついていたのである。

選挙干渉事件

杉山が玄洋社時代の事績について比較的饒舌に語っているのは、松方内閣による明治二十五（一八九二）年の選挙干渉事件である。

明治二十四（一八九一）年十一月開院の第二回帝国議会において、海軍の軍艦製造費などの予算を削減された松方正義首相は、陸奥宗光ら一部閣僚の反対を押し切って、十二月二十五日に衆議院解散に踏み切った。翌年二月十五日投票の第二回総選挙に向けて、品川弥二郎内相の指揮のもと、全国で激しい選挙干渉が行われた。福岡においては、安場知事と結んだ頭山満がこれに全面的に協力した。とはいえ、福岡県下八選挙区（定員九人）のうち、焦点となるのはいわゆる民権派の実力者岡田孤鹿が立候補する第六区のみであった。第六区は山門郡、三池郡の二郡からなる選挙区で、ほぼかつての筑後柳河藩領で、現在の柳川市、みやま市、大牟田市である。この第二回総選挙に際し、杉山は頭山とともに、この第六区で選挙干渉に従事したとみられる。

杉山は『百魔』第五章において「当時は大抵東京住居であつたが、二十四年の冬頃から脳病に罹り、久々振で帰郷し、筑後の船小屋の温泉に転地療養をして」いたところへ、総選挙に際し筑後の選挙区で杉山の指揮下に入るよう命じられたという玄洋社の青年たちが三四十人も訪ねて来たのだという。そして杉山自身は体調すぐれず伏せっていたが、青年たちが反対党の壮士とトラブルを起したり、福岡や熊本から「数千人の応援が入込んで来」たりしたため「今となつては止むに止まれず、どんと決心をして八方の指図を始めた」のだという。そしてその結果が「競争の為めに家を焼く事数軒、人を殺害する事十数人、又負傷せしむる事数百人」で、「此後始末にはたうとう六七万の金と、七八年の年月を、費やした」〔百、二七〜三〇〕のだと語っている。また「其日庵過去帳」の「永松毅」の項では、この選挙に際し安場知事や佐々友房の勧説にもかかわらず選挙干渉に応じようとしなかった頭山満に対し、柳川の人である永松毅が老齢を顧みず人の背に負われて往訪し説得したことによって、ようやく頭山が動いたという逸話を述べた上で、「其後愈総選挙になつて庵主は丁度柳川に居たので玄洋社の青年が民党側の壮士に邀撃されたから已むなく永松翁と共に青年連を指揮し反対党の壮士と闘争した事がある」(41)と、ごく簡単に自らの関与に触れている。

これらの杉山の自己言及には、選挙干渉という政治上の重大な非違行為に対して、杉山自身に自発的な意志はなく、偶然捲き込まれて他律的に関与せざるを得なかったのだとする弁明の意図がありありと読み取れる。しかしこれらの弁明はいかにも不自然であろう。偶然にも議会が解散し総選挙が行われようとする時期に病気療養することとなり、偶然にも福岡県下で最も激しい選挙干渉が行われることとなった選挙区に隣接する船小屋温泉に転地療養をしていたのだと杉山はいう。その当時杉山が東京を中心として活動していたというのなら、熱海であろうが修善寺であろうが、いくらも療養できる温泉があっただろう。福岡に帰郷せねばならないほどに体調が思わしくなかったのであれば、彼の家族は当時福岡市内の住吉あたりに住んでいたはずで、帰郷してから温泉治療に出るにせよ、なぜわざわざ筑後の船小屋温泉まで出向く必要があったのかという疑念はどうしてもぬぐえない。何となれば、福岡市内にほど近く、かつ彼が青年期を過ごした山家や二に近接する二日市の地に、奈良時代に開かれ万葉にも歌われた歴史と由緒ある二日市温泉が存在するではないか。土地勘もあり、家族との往来にも至便な二日市温泉を通り越して、わざわざ船小屋温泉に、偶然にも選挙干渉が始まろうという時期に温泉療治をしていたなどという言説を、額面通り受け止めるわけにはゆくまい。

杉山の嫡男夢野久作は『近世快人伝』でこの父親について論評し、その中で選挙干渉については「有名な品川弥二郎の選挙大干渉に反抗して壮士を指揮した[42]」と書いている。これを夢野の無知とはいうまい。むしろこれは、杉山が家族に対して自身の選挙干渉への関与を否定し、逆にそのことに反対していたのだといいくるめていたことを示すものであろう。

しかし杉山の選挙干渉への関わり方は、その本意がどうであったかにかかわらず、捲き込まれてやむなく関与したものとは到底いえない。頭山はこのようにいっている。「柳河は長松《ママ》といふ極く正直な右勤王のやうな者がゐて、これが民党反対だ、それで選挙干渉の時に岡田孤鹿の反対にこの人を挙げて競争することゝなつた。ところがそれが老人で腰が立たぬ。人に負はれて自分に頼みに来た（略）岡田孤鹿と長松の競争では迚も物になるものぢやなかつた[43]」と。この頭山の談話は、右にみた「其日庵過去帳」での杉山の回想と、少し異なるところはあるものの、大筋で符合している。そして頭山は「どんなことをしよるか見物に行つてやらうと思つて、杉山茂丸、結城虎五郎、香椎源太郎の三人を連れて見に行つた。さうしたらまるで話にならぬ。これでは勝敗も何もあつたものではないから、少し手を入れてやつてみようと思つて、福岡から四五百人の者を呼んで手ひどい競争を始めた[44]」と続けている。この談話に名前が出て来る香椎源太郎は、杉山の父三郎平の敬止義塾に学んだひとりであるが、選挙干渉について「初め博多行の町の旅館万里に頭山翁と杉山と空車一台を引付け、是非三池の柳河の選挙に応援に来いと呼出され、先輩両氏の言ふ事に従ひ早速お伴をして現地にまゐりたり」といい、大牟田で激しい流血選挙を戦ったという内容の手記を残している[45]。これらの言説は、杉山がたまたま筑後にいたという主張を否定するであろうし、たまたま事件に捲き込まれたわけではなくはじめから頭山とともに行動していたことを示している。

室井廣一は、『百魔』や「其日庵過去帳」での杉山の自己言及を、選挙干渉への「消極的関与」と定義[46]した上で、諸資料を丹念に検証した結果として、杉山の選挙干渉への関わりを「とうていその消極性を否定することも、肯定することもできないと思う」[47]と結論づけている。消極性を肯定するとすれば、それは杉山の自己言及を是とせねばならないが、しかし杉山の自己言及が常に自己粉飾を伴うものであることを見失うわけにはゆかない。杉山はここでも自己を粉飾するための物語を創っているとみなすべきであろう。

頭山満は寡黙にして訊かれなければ語ろうとしないが、語れば選挙干渉に携わった事実を隠すことはない。杉山茂丸は訊かれもしないのに饒舌をふるうが、自身の描く自己像に沿って虚実がかき混ぜられる。両者の人格の対照性が、このエピソードによって浮き彫りにされている。

杉山茂丸は明治二十五年の選挙干渉事件に関与したのち、玄洋社との間に距離を置き、筑後の山門郡清水村で田北隆研という人物らと壮年義団という団体を組織したり、私塾を起こして青少年教育に携わるなどの活動をしていたようだ。[48]杉山が玄洋社を離れた重要な契機は、このとき頭山が表舞台から去ったことにあるのだろう。先にみたように、杉山と玄洋社の古参社員との間には乗り越えがたい溝があった。選挙干渉事件の後に頭山が深く韜晦したことによって、元来玄洋社のためではなく頭山のために働いてきた杉山は、玄洋社における居場所を失ったのである。そのころまでに、福陵新報の創刊以来苦楽を共にした結城虎五郎が、漁業と交易を目論んで朝鮮の金鰲島に去っていたことも、[49]杉山の行動に影響したであろう。しかし筑後での活動は長くは続かなかったようだ。杉山は食っていくため、間もなく商人の道を選ぶことになる。杉山は既に、玄洋社の炭鉱取得に関連して石炭貿易に携わっていたとみられるが、その経験を活かして貿易商として単騎世に出ようとしたのである。

第二節　登竜門――日本興業銀行設立運動

暢気倶楽部

明治二十年代の後半ごろ東京に本拠を構えた杉山は、そこから政界の黒幕《フィクサー》への階梯を登り始めた。とはいえ、杉山が自覚的にフィクサーを目指したなどと考えるのは無謀であろう。当時の杉山はのちに論じるように、多額の負債を抱えて家族を養うこともままならない状態[50]にあり、商売の立て直しのために奔走する日々であったに違いない。彼がそれから十年ほど後に、政財界の裏面でさまざまな工作を行って利権を媒介するフィクサーとして名を知られるようになったのは、おそらく彼が東京で開拓した新しい人脈がそれを促したのだろう。熊本人脈は、頭山満との繋がりをもたらしたことも含めて、いわば社会から転落しようとしていた杉山を救う役割を果たしたのであるが、単騎東京に出た杉山が獲得した新しい人脈は、彼を政財界という新しい社会に押し出す役割を担ったのである。

その人脈は、東京日日新聞主筆であった朝比奈知泉とその周辺の人物によって形づくられた。朝比奈という人物は、もはや一般にはほとんど知られていないが、明治期にはその時代を代表する著名なジャーナリストであった。東京日日新聞のオーナーは伊藤博文の右腕として政界に独自の勢力を張った伊東巳代治である。そのため、朝比奈は藩閥政府の御用記者というコンテクストで評価されることが多い。しかし朝比奈がもつ広い人脈は、杉山にとってすこぶる有用であったに違いない。杉山が朝比奈とどのようにして知り合ったのかは、明確にはわからない。雑誌に掲載された無署名記事の中に、頭山満が東京芝の待合浜の家に何年も逗留し続けていたとき、朝比奈知泉も浜の家に居つづけで原稿を書く毎日で、その際頭山に随従していた杉山を知ったという説がある。曰く「杉山は猥りに嚙み付かないと云ふことを政府筋に知らしめたものは、朝比奈知泉である。当時杉山は、頭山に従つて烏森浜の屋にごろ〳〵して居て、知泉も亦浜の屋に流連して日々の社説を草して居つた。此の間に知泉は杉山の為人が他の玄洋社の一派と異なつて変通を解し、且つ才智縦横であり、且つ玄洋社中多少重きをなして居ることを知り先づ之を伊東巳代治に紹介した。政府は茲に玄洋社の智嚢であつた杉山を手なづけた。当時政府は、頭山満率いる玄洋社の懐柔策に苦心しており、「故に、政府は先づ玄洋社懐柔の端緒を得た(51)」のだと。政府は、杉山を便利な男、調法な道具として之を利用した。杉山は、玄洋社と云ふ虎の威を仮りて政府に接近した。政府は、杉山を便利な男、調法な道具として之を利用した。利用さるゝ間に、政府の機密を握つて、政府に喰ひ付いた(52)」のだとも。頭山が浜の家に流連していた時期ははっきりしないが、明治二十五（一八九二）年十二月に芸妓として出た洗い髪のお妻が、その当日に浜の家で頭山に見初められたという証言(53)から、明治二十年代の中ごろ以後であろうと推定できる。それは杉山が玄洋社を離れて東京に出た時期に近く、かつ後に引用する朝比奈知泉の自叙伝に記された杉山との交友の時期とも符合している。

政府の頭山＝玄洋社懐柔策の手先として杉山が使われたという言説は、多少のニュアンスの違いはあるが、黙洲の「八百八街一町二人（十九）杉山茂丸と八東可海」でも指摘されている。黙洲によれば「当時頭山満は藩閥政治家の最も畏憚せし怪雄なり、一たび怒れば数百の死士劒を按じて立つ、殺気天下を圧して廟堂の大官肝胆寒く、而かも威武を以て屈すべからず利禄を以て欺くべからず、若し之を懐柔し得べくんば、其手段方法の如き之を撰び問ふの遑なかりき、這裏の機微を看破せる彼〔杉山。筆者註〕は、頭山を売り、之を喰物にして藩閥政治家に取入(54)」ったのだという。戸山銃聲もまた「彼の今日あるは、巧に元老株に密接したが為めである。而も其動機は、曾て当路者が頭山以下玄洋社壮士団を圧迫し、其後翻つて味方として、之を利用するに方り、円転滑達の彼は、克く両者の間に立ちて、調和融通を計るの位置を得たからである(55)」という。明治の末ごろ、多くの批評家たちが杉山茂丸という人物に関心を抱き、その出自を穿鑿した結果、こうした見解に到達したということであろう。

杉山が頭山を売ったかのような言説が真実を穿っていたのかどうか、検証することは困難であるが、彼が著作の中で語った政界要人との人間関係が事後的に語られた神話世界の物語である以上は、当時の杉山から頭山満との関係という看板を剝がしてしまったら、彼は一介の貿易商に過ぎない。彼にとって政界は利用価値のある存在であろうが、政界にとってただの貿易商たる杉山茂丸には何の利用価値もなかったはずだ。頭山との関係こそが杉山と政界とを結びつけた決定的な要素であったとする指摘は、十分首肯できるものである。それを窺わせるエピソードがひとつある。伊藤博文が首相の座にあったあるとき、杉山が金子堅太郎に、頭山が伊藤に会いたがっていると嘘をつき、それ聞いて真に受けた伊藤が頭山邸に電話をかけたところ、けんもほろろの応対をされたのだという。伊藤に叱責された金子が頭山に会ってみると、頭山は「杉山が君を欺したのぢやらう、杉山はモウ士《さむらひ》を廃業して商売でも何でもやり居るから、嘘も平気ぢやらうが、俺は一生士を廃めぬ」と答えたのだという。[56] また後年、頭山満は野依秀市に杉山茂丸と親友の関係にあるのかと問われたとき、「よく知つてゐる」としか答えず、杉山を幇間のようだという意見についての見解を問われると「多少幇間じみたところもある」と応じたという。[57] 寡黙な頭山は、杉山を悪しざまに語ることはないが、嘘もいわない。この応答の背後には、杉山が政財界の裏面でのし上がっていく過程での、両者の微妙な関係が潜んでいるようだ。

杉山が朝比奈と親交を深め、かつ政財界に人脈を拡げていったのは、暢気倶楽部と呼ばれたひとつの親睦集団においてであった。朝比奈は次のように語っている。

> 予が日報社の主幹として、東京日日新聞を董刊して居た頃だから、明治廿五六年から卅六七年迄の間だつたらう。同好の友人六七輩相会して閑談《むだばなし》もし、議論もし、時には政治談に渉りて、眉宇軒昂し、口角泡を飛ばすこともあれば、時には芸尽しとあって、義太夫を語るもあれば、清元、長唄を唸るもあり。随分馬鹿げた会合では有つたが、其の間自然に天下国家の事に干繫した談合《はなしあひ》も纏まり、時としては散会の後、各員車を飛ばして当路者の

門を叩いたりしたこともある。其の会員は常連として杉山茂丸、後藤新平、大河内輝剛、加藤正義、加藤敬介、後藤猛太郎、高崎安彦及び予あり。時には突拍子もなき飛入の会員もありて、中には馬越恭平、郷誠之助抔もあつたと思ふ。（略）倶楽部といふと何だか大層らしいが、会場もなく、会期もなく、会員名簿もなく、一定の会費もなく、従つて幹事とか何とかいふ様な役員もなく、暢気な奴原が、暢気に集まり、暢気に談し、暢気に遊んだ処で、何時となく暢気倶楽部といふ名称が付いて仕舞つたのだ。(58)

杉山はこの暢気倶楽部で、新しい人脈を形成したのである。朝比奈は暢気倶楽部が「何処に在つたといふことは無いが、定連揃ふて健在した頃は、善く築地の柏屋といふ待合茶屋に会したものだ」といい、「会員といふ訳では無いが伊東巳代治伯も八代六郎男も慥か一二度は覘いたことがある。此会に来さうで来なかつたのは頭山満翁位だ」というから(59)、杉山にとっては愛人が女将をつとめるホームグラウンド(60)に、朝比奈らの人脈で政財界の大物たちが出入りしていたことになる。こうした新しい人脈の中で、杉山の後半生に極めて大きな意味を持ったのが後藤新平である。

後藤新平の語るところでは、彼と杉山との初対面は「北海道長官として、安場男爵が彼地へ転ずる時、迎へに行つた汽車の中で、安場男に紹介されたのが最初である」(61)というから、明治三十（一八九七）年九月七日のことであつただろう(62)。その半年後に後藤新平は台湾総督府民政局長に抜擢される。後藤が暢気倶楽部に出入りするようになったのは台湾へ赴任してからのことだというから(63)、おそらく杉山と後藤が親しくなったのは暢気倶楽部で顔をあわせるようになって以後のことであろう。後藤との親交は、台湾という新天地を杉山のフィクサー稼業の揺籃の地にした。そこで彼は利権の斡旋や獲得の腕を磨くのである。

その前に杉山は金子堅太郎の知遇を得る。それが杉山の中央政財界への登竜門となる日本興業銀行設立運動への参加の端緒となるのである。

日本興業銀行設立の背景

日本興業銀行設立運動については、杉山茂丸の事績としてよく知られているものであり、西尾陽太郎や一又正雄の研究においても言及されている。とりわけＪ・Ｐ・モルガンから多額の借款に成功したという逸話は、杉山自身による自己演出のドラマティックな効果からか、杉山を語ろうとする人々によって繰り返し言及され、すでに伝説化しているといってよかろう。とはいえ、杉山の興業銀行設立運動への関与の実態は、彼自身がさまざまな著作で語った内容とは様相を異にする。彼の言説には虚構もあれば歪曲も矛盾も存在する。本節では彼の言説相互の矛盾の分析のみならず、信頼できる史料も活用しながら、日本興業銀行設立運動における杉山の動きを検証する。

日本興業銀行が設立されるまでの運動過程で、杉山茂丸がそれに関与していたことは間違いない。彼は明治三十一（一八九八）年の春ごろから政財界で日本興業銀行（当時は日本工業銀行と称された）設立を提唱し始め[64]、三十二（一八九九年）年一月十八日に開催された日本興業銀行期成同盟会の発起人会において政府交渉委員の一人に選ばれ、同年二月五日の設立大会で幹事及び評議員に選ばれている[65]。

杉山自身も、『其日庵叢書第一編』の「法螺の説」第五吹をかわきりに、『百魔』や「其日庵過去帳」さらに『俗戦国策』で、このことについて語っているが、それらは彼の他の自己言及と同様に誇張や歪曲や捏造を含んでおり、言説相互の整合性がない自慢話である。そこで彼が何をどのように語っているのかは後に検討することとし、ここでは当面日本興業銀行設立構想が成立するまでの経緯をみておこう。

日本興業銀行の構想の淵源は、早くも明治十四（一八八一）年に松方正義が太政大臣三条実美に呈した『財政議』にあるといわれる。松方はここで、中央銀行の設立と貯蓄銀行及び勧業銀行の必要を説いた。更に翌年の『日本銀行創立ノ議』では、勧業銀行を興業銀行といい改め、これを土地家屋など不動産を担保に資金供給を行って土地改良や築港、製糸産業などを振興する銀行と規定した。いわゆる松方の銀行分業論である。次いで二十三年の恐慌を受け、松方は不動産担保融資による殖産興業には資金供給面での限界があるとみて、株式などの有価証券を担保とする産業金融を構想し、それを担う特殊銀行として動産銀行が構想された。これがのちの日本興業銀行設立構想に結びつくのだが、松方の構想においては、外資の導入は想定されていなかった[66]。外債発行に意欲的だった大隈重信が明治十四年政変によって政府を追われ、大限系の佐野常民に替わって大蔵卿となって以来、松方の財政政策は外資の排除がその根本をなしていた。外資排除は、井上馨の条約改正交渉において内地雑居が政治問題化した際に、外国資本による国内産業の蚕食への危惧もその一因となっていたことからも判るように、当時の世論でもあった。しかし日清戦争が終わり国内産業の投資行動が活性化すると、資金涸渇が問題となり、世論は一変して外資の導入が求められるようになった。このとき政府と産業界との間に、外資導入をめぐる意見の対立があった。三国干渉によって遼東半島を放棄せざるを得なかった政府は、軍備拡張を中心課題とする戦後経営を進めるために外資導入を視野に入れた。一方産業界は、外資が導入されたとしてもそれが軍備拡張に充当されることを危惧し、東京商工会議所は明治三十（一八九七）年に「財政整理意見」を松方内閣に呈して「如何ナル事情アルモ其募集シ得タル金額ヲ以テ軍備其他ノ不製産的政費ニ充ツルガ如キコトナク、必ズ之ヲ内国公債償却ノ資ニ充ツベキ」と主張していた[67]。

一方、伊藤博文幕下の法制官僚として明治憲法起草に関わった金子堅太郎は、明治二十七（一八九四）年に第二次伊藤博文内閣の農商務次官に就任して以来、経済政策に力を傾注していた。金子は二十八（一八九五）年六月に「工業立国策」を発表し、日清戦後の日本経済は工業を基礎として立てるべきであると主張し、併せて十一月の「戦後経済の方針及機関」において、戦後恐慌の到来を防ぐために直輸出貿易の振興が必要であると説いた。明治三十（一八九七）年後半から日清戦後恐慌が深刻化すると、金子は「現今経済上の二大問題」を発表して、国内資本の欠乏を指摘するとともに外資輸入の必要性を主張した。こうした金子の構想が、三十一（一八九八）年四月に彼が農商務大臣に就任すると、外資輸入を想定した工業銀行設立計画として具体化したのである。

金子堅太郎と杉山茂丸

杉山茂丸の日本興業銀行設立運動への関与は、こうした状況の下、金子堅太郎の工業銀行設立計画に沿って繰りひろげられたものであった。ひろげられたものであった。金子という同郷の先輩の存在がなければ、杉山が日本興業銀行設立運動に関わることもなかったに違いない。玄洋社の圏外で単騎世に出ようとした杉山にとって、金子はその登竜門を開いてくれた人物であった。

同郷とはいえ、年齢が十歳以上も違う金子と杉山とは、福岡在住時代に何らかの関わりがあったわけではない。その出会いがどのようなものであったのかは、杉山の死後に金子が語った回想の口述筆記[69]によって知ることができる。この回想は、昭和十六（一九四一）年に杉山の伝記刊行が企図された際に口述されたものであり、その性質上杉山を称揚顕彰する意図に出たものであることや、ことに日本興業銀行設立運動の当時からは四十余年の歳月を隔てているため、史料批判の観点からは注意を要するものであるが、ここでしか知ることができないエピソードが含まれているので、以下に内容をみておこう。

金子が杉山と初めて会ったのは、農商務次官在任中の明治二十七（一八九四）年の四月から五月のころであった。杉山が金子邸を訪ねてきて面会したのだが、杉山は紹介状も持たず、単に同郷人ということだけで金子を訪ねたのである。杉山が金子を訪ねたのは、自身が抱懐する経済策を、農商務次官である金子に聞いてもらいたいという理由からであった。杉山は香港で見聞した西洋先進国の経済発展を踏まえて、日本もまず中国との貿易を拡げ、それを足がかりにして欧米へも発展していくべきだというような考えを、金子に対して披瀝したようだ。金子は杉山の主張が「実に明瞭で、決して空中楼閣でない、事実に依って論理を立てて」いることに感銘し、「是は筑前人には珍しい人間だ、壮士が支那ゴロの仲間に入って支那の実際を見て、是ではいかぬ、日本は経済政策を以て先づ支那に発展し、それから欧米にも発展すると言ふ、実に壮士には珍しい人物だと思った」のだという。そして「彼の言うたことは一々私が是から支那貿易を拡張しようといふ案に非常に援助になった」と述べているから、金子がその年十一月に発表した「座商主義と行商主義とを論じて戦後経済計画に及ぶ」に何らかの示唆を与えたのかも知れない。その後金子は杉山との往来を始め、やがて「一緒に飯を食ったり何かして胸襟を披いて話をした。あの通り座談は名人で、懸河の弁を以て流暢に、事理明晰に話すから、実に時の移るを知らぬ程」にまで親交を深めた。

金子は明治三十（一八九七）年四月十日に農商務次官を辞任して野に下った。三年余りの農商務次官在任中に、工業立国策の具体化を考えていた金子は、杉山茂丸を呼んで工業の発展のために必要な資金を供給するための銀行すなわち興業銀行の設立案を打ち明けた。金子によれば「工の字では唯建築だけのように考へられて鑛山業や鐵道其の他の製造工業は入らないやうで面白くないから、業を興す方の興業銀行を立てたい」という考えであった。杉山はそれに賛意を表し、「あなたがさういふお考へならば、あなたを大将にして私が一つ興業銀行の設立運動をしよう、私は世の中の人がホラ丸〳〵と言うて、私が言い出したのでは是は法螺になるから、あなたは長い間農商務省に居られたのだから一つあなたの名でやって貰ひたい」と、金子と共同して興業銀行設立運動を起こすことを提案した。さらに金子が米国資本の導入構想を口にすると、杉山は自分自身が渡米したいとの希望を述べ、渡米のための資金は「あなたの御厄介にはならぬ」と、自分で算段するといった。金子はハーバード大学留学時代の知己であるフレデリック・ジェニングス宛の紹介状を杉山に与え、さらに貴族院の属官であった神崎直三という人物を通訳として同行させることにした。[70][71]

杉山茂丸は、このような経緯をたどって初めての米国行に臨んだ。横浜から出発したのは九月二十三日のことであった。[72]

日本興業銀行設立運動と杉山の渡米計画

ここからは、日本興業銀行設立運動への杉山茂丸の関わりを、彼の自己言及や金子堅太郎の回想、さらに諸史料などを参照しながら考えてみたい。さまざまなエピソードが交錯する事件であるが、杉山がJ・P・モルガンと面会し借款の交渉を行ったという出来事を中心として、そこに至るまでの杉山の行動と、モルガンと面会して帰国してからの行動という三つのパーツに分けて検討を行う。はじめに、渡米するまでの杉山の行動を、彼の自己言及を中心にみてゆく。

杉山が渡米してモルガンと面会したというエピソードが、彼の著作の中で最も早く語られたのは、『其日庵叢書第一編』中の「法螺の説」第五吹(初出『サンデー』六九、明治四十三年三月二十七日)である。杉山はこの著作で「今より十四五年前庵主が日本の経済界のことを憂慮して、自分でも、辛抱の出来ぬ程の苦心をして、遂に米国のゼー、ピー、モーガン氏に、単独、個人の資格で、一億数千万円の外資を借入れに往つたことがある」と語り始め、それは「経済的憂国」の念から数年にわたって彼が外資導入を説いても誰も聞き入れてくれないから、「一大決心をして、予て聊かの関係を以て居る、米国の、モーガン氏に直接ブツ、カル事にした」のだという。そして、英語を知らないこと、「モーガン氏」への紹介者がいないこと、外資を導入する資格がないこと、の三点を自覚しつつ、「秘密の守れる米国育ちの人を」介して「自分は東洋に於ける、非常に大きい経済問題の解決者で、其の事件に付いて、モーガン氏に面会の必要があると申込」み、うまうまと面会の約束を取り付けることに成功した(其、一七二～一七三)のだといっている。「予て聊かの関係を以て居る」と、あたかも杉山がかねてからモルガンと何らかの関係があったかのような書きぶりをしているのは、紹介者がいないことと矛盾しており、ただの自己誇大化であろう。

次に『百魔』第十一章（初出『黒白』二（二）、大正七年二月）では「或る年庵主が我国の工業界に、低利永年賦の資金を供給して、絶大の工業国と変化させようと思ひ立ち、当局の紹介状一本をも持たず、単身孤剣、米国に渡航してゼー・ピー・モルガン氏と、日米の資本融通のネゴシエーションを起し」〔百、六九〕たと書かれている。

この二つの著作では、先にみたような金子堅太郎との関係には一切触れられておらず、杉山が彼一個の考えでモルガンに借款の交渉を行ったかのような書きぶりである。また、彼の問題意識がどのようなものであったのかも漠然としている。

一方「其日庵過去帳」の「男爵藤田伝三郎（一）」では、「日清戦争前、庵主は日本の経済界の事に就て氏の賛同を受くる必要が起きたので、突然氏を訪問した処、丁度氏は外出しやうとしてゐる折であつたに係はらず、庵主を応接室に導かれた。庵主は一時間半許りに渉つて我国の経済救済策に就て庵主の意見を述べた処、従来説いた処の豪商や富豪等は凡て庵主の意見を一笑に附し去つたけれど、独り藤田氏は殆んど全部庵主の意見に同意を表せられ、出来る丈けの助力をするから国家の為め不屈不撓御意見の遂行に努められたいと答へられた(73)」とある。ここでは藤田の賛同を得るべき「日本の経済界の事」が何であるのかは語られていないが、引用部に続いて日本興業銀行設立計画についての回想が続くから、一連のものとみて間違いなかろう。

詳細なのは例によって『俗戦国策』である。同書の「一億三千万弗借款事件」（初出『現代』九（一）、昭和三年一月）と題された章は、「法螺の説」から字数にして約三・三倍に膨らませられ、新たなエピソードに修飾されたオルタナティブな物語に仕立て直されている。

この物語は、杉山と松方正義との動産抵当銀行の必要をめぐる問答から始まる。杉山がいうには、明治二十六（一八九三）年ごろから頻繁に松方を訪ねて経済論を戦わせていたが、勧業銀行をめぐる議論において、松方の主張する不動産抵当金融の構想に対し、杉山は動産抵当金融の必要を説いて意見が対立したのだという（俗、二四二〜二四五）。しかし先にみたように、既に明治二十三（一八九〇）年の時点で松方は動産抵当銀行の構想を持っていたから、この部分はいかにも眉唾臭い。ここには松方という財政通の元老政治家を引き合いに出して、自らを誇大化してみせる狙いが透けてみえる。続いて杉山は、香港領事の中川恒次郎から紹介されたシーワンという英国の商人や、旧知の横浜の米国商人モールスらに自分の意見を叩いたところ、米国から資本導入をすべしという助言を得たので、それを金子堅太郎に話し、さらに明治維新直後の新政府において財政政策を担った経験を持つ由利公正にも話したところ、両者ともに杉山と意見が一致して、「金子子爵と自分と由利子爵と一致協力して、日本を是非世界と併行する丈けの工業国にする事に努力仕よう」ということになったのだという。ここまでの物語の流れは、あたかも杉山が一己の考えとして興業銀行設立を構想し、松方との議論や金子堅太郎、由利公正らとの意見交換をしたような展開であり、先にみた金子の回想とは明白な矛盾を呈している。

そして杉山は米国への渡航を企図するが、渡航費用に窮することになる（俗、二四五〜二四七）。しかしこの時点ではまだ、杉山がどのような目的をもって渡米しようと考えていたのかが明確にはされていない。「法螺の説」で、いわば一直線にモルガンとの借款交渉という目的を掲げて渡米したとされていることに比べると、目的のはっきりしない渡米計画というのは不可解である。それには『俗戦国策』における物語の構築のための舞台設定の仕掛けが関わっている。その点を次にみてみよう。

杉山の渡米資金

渡米を企図して旅券も手に入れた杉山が、そのための資金の捻出にいかに窮していたかが『俗戦国策』では多くの紙数を割いて語られている。借金自慢や火鉢を質入れした貧乏自慢の**テキストの余剰**に何ページも割いてから、窮すれば通ずとでもいいたいのだろうが、ここで杉山は旧知の藤田伝三郎を頼って渡航資金を借用することを思いつくことになる。杉山は「大阪に行って金策を仕て見よう……夫には十八九年の頃、後藤象二郎伯と共に面会した、大阪の藤田伝三郎に咄を試て見よう」〔俗、二五一〕と考えたのだという。しかしさきに引用したように、「其日庵過去帳」の「男爵藤田伝三郎（一）」によるなら、杉山は日清戦争前に藤田伝三郎に面会し「日本の経済界の事」について、その賛同を得ていたはずである。『俗戦国策』で、十年余りも前に会ったことがあるというだけの藤田に対して、唐突に金を借りることを思いついたといっているのは、奇妙な話といわねばならない。

杉山は大阪に赴き、藤田に面会する。第一章で論じたように、この場では芝居がかった二重のアノミーのシークェンスが繰りひろげられた上に、礼節ある好漢杉山茂丸を印象づける**清廉**のディスクールも付け加えられて、易々と大金を手に入れることになる。藤田から三千円の資金を得た杉山は、横浜でモールスに面会して渡米の相談をし、アメリカの工業界の実情も知らずに資本導入ができるはずがないと指摘される。杉山は「松方侯の開墾拓殖の資本一件と、工業発展の資本一件とに対抗する事許りを考へて先づ工業を知る事を忘れて居た所に「モールス」氏の一言にて、言句も出ぬ事となつて惘然沈黙の儘「モールス」氏の云ふが儘に従うた」と語る。ここでようやく、杉山の渡米目的が決定されることになった。その目的とは、モールスが紹介したシカゴやフィラデルフィアの企業視察である。そしてモールスは、それらへの紹介状と併せ、杉山に二万円の金を差し出した〔俗、二五四～二五六〕のだという。

ここから杉山の自慢話がまた始まる。モールスが杉山に差し出した金は、かつて杉山がモールスのために、仁川鉄道と神戸水道布設のことに尽力した謝礼であって、当時杉山はそれを「東洋ヒロイズム」と称して受け取らなかったが、モールスは本社から支払われたその金を保管していて、今回の杉山の渡米に使ってくれといったのである。杉山は「懇々との話故」、その金を受け取った〔俗、二五六～二五七〕。そして『俗戦国策』の「青年の為めに書く」

という目的に沿って、「サア是所が今時の青年達に、庵主の一言して置たい老婆心である」と切り出し、「庵主は元々、三千円の入用であるから、此二万円は無くても好い物である、故に一文も之に手を付けず、頭山翁其他の親交ある恩人に、幾千か分配した残りは、大軍のやうに押寄せて居る借金取と、九州に庵主の為めに破産せんとしつゝある、幾多の人に塩を撒くやうに、少しづつ分配して仕舞うたのである」と、二万円がどのように散財されたかを語り、「今時の人間の有様は、ドウぢや筋悪き泥坊同様の金を掻払ふが早いか、直ぐに銀行に入れて預金帳に書いて眺める、夫から夫を使払ふ有様は、直ぐに家を建てる、芸者を受出す、別荘を構へる、自動車を買ふ」と世相批判までやってみせる。杉山自身はというと「此心と行為が、人間味の通行券となつて、幾多の不満足はあっても、一人も、庵主を怨むる者がなく、先生々々と今日まで云うてくれる、即ち人間でない神の声と化して居るのである」〔俗、二五七〕と、馬鹿馬鹿しいほどの自讃ぶりである。しかし杉山がここで語っていることを敷衍するなら、かつて斡旋した利権の分け前を遅れて受け取ったということであるし、受け取った金の使い道は知人にいくらか分配したほかは、自分自身の借金の支払いに充てたというだけのことに過ぎない。多額の負債を抱えていたという杉山が、思わぬ金が転がり込んだといって贅沢三昧に耽るのであれば罵倒されるだろうが、その金を借金の支払いに充てたというのであればごく当り前のことをしたに過ぎず、胸を張って青年に垂訓できるようなことではないのは自明である。まして『俗戦国策』執筆当時の杉山は、自動車を乗りまわし、愛人を抱え、別荘を構えて大尽ぶりを発揮したこともある人物だった[74]から、彼の世相批判はそっくり彼自身に返ってくるべきものであったのだ。しかもこの二万円をめぐる一節は、物語の本筋に何の影響も持たない**テキストの余剰**に過ぎない。

閑話休題して杉山の渡米資金に戻る。杉山によれば、モールスからの金を散財した杉山のもとに、藤田伝三郎から三千円の金が送られてくる。藤田は渡米資金としては先の三千円では不足するに違いないからといって、さらに三千円を追加融通してくれたのであった。杉山は合せて六千円の金を資金として渡米することになる〔俗、二五八

〜二五九〕のである。

さて、先にみた金子堅太郎の回想では、杉山は渡米資金について金子の世話にはならず自分で算段するといったという。モールスから与えられた金の話はおそらくただのホラ話に違いないから度外視するとして、渡米資金が藤田からの借用金であったという杉山の自己言及は信用できるものであろうか。藤田から渡航資金を借りたという部分については、肯定することも否定することも困難である。ただ、杉山が渡米資金捻出に苦慮して、ふいに藤田を思い出したと語っているのは嘘であろう。金子の回想によれば、農商務次官在任中、金子はたびたび大阪や名古屋の実業家たちから工業向け金融についての意見を聴取しており、特に藤田伝三郎から聞いた意見は詳細に述べている(75)。直接藤田と杉山とのやりとりがあったかどうかはさておき、少なくとも金子から杉山に対し、藤田が興業銀行設立に前向きな態度であるということは伝わっていたであろう。杉山が「日清戦争前」という藤田との「経済界の事」についての会見も、興業銀行のことに違いない。すなわち藤田は、金子や杉山の興業銀行設立構想の埒外にあったのではない。杉山が藤田を頼ったのは、そうした経緯を踏まえてのことであって、唐突に思いついたものではなかったのである。それを唐突な思いつきのように語ったのは、己の智謀と蛮勇、そして藤田の度量を演出するための『俗戦国策』執筆時にしつらえられた状況設定であったのだろう。

これらの状況設定、舞台設定がすなわち、前項の末尾で述べた『俗戦国策』における物語構築のための仕掛けである。杉山は三文芝居のような藤田との対話や、モールスから大金をもらいながらそれで贅沢三昧に耽ることがなかった自讃物語を語らんがために、目的が明確ではない渡米志願という状況を設定したのである。

渡米の時期

先に杉山の渡米の時期を、明治三十（一八九七）年九月二十三日であったと書いた。これは杉山と関係があった森まつという女性の父武八宛ての同月二十二日書翰に「小生事至急ノ商用ニテ明二十三日横浜発汽船ニテ米国へ旅行仕候[76]」とあることを根拠としている。また、近衛篤麿の日記には、同月二十六日の条に「来状　杉山茂丸　渡米に付暇乞[77]」とあり、杉山が九月末に渡米の途に立ったことは間違いない。

杉山は『俗戦国策』で、同年六月三日に出発したといっており、乗船した船が「オリエンタル・オキシデンタル・スチーム・シップ」会社の「チヤイナ」号であったことまで記している。しかし、同船者に農商務次官の藤田四郎と大学教授の箕作佳吉がいた〔俗、二五九～二六〇〕という記述から、出発時期は錯誤あるいは虚言であることが論証できる。藤田四郎は当時農商務省農務局長、箕作佳吉は東京帝国大学理科大学教授であったが、この両者はオットセイの保護問題について、十月十日ごろにワシントンで開催が予定されていた日米露英の四国による会議に出席するため渡米したもので、九月十一日に差遣が発令されている[78]。よって、六月三日の出発であったはずがない。なお箕作佳吉についてはその評伝に杉山からの書翰が二通紹介されているから[79]、このときの同船がきっかけで帰国後も交際があったものとみられる。

杉山は米国各地の壮大な工業施設を視察しても、精神を集中させていたから一向に驚かず重要な資料の数々を収集したと、ここでもさらりと自慢話を披瀝しながら、十一月三日に帰国したと述べる。そしてそれらの資料を「時の農商務次官金子堅太郎氏に之を提出し」、さらに農商務大臣の榎本武揚を築地柏屋へ招待して製鉄所創設を説いた〔俗、二六〇～二六二〕のだという。しかし農商務大臣榎本武揚は同年三月二十九日に、次官金子堅太郎は四月十日に、それぞれ職を退いているのだからこんなことがあったはずはない。これも**言説事実矛盾**のコレクションに加えられよう[80]。

さらに杉山は「夫から金子子爵や由利子爵と相談を定め、今度は金子子爵の手紙を一本持つて渡米したのは、其翌三十一年の三月一日であつたと思ふ、金子子爵の手紙は、「ゼー・ピー・モウガン」商会の法律顧問たる「フレデリック・ゼニング」氏に宛たのであった」と続けている。すなわち杉山は、この日本興業銀行設立に関して二度の渡米をし、明治三十一（一八九八）年三月一日に出発した二度目の渡米でJ・P・モルガンに面会した〔俗、二六二〜二六五〕というのであるが、これは事実を捏造しているに違いない。

杉山がこの時期に二度の渡米をした証拠はどこにもない。むしろ杉山自身の当時の言説が、二度目の渡米という事実などなかったことを証明している。

ひとつは、三十一（一八九八）年六月四日、経済記者懇話会の席での談話である。杉山は「昨年九月米国紐育に赴きて経済市場に大勢力を有し倫敦に支店を開き手広く金融界融通の衝に当るモーニング《ママ》氏及びゼニング氏に会見して之が相談を為したり（略）其目的を達したりしを以て昨年末に帰朝したり」といい、更に「而して松方内閣は伊藤内閣と更迭したれば伊藤侯井上伯等要路間に其利害を遊説しつゝあり[81]」と語っている。すなわち、杉山は九月に渡米した際、すでにモルガンらに面会し、借款についての交渉目的を達成して、年末には帰国したのである。そして年が明けて間もなく松方内閣から第三次伊藤内閣に移ったので、伊藤首相や蔵相の井上馨らに対し、外資を導入して興業銀行を設立すべく遊説しているというのである。

もうひとつ杉山の言説をみておこう。明治三十一（一八九八）年七月か八月ごろに作成されたとみられる談話筆記『日本工業銀行設立論続篇[82]』という小冊子である。この冊子の冒頭で杉山は、米国から帰国して以後の経緯について「亜米利加ニ往テ来タ結果ヲ前政府ノ大臣ニ之ヲ持込ンデ金子氏ト共ニ十分話ヲシマシタガ始メハ大変其事柄ノ上ニ疑点ガ多カツタ然ルニ段々夫レニ就イテ実例ヲ引キ証拠ヲ挙ゲ殆ンド本年一月ヨリ内閣ノ倒レルマデ、総理大臣ナリ大蔵大臣ナリニ相談ヲシテ終ニ政府自身ガ米国ヘ電報ヲ掛ケ」たと語っている。ここで「前政府」というのは第三次伊藤内閣のことであるから、杉山は金子堅太郎とともに、一月から内閣が倒れる六月までの間、首相や蔵相との交渉を重ねていたというのである。そしてその過程で、政府が米国に電報を発したとも語っている。

政府が米国に発したという電報については、史料の裏付けがある。政府からの問い合わせに対し、在米の特命全権公使星亨が井上蔵相に発した回答文書[83]である。その冒頭には次のように書かれている。曰く「近頃当合衆国ヨリ本邦ニ帰国セシ本邦人杉山某ナル者当国モーガン商会支配人ト商話セシ趣ヲ以テ閣下ニ面会シ同商会ニテハ本邦ニ銀行ヲ創設シ鉄道又ハ紡績等有利ノ事業ニ対シ年三分乃至五分ノ利子ヲ以テ一億円ヲ貸付スルノ企図アル趣申出候ニ付テハ同商会ハ信拠スルニ足ルモノナルヤ又如此多額ノ資本ヲ卸シ得ルヤ否慥メ可及回答旨本月六日付電報ヲ以テ御問合セノ趣了承致候」と。この部分は井上からの照会内容を復唱したものであり、引用文中「閣下」は井上のことである。これによれば、米国から帰朝した杉山某が井上に面会し、モルガン商会支配人と交渉して日本に創設される銀行に一億円を比較的低利で融通する計画があると申し出たというのである。井上は杉山の申し出の内容について、「モーガン商会」が信用できるかどうかを、四月六日付の電報で星亨に問い合わせたのである。このことから、杉山は四月六日より以前に、すでにモルガンからの借款の成功を井上蔵相らに吹聴していたことが知られる。

もし明治三十一（一八九八）年三月一日出発という『俗戦国策』の二度目の渡米が事実であったとするなら、杉山はいつごろ日本に帰って来たのだろうか。横浜とニューヨークの間を往復するには、少なくともまる一ヶ月ほどを費やさねばならなかったことは第一章でみたとおりである。彼はこの二度目の渡米では、「米国に着いてユックリした宿に泊り込み、方々の観光に出掛けて、一向誰にも面会せぬのであ」ったと述べている。そして金子の紹介状を受け取ったジェニングスがホテルに杉山を訪ねて来て、そこからモルガンに会うまでにさらに数日の間があったという〔俗、二六三〜二六五〕から、モルガンに面会してからトンボ返りに帰国の途についたとしても、四月中旬より前に帰国していたとは考えがたい。三月一日に横浜を発ってニューヨークへいき、四月六日より以前に帰国しているというのは、当時の海陸の交通事情からみて不可能である。北米大陸西海岸と横浜を結ぶ定期船の便数は、最も多いサンフランシスコでも月に三便か四便、シアトルやバンクーバー、あるいはタコマなら月一便か二便しかない[84]。間が悪ければ、一週間や二週間は船待ちで足止めを食うのが当り前の時代だったのである。以上から、三月一日に二度目の渡米をしたという『俗戦国策』の言説は、作り話とみて間違いない。

しかし一又正雄の『杉山茂丸――明治大陸政策の源流』は、杉山の言説を鵜呑みにして「再渡米したのは、帰国してから僅か四ヵ月目の、翌明治三十一（一八九八年）年三月一日であった（帰国は四月上旬[85]）」と書いた。一又を参照した浅井良夫は杉山の言説の信頼性に注意を喚起しながらも三月の渡米に言及し[86]、中元崇智の論文でも、金子堅太郎が杉山を明治三十一（一八九八）年三月に米国に派遣したという記述がなされてしまっているのである[87]。

杉山は三十（一八九七）年九月に渡米して、モルガンに面会し借款の相談まで行うというめざましい成果を挙げ、十二月ごろまでには帰国したのである。帰国後、杉山は金子とともに興業銀行構想の具体化に動き出すことになるが、その前に、杉山とモルガンとの面会についてみておく必要がある。

美人のタイプライター

姓名不詳の「秘密の守れる米国育ちの人」の仲介によって、杉山がモルガンと面会の機会を得たという「法螺の説」の記述は、すでにみた。そのモルガンとの面会の場で起こったことは、「法螺の説」と『俗戦国策』の「一億三千万弗借款事件」とでは、ずいぶん様相が異なっている。

「法螺の説」では、「モーガン氏」に対面して吹きまくったホラ話が延々と語られる〔其、一七四〜一七八〕。この著作はそもそもが杉山のホラ自慢を披瀝するために書かれたものであるから、このうんざりするような長広舌が著作の主眼なのだろうが、本書での関心はそこにはない。全字数の六割近くを占めるこのホラ話に継いで杉山は、長広舌を聞かされたモルガンが、一週間後の再会を約し、その間モルガン傘下のナイヤガラ水力発電やバファロー周辺の諸企業を視察するよう勧め、案内人までをも付けてくれたという。杉山はこれを、モルガンに体よく追い払われたと思いつつ、「ウヰリヤム、スチーブン氏と、フレデリツク、ゼニングス氏」の二人に案内されて各地の視察に赴いたが、一週間後に再会したモルガンは意外にも「此れ〳〵の方法になれば、三分五厘の利息で、其の必要の金額を御融通申す事に決定したと云」った。思いがけない展開に驚いた杉山が念を押すと、モルガンは「俄然《にはかに》顔色を変へ、拳固でドント、机の端を敲いて、米国のゼー、ピー、モーガンのイエスであり升ぞ、少しの疑念を挟まるゝことも、好みませぬ」と憤激したので、杉山は「荐りに其の無礼を謝し、其の翌日仮契約を拵へ貰ふて帰朝した」〔其、一七八～一八〇〕というのである。『俗戦国策』では横浜の米国人モールスのニューヨーク本社社長とされている「ウヰリヤム、スチーブン」〔俗、二五五～二五六〕や、金子堅太郎が杉山に与えた紹介状の相手とされている「フレデリツク、ゼニングス」が、ここではモルガンに差し回された案内役として登場していることにも注目しておきたい。

一方の「一億三千万弗借款事件」では、杉山とモルガンとの交渉はどのように描かれただろうか。「法螺の説」ではモルガンと杉山とのダイアローグが途中で杉山の一方的なホラ話になだれ込んでいくが、こちらは借款をめぐってモルガンが問いを発し、杉山がそれに答える場面が長々と続く。総じて「法螺の説」よりも饒舌ぶりは抑制的である。そして対話の終わりにモルガンの方から借款の条件が示され、日本政府の第二保証の下に、一億ドル以上一億三千万ドルを限度とする借款を、利息三分五厘、期間五十年とする内容で、モルガンが「承認し升」と述べる。杉山はこの申し出を書面にすることを要求し、そこで「法螺の説」と同様、モルガンが机を叩いて「『ゼー・ピー・モウガン』が承認《エース》ですぞ」と大声を発したとされる〔俗、二六五～二六九〕。ここからが『俗戦国策』で杉山が用意した自讃のための構造、**アノミー**のシークェンスの始まりである。「庵主も通弁も、度肝を抜かれて、顔色がサッと変つた」にもかかわらず、杉山は沈着に「今一度テーブルを叩いて戴きたいと思ひます」といい、モルガンが何故だと訊くと「今一度テーブルを叩いて戴いたら、其音響が日本まで聞えはせぬかと思ひ升（略）世界黄金界の大権力者たる『ゼー・ピー・モウガン』氏の、東洋に対する大なる親切の声か音かを、日本の政府及国民に聞かせたいと思ひ升許りであり升、小生は貴下の承認を信ずるの信ぜぬのと云ふやうな資格のある男でない事は始めから、念を入れて申上げて置きました筈であり升、貴下が『テーブル』を打たるる音よりも、アノ美人の手にある『タイプライター』の音の方が便利ではないかと思うて願うたので厶い升」（俗、二七〇〜二七一）と切り返す。芝居なら大向こうから掛け声もかかろうかという見せ場である。後年杉山について書こうとした文筆家たちが、このエピソードを好んで採り上げたがったのも無理はない。

しかし「法螺の説」ではモルガンの憤激を受けて無礼を詫びたといっていたのが、「一億三千万弗借款事件」では憤激にも動じずモルガンを論破したというのである。この変転を何の疑問ももたずに受容することなどできるわけがない。ここでは意識的な語り直しが行われていることは明白である。モルガンに一喝されて詫びを入れた杉山茂丸は、十七年後にはその一喝を撥ねのけ、泰然として切り返す腹の据わった人物として造型し直されたのである。その理由はあえていう必要もないかも知れないが、豪傑としての自己、国士としての自己、沈着冷静で智謀に長けた人物としての自己を印象づけるためであり、すなわちそれが『俗戦国策』における自己言及の本質だからである。

なお、杉山が明治三十一（一八九八）年六月に経済記者懇話会で語ったモルガンとの交渉の様子は、『其日庵叢書第一編』とも『俗戦国策』とも異なっている。ここでは杉山は、借款の利率と申込価額について、はじめモルガンが年五朱、申込価額九十五円を主張したのに対し、杉山はそんな高利では相談がまとまらないと主張して、押し問答数次の末、利率三朱乃至五朱まで、申込価額九十七円乃至百円までで合意したのだと語っている。(88) これが事実なら、モルガンが一方的に条件を提示し、杉山の発言に激高して机を叩いたという『其日庵叢書第一編』や『俗戦国策』の記述は、いずれも怪しいものになってくるであろう。

杉山茂丸がJ・P・モルガンをやりこめて美人のタイプライターで覚書を作成させる。いかにも痛快なこのエピソードは、痛快すぎるがゆえに信憑性に乏しい構造化された創作物であることを露呈させているのである。

モルガンとの「仮契約」

杉山茂丸がアメリカから帰国した際のことを、金子堅太郎は後年の回想でこう語っている。「亜米利加から杉山が帰って来て言ふのに、自分はモーガンと約束した、彼は五朱又は六朱ぐらゐで興業銀行に金を貸さう、五六千万円ぐらゐは自分が引受けると言ったと大変良いやうな話、こちらでは八朱、どうかすると一割も取られて居るが、五朱か六朱で借りて来られゝば、是は工業発達の為には最も結構なことである」[89]と。ここでまた、われわれは杉山の言説の奇妙な齟齬に逢着する。杉山がモルガンとの間に仮契約を結んだと主張する借款の額は、いったいどれほどのものであったのだろうか。

最も早い時期に書かれた「法螺の説」では、その額は「一億数千万円」（其、一七二）であった。それが大正七（一九一八）年二月初出の『百魔』第十一章で「一億三千万弗」（百、六九）に暴騰させられたのである。同年の平均為替レートで換算すると、およそ二億五千万円弱となる。[90] この額が『俗戦国策』でも踏襲されたわけだが、『俗戦国策』ではご丁寧にも、モルガンからどれだけの額が入用かを問われて、「一億位から始めるが適当かと思ひ升（何だか此時一億円と云ふ事を云はなかった……『モウガン』氏は夫を一億弗と思うたと見える）」（俗、二六九）と解説している。一億円が一億ドルに膨れあがったのはモルガンの勘違いによるのだといっているのである。

しかし先に言及した井上蔵相から星公使への照会によれば、杉山はモルガンからの借款を一億円と吹聴しているから、『百魔』や『俗戦国策』は意図的に借款額の誇大化を行っているに違いない。同じ出来事を語りなおすたびに数字が誇大化するのは、杉山の言説の通弊である。杉山は先にも言及している経済記者懇話会での談話でも、「外資輸入の金額五千万円以上一億三千万円以下を以て極度とすべし」[91]と述べているから、この一億三千万円が一億三千万ドルに膨らませられたのである。また、金子が「五六千万円」と述べているのも、この経済記者懇話会での談話からみて、あながち記憶の誤りではなかったとみることができよう。

ところで『俗戦国策』によれば、杉山はモルガンのオフィスで美人タイピストに作成させた文書すなわち仮契約書にモルガンの署名をもらい、それを帰国後「伊藤総理大臣と、井上大蔵大臣に手渡した」〔俗、二七二〕というが、この文書はどうなったのだろうか。現存するかどうかという観点なら、今後発見される可能性は否定しないが、管見の限りにおいてそれは存在しない。筆者が問題にしたいのは、過去においてそれが実在したのかどうかということである。たとえば金子堅太郎の談話では、彼はそれをみたとはいっていない。先に引用したように、金子は杉山からモルガンとの交渉の結果を聞いただけである。杉山も、先にみた経済記者懇話会の談話では、仮契約書の存在には触れていない。では、杉山が仮契約書を手渡したという相手の大蔵大臣井上馨は、それをみただろうか。井上が在米の星亨に発した電報でどのような照会をしたのかは、先に引用したとおりである。そこには仮契約書が存在することは明示されていない。引用部分に続けて星は「右モーガン商会トハ何レノモーガンヲ指シタルヤ不分明ニ有之候ヘトモ如此多額ノ資本ヲ融通シ得ルモノハ紐育市ジヨン、ピヤポント、モーガンノ外無之[92]」と述べている。もし仮契約書が存在し、それを井上蔵相がみたのであれば、そこにはJ・P・モルガンという署名があったはずで、星に対してもそのことが確実に伝達されていたに違いない。しかし井上から星に情報として与えられたのは、「モーガン商会」という名称だけであったので、星は資本力から考えてJ・P・モルガンしかいないだろうと判断したのである。こうした状況と、杉山の自己言及において事実の誇張や歪曲、捏造がしばしばみられることとを併せて考えるなら、彼がモルガンとの間に仮契約書を作成して持ち帰ったという言説も、信憑性に乏しいものであるといわねばなるまい。

杉山とモルガンとの間に、仮契約書が作成されていなかったとすると、両者の間ではどのような交渉がなされたのであろうか。星亨が井上馨に呈した報告に、その内容が示されている。星は「氏ハ曽テ銀行ヲ本邦ニ創設スルノ意ヲ有シタル事ナキモ本邦人某（杉山ノ事ナラン）ヨリ聞ク処ニヨレハ一ノ勧業銀行ヲ本邦ニ設立シ株券ヲ外国ニ売出シ帝国政府其元金及利子ヲ保証スルノ企図ナリト承知シ居レリ如此計画ハ勿論実行シ得ヘキモ帝国政府カ直接外債ヲ募集スルニ於テハ寧ロ利益ナル箇条ニ於テ必要ノ金額ヲ得ヘシト思考セル旨答ヘ約定ノ箇条次第ニテハ此類ノ企図ニ応スルノ意アルモ目下当国ニテハキユバ島事件アリ又欧洲ニテモ金融市場余リ緩和ナラサルニ付今日ハ此ノ如キ企テヲ起スノ時機ニアラス向後ノ成行次第ニテハ又タ之ヲ再考スル事アルヘシ云々(93)」と報告している。すなわちモルガンは、杉山から日本政府が元利を保証する銀行への出資を相談され、むしろ日本政府が直接外債を募集する方が有利ではないかとの見解を伝えた上で、条件次第では出資に応ずる意志はあるが、キューバにおけるアメリカとスペインとの間の紛争や、欧洲の金融情勢などの状況から時機が悪く、今後の状況変化によって考慮すると答えたのである。

　モルガンから一億三千万ドルの借款を取り付けたという杉山の言説の実相は、実はこの程度の不確実なものであった。杉山はそれを隠蔽して、あたかもほぼ完全な合意があったかのように語り続けた。結局それは、杉山茂丸という人物を誇大化せんがための物語のひとつにすぎなかったのだ。

　しかし杉山がモルガンとの合意なるものの不確実さを隠蔽したのは、「法螺の説」以後の彼の文筆による自己言及の場だけではない。杉山は先に引用した『日本工業銀行設立論続篇』の中で、政府が米国に電報を発した結果として「確実ナル返事ヲ取リマシテカラ非常ニ賛成ヲシテ遂ニ総理ナドハ大蔵大臣ト同席ニテ金子堅太郎氏ト共ニ米国ニ此外資事件〔マヽ〕談判ノ為メニ往ケト云フコトヲ発言スルマデニ至テ居リマシタ所ガ丁度西米戦争ニ際シマシタノトモトモト政府ガ政府財政ノ本ガ立タネバ国家ガ存立セヌト云フ様ナ間違ツタ偏屈ナ考ヲ頭ニ詰メ込ンデ居タノダカラ倒頭国民経済ト云フコトニマデ手ガ届カズニ倒レテ仕舞マシタ(94)」と述べている。政府からの電報に対して星が回答した内容は、杉山の主張が不確実なものであることを証拠立てたに違いないが、ここで杉山はそのことを隠蔽して、星からの返答を受けた政府が大賛成の態度に転じたと述べているのである。

ただ金子堅太郎は、以上の考察とは少し違った内容のことを、談話の中で述べている。金子は明治三十二（一八九九）年六月に渡米した際に、ジェニングスやモルガンと面会した。その際ジェニングスは杉山を「私は日本人にも大勢会ったけれども、あのくらゐ頭の良い日本人に会ったことはない」と絶賛したといい、またモルガンは借款のことについて「私は賛成だ、五六千万円ぐらゐのものは何時でも貸さう（略）あなたが内閣にお入りになって杉山がやるといふならば、私は電報一本で直ぐ承諾します[95]」と述べたという。これが事実であるなら、投資家モルガンとしては、金子のような大臣経験もある日本の大物政治家が後ろ楯となって、確実に利益を享受できる条件での投資であるなら、いつでも応じる用意があるということであったのだろう。何の権限も責任も持たない杉山に対したときと、話の風向きに変化が生まれるのはむしろ当然といわねばなるまい。

杉山とモルガンとの借款交渉というエピソードには、このようにさまざまな欺瞞が含まれていた。しかし杉山が明治三十（一八九七）年の渡米で得た米国内の人脈は、その後の彼のフィクサー人生で何度も活用が試みられることになる。

浮き沈みする興業銀行設立計画

杉山茂丸は帰国した後、日本興業銀行設立運動とどう関わったのか。彼は『百魔』第十一章における議員監禁事件の作り話を除き、あまり詳細なことは語っていない。『俗戦国策』では伊藤博文と井上馨が興業銀行設立を「受合つて置いて時の日本銀行総裁岩崎弥之助氏及其重役の鶴原定吉氏が本となつて反対したから、全東京の高利貸銀行の全部が反対し（略）一致協合して此案叩き潰しの大騒ぎを始めたから、金子子爵由利子爵等其他幾多の巨姓大名の人々が、是非共此低利永年賦の工業資本を輸入しようと提唱せられて、其年の議会の下院を通過せしめたが、上院では之を潰した」と述べ、継いで「其次の大隈内閣が不得要領であつて、其次の三十一年十一月に成立した山縣内閣で（略）危くも上下両院を通過させて呉れて、日本興業銀行が出来た」が、モルガンとの間に杉山が仮契約を結んだと称する外資導入については、銀行家たちの反対運動によって「契約を揉み潰」された〔俗、二七一～二七二〕と、簡単に語っているだけである。ただしこの一文の中で、大隈内閣の前、すなわち第三次伊藤内閣のときに「下院を通過せしめた」といっているのは杉山の捏造である。『百魔』第十一章の議員監禁事件が、伊藤内閣に興業銀行設立計画が握りつぶされたことから実行したのだという虚構の設定を、杉山は忘れてしまっている。

金子堅太郎の談話では、「三十一年に伊藤内閣総辞職で私は農商務大臣を辞めて野に下った。そこで私は農商務次官から大臣になって十分実業のことは研究して居ったので、興業銀行期成同盟会といふものを立てて、杉山の事務所に其の事務所を置いて其処でやった」(96)とある。日本興業銀行期成同盟会は明治三十二（一八九九）年一月十八日に設立発起人会が開かれているから、これは金子の記憶違いであろうが、既に三十一（一八九八）年二月に外資導入による銀行設立計画を公言(97)していた金子は、野に下って以後杉山とともにこの銀行を設立するための活動を始めた。

ここで金子が談話の中で一切言及していないことがらについて、若干の考察をしておこう。金子が農商務次官に在任していたころ、駐日米国公使を務めていたエドウィン・ダンという人物の存在である。金子は国内の工業振興を図るため米国資本を導入することを、明治三十（一八九七）年ごろにはダンと協議していた。ダンは金子との協議を受けて帰国し、モルガンなど資本家に働きかけを行った。しかし資本家側の意見は、ロンドン市場における国債募集の手続きが必要というものであったという(98)。国債を前提とするところは、先にみた星亨から井上馨に対するモルガン面会の顚末に記された意見との共通性をみることができよう。また杉山は三十一（一八九八）年六月ごろ、雑誌『太陽』の取材に対してモルガンとの協議の内容を説明しているが、この際の同誌の記事は「杉山氏が米国に於てダン氏の手を経て紐育の資本家モルガン氏に面会したる顚末を聞く」[99]と前提されている。こうした点を踏まえると、杉山が渡米してモルガンに面会した経緯は、彼が『其日庵叢書第一編』や『俗戦国策』で語っている物語とは異なり、ダンの動きとの関係が大きな要因になっていた可能性も考慮する必要があろう。

金子によれば、農商務大臣辞任後に杉山とともに興業銀行設立運動を始めると、「全国の工業家が賛成した。さうして一番に飛込んで来たのが大阪の藤田伝三郎、あなたが興業銀行期成同盟会をお立てになって、債権を発行して亜米利加から安い利息の金を借りて来てやるといふことであるが、それは大賛成だと言うて一番に賛成した。さうすると由利公正、当時貴族院議員をして居ったが、それが来て、君の興業銀行期成同盟会といふものは、俺が予て明治政府に忠告して居ったことで大賛成だと言ふ」[100]とされ、ここで由利公正が日本興業銀行設立運動に参与してきたと述べられている。この点は杉山が『俗戦国策』で語っていることとは相違している。金子の回想も時間的な整合は取れていないから、どちらが正しいとは判断しがたいが、由利公正や藤田伝三郎がこの運動の推進者であったことは確かなことのようだ。

このころ、杉山はあちこちの会合に顔を出して、当時は「工業銀行」と呼ばれていた日本興業銀行設立について講演などを行っている。室井廣一によれば、東京日日新聞には明治三十一（一八九八）年六月七日の「帝国工業銀行設置の計画」をかわきりに、八月五日から十三日まで断続的に七回連載の「日本興業銀行の設立と其組織方法」、同十七日と十八日の「経済界の観察（再び日本興業銀行に就て）」、翌三十二（一八九九）年一月十一日から十三日に連載の「興業銀行に就て」と、いくつも杉山の講演録や談話が掲載されている。この厚遇ぶりには、暢気倶楽部で杉山と親交を深めていた同紙主筆の朝比奈知泉の意向が関わっていたことが室井によって指摘されている。[101]杉山と金子の動きは、東京日日新聞のみならず、業界紙『銀行通信録』や一般雑誌の『太陽』などでも採り上げられており、当時の実業界、金融界などの大きな関心を呼んでいた。

第三次伊藤博文内閣が倒れたあと、大隈重信と板垣退助に組閣の命が下り、自由党と改進党が合同して結成された憲政党を与党として、大隈が首相、板垣が内相となったいわゆる隈板内閣が登場する。後年にはしきりに自身を政党嫌いと喧伝した杉山茂丸は、このとき大隈首相に何度も面会し、歯の浮くような言辞をちりばめた書翰[102]を呈して、伊藤内閣で握りつぶされた興業銀行設立計画の実現をはたらきかけている。そこに書かれていることは、杉山茂丸という人物のオポチュニストぶりを遺憾なく発揮[103]したものである。中でも、明治三十一（一八九八）年八月五日付けの書翰に「小生は兼ても言上仕候通り、本意見に対しては数十年来の酷苦に胚胎し、此の成敗は小生の信用の如何を内外に卜する義に御坐候間、最極の熱心を以て国家に捧け奉んの決心に御坐候。右に付別冊一部捧呈仕候間、乍恐御一覧の栄を忝ふし度、左すれは小生が米国に於て談判の根底を御看破なし玉はること相叶ふ可くと奉存上候[104]」と書かれているのが目を惹く。このとき杉山は三十五歳、「数十年来の酷苦」は彼らしい仰山な表現だが、「此の成敗は小生の信用の如何を内外に卜する義に御坐候」は、当時の彼の本音であろう。親も妻子も郷里に置き捨て、ひとり東京で大きな負債を抱えたまま壮年を迎え、なんとか名を売って身を立てんとしてきた男が、権力者に縋ろうとしている姿が目に浮かぶようだ。

杉山の大隈への運動がどれほどの効果があったのかは判断しかねるが、しかし大隈内閣において興業銀行設立に向けた検討がなされていたことは間違いない。添田寿一は内閣書記官長の武富時敏と協議して日本興業銀行法案を起草し、これを大隈首相に呈している[105]。また蔵相の松田正久は、九月ごろ大蔵省監督局長の栗原亮一に工業銀行設立の調査を命じたとされる[106]が、おそらくこれは添田の法案と同じものであろう。また十月二十日から開かれた第三回農商工高等会議において、外資輸入の是非について諮問している。この会議では大倉喜八郎、近藤廉平など実業家や、阪谷芳郎、高橋是清といった官僚、銀行家などから多くの否定的意見が示され、外資の積極的な導入策は否定された[107]。しかしこれらの事実から明らかなように、大隈内閣は興業銀行設立と外資導入に積極的な姿勢をみせていたのである。杉山が『俗戦国策』で大隈内閣の本件への態度を「不得要領」〔俗、二七二〕と評したのは根拠のない讒言であり、同書の中で後に続く「悪政党撲滅論」というホラ話に調子を合わせたものとみられる。このときの杉山は右に述べたように、大隈に縋りついて興業銀行法案の実現を懇願していたのである。しかし大隈内閣はわずか四ヵ月で、憲政党内の旧自由党系と旧改進党系の内訌や、それに乗じた星亨の陰謀によって倒れ、このときの日本興業銀行設立案は日の目をみないままとなった。

日本興業銀行法の成立

第三次伊藤博文内閣に渡米の成果を握りつぶされた杉山茂丸は、大隈重信の内閣に日本興業銀行設立への大きな期待をかけていた。大蔵次官の添田寿一がそれに積極的であったことは、彼の期待を増幅させたであろう。しかし大隈内閣は、星亨の豪腕と評すべき策略によって、わずか四ヵ月で退陣した。杉山にとっては挫折以外のなにものでもなかったであろう。彼は挂冠して間もない大隈に面会したとおぼしく、その数日後に呈した書翰に「兼て御採用に相成居候工業銀行案は鞏固なる国家経済的の正案として内閣に相残り候様御取計ひ置被成下度[108]」と書いて、次の内閣に日本興業銀行設立計画が引き継がれるよう嘆願している。

大隈内閣のあとを襲ったのは山縣有朋の第二次内閣であった。日本興業銀行設立の鍵を握る大蔵大臣には、松方正義が任じられた。松方は日本興業銀行設立に消極的であり、前政権において設立案に関わっていた大蔵次官の添田寿一や監督局長の栗原亮一は、大隈内閣退陣の際に職を辞していた。新政権発足後、金子らの設立運動は大蔵省内の推進力を失っていたのである。

明治三十二（一八九九）年一月十八日に日本興業銀行期成同盟会の発起人会が開かれ、政府交渉委員と設立大会の準備委員が決定した。十一人の政府交渉委員の中に、金子堅太郎、杉山茂丸と並んで、添田寿一の名もみられる。退官した添田は金子や杉山と手を組んで、政権の外から日本興業銀行設立に向けた運動に協力したのである。ほかに小美田利義（隆義）、安場保和、川村惇といった杉山と由縁ある人物の名もみられる。大会は二月五日に帝国ホテルで開かれ、由利公正を会長、金子堅太郎を副会長に選び、杉山は添田、小美田らとともに三十三名の幹事のひとりとなり、同時に六十二名の評議員にも選ばれた。期成同盟会が発表した設立旨趣書には「世界的資本の疏通」「欧米経済界の信用」などがうたわれ、設立される銀行の概要として「鉄道、築港、造船、鑛山其他国家経済に必要なる諸工業」に対する資本供給を目的とし、その資金調達のために社債を発行すること、欧米諸国において発行する社債には政府が第二保証をなすことなどが定められた。そして「此案に対しては既に一昨年人を海外に派遣し彼国の経済家及シンヂケート等の意見を聴き陶冶錬鍛其協商を遂げたるもの」であって、法案が成立すれば「内外共通の優勢を占むること更に疑を容れざるなり」と高唱している。(109) これらが明治三十（一八九七）年の暮れに杉山が米国から戻って以来の経緯を前提としていることは明白で、この期成同盟会において杉山が主導的な立場にあったことがうかがわれる。

期成同盟会の幹事や評議員には、金子や添田のような政官の実力者、住友吉左衛門や浅野総一郎、大江卓といった実業家や資本家、さらに二十七名の代議士も含まれていた。(110) 前大蔵大臣松田正久の名はその中にはみられないが、松田もまた期成同盟会とは同一歩調を取っていたとみえ、開会中の第十三回帝国議会衆議院に二月二十日提出された議員提案の日本興業銀行法案には、十三名の提案者の筆頭に名を連ねている。提案者の中には佐々友房の名がみえ、前大蔵省監督局長の栗原亮一の名もみられる。

こうした期成同盟会の動きと並行して、政府も動いていた。一月二十七日、大蔵省理財局長の松尾臣善は、外務省を通じて在米の小村寿太郎公使に対し、モルガンと杉山との外資輸入問題について、再度確認を依頼した。電報の内容は、前年四月に星亨駐米公使から報告を得たモルガンと杉山との外資導入の商談に関し、「此頃ニ至リ杉山某ハ右御報告アリシ以後ニ於テ「モーガン」ト郵便又ハ電信ニテ相談相纏リ候旨申触候右事実ノ有無如何」というものである。すなわちこのころ、杉山は電報などを使ってモルガンとの商談をまとめたと吹聴していたのである。しかし二月十七日の夜外務省に届いた小村からの最終的な報告は、モルガンは昨年来ロンドンに滞在しているが「彼ノ顧問法律家ノ確言スル所ニヨレハ「モルガン」ハ政府公債ヲ引受クル意思アリタレトモ保証付工業債券ニ付テハ日本ニ甚タ不利ナル条件ヲ以テスルニ非レハ相談纏マルノ望ナシ」というものであった[111]。杉山の言説とモルガンの意向との間に存在した齟齬は、何も解消されていなかったのである。さらに政府は、期成同盟会が松田らの手で衆議院に提出した日本興業銀行法案が本会議の議事にのぼったその同じ二十三日、政府提案の日本動産銀行法案を衆議院に提出した。この法案は議員提案の法案と極めて類似していたが、最も大きな相違点は、議員提出法案において外資に対する政府の二次保証を定めた条項が政府提案法案では削られ、代って同銀行の利益配当に関し五年間に限り五パーセントの政府保証を付けた点にあった[112]。

　金子堅太郎の回想によれば、期成同盟会を組織し、法案を作って自由党、改進党に相談したところ「両政党が大賛成ですから下院は一瀉千里で通って、貴族院に廻った。貴族院では由利公正と私と二人で主になって頻りに説いて、委員会も開いて段々やったが、政府が大反対、それは松方大蔵大臣が大反対」であった。自由党、改進党は憲政党、憲政本党の記憶違いであろう。そして興業銀行設立の理解者であった藤田伝三郎が、山縣有朋や伊藤博文に呼ばれて反対するよう説得を受けたが、藤田は頑として賛成の立場を貫いたことが述べられている。またこの間、杉山は「昼夜上下両院議員を説いた。私は自分で駆けずり廻る訳に行かないから、杉山が一人で大勢の者を使ってドン〳〵やった」が、貴族院で否決されたともいっている[113]。金子の回想に対照する事実関係をみると、二つの法案が提出された衆議院は、両法案を一括して審査する特別委員会を設け、二十四日と二十五日に委員会が開かれた。

この場で政府案を本案とし、そこへ外資に対する政府の二次保証を規定した議員提案の条項を挿入し、出資に対する政府の配当保証を削除すること、また銀行の名称は日本興業銀行を用いることなどが議決された。この修正案は二十八日の衆議院本会議で審議され、可決されて貴族院に送付されたが、貴族院では衆議院における政府案修正部分を再度原案に修正し、三月九日に議決した。衆議院は貴族院の修正に同意せず両院協議会を求めたが、同日議会が閉会されたため、この議会では両案とも成立しなかったのである(114)。

日本興業銀行法が成立したのは翌年の第十四回帝国議会においてである。この議会では、政府が再提出した日本動産銀行法案が、貴族院において日本興業銀行と名称を修正して可決され、衆議院へ送られた。衆議院では貴族院の修正案に対し、第十四条に「但外国ニ於ケル債券発行ノ規定ハ別ニ法律ヲ以テ之ヲ定ム」という但し書きを付けて修正可決し、これに貴族院が同意した。これによって漸く日本興業銀行法が成立したのであった(115)。

このときの経緯に関する金子の回想は、少し奇妙な内容である。金子によれば、杉山がこの第十四回帝国議会にも「又其の案を出して非常に活動した。さうして桂を説き、児玉源太郎を説き、後藤新平も説いて、山縣までは桂や児玉源太郎の紹介で杉山が会ったといふけれども、どうしても伊藤、井上には手掛かりがな」く、会うことができなかった。杉山は何としても伊藤博文を説得しなければいけないから、金子に添書を書いてくれといい、金子は添書だけではだめだといってみずから伊藤に会って杉山との面会を頼み込み、それでやっと杉山は伊藤に面会でき、伊藤の紹介で井上馨にも面会し、ようやく興業銀行法案が通ったというのである(116)。しかしこの議会では、議員提案の日本興業銀行法案は提出されなかったし、外資導入推進派の動きも目立ったものはなかった。杉山が伊藤や井上を動かすために躍起にならねばならない局面があったようには思われない。さらにこの回想とほぼ同じ時期に執筆されたと考えられる金子の自叙伝では、「杉山茂丸一派の人々は再ひ是を議会に提出せんと欲し余に賛成を求めたれとも（略）固辞したり。然るに杉山茂丸は山縣総理大臣松方大蔵大臣と度々協議の末、彼法案中より外資輸入の一項を删除すれは政府は同意すへしとの内諾を得て、余に彼法案提出の事を請求したり。然れとも外資輸入は余か経済振興の大眼目なれは、之を删除しては彼法の主眼を没却するに付不同意なりとて、又々固辞したり。於是、杉山は由利子爵と余を除き他の同意者と協議し、下院議員をして之を衆議院に提出し可決せしめたり」[117]とされている。もちろん衆議院への法案提出は金子の記憶違いであるから、この自叙伝にせよ回想にせよ、そこに記された内容は慎重な取り扱いが必要であるが、もし杉山が第十四回帝国議会のころに外資導入案を放棄していたのだとすると、彼が後年の著作で自己言及しているような、「日本中の銀行屋や、金持」に外資導入案を阻止されたという主張は色褪せてくるであろう。

極めて穿った見方をするなら、貴族院が外資導入案を否定するのは杉山にとって渡りに船ではなかっただろうか。彼が主張するモルガンとの「仮契約」なるものが、実は砂上の楼閣であったことは杉山自身が最もよくわかっていたはずだ。もし外資導入を前提とする法案が可決されたとしたら、彼はいったいどのような立場に追い詰められていただろうか。いうまでもなく、彼は実際にモルガンから現金を引き出してくる責任から逃げるわけにはいかない。しかし外資導入案が認められないまま日本興業銀行が設立できるのであれば、彼はその設立を主唱した者としての立場を確保しつつ、実際には不確実なものに過ぎない借款「仮契約」は実情が明らかにならないまま葬ることができるのである。金子が自叙伝でいった杉山の態度の変転は、このように理由づけることが可能ではないだろうか。

第十四回帝国議会における興業銀行法案成立の経緯については、杉山自身も「其日庵過去帳」の「男爵藤田伝三郎」の回で別の物語を披瀝している。杉山は興業銀行法案を「前後六年間是等の富豪と戦ひ富豪の迫害を受けたに拘らず不撓不屈興銀案は衆議院に於ては五回迄も通過させたが、常に富豪の使嗾に甘んずる貴族院に於て踏み潰されて仕舞つた」と、例によって平然と衆議院通過回数の水増しをした上で、「内閣総理山縣公は庵主の微衷を諒せられ時の法制長官平田東助氏と相談されて今一回衆議院を通過さすれば貴族院の方は自分が尽力して通過させやう然し多少の修正は免れまいから其辺は承知して貰ひたいとの事で、庵主も大に力を得て衆議院の方を通過させたので山縣公は興銀案が上院に廻附さるゝや自分を始め各次官をも議席に着かしめ且つ宮殿下の御臨席迄煩はし奉り六名の多数を以て永年庵主の苦心した興銀案も愈貴族院を通過したのであつた[118]」と述べている。これもまた、政府提出法案を貴族院が先議して衆議院に送付したという事実経過とは整合していないものである。「宮殿下の御臨席迄煩はし奉り」などとはよくもいったもので、杉山という人物の自己誇大化願望は絶えずこのような粉飾をともなうのである。

若干の後日譚

杉山茂丸は「其日庵過去帳」の「男爵藤田伝三郎(二)」で、日本興業銀行法案が成立したのち、山縣有朋と松方正義から、同銀行の総裁に就任するよう勧説されたと述べている。杉山はこれに対し、興銀の俸給では自分の必要な収入には足りないこと、成立した興銀法は自分の理想とはかけ離れていること、興銀設立委員二十三名はそもそも興銀案に反対していた者であってそれらと共に仕事はできないこと、などを理由にこれを断わり、山縣と松方がそれなら誰かを推薦せよといったのでこれを肯い、大阪へいって藤田伝三郎に総裁に就任するよう説いた[119]のだという。この顚末は掲載紙が完全な形では現存していないので、断片的なことしか読み取れないが、藤田もこれを固辞したと述べられているようだ。そしてそのち杉山は、伊藤博文にその経緯を語ったところ、伊藤が「君が興銀の総裁に就任する、それは事実かそんな事があるか」と冷笑したので、懐中していた山縣と松方からの「総裁就任の勧告状」を伊藤にみせた[120]のだという。

これはいかにも杉山らしい作り話とみえるが、山縣が杉山を日本興業銀行の重役に取り立てようとしたことは事実のようだ。杉山が後藤新平に宛てた書翰には次のようなことが書かれている。

山縣の親爺、生を興業銀行の重役に是非なすの主義を以て蔵相へ交渉したり云々の手紙、友人藤田伝三郎より参り候間、斯は難打捨事にて、兼て兄及番丁が注意もあり、旁番丁と協議の上去る五日京都に参り、親爺閑住の有隣庵より引出し、藤田の別荘にて委敷相咄、此儘にて就任の事思ひも寄らず云々の申開き致候処、親父申分には決して兄が為めに斗るに非ず、自個が総理として興銀案の成立に対する歴史より自信を云為する訳故、表向き命じたる時其の辞する以所を申べし云々にて刎付けられ候間、直に其趣を番丁へ報じ置候。此の進退に対する兄の意見至急承度候（明治三十三年五月十日付後藤新平宛杉山茂丸書翰）[121]

これによるなら、山縣首相が杉山を日本興業銀行の「重役」に起用することを考え、松方蔵相に交渉したということが藤田伝三郎から杉山に報知された。杉山は番丁なる人物と相談したうえで京都へ赴き、藤田の別荘で山縣有朋と会って詳しい話を聞いた上で、就任できないと答えたところ、山縣は杉山のためではなく興業銀行法案成立に対する自己の責任からするのであるから、正式に命じたときに返答せよと撥ねつけられたということになる。そして杉山は後藤に対し、意見を至急聞かせてくれと頼んでいるのである。もちろんこの書翰に書かれていることが事実であるかどうかの実証は困難である。しかし当時の杉山と後藤との関係は、多くの書翰や後藤の日記から推定する限り、極めて親密でありかつ杉山が後藤に依存するところ大であったから、後藤に対して虚言を弄する必然性は見出し難い。これは事実とみてよかろう。山縣は日本興業銀行設立運動における杉山の尽力を高く評価していたのである。

杉山の自己言及に含まれるこのような断片的な事実の存在が、この人物の油断ならないところである。「其日庵過去帳」の記載を振り返ってみるなら、山縣と松方から総裁就任を勧説され、剰え「勧告状」まで受け取っていたなどと、平然と作り話をしてみせるが、山縣から何らかの地位を勧められたことは事実であり、そこには藤田伝三郎も絡んでいる。かくして杉山の言説に接した者は、多くの場合騙されるのである。すべてが虚ならず、すべてが実ならず。虚実の境目は事実によってしか画定されない。

(1) 杉山龍丸編『夢野久作の日記』葦書房、一九七六年、四二三頁。
(2) 高嶋正武「杉山灌園・茂丸・泰道と筑紫野市山家宿」『福岡地方史研究』五〇、二〇一二年、五七頁。
(3) 土屋喬雄・小野道雄編『明治初年農民騒擾録』南北書院、一九三一年、五四一～五四二頁。
(4) 戸畑市役所編『戸畑市史　第二集』戸畑市役所、一九六一年、三一一頁。
(5) 近藤義夫『筑前山家今昔』郷土詩史思川叢書編輯所、一九五九年、六二頁。
(6) 近藤義夫『筑前山家の日本一　三遺蹟評判記（再版）』筑紫野町山家老人クラブ、一九六六年、一四頁。
(7)『其日庵叢書第一編』九七頁、『百魔』三六四～三六五頁、太宰隠士「其日庵過去帳　塩田久右衛門」（『九州日報』大正六年十月二十一日）の記述を併せて比較すれば、杉山の言説がそのときどきに思いついたまま語られたものにすぎないことは明白である。
(8) 葛生能久『高士山岡鉄舟』黒龍会出版部、一九二九年、三二九～三七八頁。
(9)『職員録・明治十三年一月・職員録（宮内省）改』一、三九頁。JACAR；Ref.A09054308200。
(10) 杉山茂丸「憶伊藤公爵閣下」『サンデー』五〇、一九〇九年、四頁。
(11) 室井廣一「杉山茂丸論ノート(4)」『研究紀要』一三、東筑紫短期大学、一九八三年、一〇九～一一一頁。
(12) 太宰隠士「其日庵過去帳　井上毅（上）」『九州日報』大正六年十一月九日。

(13) 太宰隠士「其日庵過去帳　真島幸七」『九州日報』大正六年十二月二日。
(14) 太宰隠士「其日庵過去帳　海江田信義（上）」『九州日報』大正七年八月二日。
(15) たとえば、大臣に面会する際に山岡鉄舟からもらった紹介状の内容を杉山が知ったのは、『其日庵叢書第一編』一二三頁では面会の前に自ら開封して読んだといい、『俗戦国策』五二頁では大臣に説伏されたあとに当の大臣からみせられたといっている。
(16) 佐々克堂先生遺稿刊行会編『克堂佐々先生遺稿』（改造社、一九三六年）に所収の杉山著作「借金始末」にも同様のことが書かれている。同書四七五頁。
(17)「警保警部巡査章程並事務取扱概則」『大分県警察史』一九四三年、四二五頁。
(18) 夢野久作「父　杉山茂丸を語る」『近世快人伝』黒白書房、一九三五年、二一八頁。
(19) 太宰隠士「其日庵過去帳　井上毅（上中下）」『九州日報』大正六年十一月九日〜十一日。
(20)「井上毅」JACAR；Ref.A06051166800。
(21) たとえば『俗戦国策』二一八頁。
(22)「勅令第十二号ニ依リ各庁ニ於テ赦免ヲ与ヘタル人名」JACAR；Ref. A15111905600。
(23)『大阪毎日新聞』明治二十二年十月二十五日。
(24) 福岡県宗像郡神興村八並千三十三番地杉山直樹戸籍。拙稿「杉山家をめぐる通説の謎を考える」『民ヲ親ニス』一、二〇一三年、一三頁。
(25) ここでの考察は、彼が林矩一という偽名を使っていなかったことを論証するものではない。使っていたという証拠もなければ、使っていなかったことを証明することもできない。しかし、使っていたとしても林矩一なる人物が単なる架空の存在であったと推定することはできよう。そして、もし林矩一が実在の人物であったとするなら、杉山はその人物と鑑札を交換したのではなく、奪ったと解釈する必要があるかも知れない。杉山茂丸という法律上の存在を抹消することなく、生存している状態を維持したまま、林矩一という実在の人物になりすまそうとするなら、その人物の鑑札を一方的に自分の手中に収めるしかないのである。
(26) 前掲室井「杉山茂丸論ノート(4)」一一一頁。

(27) 藤本尚則『巨人頭山満翁』政教社、一九二二年、六八一頁。
(28) 頭山満「天下の奇才杉山茂丸君」『雄弁』二六(一二)、一九三五年、二二〇頁。
(29) 杉山は民権運動と一線を画し、国権主義を旨とする熊本紫溟会の人脈と深くつながっていた。拙稿「杉山家をめぐる通説の謎を考える」『民ヲ親ニス』一、二〇一三年、一七～二五頁を参照。
(30) 頭山満翁正伝編纂委員会編『頭山満翁正伝(未定稿)』葦書房、一九八一年、一四四頁。
(31) 前掲室井「杉山茂丸論ノート(5)」七五頁。
(32) 明治三十八年九月十七日付後藤新平宛杉山茂丸書翰、DVD版『後藤新平書翰集』299-14。
(33) たとえば「杉山茂丸は筑前玄洋社出身一名法螺丸と称する怪物である」(吐紅焔「現代十二妖星」『新公論』二六(四)、一九一一年、七二頁。)と論じられる一方、「世間には杉山を福岡玄洋社の出身と思ひ、又た彼も玄洋社の人の如く吹聴するが、実は玄洋社と直接の因縁のある訳でなく、唯だ頭山満が九州の或る炭坑を取るに際して其間に奔走画策し、それから昵懇の間柄になつた。関係といへば是れだけの事で、強ゐて彼を玄洋社に結び付けるならば玄洋社の傍系と言ひ得るかも知れぬ」(鵜崎鷺城『当世策士伝』東亜堂、一九一四年、二六一頁。)と評されることもあった。
(34) 前掲室井「杉山茂丸論ノート(5)」七六頁。
(35) 前掲『頭山満翁正伝』一三六頁。
(36)『東京朝日新聞』明治四十四年二月二十八日。
(37) 匿名氏「新政党の策士杉山茂丸と秋山定輔」『中央公論』二八九、一九一三年、一三八頁。
(38)「浪人列伝㈠杉山茂丸」(『大阪時事新報』大正二年五月三十一日)『新聞集成大正編年史 大正二年度版』大正昭和新聞研究会、一九六六年、三七六～三七七頁。
(39) 菊池秋城「玄洋社の今昔」『日本及日本人』六一四、一九一三年、一三二～一三三頁。
(40) 不屈生「怪雄!頭山満翁と語る」『実業之世界』九(一九)、一九一二年。一八一頁。
(41) 太宰隠士「其日庵過去帳 永松毅」『九州日報』大正六年十二月一日。
(42) 前掲夢野『近世快人伝』三一頁。
(43) 前掲『頭山満翁正伝』一九六～一九七頁。

(44) 同前、一九七頁。
(45) 同前、一九七〜一九八頁。
(46) 室井廣一「杉山茂丸論ノート⑽」『研究紀要』(東筑紫短期大学) 一九、一九八九年、一四七頁。
(47) 室井廣一「杉山茂丸論ノート⒀」『研究紀要』(東筑紫短期大学) 二二、一九九一年、九〇頁。
(48) 前掲室井「杉山茂丸論ノート⒀」九三〜九四頁。「同⒁」『東筑紫短期大学研究紀要』二三、一九九二年、四八〜四九頁。
(49) 前掲室井「杉山茂丸論ノート⒁」四九〜五一頁。
(50) 負債については本書第六章第一節を参照。明治二十年代末ごろに杉山の一家が貧窮していた状況については、前掲夢野『近世快人伝』二二一〜二二六頁を参照。
(51) 無署名「浪人組の旗頭　杉山茂丸の正体」『無名通信』三 (一七)、一九一一年、八頁。
(52) 同前。
(53) 前掲藤本『巨人頭山満翁』五四六〜五四七頁。
(54) 黙洲「八百八街一町二人 (十九) 杉山茂丸と八束可海」『日本及日本人』五五一、一九一一年、三五頁。
(55) 戸山銃聲『人物評論奇人正人』活人社、一九一二年、四八五頁。
(56) 前掲藤本『巨人頭山満翁』五〇〇〜五〇一頁。
(57) 野依秀市『人物は踊る』秀文閣書房、一九三七年、二一三頁。
(58) 朝比奈知泉『老記者の思ひ出』中央公論社、一九三八年、二四五〜二四八頁。
(59) 同前、二五五頁。
(60) 拙稿「杉山茂丸と河原阿具里・河原信一」『民ヲ親ニス』五、二〇一七年、二五一〜二六二頁。
(61) 後藤新平「俗戦国策を読みて」『現代』八 (七)、一九二七年、一四三頁。
(62) 桑原正人「北海道庁長官時代」、安場安吉編『安場保和伝』藤原書店、二〇〇六年、三七七頁。
(63) 前掲朝比奈『老記者の思ひ出』二五三頁。
(64) 「米人モーガン氏本邦ニ銀行創設云々ニ関スル件」国立公文書館所蔵「松尾家文書　財政　国債 (外国債募集上参考書) 第四五号」。「帝国工業銀行設置の計画」『東京日日新聞』明治三十一年六月七日。「日本工業銀行の設立と其組織方法」『同』

同年八月五～七、十～十三日、「経済界の観察」『同』同年八月十七～十八日。「興業銀行に就て」『同』明治三十二年一月十一～十三日など。
(65)『銀行通信録』一五九、一八九九年、二三〇～二三一頁。
(66)波形昭一「日本興業銀行の設立と外資輸入」『金融経済』一一七、一九六九年、四九～七二頁。
(67)浅井良夫「日清戦後の外資導入と日本興業銀行」『社会経済史学』五〇（六）、一九八五年、一～二四頁。
(68)中元崇智「日清戦後における経済構想——金子堅太郎の「工業立国構想」と外資輸入論の展開」『史林』九一（三）、二〇〇八年、七四～一〇四頁。
(69)金子堅太郎「杉山茂丸を語る」『民ヲ親ニス』三、二〇一五年、二五六～二六八頁。
(70)この人物はおそらくニューヨークで弁護士、実業家として活躍していたフレデリック・B・ジェニングス（Frederic Beach Jennings）であろう。金子はこの人物の名をジェーニングと表現しているが、ジェニングスと統一して表記する。ジェニングスについては https://ja.findagrave.com/memorial/5458500/frederic-beach-jennings（2024-01-06 閲覧）を参照。
(71)前掲金子「杉山茂丸を語る」二六〇～二六一頁。
(72)明治三十年九月二十二日付森武八宛杉山茂丸書翰、前掲浜田ほか「成蹊大学図書館所蔵杉山茂丸関係書簡　翻刻と考察」、二九頁。
(73)太宰隠士「其日庵過去帳　男爵藤田伝三郎（一）」『九州日報』大正七年七月二十一日。適宜句読点を加えた。
(74)これらの点については、第六章を参照。
(75)前掲金子「杉山茂丸を語る」二五九～二六〇頁。
(76)前掲浜田ほか「成蹊大学図書館所蔵杉山茂丸関係書簡　翻刻と考察」、二九頁。
(77)近衛篤麿日記刊行会編『近衛篤麿日記第一巻』鹿島出版会、一九六八年、明治三十年九月二十六日条。
(78)「農商務省農務局長藤田四郎外一名米国華盛頓府ニ於テ膃肭獣保護会議開設ニ付委員トシテ同国へ差遣サル」JACAR：Ref.A15113155600。
(79)玉木存『動物学者箕作佳吉とその時代——明治人は何を考えたか』三一書房、一九九八年、三〇四～三〇五頁。
(80)『官報』四一一九号、明治三十年三月三十日。同四一二九号、明治三十年四月十二日。

(81)杉山茂丸談話「帝国工業銀行設置の計画」『東京日日新聞』明治三十一年六月七日。
(82)杉山茂丸『日本工業銀行設立論続篇』私家版、一九八九年。早稲田大学古典籍総合データベース「大隈重信関係資料」。同資料では『日本工業銀行設立論続論』と表記されている。
(83)前掲「米人モーガン氏本邦ニ銀行創設云々ニ関スル件」。
(84)前掲「米国航船出帆表」。
(85)一又正雄『杉山茂丸——明治大陸政策の源流』原書房、一九七五年、五九頁。
(86)前掲浅井「日清戦後の外資導入と日本興業銀行」六〜七頁。
(87)前掲中元「日清戦後における経済構想」、九八頁。
(88)杉山「帝国工業銀行設置の計画」。
(89)前掲金子「杉山茂丸を語る」二六一頁。
(90)国勢院編『日本帝国第四十統計年鑑』東京統計協会、一九二一年、三三一頁。
(91)杉山「帝国工業銀行設置の計画」。
(92)前掲「米人モーガン氏本邦ニ銀行創設云々ニ関スル件」。
(93)同前。
(94)杉山『日本工業銀行設立論続篇』一〜二頁。
(95)前掲金子「杉山茂丸を語る」二六三〜二六四頁。
(96)同前、二六一頁。
(97)『銀行通信録』百四十七号、一八九八年、二九九頁。
(98)前掲浅井「日清戦後の外資導入と日本興業銀行」六頁。
(99)「工業銀行設立の運動」『太陽』第四巻第十三号、二五五〜二五六頁。
(100)前掲金子「杉山茂丸を語る」二六二頁。
(101)室井廣一「杉山茂丸論ノート(16)」『東筑紫短期大学研究紀要』二五、一九九四年、一六四頁。
(102)早稲田大学大学史史料センター編『大隈重信関係文書6』みすず書房、二〇一〇年、三六二〜三六九頁の杉山茂丸発書翰を参照。
(103)杉山は後年、『百魔』や『山縣元帥』『俗戦国策』などの著作において、隈板内閣の倒壊に関連して、自身が伊藤博文や山縣有朋に「悪政党撲滅策」を説いたと語っているが、日本興業銀行設立運動に際して大隈重信に呈した数々の書翰をみれば、それらが作り話であることは一目瞭然である。結果的に日本興業銀行設立の役には立たなかった以上、大隈内閣を讃美する必要はなく、自身の政党嫌いを喧伝するため、作り話の材料に仕立てたのであろう。
(104)明治(三十一)年八月五日付大隈重信宛杉山茂丸書翰、前掲『大隈重信関係文書6』三六二頁。
(105)早稲田大学図書館所蔵「日本興業銀行法案」。明治(三十一)年(　)月二日付大隈重信宛添田寿一書翰、前掲『大隈重信関係文書7』六七頁。
(106)『銀行通信録』一五六、一八九八年、一六七一頁。
(107)前掲浅井「日清戦後の外資導入と日本興業銀行」七～八頁。
(108)明治(三十一)年十一月六日付大隈重信宛杉山茂丸書翰、前掲『大隈重信関係文書6』三六九頁。
(109)『銀行通信録』一五九、一八九九年、二三〇～二三三頁。
(110)掛谷宰平「日本帝国主義形成過程における日本興業銀行成立の意義」『日本史研究』七五、一九六四年、三一～五八頁。
(111)前掲「米人モーガン氏本邦ニ銀行創設云々ニ関スル件」。
(112)前掲『銀行通信録』一六〇、三一八～三二一頁。
(113)前掲金子「杉山茂丸を語る」二六二～二六三頁。
(114)前掲『銀行通信録』一六〇、四一一頁。
(115)『銀行通信録』一七二、四〇三頁。
(116)前掲金子「杉山茂丸を語る」二六四～二六五頁。
(117)高瀬暢彦編『金子堅太郎自叙伝第二集』日本大学精神文化研究所、二〇〇四年、三七頁。
(118)前掲太宰「其日庵過去帳　男爵藤田伝三郎(一)」。
(119)太宰隠士「其日庵過去帳　男爵藤田伝三郎(二)」『九州日報』大正七年七月二十二日。
(120)太宰隠士「其日庵過去帳　男爵藤田伝三郎(四)」『九州日報』大正七年七月二十四日。

(121) ＤＶＤ版『後藤新平書翰集』299-3。筆者による翻刻。適宜句読点を加えた。

第三章　美麗島《フォルモサ》の蜜

第一節　台湾製糖株式会社設立の裏面で

児玉源太郎と後藤新平

陸軍中将で第三師団長であった児玉源太郎は、明治三十一（一八九八）年二月二十六日、台湾総督に任ぜられた。児玉は一月十四日に陸軍次官から第三師団長に転補されたばかりであったから、わずか一ヶ月あまりで再度の転任となった。薩摩出身の松方正義の第二次内閣が倒れ、第三次伊藤博文内閣が登場したことで、それ以前から乃木台湾総督の後任に目されていた児玉の出番が回ってきたのである。児玉は伊藤首相や陸軍大臣に就いた桂太郎らと諮り、三月二日付で内務省衛生局長の後藤新平を総督府民政局長（同年六月に民政長官と改称）に抜擢した。(1)

後藤新平と児玉源太郎との関係は明治二十八（一八九五）年、日清戦争の終結に伴う凱旋軍人の検疫を行うため、陸軍次官の児玉が部長となって臨時陸軍検疫部が設置されたときまでさかのぼる。岩手県水沢出身の医師で内務省衛生局長の地位にあった後藤新平は、旧奥州中村藩相馬家をめぐるいわゆる相馬事件に連座して拘引起訴され、無罪とはなったものの二十六（一八九三）年十二月以来非職となっていた。児玉は検疫を実施するにあたり、陸軍省医務局長石黒忠悳の推薦を受け、後藤を検疫部事務官長に起用した。このとき児玉は検疫実務を全面的に後藤に任せ、周囲からの後藤に対する苦情や讒言をすべて握りつぶしたと伝えられる。後藤はこの難事業をやりとげたことにより、晴れて内務省衛生局長に復帰していたのである。(2)

こうして日本領台湾に児玉総督・後藤民政長官の時代が始まった。十六世紀なかば、ポルトガル人によって麗しき島――イラ・フォルモサと呼ばれた台湾(3)は、日本の領有となって以来、いわゆる土匪との戦闘に明け暮れ治安の維持すらままならず、売却論さえあった。(4)その地に赴任して、硬軟とりまぜた政策を展開し、安定した統治を実現したのがこの児玉・後藤時代であった。そして児玉・後藤時代の台湾は、杉山茂丸にとっても甘い蜜のしたたる美麗島《フォルモサ》であったのだ。

台湾学校の先生

杉山は『俗戦国策』の「古鉄責め事件」と題した章で、台湾での製糖産業興隆に関して自分がどのような役割を果したのかを、例によって虚構や歪曲を盛り込みながら、自慢たっぷりに語っている。以下、この物語について検討していく。

杉山は、児玉源太郎が台湾総督として現地に赴任する前日、築地瓢屋に招かれて「台湾学校の先生から何か講釈を聞いて置く事はないかネ」〔俗、四二〇〕と尋ねられたのだという。ここで児玉をして杉山自身を「台湾学校の先生」と呼ばしめたのは、この章のはじめに「庵主等は胸中平生に裂けん許りに憂慮して居る此東洋に対し、世界に対し、又日本帝国に対して、何が何となっても台湾の能率を等閑にする訳には行かぬ」との思いから、「総督長官が斯る大任に適当にして又耐へ得らるゝ程の傑輩を得んものと日清戦争後の彼の大混雑の中に日夜の奔走を続けて山縣公に伊藤公に泣かぬ許りにシガミ付た」ことが、これまた真偽不明の乃木希典台湾総督との折衝を交えて語られている〔俗、四一六〜四二〇〕から、自分を台湾問題に国士的熱意を持ちかつ精通していた者と印象づけたいのであろう。それを児玉の発言として提示するのは**藉口**のコードである。

これに従うなら、杉山は児玉の台湾赴任前に、すでに料亭で閑談するほどの関係であったことになる。しかし彼自身が「其日庵過去帳」の「伯爵児玉源太郎（上）」の回で述べているところをみると、「庵主は高島将軍邸で初めて児玉将軍に会つた以後、歳月夢の如くに流れて互に相見るの機もなかつたが或年下関春帆楼で将軍と庵主とは端なくも同宿して日清役当時の思ひ出でなど語り明したのであつた、夫れから幾年か経過して児玉伯が台湾総督に赴任して後庵主は伊藤公爵の仲介によつて伯と堅い〳〵握手を交換するに至つた」[5]とあるから、これによるなら児玉の渡台前にはさほど昵懇ではなかったとみなければならないことを指摘しておこう。

杉山と児玉との出会いと親交のはじまりがどのようなものであったのかは、右にみたように分明ではない。しかし杉山が児玉に深く心酔していたであろうことは、児玉の死後の彼の行動からみてとれる。杉山は明治四十二（一九〇九）年、児玉の三回忌に、彼のいわゆる向島別荘と呼ばれる屋敷内に、児玉を祭神とする児玉神社を造営した。この神社は翌年の大水害で流失し、明治四十五（一九一二）年に神奈川県の江の島に移して再建された。以後、杉山の負債によって差し押えにあうなどの変遷をみながらも、現在まで存続している。児玉の出身地である山口県徳山市に現存する児玉神社は、江の島の児玉神社から神殿などの譲渡を受けて大正十一（一九二二）年に造営されたものである。[6]また杉山は二度にわたって児玉の伝記を著わした。はじめは週刊雑誌『サンデー』に連載した「木鼠将軍」である。同誌百八十一号（明治四十五年六月九日）から二百五号（同年十一月二十四日）まで二十四回にわたって連載されたこの著作は、いまだ一度も単行本にはなっていない。二度目は大正七（一九一八）年七月に博文館から上梓された『児玉大将伝』である。こちらは後年中公文庫から再刊され、今も比較的容易に入手できよう。これ以外に、明治四十一（一九〇八）年十月に太平洋通信社から出版された森山守次と倉辻明義の共著『児玉大将伝』も、杉山が企画し両者に執筆させたものであるから、[7]杉山は都合三種の児玉の伝記に関わったのである。杉山は外に山縣有朋、桂太郎、明石元二郎の伝記を上梓しているが、児玉への思い入れはこのように格別のものであった。

さて、『俗戦国策』に戻ると、児玉から台湾赴任前日に招かれた杉山は、「万事を置いて、先づ砂糖で台湾経済の本を立てゝ見て、其上にて他の行政軍備の基礎と為すべき他の生産の調査を進めて見たいものと思ひ升」と答え、児玉は「先づ台湾経済政策の基礎を砂糖を以て立つる事にして見よう……早速調査に着手する……夫に付いては政府の了解、又は実行の上に就いても、君、シッカリ援助をして呉れるであらうナ……君是丈はシッカリ頼むよ」〔俗、四二〇〜四二二〕と答えたとされる。杉山は児玉台湾総督に糖業奨励策を授けたのは自分であると主張しているのである。この物語には多くのシークェンスやコードが見出せるが、物語全体をひとつの**輿望**のシークェンスとみることもできるものである。

名探偵ホラ丸

この対話に続く「日本製悪糖会社」と題された節では、官吏と精製糖業者による脱税事件が暴かれる。杉山はこのエピソードで、悪事を暴く名探偵であり、かつその悪人たちの処分を如何するかを決定する裁判官役まで演じる。児玉と別れたのち、杉山が砂糖に関する調査をしていると、東京に設立された精製糖会社が、税関吏と結託して、関税率の高い氷砂糖を低税率の原料糖と偽って輸入して脱税し、かつその氷砂糖を粉砕して加工し、高価な三盆糖として売って巨額の利益を挙げていることがわかったという。杉山はその事実を「極く機密に総理大臣と内務大臣と警視総監とを会合して其調査を托した」が、悪事に関わった者たちを捕縛するとなると夥しい数にのぼり、多くの銀行が損失を蒙って恐慌が起こる恐れのあることが判明したため、「時の総理以下は庵主に此処置を竊かに相談してきたという。杉山はそれに対して「多人数の連結犯罪を処分するには先づ鳴子を引いて群雀を追逃がすのでムい升、決して罪を網してはイケませぬ」といい、「官吏の、最も罪跡の顕著な者丈けを、縛」れば悪徳業者は逃げ出して、恐慌は起こらないと進言した。その結果「多くの税関吏が懲戒」され、「多少の砂糖商等が罰金刑」を受けて「当時大騒動の所謂砂糖の脱税事件」は終わったという〔俗、四二一〜四二五〕のである。

こんな事件が実際にあったのかどうか、管見の限りでは該当するような事件を見出だすことはできない。この挿話は、「古鉄責め事件」という物語の本筋からみれば**テキストの余剰であり、輿望**のシークェンスも見出せることから、重要視する必要はないのだろうが、一点だけ指摘しておくべき内容が含まれている。杉山によればこの事件は「某とか云ふ製糖業に知名の一人が担任して居た」というのだが、明治三十（一八九七）年ごろ、東京の精製糖会社で、業界の知名の人物となれば、その会社が日本精製糖株式会社で、その人物が本邦の「近代的精製糖業の成立を推進した[8]」といわれる鈴木藤三郎を指しているであろうことは、読む者が読めばすぐに察することができただろう。だが鈴木と日本精製糖をめぐって杉山がいうような事件があったという記録は見当たらないのである。まして鈴木は、杉山が『俗戦国策』のこの章で物語っている台湾製糖株式会社の工場建設などに尽力し、同社が創立された際には初代の社長に就任しているのだから[9]、ここで鈴木が不正に関わっていたことを匂わせた真意がどのようなものであったのか、少なからず疑問とせざるを得ない。

中古製糖機械の押し売り

次の節からは、この台湾の製糖産業をめぐる物語のハイライトが語られる。すなわち、児玉から「シツカリ援助をして呉れるであらうナ」といわれたという杉山が、台湾の糖業奨励政策の実行を促すために、児玉に断わりもなく製糖機械を二度にわたって台湾総督府に一方的に送りつけ、根負けした児玉が三井の益田孝や桂太郎首相に泣きついて、機械の代金支払いをしてもらったという物語である。そして杉山がこうした強引な手段を取ってまで製糖事業に執着した結果、製糖事業は台湾経済の根幹を占め、その発展に裨益したというのである。いわば台湾の製糖産業興隆の手柄を独り占めにしようという主張である。そしていくつかのエピソードの合間には、大江卓や馬越恭平らを登場させた**アノミー**のシークェンスが嵌入されており、『俗戦国策』全体を貫く自己宣伝物語の典型に仕上がっている。

この物語には、台湾製糖株式会社と塩水港製糖株式会社という二つの製糖会社に関するエピソードが、時間関係の矛盾を無視して混在させられている。これは**時間の偽装**の典型例で、どちらの製糖会社にも杉山が関わっていたことは間違いないが、前者の設立が明治三十三（一九〇〇）年、後者は三十七（一九〇四）年であるから、実に四年の時間的開きがある二つのエピソードが、杉山の物語の中ではほとんど連続したものであるかのように語られているのである。どのようにそれが組みあわされているのかは、以下の検討において明らかにしていく。

杉山は次の節を「井上雷公児玉総督をどなりつく」と題し、冒頭にまず台湾から東京にもどった児玉総督が、井上馨に製糖業振興策を相談し、「馬鹿な事は止めろ」と一喝されたというエピソードを配置している。そして井上に叱り飛ばされた児玉は製糖業振興策を断念して台湾に帰任したとされる〔俗、四二六〜四二七〕。

こんな事実はおそらくなかった。杉山が井上馨を引き合いに出して、台湾の糖業奨励策を無用と罵る元老と、それを推進する先見性ある自己とを対比させようとしているのは明らかである。そもそも当時の製糖業を取り巻く状況をみるなら、台湾が粗糖生産地として有力であることは、日本の領有に帰する以前から夙に知られていたし、国内では先に言及した鈴木藤三郎によって輸入粗糖を使った精製糖の製造は成功を収めていた。一方で、北海道での甜菜糖製造や八重山での甘蔗糖製造は失敗している状況にあったから、原料糖供給地として台湾を想起することを、杉山独自の発想とみなすことはできない。現に、通史的には台湾の糖業振興は、大蔵大臣であった井上馨が児玉源太郎に勧説したものといわれている。[10] 井上馨の伝記では、児玉に糖業振興を説いたのはその台湾赴任前とされている。[11] そして児玉は、総督就任から一年後の一八九九（明治三十二）年に、総督府嘱託員であった山田煕が立案した大規模な製糖会社設立案を支持し、山田に台湾全島の調査を命じている。[12] これらの状況を考えると、児玉が井上に叱られて製糖業振興を断念したというのが作り話であることは明白である。

続いて、児玉が製糖産業振興を断念したことを洩れ聞いた杉山は、堀宗一という人物に製糖機械の入手方法を相談する。堀宗一は札幌製糖株式会社の初代社長であり、自らドイツで製糖機械を調達したという人物である。[13] しかし堀によれば、ドイツのメーカーは多くの注文を受けて今後三年ほどは引き受けないだろうという返答であった〔俗、四二七〜四二八〕という。そうしたとき杉山の耳に「庵主の友人で、大江卓と云ふが曽て八重山島で製糖を思ひ立ち大失敗をして其器械を剥がして日本に持つて来て、石川島造船所に板囲ひをして預けて困つて居るとの咄」が舞い込んで来る。杉山が大江に会ってみると、七万五千円なら売るといい、手付け金として五千円を要求される。杉山は頓知をひねり出して朝吹英二から大江名義の五千五百円の借用書をもらい受け、現金の代わりにそれを大江に突きつけて**アノミー**を惹き起こし、うまうまと契約を成立させる。そして石川島造船所に保管されていた製糖機械を、児玉に何の断わりもなく台湾総督府に船便で送りつけたというのである。児玉は仰天して杉山に、製糖産業振興策は中止したので機械をすぐに引き取れと要求し、杉山はそもそも児玉から援助するよう委嘱されたことだと反論し、機械は献納するものだと強弁したという〔俗、四二八〜四三二〕。最後の部分は、代金は要らないといったことになるのだろう。

これらは作り話である。いくつかの事実はあるが、さまざまな虚構と歪曲もある。ことに杉山が最も主張したい部分だと思われる機械の一方的な送りつけという部分は、真っ赤な嘘だ。

大江卓が八重山で製糖事業に関わっていたことは事実である。八重山糖業という会社がそれであった。その会社が所有していた製糖機械が、石川島造船所に預けられていたことも事実である。まず、そのあたりの事実関係を確認しておこう。八重山糖業は、阿波出身の製糖業者である中川虎之助が、明治二十五（一八九二）年から石垣島で始めた開墾と蔗作の事業を継承した会社で、大江卓のほか後藤象二郎、渋沢栄一らも関与して設立された。会長には大江が、中川虎之助が専務取締役に就いた。製糖機械は、もともと北海道の有珠郡紋鼈村（現北海道伊達市）に設立された官営紋鼈製糖所の後身である紋鼈製糖株式会社が所有していたもので、同社解散後に八重山糖業が購入して東京の石川島造船所に保管されていた。しかし八重山糖業は明治三十（一八九七）年に暴風雨で施設に損害を被り、また我国の台湾領有に伴う経営環境の変化に対応できず、三十一（一八九八）年に会社整理を決めたが、石川島造船所の機械は売却先がみつからないままで、会社の清算すらできない状況にあったのである。[14]

杉山は、何らかの経緯があって、この機械を台湾総督府に七万五千円で引き取らせようとしていたのである。杉山が八重山糖業関係者から買い取ったのか、あるいは同社と台湾総督府とを媒介するブローカーの役割をしていたのか、どちらかであろう。

台湾総督府が糖業振興に踏み出したのは、先にも言及したように、山田熙の提案が発端である。児玉は大製糖会社設立のために必要な資本の拠出者を三井財閥と考え、明治三十二（一八九九）年十二月に民政長官の後藤新平が帰京した際、三井物産の益田孝と交渉の端緒を開かせた。三井に協力を仰いだ点において、そこに井上馨の影響力をみることはたやすかろう。益田は日本精製糖の鈴木藤三郎らに意見を求め、賛意を得たことから総督府の意向に従うこととした。具体的な交渉は翌年三月から三井物産の福井菊三郎と後藤新平の間で開始された。この交渉において、三井側は台湾製糖の設立資本の拠出に応ずる条件として、新会社の資本金五十万円に対して三年間にわたり年六分の利子を補給するよう要求した。これに対し台湾総督府は、利子補給を行う前提として、八重山糖業の製糖機械を三井側が七万五千円の価格で引き受けるよう求めたのである。[15]しかし、台湾総督府と八重山糖業との間に何らかの関係があったわけではない。いかにも唐突なこの要求の背景を、服部一馬はその論文の中で「総督府側がかかる要請を出すにいたった経過は明らかでないが、八重山糖業の関係者が何らかの方法で運動したのであろう」[16]と推測しているが、服部がいう八重山糖業の関係者とは、まさしく杉山茂丸その人だったのである。

杉山は明治三十三（一九〇〇）年一月、後藤新平に製糖機械の売却を相談したとおぼしい。同月十二日の後藤の日記には「杉山ニ製糖機械ノ件ヲ談シ書類ヲ返却ス」[17]と記されている。その二ヶ月後には台湾総督府から三井側に八重山糖業の機械買収を要求しているのだから、後藤の日記に記された内容が杉山から持ち込まれた八重山糖業の製糖機械を指すことは疑い得ないだろう。杉山の働きかけに台湾総督府は応じたのである。

三井側は総督府から買収を要求された製糖機械を実地調査し、重要部品交換の必要があることなどを理由に、利子補給の年限を五年間に延長するよう要求した。総督府は、新会社の営業の都合によっては年限を二年間延長するということで妥協し、この機械は三井が買い取ることになった[18]のである。

こうして台湾に移設されることが決まった八重山糖業の機械が、実際に石川島から搬出されたのは、台湾製糖株式会社が設立され、橋仔頭で工場の建設が始まった明治三十四（一九〇一）年のことであり、それは八重山糖業の専務であった中川虎之助によって輸送されたものであった[19]。杉山が一方的に台湾総督府へ送りつけたなどという事実は存在しなかった。

中川虎之助と山田熙

ここでは、右に述べた八重山糖業の製糖機械をめぐる杉山の動きを、杉山自身が後藤新平に宛てた書翰などからみていく。

明治三十三（一九〇〇）年四月ごろ、児玉源太郎は台湾製糖の設立に向けた協議のため、総督府嘱託の山田熙を上京させた。山田はまず大阪で中川虎之助と面会し、意見を聞いている。山田は「大阪で彼の製糖機械に因縁ある中川虎太郎《マヽ》氏に面会四国の砂糖話や且つ君の糖業に関する種々なる意見を聴」したと述べている[20]から、中川に面会したのは石川島造船所保管の機械についての話し合いも所用に含まれていたことが知られよう。その後上京した山田は、杉山茂丸にも面会した。山田の後年の回想では、「此機械は持主は中川のものであったが、三井に担保に入って居た。杉山茂丸君が度々私の処へやって来て話を持込むので、自分も其の機械を見に行ったが、山と積まれた部分品で、何が何やら判らず、鈴木君は其の方の専門であるから、鈴木さへ好しと云へば買はうと云ふことになった」[21]と述べており、杉山と数次にわたって交渉があったことがうかがわれる。

杉山は山田との面会の状況を、つぶさに後藤新平へ報告していた。後藤に宛てた杉山の書翰の抜萃を左に掲げる。

糖器一条に付ては、実に言語に絶したる御尽力を賜り、万里の東京より敢て筆紙を以て老兄の労力を謝する抔は頗る不尽の事にて、事情想察深く感銘罷在候。久来斯業資本家の鬆意は、此の器械買収を条件として保護を談ずる抔、実に一聞も耐へ得ざる事にて劣悪、生が将来に対する兄が知遇の是に至るを想像すれば、甚だ懼心に不耐候。両三日前山田技手に面会、今日又来訪、委敷咄を聞き候処、三井方も資本支出丈けは相決し候。唯器械購入の一条と相成、不日実物検査する事に相成候間、此一事は難事中の難事にて、山田氏は只三井に一見せしめ、彼の答振りによりては大阪より至極公平なる鑑定家を呼上せ、公評を促し、三井と立合せるの見込の由に候。費用として一百円丈け内味相渡し置候。此れは一時の立替にて、帰台の上は老兄に細かに事情御報ある由に候。何にしても此の月が一大困難の瀬戸際と被存候。山田氏が熱心事に随ふの有様は、誠に満足に見受申候（明治三十三年四月十九日付後藤新平宛杉山茂丸書翰[22]）

この書翰には、八重山糖業の機械をめぐる諸事情の数々が示唆されている。引用部分の冒頭から、杉山の依頼に応えて後藤新平が機械の売買に尽力したことへの謝辞があり、以下三井側が機械買収の見返りに何らかの保護政策を要求していること、この時点で三井物産からの資本支出は決定されているが、機械の実物検査を要求されており杉山がそれに不安を抱いていること、山田が検査への対応策を検討していることなどである。杉山は三井側が現物を調査した場合、破談になるのを恐れていたのであろう。機械の状態が思わしくなく、三井側の利子補給期限延長要求につながったことは既にみたとおりである。山田は総督府の意向に沿い、三井物産側に機械を買い取らせるために尽力しており、杉山が山田の行動を高く評価していることもわかる。「生が将来に対する兄が知遇の是に至る」と書いているところをみると、この機械の売買は杉山の将来に関わる問題であったことが想起され、彼がこの件にかなり深く関わっていたものと考えることができる。

しかし五月十日になって、事態が混乱する。この日の夜十時に、杉山は後藤に宛てて電報を発し、さらに書翰をしたためた。その冒頭の製糖機械に関する部分を左に抜萃する。

糖器の事は山田が実に熱心なる奔走と奇略其図に当り、成就の傾に相成申候。生は初め此事の必成に見込なかりし。唯憂慮は老兄に不成時に迷惑を掛けざる様の一事なり。然るに山田の奇慧なる、終に拵へ出しそふになりたり。其事丈けは深く御賞し願上候。処が昨日来困りたる事あり。即ち山田が中帇を以て、報酬一割を呉れよとの要求なり。生素より遣るに少しも吝ならず。生は番丁とも屢々明言する通り、此事の成否は問ふ処にあらず。老兄が真直に生を信ずる事の厚く、生来未曾有の温義を兄に担ふたる一事を以て幸福迸溢せりと。然るに此の山氏要求一条は、事一身の栄辱に関する事にて、同氏の為めに余程謹重して遣らねば不相成と存じ、其儘に投棄致し置候処、本日又々再発、唯今迄山氏も参り居り、挙作甚だ気の毒に相感じ候間、此丈けは如何に考ふるも、若し生と山田との間に不都合ある事を露はし候はゞ、直に兄に煩を来す事故、又露骨の電報を発し兄の震怒に触るゝかも不相分候得共、寧ろ此事は破れても兄の許しを受けて遣る事にするの外無之、再四考案の上率直に発電したる訳に御坐候。唯今朝比奈とも精密相談致し置候故、此方に寸毫の如才は無之、黙許にても宜敷候間、磊落に小生に御命じ被下度候（明治三十三年五月十日付後藤新平宛杉山茂丸書翰[23]）

引用文中「中帇」とあるのは、中川虎之助を指す。この書翰に続き、十二日にも杉山は後藤に書翰を発した。

先便申上置候通り、器械の事も熱心周到なる山田の尽力にて、大体落着の事に相成候処、三井の方金は来る本月末に相渡す由にて、従之大分間合も有之。然るに山田の一条兄よりは電信にて御差止めに相成、小生進退相極まり申候。其訳は何分総督府の委任を受けたる官吏に、小生謝儀として遣し候ては相手が三井故、頻りに注意の姿も相見へ、若し発露致し候時は直に不容易醜声を相洩し、忽にして兄の御名誉に相掛り候事は目前に御座候間、直に発電御問合致たる訳に御座候。然るに山田の方は色々金入の事有之、大阪より鑑定者呼上せ費用として、初めに金一百円相渡候。二に電信代其外との事にて一百円相渡し、二に例の一割則七千五百円謝儀の中川を以て被申込、生は分与するに繊毫も吝ならず候得共、総督閣下も御滞京の目前故、万一の醜声にても相重りては実に無申訳事故、日夜心痛致居候折柄、又々中川を以て山田氏帰省の旅費相談に相成、旁山田の奇略其尽力の周到なるは唯々感謝の外無之候得共、右等は実に総督府全体の誉栄に相関し候（略）故に生は中川へ此事は破壊するも、総督府の威信を生の事業にて傷ける事は不相成候間、必成を好まぬと断言致候。蓋し是は今後兄が人を御遣ひに相成上に大必要の事にて、真に御信用ある人にても大体は如此事を遣りて居申候間、相手が小生ならずば破壊を恐れ必ず握らせ申して沈黙致候。併し是にて免職沙汰などは今回丈けは必ず御見合被下度候。番丁兄へ相咄し候時、同人はソンナニ遣れば利益は無くなりて仕舞ふに非ずや、又たソンナ官吏は若し過てば直に縄を掛る抔と申居候得共、段々協議の上生はドウしても兄に申上置が兄の執政上の便利と存じ、包ず申上候（明治三十三年五月十二日付後藤新平宛杉山茂丸書翰[24]）

この二通の書翰には、ほぼ同じようなことが書かれている。さして日を置かずに、立て続けに書翰を発しているところに、杉山の狼狽ぶりがみてとれる。山田熙は、三井物産との間に製糖機械買収の交渉をほぼまとめ上げたが、中川虎之助を通じて杉山に対し、三井物産への売却代金の一割にあたる七千五百円を、自身への謝礼として支払うよう要求したのである。杉山は困り果て、後藤に打電するとともに十日の便に事情をしたためた。さらに山田から、帰省のための旅費の金策を持ち込まれた杉山は、十二日の便にこれまで既に百円ずつ二回にわたって山田に金を渡したことも報じた。杉山は、自分自身は山田に謝礼を払うことは吝かではないのだといいながら、ことは台湾総督府の威信に関わる問題だといい、十二日の便ではちょうど児玉総督が上京中のところへこの醜聞が洩れては児玉の名誉に関わるなどといって、山田への応対を決しかねている様子がみられる。文面では児玉や後藤の名誉があるから山田の要求には応じないようなことをいいつつ、後藤が山田を免職にしたりすることがないよう求めているのは、そうした事態が生じて山田が暴発するようなことになって、総督府が八重山糖業の中古機械を三井に売りつけようとしていることが明るみに出たとしたら、世評が沸騰して製糖機械売買の話を頓挫させてしまうことを恐れているに違いない。そのため十日の書翰では、後藤に対して「此方に寸毫の如才は無之、黙許にても宜敷候」と、判断を求めつつも、黙認ということでも構わないという趣旨の一文が埋め込まれているのであろう。杉山がこの取り引きによって相当の利益を手にする予定であったことも、「ソンナニ遣れば利益は無くなりて仕舞ふに非ずや」という番丁なる人物の言から推察できよう。杉山が恐れているのは総督府の威信にもまして、自分の利益であったに違いない。

この山田の要求がどのように処理されたのかは判らないが、右の引用中に「兄よりは電信にて御差止めに相成」とあるから、おそらく後藤が諌止したのであろう。山田はその後台湾に戻って台湾製糖の工場建設などに従事したのち、明治三十四（一九〇一）年の秋に総督府を辞し、その後は製糖事業に関与しなかったようだ。(25)三井物産との交渉は児玉総督の上京の際に最終的にまとまった。五月十四日の後藤新平の日記には欄外に「総督ヨリ製糖ノ件纏リタル旨電報着(26)」と書かれている。しかし山田とのやりとりをめぐる杉山の書翰については何も記されていない。

もうひとつの製糖機械

『俗戦国策』の記述に戻ろう。杉山は児玉と機械の引き取りをめぐった応酬のあと、今度は小美田利義（隆義）が浅羽靖という人物とともに、北海道の製糖事業に失敗して手許に残っている製糖機械の処分話を、杉山のもとへ持ち込んできたのだという（俗、四三二）。ここで**時間の偽装**が行われる。時間が突然圧縮されて、塩水港製糖に関わるエピソードに移るのである。

杉山によれば、この両者が経営に失敗した会社は堀基という人物を社長に据えていたというが、これは好意的にみて杉山の錯誤であろう。この機械の出どころとなった会社は札幌製糖株式会社で、先に杉山が製糖機械の入手を相談したとする堀宗一が社長を務めた会社である。堀基は北海道庁理事官として同社の設立を計画し、明治二十一（一八八八）年、道庁の保護政策の下に会社が設立されると、紋鼈製糖所に勤務経験を有しドイツに留学していた甥の宗一を社長に据えたのである。しかし堀宗一は明治二十二（一八八九）年には社長の座を大株主の桂次郎に譲り、技師長に転じた。同社は明治二十三（一八九〇）年から製糖を始め品質良好であったが、経営は赤字続きであった。資金不足から増資を企て、北海道庁会計部長の浅羽靖の斡旋で伊東祐之という人物を社長にして資本調達を図ったが、この伊東が偽造株券を抵当にして銀行融資を引き出そうとする事件を起こすというスキャンダルもあり、明治二十四（一八九一）年から浅羽が社長となったが、二十八（一八九五）年に破綻したのである[27]。この会社が使っていた製糖機械こそ、堀宗一がドイツで買い付けてきたものであり、それが杉山らの関与によって台湾の塩水港製糖に移譲されるのだが、その経緯はのちにみることとし、杉山の自己言及物語の検討を続けよう。

杉山は小美田らから持ち込まれた機械の売却談を、十三万五千円で引き受けることとし、横浜のサミュール・サミュール商会のデビスという人物に、この機械の代金の支払いを肩替わりした上で台湾まで送り届ければ、その代金は台湾総督府が払ってくれるはずと、ありもしない話を持ちかける。さらに「貴店は予て僕に台湾の樟脳を売捌かせて貰ふ尽力を申込んで居られたが（略）コンナ事を働いたら彼の樟脳の売捌も許可になる可能性が、出来て来るであらうと思ふ」とまでいい募って了解させたという〔俗、四三二〜四三三〕。もちろんこれらはホラ話であり、杉山はこれを自身の智謀自慢として嘯いているに過ぎないが、客観的にみてこんな所為が実際にあったのなら、杉山茂丸とは立派な詐欺師であったに違いなかろう。

続けて、杉山が札幌製糖の機械を再び台湾総督府に送りつけようと策謀している間に、児玉総督が三井物産の益田孝に、八重山糖業の機械の代金を杉山に払ってやってくれと依頼していたという物語が語られる。杉山は益田に呼ばれ、児玉の意向を聞かされて、代金を手形で受け取る。当時三井物産は経営上の問題があって、手形の現金化は困難であったが、それを杉山は例によって頓知を働かせ、**アノミー**のシークェンスを展開して、帝商銀行の馬越恭平に割引させたという。このとき馬越は「真逆に庵主と云ふ天下の浪人が七万五千円と云ふ商業手形を持って居ようとは思ひも寄らぬ事であるから驚いたも驚かぬも其手形を取上げて窓の日に透かして見」たというエピソードが語られている〔俗、四三三〜四三八〕。このエピソードは、どうやら杉山が馬越を引き合いにだすときの定番[28]だったようだ。

ここで、なぜ児玉が益田にそんな依頼をしたのかは語られないところが、ホラ話のホラ話たる所以である。いうまでもなく益田は台湾製糖設立をめぐる台湾総督府と三井財閥との折衝の当事者であった。八重山糖業の製糖機械の代金は益田が率いる三井側から杉山側に支払われたのだ。杉山は、自身と益田とが、製糖機械の売買のそれぞれの当事者であったことを隠蔽しつつ、児玉や益田といった政財界の超大物と自己との関係性だけをクローズアップさせた物語を語ろうとした。それが、杉山の知らぬ間の児玉から益田への頼み事という筋書きになったのである。

このエピソードを挟んで、ふたつめの製糖機械が台湾に到着する。そのときの児玉の反応が、例によって児玉を持ち上げながら、**藉口**のコードで杉山が自己讃美する言説になっている。児玉は杉山に宛てた電報でこういうのである。「君の深切はよく分った有難う、君は初め友に薄く又元老にも薄きが如し併し国家には厚い人である、夫が軀ては友にも元老にも厚い所以である、製糖器械は二つとも頂戴する、併しモウ此上に送ってはイカぬぞ」と。そののち、杉山が桂総理大臣に呼ばれ、同座した後藤新平の前で、二度と古機械を送らないと証文を書くなら、機械の代金は都合してやるがどうだと迫られ、同意してこの問題が片付いた〔俗、四三九〜四四〇〕という。ここで面白いと思うのは、突然桂太郎が総理大臣として登場してくるところである。桂が登場することによって、この一連の物語に**時間の偽装**が施されていることが露見し、回顧談としての信憑性が破綻してしまうのだが、どうやら杉山はそのことに気付いていなかったようだ。

塩水港製糖をめぐって

では、札幌製糖の機械が塩水港製糖の所有となった経緯はどのようなものであったのだろうか。札幌製糖の設立から廃業までの経緯は先に簡単にみた。その中で桂次郎という名が登場するのは注目される。この人物は桂二郎と表記されることが多いが、明治三十四（一九〇一）年以来、三度も首相の印綬を帯びた桂太郎の実弟であり、さまざまな実業に関与する一方で、怪しげな事業にも関わっていた[29]。杉山と桂二郎とは、本稿でのちに論じる釜山鎮土地株式会社や、日本活動フイルム株式会社（現・日活株式会社）などでも関係があったし、桂二郎が杉山のために借銭の斡旋をしたこともあるほど親密であった[30]。小美田利義が札幌製糖に関与していたかどうかは判然としないが、元来小美田は島原松平家の家令として、函館において第百四十九国立銀行の設立や北海道物産の内地販売を行う楽産商会の経営などに従事していた人物であるから[31]、札幌製糖に関与していたとしても不思議ではない。小美田と杉山との関係がどのように始まったのかは明らかではないが、日本興業銀行設立運動でも協力関係にあり、『百魔』中には小美田を中心に据えた物語が全六章分書かれていることからも、両者が相当昵懇であったことは間違いない。このように、札幌製糖の機械の処理をめぐる状況には、そもそも杉山と関係の深い人々が関わっていたことが示唆される。

この機械の処分が具体化したのは明治三十六（一九〇三）年ごろのことであった。同年一月三十日の報知新聞は「台湾に新糖業会社　杉山茂丸等が画策」と見出を打った記事を掲載し、「該計画の動機は、曩に札幌製糖会社にて、其余剰機械一通りを売却せんとの議あるに方り一部の人士は之を引受けて、台湾に一新糖業会社を起さんとの目論見を懐き、一方にはサミユル商会に交渉し」云々と報じている。(32)ここで「一部の人士」と呼ばれた中に、齋藤定雋という人物がいた。齋藤は官営紋鼈製糖所の職工から紋鼈製糖会社の技師を経て、日本精製糖、台湾製糖などで製糖に携わり、「製糖の神」とまでいわれるようになった人物である。齋藤の回想では、彼がこの機械を台湾に移設することを企図して浅羽靖に相談したのである。浅羽はこれを杉山茂丸に図り、杉山は朝比奈知泉や児玉源太郎の弟などを交えて齋藤から意見を徴した上で、朝比奈と児玉の弟を伴って台湾に渡り、児玉総督と協議して機械の移設をまとめ上げたのだとされる。児玉の弟とは、実際には甥にあたる児玉文太郎のことであろう。しかし機械の移設は直ちには進まず、サミュル・サミュル商会の支配人であった荒井泰治が一時的に負担して台湾で保管することになった。(33)荒井泰治はのちに塩水港精糖の社長となる後藤新平系の人物である。(34)

塩水港製糖は明治三十六（一九〇三）年十二月に赤糖と呼ばれる含蜜糖製造工場として発足し、翌年二月に台湾総督府の糖業奨励策に従って台湾人資本による株式会社となった。その際、札幌製糖の初代社長であった堀宗一が技師長となっている。(35)堀は自身がドイツで購入した製糖機械を、ふたたび台湾で稼働させることになったわけである。

このように、杉山は台湾製糖をめぐる物語と同様、塩水港製糖の所有に帰した札幌製糖の製糖機械に関しても、いくつかの事実をさまざまな虚構に包み込んで、事実とは異なる物語をつくりだしているのである。

杉山と台湾糖業

杉山茂丸が『俗戦国策』で語った台湾の製糖産業への関与という物語にはふたつの原型がある。ひとつは杉山が大正十一（一九二二）年に著したいわゆる『建白』において、産業保護政策の必要を訴える一節中のエピソードとして、杉山が二度にわたって台湾へ製糖機械を送りつけたことが記されている。曰く「小生は如何にもして台湾に製糖業を開始為致度と存候も当時世界中製糖機械の製作が困難にて其筋の技師にも諸外国の八方を捜索為致候得共殆んど得る処も無之折柄風斗八重山製糖会社解散後其機械が石川島造船所に預りある事を承はり之を当事者と相談して買入れ直に之を台湾基隆に輸送致し候間もなく又北海道札幌製糖会社解散後其機械が其儘札幌にあると聞込申候間又夫を買入れ直に台湾の打狗に輸送仕候処総督は一驚を喫せられ」（建、一二一）たと。ここですでに**時間の偽装**がなされていることに注目しなければならない。

もうひとつは雑誌『黒白』大正十五（一九二六）年十月号（第十巻第八号）に掲載された禿頭山人という署名のある「台湾倶楽部報　隠れたる台湾の製糖咄」という著述である。禿頭山人なる人物が誰なのかは判らない。文体からみて、杉山が別名を使ったということはなさそうだ。おそらく杉山周辺の人物が、彼から聞いたホラ話を元に執筆したものであろう。『俗戦国策』は、この禿頭山人の著述に、精製糖をめぐる脱税事件のエピソードを付け加え、物語の展開を構成し直したものとみられる。

しかしこれら原型となったものも含めて、右にみてきたようにそのほとんどは杉山の作り話であった。杉山は、来歴が異なり時間的にも離隔しているふたつの事件への関与を、あたかも連続した物語であるように語った。ふたつのエピソードをあえて組み合わせたのは、そうすることによって児玉総督に対する自己の蛮勇ぶりを、より強調する効果を狙ったのであろう。そして蛮勇ぶりの強調によって、台湾産業の確立を図り、統治の安定に寄与せんとする国士杉山茂丸像が印象づけられることを意図したに違いない。

しかし八重山糖業の機械が台湾製糖の所有となった経緯は、彼の国士としての意気込みに由来するのではなく、親交ある児玉総督や後藤民政長官の恩情に縋って、三井に中古機械を売り込んでもらおうという縁故商売に過ぎなかった。しかも三井側の実地検分によって、その機械には重要部品を交換しなければならないという瑕疵の存在することが判明した。いわば傷物の中古機械であった。売り物に瑕疵があることが判明したならば、売り主が費用を負担して瑕疵を治癒せしめるか、あるいはその費用相当を売却価格から減じるのが商取引の常識であろうが、この機械に関してはそうはならなかった。台湾総督府と三井側の交渉によって、利子補給期限を二年間延長することで合意したからである。杉山は総督府に瑕疵のツケ回しをして、いわば掛け値なし七万五千円の正札販売に成功したのであった。台湾総督府財政の私物化という側面を度外視するなら、これは瞠目すべき辣腕と評さねばなるまい。その手腕が製糖業界関係者の間に広まったことは容易に想像できるし、そうであったからこそ札幌製糖の機械の処理についても、杉山のもとへ相談が持ちかけられたとみるべきであろう。いわばこのふたつの事件は、どちらも日本国内で経営に失敗した製糖業者の遺物を、杉山が中古機械のブローカーよろしく、児玉や後藤の縁故主義《ネポティズム》に頼って台湾総督府に始末してもらったものであった。彼の国士ぶりとは、実にこのような実態であったのだ。

第二節　明治三十四年外債事件

外債事件の発端——台湾事業公債

本節では、明治三十四年外債事件を採り上げる。第一次桂内閣が成立して間もなく直面した財源不足の解消策として、米国において日本国債を売却することが検討されたこと、そこに杉山が深い関わりを持っていたことは、政治史や財政史の観点からすでに研究が進んでいるが、杉山に関する一般的な著作で言及されることは少ない。ここでは、先行研究ではさほど重要視されない杉山自身の視点に立って、この事件における彼の動向を詳しく検討する。

第四次伊藤内閣は、発足の段階で渡辺国武に引っかき回され、伊藤は止むなく渡辺を彼が執着した蔵相に起用して組閣を終えたが、二ヶ月後の十二月には東京市参事会の汚職に関与したと疑われた逓信大臣の星亨が、貴族院からの攻撃で辞任を余儀なくされ、さらに渡辺蔵相による募債事業の全面停止方針をめぐって閣内が激しく対立するなど、惨憺たる状態を呈した。伊藤はこの事態を収拾することができず、在任わずか六ヶ月あまりで単独辞表提出に及んだ。明治三十四（一九〇一）年五月二日のことである。五月十日に西園寺公望が臨時首相代理に任命されたが、後任選考は難航し、陸軍大将の桂太郎を後任とした内閣が発足したのは一ヶ月のちの六月二日のことであった。こうした桂内閣誕生までの経緯について、杉山が自身の関与という事実の捏造をしていることは第一章で既に明らかにした。彼は台湾事業公債を米国で売り出すため、ニューヨークの資本家たちと交渉を行うべく、伊藤首相の辞職直後に横浜からエンプレス・オブ・インディア号で旅立ったのである。

台湾事業公債は、明治三十二（一八九九）年三月二十日公布の台湾事業公債法に基づき、鉄道布設や築港などの事業資金に充当する目的で発行され、その募債限度額は三千五百万円と定められていた。

後藤新平は台湾総督府民政長官に抜擢される前、蔵相であった井上馨に求められ、「台湾統治救急案」という意見書を提出していた。その中で後藤は台湾の財政について、一億円乃至一億五千万円規模の台湾公債を、政府による一定の利子保証を付けた外債として募債することを提案している。[36] 後藤は台湾赴任後この提案を具体化して、二十年間で六千万円を募債する計画をまとめ、政府に提出した。時の大隈内閣はこの計画に好意的であったが具体化する間もなく倒れ、次の山縣内閣は原案の募債額を四千万円に削減し、かつ公債は台湾銀行が引き受けることとされた。さらに議会において募債額は三千五百万円に減額査定されたのであった。[37]

しかし後藤は、外債募集を諦めていたわけではなかったとおぼしい。後藤は遅くとも翌三十三（一九〇〇）年二月中旬までに、杉山茂丸を通じて台湾事業公債を海外で募債するための調査を始めている。杉山は後藤に宛てた二月十二日の書翰で、「公債の一条早速先方を電信にて（横浜）呼寄候事に致候」と述べ、向後後藤へ何か探りに来ても「唯だ友人杉山へ申付け、外国市場の探りを入れさせ候事を確托致たる云々丈けに被成度候[38]」と注意を与えている。この文面はおのずと、後藤が杉山に託した事柄が、「外国市場の探り」にとどまっていなかったことを物語っているであろう。杉山はこの書翰ののち、番丁なる人物と協力して海外の金融市場の動向を探り、四月には公債発行の適期であるとの電報を受取った旨、後藤に報じている。左に引用しておく。

右等御報恩として、ボンドの一条は是非好都合に成効せしめんと番丁相談の上、外国へ数回電報の往復等いたし申候処、世界の大勢は誠に心痛に不耐時機にも不関、去る十七日受取たる電報抔は

favorable in conduce

目的を達するに於て都合好しとの電文に候間、番丁とも同見し一層熱心成効を相祈居申候。然るに茲に速に御相談し置たきは、今回分は一千万円なれ共、何分小額にて総ての談判生気を帯びず候間、此際残額二千万の分も、前同様手続を以て御嘱托に相成度。若し小生寸毫にても不都合の事有之時は何時にても御返戻可申上候（明治三十三年四月十九日付後藤新平宛杉山茂丸書翰[39]）

この書翰は前節でも一部をみたが、ここで引用した部分の冒頭で「右等御報恩」とあるのは、八重山糖業の製糖機械売却に関する山田熙の行動を指しており、杉山が後藤の尽力を「恩」と認識していたこと、台湾事業公債に関

する杉山の協力はそれに対する報恩の意味を持っていたことが知られよう。またこのとき、後藤が杉山に託したのは一千万円の募債であったが、杉山がさらに一千万円から二千万円を追加して自分に任せるよう提案していたことがわかる。おそらく後藤は杉山の提案を受け容れた。彼らは台湾銀行頭取の添田寿一と図り、台湾銀行に限定されている公債引受が海外においても可能となるよう法律改正を目論んだ。台湾事業公債のすべてを引き受けることは、台湾銀行にとっても過大な負担であったようだ。この三者は同年七月二十七日付で、右の法律改正が行われた場合、台湾銀行所有の台湾事業公債三千五百万円を杉山茂丸に売り渡す旨を定めた仮契約書を作成している。

仮契約書(40)

一　台湾事業公債証書ニ外国貨幣ヲ記載スル法案議会通過ノ上且ツ其ノ価格ニ付双方ノ協定成立ノ上ハ台湾銀行ノ所有スル台湾事業公債三千五百万円ヲ台湾銀行ヨリ必ス杉山茂丸ヘ売渡スモノトス

一　右事業公債ハ其価格協定シタル以上ハ台湾銀行ハ決シテ杉山茂丸以外ノ者ニ売却セス又杉山茂丸ハ必ス其全部ヲ引受クルコトヲ約定ス

一　本件ニ関スル外国トノ交渉ハ時々其経過ヲ杉山茂丸ヨリ台湾銀行ニ通報スルモノトス

以上

此ノ証書二通ヲ製シ各之ヲ分有ス

明治三十三年七月二十七日

東京麻布区芝森元町二ノ十二

杉山茂丸　印

台湾銀行頭取

添田寿一　印

立会証人

後藤新平　印

これはいくつかの興味深い内容を含んでいる。まず、この契約が実行された暁には、杉山は台湾事業公債を海外で売り出す権利を独占できるということである。そして台湾銀行と杉山との間の公債売渡価格は協定によることになっているから、いかようにもその協定価格を設定できるということである。これはすなわち、杉山が外国資本家との間で合意する発行価格には、杉山が受け取るコミッションを上乗せできるという規定である。そもそもの募債総額が巨大であるから、わずかな率のコミッションであっても、杉山が受け取る額は巨額にのぼる。実際、杉山はこの明治三十四年外債事件において、ニューヨークの投資家たちとの間に、四パーセントのコミッションを折半するという内容で交渉を進めていた〔建、九九〕のである。交渉が成立して三千五百万円の台湾事業公債売却に成功すれば、彼はその二パーセントの七十万円、白米価格で現在価値に換算すれば二十億円を超える巨額を懐に入れることができる。さらに、杉山が実際に三千五百万円という金を調達することがあり得たはずがないから、仮契約が実行されるのは杉山が外国資本家との交渉をまとめ上げたのちのことになるだろうということである。すなわち、杉山が契約履行のための資金調達に奔走する必要のない仕組みが考えられているのである。これらを踏まえるなら、この仮契約は杉山にとってリスクが比較的少なく、成功した場合のゲインは極めて大きいものと評価できよう。多額の負債を抱えていた杉山が、台湾事業公債の海外募債に奮起したのは当然であった。

十月には米国内の交渉相手から前向きな電報が届いた。このときの発行条件は五分利付で百円につき九十八円の発行価格で交渉が持たれていたようだ。(41) 因みに三十三（一九〇〇）年に台湾事業公債は三度に分けて発行されており、第一回が総額九十万円を額面百円につき九十三円、第二回が総額九十万円を同八十九円、第三回が総額四十一万千四百円を同八十八円であった[42]。杉山がいかに高値で外国資本家に公債を売ろうとしていたかが判るであろう。商談が成功すれば、この既発債だけで十数万円の差益が生じたはずであった。年が明けた明治三十四（一九〇一）年一月六日に杉山は、後藤から関係者に送る書状の案文をしたためた書翰を呈しているが、その末尾には「此方は直に着手甘く遣つ付けて御覧に入れ候[43]」と書くほど自信満々であった。

仮契約に定められていた法律改正は、第十五回帝国議会に政府から提案された。明治三十二年法律第百一号「国債ヲ外国ニ於テ募集スル場合ニ関スル法律」を台湾事業公債にも適用できるよう改正する法案である。この法案は貴衆両院とも、ほとんど何の議論もなく通過し、三月に成立した。杉山が大儲けをするための、最初の条件が整ったのである。

もうひとつの外債募集案――預金部所有公債の売却

明治三十四（一九〇一）年五月の渡米に関して、杉山は後年、その目的は大蔵省預金部が保有する政府公債をニューヨーク市場で売却することであったと語っている。杉山がこのことを最初に語ったのは『桂公の裏面』で、「予は前内閣伊藤総理大臣の内諭に依り、予が嘗て米国の財政家として関係を有する紐育のバーリング、マクーンと云ふ銀行に、日本の公債六千万円を応募せしむる相談を開始し、紐育保険会社の重役たるコロネル、マコツク氏の周旋に依て、右バーリング、マクーン銀行に公債を応募せしむべき契約が成立つたのである。此事は前の伊藤総理大臣の委嘱に依て出来たことであるから此契約書を予は伊藤公に交付したのである。所が伊藤公はもう辞職せられた後であるから、此事を時の総理大臣桂公に移牒して桂公の為めに此契約を履行せしめるやうと言はれた。が、予は其前後内閣の組織せられた関係を知つて居るから迂闊に之を桂公に提供せず直に箱根富士屋ホテルに滞在せらるゝ井上侯に諮り、又た京都無隣庵に居らるゝ山縣公に其意見を問ひ、各々伊藤公の言はるゝ通り桂総理大臣の為めに尽瘁成立することを希望すると云ふ手紙を得たから、児玉伯と共に之を桂公に持出すことになつたのである。桂公は此預金部の未募集公債を是非一応片付けたいと云ふ考からして、直に華盛頓公使に命令を発して此仕事に著手せられたのである」〔裏、二六〜二八〕とされている。

『建白』でも「小生曽て或内閣の依頼に因つて帝国預金部の公債六千万円を紐育市場に売出す事を引受候事有之」とあり、これに続いて公債の券面デザインについて米国側資本家の要望を受けて大蔵省へ何度も国際電報を発して交渉したことが語られ〔建、九七〜一〇二〕ている。

『山縣元帥』は詳細で、第四次伊藤内閣が発足して間もない明治三十三（一九〇〇）年十月二十七日首相官邸に呼ばれ、伊藤から日本政府預金部の公債六千万円を、ニューヨークの「バーリングスグウン」銀行に引き受けさせるよう依頼されたという。この銀行はエクヒテーブル保険会社の関係銀行とされる。杉山は相手方との間に電報の往復で交渉を行い順調に話は進展し、翌年四月に渡米することを決めて、大磯で伊藤博文と面会したのが十二月十一日のことであった。そこで杉山は伊藤から、依頼を受けた公債とは、既に発行済みの政府公債を預金部で引き受けていたものを、米国で売却するものであることを聞かされた。伊藤は杉山に「政府が曽て公債発行の際、未募集の物を、預金部に応募せしむると云ふて、夫を預金部に預け、其の現金を引出して公債歳入に繰り込み、歴代の政府が使用した蓄積で、其預金も公債も、皆未決済、即ち片付て居らぬ公債である事を、君が前内閣以来ソンナ事を仕てはならぬと攻撃したから、吾輩の代になつて、逸早く其所置を付け、双方綺麗に決済せんとして、君に托するのである（略）君の財政論が略々明白であるので、吾輩の独断でコンナ事にした」のだといい、杉山はそれに対して「預金部にある金は、国民の預金と見て宜しい物でムい升（略）其金を政府が財政無能の為め、公債政策を誤り、売れぬ公債を此預金部に入れて、其現金を引出して使つて仕舞ひ升、夫で私は此預金部を財政上の魔窟と申上るので厶り升」といい、「預金部と云ふ罪悪の魔窟たる組織を」、「将来永久に、此預金部を廃めて仕舞ふとの御誓言を承りたい」と迫って伊藤に承諾させたという〔山、四四三～四四六〕。ここには**輿望のシークェンスと威服のコード、藉口**のコードが見出せよう。

これらの言説の真偽を検討するなら、『桂公の裏面』で米国側資本家と契約が成立したと称しているのは誇張で、そのことは本節における外債事件の経過の考察で明らかにされよう。『建白』の言説のうち、杉山が米国側から公債券面のデザインに関して注文をつけられたことは事実と推定できるが、滞米中にその変更を大蔵省と交渉したという事実はない。『山縣元帥』の言説では、預金部の善悪をめぐる伊藤との対話は作り話である。杉山が預金部を目の敵にしていたことは事実(44)であるが、伊藤が預金部保有政府公債の一掃のために米国で売却しようとしていたなどということはない。

問題は伊藤と杉山との間に、ニューヨークで政府公債の募集を行うことについて、『桂公の裏面』や『山縣元帥』で語られているような、明確な委嘱なり依頼があったのかどうかという点である。以下本節で明らかにするとおり、この点については肯定すべき要素と疑問視すべき要素とが拮抗しており、明確な結論を下すことは難しい。伊藤との間に、何らかの意思の疎通があったことは事実とみられる。

朝日新聞記者への虚言

本書第一章で桂内閣の組閣をめぐる杉山の作り話を検討した際、彼が明治三十五（一九〇二）年三月に東京朝日新聞の記者に、三十四（一九〇一）年五月の渡米について語っていることに言及した。これは同紙に三月四日から十二日にかけて連載された「米国に於ける外債事件顚末（杉山茂丸氏口述）」と題された記事で、杉山が三十四（一九〇一）年中の二回の渡米で外債募集活動に従事した裏面をことごとく暴露したものである。なぜ杉山がそのような裏事情の暴露に及んだのかはのちに述べるが、この記事で彼が語ったことは、さまざまな一次史料から一定程度信憑性を確認できる内容であり、その意味では後年の著作における自己言及とは一線を画している。しかし三月五日に掲載された談話は、杉山が台湾事業公債の外国市場における募債に関わった経緯を述べたものだが、その内容には明らかな事実の歪曲があり、必ずしもこの談話を全面的に信用するわけにはいかないことを証明している。その点をここでみておきたい。

杉山がいうには、台湾事業公債法が成立したころ、後藤新平から翌年四月ごろまでに資金調達できるよう、公債売却の工夫をしたいとの相談を受けた。杉山は「米国の田舎の貯蓄銀行保険会社にある貯蓄金を利用する」方法を提案した。後藤が了承したので、杉山は関係者に書翰を送り、五分利付債券、額面百円につき九十八円の発行価格という条件で交渉を始めたところ、一千五百万ドル引受けの回答があった。ただし米ドルでニューヨークでの支払いという条件があったため、杉山は後藤と図り、法律百五〔ママ〕号の条文に台湾事業公債を加える法改正を要するため実行は法律改正後とするよう返信し、先方もそれを了承した。しかし法律は議会で改正されたが、大蔵省が承諾しなかったため、米国からは頻繁に実行を催促され、遂には合意の破棄と損害賠償を請求されることとなった。杉山は「一昨年中に竊かに渡米して此事を片付けんと思ひ居る処に、一昨年九月より九死一生の大病に取付かれ、赤十字病院に入院して十二月三十一日に退院する仕末にて、爾来病気回復せず、トウ／＼昨年の五月四日に右取片付の為めに米国に出発することになった」のだという[45]のである。

ここには三つの事実が盛り込まれている。交渉相手が保険会社関係であったこと、九十八円の発行価格で交渉していたこと、台湾事業公債の海外募債のために法律改正が必要であったことである。しかし外債募集の法律改正が成って以後の、大蔵省の抵抗、合意の破棄と損害賠償、杉山の病気による渡米の延引などは作り話である。法律改正は三十四（一九〇一）年三月二十日の貴族院本会議で可決成立し、杉山は同年五月三日に横浜から渡米したのだから、それらが嘘であることは明白である。ここで杉山は、およそ一年分の時間を膨張させる**時間の偽装**を行い、膨らませた時間に米国側からの損害賠償請求や自身の大病など、ありもしない出来事を盛り込んだのである。このような虚構を捏造する真意が那辺にあったのかは想像も及ばない。

そして重要なのは、ここでは『山縣元帥』で語られたような伊藤博文からの委嘱というエピソードは一切語られていないことと、台湾銀行との間に公債売渡しの仮契約が存在していることは秘匿されていることである。前者は、そのエピソードが後年になってから杉山が創作したものであることを示唆している。なぜなら、杉山が東京朝日新聞に対して外債事件の裏面を暴露したのは、彼の外債募集活動に伊藤博文が深く関与していたことを明らかにすることが目的であったからだ。彼の談話の連載最終回は「此の談話は伊藤侯が帰朝匆々国家の秘事を漏らし、且つ自己の名誉を傷けたれば之れに答ふるものなりと繰返し〳〵語りたり」[46]という記者の一文で結ばれている。これは伊藤の裏切りに対する杉山の意趣返しだったのである。その事情はのちに述べることになるが、もし『山縣元帥』で語られた伊藤からの依頼が事実であったのなら、この東京朝日新聞への談話でそれを語らない理由はない。むしろ真っ先にそれを語って然るべきである。にも関わらず後藤新平との関係を発端として語っているのは、明治三十五（一九〇二）年三月という時点では、まだ伊藤から預金部保管既発公債の売却を依頼されたという物語が創られていなかったことを示唆しているのである。また後者については、無私の国士的行為としての外債募集への関与という外形をこね上げるためには、自己の利欲的関与を顕在化させるわけにいかないのは当然であっただろう。

五月の渡米

杉山茂丸は五月三日横浜出航のエンプレス・オブ・インディア号に乗船して、米国へ旅立った。先に言及した朝日新聞記者への談話では五月四日とされているが、記憶違いであろう。その前日、伊藤博文の招きで送別の宴が設けられた。杉山は同月十九日にシカゴに到着し、その地から伊藤博文に書翰を呈し、送別宴への謝辞とともに、米国の債券市場の状況を詳らかに報じている(47)。この行動は、彼が東京朝日新聞への談話で「竊かに彼地金融事情を取調べ呉れよと(48)」依頼されたといっていることと符合しており、伊藤と杉山との間に何らかの協議が存在したことを示唆していよう。

杉山はシカゴからボストン、さらにニューヨークへと移動し、米国の投資家たちと台湾事業公債の引受けに関する協議を行っていた。この投資家たちがいったいどのような人物であったのか、また杉山がどのようにしてそれらの投資家と交渉を開くだけの関係を作り上げたのか、それらは全く知り得ない。東京朝日新聞の談話では、損害賠償問題を片付けたのち、「計らず紐育の或る倶楽部（僕の毎日行きて飯を食ひ人と交際する処）にて、米国の名誉ある有力の人と出会（レパブリカン党の政府の時は、米国政府を代表して常に欧洲各国の大礼に参列する人）し、其人と東洋談をなし、其人が間接に管理する世界中有名の保険会社及び銀行の役員等と会合し、頓に日本公債談の手蔓を得て、終に先方より、日米将来の為是非日本の公債を引受け経済上の関係を付けたしと申出たるに付、段々其人物を調べて見ると、其内一人丈けは少し気に喰はぬ人あれども、残りの四五人と云ふものは誰に問ひても誠に立派なる人物なり。夫れより段々談判の進捗して、終に契約沙汰となつた(49)」とある。これでは偶然有力者と知り合い、その手づるで保険会社や銀行などの投資家と公債引受の交渉が始まったことになる。これと同趣旨のことは、六月九日に彼が児玉源太郎に送った書翰にも「当にしたる人々皆欧洲へ参り一人も当地に不居」という事態に直面したものの「不思議なる処より当地銀行家の集会に臨み欧米人が対日本的経済の観察を謬りたる理由を手強く攻撃致し一方には少し金を遣つて新聞に書立てさせ翻つて俄かに信用の端緒を回復致し来り漸交渉の緒に取付申候(50)」と書かれている。一方で杉山は、駐米公使の高平小五郎に対しては、日本興業銀行設立運動の際に関わりができたJ・P・モルガンの名を出し、モルガンが滞欧中なので、モルガンの代理者を経て「モルガンの一輩」と交渉を始めたといっている。[51] 偶然知り合った相手と交渉を始めたというのはなかなか信じがたい話であり、いずれが真実とも断定し難いところである。

実際に彼の交渉相手となったのは、主にマクック（マコック）という人物とロックという人物であった。彼らが交渉相手になった経緯はわからない。杉山の親友の朝比奈知泉はマクックと旧知の間柄だったが、杉山の交渉相手がマクックであることを朝比奈が知ったのは八月のことであったから、[52] その繋がりから交渉が始まった可能性は否定される。

マクックの名は、杉山が伊藤から大蔵省預金部所有公債の売却を依頼されたという『山縣元帥』でのホラ話の中で、杉山が懇意にしている「バーリングスグウン」銀行の顧問で「コロネルマクック」と表記されている〔山、四四四〕ほか、『桂公の裏面』でも「予が嘗て米国の財政家として関係を有する紐育のバーリング、マクーンと云ふ銀行に、日本の公債六千万円を応募せしむる相談を開始し、紐育保険会社の重役たるコロネル、マコツク氏の周旋に依て、右バーリング、マクーン銀行に公債を応募せしむべき契約が成立つた」〔裏、二六～二七〕と記している。これらの記述を信じるなら、マクックと杉山は明治三十四年外債事件より以前から何らかの交渉があったことになるが、そこは杉山の自己言及であるから、単純に信用することはできかねよう。この人物はおそらく、ジョン・ジェイムズ・マクック（John James McCook）であろう。オハイオ州出身で、南北戦争に北軍の将校として従軍し重傷を負ったが、名誉進級により大佐《コロネル》になった。のち弁護士となり企業役員や法律顧問などを務めた。ウィリアム・マッキンリーが大統領になった際、マクックは閣僚就任を求められたが辞退したという。[53] マッキンリーとマクックの関係の存在は、杉山が東京朝日新聞への談話の中で、交渉相手がマッキンリー大統領に相談を持ちかけていたと語っている[54]ことに、一定の信憑性を与えるものである。朝比奈知泉はマクックをエクイタブル保険会社（Equitable）の「社長」と表記し[55]ている。また「バーリングスグウン」や「バーリング、マクーン」と表記されているのは投資銀行のベアリング・マゴウン（Baring Magoun）である。チャールズ・ロックという人物についての詳細はわからない。

高平駐米公使を捲き込む

杉山は六月のはじめには、ロックらとの交渉の大詰めを迎えていた。三日に五人の投資家が「ユニユバルストクラブ」で会合し、台湾事業公債を引き受けるためのシンジケートを結成する方針を固めた。杉山は、一週間以内に確実な条件を決めるよう要求し、さもなければ「当方の手にて募集の手続を公にするも決して異議を挟み能はさるものと覚悟ありたり」と脅しをかけた。一方で資本家からは、「正当の確報を送りし場合に、貴方に於てオーソリチーの手続運ばさるに於ては、其の責を正当に負はるゝや」と詰められ、「僕の責は僕に負ふ」と見栄を切ったものの、「唯困るは彼等が銀行家とシンジケートを組織するに、真成なるオーソリチーを持たざる人を相手に空言の上にシンジケートを築き掛る訳に至らず。彼等に非ざるも僕でも出来ぬなり。然らばと云ふて何か五魔化し的に見せるものもなく（略）万策尽きて高平（公使）に」泣きついたのである。杉山は高平の功名心を煽り、自身に代って高平を前面に立てようと考えたが、高平は大蔵省が自分に権限付与するはずがないといい、杉山が大蔵省ではなく台湾総督から権限付与させるというと、高平は外務省の命令がなければ動けないといった。杉山は自分が台湾総督に電報を発して外務省に交渉させるので、高平からも外務省へ電報を打つよう求め、電文の案まで提示した。第一章でみた高平公使から外務大臣に宛てた六月三日の電報は、こうした杉山と高平のやりとりの結果であった。

五日発の外務省から高平への返電は、「帝国政府ハ未ダ台湾公債募集ノ権限ヲ杉山ニ与ヘタルニ非ラズ就テハ貴官ハ本件ニ関シ公然ト関係セラザル方然ルヘシ尤モ貴官ハ本件ニ付杉山ト常ニ意見ヲ交ヘラレ且ツハ同公債ハ米国市場ニ於テ如何ニ受取ラルヘキカニ付貴官ノ意見ヲ電報セラレタシ[58]」というものであった。杉山に権限を附与したものではないから公然と関与するな、しかし杉山とは連絡を保ち日本公債が市場でどう評価されるか観察して報じよ。杉山の目論見は外れたのである。しかし杉山は高平を煽り続けた。日本興業銀行設立のためにモルガンから借款を取り付けたのに実行を阻止され、日本政府の威信が失墜したということも吹いた。また、自分は児玉台湾総督と後藤民政長官から公用旅券を交付され、公債募集を託されたのだということもいったようだ。[59]公用旅券云々は真偽不明であるが、少なくとも高平はそう聞かされた。杉山にけしかけられて、高平は外務大臣宛に電報を発し続けた。

杉山ハ起債ノ権限ハ未タ付与セラレサルモ台湾政府ノ名ヲ以テ米国市場ニ意向ヲ探試スルノ権ハ之ヲ有スルモノ、如シ然レトモ市場ニシテ好都合ナルニ於テハ結局此地ニテ起債セラル、ニ至ルヘク而シテ同人カ仮リニ開始スヘキ談判ノ如キモ正当ノ原因ナク之ヲ廃棄スル能ハサルハ自然ノ結果ナルヘシ事実果シテ此ノ如クンハ同人ノ位地ハ明確ニ同人ニ知得セシメ置クノ要アリ否ラスンハ同人其権限ヲ超ヘテ独リ同人ノミナラス延テ日本政府ノ不信用ヲ招クノ恐レアラントス（明治三十四年六月八日付第三十八号　曾禰外務大臣宛　高平全権公使公電[60]）

同氏ノ言フ所ニ拠レバ正式ノ権限ナキカ故ニ資本家ヲシテ起債ニ応スルノ必要条件ヲ提案セシムルノ運ニ至ルコト能ハズ（略）資本家ヲ満足セシメント欲セバ台湾銀行ノ名ハ以テ充分ナル信用ヲ博スルニ足ラサルガ故ニ日本国政府ノ名ヲ以テ其表向キノ代表者ヲ通シテ起債スルヲ要ス若シ本官又ハ在紐育領事ニ相当ノ権限ヲ附与セラルルニ於テハ同人ハ其輔佐者トシテ交渉ヲ為シ資本家ノ所謂必要条件ヲ確知スルニ努ムベシ（明治三十四年六月十二日付第三十九号　曾禰外務大臣宛　高平全権公使公電[61]）

杉山氏ノ語ル所ニ拠レハ同人ハ屢次欧米ノ金融業者ヨリ日露或ハ開戦スヘシトノ報告ニ接スルコトナルガ斯ル風

評ハ同人ノ交渉ニ障碍ヲ与フルコト頗ル多シ依テ同人ハ現下ノ事情ヲ確メ且ツ這般ノ報道ヲ否肯センコトヲ本官ニ請ヘリ蓋シ満洲問題ノ未決不定ノ情態ハ則チ這般報道ヲ由来セシムルニ与テ力アリシト思ハル依テ本官ハ公然之ヲ打消シテ然ルヘキ乎否ラスンハ現時ハ公債ヲ起スノ好時機ニ非ルカ如シ（明治三十四年六月十四日付第四十号　曾禰外務大臣宛　高平全権公使公電[62]）

これらの電報の内容は、追って高平から曾禰外相に宛てて文書で詳細に報告されているが[63]、高平が本省に具申しているのは、つまるところ彼が杉山から聞いたことを復唱しているに過ぎなかった。十四日の電報に対しては、外務大臣から「右ノ如キ風説ハ近頃沈静ニ帰シタルニ依リ本大臣ハ貴官ガ之ヲ新聞紙上ニ於テ公然ト打消スカ如キコトハ今ヤ殆ト其時機ニアラスト思考ス[64]」と一蹴されている。高平に主体性が欠けていることは明らかで、それが十月になって彼が伊藤博文から詰問を受ける原因ともなったであろう。

高平を動かして外務省と掛け合いをさせながら、杉山は児玉源太郎に状況を報じる書翰を送っている。ここで杉山は高平に頼ったことを「同氏の事故少しも其同意が有効ならず却て打明けたるが一期の失策と相成（略）豪傑杉山も頓斗進退谷まり候」と自嘲しつつ、「台湾公債丈けにては金高少なく殊更に銀行結合の組合を拵ゆるに足らずと申出居申候間或は或る一人と出し抜けに一千万円計り約定を締結し市場を驚かし呉れんかと腹案中に御座候外に電信にて申上候五千万円即二千五百万弗の方は全く別口として交渉し来り此は日本政府の議確に一定せずしては発言不相叶[65]」と、注目すべきことを記している。これによるなら台湾事業公債の募債以外に、杉山は五千万円の公債売却にも関わっていたことになる。これが伊藤博文との間で協議していたことである可能性は否定できないであろう。

大筋合意

杉山は片道六時間を要するニューヨークとワシントンの間を、朝一番の汽車に乗り、夜行の寝台車で帰るという強行軍で往復しながら、資本家たちとの協議を続けていた。彼はロシアの駐米公使が米国で三千万ドルの募債に成功したという情報を摑み、これを児玉に報じるとともに[66]、マクックに対しその点を詰め寄った。

魯国は今日東洋に於ける商権を握らんとする競争者の一人なり。干戈に訴へても猶ほ己れの目的を達せんとは魯国の決心なり。而して是か為め既に巨万の金を抛てり。然し予か公平に考ふる所に依れは、合衆国こそは東洋の商権を握るへき国なり。此は是非斯くあるへき筈なり。何となれは将来米国か剰りたる貨物を送り出す市場は、世界中一の亜細亜のみなれはなり。然し此商権を合衆国か得んと欲せは、東洋の先進国たる日本を助けて亜細亜の平和を保ち、彼の日魯戦争等の悪兆を一掃せさる可からす。此は予輩等か心に留置くへき尤も緊要なることにして、此の如き戦争はもし一旦日本国と合衆国の間に親密なる商業上并財政上の関係を付くるときには、其の利害結合の勢力によりて停止するを得へし。而して東洋の商権は合衆国と日本国の二ケ国の手に落つ可し（略）千九百年の始め以来米国は已に三千万弗以上の巨金を魯国に貸したることを予は或人より確聞せり。奈何なる理由によりて合衆国と魯国は、斯く短かき間に又不意に此の如く親密になりたるや。予は是を解すること能はさるなり。此の如き親密なる関係は、貴国の政治界に於て尤も公大なる勢力を有する人の尽力に依るに非されは出来得る理由なしと考ふ。然らば則ち予は米国は、将来東洋に於ける米国の商某地を攪乱し却て是に妨害を加へんとする国即ち魯西亜を補助しつゝあると言ふことを、真誠の事実として確信して宜しきや。若し此を真なりとせは今予輩等か着手せんとする所の事、即ち日米間に親密なる商業上并財政上の関係を付くることは、如何に時間と労力を費やして骨折るも無益に帰す可し。貴下か予を紹介せし銀行家か予輩等に開談せし事実も、米国の魯国に対する待度の一部分丈は示し居るなり。予輩等は実際仕事に着手する前に、米国の魯国に対する待度に就て予か抱き居る疑を解き得るに足る返答を貴下は予に送られんことを祈る（明治三十四年六月十三日付　ジョン・ジー・マクック宛　杉山茂丸書翰[67]）

この書翰は、杉山茂丸という人物の本領を浮き彫りにさせている。つづめるなら、東洋の商業的覇権は日本と協力して米国が握るべきなのに、ライバルのロシアの資金調達を援助するのはいかなることか、と迫っているのである。これは彼の国士的剛胆さを表出させる一方で、事実を踏まえた緻密な論理を組み立てていることも判る。彼の後年の自己言及は虚構と歪曲に満ちているが、少なくともこの書翰からうかがえる杉山の人物像は、したたかなネゴシエーターを想起させるものである。しかも相手のマクックがマッキンリー大統領に近い政治的人物であることを最大限利用しようとしている。杉山が東京朝日新聞に対する談話で「此事は是非とも大統領マツキンレー氏の内援を乞はねばならぬとかにて、先方の一人は二回も華盛頓に至りて大統領に面し、十分の賛成を得て漸く茲に至りたる訳にて、非常に喜び合ふたり[68]」と語った事情は、事実とすればこの書翰と無関係ではないだろう。

マクックの政治的立場を衝いた杉山のしたたかさは、数日後にロックへ送った書翰からもうかがえる。そこでは、米露の対抗を煽るような文言は稀薄である。相手によって攻め方を変えているのだ。

予輩の深く信し居る事は、今日は合衆国人民と日本人民の間に是迄よりは一層親密なる又一層弘大なる財政上及商業上の関係を付くるに都合宜しき時なりと思ふ。日本の湊港を世界の商業の為めに開放したる事に向つて日本は大ひに合衆国に負ふ所あり。此頃支那に騒動ありしとき、日本の兵士と米国の兵士は供に供に働き又両国の政略は等しく且つ同情的でありし。是等の事実は第二十世紀の文明が要求する所の進取的段階をとる事に依りて、二国民は相互の利益を得ると云ふ事を憑証する者なり（略）独乙及魯国政府サキソニー及スウキーデンの二王国は合衆国に於て公債を募れり。而して是よりも更に驚くべき事は、近頃英国政府にて出したる二個の公債の大部分は此国に於て募集されたる事なり。事情此の如なるが故、紐育市場は又東洋政府の必要をも満し得ると思ふ。是迄日本は外国に於て公債を募るとき唯倫敦市場にのみ頼り居れり。然し若し紐育に於て此の如き取引か出来るならば、唯に公債上日本政府と紐育に於ける種々の財政会社との間に関係付くのみならず、日米間に於ける一般の商業并貿易上の関係を弘大ならしむる事を得ると予輩は深く信ずる所なり（明治三十四年六月二十日付　チヤールス・エ・ロック宛　杉山茂丸書翰[69]）

ロックはマクックが連署した返翰を杉山に送り、その中で「マコツク氏は貴下を紹介したる所の有力なる銀行家等は非常に此事に賛成し居るなり。而してもし条件の宜しき折には、貴下は貴国の政府より直接談判するの全権を得るや否や、其事を成さんと用意しあるなり」と、杉山の募債に応じる意思を表明し、「吾等はマコツク氏の協力を得て出来得る丈け此事に注意し又力を尽すへし。杉山氏は日本に於て運動しロツク氏は紐育に於て運動すへき事」を約し、「此組合は日本政府の公債を米国市場に於て募り、以て合衆国と日本国の間に一層親密なる関係を付くることを以て目的とす」とシンジケートの結成を表明した。そして「凡て米国市場に関したる事はマコツク并ロツクの両氏か引受け、日本政府との交渉等の事は杉山氏の引受くること」「此事に関したる凡ての取引は杉山、ロツク二氏か双方通信、承諾の上定むる事[70]」などの要領を提示した。募債条件は未決定であるが、大筋で合意に達したのである。

杉山はこの成功を携え、二十三日にニューヨークを経って帰国の途についた。当初の予定では、米国での交渉の状況によってロンドンへ渡るはずであったが、欧洲行は中止した[71]。

このとき、朝比奈知泉は後藤新平と図って杉山を米国にとどめようとしていた。朝比奈はサンフランシスコに向かった杉山に宛てて足止めの電報を発するとともに、二十六日に急遽横浜からサンフランシスコに向かって出発している[72]。これが行違いになったのか、あるいは杉山が帰国を急いだのかは判然としない。杉山はサンフランシスコを経由して七月十九日に横浜に帰った[73]。朝比奈は米国で、杉山がロックらとの間に開いていた募債交渉の実情を調査し、実現の可能性が極めて高いという趣旨の報告を政府へ行っている[74]。

杉山之尽力を打消す事尤も要用

しかし杉山が帰国の途につく前後、日本国内では外債をめぐる密かな動きがあった。震源は元老井上馨である。あたかも杉山がニューヨークを立とうとしていた六月二十二日、井上は桂首相に一書を呈した。

只今別紙之電報アルビン氏より落手仕候。多分好結果を被得可申候。同氏来七月十九日頃着浜可仕候。同氏も非常に漏洩を憚り候は電報に有之候通りに候間、曾禰蔵相と屹度御誓約被下候而緘黙を相互に確守候事、大事中之必要に御座候、昨今中央新聞に政府は外債云々之義に付蔵相之説と有之候間、余程注意不被成候而は外聞に洩可申候。又在ワシントン公使高平え電信を以杉山之尽力を打消す事尤も要用に有之候間、夫々秘密御所分被成下度候。大蔵之方々坂谷松尾其他えも推察も被起候様之言語容貌迄も、蔵相注意無之而は進行之妨害を生し可申候。屹度夫々確守候様有之度候（明治三十四年六月二十二日付桂太郎宛井上馨書翰[75]）

アルビンとは米国人実業家で、駐日ハワイ王国公使を務めていたこともあるロバート・ウォーカー・アーウィンである。慶応二（一八六六）年に来日し、大正十四（一九二五）年に没するまで日本に住み続けた。井上馨や益田孝と親しく、その関係から前節で論じた台湾製糖の設立にも関与していたが、一般にはハワイへの日本人移民に功績のあった人物として知られる[76]。井上馨はこのアーウィンが一時帰国するに際し、日本政府の海外における募債の可能性について意見を交わし、関税か鉄道かを担保として米国内で外債を起こすことができるか否かを、モルガンの関係者に問い合わせることを依頼していた。まだ伊藤博文の第四次内閣のころのことである。伊藤内閣が倒れて桂内閣に代ったあとも、外債により財源を確保することが喫緊の課題であったことには違いなく、桂は井上に対し外債募集への力添えを要請し、井上はアーウィンを通じた起債の可能性についての調査を継続していた。その結果モルガンの筋から、担保があるなら可能性なきにしもあらずとの回答を得ていた[77]。井上は右の書翰で桂に対し、アーウィンのルートによる募債は見込みがあるが、曾禰蔵相や阪谷、松尾ら大蔵省の幹部官僚も含めた徹底した情報統制が必要であることと併せ、米国での杉山茂丸の募債活動については、高平駐米公使を使って秘密裡に「打消す」ことが重要だと助言したのである。しかしアーウィンの再来日の予定は遅れた。十九日に横浜に到着したのは、井上が妨害を必要と考えていた杉山の方で、アーウィンが日本に戻ったのは二十七日であった[78]。その時間差が杉山にとっては好都合となった。

杉山によれば、十九日に帰国したのち、彼は伊藤博文に面会して顚末を報告し、ロックとの「契約書の原文」をみせたという[79]。この契約書なるものは存在が確認できない。あるいは前項で言及したロックの杉山に対する返翰を指すのかも知れない。伊藤はその内容を評価したが、挂冠後のことで如何ともしがたいので、書類は児玉源太郎に渡しておくよう指示した。その二三日のち杉山は児玉に呼ばれ、曾禰蔵相同席で米国における募債活動の顚末を説明させられた。曾禰はさしたる反応を示さなかったという[80]。

しかし八月一日には、桂内閣は杉山ルートの外債募集を採用することを決定しているから[81]、おそらく曾禰は杉山の募債計画を実現性の高いものと認め、桂首相に報告したのであろう。七月二十五日朝に桂は井上馨と面会し、同日中に大磯へ赴いて伊藤博文とも会談している。桂は井上に何らかの書類をみせ、それを伊藤のもとにも持参した。[82] この書類が杉山の顚末書であるとみても、さほど的外れではなかろう。井上はその翌日に、杉山の報告書を大蔵大臣から送るよう桂に依頼している。[83]

七月二十七日に東京日日新聞と東京朝日新聞が、揃って外債募集の動きを記事にした。どちらも井上馨がアーウィンを通じて欧米の資本家と交渉していることや、二十五日朝に井上が桂を訪ね、そののち桂が大磯に伊藤を訪ねたことを報じている。ことに政府系新聞である東京日日新聞のスクープは、井上らにとっては震盪すべき事態であっただろう。同紙の実質的経営者である伊東巳代治によれば、記事を出す前に実否の確認をしようとしたが、首相も書記官長も不在であったため、他紙に抜かれることを慮って記事にしたものであったという。しかし二十五日の夜、加藤正義の招きにより伊東巳代治は築地柏屋に赴き、杉山茂丸や後藤新平、大河内輝剛らとともに宴席に連なっていることから、井上ルートの外債交渉を妨害する意図をもって、伊東の了解のもとに出された記事ではないかという指摘もある。[84]

政府ハ杉山トマコツクトノ公債提案ヲ採用ス

七月二十七日にアーウィンが再来日した。井上馨は翌朝アーウィンを招き、外債募集について状況報告を受けた。アーウィンはモルガンと最も親しいある人物に対して、「同人自分之意見を以見込相立候次第に有之」とのことで、モルガンから直接意見を聞いた訳ではなかった。しかし「公債売却之事も多分出来可申と同氏之見込みには有之申候」とのことであった。[85] 三十日夕刻には、井上は桂を招いてアーウィンの報告書をみせ、外債募集の取り扱いを協議した。[86] しかしアーウィンがもたらした情報に確度が乏しいことは明らかであった。

八月一日、政府は在ワシントンの高平公使に対し、「日本政府ハ杉山トマコツクトノ公債提案ヲ採用スルニ決セントス其レガ為メ貴官ハ左ノ件々ヲ公然マコツク氏ニ至急相談ノ上回答スヘシ」との電報を発した。マクックに相談すべき内容は、五分利付公債五千六百万円の引受けなど五項目が列挙されていた[87]。桂内閣は井上案に成算の見込薄しと判断し、杉山がマクックらとの間に交わした協議を具体化する方針を決定したのである。

杉山によれば、このころ政府から杉山の募債案を聞いた井上馨が、杉山との面会を望んでいることを友人から聞いたので、井上を訪ねたという。おそらく八月の初頭のことであったと推定される。井上は杉山に、アーウィンの話よりも杉山のルートの方が進んでいるので、それを採用するよう桂に勧めておいたといい、自身は伊藤博文に頼まれたので偶々帰国するアーウィンを使ったのだという内幕も漏らした。杉山はこのとき初めて、伊藤が井上と杉山の二股をかけていたことを知ったのである[88]。

八月九日に井上が桂に呈した書翰には、杉山を「可成丈甘く御使用専一に奉存候」とある[89]。また東京朝日新聞に掲載された杉山の談話中に、杉山に宛てた井上馨の書翰の文面が掲載されており、そこには「六日の夕刻桂子に面会候て、承り候事実と、且昨年の混雑談承り候次第迄。其儘洩し候て、何卒桂曾爾両相共に老兄に無遺意様胸襟を開き相話し候方篤策ならんと陳述仕置候次第に御座候（略）売債事件には充分御尽力有之候様喜望の至に不堪候」と記されている[90]。この時点で杉山は、最もうるさ型の元老井上からも一定の信を得ていた。

杉山が桂首相にいつ会ったのかは明らかではないが、おそらく八月中旬であっただろう。杉山は井上に会った際に桂と会ったかと訊かれ、「僕は未だ面識もない」と答えたという[91]。これが真実なら、桂内閣発足以前に児玉源太郎と桂と杉山とで「秘密結社」をつくったという『俗戦国策』などの言説が嘘であることがおのずと証明されるが、真実ならずとも、当時の杉山と桂とは、ほとんど無関係に近いものであっただろう。杉山は桂から逗子の別荘に呼ばれ、そこで再渡米を要請されたという[92]。しかし杉山の桂訪問には、後藤新平の指示があったとみられる。杉山は後藤から桂のひととなりや、面会した際に注意すべきことなどを伝授されたようだ。それが奏功したのであろうか、杉山は桂の信を獲得し、連日桂に呼ばれて政治向きの話なども聞かされるようになった[93]。杉山が桂と親しくなりつつあることは、児玉源太郎も後藤新平に宛てて「首相と杉山之関係も日々親密に向ひ候様子に御座候[94]」と報じている。杉山の再渡米については、遅くとも二十日前後には方針が決定されたらしく、二十一日付で桂が山縣有朋に呈した書翰には「近日之内より彼の杉山を再ひ渡米せしめ相方之間に周旋せしむることに着手仕申候[95]」と記されている。

八月二十三日に、杉山は桂太郎と伊藤博文を訪ねている[96]。用向きは、米国で売り出す公債の形式に関することであった。杉山によれば、このころ米国における政府の募債計画が、新規公債の発行ではなく、預金部保有の既発公債に政府が裏書をして売却するものであることが判明したという[97]。杉山が『山縣元帥』で、伊藤博文から預金部保有公債の売却を依頼されたと語ったのは、この時に判明した事実を踏まえてホラ話を作っているのである。杉山はマクックら米国の投資家が好感を持てるような公債証書とするため、印刷をやり直すべきであると井上馨に意見を述べ、井上から憲法上問題がないかどうか伊藤博文に相談せよと指示を受けて、桂と伊藤を訪問して対処を求めたのであった[98]。これを受け、伊藤、井上、桂の三者は二十六日に大磯で会談し、公債の形式について協議した[99]。

杉山の再渡米の日程が、九月四日横浜発と決定されたのも二十三日ごろであった。二十七日にはワシントンの高平公使にもその日程が打電された[100]。

再渡米の資金

杉山の再渡米の日程が決まると、児玉源太郎は杉山の渡米費用に充てるため、台湾銀行頭取の添田寿一に相談し、外債の引受け契約が締結されたのちに大蔵省から返済するという約束で同行から二万円を借り受け、うち一万五千円を杉山に与えた[101]。これは当面の資金を持たない杉山のために、児玉が取り計らったものである。

しかしこの資金授受にはいくつかの疑問がある。ひとつは、なぜ杉山の渡米資金を児玉が算段せねばならなかったのかという問題である。官公庁の金銭支出は、原則として精算払いとされているが、会計法上は第十五条第四項の規定により「外国ニ於テ支払ヲ為ス経費」については現金前渡が可能であった。[102]杉山が政府から正規に嘱託されて渡米するのであれば、この規定を適用することは可能であったはずだ。それができなかったのは、杉山の渡米が政府の正式な委嘱によるものではなかったためであろう。とすれば、九月の渡米にかかる政府と杉山との関係は、いったいどのようなものであったのだろうか。これは検討を要する問題である。もうひとつは、この一万五千円という大金の使途が、まさしく再渡米のための経費にとどまるものであったのかという疑問である。一万五千円は米価換算で現在価四千万円以上の巨額である。児玉は後藤に対し「電報料其他の費用も見積り有之金高に御座候」[103]と書き送っているが、九月以後の外債交渉において、ワシントンの日本公使館が大蔵省に請求した電報料が、七百二十一ドル三十六セント、邦貨にして約千四百七十円[104]であったことに鑑みると、俄には了得しがたい。また杉山が後藤に宛てた書翰の、次のような一節もこの疑問を増幅させるであろう。

金は壱万五千円受取、陸相への借を返済し、壱千六百余円小生費消し、老兄に送金せんと存候折柄、陸相より其舎弟児玉文太郎なる人を托せられ、紐育にて何か就業するよふ世話致し呉れよとの事にて、費用として壱千五百円携へ来り候間、旅費を差引五百弗内外故、甚世話心元なく候間、終に兄の方に返済することを見合せ、全額香港銀行にて為替取組申候。併し若し御入用に候はば藤村に御下命被下候はば、何とか都合も可相立候得共、御都合宜敷候はば帰朝迄御猶予被成下度奉願上候（明治三十四年八月三十一日付後藤新平宛杉山茂丸書翰[105]）

ここで杉山が一万五千円を受け取ったと書いているのは、児玉源太郎が書翰で後藤新平に伝えたことと符合している。問題はそれに続く部分で、「陸相への借を返済し」たというのは不可解きわまる。陸相とは台湾総督を兼任する児玉源太郎その人である。従って、杉山は児玉から受け取った金の一部を、児玉からの借金の返済に充てたと理解するしかない。とすれば、その借金とはいかほどのもので、何のための借金であったのだろうか。杉山自身が費消した千六百円という金額は少額のものではないから、あるいは五月の渡米の費用であったのかも知れない。そして後藤新平にいくばくかを送金する予定であったが、児玉の弟の文太郎をアメリカに同行させる必要が生じたため、残金の全てを為替にしたというのである。後藤への送金を「返済」と書いていることや、後藤に金の入用があるなら藤村に都合をつけさせるなどと追記しているところをみると、それは後藤に対する負債の返済金であったことが強く示唆される。因みに藤村とは、杉山が営む貿易会社三興社の社員の藤村雄二である。つまるところここに書かれていることは、九月四日からの渡米資金として、児玉源太郎が台湾銀行から借り入れて杉山に渡した一万五千円が、杉山の児玉に対する借金の返済、杉山自身の費消、後藤新平への返済に充てられていくということであり、彼らの濃密な人間関係の中で、不可解な金の流れがあったことを示している。しかもこの外債交渉は破綻して成立しなかったから、児玉が台湾銀行から借り入れた金が最終的にどのように処理されたのかも疑義が残るであろう。

なお児玉文太郎は、児玉源太郎の兄の子であり、実際には甥に当たる。このとき杉山は実際に児玉文太郎を米国に帯同し、秘書的な役割を担わせている。

九月、再渡米

横浜を九月四日に発った杉山は、十七日にヴィクトリアに入港した。そこで杉山は、他の乗客が検疫官から聞いた話に、マッキンリー大統領が六日に狙撃され生命の危機にあることを知った。実際には、マッキンリーは十四日に世を去っていたのだが、杉山がヴィクトリアに入港したときには、情報が届いていなかったということであろう。

マッキンリーは六月のマクックとの交渉において、資本家側の背を押してくれたという経緯もあったから、その大統領狙撃の報は杉山にとってかなりショッキングであったようだ。翌日シアトルに着くと、杉山はその夜のうちにグレート・ノーザン鉄道に乗車してニューヨークに向かった。ニューヨーク到着は二十三日であった[106]。

一方日本国内では九月七日に桂首相が天皇に拝謁し、外債募集の件を上奏して允許された。九日には、外債交渉が円滑に成立したときに備え、大蔵省総務長官の阪谷芳郎を派遣することも内定した[107]。十日に山縣有朋が京都から戻り[108]、同日夕には伊藤博文も大磯から上京した。翌日三田の桂邸に伊藤博文、井上馨、山縣有朋の三元老が会した。この会談は伊藤のロシア訪問についての話し合いで、先に駐英公使からもたらされている日英の同盟論と並行して、日露の協商を進める目的で伊藤のロシア行が決定された[109]。おそらくこの会談の際、外債問題も話頭にのぼったであろう。桂は伊藤に米国での募債への協力を頼み、伊藤もそれを了承した。また桂は、十七日に曾禰蔵相を伴って伊藤に面会し、渡米後に外債問題の成功が見込めない場合、高平公使にそれを中止させることも依頼した[110]。原敬は七日の新聞記事で伊藤渡米の報に接して以後、西園寺公望や松田正久らと協議し、十日に大磯を訪れて伊藤に渡航中止を申し入れた。このとき伊藤は原に、「外債募集の用向を負ふと云ふが如きことは断じて之なし」と答えた。原は十五日に井上馨を訪ね、そこで外債募集に関するこれまでのいきさつを聞いた。このとき初めて、原は政府が杉山茂丸を動かしていることを知った。原の日記には「政府は杉山茂丸なる者を使用して外債談をなし居り大分進行し居る由（略）目下は右杉山と在華府公使高平小五郎とをして其衝に当たらしめ居るも成否判然せず」と記した。これが原の厖大な日記に杉山の名が登場する嚆矢である。「杉山茂丸なる者」という表現に、当時の原と杉山との関係性が表われていよう。また井上からは外資交渉の成否の判断を渡米する伊藤に委ねることにつき、「此事是非伊藤に政府より依頼せしめたし、山縣も同意なり」という発言もあった[111]。原は桂内閣と対峙すべき政友会の党首伊藤博文が、政府の外債募集の手助けをすることを警戒していたであろう。

杉山は二十四日にワシントンへいって高平公使に面会し、マッキンリー大統領の死去に伴う波瀾は危惧するに及ばないことを知らされた。その日の夜行でニューヨークに戻った杉山は、翌日にマクックと面会、二十七日にはロックと面会した。マクックとの会談では、日本の公債を引き受けるためのシンジケートの設立準備は順調で、エクイタブルとベアリング・マゴウンのほかにもヴァンダービルト（Vanderbilt）ほか三者が関係していた。杉山は高平に情況を報告し、この外債募集が間違いなく成功すると断言した[112]。またマクックらは、伊藤博文が米国を訪問するのであれば、是非ニューヨークで投資家たちに対して一場の演説をしてもらいたい云々の希望を申し出た。杉山はこれに同意し、伊藤に宛てて長文の書翰を認め、それを知人に託して、伊藤を出迎えるためシアトルへ急行させた[113]。

このとき杉山の書翰を携えてシアトルへいったのは、在米茶商の古谷竹之助という人物である[114]。古谷は若くして渡米し、ミシガン大学に学んだのち日本の緑茶輸入に携わった。明治二十六（一八九三）年にシカゴで開かれた博覧会で、会場内に喫茶店を開いて好評を博した。その後ニューヨークに古谷商会を開いて日本茶の貿易商として活躍した人物である[115]。杉山は再渡米前に後藤新平に送った書翰の中で、「茶の事は小生将来に対する大事業にて、今度の事は不儲候とも、此事に付て腕の力にて公然利益を得、今回の埋メ合せを致度存申候」と述べ、「可相成利益の多かりそふなる場所を御撰定被下、兼て代人届を出したる当社多田豊吉に御下附被成下度奉願上候[116]」と続けていることから、台湾で茶に関する利権を獲得しようとしていたことが示唆される。また後年にも後藤宛の書翰で、台湾産烏龍茶の製造販売を専売制にするよう提言し、同時に古谷竹之助について「同君とは小生が久しき以前亜米利加に参り候時より、台湾茶の事に付尠な可らさる研究を相重ね、双方費用と時間を永年相費やし来候関係も有之候」と述べ、ジャーデン・マセソン商会と何らかの交渉をしていることも打ち明けて、古谷の関係者への保護を依頼している[117]。このように古谷竹之助と杉山とは、台湾産烏龍茶の利権に関連して関係を築いていたものと推定される。

伊藤博文の冷淡

伊藤博文は九月十八日に横浜を発ち、米国に向かった。随行したのは井上馨の女婿で外交官出身の都筑馨六であった。同日に曾禰外相からワシントンの高平公使へ発せられた電信では、外債交渉に関し伊藤へ「場合ニ由テハ多少ノ心配ヲ煩ス事ニ相談致置」いたので、「御腹蔵ナク御相談被成下候モ差支無」いこと、「至急伊侯ニ御面議ノ必要有之場合ニハ同侯シヤトル港到着次第老台ヨリ電信ヲ以テ御申込相成候ハバ同侯直チニ貴地ニ急行可致事ニ依頼致置候」ことを報じていた[118]。

伊藤がシアトルに到着したのは十月二日であったが、その前に高平は曾禰蔵相に対して伊藤が速やかに米国東部へ来遊することを希望し、小村外相はシアトル領事館気付で伊藤にその旨を報じた[119]。シアトルで高平の電報に接した伊藤は、直ちに領事館から返電を送った。そこには高平に対し、二点の詰問が記されていた。「シンジケイトノ成立シタル確ナル事ナル哉若シ成立セシトアレハ貴官我政府ヲ代表サレ公的周旋者ト商議セラレタル結果ナルヤ」、「貴官ノ観察ニテハ必成効スヘキモノト御信用ニ相成根拠アリヤ」と。そして末尾には「小生ノ急ニ東行スルヲ以多少便宜アリトスルモ当初ヨリ不確実ナル事ニテハ却テ後日ノ障害タランコトヲ虞ル小生ハ此事件ニ付固ヨリ成効ヲ望ムモ職務上ノ関係ニ之ナキ[120]」とあった。政府から伊藤の協力については了承を取り付けてあるという趣旨の連絡を得ていた高平にしてみれば、これは霹靂といってもよい内容であっただろう。

杉山の談話によれば、このとき高平は杉山に急電を発してワシントンに呼び、伊藤からの詰問の電報があったことを伝え、対応を相談した。杉山はこの電報の内容をほぼ正確に語っているから、これは事実とみてよかろう。杉山は高平に対し、自身がシカゴまで伊藤を出迎え、委細はそこで説明するので、伊藤には至急シカゴまで出向いてほしい旨の返電を送るよう依頼し、直ちにニューヨークを経てシカゴに向かったという[121]。高平は伊藤に宛てて電報を発したが、そこでは伊藤の詰問に直接答えていないし、杉山のシカゴ出迎えのことも記されていない。高平の電報には、シンジケートの構成などはまだ聞いていないこと、杉山の情報では情況がやや不利に経過していること、伊藤が資本家に面会することが有益であること、などが報じられているだけであった。(122) 杉山が談話の中で、直ちにシカゴへ赴いたと語っているのはおそらく事実ではなく、伊藤との間に何らかの応答を経てシカゴへ向かったのだろう。その間、高平のもとには、政府から募債条件は変更しないこと、成立が確実でなければ深入りしないことという内容の電報が発せられていた。(123) 政府は募債の成功に疑問を抱き始めていた。杉山は七日の夜行でシカゴへ赴き、十日朝九時に伊藤のシカゴ到着を出迎えた。(124) その前、都築は岳父井上馨に電報を発し、伊藤の東海岸行が急ぐべきものなのかを問い合わせた。桂首相は井上からの報を受け、シアトル領事館に伊藤宛の「伊侯ノ東行ハ目下ノ情況速カナルヲ望ム」という電報を発した。(125) ただ、七日の発信であるから、杉山のいうように十日の朝伊藤らがシカゴに到着したのであれば、この電報を伊藤が目にし得たかどうかは微妙なタイミングであっただろう。

伊藤はシカゴのランドマークであるオーディトリアムの五階の一室に旅装を解いた。杉山は、伊藤がニューヨークで資本家たちを前にして演説すべき内容の原稿を執筆し、それを英訳したものを持参していたので伊藤の閲に供した。(126) このときの日本語原稿らしきものが後藤新平の文書に現存している。細かい数字を列挙しながら日仏露の財政状況を比較しているあたりは、いかにも杉山好みの論立てと思わせられる内容である。(127) 伊藤はそれを読んでよく出来ていると褒め、都築にも読ませた。都築は「杉山君が事業に偏頗したる利益は可有之候得共、侯爵が商人的口調を以てビジネスライキに広告的の御吹聴遊ばるゝ訳には、吾々が御付添ひ申居る以上は、左様の事は不相成」と批判した。杉山は冗談めかして「杉山が偶に儲け仕事をもち掛けて居るの〔ママ〕から伊侯が少しの弁護位はして呉れられても好ひではないか」といったが、伊藤は「杉山の事業なら好ひが、此は国事だから六ヶ敷。先高平が出て来ると云ふ電報が来て居るから、彼と篤と評議の上何とか遣らずばなるまい」といった。伊藤はワシントンに電報を発して、高平公使をシカゴに呼び出していたのである。(128)

高平がシカゴにやってきたのは十一日である。引見した伊藤は先に発していた詰問の電報と同内容のことを問い詰めたが、それに対して高平は主体性のなさを露呈してしまった。何もかも「杉山が」と答える高平に、伊藤は「杉山丈けの咄ならば、余が自身彼より審かに聞たり。公使の意見として杉山の言の取次を再演せらるゝ必要なし」と詰め寄り、都築も「公使にて必成の見込なき時は、侯爵が弁護的御咄しは断然遊ばさるべき事に非ず」と突き放した。杉山が高平弁護のためにその場を取りなしたが、翌日高平は杉山に対し、投資家たちと至急面談したいのでニューヨークに戻ってその場を設けるよう指示した。杉山は十二日の夜行でニューヨークへ戻り、十三日にマクックに面会し、資本家たちと高平公使との会談を十五日に設定したが、この時点で杉山は公使と資本家の会談がよい結果をもたらすことはないと予見し、その夜児玉源太郎に宛てて長文の書翰を認め、その予見をも書き記した。[129]

交渉頓挫

杉山は東京朝日新聞への談話において、再渡米後の自身の活動について「此時日本の財政の事に付、倫敦より非常なる中傷的悪報来り、一同非常に狼狽し、僕も公使と相談して必死の運動をなし、僕は此頃二三名の書記と共に三日許りも徹夜して、此の誹謗を新聞紙上にて打消し」たと語っている。[130] 六月の段階でも日露の間に戦争が起こるのではないかとの観測が流れていたが、このころには日本の財政の悪化が報じられ、日本政府が明治三十二（一八九九）年に発行した四分利付英貨公債の価格が大幅に下落するなど、外債募集を取り巻く金融環境は悪化していた。[131] 十月七日付で大蔵大臣から、九月の貿易収支が改善し外貨の流入が増加している旨、高平公使へ電報が発せられたのも、杉山がいう「公使と相談して必死の運動をなし」ていたことの一環であろう。ただマクックらと直接交渉していた杉山にとっては、そうした金融情勢が、投資家たちが日本公債の引受を判断する上でリスク要因になっていることは明らかであった。故に杉山は、性急に成否を判断することは困難な情況とみていたのである。

十五日の会談に杉山は同席しなかったから、その夜何があったのかは彼も伝聞で承知しているにすぎないが、概略以下のようなことであったようだ。マクックらは高平をニューヨークの有名なレストランであるデルモニコスに招いた。招待者側には五人の投資家が参集していたが、この席上で高平は唐突に公債引受けをするのかしないのか確答せよと要求した。マクックらは金融環境が整わない状況下であり、今直ちに公債を売り出すのは日本にとっても不利なので、時間をかけて市場の回復を待ってほしいと要望したが、高平は何がなんでもこの場で返答せよと迫り、投資家側も今直ちに返答せよというなら引受けられないというしかないと答えた。高平はそれならその理由を書面で回答せよといい捨てて席を立ったのだという(132)。

杉山の予見どおり、高平は投資家たちとの会談の場をぶち壊しただけでなく、外債交渉をも破綻させた。彼は伊藤と都築に責められ、保身のために自ら投資家たちに談判せざるを得なくなり、そして性急に事件の最終結論を導く羽目に陥ったのである。高平は本国政府にマクックらとの会見の結果を詳細に報じ、政府からは次のような電信が高平に送られ、外債交渉は頓挫した。

貴電ノ趣ニ依レバ先方ノ申出兼テ当方ヨリ申送リタル条件ニ適合セサルニ付此談判ハ最早継続スルノ必要ナシ一切手切ニスベシ
先方ヨリ公債談ヲ将来ニ継続スル事ニ付何等ノ申出アリトモ之ヲ聞ク必要ナシ此公債談ヲ手切ニスルニ付テハ他日ニ紛議ヲ残サヽル様此際充分ノ注意ヲ要ス(133)

マクックは後日、高平公使から要求があった理由書を作成し、まず杉山にそれをみせた。杉山はその書面を伊藤博文と高平にみせた上で、このような文書を政府が公式に受け取る必要はないと進言し、伊藤も高平もそれを了承したのでマクックに返送した。しかし杉山は、外債交渉の破綻に至った詳細な経緯を認めた書翰とともに、その邦訳文書を後藤新平に送っていた[134]。後藤新平の文書に現存する「日本公債事件ニ関スル覚書[135]」がそれであろう。これを送っておいたのは、後藤に事件の顚末を正しく伝えようとする杉山の保身術であっただろう。

杉山はこの外債事件の顚末を、児玉源太郎と後藤新平に対して詳細に報じている。十月十四日に児玉宛、二十一日に後藤宛、二十二日に再び児玉宛と、いずれも長文の書翰である。これらの書翰で杉山は、伊藤博文への恨み言はほとんど漏らしておらず、むしろ「伊藤侯は小生に毫も悪意あるに非らず寧ろ同情の厚きものあるは明か[136]」と述べているが、一方で高平公使の無責任さと都筑馨六の傲慢さとを強調している。ことに都築に関しては、彼から杉山に対して「実は僕色々の方面にて聞たる事もあり、今回の公債の事は僕は断然出来ぬと思ふ。既に侯にも其由申上たる位故、僕の意見として僕の見込を云ふて遣る積り故、左様思ふて居て呉れ玉へ」という発言があったことも報じており[137]、杉山の心中にかなりの遺恨があったことを想像させる。児玉源太郎は杉山からの書翰を後藤新平に回付し、「杉山の手紙に係る文中全く都築之故障たる事明瞭に御坐候。此都築之行為は何人の関係に御坐候哉予め知り置度奉存候[138]」、「杉山よりの来翰披見致候処、同氏之苦心思ひ遣られ申候。全く都築の為めに破られたる事明瞭致、如何にも迷惑千万に御坐候[139]」と、二度にわたって書き送っている。都築に対しては桂首相も、シアトル到着後に都築から東海岸への移動を急がねばならないのかという問い合わせがあったことについて、「伊藤侯出発の砌一切の全権を委托しあれは此の如き問合のあるへき筈なきに故に此事ある蓋し都築か外資談の好景気と謂ふを口実として成るへく此事に関係すへからす抔と妨害したるには非すや[140]」と不信を口にしていた。

確かに高平小五郎を追い詰めて外債交渉を破綻に導いたという点に関して、都築馨六の行為に責なしとはいえないかも知れないが、最大の要因はやはり金融情勢にあった。情勢を見誤り、投資家たちの意見に耳を貸すことができなかった公使の存在がそれに次ぐ。翌年一月に日英同盟が締結されると、日本の公債の市場価格が高騰し、六月には香港上海銀行が大蔵省預金部所有の五分利付公債を、額面百に対し九十八で引き受ける契約が成立していること[141]に鑑みれば、すなわち杉山は不運であったのだ。六月に一旦大筋合意に達したときに、一挙に契約まで詰めきることができていれば、彼は外債募集の立役者として名を売り、かつ現実の利益をも得ていただろうが、絶好の時機を失してしまったのであった。ただそこには、何の権限も持たない杉山を、それと承知で九月以後も交渉の場に立たせ続けた桂首相の責任も存在する。それが外債事件破綻後の、政治的な問題になるのである。

悪評紛々

伊藤博文は十月十七日にニューヨーク入りし、二十一日にワシントンでセオドア・ルーズベルト大統領と面会、二十三日にエール大学で名誉学位を受け、二十六日にニューヨークを発ってフランスに向かった。[142]杉山がいつ米国から帰国したのかは判然としないが、おそらく伊藤がニューヨークを去って以後であろう。伊藤のニューヨーク滞在中、杉山は星一を伊藤に紹介した。後年星製薬を創業して製薬王とまで呼ばれた星一は、福島県の出身で東京に出て苦学している際に杉山の知遇を得ていた。その後渡米し、ニューヨークで日本人向けの新聞や英字新聞などを発行していたが、杉山の渡米を知って再会し、滞米中の杉山の活動を補佐していた。星は伊藤がニューヨーク滞在中になにくれとなく世話をし、伊藤に気に入られて、のちには韓国統監に就いた伊藤から、統監府で働くよう勧誘を受けたほどであった。[143]

外債交渉が失敗に終わったことは、間もなく国内の新聞にも大きく報道されることとなった。報道のポイントは大きく分けて三点あった。ひとつは外債募集が失敗したことによる次年度予算編成への影響如何という点である。財源に穴があくことによって、公債支弁事業の前途が危惧されたのである。政府はさまざまな財源対策を講じることによって対処可能と喧伝していたが、東京朝日新聞には「曾禰蔵相は極めて楽天主義なれば出来ねば出来ぬにて又何とか適当の方法あらん臨機応変糊塗すべしといふが如し[144]」と、辛辣な批評を載せた。二点目は外債交渉に伊藤博文が関与していたのかどうかという点である。政友会は総裁の伊藤が関与していたとの噂を否定し、取材に対しては政府が伊藤の外遊を利用して交渉失敗の責任を伊藤になすりつけようとしているのだといった趣旨のコメントをし、また伊藤が外遊前に外債交渉について「政府は自ら今にも出来るやうに信じて居るが惘然のものだ」と発言していたという情報を流している[145]。三点目は政府の外債交渉の進め方についてである。読売新聞は十月二十六日の記事で「大蔵当局者が正当の手続を誤り所謂待合の亭主乃至破落戸《ならずもの》として世に爪弾きせらるゝ者を手先に遣ひし咎に座するは明白」という政友会総務委員の談話を掲載している[146]。すなわち政府が杉山茂丸を交渉に起用したことが失敗の原因と指摘しているのである。「待合の亭主」というのは、杉山が河原阿具里に築地柏屋を営ませていることを指すのであろう。「破落戸として世に爪弾きせらるゝ者」とは時代が下れば名誉毀損にもなろうかという表現だが、杉山と親しく付き合いのあった伊東巳代治も、杉山を外債交渉に使うことについて「朝野の間に批評紛々たる杉山茂丸を故らに特派するの要なく」と日記に書いているし[147]、杉山を使った当の桂首相でさえ、「政府の関係として之〔杉山を指す。筆者註〕を使用するは中外に対し差支あり[148]」と語っていたほどであるから、杉山茂丸という人物が当時の世上にどのような評価を受けていたのかが知られよう。

　第十六回帝国議会は十二月十日開院式、十二日の衆議院本会議から本格的な議事が始まった。大蔵省は米国における外債募集の失敗が議事にのぼることを予想し、「売債談ニ関スル問答書」を準備して議会に臨んだ。全十問の想定問答が用意され、米国で公債を売り出すことを試みた事実は認めつつ、売買条件その他の交渉の具体的内容については答弁を拒む方針であった。その中で「信用ノ薄弱ナルモノヲ使用シテ之ニ当テシメタリトハ何故ナルヤ」という想定質問を立て、「今回ノ件ハ唯予備談」との前提のもとに「信用薄弱ナル者ヲ使用セシ云々ト謂フモ夫レハ彼地資本家ノ使命ヲ齎ラシタル故ニ関係セシノミ」と答弁を設定している。またこれに関連して「資本家ノ使命ヲ賫ラシタルモノト云フト雖トモ之レカ往還ノ経費等ハ政府カ支弁セシト聞ク如何」との想定質問を立て、これに対して「右様ノ事更ニナシ」と答弁を用意している。(149) この答弁を用意していたことは、児玉源太郎が台湾銀行から借り受けて杉山に渡米資金として与えた金が、秘密裡に処理されたことを示しているであろう。また、こうした想定問答を用意しなければならなかったほどに、政府は杉山の関与を追及されることに神経を尖らせていたことの証左といえよう。

議会では、十二日の衆議院本会議で、早速政友会の根本正が外債交渉の失敗を質した。根本は公債の売出しの条件、駐米公使の関与に加え「財政当局者ハ何人ヲシテ、我国ノタメ直接交渉ノ衝ニ当ラシメタルヤ」を問うたが、曾禰蔵相は条件について「秘密ナモノ」であり、契約が「出来テシマハヌトキニハ決シテ言フベキモノデゴザリマセヌ」と答弁した。公使の関与については認めたが、当局が誰を交渉に当たらせたのかについては、本格的な交渉となれば日本銀行に取り扱わせるべきだが、本件は交渉の初歩段階に過ぎなかったといって論点を逸らした答弁をした。(150) 翌日の予算委員会ではやはり政友会の石黒涵一郎が外債交渉の経緯について質疑し、大蔵省理財局長の松尾臣善が「或人ガ或人ヲ以テ買入レ得ルコトガ出来ルデアラウト云フヤウナ話デアルカラ、買入レルヤウナ順序ニ往クモノデアラウト云フヤウナ、唯瀬踏ミ即チ準備談ヲ開イテ見タ位ノコトデゴザイマス」と答弁したが、石黒は「其或人トハ何者デアルカト云フコトヲ承リタイ、即チ商売人デアルカ何人デアルカト云フコトヲ承リタイ」と追及し、松尾は「事ガ秘密ニ属シテ居ルコトデアリマスカラ、ソレハ申上ゲルコトハ出来マセヌ」と、この追及に答えることを拒否した。石黒は「此方カラ言フタ人ハ新聞ニハ書イテアリマスガ、ソレハ各新聞ニ譲ル」と述べて、その点を更に追及することはしなかった。外債事件に対して伊藤博文の関与が取り沙汰されている中でこの件を深く追及することは、政友会にとっても痛し痒しという事情のあったことが察せられる。とはいえ、この日の予算委員会は、午前中の審議の大部分が外債事件に関連することに終始したのであった。(151)

恥は恥にて雪がずんば

杉山茂丸が東京朝日新聞に対して語ったところによれば、外債問題の頓挫以後、新聞各紙は杉山が「私利の奴隷となりて八方を胡魔化した」といって「此の事件に対する僕の事を新聞に書き、詩に作り、歌に詠じ、終には為す事に事を欠いて僕の人身攻撃までして僕の私行を訐《あば》くまでにな」り、ついには「僕の内情を棚卸しされた結果、僕が商売上の信用にまで影響して来た[152]」ほどであった。そのため杉山は帰国後、外債交渉については一切語らず、議会が終わるまでの辛抱と、隠棲者のように毎日趣味の義太夫を語って日を送ったのだという[153]。

こうした世上の風波を耐えていた杉山の憤懣が爆発するのは、翌明治三十五（一九〇二）年二月も末のことである。それは外債交渉頓挫のあと欧洲に渡り、日露協商を開かんとしていたにもかかわらず桂内閣の日英同盟締結によって目的を果たすことができなかった伊藤博文が、帰国途次関門海峡を通過する船中で、新聞記者を含む同船者に物語った欧米漫遊談が原因であった。

東京朝日新聞と大阪毎日新聞が、二月二十八日付けの紙面で、この船上での談話を報じている。東京朝日の記事では外債事件について、「米国との彼の公債売出しの事は勿論始めから知って居ったが直接には少しも与らない向ふで貸さうといふて周旋するもの丶発起で金持連中の集まった宴会にも呼ばれたが一言もいはなかった（略）高平からは相談も受けたが政府からさういふ訓令を受けたならさうしたらよからうといふた位でよく聞いてみると一向出来て居らなかった[154]」と記す程度にすぎなかったが、大阪毎日の記事は露骨であった。

米国にて外資輸入の交渉につきては予は直接には少しも関係せず此事は一昨年台湾公債の募集談が基となり四分利、九十円位で五千万円ほど外資を借たしとの当局者の意向ありし所に杉山某が或る米国人と交渉したる結果千五百万弗即ち三千万円位は出来そうな口振に当局者は尚一千万弗を増し五千万円だけ是非とも借入んと杉山を遣り交渉せしめたものなるが米国は金は多きも実際資本を外国に貸すことは頗る六つかしき事情あり（略）然るに当局者はこれ等の事情を詳にせず外資を望むに切なる一心より媒介者の言を軽信し且つ交渉の方法にはそれぞれ厳密なる手続あるに拘らず其手続方法をも詳知せずに遣りかけたり（略）ソコに予が行くにつき当局者より出来るならば助けて呉れよとの依頼あり予も其積りで行つたが行つて色々質して見ると相手の資本家は媒介者の勧めに従ひドンナ都合か聞合はして見て呉れ位の意向に過ぎず其上旅行して留守なり此間に当局者は高平公使に訓令して実際の意向を確かめたるも要領を得ず委任状その他交渉の手続きも曖昧にして一国政府の外債交渉手段としては誠に不十分の仕方なりし依て予は愈よ成功の見込なきを確かめ当局者にも注意して手を引かしめたり(155)

これらの報道を知った杉山は激怒した。そもそも外債交渉は発端のころから伊藤が関わっていた。七月に米国から帰朝した後も、伊藤をはじめ井上馨や桂太郎らと綿密な打合せをし、それら有力者の了解のもとに九月の渡米を迎えたのである。米国での伊藤の態度は、杉山にとっては不誠実なものに映ったであろうが、それでも帰国した後は、交渉失敗の咎が欧洲巡遊中の伊藤に及ばぬようと考え、沈黙を守って世間の非難に耐えてきた。しかるに伊藤は、新聞記者に向かって「直接には少しも与らない」と他人事のようにいい放ち、杉山のいい加減な言を信じた政府が交渉を杉山に託したことが、外債募集失敗の原因であるかのように論評した。杉山からみれば、伊藤は明らかに事実を枉げている。憤怒を押さえかねた杉山は、井上馨に書翰を発し、外債交渉の経緯一切を公にすると宣言した。井上はその書翰を伊藤博文に回送し、「杉山茂丸より別紙之如き手翰差送り申候。実に同人は半狂生故何故か企て居候事と被存候。御帰国御迎にも不出傲慢なる者にて矢張閣下えも書信差出し候事と奉存候。何卒深く御立入不被成候様希望仕候(156)」と書き送った。井上から伊藤に回付された杉山の書翰は左のような内容であった。

昨年中種々御教諭を辱ふし候外債事件に付ては、駑鈍を顧す必至出精仕候得共、資性の非力終に不調に帰し、奉対君国昧死恐惶の至りに御座候。然るに該件に付小生留守中より帰朝後に及んで、全国一般の批評として各新聞等に小生を窘辱し、終に人身攻撃と迄相成、為めに平生の不徳に加ふるに一層の信用を失し、生来未曾有の迷惑に陥り申候得共、事国家の重事に属する義に御座候間、謹退熱屈固く沈黙を相守り、殊に議会開会中は一般の注意を仕居申候処、一昨二十八日発行大坂毎日新聞に伊藤侯の御演舌として例の外債事件掲載有之、一読驚倒自から措を失し、実は小生の生地は伊藤侯の御帰朝を待つて御救済を待つの外無之と存居申候に、小生が死命を賭して相守り候秘密を、伊藤侯の御口より御発表に相成、殊に小生が何か不確実の事を政府に御勧め申上候様に、侯の御口より世に相伝はり候ては、平生の所信と中国家に対し奉り、万死も其罪を償ふ能はざる義に御座候間、更に侯の御発表に相成候以後故其根本より御談話に相違ある点を以て、此事当初の顚末と真相を明かにして事実を世に公に致度決意仕候。就ては右事実相認候順序として、自然閣下の御尊名も現出致し候訳に立至り候哉も難計候間、重々乍恐此義御含置被成下度候。素より寸毫の悪意を以て伊藤侯に対し奉る訳合に無之、万々不得止より遺憾の精神迸出仕候次第故、此義は御賢察奉仰候（明治三十五年三月二日付井上馨宛杉山茂丸書翰[157]）

在京していた後藤新平は、杉山の暴発を聞き知って心配し、伊藤博文に書翰を送った。伊藤からの返翰には「杉山氏云々之事御申越に付而は、同人之書翰落手当日、高崎来合居候故、新聞に早速之事も有之候故、不日面会之上委詳申述、本人之迷惑に不相成様可致旨申遣候処、承諾致居候哉に返事有之候趣に高崎か承居候処、其後新聞には已に発表との事に而、今更致方無之遺憾に存居候[158]」とあった。伊藤も杉山から書翰を送られ、偶々来合わせていた杉山の友人高崎安彦を遣わして近日中にくわしく話をする旨伝え承諾を得ていたが、その後新聞には既に発表ずみとのことであったのでどうしようもなかったというのである。このようにして、杉山は東京朝日新聞の記者に対し、自身が関わった明治三十四年外債事件の一部始終を、伊藤や井上らとの関係も含めて、すっかり暴露した。杉山は記者にいう。

侯が自身に大阪で演説せられたとして見れば、僕の悪策で、第一米国に於て甚だ薄弱なる事実を虚構し、第二国務を執行しつつある内閣諸公を欺罔し、第三此の二つの悪策の為めに国家実力上の名誉に取り返へしの付かぬ汚点を蒙ぶらしめたと云ふ証言を、侯爵の口より発せられたと云ふ結果になる。一トロに云へば、僕が米国にて不確実な事を出来サーに嘘を報告したが基で、政府と国家に恥辱を与へた。則ち詐欺者と云ふ事になる。併し僕は信ずる。侯爵が決して僕を憎んで、故意に僕位の者を恥しめたのではないだらうと。其れ共何か傍言でも信ぜられたか知らぬが、僕は徹頭徹尾侯を此の如き悪人とは思はぬから攻撃せぬ。悪意なき人を攻撃するのは、僕が男の一分を汚がす。然るに侯は如何なる心持で居られても、僕が天下に向つて受けた恥は恥にて、雪がずんば清くならぬ。[159]

かくて杉山の談話は、明治三十五（一九〇二）年三月四日から十二日まで東京朝日新聞に掲載された。それで杉山の雪冤が成し遂げられたかどうかはわからないにせよ、溜飲を下げたことだけは間違いなかろう。

この事件以前の一時期、杉山茂丸と伊藤博文とは極めて良好な人間関係を形成していたとみられるが、その蜜月は終わった。関係が断絶することはなく、表面的にはさまざまな形で交際は継続されたが、相互に信頼関係は失われたであろう。杉山はこれ以後、山縣・桂系の官僚閥に深く食い込んでいったのである。

第三節　清国人労働者派遣事業の独占

取引所限月復旧問題

日本興業銀行設立運動や明治三十四年外債事件を経て、おそらく杉山茂丸の名は政官財の各方面で、かなり知られるようになっていたであろう。ことに実業界にとって、杉山が政府要人と親しい関係を取り結んでいることは、利権媒介者《フィクサー》としての重要な資格の持ち主と認識されたに違いない。外債事件の顚末を東京朝日新聞のような大新聞が採り上げ、一週間以上にわたって伊藤や井上といった元老、桂、児玉といった現役閣僚と杉山との関係を報じてくれたことは、巧まずして恰好の宣伝になったはずだ。その宣伝の効果か、杉山がフィクサーとして実業界から頼られる機会は、ほどなくやってきた。「取引所事件」あるいは「限月復旧問題」などと呼ばれる事件である。

株式や米穀などの売買を行う取引所が法制化されたのは、明治二十六（一八九三）年、第二次伊藤博文内閣に後藤象二郎が農商務大臣となったときである。爾後各地に小規模な取引所が濫立し、その数は最盛期に百を超えるほどであった。しかし地方小取引所の実情は、役員の投機や不正が横行してさまざまな紛議が絶えず、取引所の体をなしていないものが数多く存在した。こうした状況を抜本的に改めんがため、桂内閣は農商務省商工局長の木内重四郎を欧米に派遣し[160]、先進諸国の取引所制度をつぶさに視察させた。その結果として、明治三十五（一九〇二）年六月三日、政府は勅令第百五十八号により、取引所制度の一部を改正した。このとき、「株式定期取引ノ最長期限ヵ従来三ヶ月ナリシヲ二ヶ月ニ短縮スルコト」が、勅令の中に盛り込まれていた[161]。株式取引の契約履行期限すなわち限月を三ヶ月から二ヶ月に短縮するという、僅かその一ヶ月の短縮が、経済界の大問題となったのである。

勅令が公けになるや取引所の株価は大暴落し、関係者は連袂して政府に陳情に押しかけた。新聞雑誌などでも、当局を非難する記事が紙面を蔽った。当時東京朝日新聞主筆であった池辺吉太郎（三山）は勅令改正から十日後の六月十三日に、司法大臣であった清浦奎吾を往訪して取引所問題についての意見を叩いたが、この時清浦は「勅令改正失策取返シ付カズ」と語った[162]。勅令発布から僅か十日の時点で、内閣の一翼を担う司法大臣をしてかかる慨嘆を述べさせるほど、当時の輿論の沸騰は甚だしかったのであろう。

東京証券取引所で仲買人をしていた小池國三は、相場師の村上太三郎と語らい、桂首相を動かさねばことは収まらないと考え、「桂公の懐刀」と目される杉山茂丸を訪ねて限月を旧に復する必要を訴えた[163]。小池と村上の名は、第一章で**輿望**のシークェンスを論じた際にみた『俗戦国策』の「電車市有問題」の章にも登場している。また杉山のところへは、取引所理事長の中野武営も押しかけ、桂への説得工作を求めていたという[164]。これら証券業界人からの陳情を受けて、杉山は桂に対し限月復旧を求めたのである。まさしく利害の調停人、フィクサーの本領である。

このころ、初代衆議院議長中嶋信行の子息でのちに斎藤実内閣で商工大臣となる中嶋久萬吉は、桂太郎首相の秘書官を務めていたが、杉山茂丸が桂首相を訪ねて限月問題について陳情している場面を目撃している。中嶋は、大江卓が理事長の座にあった東京株式取引所勤務を経て朝鮮の京釜鉄道創業にも関わり、後藤猛太郎や高崎安彦らの放蕩の余滴にも与っていたらしいから、後藤猛太郎の親友である杉山茂丸と面識くらいはあったのだろう。桂と対座中の杉山は中嶋の顔をみるなり「今ま限月問題に就て躍起と首相に陳情して居る処だ。君も曾ては取引所の飯を喰つた因縁の有る身分ぢやないか、知らぬ顔の半兵衛では済まされまい一つ助太刀頼む」と声をかけたのだという[165]。

このころ、桂内閣はロシアの満洲撤兵不履行という外憂を抱え、第三期海軍拡張を何としても進めなければならない状況にあった。明治三十六（一九〇三）年五月の第十八回帝国議会において、桂は政友会との妥協により、この大きな政治課題を乗り切ったのであるが[166]、取引所限月短縮問題に関して大隈重信率いる進歩党が提出した政府の問責決議案は、桂が否決を要請したにもかかわらず、政友会の実力者原敬の腹芸によって農商務大臣平田東助への問責に修正された上で、圧倒的多数の賛成で可決されるに至った。[167]これに先立ち、農商務省商工局長木内重四郎は責を引いて五月十八日に辞任、[168]平田農商務大臣もまた七月十七日に辞任し、司法大臣と兼摂した清浦奎吾[169]によって八月十四日に勅令が改正され、限月は旧に復することとなった。[170]一年余のあいだ業界を震盪させた取引所事件は、ようやく解決をみたのである。

杉山自身はこの事件のことをほとんど何も語っていないが、『俗戦国策』の「電車市有問題」と題した章で、桂太郎と自身のダイアローグの中にこの事件に関する自慢話を潜ませている。桂に杉山がこういうのである、曰く「閣下は、株式取引所、限月短縮事件の時、私の申上る通りになされましたら、アノ大問題が即時に片付いたではムりませぬか」〔俗、六〇二〕と。あたかも桂首相が杉山の進言を容れたが故に、限月復旧問題が解決したかのようだが、彼が何を桂にいったのかは例によって立証するすべはない。

限月短縮の勅令改正がなされて間もない六月十八日、杉山は農商務大臣平田東助に面会したようだ。面会後、杉山は平田に一書を呈した。そこには「唯今竊かに言上仕候フラスト一条は、余程秘密に被為遊候方可然御義と奉存上候。唯々木内局長の御考断御洩は至極結構の御義と奉存候得共、此等の義政府の方より洩漏致し候ては又々不容易議論を社会に伝播致す事と相成候ては、再々一層の面倒を相醸し申候間、小生にて実地調査致し、其結果は逐一御内報可仕候[171]」とある。「フラスト一条」は、あるいは「ツラスト」かとも思われるが、何のことか判断し難い。しかし時期的にみて、限月問題と無関係ではなかろう。平田はこの書翰を桂首相に回送し、桂は平田への返翰に次のように書いた。

過刻御内話之杉山生云々、其後呈書仕候由に而内見被仰付、正に一読即ち封中に返上仕候間、御査収可被下候。如仰実に面倒なる難物に御座候。併し化物は此度の如き場合には多々出没仕候もの故、化されぬ様注意するの外《〔ママ〕》きことに存申候。唯々今後椿山荘に屢々出入し、色々之事を尤もらしく訴へ、其尻を其都度不受さる様仕度相考申候。左なくては、一方は程克切抜け候而も、士族兵の為め一層の難題を起し壮士的攻撃を引受候事は免かれ度ものに候（明治〔三十五〕年六月十八日付平田東助宛桂太郎書翰[172]）

桂は杉山を「面倒なる難物」「化物」と呼び、「壮士的攻撃」を仕掛けてくる人物と考えている。そして山縣有朋のもとに出入りしてあることないことを訴えるような人物とも考えている。すなわちこのころ、桂は杉山と親しく付き合ってはいたかも知れないが、信用はしていなかったのだろう。ニコポンと呼ばれ、十六方美人と揶揄された桂太郎の面目躍如というべきか、それともこれが当時の政界一般の杉山に対する見方であったのだろうか。

「浪人組の旗頭　杉山茂丸の正体」

杉山茂丸という人物が世間で知られるようになったとはいえ、これまでにみてきたようなニュース報道を除けば、彼の名がメディアで採り上げられることはほとんどなかった。杉山の名がメディアで取り沙汰されるようになるのは、彼が雑誌『サンデー』創刊を援助し、その誌面を使って著述活動を始めた明治四十二（一九〇九）年ごろからである。そのあたりの詳細はのちに論じるが、差し当たりここでは、明治四十四（一九一一）年に集中して発表された杉山への批判的人物評の中の一篇に注目してみたい。雑誌『無名通信』の同年十二月一日号（第三巻第十七号）に掲載された「浪人組の旗頭　杉山茂丸の正体」（無署名）である。この人物評には、杉山と利権との関わりが具体的に述べられている。無署名の論評であるが、だからといって根も葉もないゴシップ記事だと斬り捨てにはできない。杉山が獲得したとされるいくつかの利権に言及しているが、いずれも根なり葉なりは確認できるものである。もっとも、杉山の『俗戦国策』は彼の利権斡旋にまつわる自慢話に終始しているといってもよいし、彼が政府要人に発した書翰の中には、利権斡旋に関わると推定される内容のものがいくつも存在するから、この無署名記事に書かれた内容を特異なものとみる必要はなかろう。ここでは、台華殖民合資会社についての言及を引用して検討する。この社名は、築地にあった杉山の事務所である台華社の名を強く連想させる。筆者はむしろ、台華殖民合資会社の存在こそが、台華社の名の由来となったのではないかと考えている。

> 今日彼は何によつて衣食の料を得か、築地に台華社なる看板を掲げた洋風の事務所を構へ（略）如何にも何か忙しい事業でも経営して居るやうであるが、其実事務員には高杉晋作の子高杉東一、室田義文の子某等がごろ〳〵し居るだけで、何の事務をも執つて居ない。尤も今年の夏頃までは、台華社中に台華移民《〔ママ〕》合資会社と云ふものがあつて、社長は杉山茂丸、副社長は例の後藤猛太郎伯で、兎に角移民事業を営んで居つたと云へないことはなかつた。
>
> 此の移民会社なるものは、台湾を根拠として、対岸の福建省から出稼ぎに来る苦力を取扱ひ、其身元引受となつて一種の人頭税を徴して居つたもので、云はゞ口入宿であつた。所が此の夏に及んで、杉山と後藤との意見の衝突、性格の相違が、二人の共同経営を許さなくなつて、従来或る事情の下に合同して居つた後藤は、杉山と分離して移民会社の事務所を麹町に移して了つたので、今日では杉山は何の生業をも営んで居らぬ訳だ。

この引用にある「人頭税」という表現は、杉山茂丸を批判的に論じた泥牛酔侠（黙洲）の著作にも「台湾の人頭税的収益愈々減じ」と書かれているから[173]、杉山が台湾で移民に関する事業に関わっていたことは、当時の批評家たちに共有された認識であったのだろうが、杉山がそのような会社を営んでいた事実があるのなら、どのような経緯で彼がそれに関わることになったのか。それを明らかにすることがここでの課題設定である。

日本人の海外移民

日本人が他の国に移住して労働に従事する海外移民は、明治元（一八六八）年五月に、横浜在の米国人貿易商でハワイ王国の駐日領事に任じられていたユージン・ヴァン・リードによって、京浜地方で募集した日本人百四十七人（うち女性六人）がハワイの砂糖黍農場へ送り出されたのが嚆矢とされる。リードは徳川幕府から日本人の移民について許可を得ていたが、倒幕によって成立した明治政府の許可は得ていなかったため、この移民史上に「元年者」と呼ばれる日本人のハワイ移民は、結果的に非合法のものとなった。明治政府はその後日本人の海外移住を認めなかったが、明治十八（一八八五）年一月、合法的なハワイへの移民が始まった。これは日本国内において、いわゆる松方デフレ政策によって零細な農民が困窮し、農地の売却が増加して労働力の余剰が生じたことや、ハワイにおける砂糖黍農場の労働力不足が日本人労働者の移民を要請したことなどが理由として挙げられる。折しも、ハワイの駐日総領事にはロバート・ウォーカー・アーウィンが、日本の外務卿には井上馨が就いていた。この両者の関係は前節でみたとおりである。ハワイ側の移住事務局特派委員に任命されたアーウィンと井上との交渉により、いわゆる布哇渡航条約（明治十九年勅令）が締結された。この条約に基づいて日本政府の管理下で行われたハワイへの日本人移民は官約移民と呼ばれる。(174) 明治二十七（一八九四）年まで続いた官約移民でハワイに渡った日本人は、およそ二万九千人にのぼる。アーウィンは移民の募集にも従事し、ハワイ政府から報酬が支払われていた。アーウィンの移民募集活動には、益田孝率いる三井物産が多くの協力を行った。その背景には、アーウィンと三井物産との間の金銭関係があったことが指摘されている。(175)

官約移民制度は明治二十七（一八九四）年で終わった。この背景には、国内に移民事業を営む私企業が勃興し始めたことや、ハワイ革命によって日本及び日本人移民に対する政治的環境の変化したことなどが挙げられるが、(176) 一方で移民事業を民間に開放するよう当時の陸奥宗光外相に働きかけていた星亨の存在も没却できない。かつて自由民権運動の挫折から渡米して西海岸で言論活動に従事していた日向輝武、菅原伝、山口熊野といった壮士たちは、ハワイ革命に伴う日本人移民の参政権運動に協力するためハワイに渡り、そこで官約移民の実情を知って自ら移民事業を営むことを思い立ち、それを星亨に諮った。星はそれを受けて陸奥外相にはたらきかけ、自由党操縦のため星と深く結んでいた陸奥がそれを実現したのである(177)。

官約移民が終了し、移民事業が民間に開放されたことによって、それを業とする移民会社の簇出が促された。ここで移民会社と呼ぶのは、法的には移民取扱人と呼称され、明治二十七（一八九四）年四月に公布された移民保護規則第一条において「移民ヲ募集シ又ハ移民ノ渡航ヲ周旋スルヲ以テ営業トナス者ヲ謂フ」と定義されている。移民会社は移民希望者から渡航周旋料又は手数料を徴収することが認められていたが、それだけが収益源ではない。移民会社は移民を受け容れる就労先、例えばハワイであればそのほとんどは砂糖黍農園から、労働者一人につきいくらと定めて手数料を取った。このように、雇用主と労働者の双方から手数料を取る口入れ業が移民会社の本質であった。しかし移民会社の稼ぎはそれだけではない。移民先への渡航に不可欠な船便を確保するに際し、船会社と結託して不当な船賃を移民から取り立てることもあれば、日本各地から出航のため横浜に集まる移民たちを、指定した旅館に泊まらせ、そこでも不当な宿泊料を取ることがあった(178)。また、契約移民が禁じられて自由移民に移行したのちは、ハワイなどは入国する移民が五十ドル（約百円）以上の現金を携帯していることを義務づけていたから、「見せ金」と呼ばれたこの金を持たない移民に対して高利で金を融通した。このように移民会社が移民を蝕むシステムの核となったのが、主要な移民会社三社によって設立された京浜銀行である。

明治三十一（一八九八）年三月に設立された京浜銀行は、星亨の系列とみなされている三つの移民会社が中心となって運営された。森岡真（個人名義）、海外渡航株式会社、熊本移民合資会社の三社である(179)。この三社に東京移民合資会社、日本移民合資会社を加えた五社が、当時移民会社の大手五社と呼ばれた(180)。京浜銀行は上述の「見せ金」

を持たない移民に百円を貸し付けた。しかしそれは現金ではなく同行の手形を発行することによって行ったのである。その手数料及び利息として、移民は十二円五十銭を徴収された。移民はハワイに到着した際に、この手形を「見せ金」として提示することによって入国を許された。しかしこの手形はハワイの京浜銀行支店に強制的に定期預金させられ、しかもこの預金は無利子であった。また移民の逃亡や病気など就労不能となった場合の保証金などの名目で、毎月の労賃から二ドル五十セントを京浜銀行に積立て預金することを強制された。[181] こうした実態から、京浜銀行は「移民喰ひ」などと呼ばれ、多くの移民から憎まれていたのである。[182]

帝国移民策意見書

杉山茂丸の著作や談話の中には、移民会社について言及されたものが三点存在する。そのうち最も早いものは、杉山の名が記された一篇の意見書である。

福岡県立図書館に寄託されている杉山家の資料の中に、『帝国移民策意見書[183]』と題された冊子がある。全六章、百六十五ページに及ぶ長文で、末尾に杉山の名が書かれ、明治三十六年十一月と年月が記されている。宛名などはなく、実際にこの意見書がどこかへ配布されたものかどうかは明らかではない。

第一章と第二章では移民の必要性が説かれる。前者は「外勢上移民の必要」と題され、古代ローマの殖民から説き始め、大航海時代のスペイン、ポルトガルの殖民政策による繁栄を経て、英国の成功とドイツ、ロシアなどの殖民地獲得競争が語られる。続いて殖民と移民の差異に言及し、日本は移民を国策とする必要があると結論づけている。第二章は「内政上移民の必要」と題され、まず日本の人口増加が先進諸外国と比肩し得る水準であることが統計数値を用いて語られ、食糧自給の困難がこれも統計数値をもって示される。さらに物価の動向、賃金水準、労働需給その他の社会的要因、貿易などさまざまな要因を列挙して移民が日本にとって必要不可欠な政策であることを説いている。これらを論ずるに際し、マルサスやエンゲルなどの多くの理論や調査報告を引用して、精緻な論立てを行っている。第三章は「移民局設立と移民保護法の改正」と題され、まず欧洲諸国の移民政策について述べ、続いて日本の移民政策と移民保護法制の問題点を指摘し、その上で外務大臣の直轄機関として中央移民局を設置することを提言し、その分課分掌までをも示している。第四章は「移民取扱の規模及方針一変」と題し、まずイタリアやスイスの移民会社が大規模な組織であることを引き、対して日本の移民会社の現状を論ずる。ここで杉山は日本の移民会社が「資本とする所甚はだ少く、而して保証金は額に従ひ納付せざる可らず、是に於て已むを得ずして百端営利を計りて移民の貧嚢により会社の維持を計らざる可らず、之に加ふるに其下請負人の現状に至ては間々婦女子を誘拐する無頼漢に類せるものあり」と述べ、一方でメディアが移民会社に対し「酷論苛察、移民業を攻撃すること恰も英国曩昔の議会に於けるクライブ、ヘスチングを弾劾したるが如く、以て其舞文曲筆を誇り、自ら当年のバークたるを擬して且抃舞するの滑稽を演ずるものあり[184]」という批判も展開している。そしてこうした時弊を一掃することが急務であり、そのためには「小規模の会社の廃徹を行ひ且将来に其特許を為さゞる事」「移民業者の移民計画は正当有利にして、移民をして疾痛惨憺の境遇に陥らざらしむるを要すべく、政府は然らざれば之を特許す可らす」など六項目の措置を提言している。それによって「今日の移民業に取りて一大打撃たるを免れざるべしと雖も、畢竟国策を行ふの正当手段にして、其打撃の観あるは、偶ま以て不正当不適当なる移民業者の多きを懲すべくして、愈々其打撃の必要なる所以たるべし[185]」と主張している。

この意見書は杉山の移民政策に関する深い造詣と高遠な見識を提示したものであるかのようにみえる。しかし果たしてそうであろうか。その評価は、移民に関する杉山のもうひとつの言説と、その言説が指し示している彼の行動の実態とを踏まえて判断せねばならないだろう。

移民会社征伐

もうひとつの言説というのは、九州日報に連載された太宰隠士名義の「其日庵過去帳」である。その「杉村濬」の項に次のようなことが書かれている。杉村濬は外務官僚で、この物語のころ外務省通商局長であったという。

我国に移民事業が盛んに起つた当時、政府は移民会社から移民の保証金を取つて旅券を下附し、其移民が帰還すれば其保証金を移民会社に払戻す方法を取つて居たのである。これにより移民会社は、保証金は自個の手から政府に提供して有るので、移民に対して更に保証金を徴収し、旅費の前貸と称し或は宿料の前貸渡航料の前貸と称して、移民が汗によつて得た労賃を全部捲上て仕舞つて居たのである。勿論移民会社は宿屋と結托し汽船会社と結托して、万有悪辣手段を講じて移民を苦め、貪慾飽なき自己の私腹を肥して居たのである。政府でも其悪辣を看破して盛んに取締を逷行したのであるが、もと〳〵政府の規則に不備があり、殊に移民会社の悪事は多く海上又は海外で働かるゝので、外務省でも手の付け様がなく大に困り抜いた果が、杉村氏の庵主訪問となつたのである。杉村氏は何とか君の力で此移民会社を取締る方法は無いでせうかとの相談である。(186)

引用部の冒頭は、先にみた移民会社による移民の搾取の状況を語っている。これは当時から移民会社に関して流布していた言説とかわるところはない。それに続くのが、既に第一章でも引用した**輿望**のシークェンスの導入部である。杉山は、かねてから「移民会社の不法を憎んで居」り、自分「一個の力を以てしても是非移民会社征伐を決行しやうかと思つて居た矢先き」に杉村からの相談があったので、「通商局長から此相談を受けて黙視する事は出来なかつたのである、「遣らう」「征伐する」との決心は確乎として胸中に断ぜられた」のだという。国士杉山茂丸は正義のために細民を蝕む悪徳移民会社を捨ててはおけぬといったところであろうか。杉山は杉村に対し、そもそも移民会社に営業を許したのが政策の誤りだと指摘し、既得権を持つ移民会社を征伐するためには、その手段や方法は一切杉山に任せることを要求した。これは明白な**威服**のコードである。

杉村の了解を取り付けた杉山は、主要な移民会社の経営者を集め、政府の移民政策を批判した。移民会社が政府に納入せねばならない保証金を引き合いに出して「圧迫」「馬鹿げた話」と罵り、一方で会社側が潤沢な資金を持たねば事業進展は図れないと説いた[187]。これを聞いた移民会社側は杉山に「何とか都合のよい方法を案出して吾等を今日の圧迫と苦境から救ひ上げて呉れまいか」と頼みこむ。杉山が、対立している政府と移民会社の双方から負託を受けた形である。物語構造としては、**輿望**のシークェンスの中に、もうひとつの**輿望**のシークェンスが入れ子になったものといえる。そして杉山は「小資本の移民会社が幾千幾百あつても政府の信用は増す訳ではない、夫れよりも寧ろ大資本を擁した会社が一つあつて大活動をする方が吾等事業家にも亦政府にも双方都合が宜しいと思ふから、現在の幾つもの小さな移民会社を打つて一丸となしトラストを組織しては何うであらうか」と提案し、一同の賛成を得てこのトラストを設立した。杉山自身がトラストの社長となり、各移民会社の社長が重役、杉山と昵懇の後藤猛太郎を支配人に就けた。杉山はいう。

表面はトラスト会社の社長、裏面に廻れば恐る可き移民会社の征伐者である。茲に愈々庵主は内部から移民会社征伐の幕を切つて落したのである。即ち庵主は杉村氏と相談して、従来暴利を貪つた彼等に対し、営業の出来ぬ様に内部から種々圧迫を加へた。そして彼等が大なる損失を被らぬ程度の処に到着したら、之れを潰して解散せしめ様と考へて居たのである。庵主の考が既に此の通であるから、政府とも連絡を通じて移民が正当に取扱はれた場合は、ズンズン許可させ、不正当の時は断々乎として高圧を加へしめた。社長は素と〳〵此会社の利益を増進しやうと考へては居らぬ。早く討滅させようと思つてるのである。こんな社長を引入れたトラスト移民会社こそ誠に禍である。内情已に斯の如くであるから、到底利益が増す訳けはない。否、利益が殖へる所か反対に漸次利益は減退する一方である。以前の各会社とトラストとの平均利益と対照すれば、確に九割減である。さあこうなると重役即ち以前の各会社長共は黙つて居らぬ。いろ〳〵六つかしい事を云つて社長たる庵主に肉迫して来始めたのである。(188)

重役たちが責め立ててきたので、杉山は彼らを集めて演説をぶったという。その内容は日本の人口増加と国土の狭小を縷々陳述しているが、要するに「移民事業は国家若くは国家同様の立脚地に在るものが国家的事業として之を経営す可きものである」から、「薄利に甘んじて此会社を持続経営するの意志を定め」よというものであった。その結果は左のごときものであったという。

彼等重役等に素より国家的観念などある筈なく、只徒らに暴利之れ念とするのみであつたから、各個元の移民会社に分離した上経営する事になつたので、トラスト移民会社は茲に解散して仕舞つた。夫れと同時に庵主は杉村氏に向つて、前轍をふむ勿れと警告したので、外務省でも今度は移民会社の淘汰に留意し、曩に不正の形跡のあつた会社には断じて事業経営を許可せず、正当のものゝみ事業経営を許可したので、我国の移民会社も始めて面目を一新するを得たのである。(189)

杉山は移民の膏血を絞って暴利を貪る移民会社を、ことば巧みに合併させて社長に就き、政府と通じながら利益を九割も減少させるような経営をした上で、重役たちの反抗を誘って解散に持ち込み、その結果もとの経営者たちのうち非違のあった者は事業再開できなくなって、日本の移民会社の清浄化が図られたという。**輿望**のシークェンスの定式に従って、この物語は終わるのである。

ここで杉山が語った移民会社の通弊や、その改革の方向性などは、先にみた『帝国移民策意見書』第四章の内容に極めて近い。あたかも杉山が、『帝国移民策意見書』の提言に沿った移民会社改革を実践したのが、この「移民会社征伐」であったかのようにもみえる。だが、実相はそうではない。

大陸殖民合資会社の成立

この「移民会社征伐」とはいつの話であろうか。外務省の統計によって移民会社の動静をみてみると、明治三十一（一八九八）年度に移民を取り扱った移民会社は九社であったが、累増して三十五（一九〇二）年に二十九社、三十六（一九〇三）年に三十六社となったのがピークである。三十七（一九〇四）年には三十社に減じ、四十二（一九〇九）年に至って五社に激減している。[190]一方、杉村濬の通商局長在職は明治三十二（一八九九）年六月から明治三十七（一九〇四）年十一月まで[191]であるから、このような事実があったのなら、その間のことでなければならない。

東京朝日新聞は明治三十六（一九〇三）年七月二十四日に「移民会社の合同」と題して、「移民人員制限以来大頓挫を来したる各移民会社は其の救済策として小会社の合同を唱へ居れるが横浜移民、厚生移民、中央移民、東北移民、中外移民及び個人同業者若干名は此頃合同して資本金五十万円の一会社を組織し大陸殖民合資会社と改称したりといふ」と報じている。この記事で報じられた小規模な移民会社の合同と新設された大陸殖民合資会社こそが、杉山が「其日庵過去帳」の「杉村濬」の項で語った「トラスト」である。この記事で言及されている「移民人員制限」とは、明治三十三（一九〇〇）年以来移民会社に対し外務省が移民許可数の割り当てを行ったことを指すのだろう。この措置は小規模な移民会社にとって、事業継続上の大きな制約になったとされる。[192]従って杉山の言説中、移民会社がトラストを組織する必要性を語った部分は、当時小規模な移民会社が置かれていた状況を反映しているものといえる。

大陸殖民合資会社の成立過程をみてみよう。この会社は、中央移民会社が明治三十六（一九〇三）年に大陸殖民に社名変更し[193]、その後中外殖民合資会社、東北移民合資会社、厚生移民株式会社、移民取扱人高田平兵衛、太平洋殖民会社、土佐移民株式会社の営業権を譲り受けて成立したものである。その経緯をたどると、同年八月二十二日付けで大陸殖民合資会社業務担当社員荒篤次郎ほか二名の連名で外務大臣に対し、中外殖民、東北移民、厚生移民及び高田平兵衛の四者分について、それぞれの移民取扱営業譲受許可願を提出し、いずれも九月十六日付けで許可された。続いて九月十九日付けで、大陸殖民の業務担当社員副社長日向輝武から外務大臣に対し、太平洋殖民会社の営業譲受許可願がなされ十月一日に許可、十一月二十四日付けで日向名義で土佐移民株式会社の営業譲受許可願があり十二月四日に許可がそれぞれ与えられている[194]。

しかしこの移民会社合併のプロセスに、史料の上では杉山茂丸の名は見当たらない。従って杉山が実際にこの合併を主導したのかどうかは明らかでない。ただ、杉山はこの会社と無関係ではなかった。

星亨の人脈

大陸殖民合資会社の成立過程に副社長として名前が登場する日向輝武は、官約移民時代に移民事業の民営移行を星亨に提案したかつての民権青年である。日向は広島に本拠を置く海外渡航株式会社の社員で、在ハワイの移民会社代理人などを務めて移民事業に永く携わっていた。日向が大陸殖民に関わった経緯については、「日向輝武は、星の乾分で、星の全盛時代は五会社の一員であつたが、星の死後は四分五裂、五会社連合も失敗に帰したので、独立自営を試みる積になり、大陸殖民合資会社を起し」たとされる[195]。荒篤次郎は中外殖民と東北移民の社長であったが、自社の営業権を譲渡して大陸殖民の代表社員に収まった。荒は「常に日向輝武氏と友とし善し相携へ」ていた人物であるが、明治三十三四年のころ東京市水道部長であったというから、星亭とも関係があったことが推測される。[196]

大陸殖民の出資者には、興味深い名前が多くみられる。授権資本金百万円のうち、日向の二十四万六千円を筆頭に、十二万円が横田千之助、四万円の林謙吉郎、松岡辰三郎、満留善助、二万四千円の久岡武蔵、二万円の横田国太郎といった名前が並ぶ。[197] これらは皆、星亭の人脈である。日向、横田千之助、林はそれぞれ京浜銀行の役員であり、松岡、満留、久岡は海外渡航の関係者である。[198] 横田千之助の実兄である横田国太郎は太平洋殖民の業務担当社員であった。[199]

こうした状況を踏まえると、大陸殖民とは星亭系の人物たちが、従来の星亭系移民会社から別れて、新たな移民会社を興したものであったことに疑いはない。とすれば、杉山茂丸が「其日庵過去帳」の「杉村濬」の項で盛大に物語った「移民会社征伐」など、真っ赤な嘘と断じるしかない。杉山はあたかも多くの移民会社を糾合して一大トラストを組織したかのように語っているが、実際には明治三十六（一九〇三）年に三十五社あった移民会社のうち、六社が合併して一社になったに過ぎない。しかも移民取扱数が上位のいわゆる五大移民会社は手つかずである。合併した六社は、厚生移民が五大移民会社に近い実績を挙げていたほかは、いずれも小規模で営業期間も一年から三年程度[200]のものに過ぎなかった。この辺りの事情は、著名なジャーナリストの横山源之助が有磯逸郎の筆名で「日向氏が移民会社合併を称へて、大陸殖民会社の設立に取り掛つた時（略）逸早く加入すべき熊本、東京、日本等が素知らぬ顔に加はらなかつたのは、熊本等の眼より言へは、日向氏は五会社に背いたのだ[201]」と述べていることに注目せねばなるまい。そもそも星亭系の移民会社と京浜銀行こそが、移民の膏血を絞って暴利を貪っていると怨嗟の声を浴びていたのである。杉山が大陸殖民の成立プロセスに関与していたのが事実であるならば、彼は移民会社業界の病巣には一切手を付けずに、却って日向輝武を中心とした星亭系の大規模な移民会社をもうひとつ作りあげただけであったのだ。いったいどこが「移民会社征伐」であろうか。

杉山は「其日庵過去帳」において、重大な事実を隠している。大陸殖民という会社を使った、彼自身の利権獲得がその事実である。彼はそれを隠したまま、悪徳移民会社を征伐する国士杉山茂丸をでっち上げているのだ。

清国労働者取扱人

舞台は台湾に移り、時代も少し遡ることになる。

台湾が日本の領有するところとなったのは日清戦争後の明治二十八（一八九五）年である。この年の十一月一日、台湾総督府は清国人台湾上陸条例を定め、翌年元日から施行した[202]。この条例は、日本が台湾を領有して以来、「日々汽船又ハ支那帆船ニ搭載シ支那地方ヨリ入港セシ支那人陸続不絶其数不少之ヲ制御スルノ方法ナキニ於テハ前文ノ如ク一面ニ全力ヲ悉クシテ無頼漢ノ退去ヲ計画セシモ功労費用共ニ水泡ニ帰シ実際更ニ裨益ナシ[203]」という状態で、対岸の清国から流入する無頼の徒によって島内の安寧秩序が図り難いという課題に対処するため、清国人の入島を大きく制限しようとしたものであった。すなわち同条例は第一条で清国人が台湾に上陸できる港を基隆、淡水、安平、打狗の四港に限定し、第二条で「清国人ニシテ商業其他私用ノ為メ台湾ニ上陸セント欲スルモノハ（略）渡航ノ目的ヲ記載セル清国当該官庁ノ旅券或ハ証明書ヲ携帯スヘシ」と定め、第七条ではそれら清国人の居住地を第一条の四港に限定した。かつ第五条では「台湾ノ安寧秩序ヲ維持スルカ為メ当分ノ内清国人ノ労働者及ヒ一定ノ職業ナキモノ、上陸ヲ禁止ス」としたのである。

これに対して英国領事館が反撥した。在淡水の英国領事は公文を発した上に樺山総督を訪ねて、条例に対する異議を唱えた。この条例は、台湾で英国人が営んでいる茶業の経営を阻害するというのが英国側の主張であった。その内容は、台湾における茶業経営は、製茶の期間だけ対岸の福建省などから台湾に渡って労働に従事する清国人に大きく依存しており、あたかもそれら労働者が台湾から清国へ帰国した時期に条例が制定施行されることによって、次の製茶期に労働者の確保ができなくなり英国人茶業者に大打撃を与えるというものである。専門技能を持った製茶工は台湾島内に求めることができず、中国大陸からの季節労働者に依存していたのである。このため総督府は屢次総督府令を発して、清国人の製茶工を雇用する者に対する許可制度や、茶工券と呼ばれる再渡台許可証の発給制度などを整備していった。[204]

しかし台湾における労働力需給の逼迫はなにも製茶業界に限ったことではなく、日本の台湾支配が安定化して鉄道建設や築港などが進み始めると、それは顕著な問題となってきた。労働力の安定的な供給と、労賃の暴騰の抑制が同時に求められたのである。このため明治三十二（一八九九）年に、新たに総督府令[205]を定めて、総督府の許可を得た労働者請負人と雇用契約を締結した清国人労働者に対して渡航就労を認める制度を創設したが、悪質な請負人の跋扈や、規則に定められた請負人に対する義務が過重であったことなどから、種々弊害のみ多く、明治三十年代なかばには制度として破綻していた。[206]これを抜本的に改めたのが明治三十七（一九〇四）年九月に定められた清国労働者取締規則である。この規則により、台湾に渡航する清国人労働者は、総督府の許可を受けた清国労働者取扱人の渡航証明書を携帯することが義務づけられる一方、渡航後は台湾島内で旅行居住の自由が与えられるなどの改正がなされた。

台湾総督府は、清国労働者取締規則の制定に先立ち、移民事業に実績のある事業者から意見を聴取するとともに実情調査を実施させている。この移民事業に実績のある事業者として選ばれたのが、大陸殖民合資会社であった。そして同社は、規則が制定されると直ちに、清国労働者取扱人に指定された。この指定は同社一社が独占的に指定されたのである。[207]従って、渡航証明書の発行などによって清国労働者取扱人が得る手数料は、同社の独占的収益となったのである。移民会社とは日本人労働者をハワイなどの外国に送り出す口入れ稼業であったが、大陸殖民はそれに加えて、清国人を日本＝台湾で労働させるための口入れ業をも営むことになった。アラン・T・モリヤマは移民ということばを、英語の emigrant と immigrant に対応させるため、前者を「出移民」後者を「入移民」と表記してみせた。[208] これに従うなら、大陸殖民は出移民、入移民の双方を取り扱う移民会社になったのである。

では、なぜ台湾総督府は、大陸殖民を選んだのだろうか。それこそが、先に述べた杉山茂丸の利権獲得のための策謀である。杉山はこのとき、大陸殖民の総裁の地位にあったのだ。そしてその支配人に就いていたのは、明治維新の立役者後藤象二郎の長男で、放蕩者として知られた伯爵後藤猛太郎である。[209] 杉山は清国労働者取扱人の独占的指定を受けることを目的に、大陸殖民の乗っ取りを狙っていたのである。

移民会社乗っ取り

六つの移民会社が合併して大陸殖民合資会社が成ってからおよそ半年あまり経過した明治三十七（一九〇四）年六月、杉山は後藤新平に宛てた書翰で次のように書いている。

第一に申上げ度きは貴地移民の事に御座候。種々懇篤の御高配を蒙り、帰京以来小生の第一に着手仕るへき事は、小生が閣下の優大なる御庇護を蒙るに付いて、其の御庇護に対する事務施行の実権を法律的に得されば、万一の場合に於て、若し閣下に御迷惑相掛け候様の事有之にては相済まさる儀と存じ、後藤伯も専ら其の点に付いて注意仕候間、前便申上げ候如く大陸社の制度を根本的に全然改革致し、此の上法律上の実権を会社登記の上に得んと相企て、去る頃より屢々社員を招集し、其儀申出で候処、固より星一類のならず者計りの集合体に御座候間、多少の反対は相生ずべくと覚悟し相計り候処、稍々穏便の形勢に相見え、則ち小生を取締役議長に推薦し、相当の持株を承諾致すへき趣に御座候へ共、小生に於ては少額の株主にては承諾相成り難く、外務省杉村局長とも稍々相談致し、少なくとも三万円より五万円位の出資額を承諾せしめ、是れに依て正当の選挙を以て社長たるの権能を得されば、則ち閣下方より御委嘱に成る事業を御受持ち申す訳に参らずして、所期の目的に相違仕候間、即ち三万円より五万円の出資を承諾し、併而登記的の社長たらん事を強硬に要求仕候次第に御座候。是れは愛久澤氏の意見も有之、又た後藤伯の注意も有之候事故へ、何処迄も法律上会社的の主権を把握するに非らされば、辞職するの決心に有之候。而して昨今大陸社員の意嚮は、此の両様共非常に困難を感じ、頗る評議を凝らし居申候。其の所以は、元来大陸社は合資会社にて出資者は悉く重役の資格を有し、出資の増額を忌憚するの性質に有之候処に、唯今百万円の資本額に対し廿五万円即ち四分の一払込み有之。故に小生にして若し五万円の現金を払込む時は（此の五万円は林謙吉郎に於て引受くるの内約あり）、小生一人にて二十万円の株主と相成り、従て会社総資本額の登記を改め百二十万円と為さざるへ可らず。是れ第一に彼等が困難を相感じ候模様にて、今程評議区々に罷在候模様に御座候。故に速に之れを決せざれば辞職するの外なしと相迫まり居申候。多分は両三日内に承諾するか小生辞職するに決するかの両端相開き申すへく考へられ申候（明治三十七年六月十六日付後藤新平宛杉山茂丸書翰(210)）

この書翰には、大陸殖民をめぐる杉山の策謀の全容が示されている。杉山は「貴地移民の事」すなわち台湾における清国労働者確保のため、後藤新平の「優大なる御庇護を蒙」って、大陸殖民の「法律上の実権を会社登記の上に得んと相企て」ていたのである。杉山は「外務省杉村局長とも稍々相談」しながら、「少なくとも三万円より五万円位の出資」を大陸殖民に行うことによって、「正当の選挙を以て社長たるの権能を得」ようとしていた。それは台湾総督府が新たに定めようとしている清国労働者取締規則に盛り込まれる予定の、清国労働者取扱人という「閣下方より御委嘱に成る事業を御受持ち申」さんがためであった。すなわち杉山は、台湾総督府から独占的に清国労働者取扱人の許可を得ることを前提として、大陸殖民という移民会社を乗っ取ろうとしていたのである。愛久澤という名前が出てくることから、杉村のみならず、三五公司も一枚噛んでいたとみられる。三五公司は、台湾総督府が重視していた対岸経営と福建省の樟脳専売事業へ食い込むことをその目的として、愛久澤直哉が廈門に設立した商社である。(211)いわば事実上の総督府の出先機関であった。三五公司が杉山に肩入れしていたことは、とりもなおさず台湾総督府が杉山の後押しをしていたことになろう。

こうした事実から、杉山が「其日庵過去帳」で自己言及した「移民会社征伐」が嘘であることは明白である。移民事業の経験など持ち合わせていない杉山は、清国労働者取扱人の許可を独占するために、移民事業に経験を有する移民会社という衣装を必要としたのである。そのため、移民会社を統制する強い行政権を握る外務省通商局長の杉村濬の力を借りながら、大陸殖民の経営陣に対し増資の引き受けを持ちかけ、その代償として経営権の譲渡を要求したのである。

ここで注目しておかねばならないのは、杉山が持ちかけた増資のための資金が、「林謙吉郎に於て引受くるの内約あり」とされていることである。先に述べたように、林謙吉郎は大陸殖民の出資者の一人であった。これは同社に杉山の内通者がいたことを意味する。もともと林策一郎と名乗っていた(212)この人物は、それ以前から杉山と何らかの関係を持っていたようだ。杉山は乃木希典が台湾総督であったころ、林と共に乃木を訪ねてこっぴどく怒鳴りつけられたことがあると語っている〔俗、四一八〕し、先に台湾製糖をめぐる項で言及した札幌製糖会社の機械売却にも、杉山とともに関与していた。(213)よって林が杉山と内通したとしても、それを異様なこととみる必要はないが、彼はなぜそのような動きをしたのだろうか。その理由を示唆するのが、林が経営に参与していた京浜銀行にまつわる杉山の自己言及である。

京浜銀行始末譚

杉山は『俗戦国策』の三つの章で、自身が京浜銀行の悪事を隠蔽したことを語っている。初出の発表順に「生首抵当事件」「星亨との強談判」「公然たる賄賂収容銀行兼賄賂行使銀行」である。前二者は他の物語の中で言及されたに過ぎないが、三点目はまさしくそのことを主題とした物語であり、彼の自慢話が最も盛大に繰りひろげられている。

ここで杉山は次のようにいう。京浜銀行とは自由党・憲政党の領袖で政界の実力者であった星亨が「此銀行の実権を握る裏面の頭取社長」であり、「政府から外国移民会社の許可を段々と得て其子分の者共に其経営をさせた其移民、及各移民会社の預金を強制的に蒐集した、其金を以て痩せ腹の一文なしの破れ議員共に空手形で貸付けた、之は取立のない（賄賂行使銀行）である」と。そしてその金の力で議会に一大勢力を築いた星の実力に、「第二次の伊藤内閣も、第二次の松方内閣も、第三次の伊藤内閣も、第一次大隈、板垣内閣も、第二次山縣内閣も、星の（ロール機関）で突かれる度に、金がポイ〳〵と飛出て来る夫が全部京浜銀行の弗箱に収められる、即ち（賄賂収容銀行）である」と。杉山は星が明治三十四（一九〇一）年に殺されたのち、京浜銀行の醜聞が外に漏れ出すのを、星とその配下の者たちのために恐れていたという。ある日林謙吉郎が杉山を訪ね、京浜銀行は約七十万円の債務超過の状態にあることを打ち明けて、破綻を阻止するために何とかしてくれと頼んだ。**輿望**のシークェンスの始まりである。相談を受けた杉山は、債務超過額を彼自身への貸付けに偽装する架空の手形を切った。杉山が京浜銀行に赴いて調査したところ、星亨が遺した帳面によって、伊藤博文や山縣有朋ら政府首脳から星に対して多額の金銭が流入して来ていることや、多くの名のある議員たちに京浜銀行の資金が流出していることを知った。その後政府は星一派を叩くために京浜銀行の調査に入ったので、杉山は曾禰蔵相に面会し、星が遺した帳面を突きつけて「君は此銀行を調査した結果伊藤、山縣、松方、井上、其他与党野党の差別なく合計百七十三人を賄賂行使、賄賂授受罪で捕縛する丈けの勇気を持つて居るか」と脅しをかけ、大蔵省があくまで京浜銀行の内情を暴こうとするなら、「此帳面を以て之から直ぐに裁判所の検事の所に行つて機密訴へを」すると豪語した。ここは**アノミー**のシークェンスである。曾禰は帳面を仔細に調べた挙げ句、「杉山……俺が悪るかつた……勘弁をして呉れ……君ならばこそぢや……俺は感謝する」と白旗を揚げた。これによって京浜銀行にまつわる星亨と元老らの醜聞は隠匿され、大蔵省の調査も改竄した帳簿を形式的にみただけで何事もなく終わったという。国政の根幹を揺るがしかねない大事件を未然に防ぐため、偽造手形の振り出しという小悪を厭わなかった国士杉山茂丸の面目は、元老らが「実にドウも星と云ふ奴は万事疎漏極まるやうな風体で居て、夫を一々帳簿に記入して残して死なれては生残つた者が溜るものでない。マア夫が杉山の手に渡つたから好かつたのぢや」と感謝した〔俗、三八七〜四一六〕という**藉口**のコードでさりげなくアピールされている。

京浜銀行の超過債務の処理は、次のように行われたという。星亨の遺品から発見されたものに京阪鉄道敷設に関する書類があった。これは「先年川上操六が参謀次長であつた時、大阪の師団が日本海に出兵をせんとする場合に、馬関海峡や津軽海峡を廻る事を不利として、越前の敦賀港から出兵し得るやうにとの計画を竊かに定めた事を逸早く星が知つて、誰れも分らぬやうに今外務省に居る佐分利氏の実兄である佐分利一嗣と云ふ技師に頼んで星が其権利の全部を獲得すべく目論見、種々参謀本部の了解を得た書類等もあつて逓信省に出願済の其必要書類であ」った。この出願を政府は「近々之を却下せんとする意向」であったが、杉山は「山縣公と青木周蔵氏の二人を介して時の逓信次官たる浅田徳則氏に頼み兎も角却下丈けをせずに其儘に政府に握潰して置いて貰ひたいと申込んで浅田氏のお蔭で其願書の生命が繋つた」といい、それを西園寺内閣によって明治三十九（一九〇六）年に鉄道国有化がなされた際、策略を巡らせて許可させ、「出願の鉄道と云ふ鉄道は一つも許可にならぬので株式市場の鉄道株は枯れに枯れ切つて居る時に京阪間の官線併行線が許可になつたので非条理な程の、『プレミヤム』が付いて株式界に飛ぶやうに噬呑された」〔俗、四一四〕ので、その利権で穴埋めしたのだという。右から左へ、易々と大金を生み出す杉山茂丸の錬金術自慢が、この物語の輿望のシークェンスの締めくくりである。

以上のように、これも構造化された物語であり、眉に唾をつけずにはいられない代物だが、京浜銀行の内情を政府が調査していたことや、京阪鉄道の敷設に関して既に明治三十三（一九〇〇）年に仮免許が与えられていた事実もある。[214]ただし仮免許は、杉山が頼んだという浅田徳則が逓信総務長官であったときに失効させられているから、[215]杉山の言説がすべて正しいわけではない。こうしたことからこの物語は、杉山の他の言説同様に、幾許かの事実をさまざまな虚構で包み込んだ創作物とみて間違いなかろう。

大蔵省が京浜銀行の内情を調査したのは明治三十六（一九〇三）年のことで、このとき京浜銀行の経営が極めて杜撰なことは把握されていた。役員や監査役への貸付に二十万円を超える不良債権があることや、役員の関係企業への貸付け、議員への貸付けなど、かなり詳細な部分まで大蔵省は把握していたのである。[216]したがって杉山がいうような、改竄して辻褄を合わせただけの証憑書類をおざなりに調査して幕が引かれたのではない。ただ、杉山がこうした京浜銀行の内情を知っていたことには注目しなければならない。有泉貞夫は『星亨』でその点を踏まえて、杉山が『俗戦国策』で展開した自己言及を「杉山が不足金の金額を借りた形にして帳尻を合せたというのはやや誇張があるにせよ、杉山の話と大筋は一致し、かれが京浜銀行整理に関与したことはほぼ事実であろう[217]」と推定しているが、筆者はその「関与」を、杉山の自己言及を肯定する意味ではなく、逆に杉山の自己言及がカムフラージュした彼と京浜銀行及びその経営陣たる日向輝武や林謙吉郎らとの関係の実態として捉えなければならないと考えている。勿論、彼がいつどのようにしてそれを知ったのかは判らないし、どれほど正確に状況を把握していたのかも判らないが、もし彼が大蔵省による京浜銀行の調査を、その実施されたとき以後比較的早い段階で聞き知っていたと仮定すると、どのような仮説を立てることができるだろうか。

人間関係をみるなら、杉山と林謙吉郎は先にみたように旧知の間柄である。また日向輝武と杉山とは、日向の妻が「大正三美人」の一人と呼ばれた日向きむ子であり、杉山ときむ子とは彼女が幼少のころから相識であったことから、両者の結婚に際し頭山満と杉山とが世話をしたのだという[218]。そして当時の状況はというと、台湾総督府は清国人労働者流入対策を抜本改正しようとしていたし、杉山はその改正に乗じて清国労働者取扱人の指定を受けようとしていた。しかし移民事業と無関係な杉山がその指定を受けるためには、何らかの大義名分が必要であった。一方杉山と旧知の林や日向が、中小の移民会社を合併させて大陸殖民という会社を作ろうとしていたが、同時に彼らが深く関与する京浜銀行は大蔵省の調査によってそのダーティな内情が暴かれようとしていた。もしも林や日向が、桂内閣に食い入っていることが知られていた杉山を頼って京浜銀行の延命を図ったとしたら、いったいどのようなことが起こったであろうか。

杉山は林や日向と取引をしたに違いない。彼は京浜銀行の醜聞露呈を防ぐ見返りとして、あるいは防いだことへの事後的な見返りとして、彼が台湾総督府から清国労働者取扱人の指定を受けるため、大陸殖民を受け皿に使うことを林らに受け容れさせたのである。その上で桂首相や曾禰蔵相と掛け合って京浜銀行の内情を握り潰させた。そして前項で引用した後藤新平宛の書翰を発したころ、杉山は林謙吉郎から提供される予定の金で多額の出資をもちかけ、一気に社長の座を獲得したのである。この書翰では他の出資社員たちの抵抗があることを記しているものの、それは間もなく終熄したのであろう。台湾総督府は九月二十四日に台湾総督府令第六十八号「清国労働者取締規則」を発布し、同月中に「台北庁大加蚋堡大稲埕建昌後街寄留東京府華族伯爵後藤猛太郎ニ取扱労働者ノ定員、取扱人ノ保証金、取扱手数料等ニ関スル一定ノ命令条件ノ下ニ労働者取扱人タルノ許可ヲ与ヘタ[219]」のである。

これらを踏まえると、杉山の『帝国移民策意見書』とはいったい何だったのかという疑問を抱かずにはいられない。日付からみて、彼はわざわざ大陸殖民による小規模移民会社の合併の進行をみながら、この意見書を綴ったことになり、極めて不可解である。筆者はこの意見書の内容の異様なまでの精緻さや、当時の移民会社と杉山とを取り巻く状況に鑑みて、杉村濬あるいはその下僚が、施政上の都合があって杉山の名義を使って作成したものと理解するしかないと考えているが、あるいは牽強付会に過ぎるかも知れない。

台華殖民合資会社

こうして杉山は大陸殖民合資会社を手に入れ、後藤猛太郎の名義で清国労働者取扱人の許可を独占した。しかしそれからひと月ほどしか経たない明治三十七（一九〇四）年十一月、清国労働者取扱人の事業は大陸殖民から切り離され、別に新しい会社が創設された。ここまでにずいぶん紙数を費やしたが、それが本節のはじめに引用した無署名記事「浪人組の旗頭　杉山茂丸の正体」で言及されていた台華殖民合資会社である[220]。この会社は杉山茂丸と後藤猛太郎がそれぞれ一万円を出資して設立され、後藤猛太郎が無限責任で代表社員となった。本店所在地は東京府下南葛飾郡隅田村大字隅田千四百十二番地である[221]。この本店所在地は、杉山茂丸の向島別荘と呼ばれた住居と同じ住所である[222]。すなわち大陸殖民の移民事業のうち、台湾総督府から許可された「入移民」の事業だけが、杉山茂丸と後藤猛太郎が設立した会社に移されたのであり、許可後わずかひと月で台華殖民が設立され事業が譲渡された事実は、大陸殖民が清国労働者取扱人の指定を受けるための方便として利用されたという見解に、一定の信憑性を与えるであろう。

杉山は『百魔』で八章にわたって後藤猛太郎を主人公とした物語を繰り広げているが、第三十章「児玉総督に大人物を推薦す」で、さりげなく台華殖民設立の経緯に言及している。曰く「児玉総督は、特に猛伯の為めに今の南国公司なるものを拵へさせ、公然の事業を開かせ」〔百、二三七〕たと。南国公司とは、台華殖民がのちに社名変更したものである。もちろんこの物語では、杉山自身の策謀や関与は隠蔽されているし、児玉を前面に立てているあたりは事実の歪曲が顕著[223]であるが、これが後藤猛太郎に生業を与えるために仕組まれた策謀であった可能性は否定できない。

翌明治三十八（一九〇五）年五月に、杉山は後藤猛太郎へ台華殖民の経営権を全面的に譲った。このことを後藤新平に報じた後藤猛太郎の書翰に興味を惹かれる記述がある。

陳者前便一書進呈、其後昨日を以て台華殖民合資会社之営業を、全然小生に譲り受けの約定を杉山氏と取結び、本日を以て林謙吉郎に金子相渡し申候。是れにて同会社之営業は小生一己のものと相成申候。（略）岩崎氏に対し此度の金談が案外容易に相運候のみならず、万事好都合に相成、此頃同氏が小生に対する信用は意想外に御座候。是れ悉皆閣下御庇護の結果と自覚致居候（明治三十八年五月八日付後藤新平宛後藤猛太郎書翰[224]）。

この書翰からは、興味深い金の流れが読み取れる。後藤猛太郎が台華殖民の経営権を杉山から譲り受けるに際して、その金の出所が岩崎すなわち後藤猛太郎とは縁戚関係にある三菱財閥であったことが末尾の部分から知られよう。し、その金が杉山ではなく林謙吉郎に渡されたことは、杉山が大陸殖民へ喰い込もうとした際の後藤新平宛書翰で、出資金について林謙吉郎から融通の内約を得ているという報告をしていたことの裏付けになることを示唆しているだろう。

同年七月に台華殖民は本店を台湾に移転[225]し、後藤猛太郎が渡台[226]して現地で事業に携わることになった。本店移転後、後藤猛太郎の義弟である成富公三郎[227]が厦門支店の支配人に就任し、事業の実務を担った。杉山は経営権を譲ったとはいえ、出資格は維持したままであったから、収益の分配には与っていたとみられるが、明治三十九（一九〇六）年九月に出資格のうち五千円を成富に譲渡している。成富は無限責任社員[228]となり、大正二（一九一三）年に後藤猛太郎が死んだあとは代表社員に就いている[229]。杉山が台華殖民から手を引いたのは、社名が合資会社南国公司と社名変更した大正四（一九一五）年で、出資額五千円を宮崎吉助という人物に譲渡して退社[230]している。宮崎なる人物については不詳である。

トラストの末路

ところで台華殖民合資会社が分離独立した後の大陸殖民合資会社はどうなったのであろうか。杉山は明治三十八（一九〇五）年八月に後藤新平に送った書翰で、次のように大陸殖民に言及している。

大陸社の事、後藤伯の働にて寸分都合能く進行致し、殊に小生は外務省と合併にて万事遣り居申候間、大体に於て兄に無世話事と存居申候。委曲は後藤伯渡台に付、逐一可申上候得共、不遠内大陸社の亡者共は全部は蟄居為致、小生表面の責任を帯、後藤伯実務の責任を一轄する事と可相成候。若し万一、一時の変態等相生じ候共、閣下に対し奉り候ては寸毫も御迷惑相掛不申候間、御含の上将来事共十分後藤伯へ御教示給はり度奉仰願候（明治三十八年八月十三日付後藤新平宛杉山茂丸書翰[231]）

これによるなら杉山や後藤猛太郎は、台華殖民を分離した後もまだ大陸殖民に関与していたとみられる。この年、大陸殖民に関する興味深い事実のあったことがモリヤマによって指摘されている。ハワイがアメリカ合衆国に併合されたことにより、同国の契約移民禁止令が明治三十三（一九〇〇）年六月からハワイにも適用されることとなった。このため移民会社が取り扱うハワイへの移民は、労働契約を持たない自由移民に限られたが、日本政府はハワイへの自由移民に対して、移民会社ごとに割り当てを行った。この割り当てはかなり恣意的に操作されたようだが、明治三十八（一九〇五）年に毎月六百名のハワイ移民を移民会社二十九社へ割り当てるに際し、政府は大陸殖民にひと月九十二名を割り当てているのである。[232]大陸殖民はこの年、一年間で千六百余名の自由移民を取り扱っており、全移民会社中で群を抜く首位であった。また翌年にも大陸殖民は、年間で二千七百余名の自由移民を取り扱っており、これは全三十社中、日本殖民合資会社に次ぐ二位であった。これらの状況は、外務省が自由移民の割り当てを行うに際して、大陸殖民に何らかの恣意を働かせていたことを示しており、そこに杉山茂丸による何らかの工作が存在した可能性を示唆するであろう。

一方で大陸殖民は、日本人移民を契約移民としてメキシコへ送り出す事業を、明治三十七（一九〇四）年から開始している。移民会社によるメキシコへの日本人移民は、明治三十六（一九〇三）年に熊本移民が取り扱った六十四名が始まりで、明治四十（一九〇七）年で終わっている。この五年間で一万五百五十七人の日本人が契約移民としてメキシコへ渡航し、そのうちおよそ半数が大陸殖民の取り扱いであった。[233]そして大陸殖民の事業活動は、事実上メキシコ移民の終了とともに終わった。翌四十一（一九〇八）年には十数名の自由移民の渡航に関わっただけで、同年十二月二十三日に大陸殖民は営業廃止を外務省に届け出た。[234]大陸殖民の経営に携わっていた日向輝武や林謙吉郎らが京浜銀行関係者であったことは先に述べたが、ハワイの移民労働者の膏血を貪っていたその京浜銀行は、移民労働者の叛乱の頻発によって、明治三十九（一九〇六）年に追われるようにハワイから撤退[235]していたから、移民事業そのものが、もはや崩壊しつつあったのだ。

杉山は「其日庵過去帳」の「萩原守一」の項で、大陸殖民の営業廃止後の出来事について自己言及している。萩原守一は杉村濬の二代後の外務省通商局長であり、明治四十一（一九〇八）年六月からその職に就いていた。[236]杉山は大陸殖民合資会社の解散に際して、同社が国に納付している保証金の下附を受けるために、萩原にそれを相談したのだという。杉山のいうところは次のようなものである。

移民会社を解散さすには、移民会社から外務省に納入して居る処の、幾十万円と云ふ保証金の払戻しを乞はねば解散が出来ぬのである。而も其保証金たるや、其移民一人毎に対し幾干と云ふ意味にて納入した金であるが故に、其移民の帰還後でなければ、政府より会社に保証金を下附する事は出来ぬのである。保証金の下附がなければ会社の解散が出来ぬとなれば、只さへ利益を剥がれた会社が解散が出来ぬ為に蒙る損害は蓋し莫大な高に達すると云ふ事になるので、夫は株主に対して気の毒であるから、庵主は移民の事故に関しては自分が責任を持つから、会社の保証金は何卒《どう》か下附して貰いたいと云ふ事を、時の政務局長《(ママ)》たる萩原守一氏に相談したのである。（略）

萩原氏は、従来移民会社が横暴を恣にして政府さへ手が付かなかつたものを、今日の如く移民会社に対する政府の監督権を回復し得たのは確に貴下の力ですから、貴下が移民に対する責任を負ふとの話であるならば保証金は下附致しませう。

と云つて、数日ならずして保証金二十五万円の下附が現実された。為めに別に、庵主の名義にて二十五万円の保証書が、今に外務省に保存されて居る。(237)

ここでも杉山は「政府の監督権を回復し得たのは確に貴下の力です」と、**藉口**のコードを埋め込んでおくことを忘れない。とはいえ、この引用の最後に杉山が述べている保証書は現存する。ただしその額面は杉山がいう金額の一割にも満たない一万五千円である。杉山がいかに話を誇大化しているのかが明白に示されている。杉山が差し出した保証書は左のとおりである。

証[238]

大陸殖民合資会社ヨリ御省ニ提供仕居候保証金ノ一部即チ公債金額一万五千円ヲ今回御下附相成候ニ付テハ同会社ガ従来取扱タル業務ニシテ右保証金ニ関係アル責務ヲ果シ得ザル事アル場合ハ小生同会社ニ代リ処理弁償可仕候右保証ノ為メ一証仍テ如件

明治四十二年三月八日

東京市京橋区築地三丁目十五番地

杉山茂丸

外務省

萩原通商局長殿

ことの経緯を簡単に振り返っておく。大陸殖民合資会社は営業廃止届と同時に営業保証金還付願を外務大臣宛に提出している。[239]この還付願に対して、外務省は移民保護法第十九条の規定によって既納付額から二万五千円を領置し、残額を下戻した。[240]しかし日向輝武は明治四十二（一九〇九）年二月二十六日に再び保証金下戻願を提出し、二万五千円の領置保証金のうち一万五千円の下戻を願い出た。[241]日向の主張は、大陸殖民合資会社の取り扱いにかかるメキシコの労働移民四千四百余名のうち、大半は既に逃亡して現存数が三百五十二名に過ぎないので領置金の下戻を願いたいというものであった。外務省はこの願書について、「移民保護法第十八条及第十九条ニ照ストキハ人員ノ多少ニ論ナク苟モ移民カ海外ニ残留スル限リハ之ニ対シテ救助又ハ帰国ノ費用ニ充ツヘキ金員ノ幾分ヲ領置スルノ必要アルコトハ勿論ナルノミナラス且同会社ハ他面ニ於テ右残留移民ノ預金（契約上ノ積立金）二万五千余円ニ対スル責務ヲモ負ヒ居ルニ付該領置金ハ悉皆下戻ノ限リニ無之ト雖トモ若シ大陸殖民会社ノ残留移民三百余名及熊本移民会社ノ残留少数移民ニ対スル後日ノ救助費ヲ見込ミ金一万円ヲ領置スルコトニセハ残余ノ金一万五千円ハ特別ノ詮議ヲ以テ之ヲ下戻トモ不都合ナキモノ、如シ」[242]といういうねじ曲がった論理を展開して下戻を認めた。この「特別ノ詮議ヲ以テ」という部分に、杉山の介入の効果が現われているのだろう。この起案文書の欄外には「在墨残留移民ノ外逃亡移民ニ対スル分モ併セハ積立金四万八千余円トナル右金額ハ主ニ雇主ノ手ヨリ領収セサル分モアリ在墨公使館へ向ケ適宜保管方電報セリ」という記述があるから、積立金の差額の存在も含めての総合判断であったのかも知れない。

明治四十一（一九〇八）年には移民会社十八社が倒産し、翌年にも二社が廃業した。[243]大陸殖民もまた、移民会社全体が衰退していくのと歩調を合わせて、わずか六年で姿を消した。実質的な活動期間は三十七（一九〇四）年から四十（一九〇七）年まで、わずか四年に過ぎなかった。しかしそれは杉山が語った物語のような、「移民会社征伐」によるものでなかったことはこれまでにみてきた通りである。一方、大陸殖民から分かれた台華殖民＝南国公司は、杉山が昭和十（一九三五）年に死んだ後も存続し、[244]台湾へ中国人労働者を送り続けた。両社の存亡劇は対照的な団円を迎えた。大陸殖民は、台華殖民という寄生種を植え付けるために選ばれた宿主に過ぎなかったのである。

（1）小林道彦『児玉源太郎――そこから旅順港は見えるか』ミネルヴァ書房、二〇一二年、一六三～一六七頁。
（2）北岡伸一『後藤新平　外交とヴィジョン』中公新書、一九八八年、二七～三一頁。
（3）伊藤潔『台湾――四百年の歴史と展望』中公新書、一九九三年、二一頁。
（4）同前、八〇頁。

(5)太宰隠士「其日庵過去帳　伯爵児玉源太郎（上）」『九州日報』大正七年七月十五日。
(6)馬場宏恵「杉山茂丸と児玉神社」『東アジア近代史』二一、二〇一七年、一三〇〜一三九頁。
(7)杉山茂丸「序言」『児玉大将伝』太平洋通信社、一九〇八年、序文六〜七頁。
(8)服部一馬「近代的製糖業の成立期における二人の「企業家」——鈴木藤三郎と中川虎之助」『近代企業家の発生——資本主義経済成立過程の一面』有斐閣、一九六三年、一二一頁。
(9)同前、一四一〜一四二頁。
(10)社団法人糖業協会編『近代日本糖業史　上巻』勁草書房、一九六二年、三〇三頁。
(11)井上馨侯伝記編纂会編『世外井上公伝　第四巻』内外書籍、一九三四年、七〇〇頁。
(12)河野信治『日本糖業発達史（改版人物篇）』日本糖業発達史編纂所、一九三四年、一二七〜一三五頁。
(13)前掲『近代日本糖業史　上巻』一八六頁。
(14)同前、二〇一〜二〇九頁。
(15)伊藤重郎編『台湾製糖株式会社史』台湾製糖株式会社、一九三九年、六九〜七二頁。
(16)前掲服部「近代的製糖業の成立期における二人の「企業家」」一四二頁。
(17)「当用日記（明治三十三年）」、『後藤新平文書デジタル版』資料番号77001。
(18)前掲『台湾製糖株式会社史』七二〜七三頁。
(19)前掲服部「近代的製糖業の成立期における二人の「企業家」」一四三頁。
(20)守屋源二編『台湾大糖業政策献案者　山田熙君談話』私家版、一九三三年、四五頁。
(21)前掲河野『日本糖業発達史（改版人物篇）』一五五頁。
(22)DVD版『後藤新平書翰集』299-2。筆者による翻刻。適宜句読点を加えた。
(23)DVD版『後藤新平書翰集』299-3。筆者による翻刻。適宜句読点を加えた。
(24)DVD版『後藤新平書翰集』299-4。筆者による翻刻。適宜句読点を加えた。
(25)前掲河野『日本糖業発達史（改版人物篇）』一五五〜一五八頁。
(26)「当用日記（明治三十三年）」、『後藤新平文書デジタル版』資料番号77001。

(27) 前掲『近代日本糖業史　上巻』一八五～一八七頁。
(28) 杉山は昭和六（一九三一）年十二月二十日、馬越邸で催された茶会に招かれ、その席でこんな笑い話を披露している。曰く「或る時馬〔馬越。筆者註〕が岩三郎〔杉山岩三郎。筆者註〕の記念碑建設発起人と為り、僕に志しだけ寄進せよと言はれたのは、多分五円か拾円出せと云ふ積りであつたらう。其時僕は虎の子のやうにして常に内懐に潜ませて居た百円札をソツと取り出して兄貴に渡し、宜しく頼むと申し出すと、彼は怪訝な顔付して之を受取り、月光に透して幾度びも之を検査する」（高橋箒庵『昭和茶道記』淡交社、二〇〇二年、八五八～八五九頁）と。エピソードの背景は変わっているが、同じネタであることは明らかである。おそらく杉山は、このホラ話を何度も使って笑いを取っていたのだろう。
(29) 小川功『虚構ビジネス・モデル　観光・鉱業・金融の大正バブル史』日本経済評論社、二〇〇九年、六九頁。
(30) 尚友倶楽部・桜井良樹編『田健治郎日記２〈明治四十四年～大正三年〉』芙蓉書房出版、二〇〇九年、明治四十四年四月二十日条。
(31) 函館市史編さん室編『函館市史　通説編２』函館市、一九九〇年、九九五～九九九頁。
(32)『報知新聞』明治三十六年一月三十日、『新聞集成明治編年史　第十二巻』林泉社、一九三六年、一三頁。
(33) 黒野張良『製糖の神　齋藤定雋翁　一名製糖沿革史』好学書院、一九二八年、一〇〇～一〇一頁。
(34) 吉野鉄拳禅『日本富豪の解剖』東華堂、一九一五年、三六四頁。
(35) 宮川次郎『塩糖の槙哲』私家版、一九三九年、一〇〇頁。
(36) 鶴見祐輔『後藤新平　第一巻』勁草書房、一九六五年、九一二～九一九頁。
(37) 小林道彦「後藤新平と植民地経営――日本植民地政策の形成と国内政治」『史林』六八（五）、一九八五年、一～三三頁。
(38) 明治（三十三）年二月十二日付後藤新平宛杉山茂丸書翰、ＤＶＤ版『後藤新平書翰集』299-1。筆者による翻刻。適宜句読点を加えた。
(39) ＤＶＤ版『後藤新平書翰集』299-2。筆者による翻刻。適宜句読点を加えた。
(40)「台湾事業公債売渡仮契約書」、『後藤新平文書デジタル版』資料番号 24001。
(41) 明治（三十三）年十月二十七日付後藤新平／添田寿一宛杉山茂丸書翰、ＤＶＤ版『後藤新平書翰集』299-7。杉山茂丸書翰翻刻会代表佐藤敏彦「〈史料紹介〉後藤新平宛杉山茂丸書翰㈠」『法政史学』九三、二〇二〇年、一〇〇～一〇一頁を参照。

(42) 明治三十三年七月三日大蔵省告示第二十七号、同年八月二十二日同第三十四号、同年十二月一日同第五十四号。
(43) 明治（三十四）年一月六日付後藤新平宛杉山茂丸書翰、DVD版『後藤新平書翰集』299-73。前掲杉山茂丸書翰翻刻会の翻刻を参照。
(44) 杉山の預金部攻撃については、本書第五章第四節で詳しく論じている。
(45) 前掲杉山「米国に於ける外債事件顚末（続）」明治三十五年三月五日。
(46) 杉山茂丸口述「米国に於ける外債事件顚末（続）」『東京朝日新聞』明治三十五年三月十二日。
(47) 明治三十四年五月二十日付伊藤博文宛杉山茂丸書翰、伊藤博文関係文書研究会編『伊藤博文関係文書　六』塙書房、一九七八年、七二〜七四頁。
(48) 前掲杉山「米国に於ける外債事件顚末（続）」明治三十五年三月五日。
(49) 同前。
(50) 明治三十四年六月九日付児玉源太郎宛杉山茂丸書翰、国立公文書館所蔵「松尾家文書　財政　国債（外国債募集上参考書）第四五号」「米国市場に於ける日本公債募集交渉の経過に関する書翰」。
(51) 明治三十四年六月八日付機密第二十二号「杉山茂丸並台湾公債ノ件」JACAR；Ref.B11090716200。
(52) 明治三十四年八月二十二日付後藤新平宛朝比奈知泉書翰、DVD版『後藤新平書翰集』022-1。
(53) 英語版Wikipedia。URL=https://en.wikipedia.org/wiki/John_James_McCook_(lawyer)、2021.2.8閲覧。
(54) 前掲杉山「米国に於ける外債事件顚末（続）」明治三十五年三月五日。
(55) 前掲明治三十四年八月二十二日付後藤新平宛朝比奈知泉書翰。
(56) 明治三十四年六月五日付朝比奈知泉／後藤新平宛杉山茂丸書翰。国立公文書館所蔵「勝田家文書第二八号」「台湾公債募集に関する米国情報」。
(57) 明治三十四年六月四日付後藤新平／朝比奈知泉宛杉山茂丸書翰。前掲勝田家文書。
(58) 「台湾事業公債と杉山茂丸氏」『後藤新平文書デジタル版』資料番号24004。
(59) 前掲明治三十四年六月八日付機密第二十二号、JACAR；Ref.B11090716200。
(60) 「台湾事業公債と杉山茂丸氏」『後藤新平文書デジタル版』資料番号24005。

(61)「台湾事業公債と杉山茂丸氏」『後藤新平文書デジタル版』資料番号24006。
(62)「台湾事業公債と杉山茂丸氏」『後藤新平文書デジタル版』資料番号24007。
(63)前掲明治三十四年六月八日付機密第二十三号、明治三十四年六月十七日付機密第二十三号「台湾公債ニ関スル件」JACAR；Ref.B11090716200。
(64)「台湾事業公債と杉山茂丸氏」『後藤新平文書デジタル版』資料番号24008。
(65)前掲明治三十四年六月九日付児玉源太郎宛杉山茂丸書翰。
(66)同前。
(67)尚友倶楽部児玉秀雄関係文書編集委員会編『児玉秀雄関係文書Ⅰ　明治・大正期』同成社、二〇一〇年八～一〇頁。
(68)前掲杉山「米国に於ける外債事件顚末（続）」『東京朝日新聞』明治三十五年三月五日。
(69)前掲『児玉秀雄関係文書Ⅰ』一一～一二頁。
(70)明治三十四年六月二十二日付杉山茂丸宛チャールス・ロック及びジョン・ヂ・マコック書翰。前掲『児玉秀雄関係文書Ⅰ』一二～一五頁。
(71)明治三十四年六月二十四日付機密第二号曾禰外相宛在紐育日本領事官事務代理大木安之助公電。前掲JACAR；Ref.B11090716200。
(72)明治三十四年六月二十五日付伊藤博文宛朝比奈知泉書翰。伊藤博文関係文書研究会編『伊藤博文関係文書Ⅰ』塙書房、一九七三年、一〇〇頁。
(73)前掲杉山「米国に於ける外債事件顚末（続）」『東京朝日新聞』明治三十五年三月五日。
(74)宇野俊一「日清戦後経営と外債問題」『近代日本の政治と地域社会』国書刊行会、一九九五年、九〇頁。
(75)千葉功編『桂太郎関係文書』東京大学出版会、二〇一〇年、四八頁。
(76)前掲河野『日本糖業発達史人物篇』二二七～二三八頁。アラン・T・モリヤマ［金子幸子共訳］『日米移民史学』PMC出版、一九八八年、三〇頁。
(77)原奎一郎編『原敬日記　第二巻』乾元社、一九五〇年、明治三十四年九月十五日条。
(78)明治三十四年七月二十九日付桂太郎宛井上馨書翰、前掲『桂太郎関係文書』四九～五〇頁。

(79) 杉山茂丸口述「米国に於ける外債事件顚末（続）」『東京朝日新聞』明治三十五年三月六日。
(80) 同前。
(81)「高平公使へ電信案」。前掲 JACAR；Ref.B11090716200。
(82) 明治三十四年七月二十五日付井上馨宛桂太郎書翰。千葉功編『桂太郎発書翰集』東京大学出版会、二〇一一年、一一〇～一一一頁。
(83) 明治三十四年七月二十六日付桂太郎宛井上馨書翰。前掲『桂太郎関係文書』四九頁。
(84) 前掲宇野俊一「日清戦後経営と外債問題」、八四～八五頁。
(85) 明治三十四年七月二十九日付桂太郎宛井上馨書翰。前掲『桂太郎関係文書』四九～五〇頁。
(86) 明治三十四年七月三十日付桂太郎宛井上馨書翰。同前、五〇頁。
(87) 前掲「高平公使へ電信案」JACAR；Ref.B11090716200。
(88) 前掲杉山「米国に於ける外債事件顚末（続）」明治三十五年三月六日。
(89) 明治三十四年八月九日付桂太郎宛井上馨書翰。前掲『桂太郎関係文書』五一頁。
(90) 前掲杉山「米国に於ける外債事件顚末（続）」明治三十五年三月六日。
(91) 同前。
(92) 杉山茂丸口述「米国に於ける外債事件顚末（続）」『東京朝日新聞』明治三十五年三月七日。
(93) 明治三十四年八月三十一日付後藤新平宛杉山茂丸書翰、『後藤新平文書デジタル版』資料番号 24009。
(94) 明治三十四年八月二十五日付後藤新平宛児玉源太郎書翰、ＤＶＤ版『後藤新平書翰集』213-10。
(95) 明治三十四年八月二十一日付山縣有朋宛桂太郎書翰、尚友倶楽部山縣有朋関係文書編纂委員会編『山縣有朋関係文書　一』山川出版社、二〇〇五年、三一四頁。
(96) 明治三十四年八月二十四日付桂太郎宛伊藤博文書翰、前掲『桂太郎関係文書』一九頁。同日付伊藤博文宛桂太郎書翰、前掲『桂太郎発書翰集』三八頁。
(97) 明治三十四年八月三十一日付後藤新平宛杉山茂丸書翰、『後藤新平文書デジタル版』資料番号 24009。
(98) 前掲杉山「米国に於ける外債事件顚末（続）」明治三十五年三月七日。前掲明治三十四年八月三十一日付後藤新平宛杉山茂丸書翰。
(99)明治三十四年八月二十八日付伊藤博文宛桂太郎書翰、同日付井上馨宛桂太郎書翰、『桂太郎発書翰集』三九～四〇頁。
(100)明治三十四年八月二十七日付在ワシントン高平公使宛公電、前掲 JACAR；Ref.B11090716200。
(101)前掲明治三十四年八月二十五日付後藤新平宛児玉源太郎書翰。
(102)北島兼弘・石渡伝蔵・徳山詮一郎『会計法釈義』博聞社、一八九〇年、五二～五六頁。
(103)前掲明治三十四年八月二十五日付後藤新平宛児玉源太郎書翰。
(104)明治三十五年四月五日付在米日本公使館出納官発外務大臣宛公第四十九号「大蔵大臣ニ対シ逆為替取組之件」、同年一月九日付珍田総務長官発阪谷大蔵総務長官宛「大蔵省ノ依頼ニ係ル電信料金ノ件」、前掲 JACAR；Ref.B11090716200。
(105)『後藤新平文書デジタル版』資料番号 24009。
(106)前掲杉山「米国に於ける外債事件顚末（続）」明治三十五年三月八日。
(107)前掲宇野「日清戦後経営と外債問題」、九三頁。
(108)明治三十四年九月十日付井上馨宛桂太郎書翰、『桂太郎発書翰集』一一二～一一三頁。
(109)千葉功『桂太郎　外に帝国主義、内に立憲主義』中公新書、二〇一二年、七九頁。
(110)前掲宇野「日清戦後経営と外債問題」、九七頁。
(111)前掲『原敬日記第二巻』明治三十四年九月七日～十五日条。
(112)明治三十四年九月二十八日付大蔵大臣宛高平公使公電、前掲 JACAR；Ref.B11090716200。
(113)前掲杉山「米国に於ける外債事件顚末（続）」明治三十五年三月八日。
(114)明治三十四年十月二十一日付後藤新平宛杉山茂丸書翰、『後藤新平文書デジタル版』資料番号 24017。
(115)清田伊平編『御大典紀念　日本ダイレクトリー』甲寅通信社編輯部、一九一五年、二六〇～二六二頁。
(116)前掲明治三十四年八月三十一日付後藤新平宛杉山茂丸書翰。
(117)明治三十七年六月十六日付後藤新平宛杉山茂丸書翰、DVD版『後藤新平書翰集』299-9。
(118)明治三十四年九月十八日付高平公使宛電信案、前掲 JACAR；Ref.B11090716200。
(119)明治三十四年九月三十日付シアトル領事館気付伊藤侯爵宛小村外相公電、前掲 JACAR；Ref.B11090716200。

(120) 明治三十四年十月二日付伊藤博文より高平公使宛電信、国立国会図書館憲政資料室所蔵「都筑馨六関係文書」書翰の部五四-一。
(121) 杉山茂丸口述「米国に於ける外債事件顚末（続）」『東京朝日新聞』明治三十五年三月九日～十日。
(122) 明治三十四年十月三日到着高平公使より伊藤侯爵宛英文電信、国立国会図書館憲政資料室所蔵「都筑馨六関係文書」書翰の部一五二-一。
(123) 明治三十四年十月七日高平公使宛小村外相公電、前掲 JACAR；Ref.B11090716200。
(124) 明治三十四年十月十四日付児玉源太郎宛杉山茂丸書翰、『後藤新平文書デジタル版』資料番号 24011。
(125) 明治三十四年十月七日付シアトル領事館気付伊藤侯爵宛小村外相公電、前掲 JACAR；Ref.B11090716200。
(126) 前掲杉山「米国に於ける外債事件顚末（続）」明治三十五年三月十日。
(127) 『後藤新平文書デジタル版』資料番号 24010。
(128) 前掲明治三十四年十月十四日付児玉源太郎宛杉山茂丸書翰。
(129) 同前。
(130) 前掲杉山「米国に於ける外債事件顚末」明治三十五年三月八日。
(131) 神山恒雄『明治経済政策史の研究』塙書房、一九九五年、一八九～一九三頁。
(132) 明治三十四年十月二十二日付児玉源太郎宛杉山茂丸書翰、『後藤新平文書デジタル版』資料番号 24016。
(133) 明治三十四年十月二十二日付高平公使宛総理大臣大蔵大臣公電、前掲 JACAR；Ref.B11090716200。
(134) 前掲明治三十四年十月二十二日付児玉源太郎宛杉山茂丸書翰。
(135) 『後藤新平文書デジタル版』資料番号 24014。
(136) 明治三十四年十月二十一日付後藤新平宛杉山茂丸書翰、『後藤新平文書デジタル版』資料番号 24017。
(137) 前掲明治三十四年十月十四日付児玉源太郎宛杉山茂丸書翰。
(138) 明治三十四年十一月十九日付後藤新平宛児玉源太郎書翰、『後藤新平文書デジタル版』資料番号 24012。
(139) 明治三十四年十一月二十九日付後藤新平宛児玉源太郎書翰、『後藤新平文書デジタル版』資料番号 24013。
(140) 広瀬順皓編『憲政史編纂会旧蔵　伊東巳代治日記・記録――未刊翠雨荘日記　第三巻』ゆまに書房、一九九九年、明治三十四年十月七日条。
(141) 前掲神山恒雄『明治経済政策史の研究』一九三頁。
(142) 春畝公追頌会編『伊藤博文公年譜』春畝公追頌会、一九四二年、二七六頁。
(143) 大山恵佐『努力と信念の世界人　星一評伝』大空社、一九九七年、八七～九三、一一三頁。
(144) 『東京朝日新聞』明治三十四年十月二十五日。
(145) 同前。『読売新聞』明治三十四年十月二十五日。
(146) 『読売新聞』明治三十四年十月二十六日。
(147) 前掲『憲政史編纂会旧蔵　伊東巳代治日記・記録――未刊翠雨荘日記　第三巻』明治三十四年九月十四日条。
(148) 広瀬順皓編『憲政史編纂会旧蔵　伊東巳代治日記・記録――未刊翠雨荘日記　第二巻』ゆまに書房、一九九九年、明治三十四年七月二十二日条。
(149) 国立公文書館所蔵「目賀田家文書」第九号「イ．預金部資金運用並に外国債発行に関する問答書」。
(150) 「第十六回帝国議会衆議院議事速記録第三号」『官報号外』明治三十四年十二月十三日、七頁。
(151) 「第十六回帝国議会衆議院予算委員会議事録（速記）第二回」六～七頁。
(152) 杉山茂丸口述「米国に於ける外債事件顚末」『東京朝日新聞』明治三十五年三月四日。
(153) 杉山茂丸口述「米国に於ける外債事件顚末（続）」『東京朝日新聞』明治三十五年三月十二日。
(154) 『東京朝日新聞』明治三十五年二月二十八日。
(155) 『大阪毎日新聞』明治三十五年二月二十八日。
(156) 明治三十五年三月四日付伊藤博文宛井上馨書翰、前掲『伊藤博文関係文書1』二八六頁。
(157) 前掲『伊藤博文関係文書1』二八六～二八七頁。
(158) 明治（三十五）年三月五日付後藤新平宛伊藤博文書翰、DVD版『後藤新平書翰集』041-1。
(159) 前掲杉山「米国に於ける外債事件顚末（続）」明治三十五年三月九日。
(160) 田中太七郎『日本取引所論』有斐閣、一九一〇年、一四八～一五〇頁。
(161) 同前、一五一～一五二頁。

(162) ㈶日本近代文学館編『日本近代文学館資料叢書［第Ⅰ期］文学者の日記3　池辺三山(3)』博文館新社、二〇〇三年、明治三十五年六月十三日条。
(163) 高須芳次郎『小池國三伝』私家版、一九二九年、二六一～二六二頁。
(164) 西村眞次編『村上太三郎伝』九曜社、一九三九年、一八三頁。
(165) 中嶋久萬吉『政界財界五十年』大日本雄辯会講談社、一九五一年、五六～五九頁。
(166) 小林武彦『桂太郎　わが生命は政治である』ミネルヴァ書房、二〇〇六年、一六〇～一六六頁。
(167) 原奎一郎編『原敬日記　第二巻続篇』乾元社、一九五一年、明治三十六年五月二十九日条。
(168) 馬場恒吾『木内重四郎伝』ヘラルド社、一九三七年、一四二頁。
(169) 『官報号外』明治三十六年七月十七日。
(170) 明治三十六年勅令第百二十七号。
(171) 明治三十五年六月十八日付平田東助宛杉山茂丸書翰、前掲『桂太郎発書翰集』三四二～三四三頁。
(172) 前掲『桂太郎発書翰集』三四二頁。
(173) 泥牛酔侠（黙洲）『疑問の人』東京毎夕新聞社、一九一三年、一七六～一七七頁。
(174) 前掲モリヤマ『日米移民史学』一九～三五頁。
(175) 児玉正昭『日本移民史研究序説』溪水社、一九九二年、二六頁、九六～九七頁。
(176) 前掲モリヤマ『日米移民史学』五八頁。前掲児玉『日本移民史研究序説』二四一～二四三頁。
(177) 有泉貞夫『星亨』朝日新聞社、一九八三年、二一九～二二一頁。
(178) 前掲モリヤマ『日米移民史学』一一九～一二九頁。
(179) 木村建二「京浜銀行の成立と崩壊——近代日本移民史の一側面」『金融経済』二一四、一九八五年、九～一三頁。
(180) 前掲児玉『日本移民史研究序説』二五五頁。
(181) 前掲木村「京浜銀行の成立と崩壊」二一～二三頁。前掲モリヤマ『日米移民史学』一八六～一八七頁。
(182) 森田栄『布哇日本人発展史』真栄館、一九一五年、六三五頁。
(183) 福岡県立図書館杉山文庫「杉山茂丸関係資料№56」。この冊子は従来、一又正雄や室井廣一によって『帝国移民策新書』

という題で紹介されてきた。半紙様の用紙に袋とじタイプ印刷されたもので、表紙には別の紙に印刷した表題の活字が一文字ずつ貼り込まれているが、一部が欠落しているため、題名は確定的に読めるわけではない。「帝国移民策」と「書」は間違いないが、「策」の次に来る文字は立偏であることがわかるに過ぎない。筆者は立偏の文字をそのタイプフェイスから「意」であると考え、欠落部分を「意見」であると判断して『帝国移民策意見書』と表記している。

(184) 杉山茂丸『帝国移民策意見書』私家版、一九〇三年、一四七～一四八頁。
(185) 同前、一四九～一五三頁。
(186) 太宰隠士「其日庵過去帳　杉村濬（上）」『九州日報』大正七年六月四日。適宜句読点を整理した。
(187) 同前。
(188) 太宰隠士「其日庵過去帳　杉村濬（中）」『九州日報』大正七年六月五日。適宜句読点を整理した。
(189) 太宰隠士「其日庵過去帳　杉村濬（下）」『九州日報』大正七年六月八日。適宜句読点を整理した。
(190) 外務省通商局編『旅券下付数及移民統計』一九二一年、一四二～一六四頁。
(191) 『官報』四七七四号、明治三十二年六月二日。同六四二四号、明治三十七年十一月二十八日。
(192) 前掲モリヤマ『日米移民史学』、二二五～二二六頁。
(193) 「社名変更之件」外務省外交史料館所蔵「大陸殖民合資会社業務関係雑件」第一巻、3.8.2.194。
(194) 「中外殖民合資会社、東北移民合資会社、厚生移民株式会社、移民取扱人高田平兵衛、太平洋殖民会社、土佐移民株式会社営業譲受ノ件」外務省外交史料館所蔵前掲史料第一巻。
(195) 無署名「移民会社の現状」『無名通信』一（四）、一九〇九年、二〇頁。
(196) 遠山景澄編『京浜実業家名鑑』京浜実業新報社、一九〇七年、五九五頁。
(197) 「大陸殖民会社仮定款」外務省外交史料館所蔵前掲史料第一巻。
(198) 前掲児玉『日本移民史研究序説』二七〇頁。前掲木村「京浜銀行の成立と崩壊」一〇～一三頁。
(199) 「移民取扱営業譲受許可願」（太平洋殖民会社分）外務省外交史料館所蔵前掲史料第一巻。
(200) 前掲モリヤマ『日米移民史学』八四～八五頁。
(201) 有磯逸郎「我が移民会社」『商工世界太平洋』五（二五）、一九〇六年、三九頁。

(202)「清国人台湾上陸条例」明治二十八年十一月一日日令第二二号。『台湾総督府例規類抄』台湾総督府民政局文書課、一八八六年。三一一～三一三頁。
(203)明治二十八年六月二十九日付け淡水公使館一等書記官島村久から台湾総督樺山資紀宛上申書、松尾弘『台湾と支那人労働者』南支南洋経済研究会、一九三七年、二～三頁。
(204)前掲松尾『台湾と支那人労働者』三～一五頁。
(205)この総督府令の法令名は「清国労働者取締規則」であるが、一九〇四年制定のものと同名であり紛らわしいため、ここでは総督府令とのみ表記した。この総督府令は一九〇四年制定の規則により廃止された。
(206)前掲松尾『台湾と支那人労働者』一七～二四頁。
(207)同前、二六～三一頁。
(208)前掲モリヤマ『日米移民史学』九～一一頁。
(209)前掲松尾『台湾と支那人労働者』二六～三一頁。
(210)DVD版『後藤新平書翰集』299-9。筆者による翻刻。適宜句読点を加えた。
(211)鐘淑敏「明治末期台湾総督府の対岸経営――「三五公司」を中心に」『台湾史研究』一四、一九九七年。
(212)前掲遠山『京浜実業家名鑑』九三頁。
(213)前掲黒野『製糖の神　齋藤定雋翁』一〇〇頁。
(214)「京阪鉄道株式会社発起並鉄道敷設仮免状下付ノ件」国立公文書館所蔵『公文雑纂・明治三十三年・第二十六巻・逓信省二』纂 00527100-004。
(215)「京阪鉄道株式会社仮免状失効ノ件」国立公文書館所蔵『公文雑纂・明治三十五年・第八十八巻・逓信省』纂 00674100-066。
(216)前掲有泉『星亨』二八一～二八二頁。
(217)同前、二八三頁。
(218)森まゆみ『大正美人伝』文藝春秋、二〇〇〇年、七二～一〇五、一三五頁。
(219)『台湾総督府民政事務成績提要　第十編（明治三十七年）上』台湾総督府民政局編、影印版、成文出版社、一九八五年、一〇四頁。
(220) 前掲松尾『台湾と支那人労働者』三三三頁。
(221) 『官報』六四八七号附録、明治三十八年二月十七日。
(222) 杉山の向島での住所と同じであることは、巴石油株式会社（本書第六章第一節参照）の登記事項変更公告（『官報』六八五三号、明治三十九年五月七日）によって確認できる。
(223) 児玉源太郎はこの年七月、満洲軍総参謀長として出征している。
(224) ＤＶＤ版『後藤新平書翰集』217-1。筆者による翻刻。適宜句読点を加えた。
(225) 『官報』六六二〇号、明治三十八年七月二十五日。
(226) 明治三十八年八月十三日付後藤新平宛杉山茂丸書翰、ＤＶＤ版『後藤新平書翰集』299-13。
(227) 成富公三郎は後藤象二郎の六女五十子の女婿である。大町桂月『伯爵後藤象二郎』冨山房、一九一四年、七一三頁。
(228) 『官報』六九九四号、明治三十九年十月二十日。
(229) 『官報』四四三号、大正三年一月二十二日。
(230) 『官報』七九三号、大正四年三月二十七日。
(231) ＤＶＤ版『後藤新平書翰集』299-13。筆者による翻刻。適宜句読点を加えた。
(232) 前掲モリヤマ『日米移民史学』二二五～二二七頁。
(233) 前掲『旅券下付数及移民統計』一五二～一六三頁。
(234) 「営業廃止御届（受第二六二五八号）」「廃業許可願出並ニ保証金下戻之件」外務省外交史料館所蔵「大陸殖民合資会社業務関係雑件」第四巻。
(235) 前掲木村「京浜銀行の成立と崩壊」三三頁。
(236) 『官報』七四八三号、明治四十一年六月八日。
(237) 太宰隠士「其日庵過去帳　萩原守一」『九州日報』大正七年四月八日。適宜句読点を整理した。
(238) 「杉山茂丸保証書提出之件」外務省外交史料館所蔵前掲史料第四巻。
(239) 「営業保証金還付願（受第二六二五九号）」「廃業許可願出並ニ保証金下戻之件」外務省外交史料館所蔵前掲史料第四巻。

(240) 明治四十一年十二月二十八日付第一〇九号指令書案（元大陸殖民合資会社業務担当社員横田千之助、日向輝武宛）「廃業許可願出並ニ保証金下戻之件」外務省外交史料館所蔵前掲史料第四巻。

(241)「保証金下戻願（進第三三八号ノ二）」「廃業許可願出並ニ保証金下戻之件」外務省外交史料館所蔵前掲史料第四巻。

(242)「大陸殖民合資会社領置金一部分下戻方ニ関スル件」、明治四十二年二月二十二日起草「廃業許可願出並ニ保証金下戻之件」外務省外交史料館所蔵前掲史料第四巻。

(243) 前掲モリヤマ『日米移民史学』二三四頁。

(244) 前掲松尾『台湾と支那人労働者』三一頁。

第四章　大陸へ、北の島へ

第一節　阿里山の苗、釜山鎮の果実

三興社傾く

杉山は種々の著作において、日露の開戦を望んでいたと広言し、剰え桂太郎や児玉源太郎を督励してその衝に当たらしめていたかのようなことを書き散らしている。『俗戦国策』では実に四章分を割いて、自身が日露開戦に向かう桂内閣とどのように関係していたのか、あるいは日露戦争の裏面でどのような智謀を働かせていたのかを、滔々と述べている。しかし本書ではこれまでに、彼がありもしないことをあったかのように物語っている例をいくつも明らかにしてきたから、これら日露戦争に関連する物語の信憑性のほどは、推して知られるであろう。

実のところ、杉山は日露戦争によって経営していた貿易会社三興社が大打撃を受けていたのである。彼は台湾の後藤新平に書翰を発し、窮状を訴えて救済を懇願した。

三興社の方も戦局の大打撃を蒙り、昨年五月より俄然順規を失し、毎月々々の金利及損失積んで一万四千余と相成、此分にて今六七ケ月も戦争継続せば、到底取続き六ケ敷かるべく、一昨日藤村を相招き、老兄より借用したる五千円と利息は、先づ会社中の優先償却として、万一停業の際には引去る覚悟可致由申達置申候。右の次第に付、生の生活費は俄然出所を失ひ、又々他に借財の穴を見付る訳に不参、然らばと申し国元当地とも相当の手当も相要し、唯一縷の望を属し居候は後藤伯が台地の事業に有之。是は御蔭にて多分好望とは存候得共、今日迄の処は多少の欠損有之の位故、此後とも此侭にては両人とも衣食の道無之、旁一大工夫を要する時と相考申候。右に付乍恐一夜御閑暇の際に、後藤伯にも右主意御含め被成下、何れ共食へる丈けの仕事を相見付、基礎相立て候様御教諭及び御助力奉願上候。（略）若し藤田顧問として３００、賀田顧問として２００、斗りも援護致候はば、生は屹度質節を守り、世俗に立交はらず、枯操寒山に拠るの枕を以て一世を罵倒し尽し可申候（明治三十八年三月二十二日付後藤新平宛杉山茂丸書翰[1]）

杉山はこの時点で三興社の倒産を見通していた。彼は共同出資者の一人である藤村雄二に自分の出資持分を譲渡[2]し、経営から手を引いた。彼の出資持分は七千円[3]であったから、それを放棄することによって経営責任から逃げたのであろう。この書翰から、三興社には後藤新平に対する負債が五千円あったことも判明する。白米価格換算でざっと現在価千五百万円ほどであろう。生活費の当てがなくなり、後藤猛太郎の台湾での事業に望みをかけているというのは、前章の台華殖民合資会社のことと推察される。しかしこちらもその時点ではまだ利益を生み出してはいないようだ。杉山は後藤猛太郎と自身とが食っていけるよう、後藤新平の援助を懇願している。注目すべきは「藤田顧問として３００、賀田顧問として２００、斗りも援護」云々である。杉山は藤田伝三郎や賀田金三郎から、顧問料として金を引き出せないかといっているのである。おそらくこれは月額を例示しているのであろう。ひと月に五百円なら、現在価値に換算しておよそ百五十万円ほどになる。杉山はこの考えに執心していたようで、三月三十日付で後藤に宛てた書翰にも「前便書面にて申上げ候通り現今の姿にては墨田の辺りに若隠居の境界、どうか老兄一ト奮発の上、賀田、藤田等と協議の上少し動きの取れることに尽力願上げ度く候[4]」と書き送っている。ここで杉山は、みずから藤田や賀田に依頼するのではなく、後藤新平から話をしてくれといっている。すなわち藤田や賀田の援助を引き出すために、後藤新平の威光に縋っているのである。『俗戦国策』などの著作では、頓知を使って右から左に大金を生み出しながらも、金には執着も頓着もしない借金自慢の自画像を触れ廻る杉山茂丸の、何とも情けない実像がここにはある。杉山は『百魔』第二十四章において、製薬会社の創業を志した星一から資本調達の相談を受け、「昔日より君にも云ひ且つ多くの青年にも云ふ通り、人間の依頼心は、自殺以上の罪悪である。（略）依頼心忌避信者の庵主は、君の依頼心の受負、中継問屋を為る訳になる、そんな筋違の事をして君は尚ほ夫を事業と思ひ、且つ其事の成立を成功と思ふか」と叱責したという物語を語っている〔百、一八二〕が、杉山の自画像と実像とは、かくも表裏をなしていたのである。これは杉山の**言動矛盾**の典型例である。

阿里山の「発見」

杉山の本業はこのように傾いていたが、彼の副業たるフィクサー稼業はなかなか順調であった。前章でみた移民会社の乗っ取り活動は、まさにこの日露戦争のさなかに繰り広げられていたものであったが、それだけにはとどまらない。借金まみれだった杉山が、明治末期から際だった羽振りのよさを世間にみせつけるに至ったのは、この時期に蒔いたフィクサー稼業の種が花開いた結果であったのだ。その種とは「美麗島《フォルモサ》」台湾中部の阿里山森林開発をめぐる、藤田組と台湾総督府との間の仲介である。

台湾嘉義県の景勝地として知られる阿里山は、台湾最高峰の玉山の西側を南北に走る山脈地帯の総称であり、阿里山山脈の最高峰は大塔山で標高二千六百六十余メートルに達する。古来台湾先住民族のひとつであるツォウ族が暮らしてきたこの山脈に、広大な檜や杉などの大森林が「発見」されたのは、明治三十三（一九〇〇）年のことである。当時の新聞記事には「台湾嘉義県阿里山内曽文渓と清水渓との上流に於て、五千町歩の大森林を発見し、此程実地調査を遂げしが、総材積は二千七百万尺締りを超え、一町歩の平均五千四百尺締りあり(5)」と報じられている。「尺締り」すなわち尺〆は、木材の体積を表わす尺貫法の単位である。「発見」された当初から、阿里山が林業経済の宝蔵としてみられていたことを示すものであろう。その後明治三十六（一九〇三）年に至って、帝国大学農科大学教授の河合鈰太郎によって踏査がなされ(6)、開発計画の端緒が開かれた。

河合が阿里山踏査を行ったのは、後藤新平が委嘱したものである。これには伏線があった。後藤は明治三十五（一九〇二）年六月から半年のあいだ米欧諸国を遊歴したが、その際にオーストリア留学中であった河合に面会し、台湾林業に関する意見を徴したのである。これがきっかけとなって、河合は阿里山の森林開発に十年余の長きにわたって関わることになったのであった。[7] 河合の踏査を踏まえて、台湾総督府は阿里山森林経営の具体化を図るが、その際に後藤新平はみずから阿里山に赴いて視察を行っている。[8]

後藤ははじめ、台湾総督府の直営で阿里山開発を実施しようとした。しかし日露間の戦争が不可避となった状況の下で、莫大な経費を要する阿里山開発は政府内の理解を得ることができなかった。次いで後藤が考え出したのは、阿里山を御料林として宮内省に差し出し、宮内省の手によって森林開発を実施するという案であった。しかし宮内省御料局（のちの帝室林野局）は、台湾に御料林を営むのであれば少なくとも十万町歩の面積を有し、支庁を設置して経営するほどの規模が必要だと主張して、交渉は難航した。後藤は御料局が希望するだけの面積を提供すると申し出るとともに、御料局から三百万円を支出して台湾総督府が森林経営の実務を担当するという提案を行ったが、御料局はまず支庁を設置し数年をかけて現地調査を行った上で森林経営を行うと主張したため、それを迂遠な策とみる後藤との間に、遂に合意が成立することはなかった。[9]

策に窮した後藤は、官営による森林開発を諦めた。そこで登場するのが藤田伝三郎率いる藤田組である。

藤田組と阿里山

藤田組は、明治三十九（一九〇六）年二月二十六日付で台湾総督との間に阿里山森林開発に関する契約を締結した。[10] 台湾総督府が編纂した『台湾事情（第二版）』では、これを「大阪ノ合名会社藤田組ニ対シ其ノ経営ヲ許可スルニ至レリ」[11] と表現している。契約と許可とではずいぶん意味合いが異なるが、のちに帝国議会に対して明らかにされた契約書の内容からみて、許可を与えるに際しての附款を、契約という形式で定めたものと理解されよう。その主たる内容は、台湾鉄道の嘉義から阿里山をつなぐ鉄道を藤田組が自己の費用で敷設すること（第二条）、伐採した檜の払い下げ価格は尺〆単価五十銭とすること（第六条）、伐採地には藤田組の費用で造林を行うこと（第十二条）、藤田組が造林を行った土地は一町歩十円で払い下げが行われること（第十三条）などであった。[12]

藤田組との契約に至った経緯を、後藤は次のように説明している。宮内省との交渉が頓挫したのち、「民業ニスルガ宜イト云フコトデ、民業ヲ企テマシタケレドモ当時ソレニ応ズベキ者ガナクテ、困ッテ居リマシタ間ニ、藤田伝三郎ニ之ヲ経営サシテ見ヤウト云フコトニ話ガア[13]」ったと。藤田は総督府に条件を確認し、一旦はこの話を断ったが、児玉総督と後藤とで種々説得し、上述の条件で合意したと後藤はいう。これは後藤が帝国議会の予算委員会で答弁したものであるが、肝心な部分は隠匿されている。なぜ藤田伝三郎に森林経営をやらせてみようと考えたのか、その部分には後藤は言及しなかった。そこに杉山茂丸が介在していたことは、さすがに後藤も言及できなかったのであろう。

明治四十一（一九〇八）年の第二十五回帝国議会で阿里山森林開発が大きな問題となったとき、報知新聞は藤田組が阿里山に手を染めることになった経緯について、宮内省との交渉が頓挫したのち後藤が「藤田伝三郎氏が山林経営に意あるを耳にし、杉山茂丸氏をして阿里山経営の有利なるを説かしめ他の台湾山林を民間に払下げざる条件を附し、藤田組に総ての経営を一任することに決し[14]」たのだと報じている。杉山は、藤田組と台湾総督府との間に契約が締結される一年ほど前から、この事件に関与していた。彼が藤田組と台湾総督府との媒介者であったことに疑いはない。

杉山は明治三十八（一九〇五）年三月二十九日の午後、児玉源太郎と面会している。この日は、日露戦争が奉天会戦を経て膠着状態にあった最中に、満洲軍総参謀長たる児玉が極秘帰国して東京にもどった翌日である。児玉は二十八日に入京しその日のうちに参内、翌日の午前には山縣参謀総長らと会談して、午後二時から薬王寺の自邸で杉山を引見したのである。夕食を供にし、午後八時まで閑談したという。児玉は日露戦争の終結に向けた政府工作を目的として帰京したから、多くの重要な会談を予定していたことはたやすく想像できるが、その児玉がまだ桂首相や小村外相とも面会していないときに、杉山を招いて長時間閑談したことは、杉山がいかに深く児玉の懐に食い込んでいたのかを示すものであろう。原敬でさえ、児玉の極秘帰国を知るのは四月二日のことである。この会談の概要を後藤新平に報じた杉山の書翰の中に、阿里山をめぐって杉山が藤田組と台湾総督府との媒介役を担っていたことが明示されている。(15)

藤田金山及びアリサンの事等、小生の記憶にある事共洩れなく相話し、例の御家重宝の金山契約の事等相話し、引続きてアリサン処分の今日に至る傾向等申出で、僕は金山永遠の利益よりもアリサン目前の利益の分配に与かり度く、轍鮒蒼海の水を望まざるに非らずと雖も、其の急は一酌の水に在つて、尚ほ又たアリサン目前の利益よりも急なるものあることを相話し候処、総督は大笑、実に理の当然なりなど相話され申し候。而してアリサン民業計画に付き、宮内省との関係一切老兄が飯粒細工にて、宮内省も大黒もスキ勝手に細工したること共相話し候処、総督は膝を叩いて「後藤がズルイ事は永が年知つて居つたが、左程迄ズルイ細工を為す男とは思はざりし。近来の上出来〳〵」と言ふて激賞致され申し候。尚ほ此の上へとも今日迄の方針にて、色々の引つ掛かりなきやう片附くことを希望するとのことに有之候間、生は丁度大黒より後藤藤田との間に立ち、此の事完結迄尽力を頼まれ候に付き、表面非常に骨折り振りを見せて方取りを働き、其の実長官に細工をして貰ふ積なり云々とまで切込み相話し候処、それは必ず儲かること故へ遣るべし〳〵とのことなり。併しズルイヤツ計り集つて居る故へ、手抜けはあるまいけれども、成るべく儲け傷はせぬやうにせよとの口振りに有之候（明治三十八年三月三十日付

後藤新平宛杉山茂丸書翰[16]）

ここで杉山がいう「藤田金山」とは、藤田組が台湾で採掘権を得ていた瑞芳金山のことであろう。杉山が阿里山のみならず、藤田組が台湾で展開している事業全般に広く関わっていたことを示唆する内容である。そのことは彼が後藤新平に対し、藤田から顧問料をもらえるよう斡旋を懇願していることと深くリンクしていたはずである。杉山は藤田から金をもらうためにも、台湾総督府との間の利権斡旋に汗をかかねばならない立場であったのだ。

それはともかくとしても、この書翰は実に面白い内容を含んでいる。杉山は児玉に、自身の利益に関わる問題として阿里山の一件を相談している。「アリサン目前の利益の分配に与かり度」いこと、「アリサン目前の利益よりも急なるものあること」という部分は、杉山の目下の窮状を訴えているのであろう。「大黒より後藤藤田との間に立ち」云々は、大黒すなわち桂首相がこの問題に介在していたことを示している。そして杉山は、藤田に対し表面的に自身が汗をかくふりをしつつ、実際には後藤新平に始末をつけてもらおうと考えているのだと児玉に打ち明けている。児玉は、こうした杉山の利権狙いを鷹揚に是認しながら、「色々の引つ掛かりなきやう片附くことを希望する」「成るべく儲け傷はせぬやうにせよ」と、注意を与えているのである。とはいえ、この時点ではまだ児玉総督の方針は確定していない。児玉は杉山との面会後に、種々情報を収集したようだ。彼が阿里山経営を民間に任せることを決断したのは、満洲の戦地に帰任する十日ほど前のことである。

阿里山々林の計画書逐一披見仕候。此際官業を不能とせむ。民業となすの外なく、官民合同計画案は甚面白らす〔ママ〕候。民業計画案につき、御附箋の点総て至当に御座候。然るに過日藤田上京に付、幸ひ計画書を内覧せしめ候処、別紙の通意見書差出候。此意見書と督府現案の民業計画とは少第の圣底有之、直に一既いたし難き点も多々とは存候。藤田意見書中に於ても又、至当の点不抄。此儘手許に差上候条、御一見被成度。要するに適当の方法相立ち、一日も早く阿里山々林の価値を発揮いたす事は、勿論希望に堪えさる所に御座候（明治（三十八）年四月二十六日付後藤新平宛児玉源太郎書翰）[17]

この書翰の時点で、台湾総督府の阿里山経営が民営の方針をとることが確定したとみてよかろう。引用文中にある藤田組の意見書の存在は確認できないが、後藤が立案した計画と藤田の意見書との径庭が、その後協議調整されていったはずである。後藤は帝国議会での答弁で、藤田側から民間は利息が必要な資金を使って事業を実施するのだから、総督府の試算のような木材払下げ価格では到底成り立たないといった指摘があったことや、人材の不足などを訴えられたと明らかにしている。後藤は試算の内容を詳しく説明し、さらに必要な人材は官庁の職員を辞めさせて藤田組に送ることも約束したという[18]。人材を藤田組に提供するという点については、青森大林区署と東京大林区署の技師一名ずつが、依願免官のうえ、この事業に携わることとなったようだ[19]。

こうした経過を踏まえると、後藤が議会で答弁し、あるいは報知新聞が報じたように、台湾総督府が藤田組に狙いをつけて、いわば一本釣りの形で森林経営への参加を要請し、総督府の意を汲んで杉山が藤田組との間の斡旋を行っていたかのようにみえる。ただ、単純にそうであったと理解することに疑問符をつけねばならない点もある。杉山は六月三十日付で児玉に送った書翰に「阿里山一条に就は総督府に於て官業熱熾んなりし為め藤田の落胆甚だしく」[20]と記している。また東京朝日新聞が明治四十二（一九〇九）年一月十一日に報じた「阿里山問題是非」と題する記事では、阿里山森林事業に関して総督府に対し「民間の事業家から頻に其経営を出願したが中原の鹿は遂に藤田組の手に落ち」云々とある。これらも踏まえれば、藤田組の方にも阿里山経営に野心があり、後藤と昵懇の杉山を介在させて名乗りを挙げていた可能性は否定できないだろう。いずれにせよ杉山茂丸が、阿里山問題に関して台湾総督府と藤田組との斡旋者であったことは疑い得ないところである。

藤田組、撤退す

こうして阿里山開発の権利を獲得したにも関わらず、明治四十一（一九〇八）年一月に至り、藤田組は突然阿里山事業を中止すると発表した。藤田組は既に、鉄道の敷設などに二百万円もの巨額を投入していたから、阿里山からの撤退は多くの憶測を生み、政治上の問題にもなった。東京朝日新聞は藤田組がこの決断に至った事情を、三つの理由を挙げて報じた。ひとつは事業費の膨張である。この報道によれば藤田組は五百万円の事業費を見込んでいたが、予定の倍額が必要と判明したという。また伐採できる材木も見込みより少なくなったというのが二つ目である。そして三点目として、藤田組はこの違算を埋め合わせるため、附近の森林の伐採許可を申請したが、台湾総督府はこれを藤田組以外の「御用商人」に許可しようとする形勢に傾いたため、藤田組は総督府の再考を促すために阿里山の事業を中止したのだという。その「御用商人」として名前を挙げられているのが、賀田金三郎である。同紙の報道では、賀田と当時の台湾総督佐久間左馬太は、「内地に赴くときは必ず神戸の賀田別荘に投宿する程の仲」であるという[21]。

藤田伝三郎の長男で阿里山の事業を任されていた藤田平太郎は、右の記事のあと、東京朝日新聞の取材に対し、佐久間総督と賀田金三郎との関係については憶測に過ぎないと言明しつつ、それ以外の部分については三日の報道をほぼ認めている。藤田平太郎によれば、阿里山経営に手を染めたのは台湾総督府からの「内意」によるもので、その際に「万一将来阿里山同様の森林発見せられたる節」には、これも藤田組に任せてくれなければ競争が生じて事業が成り立たなくなると要求し、総督府からは「今日の所、影も形もなき事業に対し予め約束する訳には行かず併し場合に依り臨機の処置もあるべければそれは其時のこととして兎に角引受けては如何」と慫慂されたのだという。藤田組は台湾総督府のこうした要請を受け入れたわけだが、彼らが阿里山経営に着手して間もなく、宜蘭の棲蘭山に大森林が発見された。棲蘭山は阿里山に比べ木材の搬出が容易であり、阿里山との競合が不可避になるため、藤田組は直ちに伐採の許可を出願したが、この時点でいまだ許可は得られていないのだという。こうした状況から藤田平太郎は、棲蘭山の向背も不明確であるし、かつて総督府から示された事業計画と実情との相違についても調査をする必要があることから、阿里山の事業は一旦中止し、「精査を重ね時機を待つて更に之を継続せんとする次第」だと語っているのである。[22]

藤田平太郎は、棲蘭山の伐採許可を出願するに際し、杉山茂丸に相談を持ちかけた。そして出願書類は後藤猛太郎に託して後藤新平に直接手渡しするよう手配した。併せて杉山から後藤への直接のはたらきかけも依頼した。藤田平太郎はそうした事情を、後藤新平に宛てた書翰にすべて書き記している。

杉山氏より書面参り急に上京致候。其事故は、宜蘭方面の森林に対して三方より出願の運動を初め居候事相分り、若し此運動にして公然と相成候へば事甚だ面倒に相成、又同地方の地理及運搬の便其他の点に於て、阿里山経営上大打撃を蒙候事と相成、打捨置難き重大なる事件に付、杉山氏と相談の上、宜蘭及深坑両庁に亘る森林を当方へ御許可又は探見の御允可を得度候。為めに願書を呈出致候。其願書は後藤伯に托して、閣下に御手渡仕候事に信頼致置候。詳細の事は後藤伯より上申する事に相成候間、御聞取の上何分の御指揮願上度。何れ此義に付ては杉山氏よりも申上る事に相成居候へ共、私よりも懇願仕候。万事宜敷御願申上候（明治三十九年九月五日付後藤新平宛藤田平太郎書翰[23]）

この書翰によれば、杉山は何者かが棲蘭山の森林開発を出願する動きを察知して、それを藤田組に報じた。杉山が藤田から顧問料を定期的にもらっていたのかどうかは判らないにせよ、彼は藤田のため情報収集を怠らなかったのだ。そして藤田平太郎と協議し、後藤に直接願書を提出するよう知恵を授けたのであろう。棲蘭山を狙っていたのが誰なのかは明らかではないが、先にみた二月三日付け東京朝日新聞の記事を信用するならそれは賀田金三郎であり、とするなら杉山にとっては、かつて顧問料を引き出そうと画策していた相手の藤田と賀田とが、棲蘭山をめぐって角逐していることになる。ただ杉山と藤田との関係は遅くとも明治三十（一八九七）年の日本興業銀行設立構想のころから始まっており、その関係の深さや長さは賀田との関係の比ではなかったであろうから、杉山が藤田に肩入れするのは当然のことであった[24]。

とはいえ、このときの杉山の入知恵に成算はなかったはずだ。既に四月に児玉源太郎は台湾総督の地位を去って参謀総長に就いていたし、民政長官の後藤新平に願書を手渡したところで、後藤もまた台湾を去るのは時間の問題であったからだ。そのことは杉山が最もよく知っていたはずである。

杉山はこの年六月二十七日に、台湾の後藤新平に宛てて長文の暗号電報を発し、満鉄の初代総裁に、政府及び元老の一致した意見として後藤新平が推挙されている旨を報じ、この話を受諾するように勧説していた。七月二十二日に後藤は上京し、首相の西園寺公望から満鉄総裁への就任を慫慂されている。その場で固辞した後藤は、さらに児玉源太郎、山縣有朋と面会して同様に固辞の姿勢を崩さなかったが、その翌朝、児玉源太郎の急逝という椿事が出来したことから、後藤は八月一日になってやむなく総裁就任を受諾した[25]。

そのような状況下で藤田平太郎が棲蘭山の森林経営を出願したとしても、出願が競合している中で、しかもその競合の相手が後藤新平とも昵懇の仲であった賀田金三郎であったとすればなおさら、離任間近の後藤新平があとさき考えずにそれを直ちに許可することなどできようはずがなかったのである。

藤田組の出願の処理は児玉源太郎の後任である佐久間左馬太総督と、後藤新平の後任の祝辰巳民政長官の新コンビに委ねられた。しかも政権は桂太郎から西園寺公望の政友会内閣に移っている。親昵した政治権力者からのネポティスティックな恩恵をその本質とする杉山の「智謀」は、杉山を信用していない西園寺らに対しては働く術を持たない。藤田組が求める棲蘭山経営権の獲得は実現されないまま、ついに莫大な資金を投入した阿里山からの撤退に至ったのである。

紛糾する官営化方針

藤田組が阿里山事業の中止を表明してから約半年後の七月、西園寺首相は健康状態の悪化などを理由に辞職し、桂太郎が第二次内閣を組織した。満鉄総裁であった後藤新平は、引き抜かれて逓信大臣として初の入閣を果たした。杉山の「智謀」が蠢き出す環境が整えられたのである。

桂内閣は、藤田組が手を引いた阿里山の森林開発を、台湾総督府がみずから行う方針を採った。桂は十一月十八日に催された海軍大演習観艦式[26]のために下阪し、藤田伝三郎邸に滞在して阿里山問題を協議し、国が藤田組の権原を買い取ることで合意したとおぼしい[27]。この合意に基づき、桂内閣は第二十五回帝国議会に提出した明治四十二年度予算案に、藤田組がこれまでに投下した資金を補償するための経費などを盛り込んだ阿里山官営化予算二百六十二万円を計上した[28]。うち、百八十万円が、藤田への補償金であった。阿里山官営化の全体計画は、四十六年度までの継続事業として総額五百九十万円にのぼった[29]。藤田組の阿里山撤退発表以後、世上ではさまざまな憶測も飛び交い、また利権に敏感な政友会の一部議員の蠢動も囁かれる[30]状況下で、敢えて火中の栗に手を伸ばしたとみることができよう。

第二十五回帝国議会は明治四十一（一九〇八）年十二月二十五日に開院式が挙行され、翌年一月二十三日の予算委員会から本格的な予算審議が始まったが、早速阿里山官営にかかる事項が議論の的となった。冒頭に質問に立った政友会の森本駿議員は、内地の林業政策が官営から民営へ移行する方針であるにもかかわらず、台湾の阿里山開発を借入金まで行って官営でやらねばならない理由を質し、さらに児玉総督時代に阿里山開発を藤田組に許して民業としたのは誤りであったのかと追及した。これに対して桂は、阿里山経営の歴史を知ればそのような誤解は起こらない筈だといい、経緯をよく知る後藤逓信大臣に聞いた方がよいと、仰天すべき答弁をした。後藤新平は国務大臣とはいえ、今や台湾の施政に何の権限も持たない。所管大臣の平田東助内相や、台湾総督府民政長官の大島久満次ら政府委員も出席している予算委員会の場で、明治三十九（一九〇六）年当時の台湾総督府民政長官として藤田との契約に関わったことを以て、無権限の後藤に答弁させるという摩訶不思議な桂の答弁は、しかし出席委員から賛成の声が上がったため実現されることとなった。

求めに応じて答弁に立った後藤は、阿里山問題の来歴を滔々と弁じた。この答弁で後藤が述べた藤田組撤退の理由は、ほぼ東京朝日新聞が報じた内容と一致している。阿里山の森林の材積が当初の見込みより減少したこと、鉄道敷設に要する費用が大幅に増加したこと、藤田が望んだ楝蘭山の森林経営が許可されなかったことの三点である。しかし後藤が、藤田組の阿里山撤退理由のひとつに挙げられた楝蘭山の経済的価値を、「最モ海辺ニ近ク、最モ便利ナ土地デアル」と評価したことが、議員の追及の火種となった。後藤の発言を受けて政友会の横田時雄議員が、阿里山よりも楝蘭山の森林経営を行う方がよほど経済的ではないかと指摘したのに対し、大島民政長官は楝蘭山は阿里山に比べ「劣等ノ山デアル」と答弁したため、後藤の答弁と大島の答弁に食い違いが生じたのである。

阿里山が森林経営上楝蘭山よりも優れているのであれば、既に多額の投資を行った藤田が、それを放棄するのは訝しい。しかも楝蘭山の経営は、世評にのぼった賀田金三郎も含めて、誰にも許可する予定はないと総督府が言明しているにもかかわらず。また阿里山が経済的にも優位な森林であるのなら、それにも関わらず企業家の経営判断として勝手に撤退を決めた藤田に対し、その投資額を総督府が補償するのはなぜか。こうした疑問点に議員たちが追及の矛先を向けるのは必至であった。後藤新平も再度答弁に立って、自身の答弁と大島の答弁とに齟齬はないと強弁し、桂首相もまた議員側の齟齬の指摘を遺憾と表明したが、この日の質疑では遂に政府と議員との溝は埋まらないままに終わった[31]。

月をまたいで二月五日に開かれた衆議院予算委員第二分科会で、再び阿里山問題追及の火の手があがった。政友会の武藤金吉議員、戸狩権之助議員、高橋光威議員が次々と質問に立って大島民政長官を攻め立てた。大島は孤軍奮闘してよく防戦したが、「藤田組ハ今日デモ阿里山ハ利益ガ無イト云フコトハ申シテ居リマセヌ、相当ノ利益ガアルト云フコトハ申シテ居リマス」と答弁したのでは、事態を紛糾させるばかりであっただろう。武藤金吉は藤田を指して「彼ノ欲ニ抜目ノナイトコロノ天下ノ奸商」と呼び、その「奸商」が相当の利益を抛って事業から撤退するのは訝しいと指摘したが、大島は攻め立てる議員たちを納得させる説明ができなかった[32]。その結果、阿里山官営化予算は、二月十日の予算委員会において、全会一致で否決される憂き目をみたのである。

東京朝日新聞は、この議会での顚末を踏まえて「阿里山善後策」なる論説を掲げ、当初藤田組に阿里山経営を許可した際には四割の純利が見込まれていたことを指摘して、「其時には之を無償にて一個人に譲渡し、其後計画の疎漏なりしことを発見し、利益も左程多からざること明白となるに及んでは、再び之を買戻して官業となさんと欲す。即ち利益多ければ民業となし、利益少なければ官業として経営すといふことゝなる」と評し、「阿里山経営に関する不思議は此の如く百出す。其騒然なる物議を惹起し、遂に不成立の運命となるは正に当然といふべきなり」と断じている。そして桂内閣が民業奨励の方針を打ち出していることはさまざまな施策に鑑みて明白といい、阿里山も民間事業者によって経営されるべきだと論じている[33]。あからさまではないものの、桂内閣及び台湾総督府と藤田組との阿里山をめぐる経緯に、疑惑があることを浮き彫りにしたのである。

しかし桂内閣は、第二十五回帝国議会での予算否決に屈しなかった。一年後の第二十六回帝国議会に、阿里山官営化予算は前年とほぼ同じ内容で再び提案されたのである。若干の変更があったのは、事業財源のうち前年度においては借入金が充当されることとされていた財源を、大部分は台湾事業収入で賄うとしたことと、藤田組への補償金支出を三箇年分割としたことに過ぎなかった。しかし事業実施の必要性に対する台湾総督府の説明内容は、一年前とは大きく様変わりをみせた。総督府はあらたに五ヶ年継続事業として予算計上した理蕃事業と、阿里山の森林経営の必要性とを深く関連づけて説明したのである。

蕃人と呼ばれた台湾の先住民族をいかに統治していくかという問題は、日本の台湾領有以来の困難な課題であり、児玉総督時代に漢民族を中心とする西北部を制圧した後も、まだ未解決のまま残されていた。先住民族統治政策すなわち理蕃は、従来地方税を財源とする警察費で賄われていたが、この明治四十三年度予算案において初めて国費事業化されたのである。そして阿里山事業については、「兎ニ角是ヲ官営デ政府デヤラナクテハナラヌト云フコトノ理由ヲ第一ニ申シ上ゲタイト思ヒマス、阿里山ノ如ク蕃界ニアリマス所ノ山ヲ開キマスルノハ、ソノ山ニ存在シテ居ル木材ヲ切ッテ出スト云フノガ目的デハナイ、即チ蕃地ノ啓発沿道ノ拓殖共ニ其目的デア(34)」るという論理が展開された。阿里山開発が理蕃事業に資するということは、前年度の議会でも言及されてはいたが、この議会での説明では理蕃の根拠地を拓くために阿里山開発が不可欠であるとされたのである。これが本末を顚倒させた論理であることは、児玉・後藤時代の阿里山開発をめぐる経緯に鑑みて明らかであろう。穿った見方をするなら、阿里山官営化予算を再度上程するに当たり、前年度とは異なる説明をせんがために、強いて理蕃事業の予算化を図り、その一環としての阿里山開発という強引な理屈を捻り出したと理解することも可能であろう。なんとなれば、理蕃事業は過去から継続して実施されてきたものであるが、新たに多額の予算をこのタイミングで計上して重点化しなければならない積極的な理由は、政府の答弁からは見出せないのである。

ところがこの顚倒した論理を、議会の多数派である政友会所属議員は受け容れたのである。明治四十三(一九一〇)

年二月三日の予算委員第二分科会で、政友会から質問に立ったのは藻寄鉄五郎、岡崎邦輔、粕谷義三の三議員と、議事進行役でもある主査の改野耕三であったが、彼らは平田東助内務大臣や大島久満次台湾総督府民政長官の答弁に対し、深く追及することはなかった。改野などは、憲政本党の坂口仁一郎議員が政府答弁を不満として反論に立つと、他の議案審査の都合を理由に議事を進行させた[35]。この日の議事内容を報じた東京朝日新聞は、「世間より臭き問題として疑惑の眼を以て注意さるゝに拘はらず政友会にては何等かの交換条件に依り此提案に同意するやに伝へらるゝ阿里山問題[36]」と表現している。政友会側が阿里山問題をめぐって藤田組に何らかのはたらきかけをしていたことは、一年前にも報道されていたが[37]、引用記事によるなら、政友会と政府には何らかの裏取引が成立したとみることができよう。裏取引の存在を疑わしめる事実は、当日の議事内容にもみられる。右に言及した坂口議員の発言を議事進行の必要によって改野主査が制した直後、大島民政長官は補足説明と称して、藤田組に対する百八十万円の補償金額について、「絶対ニ百八十万円ヨリハ何カラ見テモ減ルコトハナラヌト申シタ訳デハゴザイマセヌ（略）或ハモット廉クモ高クモ往キマセウ」と述べたのである[38]。聞かれもせぬことをこんな風にいったのでは、予算減額は可能だと表明したに等しい。そして九日の予算委員第二分科会での採決に際し、藻寄議員は百八十万円の予算を百二十万円に減額し、二ヶ年で執行するという修正案を提案し、これに対し平田内相は「政府ニ於テモ（略）御同意ヲ致ス考デゴザイマス[39]」と容認した。このやりとりをみれば、政府と政友会が手を握っていたことに疑いをいれる余地はなかろう。この結果、藻寄の修正案は賛成多数で可決され、藤田組の撤退表明から二年にわたる騒動を経て、阿里山問題は落着したのである。

阿里山から釜山鎮へ

前章で引用した「浪人組の旗頭　杉山茂丸の正体」には、次のような一節がある。曰く「例へば阿里山問題の如き、杉山が藤田組の依托を受けて官営としたのである。後藤男などは始めからこれを承認してゐたが、政府筋、政党の反対者間に運動して、首尾よく藤田組の目的を達せしめたのは杉山で」あると。この記事を額面通りに受け止めるなら、前項で言及した政府と政友会との裏取引を媒介したのは杉山茂丸であったということになろう。それはいかにも「政界の黒幕《フィクサー》」たる杉山に似つかわしい役回りといわねばならない。そして記事は次のように続いている。「其謝礼として、藤田組は杉山に釜山付近の宏大な地面を与へた。これが今日杉山唯一の財産となって居る」(40)と。釜山付近の宏大な土地が藤田から杉山に与えられた。それは杉山が阿里山問題で藤田のために暗躍したことに対する謝礼であった。これは事実であろうか。

この記事が発表された半年後の明治四十五(一九一二)年五月、東京朝日新聞に「釜山鎮土地株式会社創立」と題された一篇の記事が掲載された。名古屋の実業界で重きをなしている奥田正香や神野金之助らが、朝鮮釜山鎮の海岸地四十万坪を埋め立てるため、資本金五百万円で釜山鎮土地株式会社を創立するための発起人会が開かれたことを報じた記事である。そしてこの埋立事業は「予て桂公後藤男等より慫慂され居りたる」ものであったこと、埋立地は将来満洲と朝鮮とを結ぶ満鮮鉄道の起点となる予定であること、さらに竣工後の埋立地のうち八万坪は「政府に買収さるべき命令条件も附」されているのだとされている。そしてこの埋立権を所有しているのは伯爵後藤猛太郎であり、後藤猛太郎は伊藤博文が韓国統監であったころ「十八新聞操縦費といふ問題に上り藤田伝三郎氏も二十万円を出して此土地を買ひ此株を以て操縦費に充てしものにて杉山茂丸、後藤伯等が其間に斡旋し現に後藤伯の所有に移りたるもの」(41)であるというが、約一週間後の記事では、権利所有者は杉山茂丸であり、後藤猛太郎は杉山の代理人であると報じられている。(42)藤田が杉山に与えた土地というのは、おそらくこのことである。土地そのものではなく、釜山鎮の前面海域の埋立権であったのだ。

この利権の動きを注視していたのは、前出の無署名記事の執筆者だけではない。半年後の大正二(一九一三)年二月五日から東京朝日新聞に七回にわたって連載された論説「政商輩に与ふる書」は、鋭い筆鋒でこの利権の構造を剔っている。記事の署名は「耕堂迂人」。当時二十七歳、新進気鋭のジャーナリスト中野正剛である。中野はこの論説で大倉喜八郎や高田慎蔵ら、さらに藤田某や郷某すなわち藤田伝三郎や郷誠之助らを指して「政商」と呼び、後藤新平をして「商政」と呼び、そして同郷の先輩にあたる杉山茂丸を杉山某と記してこれを政商と商政との間に飛び回る「蒼蠅」と評し、蒼蠅が「バチルス」すなわち賂《まいない》を媒介伝播しているのだと、痛烈な批判を展開している。

ここで釜山鎮埋立をめぐる利権の動きは、以下のように論じられている。

> 曩に後藤男の満洲鉄道総裁たるや、京釜鉄道と満洲鉄道とを統一せんとの策あり、由来一策を案ずる毎に一利を思ふは商政の偉大なる所以にして、政商と蒼蠅との其門に群集する所以なり。男爵は果たして自ら発案せしや、或は他の献策を容れしや分明ならざれど、釜山に埋立工事を起して貨車製造場の建設地を得んとせり。乃ち後藤某、杉山某等切〔マヽ〕りに蒼蠅となりて所在を徘徊し、政商藤田伝三郎を脅かして資を出さしめたり。政商は何が故に資を出せしか、彼曩に阿里山問題に就て商政男爵の私恩に浴せし夤縁《いんえん》あればなり。（略）藤田は資を出せしも遂に成業の期す可らざるを虞れ、既に投資せし資本と権利とを挙げて、杉山と呼び、後藤と呼ばるゝ蒼蠅に譲りたり。嗚呼権貴と蒼蠅との画策は遂に政商に逃避せられしなり。是に於てか蒼蠅は政商に受けたる権利を握りて、屢男爵の応接室に飛翔せり。男爵何に感ぜしか昨年欧洲漫遊に先だちて突然朝鮮に出張せり。（略）威風堂々たる男爵は屢々厳正無骨なる寺内伯爵と耳語喃々せり、之が結果釜山の埋立地廿八万坪は竣工の暁一坪廿八円半を以て総督府に買上げらるゝに決せり、而して杉山、後藤等の蒼蠅が埋立工事に投ずべき資本は、一坪三円半に過ぎざるなり。即ち坪にして廿五円は蒼蠅の利する所なり。廿八万坪を通計して七百万円は蒼蠅の利する所なり。[43]

釜山鎮埋立をめぐる杉山の動静について言及された新聞記事をもうひとつ挙げておく。ハワイで発行されていた日本語新聞『日布時事』の記事で、杉山茂丸の人物を批判的に紹介した中に次のように記されている。曰く「彼は朝鮮釜山港の一半が打ち上げられたる砂によりて埋められ船舶の出入が出来なくなるや何時の間に手に入れたか其処を自分の所有地として仕舞つた、思ふに伊藤公の時代に於て公より巧く頂戴したるに相違ないとの見当、斯くて名古屋の奥田正香や神野代議士をして五百万円の資本を出さしめ埋立工事を行はしめた而かも自分は五十万円の取り切りで其土地を渡したなど五十万円の只だ儲け濡手で粟の攫み取りとは此事だ[44]」と。

釜山鎮埋立が初めて新聞に報じられたのは、管見では明治四十（一九〇七）年三月十一日の東京朝日新聞で、「十日後藤伯等の計画せる釜山鎮埋築起工式を挙行し官民を招き祝宴会を開く」という短信であった。同年九月には読売新聞の「隣の噂」というゴシップ的コラムに「韓国釜山港東海岸四十万坪の埋立権利獲得で、甘く統監に取り込んだ後藤猛太郎伯と杉山茂丸君とが主人役で、釜山の鳴門楼に埋立開始祝賀会を開いた[45]」とある。

それぞれの報道には少しずつ事実関係に違った点があるが、これらを総合すれば、釜山鎮の埋立権が杉山の手に落ちた経緯はおおよそ推察がつく。おそらく杉山らは釜山鎮の埋立事業でひと儲けすることを考え、阿里山森林開発の利権をめぐって藤田と後藤新平との間を斡旋した見返りとして、その埋立事業の資金を藤田に提供させたのであろう。杉山は韓国統監に赴任した伊藤博文を懐柔して、あるいは伊藤のメディア対策のために労をとって、統監府から藤田に埋立権を与えさせた。四十年に始まった埋立工事がどこまで進捗していたのかは判然としないが、いずれかの時点で藤田は手を引いて権利を杉山に与えた。そこには阿里山官営化に関する杉山の何らかの関わりに対する謝礼の意味もあったかも知れない。しかし事業継続資金を持たない杉山らは、桂太郎や後藤新平、さらに朝鮮総督寺内正毅の力を借りて、四十五年に至り名古屋の実業家にこれを譲渡することに成功したのである。こうした経緯が当時のジャーナリストたちの共通認識であったことは、以上の報道や論説から容易に判知できよう。

東京朝日新聞の報道にある桂や後藤新平らの慫慂云々、寺内による埋立地の買収などは、別の史料にこの間の事情を窺わせるものがある。桂太郎が後藤新平に発した書翰に「其節御内話仕候杉山氏の件に付、昨日午前寺内総督来訪協議を遂け候得共、彼の釜山港問題は目下之処にては兎ても急速の間に合ひ兼候故、差当り之急策は同総督之心配に依頼仕置申候。併し夫れとても余分之事は六つケ敷様子に有之候。将来之事に付ては現今之計画に多少之増設を加へ、其上に而之事に致可申候半而は総督に於而も致し苦敷事と被察候。何れ老兄と御話も可仕との事に候間、前陳之成行申出置候[46]」とある。この書翰は十二月六日の日付があるだけで発信年は明らかではないが、内容から明治四十三（一九一〇）年乃至四十四（一九一一）年のものと推定され、前後の事情を勘案するなら四十四年のものとみてよかろう。ここでは桂や後藤が、釜山港に関係する何らかのことがらについて杉山からはたらきかけを受けていることが読み取れる。これは釜山鎮埋立に関するはたらきかけに相違なかろう。そして桂はその対応を寺内朝鮮総督に委ねているのである。

では、寺内はどのような対応をしたのだろうか。中野正剛は、後藤新平が欧洲行の前に朝鮮を訪問して寺内と何らかの協議をしたと指摘している。これは明治四十五（一九一二）年五月三十日のことを指しているのだろう。寺内は当日の日記にこう記している。「十時半後藤男来訪日露協会ノ事及政事上ノ近今ノ事情其他ノ談話ヲ聞キ、午食ヲ共ニシ、尚午後三時過迄諸種東京ノ事情ヲ承知ス[47]」と。中野正剛によればこの会談の結果、朝鮮総督府による埋立地の買上げが決ったのだという。杉山から埋立権を買い取った相手側のひとり神野金之助の伝記によれば、神野や奥田正香らは釜山に渡って現地を視察したのち、寺内総督にも面会したという。神野の伝記では四十五年三月のこととされている[48]が、これは錯誤であろう。寺内が奥田や神野を引見したのは六月十日である。寺内の日記を引こう。

（略）后三時半ヨリ土木鉄道ノ局長幷ニ児玉坂出ヲ招キ山県総監列席ノ上釜山埋築ノ件ヲ協議ス。先是午前奥田正彦《ママ》神野等ノ名古屋ノ人来リ埋築事件ヲ尋ネ来ル。由テ明日之ニ決定ヲ与フヘク約束シタルカ為メ此召集ヲ為セシナリ(49)

寺内は奥田や神野と午前中に面会して、釜山鎮の埋立について翌日に検討結果を示すと約した。そして午後に総督府の幹部を呼んで方針を協議したのである。翌日の夜七時、寺内は奥田、神野らを招いて夕食を共にした。おそらくそこで埋立地の一部を総督府が買い取る方針が伝えられたのであろう。神野金之助の伝記は次のように記している。「当時釜山鎮埋築事業が永く中止され、朝鮮の開発上困惑を感じてゐた際とて、総督は一行の渡鮮を歓び、且事業を引受けて進捗せられん事を懇望し、埋立地四十万坪の内、総督府としては六万坪乃至八万坪を買上げ、其他二三の条件を付して出来るだけの保護と便宜を図るべしとの事であつた(50)」と。

埋立権の売却価格は一坪あたり一円であった(51)。総額四十万円である。中野正剛の論説で伝えられた額の一割にも満たないが、邦貨現在価値にして八億円近い巨額である。明治三十（一八九七）年ごろから後藤新平の庇護の下、一攫千金を狙ってさまざまな利権獲得に奔走しながら、なお負債に喘いできた杉山は、おそらくこの釜山鎮埋立権の売却によって、ようやくひと息ついたに違いない。

そしてこの成功体験は、杉山を新たな埋立事業へ駆り立てた。大正期に杉山が、郷里福岡で博多湾築港を主唱し、門下の実業家中村精七郎の巨額投資によって事業着手に導いたことは、彼の事績としてよく知られている。しかし杉山には、もうひとつの築港事業構想があった。次項で、杉山が構想していた東京湾築港について検討する。

東京湾築港構想

大震災で東京が壊滅した大正十二（一九二三）年九月一日、杉山の築地台華社も地震のあとの大火災で焼失の憂き目をみた。杉山は芝新堀河岸の東京石炭商会に身を寄せたが[52]、十三日には早くも山本権兵衛首相に面会を試みている。しかし杉山自身が「大地震内閣で、庵主は色々心配をしたが、山本総理は庵主を相手にしなかった」（俗、六五三）というとおり、山本は閣議や来客を口実に杉山に会おうとしなかった。杉山は山本内閣の内相に就いていた後藤新平を通じて面会を申し入れていたとおぼしく、面会できぬまま帰宅してから発した後藤新平宛ての書翰には、首相に会えないのはあたかも後藤新平が熱心でないからであるかのような恨みごとが記されている。曰く「小生は生涯中、二度と桂児玉程小生の言を容るゝ人ありとは思はず候。此点に至りては、閣下の賢明其慈心あるとは思ひ不申候。故に生涯身を国事に献じて報ひを求めざる小生を憐まるゝ事を、死に至るまで決して閣下にも求めざるべし（略）閣下がヒッピリ腰の紹介にては、小生は首相に謁する事を止むべし。若し閣下が身に易へて御紹介被下、首相が小生の愚説微力を要せらるゝ事もあらば、之を最後として犬馬労を吝まざるべし[53]」と。桂太郎や児玉源太郎は自分の意見をよく聞いてくれたのに、後藤はそうではない、死ぬまで後藤からの憐憫は受けない、後藤がそんな態度ならもう首相には会わぬ、後藤が一身にかえて自分を首相に面会させ、首相が自分の献策をほしいというなら尽力してやろうというのである。なんと凄まじい自意識の発露であろうか。

杉山にしてみれば、せっかく国家の危機に際して政府を援助するための策を授けてやろうと思っているのに聞こうともしないとはなんだ、ということであろうが、山本首相にしてみれば、インフラの復旧をはじめ、治安、医療衛生、被災者の生活再建、復興計画といった課題が山積して、おそらくは眠る暇もないほどであっただろうから、杉山のごとき者に割く時間などあるはずがない、ということになろう。直接それらの課題を片付けていくべき立場にある後藤内相とて同様であっただろうし、ましてや杉山の裏面を知りぬいている後藤にしてみれば、「生涯身を国事に献じて報ひを求めざる小生」などとは、いったい誰に向かっていっているのかと思ったのではなかろうか。

杉山は大きな災害に見舞われた被災者が陥る心理的高揚状態にあったのだろう。右の書翰で後藤に対して啖呵を切ったにもかかわらず、彼はすぐに素知らぬ顔で次々と書翰を送りつけ、利権まじりの要望を積み重ねた。松竹の蒲田撮影所復旧のため銀行に口利きをしてやってほしい[54]、復興のための材木輸入が必要なら米国のキング商会がよい、フィリピン材なら門下生の今村栄吉が押さえている、資材の揚陸は中村精七郎にやらせるのがよい[55]、国技館修復を希望している相撲協会の役員に会ってやってくれ[56]、等々。後藤新平が九月二十七日に設置された帝都復興院総裁を兼任するのを待っていたかのように、杉山は利権斡旋業《フィクサー》に精を出していたのである。

後藤がまとめた総額七億二千万円にのぼる復興計画に対し、帝都復興審議会の場で枢密顧問官の伊東巳代治が激しい攻撃[57]を浴びせたところ、杉山は後藤へ一通の書翰を送った。

復興の事は予算はアレで沢山と思ふが、其外に突然と裏面市をして、東京湾大築港（復興院監視の本に）をさせては如何。其条件は
第一、三億円で全築港の結約する事
第二、其製図は古市、廣江などの手にある事
第三、負受を米国人にさせる事
第四、其支払は東京市債に政府のセコンドガランチーを成効の上にて払渡す事
第五、その受負人と僕は立派に契約を以て居るから、屹度受合ふ事
若し此案を取らば、一文なしで三億円の築港が出来、東京市民は一文の増税をせずして、其債券の支払は成港の上り高から立派に済ませる計算ある事

斯る案で突然内外上下に冷水をあびせて見る事如何。

若し見たければ何時でも契約書見せる。

本契約がしたければ今直でもさせてやる。

契約が出来れば一ヶ月の後から着手させる。

川上博士をして、既定の地図で其一部丈けを計算させたら、九千万円で三百五十万坪の土地と上屋まで出来て、壱坪五十円として八千五百万円の利益ある数字が出た。夫も見たければ何時でも持つて来る。

此際はコンナ事を考へる時と思ふ。若し兄が採用出来ねば、商業会議か若くは他の方法で打出して見よふと思ふて居る。（大正十二年十二月二日付後藤新平宛杉山茂丸書翰(58)）

この書翰で杉山は、震災復興の一環として東京湾の築港事業を提案しており、請負を米国人にさせ、費用は東京市債で賄い、それに政府の保証を付けるというスキームまで示している。そしてその請負をなすべき米国人との間に、すでに契約を締結していることを表明している。しかし後藤はこの提案を採り上げなかった。復興計画が頓挫しかねない状況の下で、杉山の怪しげな提案を採り上げることなどできるはずがなかったであろう。そのため十日後に、杉山は内閣総理大臣山本権兵衛に対し、書翰と書類を送りつけた。書類は二点あり、ひとつは契約書と題された文書、もうひとつは杉山の署名がある「東京市民に告ぐ」と題された文書である。書翰は次のような内容であった。

小生も多年の理想と申候東京湾築港延払完成の儀、米人と相談相試申候処、別紙契約書の通り、去十一月廿二日調印を了し候。若し何等かのご参考にもやと存し、写全部座右に捧呈仕候。若し御都合に依り、小生より市民等に告ける方御便利と被思召候はゝ、別紙草稿の主意位ならば、新聞等にて発表の事差支無之と存申候（大正十二

年十二月十二日付山本権兵衛宛杉山茂丸書翰[59])

この書翰の中で杉山がいう「草稿」が「東京市民に告ぐ」という文書であろう。内容は彼のさまざまな回顧談と同様、盛大な自慢話を交えて、震災復興のため東京湾築港を外国資本によって行うこと、そのため米国人と杉山との間に契約を結んだこと、築港に伴う市民負担は生じないことなどが述べられている。市民負担が生じない理由は、埋立工事費用が約三億円、埋立によって生じる土地の総価額が約三億八千五百万円で、築港に伴う港湾施設使用料などで浚渫費用などの維持コストも賄えるというものである。これを首相に向かって、何なら自分が新聞に発表してもよいなどというあたりは、杉山の自意識の異様なほどの高揚ぶりをみることができる。

契約書は無署名の写し[60]で、契約当事者は杉山茂丸（契約書上Aと表記される）と、ホノルルのデリングハムという人物[61]の代理人のシー・エフ・クライ（契約書上Bと表記される）である。契約の目的は第一条に「日本政府又ハ東京市庁ヨリ東京湾築港ノ契約ヲ獲取セントスルモノ」と定められ、第二条でそのために「AハB及Bノ仲間ノ為メニ築港ノ計画ヲ進捗セシムル為メ労力ト其費用トヲ負担シ且又港ニ撰定セラレタル場所ニ於ケル深浅ノ測量ボーリングニ関スル報告及必要ナル凡テノ海図其他Bノ技師カ適当ナル設計ヲ準備スルニ必要ト考慮スル消息ヲBニ提供スルモノナリ／AハＸ築港ノ場所ニ於テBノ技師カ測量ヲ成就スル為メ官庁ノ許可ヲ得及其計画ノ実施ヲ進ムルニ関係シ出来得ル限リノ援助ヲ為スモノナリ」と、杉山が負うべき契約上の義務が定められている。第三条から第五条には、クライ側は官庁との交渉その他の行為はすべて杉山を通さなければならないことが定められている。第六条は「日本官権ト契約ノ要項ハ東京湾築港ノ全部ヲ総金額ヲ以テ締結シ其築港費ハ東京市庁ノ発行スル公債ヲ以テ支払フモノトス該公債ノ償還及利率ハB及Bノ仲間ト協議シテ後ニ決定スヘキモノトス斯ク発行サレタル公債ハ（A）埋築完成シタル土地ノ売却ヨリ生シタル代金ト（B）船舶ヨリ徴収シタル港税ノ剰余金ト（C）土地貸下ノ地代ト（D）公債ハ東京市ガ第一ニ調印シタルモノ（E）日本政府カ第二ニ調印シタルモノニヨリテ保証サル、モノナリ当局ニ於テ全契約ノ一部分ヲ限定シテ契約ヲ取結フ場合ニハ其成功ノ都度当局ノ検査ヲ経テ前記同様ノ公債ニテ支払ヲ受クルモノトス」とされている。第七条は工事の完成保証に関することが規定され、第八条には災害リスクに関して「築港就業中海嘯、地震等ニヨリ天災不可抗力ノ損害ヲ蒙リタル場合ニハ其損害額ヲ契約者相互ノ撰ヒタル専門家ニヨリテ決定シ依リテ起リタル損害ハ日本官庁ノ負担トシ其金額ヲB及Bノ仲間ニ下附セラル、公債ニ追加発行シ其損害ヲ償ヒ払渡スモノトス」と定めている。第九条では契約期間は五年、違約金を金貨二十五万ドルと定めている。第十条は「前記ノ各条項ハ杉山茂丸氏トデリングハム氏トノ間ニ直接締結スヘキ契約ノ基礎トシテ提供セラルヘキモノニシテデリングハム氏カ変更ヲ要求スル時ハ杉山氏ノ考慮ノ為メ提出シ杉山氏ノ文書ノ同意ナクシテハ変更ヲ許サヾルモノトス」とされている。契約日は大正十二（一九二三）年十一月二十二日であり、杉山が山本首相に書翰を発した日の二十日前になっている。

この契約書は、実に奇妙な内容だといわねばならない。条文を直接引用した部分が、その奇妙な内容を示す。第二条に、杉山が負うべき義務が規定され、彼はそのために費用の負担すらせねばならないのであるが、契約の各条には、杉山の義務に対応すべきクライの義務は何も書かれていない。しかも杉山が義務を果し遂せた場合の成功報酬についても何も書かれていない。杉山は費用負担すら厭わずにクライ側に利権をもたらすべく働かねばならないが、それに対する報酬の規定がない。すなわちこの契約は、杉山だけが一方的に義務を負う片務契約である。第六条と第八条は、杉山には何の権限もない官庁側の公債発行やその政府保証、さらに遠い将来の土地売却や港税などについて定めたものであり、それが実現する保証はどこにもない。条文を読む限り努力義務規定ではないから、おそらくこの条項は法的な有効性を持たないであろう。このような杜撰な契約は、本来成り立つはずはないのだが、それを成り立たせるのが、恐らく第十条である。この条項は、杉山がこの契約に基づく義務を全うした場合に得られる報酬を隠蔽した部分に違いない。「杉山茂丸氏トデリングハム氏トノ間ニ」は、別途「直接締結スヘキ契約」が予定されているのである。その直接締結すべき契約の中に、デリングハム側の義務が定められ、第六条や第八条の規定の不成立時の取り扱いなども定められているとすれば、二つの契約を通じて双務契約の形態を為すことになろう。すなわち首相に送られた契約書は、肝心な部分が隠匿されているとみなされるのである。杉山がこのような内容の契約を結んだ目的は、これを盾として政府や東京市側と交渉する民事法上の立場を確保し、かつそれを圧力として用いようとするものであろう。それは杉山の常套手段であった[62]。

震災で多くのものを失った杉山は、東京湾築港に外国資本を導入することによって、その損失の挽回を狙っていたのではないだろうか。しかしその目算は意外なところで崩壊する。この首相宛て書翰が発せられてからわずか二週間のち、摂政裕仁親王が虎ノ門外で難波大助から銃撃を受けるという大事件が勃発したため、内閣はその日のうちに辞表を捧呈し、明けて一月七日に総辞職が認められた。後任の首相には清浦奎吾が任ぜられたが五ヶ月あまりの短命内閣に終り、その後は元老西園寺公望が主導する二大政党時代に突入する。後藤新平は二度と台閣に列することはなく、杉山が目論んだ東京湾築港は文字通り水の泡となって潰えたのである。

第二節　週刊雑誌『サンデー』と樺太庁機密費

メディアへの関心

杉山茂丸は、その生涯の多くの期間を通して、メディアに対し強い関心を持ち続けていた人物であったといえる。

杉山が生きた時代は西洋の文物が大量に流入し、徳川時代とは比較にならないほどメディアが急速に発達した時代であった。新しもの好きであった杉山は、西洋由来の新たな情報伝達手段《メディア》を積極的に取り入れながら、さまざまな政治的あるいは経済的活動にいそしんでいた。

杉山の名が初めてメディアに登場したのは、明治十九（一八八六）年二月二十四日付の福岡日日新聞への寄稿であると目される。題して「新聞紙ノ読方ヲ論ジ併セテ青年諸士ニ政治思想ノ乏シキヲ嘆ズ」。マイクロフィルムの状態がよくないので判読できない部分があるが、この論考で杉山は、新聞が社会の進歩に重要な役割を持つことを述べ、各新聞の主義に基づく社説を吟味することによって青年が思想を涵養することが必要であると論じている。明治十九（一八八六）年二月といえば、おそらく杉山が頭山に出会って福岡に帰郷して間もない時期である。四月には福陵新報の創立事務所が開設されているから、杉山がこの論考を投じたころには、頭山による新聞発行の計画はある程度具体化していただろう。そのことと投稿の内容との間には何らかの関係があったに違いないが、杉山がメディアに登場したその皮切りが、新聞というメディアの重要性を論じたものであったことは暗示的である。

杉山はこの投稿ののち、頭山とともに福陵新報創刊に関わり、創刊後は事務部門の一員としてその経営にも携わった。社史の記述をみる限り、杉山の名は事務部の筆頭に掲げられているから[63]、頭山の信任の下、番頭的な役割を任されていたのかも知れない。杉山は福陵新報の経営に参加することによって、おそらく多くのことを学んだであろう。新聞というものが政治権力とどのように関わっているのかは、県知事の安場保和からの有形無形の援助[64]によって体得したであろうし、新聞の本質が、政治の非を鳴らして輿論を喚起することのみにあるのではなく、政治権力のためのプロパガンダを行ってそれを誘掖する役割を担うことも実体験したであろう。

このような背景を持って、杉山は玄洋社を離れて単騎東京に出た。そしてそこで朝比奈知泉の知遇を得る。第二章第二節でも述べたように、朝比奈知泉は伊東巳代治が所有する東京日日新聞の主筆であり、杉山が世に出るきっかけを摑んだ暢気倶楽部の頭目であった。福陵新報がいわゆる民党系の福岡日日新聞と対抗する吏党系の色彩を持っていたのと符合するように、杉山が東京で相識となったのが政府系の東京日日新聞主筆であったのは、偶然なのかあるいは必然なのであろうか。

杉山は明治三十（一八九七）年に自身の事務所に電話を架設していることが、彼が森まつの父に送った書翰[65]の封筒から知られる。商売のために必要であったということだろうが、明治三十（一八九七）年に電話を持ったというのは、かなり早かったとみられる。逓信省の統計によれば、明治三十年度末現在で東京市の電話加入者数は、わずか三千三百七十名に過ぎない[66]。また交詢社が発行していた『日本紳士録』は、さまざまな基準で「紳士」を抽出していたが、明治三十五（一九〇二）年の第八版から三十九（一九〇六）年の第十一版までは電話を所有していることが採録の基準に加えられた[67]。これらは当時の電話所有の稀少性を示すと同時に、杉山が新興の情報機器《メディア》の重要性に敏感であったことを語っているであろう。あたかもそのころ、杉山は妻子と両親を東京に呼び寄せた。当時九歳であった杉山の長男直樹は、長じて夢野久作の名で探偵小説作家として世に出るが、その作品の多くで情報＝メディアに翻弄されて破滅していく人々を描いていると指摘される[68]。とりわけ、電話の音声からその通話内容以外の情報を感知する能力を持った青年の物語『鉄槌』では、電話の混線から製糖会社の株価の情報を摑む場面が描かれているが、それが夢野久作の少年期における東京での体験と無関係であったとは考えがたい。祖父母とともに福岡の片隅で、電話などの最新メディアとは無関係な生活を送っていた少年が、東京に移住して初めて接したさまざまな事物は、彼の小説に多くの影響を与えたであろう。

因みに『日本紳士録』において、杉山茂丸の名は明治三十四（一九〇一）年の第七版から三十六（一九〇三）年の第九版まで、三ヶ年にわたって掲載されている。また新興メディアといえば、貿易商としての杉山が扱っていたものが写真材料[69]であったことも、彼のメディアへの関心を示す一つの要素とみることができよう。

明治三十七（一九〇四）年十月に伊東巳代治が東京日日新聞の発行元である日報社を手放し、三菱財閥を背景とする加藤高明が社長に就任したが[70]、伊東側と加藤側の交渉が進められている最中に、杉山茂丸は自身が日報社を買収するための工作を行っていた。とはいえ、当時の杉山が新聞社を買収するような資金を持っているはずはなく、彼は藤田伝三郎を通じて桂首相に政府の裏金から買収資金を捻出するようはたらきかけていたのである。杉山によれば、日報社内に勃発した伊東巳代治と越山太刀三郎や龍居頼三ら幹部との間の対立を調停したことがきっかけで内情を知るようになったところ、あるとき伊東と朝比奈知泉が会食した際に、日報社の売却話に及び、杉山に経営を委ねるという案が出てきたのだという。

会長巳代治と会食の節、巳代治の対新聞経済的愚痴を聞き、而して此新聞遣り通し政府とも終始甘く遣り通す者は、杉山ならであるまいなど申出候より、会長より人助けの為め遣り呉れぬかとの咄有之。小生彼新聞は遣り度くて溜らぬ処故、一寸巳代治のオダテに乗り申候。然し第一の条件として、巳代治の羈絆は全然脱出せざれば一寸も踏出さゞる事申出、色々密交渉の末、家屋地所器械見積代価十八万円と相兼二十万円斗りの金額にて極秘密に売渡すべき咄と相成、小生素より如此物を買ふに血の出る金は一銭にても出す事イヤに御座候間、序を以て藤田に内話し、僕が自分に云ふは将来の為めマズイに付き、兄より大黒をオダテ何とか工夫するよふ遣って呉れ、勿論兄の財産で世話になる事ならば僕は絶対的不同意なり、他の事にては世話になるかも知れぬが、此事業丈けは是非大黒のみに限るに付、若し不出来時は即時中止して呉れと申込置申候処、藤田大賛成にて大黒に段々交渉の由の処大黒も大ひに賛成し、段々工夫致して藤田と相談金の事にて困り詰り、藤田に当分立替置呉との意味に有之候由承り及候間、早速大黒に面会し、藤田に金を出さするのなら小生直に咄す方都合宜敷。故に此咄は小生独力にて工夫するに付、藤田と相談の事は全然止めて呉れと申込中止仕候。（略）畢竟唯政府の胡魔化し金にて、一時一寸ロハにて取れ候はば取りて見たしと存候丈けにて、決して困苦百端仕候訳には無之候。併し大黒に非常に残念を申出居候間、此後とてもロハにて取れ候はば、何と大黒より申参るやも難斗御座候（明治三十七年九月十七日付後藤新平宛杉山茂丸書翰[71]）

このように、杉山は朝比奈から日報社買収を持ちかけられ、「遣り度くて溜らぬ処」であったので、日報社を二十万円で買収することに合意したが、資金提供を期待した桂首相がすぐには金を用意できず、藤田に当面立て替えさせようと考えていることが判明したので、桂と藤田との交渉を中止したのである。しかし杉山は、政府の裏金で日報社を手に入れることを諦めていなかったことが、引用部の末尾から知られよう。すなわち杉山は、自らの手でマスメディアを動かすことに強い関心を持っていた。彼は福陵新報の創刊に関わり、日本興業銀行設立運動に対する朝比奈知泉の好意的報道を通じてマスメディアの宣伝効果を実体験し、さらにこの時期には東京朝日新聞の池辺三山とも交流し、柏屋などに呼び出して政界の裏情報を流していた[72]。これらの経験を通じて、杉山は新聞経営を夢想するようになったのであろう。

メディアを掌中に収む

杉山が実際にマスメディアを掌中に収めたのは、明治四十二（一九〇九）年十二月に九州日報の社主に就任[73]したときであるが、その一年前には雑誌『サンデー』とその発行元である太平洋通信社の創立を支援して、マスメディアへの関与を事実上開始していた。『サンデー』については次項で詳しく論じることとし、ここでは太平洋通信社について若干述べておく。

新聞などのマスメディアにニュース素材を配信する通信社は、我国では明治二十一（一八八八）年に創立された時事通信社がその嚆矢とされ、以後政府系の東京通信社、政党系の帝国通信社、自由通信社などが相次いで設立された。多くは何らかの政治的勢力を背景にして設立されたものであったとされる[74]。明治四十年代に設立された太平洋通信社は、相当に後発組であった。

太平洋通信社に関する史料は極めて乏しいが、雑誌『無名通信』掲載の記事によれば、同社は満洲で満洲日日新聞を発行していた森山守次（吐虹）が、帰国して倉辻明義（白蛇）とともに興した通信社であり、通信部、事務部、週報部などがおかれ、このうち週報部が『サンデー』発行を担当していた。同記事では、世上に後藤新平が同社の後援者であると伝えられるがそれは事実ではなく、「後藤などの兄貴分なる彼の杉山茂丸が真の後援者なのだ。桂後藤等の現内閣に関係がありとせらるゝのも、杉山茂丸が口をきいてからの事だ」と報じている[75]。杉山が同社創立を援助していたことは、のちに倉辻白蛇が回想で認めている。一方、後藤新平が太平洋通信社や雑誌『サンデー』の資金援助者であるという観測は根強かったとみえ、『サンデー』誌自身が誌上に「『サンデー』の資本主たる後藤男に与ふる書」という読者の投稿を掲載している。同誌はこの投稿を「其説く所の事実に対しては、吾輩素より苦笑一番して之を否認するより外はない」としつつ「多少事情を穿って居る箇所もあるので掲げ」るのだと説明している。何が多少の事実であるのかは判然としないが、この投稿者が後藤新平と森山守次との関係を、後藤の台湾時代に遡って指摘し、後藤が満鉄に転ずるや森山も満洲へ移り、さらに後藤が第二次桂内閣の閣僚となるに及んで森山も帰国して太平洋通信社と『サンデー』を起した事実を踏まえて、同誌を後藤の機関誌と断定しているあたりは[76]、なかなか事情に通じているとみるべきであろう。確かに、森山が満洲で発行していた新聞『満洲日日新聞』は、後藤が総裁を務める満鉄の機関紙であったし、森山が一時期台湾総督府に勤務していたとの情報もある[77]。森山と後藤とは強い繋がりがあったとみられる。

一方、明治四十一（一九〇八）年ごろの杉山に、太平洋通信社の創業を支援するような資金力があったのかどうかは、はなはだ疑問である。実はこのころ、杉山が何をして飯を食っていたのかは全くわからない。三興社が負債を抱えていき詰まっていたことは先に述べたが、その負債がどう処理されたのか、四十（一九〇七）年ごろと推測される杉山の事務所台華社の設立資金はどのようにして賄われたのか、彼は何を生業としていたのか、こうしたことを窺知させる資料は皆無といってよい。それを考慮すると、太平洋通信社の後援者は、やはり後藤であったと考えるべきではないだろうか。杉山が表面的に後援者であったとしても、その資金は後藤から出ていたと考えるのが妥当であろう。そのことは、杉山が九州日報の経営を建て直すため社主に就任した際の資金が、後藤新平から出ていた事実や[78]、その九州日報の社長兼主筆として杉山が起用したのが森山守次であったということからも類推できよう。

その後、杉山は大正六（一九一七）年に月刊雑誌『黒白』を創刊する。『サンデー』、『九州日報』に次ぐ杉山にとって三度目のメディア掌握で、同誌は昭和に入るまで続いた。これについては第五章で述べることとする。

週刊雑誌『サンデー』

明治四十一（一九〇八）年十一月、週刊雑誌『サンデー』が創刊された。タブロイド判に近いサイズの大判雑誌で、写真や挿絵を多く掲載したグラフ雑誌的な趣きであった。当初の発行元は、前項で述べた太平洋通信社である。倉辻白蛇によれば、週刊雑誌発行の意志は、明治三十九（一九〇六）年に森山吐虹とともにロシアに遊学した際、欧米の出版界で週刊誌の発行が盛んであることを知り、森山とともにその経営法や収支の検討を行ったことに胚胎するという。帰国後、森山は満鉄総裁であった後藤新平に招かれ、大連へ渡って満洲日日新聞の発行に携わり、倉辻は朝報社に復帰したが、「時運の変吐虹をして長く辺境に晏居するを許さ」ざる状況をみて森山が帰国し、杉山茂丸の後援を得て『サンデー』発行に至った[79]のだという。

第十九号からは、発行元が週報社に変更されている。同号掲載の社告では発行部数が二万部を超えたので「内は編輯に刷新を加へ外は営業に拡張を試みんとす、故に四月一日より太平洋通信社より分離し、別に週報社を新設して、同社より之を発行す[80]」とある。しかし発行元の住所や発行者の名義、電話番号は太平洋通信社が発行していたときのものと同じであるから、別会社にしただけで経営実態は何も変わっていないのだろう。両社が全く分離するのは明治四十三（一九一〇）年五月十一日である。このとき週報社の所在地も、京橋区元数寄屋町三丁目から同区弥左衛門町に移った。『サンデー』七十八号掲載の社告によれば、週報社に発行元を変更して以後「時代と社会の発展とは永く現状に止ることを許さず、更に其の切実に於て太平洋通信社より独立するの切実なる必要を生じたために、完全分離を行った[81]」と説明されているが、この説明には具体的な内容は皆無である。

このときの両社分離には杉山茂丸が関与していたことは間違いない。杉山によれば「先年来刊行致し罷在候太平洋通信及雑誌サンデーも、共に相俟て漸く重きを朝野の間に致すに至り候へ共、時流の傾向に連れ弊害も亦不尠相認め進候間、今回経営者共へ厳重協議致し、断然通信とサンデーとを分離為致、両者各々其経営を別にし、一と際事業の拡張を努めしむることに致申候。畢竟両社を分立せしめ候趣旨は、一二者の性質自ら異なるものあるを以て、並行して経営致さしむることの穏当にあらざることを相信じ申候と、且つ現状の如く通信サンデーとも多数の印部数を見るに至り候以上は、最早分立して各自の地盤を建成すべきものなりと確認致し候[82]」と、事情が説明される。

この週刊雑誌は毎週日曜日発刊で、それが誌名の由来であろうが、のちには隔週刊となって大正五（一九一六）年、二百六十八号までは発行されたことが確認できる。その間、何度も発行元は変遷しているし、判型も変化している。

週報社が『サンデー』を発行したのは百十七号まで、百十八号からは文星社がその発行所となった。もっとも、同号の表紙には週報社とあり奥付には文星社とあるから、何らかの時間的な齟齬があったのだろう。同号の社告では創刊以来二年五ヶ月が過ぎ、発行部数は激増を加え、「天下愕然其意外の成功に喫驚し、型を模し、名を擬するもの多々益々多」いという。そして「正に奮起躍進内は編輯に刷新を加へ、外は営業に拡張を要す可き大機会」と、過去の社告のフレーズを常套句のように用い、「断乎たる決心を以て週報社を解散し、新に文星社を起」こすことを宣言している。[83] しかし、発行元の社名は変わっても、その所在地も発行者名も電話番号も変わっていない。

文星社に次いだのは、百八十二号（明治四十五年六月十六日号）から発行元となった台華社である。台華社は杉山茂丸の事務所として知られるが、その活動の実態は判然としない。発行元交替の事情は同誌百八十号の社告に、「平生誼を辱ふする其日庵に抵り、交々其の援助を請ひ求むる所あり、茲に於て先生太平洋通信社の松井柏軒を捉へ来り、新に託するにサンデーの完成を以てし、諸同人と倶に其の発展を期図せしめ」たといい、更に杉山の言を写して「諸君が衷情予は之を黙視するに忍びず（略）茲に一工夫をなし諸君に提供する物がある、夫は予が事務所として居住する築地の此家屋である（略）之を諸君に提供するから諸君は勝手に之を使用し玉へ」との申し出を受けた[84]のだという。文星社の所在地は翌百八十一号から京橋区築地三丁目十五番地、すなわち台華社の住所に変わるが、それが百八十二号から発行元の名義も台華社に替わった事情は明らかではない。文星社から台華社に移っても、発行人の名義は福良浩一という人物で変更はない。社告に書かれた松井柏軒に「サンデーの完成」を託したというのが何を意味するのかも判然としないが、このころ太平洋通信社の所在地も築地三丁目十五番地にかわっていることや、その後も『サンデー』誌上に太平洋通信の広告が掲載されていることをみると、文星社と太平洋通信社が合併したわけではなく、かつて週報社と太平洋通信社が併存していた時代に先祖返りさせたものとみられる。

台華社が『サンデー』発行から手を引いたのは大正二（一九一三）年四月の二百二十三号からである。同号から『サンデー』は毎月第一第三日曜の二回発行に変更され、判型も変更して増頁を行った。グラフ雑誌風から論説雑誌風に衣替えが行われたのである。二百二十二号（大正二年四月六日号）には『サンデー』同人の名で「謹で江湖に告白す」と題した社告が掲載されている。ここで「創刊以後三年間に於て得たる本社の負債は、本誌に由つて贏ち得べき一切の利益を挙げて之を償ふも尚ほ且つ容易ならざるもの存する也」と、創刊以来経営難に悩まされていたことを明らかにするとともに、従来杉山茂丸の援助によって命脈を繋いできたが、「此際、之を好機として断然先生の手を離れ、政党政派の関係に超絶して、全然本誌を江湖の論壇に献げ自由に愉快に、同人独立の経営を試みんとす[85]」と、杉山からの独立を謳っている。『サンデー』はこれより、サンデー社という版元によって発行されることとなったが、サンデー社の所在地は相変わらず台華社の所在地と同じであったし、発行者名義も福良浩一のまま、杉山自身もこの年の末まで『青年訓[86]』の連載を続けていた。

大正四（一九一五）年にサンデー社は築地から離れて日本橋区上槇町に移り、発行者も島中雄三に替っている。この人物は中央公論社で編集者として活躍し、社長にまでのぼりつめた嶋中雄作の実兄である。しかし業績はふるわなかったものとみえて発行も滞り、同年五月には判型を創刊当時のサイズに戻して福良浩一が発行者に返り咲いたが、凋落は止められなかったようだ。現存が確認できる最後の『サンデー』は二百六十八号で、大正五（一九一六）年三月十九日発行である。このあたりで命脈は尽きたようだ。

『サンデー』は杉山茂丸が初めて手に入れたメディアであり、彼の後半生においてその社会的活動の大きな部分を占めることとなった著述という営みを始めるきっかけになったという意味で、極めて重要な雑誌であった。以下本節では、明治四十三（一九一〇）年の『サンデー』と太平洋通信社との分離をめぐって発揮された杉山の錬金術の実態について論じる。

樺太庁長官平岡定太郎

昭和戦後期の日本文学界を代表する作家で、ノーベル文学賞の候補に擬されたこともあった三島由紀夫は、自伝的小説『仮面の告白』に「祖父が植民地の長官時代に起つた疑獄事件で、部下の罪を引受けて職を退いてから（略）

私の家は殆ど鼻歌まじりと言ひたいほどの気楽な速度で、傾斜の上を辷りだした」[87]と記した。三島の祖父は平岡定太郎といい、日本の植民地となった樺太の施政を担う樺太庁の長官であった。

平岡定太郎が樺太庁長官に任じられたのは明治四十一（一九〇八）年六月十二日[88]のことである。日露戦争の講和条件として南樺太が日本領となって以後、そこには軍政が布かれ、樺太守備隊の司令官が施政全般を管掌していた。明治四十（一九〇七）年四月一日に樺太庁官制が施行されたが[89]、長官は「樺太守備隊司令官タル陸軍将官ヲ以テ之ニ充ツルコトヲ得[90]」とされていたため、以後約一年に渉り守備隊司令官の楠瀬幸彦少将が長官を兼任した。第一次西園寺内閣時代の明治四十一（一九〇八）年四月二十四日に民政移行がなされ、床次竹二郎が長官に任じられたが、床次は内務省地方局長のまま樺太庁長官を兼任していたから[91]、おそらくこれは一時的な措置であったのだろう。床次はおよそ一ヶ月半長官を兼任しただけで、その地位を後任者たる平岡定太郎に譲った。したがって平岡は、事実上初代の樺太庁長官と呼んでも、あながち間違いではない。

平岡定太郎は文久三年播州の印南郡出身で、明治二十五（一八九二）年に帝大法科を卒業して内務省に入った。大学予備門で夏目漱石と同級、帝大法科ではのちに内相、文相を歴任する水野錬太郎や外交官の山座圓次郎らと同窓である。平岡は、原敬によって樺太庁長官に抜擢されたといわれている。原敬はそのとき内務大臣であり、樺太庁は内務省が所管していた。平岡はこのため、政友会系の官僚と目されている。たとえば野村胡堂は「蘇りたる平岡定太郎氏」という人物批評の中で、「政友会と彼との間に、切っても切れぬ腐れ縁の纏わって居る事は、最早天下公知の事実だ、彼の呑気な頭に、果して政友会の色彩が、何れだけ濃厚に染められて居たかは疑問だが、少く共其出所進退を見ただけでは、徹頭徹尾、政友染めの政友絞りの政友縞だ、樺太と政友会と而して平岡の間には、長い間何かしら嫌味な関係があるものと睨まれて居たのだ[92]」と書いている。

しかし平岡が樺太庁長官に就任してわずかひと月後の七月十四日、当時の第一次西園寺内閣は総辞職し、第二次桂太郎内閣が発足して内相には山縣系官僚の大物平田東助が就いた。平岡は原敬という巨大な後ろ楯をなくしたものの、更迭されることなく職にとどまった。

樺太鉄道

樺太には施政上の課題が山積していた。そのひとつに、民生用鉄道の敷設があった。平岡の着任当時、樺太には陸軍が敷設した軍用軽便鉄道しかなく、樺太の経済開発と住民の定住のためには、民生用鉄道の敷設は喫緊の課題であった。しかし、第二次桂内閣は緊縮財政、非募債主義を掲げ、首相の桂がみずから蔵相を兼任してその方針を貫いていたから、莫大な費用を要する鉄道建設を進める政治環境にはなかった。(93)

明治四十三年度予算の編成が大詰めを迎える十一月、平岡定太郎は杉山茂丸に援助を求めた。予算の肥大化を抑制しつつ樺太鉄道の早期整備を図るため、平岡は鉄道院から機関車や軌条を一時的に貸与してもらい、その代金を年賦で弁済することによって、当面の予算を土工費のみに限定することを考案していた。平岡が杉山に頼んだのは、そうした樺太庁の要望を鉄道院に取り次ぎ、それを実現することであった。

なぜ平岡定太郎は杉山茂丸にそれを頼んだのだろうか。杉山との間にそれ以前からの面識があったことはもちろん前提としてあるが、最も大きな要素は、杉山が当時鉄道院に影響力を持っていると考えられたことであろう。この第二次桂太郎内閣において、逓信大臣と鉄道院総裁を兼任していたのは、杉山と極めて近い関係にあった後藤新平だったのである。これが西園寺内閣当時のことであれば、おそらく平岡は原敬を頼っただろうが、庇護者のいない桂内閣の下で、桂首相や後藤逓相と親密な関係にある杉山を使おうとするあたりは、平岡という人物のしたたかさをみることができよう。

依頼を受けた杉山は、十一月二十日、後藤新平に宛てて書翰を発した。

以急訴嘆願仕候。樺太長官平岡定太郎は山坐圓次郎同時の牛鍋組にして、小生多年緩急世話致来り候処、今回の政府により昨年も内相との間の事に対し位地甚危き事有之候。心配致し居候。而て本年は閣下へ願出候樺太行通機関の事善悪にも成就不致候ては、県治上同人の位置甚危く、小生も日夜憂慮罷在中候。同人は種々批評ある者に候得共、従来其性質とも小生よく存じ罷在、其手腕も十分用達可被為致者に御座候間、閣下の御情慈に訴へ今回丈け御助救被下度。若し此際同人出願の

一　古る鉄材御下付

一　枕木御買上

一　年賦にて代金上納等の事

御許可被成下候て、危く今回の生命島治上の功績に相助り可申候。事情既に切迫被居申候間、此際同人を被召至急御訓助被下度奉願上候（明治（四十二）年十一月二十日付後藤新平宛杉山茂丸書翰）[94]

史料は残っていないが、おそらく杉山茂丸は蔵相を兼ねる桂太郎にも何らかの働きかけをしたに違いない。明治四十二（一九〇九）年十二月二十二日に開会された第二十六回帝国議会に上程された次年度予算案には、樺太鉄道の敷設に関する経費が盛り込まれていた。杉山が後藤に書翰を発してからひと月という短い期間で、速やかに予算協議のまとまったことが察せられる。

年が明けて本格的に始まった予算審議では、一月三十一日の衆議院予算委員第二分科会で、平岡が樺太鉄道整備に関する予算の概要を説明し、その予算の内容が土工費であることや、明治四十四年度にも同額程度の予算措置が叶えば、大泊から栄浜まで普通鉄道を完成することができると説明した。そして「軌条及ビ機関車、客車、貨車等ハドウスルカト云フ御疑ガアリマセウガ、是ハ幸ニ鉄道院ヨリ致シマシテ暫時貸サウト斯ウ云フコトニナリマシ

タ」と述べて、予算案に対する議会の協賛を求めた[95]。杉山の後藤宛書翰の内容と、平岡の議会での発言を照らし合わせると、平岡が杉山を通じて後藤に頼み込んだ内容が、すっかり実現していることが知られよう。

二月四日の予算委員第二分科会では、樺太庁関係予算についての質疑があったが、鉄道建設に関する質問はなく、こと樺太庁に関する限り、議事は円滑に進行した。その翌日、平岡定太郎は桂首相に書翰を呈した。

予算分科会も昨日一先平穏に終了致候。是全く平素閣下之陰然偉大なる御庇護を蒙候結果に外ならす、予々杉山氏より御庇護之厚を伝承感銘致居候へ共、此度は一入之義と深く御礼申上候（明治四十三年二月五日付桂太郎宛平岡定太郎書翰[96]）

平岡がこの書翰にわざわざ杉山の名を挙げ、「此度は一入之義」と書かねばならなかった理由はおのずと明らかだろう。

雑誌『サンデー』への醵金要請

杉山茂丸は平岡定太郎の依頼を受け、後藤新平にはたらきかけることによって樺太鉄道の整備に尽力し、延いては植民地樺太の発展に貢献した。この事実だけをみるなら、自らは表に出ることなく国家の発展に尽くす国士としての杉山の面目躍如といったところだろうが、それはあくまで杉山が無私の立場を貫いていたという前提があって成り立つ見方である。そしてこの樺太鉄道をめぐる話には、まだ続きがある。

先に別項で述べたように、週刊雑誌『サンデー』とは杉山茂丸が関与して創刊されたものであったが、この明治四十三（一九一〇）年に至って、おそらく経営上の事情があって、太平洋通信社と『サンデー』の経営を明確に分離することになった。同時に、従来は経営に直接関与していなかった杉山が、両社の相談役に就いて経営に関わることになった。このことによってまとまった金を算段する必要に迫られた杉山が採ったのは、有力な政治家や実業家から金を引き出すという手段であった。

杉山は五月二十八日に、桂首相をはじめとする政財界の大物たち十三人に宛てて、書翰を発した。十三人とは、桂のほか陸軍大臣兼朝鮮総督寺内正毅、外務大臣小村寿太郎、逓信大臣後藤新平、内務大臣平田東助、台湾総督佐久間左馬太、関東都督大島義昌、南満洲鉄道総裁中村是公、樺太庁長官平岡定太郎、中橋徳五郎、藤田伝三郎、近藤廉平、中野武営である。中橋徳五郎は大阪商船社長で、のち政友会に入って衆議院議員となり文相、商工相、内相などを歴任した。近藤廉平は日本郵船に君臨し、のち男爵、貴族院議員。中野武営は東京株式取引所理事長、東京商業会議所会頭を務める実業界の重鎮である。

この書翰で杉山は、上述したような事情を明らかにした上で、今後の太平洋通信社と『サンデー』の方向性を「帝国政界財界事業界の真相及殖民地実情説明の機関」にしたいと抱負を述べ、「右に付当事者の考を以て掲載致す記事の外、当局に於て予め事情の疏通に必要との思召候事項御座候時は、何時にても原稿文又は其他の方法を以て小生迄御内命被下候はば、小生至極の秘密を以て時々監督記載致させ候ことに可仕候」と、政府のプロパガンダ機関としての役割を果たすので、必要があればいつでも内密に自分に知らせてくれと媚を売っている。そして、最後にこの書翰の核心部分が現われる。

既に母国及殖民両地万般の御施設に便利あらしむるを以て小生の責務と致候以上は、相当の設備及発展の事項に付亦相当の基本資金を要し候次第に御座候処、小生現今の微力にて甚だ遺憾に存候事不尠、旁々至極恐縮の義とは奉存上候得共、若し多大の御迷惑に不被在候はば、此際幾許の御投資を仰ぎ度候（明治四十三年五月二十八日

付後藤新平宛杉山茂丸書翰[97]）

先に「杉山の錬金術」と書いたのはこれである。敷衍するなら、杉山がこの書翰に書いたのは、金の無心以外には何もない。自分の事業の都合で金が要るので出してくれということをいっているだけだ。政府のプロパガンダを引き受けるとはいっているが、実質的な醵金の見返りは何もない。杉山は書翰の中で、『サンデー』の購読者層は「他の普通雑誌通信より割合に品位高尚の部類に多きを占め居る様被見受」といっているが、当時の『サンデー』は表紙絵にしばしば女性の裸体画を用いたり、ほぼ毎号のように中央見開きページに芸妓の艶やかな写真を掲げるなど、むしろ煽情性で売るゴシップ雑誌のような内容であったから、到底「品位高尚」にはそぐわなかったであろう。

なお、先に引用した『サンデー』百八十号の社告や、同誌三周年に際して杉山が寄稿した「『サンデー』第三周年を祝す[98]」などで杉山は、自身は『サンデー』に何の関係も持たないが、若干の庇護をしただけだといっている。これは右の書翰で太平洋通信社と『サンデー』の顧問に就任して経営に関わることになったと述べていることと矛盾している。杉山の言説が無節操に変転する例をここにもみることができよう。

樺太庁機密費三千円

杉山のこの書翰を受け取った十三人が、それぞれどのような対応をしたのかはわからない。ただ、少なくとも一人はこの書翰の要請に応じて、杉山に金を渡した。平岡定太郎である。平岡はこの年の七月と九月の二度にわたり、杉山に合計四千円の金を払った。邦貨現在価値に換算すると、およそ八百万円ほどになろう。そして、そのうち三千円は、樺太庁の機密費から支弁された公金であった。残りの千円は平岡の自己資金だという[99]。

平岡が杉山の醵金要請に応じた理由はいうまでもない。明治という時代の日本の上層階級にあって、いやその時代その階層でなくとも、便宜を図ってくれた人間に対して便宜を受けた人間が何の謝礼もせずに済ませられるなど、あり得る話ではない。平岡は杉山が樺太鉄道の事業予算獲得に便宜を図ってくれたことに対し、およそ十ヶ月遅れで謝礼を支払ったのである。穿った見方をするなら、杉山が十三人に書翰を発したとき、平岡がそれに応じることは既に計算の内に入っていたかも知れない。さらにいうなら、二度にわたって金の授受があったことは、その二ヶ月の間に、杉山と平岡との間に何らかの折衝があって、支払う金を追加したということも考えらる。平岡が機密費のみならず自己資金をも投じた事実は、そうした何らかの裏事情の存在を疑わせるに十分であろう。

機密事項に使われるのが機密費だとしても、その機密に関与する人間は支払者と受領者だけではない。平岡が杉山に機密費から金を与えていることを、じっとみていた人間がいた。のちに西園寺公望の私設秘書として、杉山茂丸とも関わりを持つことになる中川小十郎である。中川は平岡とは大学予備門の同窓で、やはり同窓の夏目漱石とは昵懇であった。[100] 中川は帝大法科の政治学科を明治二十六（一八九三）年に卒業して文部省に入った。平岡はその一年前に帝大法科の法律学科を出て内務省に入っている。[101] 文部省で西園寺公望文部大臣の秘書官などを務めたのち、中川は実業界に転じ、現在の立命館大学の前身となる京都法政学校を設立した。明治三十六（一九〇三）年再び官界に戻り、三十九年に西園寺内閣が発足すると首相秘書官となるが、明治四十一（一九〇八）年七月六日、樺太庁第一部長に転じた。大学予備門同窓生である平岡の下僚に就いたのである。中川を樺太庁に送ったのは、西園寺公望が内閣を投げ出すに際し、自身と近しい関係にある中川に、人事上の不利益が及ばないよう配慮した結果であったといわれるが、[102] 同窓生の下僚となった中川がそれを喜んだとは思えない。

中川は第二次西園寺内閣の大正元（一九一二）年九月に依願免官となり、台湾銀行の副頭取に就いた。これも西園寺の配慮による人事とみられている。[103] 間もなく第二次西園寺内閣は陸軍の二個師団増設問題によって倒され、それに次いだ第三次桂太郎内閣も、大衆を捲き込んだ護憲運動によってあっけなく倒れて、いわゆる桂園時代が終った。桂に引導を渡した海軍の大御所山本権兵衛が組閣して、政友会は山本内閣の与党となり、原敬が入閣して三度目の内務大臣に就いた。

山本内閣が発足して三ヶ月経った大正二（一九一三）年五月、このころ平岡樺太庁長官が南満洲鉄道（満鉄）総裁に就任するのではないかという風説が流れていた。その噂を耳にした中川小十郎は、十九日付けで原内相に長文の書翰を送った。中川は原に対して、樺太の施政における非違行為の数々を暴露し、平岡を満鉄総裁という重職に充てることは「切ニ御再考アランコトヲ希望致シ候」と訴えたのである。この書翰の中に、杉山茂丸の名が四度にわたり登場する。平岡の樺太施政一年目に、杉山らに政治運動の資金を提供するため、陸軍の払い下げ印紙類で大儲けを企んだこと、二年目に杉山に二万五千円の政治運動資金を提供したこと、樺太施政の重要事項について、いちいち杉山に暗号電報を使って指揮を仰いでいること、平岡がいま政友会に密接しているといっても、その背後に杉山がいるのだから信用ならないこと、の四点である。(104)

平岡定太郎の失墜

中川小十郎の書翰が功を奏したというわけではないだろうが、平岡が満鉄総裁に就くことはなかった。平岡自身、満鉄総裁への起用を期待して運動していたともいわれるが、(105)彼は樺太庁長官に留めおかれたまま、大正三（一九一四）年四月十六日、次の第二次大隈重信内閣の成立をみる。実に樺太庁長官就任以来、六代目の内閣である。しかしそれからわずか二ヶ月も経たないうちに、平岡は自ら辞表を提出せねばならなくなった。

平岡は五月に地方長官会議のため上京し、三十日に帰任する予定であったが、そのまま樺太に戻ることはなかった。東京朝日新聞は六月一日の朝刊で「平岡長官帰任せず」と報じ、同記事において早くも「其筋より取調の廉を以て諭旨帰任延期を命ぜられた」と消息を明らかにしているが、まさしく平岡は樺太における横領事件の嫌疑で検察の捜査を受け、四日には辞表を提出し、六月五日付けで免官となったのである。[106]

平岡定太郎にかけられた嫌疑は二点あった。

そのひとつは、いわゆる樺太アイヌの保護のために設けた基金からの横領容疑である。平岡はサハリンの沿岸に十箇所の「土人漁場」を指定し、その漁場を一般漁業者に賃貸することで得られる収入をアイヌ保護に使うための基金を設け、その管理者として樺太庁長官の地位にある個人すなわち平岡自身を指定していた。そして明治四十二（一九〇九）年から大正二（一九一三）年六月までの間に、保管していた基金から四万六千余円を横領して樺太庁の機密費に充てていたというのである。[107]

もうひとつは、樺太庁の歳入増加を図るために、法定外の割引率で収入印紙及び郵便切手を島外で販売させ、それによる法定外割引料九万六千円余の整理のために、同庁保管の収入印紙及び郵便切手十万円分を横領して内地で売却したというものである。[108] こちらの容疑は、杉山茂丸の機密費授受とは直接に関係しないが、前項でみた中川小十郎による原敬への告発の中に、印紙類の不正に関する内容があったことと符合するであろう。

平岡は、公判前手続きである予審において、基金から機密費への流用は機密費の不足を補うための一時借入であると主張し、その使途を問われると詳細に供述を行った。[109] その供述の中に、次の一条が含まれていた。「一金四千円ハ明治四十三年中、樺太ニ鉄道ヲ布設シタ時、軌道機関車鉄道材料ヲ鉄道院ヨリ借用シマシタガ、之ニ関スル尽力ヲ杉山茂丸ニ頼ミ、同人ノ尽力ニ依テ成功シタルニ付、同人ノ関係セル太平洋通信社ニ二回ニ四千円寄附シマシタ[110]」と。

予審は七月二十四日に終結し、公判に付されることが決定[111]した。翌年二月一日に開かれた公判に出廷した平岡定太郎は、左の予審における供述に関し、杉山側への金銭供与は明治四十三（一九一〇）年七月と九月の二度であり、四千円のうち一千円は自己資金、三千円が機密費であったことを明らかにし、また供与先は雑誌『サンデー』であると証言(112)したのである。

　このようにして、平岡定太郎から杉山茂丸へ、樺太庁機密費を原資とする現金授受のあったことが、司法の場において明らかにされた。そして現金授受の理由が、前章でみた樺太鉄道の建設予算獲得をめぐる平岡から杉山への政界工作の依頼と、その成功への謝礼の意味であったことも白日の下にさらけ出されたのである。

　平岡はこの事件で最終的に無罪判決を受けたが(113)、その後の人生にはゴシップがつきまとった。原敬内閣の大正九（一九二〇）年十月に官界に復帰して東京市の道路局長になったが、最初の給料を債権者から差し押えられるというスキャンダル(114)で話題を撒いただけで、わずか三ヶ月で辞職(115)した。大正十（一九二一）年には大連を旅行中、所持していた鞄から大量の阿片が発見され密売の疑いをかけられ(116)、昭和九（一九三四）年には二束三文の書を明治天皇の宸筆と偽って複写販売したという容疑で警視庁に検挙された(117)。かつての植民地長官は、かくして失墜したのである。

　なお、樺太鉄道と機密費については、別の面白い話がある。平岡は、樺太鉄道の整備後には不要となって陸軍省に返還すべき軍用軽便鉄道の資材を、林道の整備など別の用途に利用したいと考え、隠田の行者と呼ばれた怪しげな宗教家である飯野吉三郎を通じ、陸軍省から無期限貸与を受けることに成功した。このとき、平岡は飯野に対して機密費から二万円を支払っている(118)。これは飯野から要求された金額であったようだが、実に杉山に対する贈与額の五倍である。この種の金の多寡に適正相場があったわけではなかろうから、これをみるなら案外、杉山よりも平岡の方がしたたかだったのかも知れない。

第三節　南潯鉄道借款利子不払い事件[119]

南潯鉄道とは何か

本節では、明治末期に日本が清国において獲得しようとしていた鉄道利権をめぐる杉山茂丸の行動を明らかにする。この事件は清国の江西省で計画された南潯鉄道建設事業に対し、ひとりの清国人を迂回して秘密裡に行った日本政府からの借款の利子が、その清国人によって着服され不払いとなったものである。秘密借款ゆえの事件処理の困難さはあったとしても、事件の構図は単純であって、日本政府が解決すべき問題は、どのようにして債権の保全を図るかという一点にあった。しかし折から西園寺内閣が退陣して桂太郎が二度目の首相に就任すると、それと前後して事件に杉山茂丸が介入し、事態は混迷してゆく。結局、明治四十一（一九〇八）年に起こった事件は、大正二（一九一三）年まで解決をみなかったのであった。この事件の経過をたどることによって、われわれは杉山茂丸のフィクサーとしての活動の実態やその手法の一端に触れることができるであろう。また、内閣総理大臣兼大蔵大臣桂太郎と昵懇である杉山の介入によって、高位の政府官吏による事態収拾策が迷走させられる様子もうかがい知ることができるであろう。

まず南潯鉄道とは何かということから語らねばならない。

中華人民共和国の首都北京から香港の九龍を結ぶ大幹線鉄道京九鉄路のうち、江西省の九江市から南昌市に至る百三十キロメートル余の区間。これが明治末期に着工された南潯鉄道の現在の姿である[120]。

南潯鉄道は、清国華中地方に位置する江西省内に敷設する鉄道として、同省の官民の有志によって計画され事業化された。明治三十七（一九〇四）年秋ごろから、江西省の名望家李有棻が前面に立って事業計画が進められ、九江から南昌の区間を第一期とし、以後南昌から吉安、吉安から贛州に順次延長する計画が立案され、更に湖南省、福建省、浙江省に通ずる支線も構想された。この鉄道計画は、在北京の江西省出身官吏である李盛鐸や蔡鈞らも関与して中央官庁たる商部に出願され、十二月十八日に皇帝に奏請され裁可された[121]。

この第一期計画とされる九江と南昌を結ぶ鉄道区間が、南潯鉄道と呼称されたのである[122]。南潯鉄道という呼称は、「南」が南昌に、「潯」が九江の古名である潯陽[123]に由来する。南昌は江西省の省都で、省のほぼ中央に位置する。南昌の北に位置する九江は、上海からおよそ七百三十キロメートル内陸に遡った長江右岸に位置し、アロー戦争ののちに締結された天津条約に基づいて一八六一年に開港された重要な港湾であった[124]。江西省内の商業の中枢を担うべきふたつの都市の間の鉄道が第一に構想されたことは、鉄道による経済発展を目指す上では蓋し当然のことであっただろう。

南潯鉄道の事業主体は江西全省鉄路総公司（以下「鉄路公司[125]」と略記する）と称し、その総弁には李有棻が任ぜられた。建設資金は庫平紋銀百両を一株として五万株すなわち五百万両を募集することとされ、募集の対象は江西省の官民を主体とするものの、他省人の応募も排除しない方針であった。ただし応募できるのは清国人に限定し、外国人による利権の獲得を防止することとされた[126]。

外国資本参入の排除は、当時の清国における利権回収運動を反映したものである。清国の利権回収運動は、変法運動の継承発展、民族意識の高揚、民族産業の発展などを背景として、日露戦後の明治三十八（一九〇五）年ごろから顕在化した。その嚆矢となったのは、広東省の広州と湖北省の武漢を結んで国土を縦貫する粤漢鉄道であった。粤漢鉄道は明治三十一（一八九八）年に、アメリカ資本の華美合興公司からの借款によって建設することが計画されていたが、同公司の株式がベルギーのシンジケートによって買い占められている事実が判明したことから、同公司の契約違反を理由として利権回収を求める声が、まず湖南省から湧きあがった。利権回収の声はさらに広東省、湖北省にも拡がり、遂に明治三十八（一九〇五）年にこの鉄道利権は清国によって回収された。また湖北省武漢と四川省成都を結ぶ鉄道として計画された川漢鉄道においては、イギリスやフランスが画策していた利権獲得工作を排除して鉄道自弁を貫いた(127)。

こうした利権回収運動が拡大するなか、ことに粤漢鉄道利権回収運動を成功させた三省に境域を接する江西省にあって、南潯鉄道の資本調達先から外国人を排除することは当然であっただろう。しかし日本はそれに無関心ではいられなかった。

鉄道利権獲得競争

日清戦争の勝利によって清国から台湾の割譲を受け、アジアで唯一の植民地帝国となった日本は、それに飽き足ることなく、清国本土での利権獲得を虎視眈々と狙っていた。明治三十一（一八九八）年、日本は清国との間に福建省不割譲についての交換公文を結び、さらに同省内に清国が鉄道を建設する際の資本供与等についての優先権を確保した。これを受けて日本は、福建省の廈門から福州を経て江西省の南昌に至り、さらに湖北省の漢口に通ずる鉄道路線の敷設権獲得を目指すことを決定した(128)。同盟国イギリスの勢力範囲である長江沿岸に手をかけてまでも華南から華中を結ぶ鉄道利権の獲得を狙う日本にとって、そのルートと重複する南潯鉄道の敷設は、手を拱いて傍観できるものではなかったのである。このため、日本の在清公館においては南潯鉄道の計画の進捗に強い関心を寄せていた。計画の裁可があった直後には在清臨時代理公使の松井慶四郎が本省に宛てて、日本が獲得を目指す鉄道路線と南潯鉄道との競合について、清国政府に対して権利を保留しておく必要があると意見具申している(129)。

在漢口領事の永瀧久吉もまた、南潯鉄道に関する情報の収集に努め、鉄路公司が鉄道敷設のための資金確保に難渋している状況などを本省に報告している(130)。その永瀧は、間もなく総領事に昇進して上海駐在となり、明治三十八

（一九〇五）年十月四日に着任した。このののち、南潯鉄道にかかる日本の借款供与や、その後に起こる利子不払い事件において、永瀧は大きな役割を担うことになる。

鉄路公司が資金難に陥り、外国からの借款を求めているらしいという情報は、明治三十九（一九〇六）年の秋以後、外務省や在清公館に届きはじめた。そのころ、日本政府においても、大蔵省、外務省、陸軍省の間で南潯鉄道への借款について協議が行われ、内々に日本興業銀行に対して資金供与を要請していた。[132] 十月に鉄路公司がフランスの資本家と借款の約束をしたという情報があり、[133] 続いて十一月にはドイツ資本の瑞記洋行が資金供与するという情報が大倉組上海支店からもたらされた。[134] また大倉組は鉄路公司関係者から、第二期以後の計画線である南昌から萍郷間の鉄道敷設に関し資金供与の交渉を受け、具体的な契約条項案の提示も受けた。[135] 本省からこれら情報の確認を指示された永瀧総領事は、前日本駐在清国公使であった蔡鈞に接触してその真偽を探り、同時に日本からの借款供与についての斡旋を依頼した。このとき永瀧は他の清国人からの情報として、江西省の清国人がシンジケートを組織して、そこへ外国からの借款を受け入れて鉄路公司に又貸しする計画があることを本省に報じ、このようなシンジケートへの借款は甚だ危険であり応じる者はいないだろうとの意見を付している。[136] この計画を立てた清国人が何者であったのかは不明であるが、その数ヵ月後に成立した南潯鉄道への借款は、まさしく永瀧が危険と評した枠組みそのものであった。

明治四十（一九〇七）年の新年劈頭、急激な転換点が訪れた。漢口駐在の水野領事から本省へ、両江総督の端方が江西巡撫に対しドイツからの借款を勧め、鉄路公司側にもそれに応じるかのような動きのあることが報じられたのである。[137] 外務省は水野に、上海の永瀧総領事にも情報を伝達するよう指示するとともに、永瀧には南潯鉄道に対しては是非とも日本から資金供与したいので、報じられたような動きがあるのなら妨害すべきことを指示した。[139] 一月十一日、永瀧は瑞記洋行の買弁で鉄路公司にも関与している胡捷三という旧知の清国人の訪問を受けた。胡は永瀧に対し、日本の資本家から自分たちが組織するシンジケートへ、百万両を十年債年利六分で融資できないかと打診した。第一担保として鉄路公司の株券百万両、第二担保として米塩税を提供するという条件も示された。永瀧は、鉄路公司の定款上外国資本との直接契約が困難である以上、資金供与を行うとすればこの方法しかないとの意見を付して本省に報じた。(140) 十四日には鉄路公司会弁の陳三立が九江から上海にやってきて胡捷三と協議し、胡を通じて永瀧に対し日本からの資金供与の確約が可能かどうか、他にも交渉相手がいることを理由に早急の回答を求めた。(141)

清国人貿易商呉端伯の登場

このころまでに、政府は興業銀行に南潯鉄道借款引受けを内諾させていた。外務大臣は十八日に、引受条件を示して永瀧総領事に借款成立に向けた交渉を進めるよう訓令した。(142) 一方永瀧のもとには、農商務省嘱託清国商工業調査員(143)の肩書を持ち、上海で亜大洋行を営む日本人加藤浩が、清国人貿易商で大成工商公司総理の呉端伯(144)を借款の仲介者に推していた。(145) 先の胡捷三がいうシンジケートが呉をも含むものであったことは、のちに締結される大成工商と興業銀行との契約書(146)に、胡捷三が見証人として連署していることから推測できる。加藤の推薦がどれほどの影響を持ったかは詳らかではないが、永瀧は呉を交渉相手に選び、本省から示された条件に沿って商議を開いた。日本側の条件のうち問題となるのは、日本円による金決済とする旨の条項であった。呉は、円決済では外国資本の導入であることが明白になってしまうことを恐れ、また相場変動による為替差損の負担を警戒して、あくまで上海銀による決済を主張した。永瀧の調査によれば、鉄路公司の陳三立は別の清国人が組織した普益公司というシンジケートとも接触しており、普益公司はドイツやベルギーの資本家と借款の交渉を行っていた。永瀧は胡捷三を使って陳に普益公司は信頼できる相手ではないと主張させ、一方で借款成立のためには上海銀による決済は不可欠と判断して妥協し、その代償として呉から鉄路公司への貸付利率年七分と興業銀行から呉への貸付利率年六分の差益を積立金とし、相場変動による日本側の為替差損の補塡財源とする案を提示した。永瀧の提案を呉も最終的に受け入れたことによって交渉は前進した[147]。年利一分相当の利鞘の全てを積立金にすることを呉が受け入れた背景には、鉄路公司側から呉に対し五万両ほどのリベートが約束されているものと永瀧はみていた[148]。呉は早急な妥結を望み[149]、日本側の回答に先だって鉄路公司との間に仮契約を結んだ[150]。日本政府もこの提案を受け入れ、永瀧に対し相手方に確答するよう訓電を発した[151]。これによって南潯鉄道に対する借款は、清国人呉端伯を介在させた秘密借款として成立に向けて進み始めたが、正式に借款が実行されるまでには、まだ紆余曲折があった。

二月六日、呉端伯が突然永瀧総領事を訪問した。この日、鉄路公司は担保に供する株券を呉のもとへ届けたが、その券面に印刷された条項の中に、外国人に売り渡し又は抵当としたときは、株券は無効とする旨が明記されていたのである。永瀧もそれを確認し、呉に対して鉄路公司にこのような条項は削除させ、日本側に抵当として差し出すことを明確に承認するのでなければ破談にすると警告した[152]。それまでの交渉過程で、本省から永瀧に対し、南潯鉄道の株式が外国人の所有を認めていないことから、それを抵当とすることの効力[153]や保証の付与の可否[154]などについての照会があり、これに対して永瀧からは、株券を抵当に入れることについては差し支えないこと[155]、保証の付与は見込みがないことを回答していた経緯からして[156]、これは永瀧の面目を丸つぶれにさせる事態であった。株券にこのような条項が明記されていることは呉も知らなかったことであり、呉は鉄路公司が株券を改正することは極めて困難であろうから、対案として当該株券の裏面に外国人への抵当とすることは差し支えない旨を註記し、これに鉄路公司の関防（公印）を押印させることとしたいとの提案を行った。永瀧は已むを得ない場合はそれでも仕方がないが、それに加えて鉄路公司総弁から株券を興業銀行に抵当とすることを承認する旨の公文を提出させることが必要と主張した[157]。旧正月の祝祭をまたいで、呉は南京に滞在している鉄路公司の陳三立を訪ねて交渉を行い、株券への裏書と関防押印を承諾させ、さらに永瀧が求めた興業銀行への抵当を認める公文も提出させた[158]。正式契約締結のための清国側の条件は整った。

秘密借款の成立

日本国内では、呉端伯に対する資金貸付の窓口となる興業銀行と大蔵省との間にせめぎ合いがあった。興業銀行はこの借款の当事者となることに消極的であった。諸外国との競争上貸付利率を年利六パーセント以上とすることができず、更に上海銀での決済であって為替リスクがともなうため、純粋な営業としては実行しがたいと抵抗していたのである。大蔵省は外務省に正式照会文を提出させて日本の極東政策上重要な案件であることを根拠付け、興業銀行には稟申書を提出させて特別に援助を行うという形式を整え、預金部の資金によって日本興業債券百五十万円を年利五・五パーセントで引き受けることとした。(159)(160)(161) これによって南潯鉄道借款は、日本政府の資金を、興業銀行から大成工商の呉端伯を経て、鉄路公司に供与する形となったのである。

こうして三月三十日、永瀧総領事の立会いのもと、大成工商と興業銀行との間に契約が締結された。(162)

これまでみてきた経緯に明らかなように、この借款の成立は上海駐在総領事永瀧久吉の尽力に与るところが大きかった。明治三十九（一九〇六）年十一月の時点で、清国人が組織するシンジケートへの借款を甚だ危険と言明していた永瀧が、その危険視していたスキームでの借款成立に力を尽くすことになったのであるが、これを変節と考えるのは正しい見方ではなかろう。永瀧は本省からの訓令に忠実であったのだ。ドイツやベルギーなどの西欧資本と競合する中で、日本の利権獲得のために、上海銀による決済を決断したり、為替リスクの回避手段を講じたりして、借款実現のために粘り強く努力したと評するべきであろう。しかし永瀧自身は、呉端伯を介在させた借款スキームにリスクがあることは正しく認識していた。呉が特段の資産も持たない貿易商に過ぎないことから、日本側に損害が生じないよう注意していくことが必要であることを報告書の中にも記している。(163) 永瀧の感じていたリスクが杞憂でなかったことは、一年後に明らかになる。

秘密借款露見す

南潯鉄道に対する日本の秘密借款は以上のような経緯で成立した。しかし知るものがいる限り、秘密はいずれ秘密でなくなるときが来る。

南潯鉄道建設資金を調達するにあたり、鉄路公司が外国からの借款を得ようとしているのではないかという新聞報道は、既に永瀧総領事と呉端伯との商議の最中にも上海の中外日報などに報じられていた[164]。このときは鉄路公司と中外日報との間に裁判沙汰も起こったが、大きな問題になることはなかった[165]。鉄路公司は三月に南昌の高等学堂の教職にあった日本人岡崎平三郎を技師長として傭聘し、工事実施のための測量や設計を進めていた[166]。一方、鉄路公司の将来の資金調達については、イギリス領事に借款供与の動きがあるとの情報[167]や、胡捷三が北京に赴いて阿部代理公使に面会して借款斡旋を申し入れるといった動き[168]もあった。十月に鉄路公司総弁の李有棻が南昌から九江に赴く途次、鄱陽湖で汽船が沈没して家族ともども水死するという椿事はあったが[169]、とにもかくにも南潯鉄道は工事着手に向けて進んでいた。

事件の発端となったのは、日本国内での出来事であった。

第二十四回帝国議会開会中の明治四十一（一九〇八）年一月二十三日、島田三郎や大石正巳ら六人の代議士は、西園寺内閣に対する不信任決議案を提出した。これに対し政友会所属の代議士竹越與三郎は、内閣与党の議員として不信任決議案に反対する演説を行った。その演説の中で竹越は内閣の外交における成功事例として「支那に付て江西の鉄道借款を起し、江西諸州に於ける他日の利権を取つて置いたと云ふやうなこと、是亦成功である」と述べた[170]。もとより竹越に秘密借款の存在を暴露する意図などはない。二年にわたる西園寺内閣の施政の実績を数えあげてそれを称揚しようとする意図に出たものであったが、善意はときに思いもかけない結果を生み出すのである。

竹越の演説が引き金になったのかどうかはわからないが、政友会系の中央新聞は一月二十六日に、長江流域における日本の経済利権上重要な南潯鉄道建設資金として、興業銀行が上海の大成工商との間に百万両の借款契約を結んだことを報じた(171)。その記事が、当時日本に六千人以上いたという清国人留学生(172)の目に留まらないはずがない。在留学生たちは本国の監察御史に書を呈して、南潯鉄道建設のために外国借款がなされたことを非難した(173)。上海の中外日報は留学生が御史に呈した公開状を掲載するとともに、中央新聞の記事と竹越代議士の国会での発言を翻訳し、鉄路公司への批判を展開した(174)。世論は沸騰し、事態を憂慮した永瀧総領事は、本省に対し新聞紙上を使った善後策を講じるよう要請した(175)。

二月十五日に南潯鉄道への借款の事実はないとする興業銀行の談話が報道されたが(176)、燃えさかった火はたやすく消えるものではない。メディアの批判の矢面に立たされた鉄路公司の陳三立は憔悴し、呉端伯は大成工商の経営不振に加えて後難を恐れた出資者から資金引き上げを迫られて経営危機に陥った(177)。鉄路公司の将来の資金調達についても、ドイツ資本の瑞記洋行からの借款談が密かに進行していたが有耶無耶となった(178)。評判を落とした鉄路公司は株式の増募もままならず(179)、外国からの秘密借款もおいそれとは進められず、鉄道建設資金の欠乏が常に経営上の課題となったのであった。

外務省が報道機関に手をのばして南潯鉄道借款問題の打消しに努めた結果、メディアや学生による騒動は間もなく沈静化に向かったが、鉄路公司と呉端伯を取り巻く状況はくすぶったままであった。陳三立はこの際、大成工商に資金を返済し自身は職を辞する意向を示したが、さりとて返済資金の確保のあてがあるわけではなかった(180)。陳は南昌に赴いて布政使らと協議し、布政使は陳が留任するのであれば官費で返済資金を賄うという案を示したが陳の辞意が固く、一方で在北京の江西出身官吏などのさまざまな思惑もあり、事態の収拾は容易ではなかった(181)。四月に至り関係者が協議した結果、大成工商自体は清国の会社に外ならないとの理由で借款即時返還は不要と決議され、また陳の留任も決定された。[182]

利子不払い事件

鉄路公司の体制危機はかくして一段落を告げたが、五月に実施された鉄道建設工事にかかる入札は参加者わずか二名にとどまって不調に終わり、工事着手に至るまでの前途はなお険しかった。永瀧総領事は鉄路公司の岡崎技師長の依頼を受け、入札参加者の確保に動いたが、三井や大倉は入札を希望せず、経営難に喘ぐ大成工商の呉端伯と亜大洋行の加藤浩は東京の志岐組に入札参加させようとしたが実現しなかった。[183] 呉は資金難によりみずからが入札に参加するための費用捻出すらできなかったのである。[184]

こうした呉端伯の窮状が、利子不払い事件を招いた。

呉端伯と興業銀行との契約において、借款の利子支払いは毎年清暦六月末と十二月末の二回行われることとされていた。[185] 契約締結後、すでに二回の支払い期限を経て、その間利子は滞りなく支払われていたが、この明治四十一（一九〇八）年上半期にかかる利子二万五千両は、履行期限の七月二十七日（清暦六月末日）に至っても支払われなかった。八月一日に代理店である横浜正金銀行上海支店から興業銀行に入った報告では、鉄路公司から呉への利子支払いは完了しており、呉が自身の都合により二週間の猶予を願い出ているとのことであった。興業銀行は横浜正金銀行上海支店に対し、支払い猶予は承諾できず、直ちに入金させるべく交渉するよう指示を与え、この旨を外務大臣に通報した。[186]

永瀧総領事は横浜正金銀行上海支店員とともに呉端伯に対し督促を重ねたが、呉は手許不如意のため二週間の猶予を乞うと繰り返した。[187] しかし二週間の期限を過ぎても、呉は利子支払いを履行しなかった。永瀧らの追及に呉は、竹越の議会発言によって資本主が後難を恐れて逃げ出し、折からの景気悪化もあって商売も成り立たない窮状を訴え、月末になれば金の算段がつくといって更に支払いの猶予を求める有様であった。[188] 当面の手段が尽きた永瀧は、それまで待ってなお支払いをしない場合は強制手段に訴えるしかないと本省に報じた。[189] しかし債鬼に対し当面を糊塗せんとする者が、どのようないいぬけいいのがれをも辞さないことは、世にあまた例があるだろう。呉端伯もまたそのような者の一人にすぎない。ひとつの期限が到来すれば、また新たな弁解をするのである。そして八月末、永瀧は本省に対し、呉端伯が盲腸炎のため入院しており向後一週間ほどは外出不能との医師の言があると報じ、対応について請訓した。[190]

ひと月足らず前、呉端伯による利子滞納が生じたとき、大蔵省は外務省に対し、生ぬるい対応では債権の保全が危うくなるとの認識を示し、永瀧総領事の尽力を求めていた。[191] また呉が再度の期限猶予を求めてきた際にも、大蔵省は外務省に同様の要請を行っている。[192] にもかかわらず、呉の入院による三度目の期限猶予については、添田興業銀行総裁は外務省の倉知政務局長へ「不得止事カト愚考仕リ居候」と書き送り、[193] 外務省は病気を理由とする延期を認めるべきではないという内部の意見があったにもかかわらず、[194] 永瀧へ一週間の猶予を認める訓電を発した。[195] あたかも呉の病気を慮った人道的対応のようにみえるが、呉のしたたかな手口に対して彼らがただ純朴であったはずがない。

杉山茂丸の介入がもう始まっていたのである。

杉山茂丸の介入

杉山茂丸が南潯鉄道に関わらんとする動きを始めたのは、利子不払い事件が起こる前、おそらく四月乃至五月ころのことであった。折しも上海中外日報による鉄路公司批判によって世論が沸騰し、呉端伯の大成工商が苦境に立たされている最中である。

誰がそのことを主導したのかはわからないが、きっかけはおそらく鉄路公司の外国借款が暴露されたことにあるのだろう。このころ安井某という人物が杉山茂丸や後藤猛太郎と協議して、清国人名義の銀行を上海に設立し、その銀行に鉄路公司と大成工商との間の契約を引き継ぐという計画をたてた。それによって呉端伯は世論の批判から逃れることができ、かつ鉄路公司も将来の建設資金を調達するに際し外国資本導入の批判を免れることができるだろうというのである。永瀧総領事のもとへは、五月中にこの情報がもたらされていたとおぼしい。そしてこの計画は呉端伯の耳にも入り、呉は永瀧に対し計画の実現を援助するよう請うていた(196)。誰が永瀧や呉にこの計画を伝えたのか、察するに呉を介した借款に関わりのあった加藤浩が、後々の行動をみるとこの計画にも関与していたのではなかろうか。永瀧は本省に対し電信を発し、詳細には触れずに、東京で何者かが南潯鉄道借款を引き継ぐための銀行設立を企図しているように聞くが事実かと問い合わせた(197)。この問合せに対する返電で外務省は、杉山らから銀行設立の内談があることを明らかにした。その内容は、現状のままでは権利保全が危ういことから清国人の銀行を作って契約を引き継ぎ、銀行の経営権は全面的に日本側が掌握するという計画であった。外務省は永瀧に対し、詳細を取調べて意見をまとめるよう命じた(198)。永瀧は呉らの意見を参考にしながら、数日のうちに意見をまとめあげた。永瀧は、杉山らの計画が清朝商部の認可を受け資金は日本政府からの融通を想定していることに対し、認可のためには清国人資産家を発起人にする必要があるが可能か、日本政府は清国人名義の銀行に資金を融通できるかといった指摘を行い、新設銀行による現行借款契約の引継は外国資本の介在を疑わせ、世上の紛議を招く恐れがあるので慎重を要すると述べた上で、将来の資金供給に関しては鉄路公司の材料購入に対して適切な担保を取りつつ年賦の資金を融通する方が堅実であり、かつ外国借款との批判も避けうると結論し、杉山ら銀行設立計画者に対して十分そのあたりを申し聞かせてほしいと結んだ(199)。

七月十四日、西園寺内閣が退陣し第二次桂太郎内閣が発足した。桂は大蔵大臣を兼任し、陸軍大臣に留任した寺内正毅が外相予定者の小村寿太郎の帰朝まで臨時に外務大臣を兼任した。政変によって第二次桂内閣が発足したことは、杉山茂丸にとっては南潯鉄道の事件に関して活動を本格化するための舞台ができあがったことを意味する。南潯鉄道借款は上述したように、大蔵省、外務省、陸軍省の三省が関わったものである。その三省の長に首相を加えた四つの大臣職が、この第二次桂内閣発足当初は桂太郎と寺内正毅という、杉山の昵懇な二人の陸軍軍人によって占められていたことは、杉山の介入をどれほど容易にしたことであろうか。駐英大使から転じて八月二十七日に外相に就任する小村寿太郎にしても、桂や寺内ほど杉山と親交があったとは考えられないが、やはり第一次桂内閣からの知己であったことに違いはない。

すでに七月に入ったころ、呉端伯は加藤浩とともに来日し、外務省の倉知政務局長への陳情を希望していたが、折からの政変によって果たせぬうち、鉄路公司からの電報により加藤を残して急遽帰国していた[200]。呉は帰国後に利子不払いをひきおこす。呉や加藤が杉山茂丸と連絡を取っていたかどうかを示す史料はないが、杉山らが清国人名義の銀行を設立して呉の窮状を救う案を計画していた事実から推量して、彼らの来日に杉山が関わっていたと考えることは容易であろう。

杉山茂丸は八月十日に外務省の倉知政務局長に面会した。呉の利子不払い事件についてもそこで話し合われたはずだ。日本に残っていた加藤浩は、その翌日に杉山に面会した。杉山は前日に倉知から依頼を受けたのであろうが、加藤に対し上海に戻るよう勧めた。しかし加藤は、呉との約束があるので事件の解決がなければ帰れないと拒否した。杉山はこの面会の次第を書翰にしたためて倉知に呈したが[201]、そこには注目すべきことばが記されている。「此上は同氏の意に任かせ置き閣議確定の上は篤と将来の行動等指導仕り候」というのがそれである。「閣議確定の上」ということばには大きな意味が込められている。おそらく杉山は、すでに桂首相や外相としての寺内と何らかの相談を済ませている。それは単に呉の利子不払いへの対応だけのことではなく、杉山の提起した銀行設立をも含めて鉄路公司への将来に向って継続する資金供給についてのことであっただろう。さもなければ「閣議確定の上」ということばが記される必然性はない。杉山はそれがいずれ閣議で方針決定されるであろうことを、すでに書翰の前提としているのである。そこに桂や寺内との間の、何らかの含意を読み取ったとしてもあながち悪推量とはいえないに違いない。寺内外相の十五日の動きが、そうした見方を裏づけるであろう。この日午前、寺内は倉知政務局長の訪問を受けたあと、興業銀行総裁の添田寿一と面会して南潯鉄道についての相談を行い、さらに午後には桂首相を訪問して政務について協議しているのである(202)。この三者との会談が、南潯鉄道をめぐる一連のものであるという証拠はないが、むしろ一連のものではないと考えることの方が難しかろう。

呉端伯による南潯鉄道借款利子の不払いという、いわば民事上の小事件は、杉山茂丸の介入によって政治上の問題に成り上がったのであった。

事態収拾案の模索

杉山茂丸との面会後大阪に滞在していた加藤浩は、八月二十一日に倉知政務局長に書翰を送った。この書翰の内容は、一貿易商が政府の高官に送った書翰とは思えないような脅迫的言辞に満ちており、そこには杉山茂丸の威を借る横紙破りの趣きがある。加藤は、帰国以来二ヶ月にもなるのにいまだ上海に戻れないのは、外務省が鉄路公司に対する資金供与の継続をいまだに決めないからで、それが決まらなければ自分の立場がないと主張する。加藤によれば、既存借款の成立は自分のはたらきがあったからだといい、自身も鉄道への資金供与が継続されるものとして事業の準備をしてきたのであって、それができないなら亜大洋行を閉店して上海を去るだけのことだが、しかしそうなれば借款に関係した者が今後どんな挙に出るかもしれないと脅しをかけている。そしてこの事件が三井や大倉のような大企業が関与したものであれば、外務省も自分に対するよりもよほど丁寧な対応をするのではないかといい、少しは外務省の方針を示してくれてもよかろうというのである。[203]加藤がこのように日本から鉄路公司への借款の継続に執着するのは、加藤の亜大洋行が呉端伯を介在させて鉄路公司に土管を納入しているからであった。[204]加藤と呉とは利益共同体であり、日本政府の動向は、彼らの商売上の利害に直結していたのである。

このころ、外務省内では事件を収拾するための策が種々検討されていたとおぼしい。[205]倉知政務局長は杉山茂丸との話し合いの中で、杉山らが企図する銀行設置については見合わせるよう求め、杉山もこれに同意した。倉知がひそかに考えていたのは、日清両国人によって資本金五百万円程度の工事請負組合を設置し、これに対して政府から資本金の三分の二を貸し付けるというもので、組合は鉄路公司から鉄道敷設工事を請け負い、その請負費は延払いとすることを想定していた。[206]この案は六月に在上海総領事の永瀧久吉が、外務省からの指示を受けてまとめたものに近い内容であった。

しかしこの案は日の目をみない。事件の収拾策がまとまらないまま、時日は費やされていく。当面の策として大蔵省は、利子の受領を呉端伯から横浜正金銀行上海支店に委任させる案を示し、[207]外務大臣を通じて永瀧総領事に提示した。[208]永瀧は大蔵省の案に対し、横浜正金銀行を代理人とすることは鉄路公司側から異議がでるであろうこと、呉に対して滞納利子の支払いを遅延させる口実を与える恐れがあることを理由に、当面は呉の行動に注意しながら督促を続けることが得策であると回答した。[209]呉が入院したころには、八月末まで待っても支払いがなされなければ強制手段を取るべきだと主張していた永瀧であったが、明らかにトーンは下がっている。本省への回答の中で、呉を相手取って訴訟を提起したところで、資力のない呉から回収できるものはないと永瀧はいっているが、本省や大蔵省の態度の微妙な変化は感じ取っていたであろう。

事態の収拾は停滞していた。ことは単なる滞納問題ではなく、その処理を含めた南潯鉄道への追加借款問題に拡散している。たやすく結論が出る問題ではない。しびれを切らせた加藤浩は、政務局長では話にならぬと思ったのか、今度は小村外務大臣に書翰を送った。さすがに倉知に対するほど脅迫的ではないにせよ、元来南潯鉄道への借款成立にはいささかの協力をしてきたが、このままでは呉端伯が面白からぬ手段に出るかも知れず、そうなれば自分も破産するしかないといって、一両日中の面会を求める内容であった。[210]

しびれを切らしていたのは加藤浩だけではない。鉄路公司主任技術者の岡崎平三郎もその一人であった。鉄道工事実施の責任者である岡崎は、公司の資金不足によって工程管理に不安を感じていた。工事の施工監理を担う職員も不足気味であったし、諸材料の調達も停滞していた。岡崎の考えでは、日本が追加の資金供与を行うとともに、日本企業が一括して鉄道工事に当たれば、速やかに南潯鉄道の完成をみることができ、日本の利権を確実にし得るはずであった。岡崎はこうした状況を詳細に記した意見書を、上海の永瀧総領事を通じて小村外務大臣に提出した。[211] 漢口駐在の領事高橋橘太郎もまた、本省の態度が確定しないことに苛立っていた。高橋は、南潯鉄道は華中華南における日本の勢力拡大に不可欠との考えに立ち、清国側の外貨排斥は単なる国内の権力争いの具になっているだけであるから、公然と清国に対して南潯鉄道を含めた江西省の鉄道計画に対する借款供与を要求せよと主張した。[212] 岡崎も高橋も、このの ち繰り返し鉄路公司への追加借款に関する意見を表明し続けるが、後述するように追加借款の具体化には更に数年の歳月と大きな政治的変動が必要であった。

膠着した状況の打開に動いたのは杉山茂丸の側であった。杉山の代名詞である智謀が働いたのであろうか。呉端伯は加藤からの電報により、杉山と協議するため東京へ赴くことになった。[213] 呉が上海を発ったのは十一月十二日、上海発の筑前丸に乗船し、杉山の本拠である台華社にほど近い築地一丁目の旅館六方館に投宿[214]して杉山との会談に臨んだ。

攪乱される事件

十二月十日に杉山茂丸から受け取った書類の内容に、おそらく外務省の官僚たちは目を疑ったであろう。書類は二通あった。どちらも「華大勧業　大成工商　契約書」と表題されていた。

一通目の冒頭には、「明治四拾壱年拾弐月二日光緒参拾四年拾壱月初九日　清商大成工商会社総理呉端伯（以下甲ト称ス）ト日人杉山茂丸後藤猛太郎加藤浩星一（以下乙ト称ス）トノ間ニ締結シタル大成工商会社営業権監理ニ関スル契約条項如左」と記され、その第一条には「甲ハ本契約締結ノ日ニ於テ大成工商会社営業一切ノ監理権ヲ全部乙ニ移転シ特ニ左ノ権限ヲ委付スルモノトス但シ本契約監理権ノ失効期限ヲ向フ九ケ年トス」とあって、「左ノ権限」として第一号から第三号が定められ、それぞれ「大成工商会社ト興業銀行トノ一百万両ノ借款ニ付テハ乙ハ甲ニ代テ協定スルノ全権」「江西鉄道会社ニ対スル甲ト借款ニツキ一般ノ権利行使ト借款利子ヲ甲ニ代リ徴収シ整算スル全権」「乙ノ都合ニヨリ大成工商会社営業監理ノ為メ乙ノ適当ト認ムルモノヲ指定派出スルノ件」という内容が規定されていた。そして第二条として「乙ハ甲ヨリ営業監理権ヲ取得シタル約因トノ左ノ件々ヲ認諾スルモノトス」と規定し、ここでも三号を定めて「大成工商会社ノ営業経費ヲ一切支出スル事」「大成工商会社ノ営業資金ヲ必要ニ応ジ協定ノ上支出スル事」「大成工商会社已往ノ損失二十万両ヲ監理権執行期間内ニ其営業利益金ノ内ヨリ支出シテ銷済セシムル事」としていた[215]（以下、本節においてこの契約書を「営業監理契約書」と表記する）。

二通目の契約書の冒頭には「明治四拾壱年拾弐月弐日光緒参拾四年拾壱月九日　清商大成工商会社総理呉端伯(以下甲ト称ス）ト日人杉山茂丸後藤猛太郎加藤浩星一（以下乙ト称ス）トノ間ニ締結シタル華大勧業公司設立ニ関スル契約条項如左」とあって、第一条には「本公司之目的：大成工商会社ヨリ継承シタル清国江西全省鉄路公司ニ対スル借款ノ保全及ビ本鉄道ニ関スル利権ノ遂行ヲ以テ目的トシ兼テ清国内地ノ起業投資又ハ一般貿易事業ヲ経営スルニアリ」と規定している。第二条では資本金を二十万両と定めて社員の出資によるものとし、第三条では「甲ハ本契約書ニ調印スルト同時ニ大成工商会社ヲ解散シ其一切ノ権利義務ヲ資産負債表ニ調製シテ華大勧業公司ニ継承セシムル事ヲ承諾ス」としている。第六条には「甲は本契約調印後速ニ江西全省鉄路公司ニ対シ大成工商会社ノ権利ヲ華大勧業公司ニ継承セシメタル事実ト併セテ今後権利行使ニ用ユル社印等ヲ提供シテ鉄路公司ノ承認ヲ得可シ若シ此ノ承認ヲ得ル事不能ルトキハ本契約ノ実行ヲ停止スルモノトス」とし、第十五条では「明治四拾壱年七月壱日加藤浩名義ヲ以テ上海総領事館ニ登記シアル亜大洋行ハ自今華大勧業公司ノ監理ニ帰スル事ト並ニ其資産負債表ヲ全社員承諾セリ」と規定して加藤浩の亜大洋行をも華大勧業公司の傘下におさめることとしている[216]（以下、本節においてこの契約書を「華大勧業契約書」と表記する）。

この二通の契約書は、営業監理契約書を前提として、華大勧業契約書が営業監理契約書の具体的な執行手段を定めた契約書と理解することができる。すなわちこの契約によって、呉端伯が経営する上海の大成工商は、その営業権のすべてを杉山茂丸、後藤猛太郎、加藤浩、星一の四人の日本人に譲渡したのである。杉山茂丸と加藤浩は従来呉端伯と鉄路公司との借款問題に関わってきたが、ここでは更に後藤猛太郎と星一が加わっている。伯爵後藤猛太郎は杉山のビジネスパートナーとして種々の事業に参与しており、星一は杉山門下生でこのころには湿布薬イヒチオールの製造販売で実業家として成功をおさめ衆議院に議席を持つ代議士でもあった[217]。この契約は、いわば杉山グループに加藤が加わって大成工商の経営を引き継いだ形であった。この年の春に杉山と後藤が安井某なる人物とともに、銀行を設立して呉と鉄路公司の契約を引き継ぐ計画をたてていたことは先に述べたが、ここに至って杉山らは、銀行の設立は度外視して大成工商の経営権を呉から譲り受けた。そこには杉山が大成工商の経営権に参与することによって、膠着している政府への「宿題」すなわち呉の滞納金の始末や鉄路公司への追加借款問題に、急ぎ結論を出させようとする意図が明らかに含意されている。営業監理契約書第一条第一号に定められた「乙は甲に代りて協定するの全権」という一文、華大勧業契約書第一条に規定された「江西全省鉄路公司ニ対スル借款ノ保全及ビ本鉄道ニ関スル利権ノ遂行」という一文がそれを示すであろう。華大勧業契約書第三条において、呉端伯が大成工商を解散することが規定されていることは、大成工商の存在を前提とする営業監理契約書との間に矛盾を生じさせているが、おそらく彼らにとってそれは大きな問題にはならなかったであろう。なぜならこの二通の契約書は、のちに論じるように、各契約条項の実行よりも、杉山らと呉との間にこうした契約書が交わされたという表面的な事実のみが重要だったからである。

いずれにせよ、杉山茂丸はここで事件の前面に姿を現した。政府に対して、交渉すべき相手は呉端伯ではなく自分だと宣言したに等しい。「居常其面を包み其手を袋にし、影を暗雲濃霧の裡に没して、人をして進退挙止を端倪せしめず、天下若し大事あり、霹靂天の一方に轟くに及んで、僅かに閃電の如く暗雲を破り出で[218]」るという杉山茂丸にとって、この事件ははたして天下の大事であったのか。官僚たちにとっては、一人の清国人商人を相手とした延滞金回収問題であったはずが、「桂公の懐刀[219]」とさえ呼ばれている政界の黒幕との交渉へとステージが移る。襷は受け渡された。その効果はほどなく顕われる。

呉端伯は十三日に上海に戻り、翌日日本総領事館を訪れた。面会に応じた永瀧総領事に対し、呉は東京で杉山茂丸や加藤浩と協議したが、日本政府からの援助の見込がないので杉山らに大成工商の営業監理権一切を譲渡したと説明し、営業監理契約書を示した。永瀧は呉に、興業銀行や鉄路公司の承認が必要なのではないかと糺したが、呉の返答は興業銀行に対しては杉山らが対応すると思うが鉄路公司に対してはその必要はないと言明した。また、鉄路公司からの今後の利子受領について、呉から横浜正金銀行へ委任させようとする大蔵省からの提案については、営業監理契約書を楯に、もはや委任すべき権能を持たないのだといい切った[220]。これは永瀧にとっては思ってもみない事態であった。この年下半期分の利子支払い期限はひと月後に迫っているのである。永瀧はどのように対応すべきかを本省に請訓した。永瀧が本省に送った機密文書には、彼が筆写した営業監理契約書の写しは添付されているが、華大勧業契約書の写しは添付されていないから、おそらくこのとき、呉は華大勧業契約書はみせなかった。みせていればそこに、呉の責務として鉄路公司の承認を得ることが記されているのだから、永瀧の指摘に対する呉の主張の矛盾は明白であっただろう。呉は興業銀行に対する債務の不履行者であるにもかかわらず、その振る舞いはあたかも事態の主導者であるかのようであった。

横浜正金銀行上海支店も困惑していた。呉はここでも営業監理契約書を示し、滞納している利子も今後鉄路公司から受け取る利子もすべて杉山らに譲渡したといい、自身にはもはや責任はないと、取りつく島もない態度であった。同支店は書面を送って本店を通じ興業銀行へ事態を報告した[221]。

日本政府内も混乱を極めていた。永瀧総領事からの請訓に対してなんら方針を打ち出せないまま年が改まる。永瀧から外務省へは、呉端伯が杉山茂丸らから指図があるまでは下半期分利子の払込みはできないといっているので至急回訓されたしとの電信も届いていた[222]。当事者のひとりであるはずの大蔵省は、大臣名をもって外務省に対し憤激をあらわにした文書を発した。この文書で大蔵省は、そもそも南潯鉄道借款は外務省が対清政策上どうしても必要だというので興業銀行から資金供与させたものであるのに、わずかな期間のうちにこのような失態を生じたのは極めて遺憾だと非難し、外務省では根本的な解決策を検討しているだろうが、いまだその協議に接していないと厭味をこめ、呉と杉山らとの契約は興業銀行等と何ら交渉もせずになしたもので承認できないとの考えを示し、ついては当面の損失拡大を防ぐために前年十月に提案した呉から横浜正金銀行上海支店への委任状提出について永瀧総領事へ訓令することを求めていた[223]。同時に、大蔵省は興業銀行へも如上の考え方を示すとともに、銀行としても直接の当事者として必要な措置を講ずるよう依命通知を発した[224]。大蔵省は、外務省に対しては借款の主唱者としての責任を追及し、興業銀行に対しては資金供与当事者としての努力を求め、さながらみずからは事件に巻き込まれただけの部外者の地位に立とうとしているような態度であった。

二度目の利子不払い

誰もが金縛りにあったかのように時間だけが過ぎてゆき、一月二十一日に二度目の利子不払いが起こった。この日の朝、呉端伯は鉄路公司から受領した下半期分の利子を興業銀行に支払わず、香港上海銀行のみずからの口座に入金したのである。しかも呉はその事実を永瀧総領事に申し出て、杉山茂丸からの指示がない限り支払いはできないといい張った。(225)この報を受けた外務省が永瀧に命じたのは、呉と杉山らとの契約は鉄路公司や興業銀行の承認がない限り効力を生じない旨を呉に説諭し、原契約による支払い義務を履行させるとともに、利子受領に関する権限を横浜正金銀行上海支店に委任させるよう取り計らえという内容であった。(226)政府として呉と杉山らとの契約の効力を認めないという意思は示したものの、さりとて何か具体的な策があるわけではなく、ただ永瀧に努力を求めるだけの内容にすぎない。開き直ったように支払いはしないと断言する呉に対して、永瀧に説得以上の手段が与えられたわけではない。

しかし呉端伯が杉山茂丸らの華大勧業に全ての債権債務を譲渡したと主張するのであれば、そもそも呉が鉄路公司から下半期利子を受領すること自体が越権行為に当たる。呉の主張と行動とには明らかな矛盾があった。政府は呉と杉山らとの契約の効力を否認する態度に拘泥したがために、その矛盾を追及できなかった。それを追及すると、利子支払い義務者は杉山ら華大勧業であることを認めることになってしまう。それは呉が抱える矛盾を日本政府が引き取ることに外ならない。結局彼らは、呉が下半期分の利子を着服するのをみすみす許してしまったのである。自縄自縛に陥った政府官僚の姿は、さながら杉山らによって翻弄されているかのようであった。

永瀧総領事は本省からの訓令により、何度も呉端伯と交渉を重ねた。杉山茂丸の指示がないことを楯にとる呉に対し、杉山に電報を発して指図を仰げと命じた。呉は、杉山からの返電では政府との交渉が進行中とのことなので、その結果の連絡があるまでは香港上海銀行に預けておくと主張した。さまざまにことばを変えて説得する永瀧、頑として聞き入れようとしない呉。激しいやりとりが両者の間に交わされた。永瀧は半年前からの呉の行動を背信行為と詰り、香港上海銀行に預金したというのも嘘だろうとまで揚言した。永瀧は本省に対し、もはや杉山らに対して呉に払込みをするよう命じさせるより外に策はないと報じた。[227] 永瀧と呉との人間関係は修復不能に近づいていた。

二度目の利子不払いが起こり、呉端伯への対応も手詰まりとなった二月、興業銀行は借款成立に至るまでの経緯を示す六通もの文書の写しを添えて、大蔵大臣と外務大臣に対し猛烈な抗議文を提出した。表面上は「稟請書」とされているものの、内容は明らかに抗議文であった。この中で興業銀行は、南潯鉄道借款は明治三十九（一九〇六）年九月に大蔵、外務、陸軍の三大臣から内談があり、同行としては到底受けられないと再三上申したのに、公益のためと称して服従を強いられたものであり、借款交渉にも同行は一切関与していないという経緯に鑑みて、最終責任が政府にあることは明瞭と指摘し、今後いかなることがあっても同行の損失にならないよう政府において十分検討するよう要求している。[228] この文書中に「弊行ハ表面ノ債権者トシテ其最上ヲ尽クスベキハ申ス迄モ無之儀ニ候モ」という一文があり、ここには他人事のように興業銀行に対して当事者責任としての対応を求めた大蔵省への痛烈な批判が溢れ出ている。

大蔵省や興業銀行が責任のなすり合いをする中、外務省はその経緯から責任逃れをすることはできず、いきおい借款成立の立役者であったはずの永瀧総領事の立場は失われていく。二月に入って一時帰朝した永瀧は、呉端伯による利子不払い事件を教訓とした今後の南潯鉄道借款についての意見書を取りまとめて外務大臣に提出した。この中で永瀧は、呉を介在させた借款スキームのリスクについて改めて言及し、このようなスキームを今後とも採用することは許されず、ついては確実な資本家を糾合したシンジケートを組成し動産を担保として政府から資金供与すること、このシンジケートには呉端伯をメンバーとして加え建設資材供給を斡旋させることを代償に既成借款をシンジケートに継承させることを提案している。加えて、もしこうした方法での解決が困難だとするなら、南潯鉄道とは関係を絶つこととし百万両の返還を鉄路公司に請求すべきであると主張し、仮にそうなれば資金難の鉄路公司は必ず猶予を求めてくるので、その期に乗じて既成借款保全の措置を講ずるべきだというのである。(229) 更に三月には、一歩を進めた善後策を提出した。ここではシンジケート組成案が困難であるなら、杉山茂丸や後藤猛太郎らを説得して呉との契約を解除させ、呉に対しては滞納した二回分の利子七万両を贈与することを代償として今後の利子受領権を委任させることを提案し、それもできないのであれば鉄路公司との間に債権保全のための協定を結んだ上で呉を訴追するという案が示されている。(230) こうした永瀧の提案を背景として、ようやく外務省では呉に対し一定の利益を与えることを柱とする案を、大蔵省との交渉の基礎として検討し始めた。(231)

このころ、呉端伯は杉山茂丸と協議するため日本に来ていた。(232) どのような協議がなされたのかは詳らかではない。ただ、呉の傍若無人ぶりは相変わらずであった。呉は興業銀行の添田総裁に宛てて書翰を送り、身勝手極まる要求を突きつけている。呉の主張するところによれば、もともと南潯鉄道借款は在上海総領事と興業銀行との間で呉を通じて四百万乃至五百万両の借款を行うこととし、まず百万両の借款契約を結んだもので、このときの借款で呉に一切利益が生じないスキームになっているのは、続いて実行される三百万乃至四百万両の借款において利益を与えられる約束になっていたからだという。しかし日本の議員が議会で借款を暴露したため、呉の営業は傾き、身の危険さえ覚えるほどの物議を醸すこととなった。この事件により利子支払いができなくなる事態に立ち至ったため、やむなく杉山らに債権債務の譲渡を行ったが、在上海総領事や興業銀行の代理人はその契約を承認せず、利子支払いをしなければ裁判所に訴えるなどと脅迫してくる。約束の三百万乃至四百万両をさらに貸してくれれば、滞納している利子も穏当に支払うことができるので、代理人に強いて催促することをやめさせてくれというのであった。(233)

注目すべきは、南潯鉄道借款成立に至る交渉過程で、総額で四百万両乃至五百万両の借款が継続されることが前提になっていたという主張である。呉が百万両から何の利鞘も得られないスキームを受け入れたのは、その後の追加借款で利益が得られるからであったという主張には、一定の説得力がある。加藤浩が前年八月に外務省の倉知政務局長に送った書翰の中で、借款が継続されるものとして事業の準備をしてきたと書いたのも、あるいはそうした経緯の中から生じた認識と考えることも可能である。一方で加藤の主張には約束不履行への難詰めいた言辞は見当たらないので、追加借款の約束があったと断じることもできない。また先にみたように、借款の相談は胡捷三から永瀧総領事へ百万両を前提として持ちかけられたのが発端であった。交渉過程において、あるいは永瀧が呉を納得させるためのリップサービスとして将来の追加借款に言及したのか、それともあくまで呉の虚言か。真相は藪の中であるが、少なくとも興業銀行にとっては呉の妄言と受け止められていたであろう。この書翰の末葉欄外には誰の手によるものか「ロハ重宝ナモノニ候」と書き加えられているのである。

永瀧総領事の苦汁

上海に帰任した永瀧総領事は、四月八日から十日間にわたり漢口から九江、南京を巡った。南潯鉄道の工事進捗状況の視察などが目的であった。南京で永瀧は、前任地以来の知己であった両江総督端方を訪ね、密かに南潯鉄道借款についての経緯を説明し、助力を求めた。端方は既に秘密借款について承知していた。端は呉端伯の行動を批判し、然るべき仲介者を立てて呉と鉄路公司との契約を継承させ、興業銀行に損失を与えぬよう鉄路公司総理の陳三立と協議しようと約束した(234)。その約束はただの外交辞令ではなかった。端は早速陳に対し、この年上半期分の利子は呉に支払わず総督府と関係の深い裕寧銀号に預けることを提案し、陳もこれを承諾した(235)。加えて、将来に向かっての資金供与も裕寧銀号が引き受けてくれるのであれば、これ以上の好結果はない。永瀧の端への期待は大きかった(236)。

呉端伯はそのころ、鉄路公司から建設資材発注や工事請負などの利権を獲得しようとして種々画策していたが(237)、五月初旬南京に赴いた際に面会した陳三立から、永瀧総領事が端総督と会談し呉の排斥を依頼したことを聞かされた。[238] 絶大な権力を持つ地方長官が永瀧の要請に同意している事実に、呉は震え上がったであろう。八日に呉は南京の日本領事館に井原領事を訪ね、自己弁護を述べ立てた。井原は呉に、総領事は本省からの命令があれば従わねばならないのだから呉から杉山に頼んで永瀧の行動を止めてもらうのがよかろうと助言した。呉は直ちに日本へ連絡して杉山の助力を乞うた。[239] 井原は呉へ助言したことは隠して永瀧に電報を発し、陳から呉に端総督の動きが漏れ、呉は杉山に相談するだろうと報じた。永瀧はその旨を本省に報じ、杉山から何らかの働きかけがあったら適宜の対応をしてくれと依頼した。[240]

しかし本省から十一日に届いた電報は、永瀧総領事に冷や水を浴びせかける内容であった。そこには、永瀧が端方との協議を考慮していることは帰朝中に聞きこれを認めないこととしていたのに今回端と協議したのは不可解だと前置きし、裕寧銀号に債権債務を移すには大成工商の承諾がなければできないがその見込がないと指摘して、端との協議は事件を徒らに紛糾させるので中止すべきだとの見解が示されていたのである。[241] 文面上はこの見解に対して永瀧の意見を求めるものではあったが、事実上の命令と受け止められたであろう。永瀧が端方と協議を行ったことは既に四月十九日に外務省に報じられていた。事態紛糾の危惧はその時点で既にわかっていたはずである。それ以後の二十日間ほどの間の状況変化は、呉が永瀧の動きを知り杉山に助けを求めたということ以外にはない。すなわちこの電報には、呉端伯からの要請を受けて外務省に手をまわした杉山茂丸の意向が反映されていたのである。[242] 永瀧はそれを警戒してあらかじめ外務省に杉山による介入があるだろうことを報じていたのだが、本省は永瀧の期待を裏切って杉山の軍門に降ったのであった。井原領事が呉にいったとおり、孤立させられた永瀧は本省の意見に従う以外になかった。[243]

事態は混迷す

桂太郎と杉山茂丸は五月二十六日に会談しているが、そこでは南潯鉄道に関して具体的な話はなく、翌日に桂が杉山に送った書翰の中に、外務省と大蔵省の間で方針がまとまり、杉山に内談しておいてくれといっているのでよろしく頼むという趣旨のことが書かれていた[244]。両省が協議していた呉端伯の利子不払い事件に対する善後処理案がようやくまとまったのである。桂から杉山にすっかり話が通っていると思っていた外務省の倉知政務局長は、五月二十八日に杉山に書翰を送った。倉知は南潯鉄道借款にかかる明治四十一年度から四十九年度に至る九年間の利子を、政府、興業銀行、為替差損準備預金及び呉端伯の四者間でどう配分するかを示した表を書翰に同封し、杉山から呉にこの案で承諾するよう勧告してくれると桂から聞いていると書き添えた[245]。その表には利率の配分案が示されているに過ぎなかったため、杉山からは実際の金額を教えるよう返信があり[246]、桂から詳細の話がなされていないことを知った倉知は六月一日に再度杉山に書翰を送り呉に与えられる金額などを伝えた[247]。

大蔵省と外務省との間でまとまった案は、鉄路公司に対する呉端伯の債権行使を日本側に委任することを条件として、鉄路公司から今後得られる利子のうち、政府と興業銀行の予定収益を大幅に削減し、それを呉端伯に与える内容であった。呉に対しては、既に滞納している七万両の納付を免除し、さらに四十二年度から四十九年度までの八年間毎年五千両ずつを交付することとしていた。政府の収入は四十一年度からの九年間で四十九万五千両から四十一万五千両に減少し、興業銀行の収入も四万五千両から二万五千両に減らされた。さらに横浜正金銀行に預金すべき為替差損補塡資金は四十一年度分の一万両を欠損とすることとされた[248]。この結果、呉が得る金額は滞納分とあわせて総額十一万両にのぼることとなった。この金額は邦貨現在価値にして約四億円あまりの巨額であった。しかも政府では、呉が毎年五千両という配分に同意しない場合はさらに譲歩する用意があった[249]。もともとのスキームでは、仮に為替差損補塡のための預金という仕組がなければ、呉が得る利鞘は一パーセントであり総額にして十年間で十万両となるはずであった。善後処理案では差損補塡預金の仕組を温存した上で、呉に十一万両を与えるのであるから、呉は債務不履行をしでかしたことによって当初の契約からは思いも寄らぬ莫大な利益を得ることになった。呉にとっては杉山茂丸の庇護を仰いだことはこの上ない成功であっただろう。

外務省はこの案を上海の永瀧総領事に送り、呉端伯と交渉して同意させるよう訓令し、その文末には大蔵大臣から杉山茂丸にこの案を内示して呉に同意を勧告させるよう取り計らってある旨を付記した。[250] 永瀧は六月四日に呉を総領事館に招き、善後処理案を示して同意を求めた。呉は五月三十一日に杉山から届いた電報を永瀧にみせた。そこには「頗ル好都合ニ向ヒツヽアリ自分ハ貴下ノ利益保護ヲ勉ム何分ノ指図ヲ待テ」と記されていた。永瀧は桂首相から杉山に説明がなされているので杉山も異議はないはずだといって呉の承諾を求めたが、呉は利益を与えられることには感謝しつつも、電報の文面を楯にして杉山から何分の指図があるまでは確答できないといい、また鉄路公司側が委任を承諾するかどうかわからず、鉄路公司との談判はとても難しいと主張した。永瀧は鉄路公司側が承諾しないなら、元金の返却を求めればよいと応じた。[251] わずか半年前に杉山らと営業監理契約書を交わしたとき、鉄路公司の承認の必要を問うた永瀧に対して呉がその必要はないと豪語したこととの矛盾は明らかであった。

呉端伯は永瀧総領事との会見のあと加藤浩にその報告をしているが、その中では永瀧から鉄路公司が承諾しないなら両江総督から陳三立に命令させるといわれたと主張している。[252] ここでもまた真相は藪の中、とはいえ呉の永瀧に対する誹謗はエスカレートしていき、十日ばかり後の手紙では、両江総督ばかりか北京の日本公使から清国政府外務部に公然と働きかけるといわれたとまでいい募った。そして永瀧から圧迫を受けても委任状は断じて出さないといい、その理由として委任状を出すことは南潯鉄道借款が外国からの借款であることを公に示すことと同義であって、そうなれば自分のみならず鉄路公司の陳三立らまで清国政府から刑罰を受けることになるのだと主張している。[253] しかしこの主張も、大成工商が鉄路公司に対して持っている債権を杉山茂丸ら日本人が設立する華大勧業に譲渡する契約を結んだことと明らかに矛盾している。呉は理由があって拒否しているのではない。拒否するために拒否しているのであり、そのためにはどれほど言動に矛盾があろうと頓着しないのだ。

加藤浩は呉端伯からの来状の内容を逐一杉山茂丸に報告していた。加藤もまた永瀧総領事の言動に悪感情を持っていたらしく、永瀧への誹謗とともに、外務省が杉山の仲介を待たずに永瀧から呉に直接交渉させているのでは両者の関係からして纏まる話も纏まるまいと記し、[254]策を弄する永瀧が相手では呉は強硬な手段を取るかも知れぬと報じて、杉山のさらなる尽力を要請した。[255]杉山は加藤と呉の書状を添付して、倉知政務局長に対し、永瀧から外務省への報告内容と、呉のいい分とには大きな相違点があると指摘する書翰を送った。[256]呉と永瀧のいい分の違いを知っているということは、杉山が外務省からも逐一報告を受けていることを意味するであろう。しかし築地台華社楼上に蟠踞した杉山は、張り巡らせた糸から情報がもたらされても、問題の解決のために動こうとはしない。呉に対して善後処理案を承諾するよう勧告はしたが、しかし与えられる利益の多寡を判断するのは呉自身の問題であって自分が関与することではなく、かつ委任状を出すことの是非もまた呉自身が判断することであると称して、[257]みずから呉の説得に乗りだそうとはしなかったのである。

七月十日に呉端伯は永瀧総領事に対して、提議された案には応じられないと返答した。金額にも委任状交付にも異議はないが、鉄路公司が委任を承諾しないので遺憾ながら別の案を講じてほしいというのであった。[258]永瀧は本省へ打電して対応を請訓し、外務省は永瀧に、再度呉に対して解決案に異議がないことを確認し、異議ないのであれば内密に鉄路公司と交渉して委任を承諾させるよう訓令した。[259]永瀧はあらためて呉を招き、繰り返し説得にあたったが、呉は頑として聞き入れなかった。

永瀧総領事の巻返し

明治四十二年度上半期分の利子支払い期限が八月十五日に迫っていることから、永瀧は呉が徒らに時間稼ぎをして上半期分利子をまたしても着服しようとしているのだと考えた。永瀧は鉄路公司の陳三立に面会を求めたが、陳は面会に応じなかった。またかつて力を貸してくれた両江総督端方は北京に赴いて留守であった。困じはてた永瀧は、陳とは義兄弟で上海の海関道の道台の任にある蔡乃煌を密かに訪ね、事件の顚末を説いて利子受渡に関する陳の意見の照会を懇請した。蔡は快諾し、直ちに電報を発して陳を南京から呼び寄せ、その考えを問いただした。陳は外国銀行やその買弁を呉の代理人にすることは拒否したが、胡捷三を代理人にするのであれば応じるとの意見であった。これに対して永瀧は、胡は呉の一党であって信用できないとの意見を述べた。蔡は永瀧の意見を踏まえて陳と協議し、海関道関係者を表面上の代理人に立てて海関道がこの代理人の保証人となること、この代理人に呉から委任状を出させること、利子は海関道が受け取り直ちに横浜正金銀行へ交付すること、という案を取りまとめた。この案を受けて陳は呉と会談し、呉も案を承諾した。永瀧はこの顚末を本省に報告し、対応について請訓した。(260)

しかし呉端伯が素直に納得するはずがない。永瀧総領事が蔡道台に接触したことを聞きつけた呉は、直ちに加藤浩に打電し杉山茂丸への連絡を依頼した。(261) 加藤は杉山に会おうとしたが果たせず、成富公三郎に呉の電報を回付して杉山への連絡を頼んだ。(262) 杉山はおそらく外務省に働きかけをしたに違いない。(263) 永瀧の請訓に対して外務省が送った電報は、これ以上動くことはやめ相手方から働きかけがあれば何らコミットせず直ちに本省へ電報せよという内容であった。(264) 永瀧の行動は、蔡道台へのアプローチに関しては本省の訓令によらない独断であったが、陳三立との面会ができない状況下で先の訓令に基づいて使命を果すための行動であった。結果として蔡道台を介して利子の確実な受渡しに光明がみえたのであり、これは永瀧の功績であったはずだが、またしても外務省は杉山の求めにより永瀧の行動を掣肘したのである。

このとき呉端伯は杉山茂丸から来日を求められたが、動くに動けなかった。蔡道台から足止めをくらったのである。一方の永瀧総領事は、本省からの指示を無視するように動いた。蔡を訪ねて意見を交換し、事件が解決するまで呉が日本へいくことを差し止めるよう要請した。(265)呉は蔡に陳情書を呈して歪曲した経緯を述べたて、永瀧を激しく誹謗したが、(266)蔡の動きは素早く、上半期分利子の受渡しには目処が立った。さらに、将来に向けて呉と鉄路公司の契約を四明銀行に承継させる案が、蔡から永瀧に提示された。蔡は四明銀行との交渉はみずから任じてもよいとまでいい、南潯鉄道借款から呉を排除することが肝要と言明した。永瀧はこの経過を本省に打電し重ねて対応について請訓した。(267)ここに至って外務省は、四明銀行への借款継承については保留しつつも、利子の受渡しについては永瀧と蔡によって計画された案によって進めることを認めた。(268)利子支払い期日まで一週間ほどに迫り、ようやく外務省も三度目の利子着服の危険を認識したのか、あるいは呉が蔡の威光に屈服したことで杉山もやむなしと判断したのであろうか。呉が屈服するまでには、ひと騒動があった。利子受渡しの日時や場所、立会人などを決定して蔡が呉に通知したのち、呉は永瀧を訪ね、蔡から通知された方法では自分の体面と信用は地に墜ちてしまうと嘆き、必ず永瀧のもとへ利子を持参するので寛大な取扱いをしてくれと哀願したのである。これに対し永瀧は、呉の従来の所業に鑑みて到底信用出来ないと拒絶した。(269)かくしてこの年の上半期分利子は、蔡道台の立会いの下、八月十六日に受渡しが行われ、一年振りに横浜正金銀行上海支店に入金されたのであった。(270)一方でこの利子受渡しは、日本側が提示した善後処理案を呉が受け入れた結果のものではなかったため、滞納した七万両の処理については、いまだ未解決のままであった。永瀧は今後の対応について意見を具申したいので帰朝命令を出してほしいと本省に伝えたが、(271)善後策については講究中であるので帰朝の必要があれば追って通知すると拒否された。(272)

東亜興業の登場

しかし永瀧総領事が本省に意見具申する機会は訪れなかった。このののち永瀧は帰朝を命ぜられたが、それは意見具申のためではなかった。新たに設置される間島総領事へ転任することとなったのである。小村外務大臣から転任の内談があったとき、永瀧は一旦これを謝辞したが、外務次官や知己らから諄々と説得を受け、意気に感じて転任を諾したという[273]。しかし東洋一の貿易港と呼ばれ、西洋人も多数居住する国際都市上海の総領事から、まだ総領事館すら開かれていない新設ポストの間島総領事への転任が、外交官として喜ばしい人事であったのだろうか。永瀧の本心は察するしかない。この転任に、永瀧と呉端伯との関係が最悪であることを知る杉山茂丸の意向を感じるのは穿ちすぎかも知れないが、杉山が政府の人事に好んで介入したがる人物であったことはそれを推測させる理由にはなるであろう。

永瀧久吉が去ったあと、上海の日本公館には北京の公使館から松岡洋右書記官が派遣され、総領事代理として留守を預かった[274]。利子支払いが曲がりなりにも無事に終ったことで、呉端伯の利子滞納問題は善後処理案が宙に浮いたまま、時が過ぎていった。このころ南潯鉄道に関する重大事は、鉄路公司に対する資金供与の拡大を如何するかという問題に移っていた。三井物産漢口支店の高木陸郎が在漢口領事の高橋橘太郎や上海の松岡らのもとを訪れ、日本政府が南潯鉄道に対する新たな借款の計画を決めたという情報を伝えていた[275]。東京では八月に、清国における鉄道、鉱山等の事業請負や、これらに対する投資を目的として、東亜興業株式会社（以下、本稿において「東亜興業」と表記する）が設立されていた。発起人には大倉喜八郎、益田孝、渋沢栄一ら錚々たる財界の大物が名を連ねていた[276]。設立の経緯には外務省も深く関与した国策会社であった[277]。高木は東亜興業の現地代表を兼ねており、その動きは東亜興業の南潯鉄道借款への進出意欲を受けたものであった。おりから鉄路公司では資金不足に喘いでいた[278]ものの、内部紛争が勃発して株主総会が紛糾[279]するなど経営をとりまく状況は不穏であり、情報の漏洩や根拠のない噂の伝播などを恐れた松岡は、本省や漢口の高橋に対し高木の行動を止めるよう求めていた。[280]しかし高木は松岡の深憂をよそに、呉と興業銀行との既存借款の処理をも想定した内容の社債引受け案や材料購買契約案などを作成して動きを続けていた。[281]一方、現地の新聞では鉄路公司が多額の借款を起こそうとしているなどの報道がなされ、その資金の出所についてさまざまに憶測が飛び交っていた。[282]

呉端伯は悪びれもせず松岡総領事代理の下へ出入りし、そうした情報をもたらしていたが、[283]海関道台蔡乃煌は松岡に対し、呉を南潯鉄道借款に介在させておくことは極めて危険であり関係を絶つべきだと指摘し、かつて永瀧に提起した四明銀行を使った借款の継承案を進めるよう助言した。松岡は本省に対し、蔡の提案の検討を要請した。[284]

蔡道台の危惧が現実のものになったのはそれから僅か十日のちのことであった。永瀧久吉の後任として在上海総領事に着任した有吉明は、呉端伯がアメリカ人及びオランダ人から訴訟を提起され敗訴したという情報に耳を疑ったであろう。負債の総額は二万両に及び、呉にほとんど資力がないため、大成工商が名義人となっている南潯鉄道借款の債権が差し押えられる危険があった。万一そのような事態に陥ったなら、利子不払いどころか元本の保全すら危うくなるし、借款を蔽った秘密のヴェールは剝がされて西欧諸国にすべてが露顕してしまうであろう。有吉は直ちに本省へ打電し、先に松岡総領事代理が請訓した四明銀行への借款継承について、至急結論を出すよう求めた。[285]有吉が調査したところによれば、呉はこのところ鉄路公司の陳三立総理に対し百万両の貸付金の返済を迫っていたとのことで、蔡が四明銀行へ借款を移すことを提起したのも陳の希望によるものであった。有吉は呉に対しては極秘のまま借款継承の話を進めるべきであり、かつ呉に対する手切金として少なくとも十万円程度を与える必要があると本省に具申した。[286]しかし大蔵省とも協議せねばならない外務省は、ただちに結論を出すことができない。大蔵省から当年度下半期の利子支払い期限が迫っていると指摘されて、[287]あわてて有吉にその対応を訓令したもの[288]の、肝心の問題については結論が出るまで蔡に明確な回答をするな[289]と釘を刺した。もちろん外務省の高級官僚たちはただ荏苒と日を過ごしていたわけではなかろう。だが間もなく年は明け、彼らを駆り立てずにはおかない衝撃がやってくる。

呉端伯の拘留と杉山の収拾策

明治四十三（一九一〇）年一月七日午後七時十分に上海の総領事館から発出された電信には、呉端伯が債務不履行のため訴えられ裁判所たる会審衙門に拘留されたことが報じられていた。[290]もはや一刻の猶予も許されないことは明らかであった。この同じ日、外務省の関係者が杉山茂丸を訪問した。呉の拘留を受けて急遽善後処理について相談したものか、あるいは偶然この日の会見を約していたのかは判らない。その場で杉山が提示したのは、呉を南潯鉄道借款から排除して他の銀行に継承させる案は呉に対しては極秘としたまま債権処分の委任状のみを横浜正金銀行の買弁宛に提出させること、そのための条件として呉が滞納している七万両については納付を免除すること、さらに一時金として五万円以上を与えること、の三点であった。[291]杉山の案は、半年前に策定された善後処理案を骨格として引き継いだものであったが、最も大きな相違点は一時金として五万円以上を与えるという点であった。五万円は上海銀で約四万二千五百両に相当し、滞納金とあわせて呉に与えられる金額はほぼ同額であるが、先の善後処理案では四万両を八年かけて鉄路公司の利払いの中から生み出すものであったのに対し、今回の案では一時にそれだけの金が要る。いったい誰がどうやってそれを捻出するのか。

表面上日本政府が何ら関わりを持たない南潯鉄道借款に起因する金の支出を、国の歳出予算として措置することは不可能であった。大蔵省は興業銀行に対して、明治四十（一九〇七）年に南潯鉄道借款が成立をみたとき、同行が発行して大蔵省預金部が引き受けた興業債を、より低利のものに借り換えさせようとした。すなわち年利五・五パーセントの既発債を年利四パーセントで借り換えさせようというのである。これによって得られる利鞘で、呉に与える五万円を興業銀行から拠出させようとしたのであった。しかし政府からの内命によって実行した借款で、現に多額の滞納を味わわされた興業銀行は、最大限の抵抗を試みる。一時金を「政府へ上納」したとしても、直接の債務者から今後利子支払いが滞ったときは銀行の欠損となってしまう。そもそも銀行の営業としては実行不能と再三主張したにもかかわらず、公益上の必要からやむなく行った借款で、このようなリスクを負うことはできない。よって四分利債の償還は債務者から実際に償還があってから行うこととし、利鞘が得られなかったとしても銀行の損失とならないようにしてくれるなら命に従おう、と。[292] いかほどに統治権力の中枢にある大蔵省といえども、条理に適った主張を無視することはできない。しかし大蔵省内部にも葛藤がある。南潯鉄道借款のために興業銀行の債券を引き受けたのは預金部の資金であった。もとをただせば国の金ではない。郵便貯金を中心とした国民の預金である。万一の場合に国民の預金に損失を与えるわけにはいかなかった。とはいえ、不確定な将来の出来事に対して確定的な対策を講じ得るわけでもない。結局大蔵省は「万一危険発生ノ際ハ預金部ノ迷惑トナラザル様適宜ノ措置ヲ取[293]」るという曖昧な形で当面を弥縫せざるを得なかった。興業銀行の理に屈したのである。

大蔵省は決定事項を覚書にして若槻禮次郎次官が署名し、外務省へ送った。杉山茂丸から提示された案のうち、一時金として「五万円以上」という部分の「以上」を削除しただけで、あとは杉山案を呑んでいた。[294] 外務省の倉知政務局長は一月二十六日に杉山に会い、覚書を手渡した。杉山は倉知に対し、話を取りまとめるよう十分努力することを約した。[295]

会審衙門に拘留された呉端伯は、有吉総領事の奔走によって間もなく拘束を解かれていた。[296] さすがにしたたかな呉も拘留が身にしみたか、解放後は有吉の指示に従い、下半期分利子については道台の立会いもなしにみずから支払いを行った。[297] 呉に対しては杉山茂丸が、事件解決に向けた協議を行うため来日するよう求めていたが、呉は負債処理の問題などを理由に旧正月明けまで渡日できないと回答していた。しかし旧正月を過ぎても呉は動かなかった。[298] 外務省は借款を他の銀行に移譲させる計画について、呉に洩れることのないよう有吉に対し注意を促していた。[299] その問題は覚書にもとづき杉山が呉を承諾させるものと考えていたのである。三月末になっても何の進展もないため、外務省が杉山に状況を確認したところ、至急来日するよう電報を発しているので「不日何分ノ回答ニ接スルコトト期待シ居ル〔傍点筆者〕」という、ほとんど何の内容も伴わない回答があったにすぎなかった。[300] 四月に東亜興業の高木陸郎が有吉を訪ね、本社からの電報を示した。そこには鉄路公司に無記名社債を発行させてその中で呉の債権を処理する案が示され、杉山も同意しているので呉の意見を叩けと指示されていたが、有吉は本省から指示されている委任状徴収案と異なるものであるので取り合わなかった。[301] 五月半ばには、後藤猛太郎が倉知政務局長に書翰を送り、呉が西洋人との訴訟に敗れたころから結核が悪化して数度の吐血をみたため静養させていたところ、ようやく危険を脱したので間もなく来日してすべて解決するもの期待していると事情を説明しているが、[302] これも内容の伴わないものであった。呉は拘留を解かれて以後、有吉と何度も接触している事実があるから、後藤猛太郎のいう結核による静養ということも、どれほど信用がおけるものか疑問とせざるを得ない。

杉山茂丸が南潯鉄道借款に対する関心を失っているのは明らかであった。一年前に呉端伯が来日した際には芝紅葉館で歓迎会まで開いた杉山であったが、[303] もはや呉と関わって事件を解決しようとはしなかった。呉が滞納した七万両と借款契約の移譲という問題は、そのまま漂流を続ける。

その後の南潯鉄道借款

本節で明らかにしようと意図した南潯鉄道借款利子不払い事件に対する杉山茂丸の関与は、これまでの叙述がほぼその全容である。これ以後、杉山の名が南潯鉄道に関する外務省の史料に登場することはほとんどない。わずかな例外が、以後に述べようとするその後の南潯鉄道借款の行方のなかで、過去に東亜興業が作成したと思われる借款案に杉山との関係を整理すべきものとして挙げられている文書[304]と、明治四十四（一九一一）年八月に外務省の倉知政務局長から大蔵省の勝田理財局長に宛てて、明治四十三（一九一〇）年一月に呉端伯から委任状を提出させようとした計画についてはもはや必要ないと考えるがどうかという内容の照会を行った文書[305]であるが、どちらもたまたま外務省の史料の中に杉山の名が記されたものであって、杉山自身が何らかの関与をしたものではない。事件そのものはまだ解決していなかったが、杉山はその舞台から消えていった。

先に言及したように、清国における日本の経済利権獲得のために設立された国策会社東亜興業は、南潯鉄道借款への関与を目指して活動していた。鉄路公司の資金涸渇は深刻さを増しており、明治四十三年度下半期の利子支払いは、必要な三万五千両の全額を調達することができず、二千両の延滞を余儀なくされた[306]。さらに半年後の四十四年度上半期分利子は全額滞納に陥り[307]、以後利子の延滞は順次積み重なって最終的にこの借款が整理される時点では十万両を超える巨額の延滞になった[308]。資金難は工事進捗にも影響を及ぼし、第一工区である九江徳安間さえ竣工できず、僻村の馬廻嶺駅までで工事中断を余儀なくされていた[309]。

資金確保のため、鉄路公司の幹部はなりふり構わず奔走していた[310]。外国借款に対する反撥を回避するため、はじめは清国政府郵伝部に出資を要請したが叶わず、さらに清国の諸銀行からも資金が得られなかった。鉄路公司は外国に資金を求めるしかない状況に追い込まれ、アメリカやイギリス、ドイツ、フランスなどの資本家との協議が繰り返された。それらの情報は逐一日本の在外公館を経て日本政府に報じられていた。もちろんそれらの動きを日本側が指をくわえて傍観していたわけではない。東亜興業を中心として、鉄路公司幹部やその関係する地方官衙などにはたらきかけを続けていた。西欧諸国の借款条件が利率や担保などの条件が厳しく成立の見込が薄いとみて、政府は何としても新たな借款を成立させて、華中華南地方における日本の利権を確保せんと意気込んでいた。明治四十四（一九一一）年には鉄路公司が発行する四百万両の無記名社債を東亜興業が引き受けることで、成約直前まで商議が進んだ。しかし東亜興業が組成するシンジケートは十分な資金を調達できず、政府も財政上援助をなしうる状態になかったため、この案は見送られた。鉄路公司は遂には鉄道の国有化をさえ要請するが、このために鉄路公司の株主総会は大荒れとなり、経営は混乱を極めていた。四川省ではこのころ、鉄道国有化に反対するいわゆる保路運動が激化し、武装叛乱が起こっていた。そして十月十日、湖北省の武昌において辛亥革命の烽火が上がった。燎原の炎のように革命運動は拡がり、十一月末までに華中華南地方を中心に十四省が清朝からの独立を宣言した。四川省では、かつて永瀧久吉の要請によって南潯鉄道借款利子不払い事件に関わったこともあった端方が殺害された。革命が始まったときアメリカにいた孫文が十二月二十五日に帰国して臨時大総統に就き、翌年一月一日に中華民国臨時政府の成立を宣言した。革命のさなか、日本の資本家たちはこれを利権獲得の好機とみて、積極的な行動に出る。大倉、三井といった財閥が革命政府側に多額の資金援助を行った。江蘇鉄路借款、漢冶萍公司の合弁化による借款などがこの時期に成立した。外国からの資金を導入する環境は整いつつあった。孫文が江西都督に対し、南潯鉄道を抵当とした外国借款について打診した[311]のもこの時期であった。東亜興業と鉄路公司との間では、三月ごろから具体的な借款交渉が始まり、五月二十三日に仮契約にこぎつけ、八月一日に正式契約を締結するに至った。この間、利率の決定や滞納処分の条件、工事請負の範囲など鉄路公司側との間での契約条件のみならず、日本国内においても資金調達に関してシンジケートに参加する諸財閥や銀行さらには政府の思惑が交錯し、交渉は停滞しがちであった。鉄路公司側も東亜興業との交渉のかたわら、仮契約調印後も欧米資本との交渉を続けており、正式契約に至るまでには何度も破談の危機があった。借款の内容は、総額五百万円、利率は六・五パーセントで年二回の利払い、期間は十五年で十年据置、担保は機械、材料、建物、営業収入残金で、工事請負や材料購入などについての優先権が附帯していた。五百万円のうち三百万円は興業銀行債の引受けによる事実上の政府出資であった。

有吉総領事は呉端伯を重用して、この間の鉄路公司の動きに関する情報の収集や、日本側から提起する借款案に関する鉄路公司幹部の意向の観測などに当たらせていた。四十四年に武昌起義が起こって経済情勢が悪化し呉の資金繰りが悪化した際には、本省と掛け合って横浜正金銀行上海支店から五千両の融資を受けられるよう世話までしている。[312]呉は先に会審衙門の拘留を解かれて以来、殊遇に応えるようなはたらきをしていたためか、有吉は呉を信頼しきっていた。有吉は呉と興業銀行との契約を打ち切るに際しては、日本側の関係者から呉に対して煽動や要求がない限り、呉は巨額の報酬を求めることはなく一万円乃至二万円ばかり与えれば満足するだろうというほどであった。[313]しかしそれは有吉の買いかぶりであっただろう。東亜興業と鉄路公司との間に借款が成立したのち、呉をめぐる金の問題が噴出するのである。

東亜興業の新借款成立により、呉端伯を通じた興業銀行からの旧借款は整理されることとなった。呉が滞納した明治四十一年度の利子七万両については、その延滞利子も含め東亜興業が呉に代わって興業銀行に弁済することとされた。[314]また呉に対しては、手切金として東亜興業から三万両が支払われることになった。[315]ところが十二月になって、呉が鉄路公司から五万両を借りており、鉄路公司側は呉に対する旧借款百万両の返済に際してこの五万両を差し引くと主張していることが判明した。[316]南潯鉄道借款の成立過程で、鉄路公司から呉へ五万両程度のリベートの支払いが予定されているという永瀧総領事の観測について本節のはじめで述べたが、おそらくその五万両がこれであったのだろう。呉はこの借入金の存在そのものは否定せず、当時借款に反対する勢力を押さえるために使ったものだと主張し、逆に新借款成立に伴うリベートとして鉄路公司に対し五万両を要求した。[317]すなわち旧債をリベートと相殺しようといいだしたのである。さらに呉は、鉄路公司の旧借款にかかる利子の延滞金について、法外な要求を持ち出した。鉄路公司が明治四十三年度下半期以後利子を滞納していたことは先述したとおりであり、この利子は表面上鉄路公司が呉に対して延滞している。そして延滞金に対して延滞利息を課することは契約上当然のことであるが、呉はその延滞利率の適用を、延滞された利子の額ではなく、元金に対して課するべきだと主張したのである。[318]こうした紛糾のため新借款に基づく現金の受渡しは遅れに遅れており、東亜興業も鉄路公司も焦燥していた。鉄路公司側は元金に対する延滞利率の適用は拒否しつつも、新借款成立に伴うリベートとして二万五千円を支払うところまでは譲歩した。東亜興業も延滞利息の計算末日を繰り上げることによって総額を圧縮することを受け入れた。[319]関係者総出の調整の結果、ようやく大正二（一九一三）年一月二十九日に合意に至り、呉と興業銀行との契約の解除をみた[320]のである。

この間の呉端伯の動きは、明治四十一（一九〇八）年の利子不払い発生当時の態度と併せてみるなら、この人物の金への執着ぶりをまざまざとみせつけるものであった。しかし有吉総領事は呉を擁護し続け、現地で交渉に当たっていた東亜興業の代理人たちに不信感を生じさせていた。[321]それでも有吉は呉をかばい続け、その後もこのときの最終決着に不平を述べる呉のいい分を本省に報じ、解決を急ぐため呉に無理をさせたので東亜興業か大蔵省から何らかの措置を講じてやってくれと要請する有様であった。[322]

かくして南潯鉄道借款利子不払い事件は終った。事件発生から五年目、日本の内閣は桂太郎から西園寺公望を経て桂の内閣に戻っていた。中国では清朝が滅亡し、日本では明治天皇の崩御があった。第三次桂内閣も憲政擁護運動の大きなうねりの前に落城寸前である。歴史の大きな転換点の陰で、杉山茂丸によってバブル化させられた小さな事件は、ようやく終局をみたのであった。

杉山介入の意味

杉山茂丸はこの事件に介入することによって、なにを実現しようとしていたのであろうか。本節を閉じるにあたっては、杉山の事件への介入の意味を探り、それをいかようにか評価しておかねばならない。

杉山茂丸の介入の目的は何か。おそらくこの事件の渦中にあった政府官僚たちのすべてがそのことを考え、心中に疑心暗鬼を生じさせたに違いない。それは官僚たちだけではなく、鉄路公司総理の陳三立もまた、日本人の杉山なる人物が呉端伯を助けようとしていることが理解できなかった。陳はその疑問を呉に投げかけ、呉は杉山は日本の黒幕政治家であって日清両国の和親を保たねばならないとの意見なのだと説明した。[323] あるいは杉山は呉にそういったかも知れない。だがこれを鵜呑みにするわけにはいかないだろう。なぜならこの事件は、日清両国の和親にかかわるような問題ではないからだ。政府相互の間に軋轢があるわけではない。否、政府などと大きな組織を持ち出す必要がそもそもないのである。事件の舞台である南潯鉄道借款においても、借款の借り手である鉄路公司と、真実の貸し手である興業銀行との間に軋轢はない。軋轢は呉という一個人と興業銀行との間にのみ存する。しかもことは呉の債務不履行という民事上の小事件に過ぎなかった。もし国家の和親などと杉山がいったとすれば、それは小事件を政治問題化させるための権謀術数にほかならない。

事実経過に即して検討しよう。杉山茂丸の介入は、南潯鉄道借款利子不払い事件にいったい何をもたらしたのだろうか。それは、ひとことでいうなら混乱であった。杉山の介入によって、不払い発生当初は呉端伯への強硬な働きかけを永瀧総領事に指示していた外務省も大蔵省も、その姿勢に変化をきたした。一方で呉と利益共同体の関係にある加藤浩は、いわば不払いを起こした側にあるにも関わらず、外務省政務局長という政府の高官に対して脅迫的な書翰を送るような態度であった。金を借りた側が威圧的に振る舞い、金を貸した側が萎縮するという立場の逆転。それは杉山の介入によってのみ起こったであろう。しかし杉山という人物が実体的権力を持っているわけではない。萎縮は杉山の背後にある桂太郎という権力に対して起こったのであり、威圧もまた杉山の背後にある――そしておそらく加藤や呉は一面識もないであろう――桂太郎の威光を借りたものである。官僚たちは杉山とその背後の権力者の影に萎縮して、事件が単に呉に債務を履行させさえすれば終わるものであるということを見失ってしまった。事件を解決せねばならない立場の官僚たちは杉山によって混乱させられた。混乱に追い打ちをかける手段が、明治四十一（一九〇八）年十二月二日付で呉と杉山らとの間に締結された営業監理契約書であり、華大勧業契約書であった。

この契約は、ただ事態を錯綜させるためだけに締結された。そう断じる以外に、この契約の目的や意味を理解するすべはない。契約当事者の誰ひとりとして、この契約によって定められた権利義務を遂行しようとしていないことが、それを裏づける。華大勧業契約書によって、大成工商のすべての権利義務は調印と同時に華大勧業すなわち杉山茂丸側に譲渡された。であるなら、それ以後杉山らは呉端伯が滞納した四十一年度上半期分の利子を速やかに興業銀行に返済する義務を負ったはずである。華大勧業の資本金二十万円の全額とはいわずとも、返済すべき三万五千両に相当する金は直ちに杉山ら社員が出資して、興業銀行に返済する義務がある。しかしそもそも彼らとりわけ杉山に、巨額の資本金を據出するような資金余裕があったとも思えず、つまるところ彼らはその義務を負う立場であることに自覚的であったとは考えられない。加えて年明けには鉄路公司から下半期分の利子をみずから受領し、興業銀行に納入する義務もあるが、それを行った事実もない。彼らはこうした権利義務を遂行しようとする素振りすらみせないのだ。一方で、もはや鉄路公司に対する権利を失ったはずの呉が、堂々と鉄路公司から利子を受け取り、興業銀行にも返済せず杉山らに引き渡しもせず、みずからの銀行口座に預け入れているのを咎めもしない。杉山らに二通の契約を履行しようとする誠意があるのなら、呉が香港上海銀行の口座に入れた金を、即時に引き渡すよう求めてしかるべきであるが、杉山らはそれを放任している。こうした実態はすなわち、当事者の誰もこの契約を履行すべきものとして考えてはいなかったことを証明するであろう。この契約書は名目上呉の権利義務が杉山らに譲渡されたことを他者に喧伝することだけが目的である。他者とはすなわち呉にとっての債権者たる興業銀行であり、日本政府である。日本政府に対して、呉の債務は杉山が引き受けたのだということをアピールし、交渉当事者としての地位に杉山を置くことこそ、この契約書が交わされた目的であった。その効果は、まさに事態の混乱、攪乱として表出した。杉山の狙いはそこにあったはずだ。

民事上の契約行為や会社の設立を行い、その事実をもって何らかの政策的措置を政府に働きかけるのは、杉山茂丸の常套手段であった。皮肉にもこの事件の当事者となった日本興業銀行の設立には杉山が関与していたが、その設立運動に際して杉山が採ったのが、まさにこの手法であった。杉山は日本政府がなんらコミットしていない銀行設立運動のために、アメリカへ渡って富豪モルガンから借款の約束を取り付けたと称して、外資を導入して興業銀行を設立する運動を行ったことは第二章第二節でみたとおりである。モルガンとの仮契約に相当するのが、南潯鉄道の事件においては呉と取り交した二通の契約書である。このような例はほかにもある。本章第一節でみたように、関東大震災発生後の大正十二（一九二三）年十一月には東京湾築港利権を政府又は東京市から獲得することを目的とした契約を米国人との間に結んでいる。杉山はこうした手法によって、政府官庁に働きかけるための法的な正当性をみずからに付与することに極めて意識的であったのだ。

これは政官界における杉山茂丸という存在の本質を現わしている。実体的権力を持たない杉山は、ときどきの権力者と親交を結ぶことによって彼らの持つ権力をみずからの背後に仮構し、それを源泉として政治と行政の機構に食い込んだのである。それゆえ、この事件に介入するに際して、杉山は桂太郎が首相の座に返り咲く時を待たなければならなかった。西園寺公望と原敬が運営する内閣においては、杉山は権力として仮構し得る人的勢力を持たなかったからである。しかし仮構した権力はあくまで仮構の域を出ない。契約という法的行為によって交渉当事者としての正当性を身に纏わなければ、杉山はその存在すら仮構の中に埋没してしまい、権力の仮構はどこまでも希薄化するであろう。桂太郎という一個人と対峙するのであれば一個人としての杉山以外のものである必要はなかろうが、政治機構や官僚機構と対峙してそれをみずからの思う方向へ動かそうとするなら、仮構された権力に加えてみずからの立場の実体性を保証する法的根拠が必要であることを杉山はよく知っていたのである。

さてそれでは事態を混乱させた杉山茂丸の狙いは何か。事件の推移をみれば、それは明らかであろう。呉端伯に利益を与えることである。この事件の本質は何度も指摘したように、単なる借金の取り立てという小さな問題に過ぎない。その当事者は、鉄路公司であり、呉であり、興業銀行であり、大蔵省預金部であった。この当事者四者のうち、杉山の介入によって利益を得たのはいったい誰で、損失を蒙ったのはいったい誰なのか。杉山が、たとえ先にみたような日清間の和親などという大義名分を振りかざしていたとしても、その実質が呉の利益に過ぎないことは明白である。杉山は興業銀行と政府に損失を与えてさえも呉に利益を与えようとした。もちろんその後の事件の推移によって、最終的に杉山の介入による呉の利益は現実のものとはならなかったのであったが、それは結果論に過ぎない。杉山が呉の利益を重視していたことは、先に引用した五月三十一日の杉山発呉宛の電報に顧みて疑う余地はないだろう。

ここで注意しなければならないのは、杉山茂丸は呉端伯に積極的に利益を与えようとしたのであって、既に存在している呉の利益を守ろうとしたわけではないということである。南潯鉄道借款においては、将来の継続的借款の約束の有無はさておき、そもそも呉が直接の利益を得るスキームにはなっていなかった。すなわち守るべき利益などなかったのである。杉山が呉を救済するために介入するのであれば、滞納された金を杉山がどこかから調達し呉に貸与して返済させてもよいし、杉山と興業銀行総裁添田寿一との人間関係を前提として、債務保証による一定期間の延納を認めさせることもできたであろう。杉山は、滞納された金の返済問題だけに限って関与することもできたはずであるが、それにとどまらず、呉に金銭的利益を与えるように動いていたのである。その具体的な表出が、呉の二度目の利子不払いである。杉山は華大勧業契約書に基づき自らが鉄路公司から利子を受け取るための手段を講じず、その権利を失ったはずの呉が平然とそれを受け取り着服することを黙認した。三万五千両の滞納額は七万両に倍増した。それは、その後に策定される善後処理案において、政府の損失の拡大と呉の利益の拡大に直結したのであった。また杉山は、永瀧総領事が両江総督端方と協議して南潯鉄道借款から呉を排除する動きをみせたとき、外務省に働きかけてその動きを封じさせた。その後三回目の利子着服を危惧した永瀧が海関道台蔡乃煌と協議した際も、同様にそれを掣肘しようとした。もし永瀧が本省からの指示を無視して蔡を動かさなければ、政府の損失は更に拡大していたであろう。にもかかわらず杉山は、呉を説得して事態を収拾しようとする動きを一切しなかった。二度目の利子着服は杉山の不作為によって生じたことであり、善後処理案が成立をみなかったのも杉山の不作為に由来する。杉山は、事件に介入はしても調停者にはならなかった。これらはすべて、杉山の介入が呉の利益のみを目的としていたことを現わしているであろう。

しかし杉山茂丸は、呉端伯への利益供与が全うされる前に、事件から姿を消した。これはいかなる理由によるものであろうか。外務省史料の中には、その理由を示唆するようなものは見当たらない。呉との間に何らかの齟齬をきたしたのか、善後処理案を受け入れようとしない呉に対して杉山が愛想を尽かしたのか。理由を推察する上で考慮しておかなければならないのは、明治四十三（一九一〇）年というその時期のことである。この年の八月二十九日に成立した日本による韓国併合に、杉山はその裏面で深く関与していた。詳細は次節で論じるが、杉山が南潯鉄道の事件から姿を消していった二月ごろといえば、彼は韓国併合の裏面で慌ただしい日々を送っていたはずであり、南潯鉄道借款利子不払い事件のような小事件に関与する暇はなかったということかも知れない。

そもそも杉山茂丸は、なぜ南潯鉄道借款利子不払い事件に介入したのだろうか。竹越與三郎の借款暴露演説をきっかけとする江西省内の世論沸騰を受けた銀行設立案の段階で、加藤浩や呉端伯との関係が生じていたのかどうかは判然としない。あるいは純粋に——といっても政府資金を狙ったものではあったが——ひとつのビジネスとして清国内への投資を考慮していたかも知れないが、少なくとも利子不払いが起こったのちに関しては、おそらくは加藤の陳情を受けて積極的介入に至ったに違いない。しかし陳情を受けたということだけで、呉に対してこれまでみてきたように過剰なまでの肩入れを行うのはいささか不審といわねばならない。陳情を受けて「金が有れば払つて遣る。面識がある奴には紹介して遣る。信用があれば小切手でも何でも書いて遣る[324]」というような対応とは明らかに異なる。政府の利益を害してまでも呉に肩入れする必要はあったのだろうか。その解を示唆するのは、前項で触れたが、過去に東亜興業が作成したと思われる借款案を記した文書である。この文書が外務省の史料に保存されるについては、若干の経緯がある。明治四十四（一九一一）年五月外務省は東亜興業に対し、明治四十二（一九〇九）年当時に同社が作成した借款案の控えがないかと問い合わせた。東亜興業は自社保管資料の中には当該文書を発見できず、三井物産の山本某に問い合わせたところ、外務省が求めるものではなかったが、一通の借款案が発見された。それがこの文書である[325]。東亜興業の社名が入った罫紙に筆書され、欄外に「八月一日杉山茂丸氏ニ示ス」と書かれている。作成時期は不明であるが、四明銀行や蔡道台への言及があることから、明治四十三（一九一〇）年のものとみて間違いなかろう。全十一条からなる借款案の概要であって、内容は鉄路公司が四百万円の社債を発行し東亜興業がこれを引き受けること、何らかの方法によって旧借款を整理し鉄路公司、呉端伯、興業銀行の関係を消滅させること、旧借款に係る興業銀行債が償還された資金を政府が無利息で東亜興業に貸し付けること、呉が滞納した七万両については、為替差損のための預金に充てるべき一万両を除き五千両は興業銀行が放棄し五万五千両は東亜が政府に返済することなどが規定されている。注目すべきは第十一条で、「杉山、四明銀行及蔡道台ニ対シテハ東亜ニ於テ夫々適当ノ措置ヲ取リ従来ノ関係ヲ一払スル事」と書かれているのである[326]。「適当ノ措置」とは何であろう。それが彼らの尽力に対し東亜興業から礼状を差し出すというような子供だましであるわけがない。呉の滞納金の大半を肩替わりしようという東亜興業である。ここでいう「適当ノ措置」がなにがしかの礼金を意味することは疑いないであろう。東亜興業は八月一日に杉山にこの文書をみせることによってそれを約していたのである。そこから類推して、杉山と呉との間にも同様の約定がなされていたのではないかと疑うのは、はたして飛躍しすぎた想像であろうか。

杉山茂丸はみずから国士をもって任じたが、国士とは自身の利益を顧みず国家のために尽くす人士を指すことばであるにもかかわらず、この南潯鉄道借款利子不払い事件における一連の杉山の行動は、呉端伯という一清国人の利益のために、国家の利益を顧みなかったようにみえる。それははたして国士の名に値するだろうか。

第四節　韓国併合始末

伊藤統監との対決

杉山は四篇の自著において韓国併合にまつわる自己言及を行っている。発表された順に、大正三（一九一四）年の『桂公の裏面』、大正十一（一九二二）年の『建白』、大正十四（一九二五）年の『山縣元帥』、昭和二（一九二七）年十二月雑誌『現代』初出の『俗戦国策』中「決死の苦諫伊藤公に自決を迫る」の四篇がそれである。このうち、『桂公の裏面』における自己言及はごく限定的なもので、韓国併合の過程における自己の関わりについて、「予の知友たる李容九氏、宋秉畯氏、内田良平氏及菊池忠三郎氏抔が、日本政府と意思の疎通に於て屢々渋滞の点があつた為めに、遂に舁ぎ込まれて一進会の顧問たらざるを得ざるの已むを得ざる境遇となつ」て、一進会の意思を「日本の政府たる桂総理大臣や寺内陸軍大臣等に誤りなきやうに伝へることのみに努めた」のだといい、李容九ら一進会が韓国皇帝などに合邦請願書を呈したことも「予は当時其中間に在つて聊か双方より能く其事情を聴き得る位の関係を持つて居つた」〔裏、一〇五〜一一〇〕と、弁解的に述べているに過ぎない。総じて、桂太郎の韓国併合に至る決断を称揚することに主眼が置かれているのは、この著作の趣旨からみて当然のことであった。

しかしこの言説が、杉山の韓国併合過程への関与を矮小化したものであったことは、八年後の『建白』で杉山自身によって暴露される。『建白』では、杉山は明治四十（一九〇七）年十一月に京城において韓国統監伊藤博文と対決したことから説き始め、韓国併合に至るまでの自己の関与や、大正九（一九二〇）年に旧一進会の会員たちから自決を要求されたことなどを、詳細に述べている。『建白』の韓国併合にまつわる第十一章の性格については本節の末尾で論じるが、そこには一進会の追及に対するアリバイ工作という意味もあったと考えられることから、経緯を知る一進会の当事者たちが読むことを前提とするなら、『桂公の裏面』の言説のように、自己の関与のほとんどを隠蔽してただのメッセンジャーであったのだと澄ましかえっているわけにはいかなかったのであろう。とはいえ、自身の役割をメッセンジャーであったとする杉山の主張自体は、『建白』においても撤回されたわけではない。彼は「小生聊か従来より日韓の問題を憂慮し彼の直接の関係者たる一進会長李容九同副会長宋秉畯、及び内田良平菊地《マヽ》忠三郎等の計画したる合邦の事件に連鎖を有し候事有之」〔建、二〇六〕と述べて、あくまで李や内田を主導者と位置づけ、自身を脇役の地位に置こうとしているのである。

『山縣元帥』と『俗戦国策』で語られている内容のほとんどは、『建白』でも言及されていることだが、京城の統監官邸における伊藤博文との対話劇である。これは伊藤が京城で行った演説の中で、日本が韓国を「合併」する意思はないと断言したことに対し、杉山が過去の約に背く発言だと激昂して京城に乗り込み、伊藤を説破して辞職の意を表明させたという物語である。伊藤の演説なるものがいつ行われ、杉山がいつ統監官邸に乗り込んだのかは、この対話劇を語った三つの杉山の言説において、それぞれ異なった時期が提示されている。『建白』では杉山が京城に乗り込んだのは明治四十（一九〇七）年十一月二日であるとされており、伊藤の演説は「輓近在京城に於ける各国の総領事等を官邸に召され餐を賜ひし時の御演説」〔建、二〇六～二〇七〕とされているから、同年の秋に近いころのことと推定できる。『山縣元帥』では明治三十八（一九〇五）年の「十一月には伊藤公自から韓国統監となつて、日韓条約の再締結をせられ、其十二月には又自から統監府官制を制定して、韓国統監府と云ふ物が出来た、即ち其十月に韓国再協約の下に評議の時、伊藤統監は韓国に残留する各国の総領事を、官邸に召されて演説があつた」〔山、四七九〕とされており、そこから推定するなら伊藤の演説は三十八（一九〇五）年十月のことで、韓国へ駆け付けたという「其十一月の二日」とは明治三十八（一九〇五）年十一月二日であったことになる。『俗戦国策』では、杉山が伊藤と対決したのは明治三十九（一九〇六）年十一月二日のこと〔俗、二一五〕で、伊藤の演説はその赴任から「日ならずして、日韓協約を復興し、其上韓国駐在の各国総領事を官邸に招集し、宴を開いて施設の演説をした」〔俗、二二一〕とされており、さしあたり演説の時期は明治三十九（一九〇六）年の秋ごろであると推定されよう。三つの言説を比較すると、共通するのは十一月二日という日にちだけで、年次には二年間の差があるが、杉山がいう伊藤との対決が事実であったとするなら、おそらく『建白』が正しい。

三つの言説は、『建白』におけるたった四度のダイアローグを核として、時代が下るに従って会話の応酬を増加させ、物語化・対話劇化させていったものに過ぎない。では『建白』で杉山は何を主張し、伊藤はそれにどう応じたのであろうか。

杉山は統監官邸で伊藤と対峙して、まず演説の内容を確認する。伊藤の演説は「日韓の合体を不善事と被成永久朝鮮を保護国として存置する」〔建、二〇七〕というようなものであったとされる。杉山はそれが伊藤の主意ではなく誤報であろうということを糺すのである（この部分を①とする。以下同じ）。伊藤はこれに対し、日韓協約に「朝鮮王室の隆盛を計る事。朝鮮富強の基を立てる事。朝鮮が獨立するまでは日本に切に帑費の用を助けて永久に保護する事」〔建、二〇八〕が謳われているから日韓の合体などできないのだと応じる（②）。杉山はそれに対し、延々と日露韓の外交史上のトピックを並べ立てて伊藤の非を鳴らし（③）、伊藤はそれに説伏されて辞意を表明する（④）というのがこの対話劇の流れ〔建、二〇六〜二一六〕である。しかし、ここで杉山が述べていることは、史実を無視した無茶苦茶な内容である。まず、②で伊藤が述べたという日韓協約であるが、そもそも三次にわたって締結された日韓協約のどれを指すのかが明らかでなく、かつその内容は韓国皇室についての部分を除き、どの協約にも存在しない内容である。強いていうなら「朝鮮富強の基」云々の部分を、日韓協約の前提となる日韓議定書の第三条、第四条に求め得るかもしれない。この部分は杉山に好意的な解釈をするなら記憶違いといえるかも知れないが、③に至ってはもはや支離滅裂である。

③で杉山は、韓国の親ロシア政策による日本への裏切りによって、日韓協約は韓国が一方的に破棄したのだと主張し、このため伊藤が協約を楯にして日韓の合併を不可とするのは誤りだと指摘する。韓国の裏切り行為として杉山は、「朝鮮政府は馬山浦を捧げて露公使の靴下に献じ『海陸物資の集散は韓国中馬山浦に若くもの無之お望みに依りては対馬の租借も朝鮮より日本に申込むも敢て辞せず』と進言した」（建、二一一）といい、これがために日露の交渉があり、いわゆる無隣庵会議を経て日露開戦に至ったのだという。「馬山浦」云々は、明治三十二（一八九九）年にロシアが韓国南部の馬山浦に軍艦を入港させ、同地の租借権を要求した事件を指すのであろう。しかし日韓議定書が日露開戦直後の明治三十七（一九〇四）年二月二十三日の締結、第一次日韓協約が同年八月二十二日の締結である。杉山は、それらの条約より五年も前に起こった事件を引き合いに出して、韓国側が一方的に日韓協約を破ったなどというのである。さらに杉山は、『山縣元帥』や『俗戦国策』における③に相当する言説で、そうした韓国の裏切りによって破棄された日韓協約を、伊藤が改めて締結したと批判する。「閣下は、既に破棄せられて、影も形もない日韓協約を、マダ現存するかのやうに拾ひ上げて、別に閣下の協約を拵へて（略）国是に背」（俗、二三三）いたのだと。ここで杉山がいう伊藤が「拵へ」た別の協約なるものが、四十（一九〇七）年七月二十四日締結の第三次日韓協約であることは自明であるから、『山縣元帥』や『俗戦国策』で杉山が提示した伊藤との対決の時期が正しくないこともおのずと論証される。

よって杉山と伊藤の対決が事実とすれば、『建白』で示された四十（一九〇七）年説が最もあり得そうな日時として推定される。伊藤の演説とは、四十（一九〇七）年七月二十九日に京城日本人倶楽部で催された「新聞及通信員招待会」席上のものであろう。伊藤はこの演説の中で、かつて彼が韓国の大官に対し「日本は韓国を合併するの必要なし。合併は甚だ厄介なり」といったことを紹介し、それを「西洋人にも韓人にも日本人にも公言したり」[327]と述べている。杉山はこの発言に憤激したということになろう。

ただし、その『建白』の説も、無批判に事実として受け容れられるものではない。右にみたように、杉山が伊藤に弁じたという言説は事実を無視したいいがかりのようなものであるから、伊藤がいかに老いたといっても、そのいいがかりに説伏されて辞職を表明したなどというのは信じる方がどうかしている。細部をみても矛盾は多々ある。この逸話の結論として、伊藤が翌年一月に帰京して山縣らと後事を相談することを約したのだと杉山はいっている（建、二二六）のだが、ひとつには伊藤の帰京は三十九（一九〇六）年から四十一（一九〇八）年まで、毎年十二月に行われていたから、帰京時期が正しくない。また四十（一九〇七）年十二月から翌年四月までの帰国中に、伊藤が辞意を表明したという事実は確認されていない。伊藤の辞意は、四十一（一九〇八）年七月に駐箚軍司令官長谷川好道に伝えられたのが最初[328]であるとみられる。伊藤の辞任時期についても、『建白』では杉山と伊藤の対決の「翌年九月」（建、二二六）とされており、実際の辞任時期である四十二（一九〇九）年六月とはおよそ九ヶ月の齟齬がある。さらに、韓国併合に関して杉山が形影相伴うようにしていた内田良平が、四十（一九〇七）年十一月には京城に滞在していたにもかかわらず、杉山の三つの言説に全く登場しないのはいかにも不可解である。七月に伊藤の演説があって、新聞報道でそのことを知った杉山が十一月に京城にいったのであれば、その間に内田との応答が一切なかったということは、ほとんど有り得べからざることであろう。しかも杉山が伊藤と対決したとされる十一月二日には、内田は伊藤統監に面会もしている[329]のである。その内田は、杉山が『建白』の中で批判の対象とした第三次日韓協約について、むしろそれを促進すべきとする立場をとっていた[330]。また、内田は四十（一九〇七）年の末ないし四十一（一九〇八）年の一月、帰朝中に伊藤に辞職を勧告したとされ、それが容れられないことから、自ら統監府嘱託を辞職することを伊藤に申し出たが慰留された[331]。杉山が四十（一九〇七）年十一月に伊藤を説伏して辞意を表明させたのが事実なら、内田がそれを知らぬわけがなく、こうしたエピソードが生まれることはなかったに違いない。しかも四十一（一九〇八）年五月には、杉山は内田に発した電信で「伊藤公に依りて最後の解決を得んとするは、到底不可能なることを了知せり。就ては公に退職せしむるの他良策なし。公を退かしむる手段としては、予ての約束の如く、宋秉畯の辞任を急がしむるより良きは無し。速かに之れを決行せしめられたし[332]」と、伊藤を退陣させるための工作を指示している。この時点で杉山が内田に、「公に退職せしむるの他良策なし」と伝えていることは、杉山が京城に乗り込んで伊藤に辞職を決意させたという言説の信憑性に疑問を投げかけるであろう。こうした状況を考慮すると、杉山が統監官邸で伊藤に辞職を迫ったというエピソードそのものの存否を疑う余地は十分ある。むしろ、杉山は四十（一九〇七）年十二月ないし翌年一月の、内田良平による伊藤への統監辞任要求を、みずからの事績として取り込んだと考えることもできるだろう。

御自殺を願います

ひとつの逸話を何度も語り直していくうちに、講談めいた作り物臭さが濃厚になってくるのは杉山の言説のひとつの特徴であるが、それはこの京城における伊藤博文との対決という逸話においてもかわるところはない。ここでは、『建白』で語られた逸話が、どのように膨張させられたのかをみておく。

前項で指摘したように、『建白』における杉山と伊藤の対決のダイアローグはわずか四度の応酬で構成されていた。これに対し『山縣元帥』では、右の①と②の間に伊藤と杉山のことばの応酬が一度ずつ挿入され、③の長広舌は何割か増強されるとともに、杉山が伊藤に辞職を迫る部分は切り離されて、伊藤が杉山に「夫で我輩にドウせよと云ふのか」と問うて、杉山が辞職せよと迫る会話の応酬〔山、四八五〜四八六〕が挿入されて④に至っている。

これが『俗戦国策』になると、さらに巧妙に物語が構築されている。杉山が統監官邸に伊藤を訪ねて①のシーンが登場する前に、他の言説では語られていないエピソードがひとつ挿入されている。杉山が官邸を訪うと、伊藤は陶器商を数人招いて、陶器の品定めをしていたのだという。陶器商が杉山に対しても種々売りつけようとするのを、彼は面倒に思って全部買うから旅宿に届けよと命じたという逸話〔俗、二二四〕である。杉山が伊藤統監を訪問した際、居合わせた陶器商人から陶器を買ったエピソードは、実は明治三十九（一九〇六）年の出来事であり、当時面白おかしく雑誌に報じられたことがある。[333]前項で述べたように杉山と伊藤との対決は、事実だとすれば明治四十（一九〇七）年のことであったと推定されるから、『俗戦国策』で語られている物語はふたつの逸話の合成物である。杉山は『俗戦国策』で物語を語り直すに際して、このエピソードを思い出してそこに付け加えたのであろう。続く①から②の会話の構成は『山縣元帥』と同様であり、②から③へ移るに際して、杉山と伊藤の二度ずつの会話の応酬〔俗、二二七〜二二八〕が新たに付加されている。それに続く③は『山縣元帥』よりもさらに長文となり、それを受けて伊藤が杉山に自身の進退を問う場面は「杉山君……僕は君の誠意を感謝する……僕は生れて六十四年君程の人を知らなかつた」〔俗、二三四〕と**藉口**コードの顔見せをした上で辞職を迫ることになる。そして『俗戦国策』のこの章のハイライトがこれに続く。辞職しなかったらどうするのだと伊藤が問うと、杉山は懐中から長船則光の短刀を出してテーブルに静かに置き「御自殺を願ます……私も此儘お伴を致します……」〔俗、二三四〜二三五〕といったのだという。『俗戦国策』では、これが語られた節に「決然！長船則光の短刀」という小見出しまでつけて、杉山は自己を劇化することに余念がない。しかもこのとき、杉山と伊藤が対峙している部屋のドアを開けようとする者があって、伊藤は大声で「誰ぢゃ……其処明ける事はならぬぞ……皆にさう云うて置け……」〔俗、二三五〕と命じたという。このエピソードを加えることによって、杉山は英雄的存在たる伊藤博文像を印象づけると同時に、その英雄に一歩も引かずに対峙する国士としての自己像を演出しているのである。そして伊藤が、今ここで死ぬわけにはいかないというと、杉山は日本興業銀行設立運動の過程で伊藤の増税案に賛同者を募ったにもかかわらず裏切られたことや、明治三十四年外債事件の際にまた伊藤に裏切られたことを挙げて、自分は伊藤と刺しちがえるべき因縁があるのだと覚悟を促す。伊藤がそれでは「君は刺客となり、僕は君に暗殺された事になる」というと、杉山は再び長広舌をふるって古今東西の暗殺事件を引き合いに出して自己を正当化し「私は閣下の御過失に対して、閣下の誠忠純正のお心を、後世に伝へたいと存じますから、私も此儘お伴を致す覚悟で厶ります」と国士ぶりをアピールした上で、統監を辞職して過ちを認めるなら立派な行為だが、強情を張るなら見苦しい死が待っているぞと、絵に描いたような脅迫ぶりを演じ〔俗、二三六〜二三九〕て、ようやく④の伊藤の辞意表明に至るのである。『建白』で四度の応酬が紹介されたこのシークェンスは、『俗戦国策』では十八度の応酬に書き替えられ、伊藤杉山両雄対決に大向こうから掛け声もかかろうかという芝居仕立てにつくり直された。なぜこのように芝居がかった物語へ改変されねばならなかったのかは、『俗戦国策』という著作の性格と深く関わる。第一章第二節の末尾で論じたように、『俗戦国策』は杉山の自己宣伝・自己讃美のための著作であった。その目的を達成するために、このような芝居仕立ては格好の手段であったのだ。付言するなら、伊藤に短刀を突きつけて自決を迫ったという『山縣元帥』にはみられない逸話がここで付け加えられている点について、筆者は杉山自身が旧一進会の会員たちから自決を要求された事実を、イメージとして重ね合わせることができるのではないかと考えている。

杉山は伊藤との対決の場で、何を主張したというのであろうか。前項で日韓協約をめぐる杉山の主張に歴史的事実の無視があることはみてきたが、彼の主張の荒唐無稽さはそれだけではない。③の部分は、長短はあっても敷衍すればひとつのことだけをいっている。すなわち、明治三十六（一九〇三）年四月に京都南禅寺近傍の山縣有朋別荘で開かれた、いわゆる無隣庵会議において、伊藤山縣の二元老と桂首相及び小村外相は、日本が韓国を領有することをロシアが認めなければ開戦に踏み切ることを意思決定し、それが六月の御前会議で承認されて国是となった。これによって、日本が韓国を「取る」ことは決定済みであり、それを実現するために統監に任じられた伊藤が、それを否定する演説をしたのは国是に違背するものであるから辞職せよというのが杉山の主張である。これだけのことを、三つの言説は引き伸ばしに引き伸ばして、演説すれば十分ほどはかかろうかという分量にまで膨張させたのが『俗戦国策』であった。しかし杉山の主張の核心部である無隣庵会議で、日露開戦や韓国併合の方針が意思決定された事実はないし、御前会議においてそれが国是となった事実もない。ことに御前会議では「清韓両国の独立、領土保全及商工業上機会均等ノ主義ヲ維持スルコト(334)」が日露間の交渉の基礎として承認されているのだから、杉山の主張が事実に反することは明白である。

杉山がなぜこのように事実に反することを主張するのか、その真意をうかがい知ることは困難である。あるいは彼は、そう信じこんでいたのかも知れないが、無隣庵会議の時点で既に韓国併合の方針が決定されていたなどというのは妄想に近かろう。杉山は無隣庵会議が開かれたとき、山縣別荘南西隅に建つ二階建洋館の一階に、児玉源太郎とともに待機して会議の終了を待っていたのだということを、右の三つの言説のみならず『俗戦国策』における他の章においても繰り返し述べているが、それが事実であるかどうかは立証されていない。杉山が初めてそのことに言及した『建白』発表の時点で、既に無隣庵会議の当事者は一人も生存していないから、これもまた杉山の言説によくみられる肯定も否定もできない「事実」である。無隣庵会議で決定された外交方針について、杉山が自身の主張を初めて公にしたのは、管見では明治四十四（一九一一）年九月に『サンデー』百四十三号に発表した「四年間の桂内閣(五)」であるが、そこには彼自身が無隣庵に待機していたことは書かれていないことを踏まえると、あるいは杉山は、証人がいないことを前提としてこのような「事実」を打ち明けているのかも知れない。

朝鮮は乃公の領土だ

先に言及したとおり、杉山は韓国併合に関わる自身の役割を、『建白』においても、内田良平や宋秉畯らの活動や要望を日本政府要人に伝えるメッセンジャーであったと説明している。これは、韓国併合に至る民間側の運動が、あくまで内田良平や菊池忠三郎らと李容九、宋秉畯ら韓国の一進会のヘゲモニーのもとで進められたものであって、杉山自身はその運動に従たる立場に過ぎなかったのだという弁明である。しかしこうした立場の主張が、『俗戦国策』における言説との間にどうしようもない矛盾を惹起していることは明白である。

杉山は『俗戦国策』でなにをいったのか。彼は明治二十四（一八九一）年の幾茂との結婚式の席で、「朝鮮が日本の有になった時に」自分は死ぬのだと宣言した〔俗、二二〇〕といったのである。そしてその素志を貫かんがために、杉山は長年の宿願であった藩閥政府打倒という目標を棚上げにして、逆に藩閥を助ける側に廻り、伊藤博文が韓国統監に就任するに際しては「従来保護国の朝鮮を、世界列国の面前で、明白に日本の領土に登記をする」ことを「堅く〳〵庵主等と諒解」したことを受けて、「内田良平に機密を含め、伊藤公の身辺を保護するを名とし、公の政略を幇助すべく随行させた」という〔俗、二一五～二一六〕のである。その結果「朝鮮が余り甘く取れ過ぎたので（略）トウ〳〵死ぬに死なれず今日まで生存」することになった〔俗、二二〇～二二一〕などと杉山は嘯く。その信憑性はともかくとして、この言説を前提とするなら杉山は、青年期以来の筋金入りの韓国侵略主義者であり、日露戦後の好機に、内田良平を手先として伊藤博文による韓国併呑実行を援助させようとしていたのだということになる。

これでは二つの言説間で本末が完全に転倒してしまう。いずれかあるいは双方の言説が虚言だということは自明である。もとより杉山の自己言及の多くは虚言にまみれているが、『建白』の方は真偽不明の言説とともに、まだしもいくばくかの事実が述べられている。一方の『俗戦国策』では、右にみた杉山青年期の素志や劇的に脚色された伊藤との対決ぐらいしか語られておらず、かつ大小さまざまな虚言は『俗戦国策』の通有性とみてよい。杉山と韓国の問題に限ってみても、たとえば『俗戦国策』の「血を以て彩る条約改正事件」において、杉山は「十七年の十二月に、朝鮮に金玉均の乱が起って十八年に彼は日本に亡命して来た。其時彼の書生として、附随して来たのが、宋秉畯であった。彼は青年にして、既に東洋の偉傑たるの気魄を顕はして居た、庵主は彼と、芝浦の塩湯に、三日間共に起臥して、日本、支那、朝鮮の問題を、談論した」〔俗、一四七〜一四八〕と述べているが、いわゆる甲申政変に敗れた金玉均の亡命時期を誤っているし、宋秉畯が金玉均に随行して来日したなどというのは虚言である。[335] しかも杉山は、宋秉畯とこの時期に知り合い、極東アジアの国際政治問題を談じたとまでいうのだが、彼が初めて宋に会ったのは明治四十（一九〇七）年三月十三日、宋が内田良平に伴われて台華社を訪れた際のことであったとされるから、[336] まだ日清戦争も起こらぬ前から彼らが起臥を共にして東亜を談じられたはずがない。

また『山縣元帥』の「著者の追憶」においても、次のような物語が披露されている。曰く、杉山は明治二十六（一八九三）年に川上操六に勧められて山縣有朋と初めて面会し、二度目の面会の際に日清間の問題を解決するために朝鮮で事を起して戦争に持ち込むべきだと主張した。山縣はそれを咎めて席を立ったが、翌日川上を通じて杉山に金を与えた。杉山はその金で同志六人を朝鮮に送り込んだのだという。これに続いて杉山は「帰郷したら、郷里でも同様の企があつて、大勢朝鮮に渡つたが、越えて廿七年になつて、此連中は（略）終に在朝鮮の支那人と衝突して、散々に闘争が始まりて、至る所に鮮血が飛んだのである」〔山、三八八〕と述べ、内田良平らが企てたとされるいわゆる天佑侠の活動に言及している。これは、天佑侠が日清戦争の火付け役になったという言説を藉りて、自らもその企てに深く関与していたのだということを主張しているのであろう。

自身が韓国併合に功績があったのだという主張は、つまるところその功績を独占する言説にまでいき着く。彼は、さすがに著述《エクリ》ではそれを語りはしなかったが、弁舌《オーラル》の空間においては、堂々と自己を誇大化していた。彼は借金取りに対して「たってと云うなら朝鮮の片隅位押えても誰も文句を云うものはあるまいから、朝鮮でも押えろ。朝鮮取る時には自分は大分骨折ったからな」[337]と嘯いていたというし、この種の発言は早くも大正二（一九一三）年の新聞記事に、杉山が「朝鮮は乃公《おれ》が合併さしたので乃公の領土だ」[338]と放言していたことが記録されているから、彼の自慢話のひとつであったのだろう。

杉山は韓国併合の主導者と目されることからは逃げていたが、一方で自身が明治中期以来韓国問題に熱心な国士であり、韓国併合は自分の功績であったと吹聴したがってもいたのである。杉山の言説の矛盾は、責任回避と自己顕示のアンビバレンスがもたらす必然的な帰結であった。

韓国併合過程の杉山茂丸

韓国併合の歴史に関しては多くの研究の蓄積があり、併合過程で杉山茂丸が果たした役割についても、黒龍会が編纂した『日韓合邦秘史』や西尾陽太郎の『李容九小伝』などに詳述されている。また黒龍会の著作の基礎をなした内田良平の資料も、全六巻の『内田良平関係文書』として公刊されているので、改めてそれを詳細に追う必要はなかろう。ここでは主要なトピックを摘録して、杉山の活動を概観しておく。

①伊藤博文の渡韓に内田良平の随従を推薦

杉山や内田が韓国側の親日団体である一進会と関係を取り結ぶ端緒となったのは、伊藤博文が統監として韓国に赴任するに際し、内田を統監府の嘱託に任命して帯同したことである。杉山が『俗戦国策』でこれをみずからの画策であったと述べているのは前項でみた。当の内田は、伊藤が統監に任ぜられた明治三十八（一九〇五）年十二月の下旬に、内田を韓国に帯同したいとの伊藤の意向を栗野慎一郎から伝えられ、その翌々日に伊藤を訪ねて嘱託に任ぜられたのだと述べている。杉山が「機密を含め」て「随行させせた」と述べていることとは齟齬があろう。内田は、杉山が伊藤に対して「無双の名馬あるも惜むらくは御するものなし（略）侯と雖も口綱を切らるゝ憂なしとせず」といい、伊藤が「誰か」と問うて「内田良平なり」と答え、伊藤が「よし試乗せん」と答えたという逸話を引き合いに出して、それを伊藤による「召命ありたる所以」と述べている[339]が、この伊藤と杉山との対話は「杉山嘗て伊藤侯と会談の際」とされているから、伊藤の韓国統監就任に際しての対話であるのかどうかは明確ではない。むしろ伊藤がなぜ内田を帯同しようとしたのか、その真意に興味がそそられるところであるが、それを窺わせるものは管見に入っていない。

内田は明治三十九（一九〇六）年三月に京城に入り、同年八月に宋秉畯が投獄されたことをきっかけに親日団体一進会会長の李容九と接触し、以後一進会の顧問に就任して関係を深めていった[340]。内田は日本国内における政界上層へのはたらきかけを、杉山に全面的に依存した。杉山は内田と形影相伴うように、日本国内で政界工作に従事しながら、韓国併合に向けて内田と一進会の活動を支えることになる。

②宋秉畯を寺内正毅や山縣有朋に紹介

明治四十（一九〇七）年三月十三日、内田は来日した宋秉畯を伴って台華社に杉山を訪ね、初めて対面させた。杉山は内田と宋が寺内陸相と面会できるよう計らい、さらに元老山縣有朋にも謁見させた[341]。寺内は内田及び宋と会見の際、彼等の活動に対して助力を惜しまないという趣旨の発言[342]をし、当日の日記にも「頗る事情を詳知するを得たり」との感想を書き記した[343]が、山縣の方は同情を示したものの言質は与えなかった[344]。

③一進会への財政支出斡旋

同月末に宋と共に韓国に戻った内田は、一進会の財政困窮を訴える「一進会財政顚末書」を起草して杉山に送り、山縣、桂、寺内へのはたらきかけを託した[345]。杉山は四月三十日に書翰を内田に送り、一進会が日露戦争中に親日活動を行った功労に対して一時金が下賜される見込みであることを報じた[346]。五月十五日、杉山の報のとおり韓国駐箚軍司令官長谷川好道から十万円が一進会に下賜された。

④伊藤退陣を促すため宋秉畯の大臣辞任を画策

しかし、先に言及したように、内田は伊藤統監の対韓政策が漸進的であることを批判して、四十（一九〇七）年の末ないし四十一（一九〇八）年の初頭ごろに伊藤に対して辞職を勧告し、さらに四十一年一月には自らが統監府嘱託を辞職する意を宣明した。このとき杉山は内田に対して留任を勧めた[347]。内田はそれを諒として一旦韓国に帰任したが、伊藤から一進会との関係を断つよう勧告されたことや、一進会に対する授産金下賜をめぐる齟齬などがきっかけとなって、五月には伊藤体制への不満を書翰に認め、杉山に桂へ伝達するよう要請した[348]。杉山はこれを受けて、先にみた電信を内田に発し、伊藤を辞めさせるために宋秉畯の大臣辞任工作を指示したのである。杉山が、宋秉畯の辞任によって伊藤を辞職させようと考えたのは、宋が大臣を辞任すれば、李完用総理と宋秉畯との間の力学バランスが崩れ、それによって韓国内で政治的混乱が生じ、伊藤の統監政治が破綻するため、伊藤は辞職に追い込まれるだろうというのであった[349]。しかしこの画策は、宋秉畯が内部大臣に移って閣内にとどまったために頓挫した。宋の辞任工作失敗以後、一進会は内部の紛擾が激しくなり、その沈静化に困憊した李容九は、一旦韓国を離れ東京に滞在することとなった。杉山は来日した李を、山縣有朋や桂太郎、寺内正毅らに謁見させた[350]。

⑤杉山の一進会顧問就任問題

伊藤は四十二（一九〇九）年六月に統監を辞任し、副統監であった曾禰荒助がその後任となった。翌月六日には、閣議で「適当ノ時期ニ於テ韓国ノ併合ヲ断行スルコト」が決定、同日中に天皇の裁可を得た。こうした政界の動きの陰で、杉山は内田に対し、自らが一進会の顧問に就くことを打診し、内田の発案として李容九や宋秉畯に諮らせた。杉山は一進会との関係についての責任の一端を桂首相にも負わせようという策略をめぐらせ、桂に対し一進会が杉山を顧問に迎えたいとの意向を示していると伝え「閣下の代理として顧問たるは敢て辞する所にあらざるを以て、一に貴命によって決せんとす」と、桂に下駄を預けた。桂が答えに窮すると杉山は、一進会の顧問ではなく、契約に基づき李容九及び宋秉畯の顧問として彼らの指導に当るという案を提示し、桂の諒解を得た。[351]八月に一進会は評議員会で杉山の顧問招聘を決議し、韓景源を東京に派して二十四日に杉山と交渉させた。内田良平と宋秉畯も同席したこの場で、杉山は顧問就任を拒絶した。翌日には「外国政党の首領若くは顧問たるは余の欲せざる所なり。（略）元来予と一進会に於る其関係たる、設立以来事実上に之れを扶掖すること十余年、暴動を防ぎ擾乱を抑へ之れを導きて、一々正道を踏ましめたり。然るに今日何の必要ありてか表面に打ち出て、同会顧問の名を冠することを為さん。若し強て大会の決議を以て顧問とせざるを得ずと云はゞ則ち寧ろ同会より絶縁し去られんのみ[352]」という杉山の言が報道されている。しかし同日に杉山が李容九に発した書翰には、既に李及び宋の個人的顧問として契約を締結する案を提示し契約書の案まで添えているから、韓景源らの訪問に対する拒絶は一場の寸劇であって、杉山が自己宣伝のためにこの機会を利用したものとみるのが適当であろう。翌二十六日には早くも「杉山茂丸氏は一昨夜に至り李容九、宋秉畯両氏の個人的相談役たる名義を以て従前の如く一進会を扶翼することに決定し契約書を取交はして茲に顧問問題は落着せり[353]」と続報がなされている。一進会顧問就任問題と並行して、杉山は曾禰統監から、一進会に交付される授産金残額が濫費されないよう監督することを要請され、八月二十五日付で曾禰に保証書を提出した。[354]このため、杉山は後藤新平の書生であった菊池忠三郎を韓国に送り込んで日韓電報通信社の社長に就かせ、一進会の監督の実務に従事させた。[355]

⑥三派提携問題

九月に至り、韓国内では一進会と、従来対立してきた西北学会及び大韓協会の三派が提携して李完用内閣を攻撃することに合意した。内田からこの報を受けた杉山は、三派が合併することになったものと早合点し、激怒して「僕は君に、真相を報告する事を頼めり。合併の決断は頼まず。素より僕、君の技量に及ばず。韓国民多数の生命を救い得るの策あらば、君一人にてやるべし」との電報を発し、さらに書翰を送って「君が自分の感情に酔ふて物事を処するは、君が天資の性癖たり。身を誤り名を破り、遂に生命を暴殺するに足れり。僕は組せず。若し君にして長者の指揮を待つことに従順ならずんば、一軽躁の人たるを出づる能はず」と、激しいことばを浴びせかけた。内田は長文の書翰を呈して弁疏し、誤解に気づいた杉山は十月二日の書翰で「余は提携の実、即ち合併なることと解釈し居たり。余の粗漫なる、謝するに辞なし」と陳謝するに至った。[356] しかしここには、杉山と内田との政治力学的な関係性が如実に表われているであろう。

⑦合邦請願に関する策謀

この椿事が収拾したあと、杉山は桂首相に面会して韓国併合の断行を迫った。『日韓合邦秘史』の記述では、杉山が桂に対し「我国にして既に合邦の意あらば、彼等は必らず之を請ひ来るべし」と迫り、桂は「請ひ来らば許容せざるべからざらん」と答えたとされる。[357] このやりとりは、杉山の『建白』では異なった筋立てになっている。杉山によれば、断行を迫った場には桂首相だけでなく小村外相も同席しており、杉山の主張に対して、まず小村が日韓の関係を男女の婚姻に例えて「其女性が自発的に一個の男性に向つて特に握手接吻を以て迎へ其結婚を申込むの外他の一男性が女性の意思を憚めず自己単独の考にて挺身結婚の強要を挑む時は他の男性は決して許す者に非ず。故に合邦は君等の望通りには出来ぬ」と否定した。杉山は「然らば朝鮮より具体的に合邦なる結婚を申込み候はゞ閣下は拒む能はずと被申候哉」と反問し、小村は「然り」と答えたので、杉山は小村と握手してそれを誓約と称した。次いで杉山は桂にも握手を求め、桂が「杉山の希望は『インポッシブル』(不可能)の事である」と拒否したので、杉山は強引に桂の手を摑んで握手した。桂は「杉山は俺の手を掘り出して握手したから此握手は無効だぞ」といいながらも大笑したと述べられている〔建、二二二〜二二五〕から、桂の拒否は一場の戯れ言で、本心は杉山に同意であったといいたいのだろう。

この会見を受けて、杉山は直ちに宋秉畯と内田良平に対し、合邦建議書の案を作成するよう指示した[358]。『建白』の記述では、杉山が宋秉畯と李容九を呼んで合邦建議をするよう勧め、宋と李が「お互は売国奴となるの覚悟は免れ難い」と洩らしたことが書かれている〔建、二二五〜二二七〕が、李がこの時期に来日していた事実はなく、この記述は捏造である。杉山の指示を受け、急遽日本へ帰ってきた武田範之が十日ほどの日数を費やし、韓国皇帝、韓国統監及び韓国総理大臣に呈する三通の漢文の上疏文を按じた[359]。杉山は十一月十一日にこの上疏文案を受け取り[360]、以後山縣有朋、桂太郎、寺内正毅に面会して閲覧に供した。寺内は上疏文が実際に提出された場合に生じるであろう事態について種々指摘し、杉山はそれらの条々を「覚書」にし、内田に与えた[361]。十九日には内田に対し、朝鮮問題同志会の会合で内田が演説したという情報が流れていることについて、「吾人は該問題の実行者なるが故に、他に秘事を漏らして材料を与ふることは不利なれば、若し左る事実あれば注意されたし」と注意を与えた[362]。

内田良平は杉山と熟議の上、十二月一日に韓国に渡り、李容九らと謀って三日に三派提携を破棄した[363]。翌朝一進会は曾禰韓国統監に「上統監合邦請願書」、皇帝に「合邦上奏文」、李完用総理に「上総理李完用合邦請願書」をそれぞれ呈した[364]。内田は直ちに杉山にその旨を打電し、杉山は山縣、桂、寺内及び亀井警視総監に宛てて、内田からの来電を通知する電報を発した[365]。一進会が同日に声明を発表すると世上は騒然とし、李完用首相や大韓協会などはこぞって一進会を批判した。李完用が一進会の幹部を狙って刺客を放つという情報も流れた[366]。内田良平と杉山茂丸との間には、頻々と電信が交わされた。杉山は国内情勢を報じるとともに、一進会が慎重な行動を取るよう指示を出し続けた[367]。統監府が一進会の請願書を却下すると、「充分の敬意を表したる書面を添へ直ぐに再願し、この顚末を同時に書面を以て統監に哀願し、あくまで退かざるの決心を示せ。この不始末に幾分の疏通を為すは、予の微力に信頼せよ[368]」と命じた。十七日には「一進会は今日までの経過を、日本政府と帝国議会に通告し、世の誤解を解くと同時に、その立場を明らかにすること[369]」と指示した。それと並行して、杉山は寺内正毅や山縣有朋らに対し、自分や内田が一進会の暴発を抑制しているが場合によっては血をみる恐れもあるなどと書き記した書翰を送り[370]、政府首脳への働きかけを続けた。寺内は杉山の書翰を桂首相に回付し、「此の際曾禰君処置振りにて却て血雨を見る事有之候ては方針に背く而已ならず」云々と危機感を表明した[371]。

⑧曾禰統監排斥運動

内田良平及び一進会と、韓国統監曾禰荒助との関係は不穏であった。内田は十二月の渡韓に先だって山縣有朋に呈した書翰に、曾禰が内田らの行動を白眼視し、それに乗じた李完用が「一進会殲滅を図」っているなどと讒訴していたが[372]、曾禰の方も内田良平を韓国から追放することを画策していた[373]。宋秉畯も杉山に宛てて書翰を発し、曾禰を激しく誹謗した[374]。明けて明治四十三（一九一〇）年一月、杉山は桂首相に状況を詳述する一方、李容九に東京へ来るよう電報を発したが[375]、李は来日を拒否した[376]。また曾禰統監が帰朝して療養に入ると、曾禰が一進会の合邦請願に対してどのような考えを持つのかを確かめるため、曾禰と親しい小美田隆義を療養先の三保から呼び戻して面会させた[377]。杉山が『百魔』第十五話で小美田を三保から呼び戻したと書いている〔百、一一〇〕のはこのときのことである。一方、李容九の命を受けて帰国した菊池忠三郎は、杉山に宛てて長文の報告書を提出し、その中で曾禰の非を鳴らすとともに、曾禰がそのまま帰任するようなことになれば、李容九は会員からの圧力を制し切れず、杉山から離反して過激な行動に走る意思のあることなどを訴えた[378]。杉山はこの報告書の写しを桂、山縣、寺内らに送り、閲読を求めた。山縣は杉山に書翰を送り、報告書を読んだことや、議会が開会し曾禰と面談する機会が取れない状況などを伝えた[379]。山縣に対する返翰において杉山は、一進会が暴徒と化すことを防ぐため「小生此際の一良策としては統監の御不例を期として一時御休養の事と罷成、例の蛮勇後藤男にても枉げて御任用相成候はゝ一時は必ず過誤も可有之候得共、荒片付丈けは可相付、其後にて曾根子なり陸相なり御出馬に相成候は、或は万全を得べきかと奉存候[380]」と記し、曾禰の更迭と後藤新平の抜擢を求めた。曾禰の更迭は山縣と桂首相との間でも何らかの協議がなされていたとおぼしい[381]が、実行は五月の末まで遷延された。

⑨「合邦覚書」

杉山は二月二日の夜に菊池忠三郎を呼び寄せ、一通の文書を手渡した。「覚書」と題されたその文書は以下の内容であった。

覚書

本日桂侯爵ヨリ拙者へ左ノ内訓アリタリ

一、一進会及其他ノ合邦意見書ハ其筋ニ受理セシメ合邦反対意見ハ悉ク却下シ居ルコトヲ了解スベシ

二、合邦論ニ耳ヲ傾クルト然ラザルトハ日本政府ノ方針活動ノ如何ニアル事故寸毫モ韓国民ノ容喙ヲ許サズ

三、一進会ガ多年親日的操志ニ苦節ヲ守リ穏便統一アル行動ヲ取リ両国ノ為メ尽瘁シ来リタルノ誠意ハ能ク了解シ居レリ

四、右三条ハ尚ホ当局ノ誤解ナキ様其筋ニ内訓ヲ発シ置クベシ

右ノ内訓ヲ聞クト同時ニ拙者ハ一進会ニ左ノ事ヲ開陳スベシ

一、一進会ノ誠意ハ已ニ十分日本政府ニ貫徹シ居レルヲ証スルト同時ニ頗ル同慶ノ意ヲスベシ

二、一進会ガ政治ヲ批議スルノ状態ハ過慢放恣ニシテ毫モ保護国民ノ姿ナク其不謹慎ノ言動ハ頗ル宗主国民ノ同情ヲ破壊スルノ傾アリ

三、常ニ党与ノ間ニ動揺ノ状態ヲ以テ間断ナク空論ニ属スル政治意見ヲ掲ゲ総テ不遜ノ言動ヲ以テ政府ノ政治方針ヲ己レノ意見通リニ左右セントスルノ観ヲ示スハ頗ル戒飭ヲ要スベシ

四、政治ヲ論議スル志士ニシテ官吏ニ対スル感情ヨリ常ニ慷慨ヲ説クハ耳ヲ傾クルノ価値ナキヲ自覚セラルベシ

一進会ニシテ右等ノ事ヲ了知セズシテ尚ホ言動ヲ擅マ、ニセント欲セバ拙者ト関係ヲ断チ自由ノ行動ヲ執ラル、ハ随意タルベシ

明治四十三年二月二日

杉山茂丸[382]

杉山は菊池に対し、この文書は桂首相との合意内容をその場で書き記し桂の閲覧を経た上で、一進会に交付することの承諾を受けたものであると説明した。杉山は一進会の大勝利だと揚言し、李容九から請書を徴するよう菊池に命じた[383]。菊池は四日に新橋を発して韓国に向かい、途中別府に立寄って宋秉畯と会し状況を説明したあと、八日に京城に到着し、李容九に報告を行った[384]。一進会は九日に総務委員会を開き、杉山の覚書を万歳三唱して歓迎した。李容九は十一日、杉山に宛てて請書を送った。曰く「首相閣下四條矢言。果然弊会銕券。而先生四條訓戒。乃是弊会金科玉条[385]」と。

杉山はこうして一進会の暴発を押さえ込むかたわら、山縣に書翰を呈して「滑然再ひ曾根統監の御赴任と相成候はゝ韓国の上下は始何なる猛圧を加ふるも沈静難相成、直に不測の危害相生し終には統監閣下をして意外の御不名誉に終らしむ事無之哉」と、引き続き曾禰の更迭を要求した[386]。内田良平も山縣らを訪ねて曾禰の更迭を求めていた[387]。

四月から五月にかけて、曾禰の後任に擬された寺内陸相の元には杉山や宋秉畯の訪問が相次いだ。「杉山氏来訪韓国仕末ニ就キ宋秉畯ノ意見書ナルモノヲ内密ニ持参セリ[388]」、「宋秉畯氏亦午后一時半頃来訪合邦其他時事談四時后ニ及フ」（四月十四日）、「〔首相と〕曾禰子関係ノ事項ヲ相談シ兼テ調査シアル韓国統治上ノ書類ヲ渡シ置ケリ」（四月十五日）、「杉山氏来訪韓国ノ事情ヲ談ス。予ハ当分之ヲ放擲シ置クヲ可トスル旨回答シ置ケリ」（四月二十一日）、「桂首相ヲ三田ニ訪ヰ韓国ノ仕末其他ニ就キ長時間ノ談話」（五月四日）、「山縣元帥ヲ訪ヒ韓国其他ノ事情談」（五

月七日)、「杉山氏来訪数時間ニシテ去レリ」(五月十六日)、「夜杉山茂丸氏ニ面会ス」(五月二十九日)。

五月三十日に寺内正毅が韓国統監に就任し、七月二十三日に韓国へ入った。八月十六日に寺内は統監府に李完用首相を招き、韓国併合条約の締結を迫った。韓国側に抵抗する術はなく、二十二日に条約は調印され、ここに大韓帝国は消滅した。

雁字搦め

右にみたとおり、併合過程における杉山の関与の実態が、彼自身がいうメッセンジャーとしての役割にとどまっていなかったのは明白である。彼は細々とした事項にまでわたって内田良平を指揮し、李容九や宋秉畯を操作していた。菊池忠三郎などはほとんど杉山の頤使の下にあった。

来日した宋秉畯や李容九が、山縣有朋や桂太郎、寺内正毅といった当時の政界の超大物に謁する機会を得るには、杉山の斡旋によらねばならなかった。それが杉山の実体的権力ではなく仮構された権威にすぎなかったとしても、宋や李が杉山茂丸という人物の巨大な力を実感したであろうことは想像に難くない。一進会への一時金下賜の実現と併せ、宋や李におのれの力量をたっぷりみせつけた上で、杉山は自ら発案して一進会の顧問に就くことを画策した。それを自らいうのではなく内田良平の案として一進会側に提示させ、並行して桂首相に対しては、まだ一進会の意思も明らかでないうちから、一進会が自分を顧問に迎えたいと望んでいるのだと二枚舌を使っている。この策略は智謀というよりも、杉山の狡獪さを示すものであろう。杉山が日本政界の最奥部に通じる秘鑰の持ち主であることをみせつけられていた李容九らにとって、杉山の一進会顧問就任が実現するのであれば、彼らの目的たる日韓の「合邦」運動のまたとない援軍になると受け止められたことは疑いない。しかし右にみたように、一進会がこの提案に乗ってくると、杉山は顧問就任を拒否した。その狙いは、一進会を杉山の思うままに操るためのゆさぶりである。一旦拒否した上で杉山は、契約という形式によって、一進会ではなくその代表者である李容九と宋秉畯の個人的顧問となることを提案する。この契約の内容はどのようなものであったのだろうか。

李容九及び宋秉畯を「甲」とし、杉山を「乙」とするこの契約は、わずか五ヶ条から成る。第一条で「甲ハ其所率ノ一進会ニ対シ総事業及ビ日韓両国ノ事ヲ尽瘁スル事柄ニ対シ甲ハ個人ニテ総テ乙ニ相議スル事ヲ契約ス」、第二条で「乙ハ前条ノ事ヲ承諾ス」、第三条で「乙ハ甲ガ相談スル事柄ニ付キ意見ヲ発表セル場合ニ於テ其意見ガ甲ト一致セザル時ニハ乙ガ其契約ノ解除スル事ヲ甲ニ於テ承認ス」との条款を定めている。第四条は契約の解除条項で、合意解除がなされない限り無期限に継続することとされている。第五条は契約書の相互所持に関する条項である。[389] 契約の主眼は第一条と第三条にあるが、極めて杉山側に優越性を持たせた内容で、片務契約といっても過言ではない。李容九らは一進会の活動についてすべて杉山に相談する義務を負わされ（第一条）、杉山の意見を李容九らが受け容れない場合は杉山が一方的に契約を解除できる（第三条）のである。敷衍するなら、李容九らは何事も杉山の意見に従わなければ、杉山から見捨てられることを承諾するというのが、この契約の内容であった。杉山の狡獪さは、顧問招聘を一旦拒否してゆさぶりをかけた上で、自身に優越性を持たせた内容で法律行為たる契約によって一進会を従属させようとした点に表出している。

しかもこの契約によって杉山は、一進会の活動を思うがままに操る立場を確保したにも関わらず、李容九及び宋秉畯という個人と契約を結んだことによって、一進会という組織に対しては何の責任も負う義務がない。一進会の会員たちから何らかの不平不満が起こったとしても、その責任は李容九らが一身に負わねばならない。契約行為である限り、定められた条款以外のことに杉山が煩わされる義務や責任はない。おそらく明治四十一（一九〇八）年の一進会内部の紛擾をみた杉山の巧妙な責任回避策が、契約締結という手法であったに違いない。

かくして杉山は、政界最上層との親交をみずからの権威として仮構し、一進会に対する間接的な支配権を握った。

杉山が一進会に対する支配権獲得を狙った理由は推察するしかないが、九月に李容九らと契約を結んでからわずか二ヶ月で合邦建議書の提出を指示していることに鑑みると、まさしくこれが杉山の狙いであったのだろう。杉山は一進会を利用して、韓国側に「合邦」を望む声が多数あるという状況を演出しようとしていたのである。十二月に内田を渡韓させてから三派提携の破棄や数次にわたる合邦請願書の提出という過程で、杉山は内田に指示を与える一方、山縣や寺内らに韓国情勢の緊迫を誇大化して伝え、事態のエスカレートを画策し続けた。さらに曾禰荒助の更迭を謀り、自分がコントロールできる可能性がある後藤新平の統監起用まで要望した。

その一方で、一進会の合邦請願以後韓国内の情勢が不穏となり、十二月二十二日に李完用首相が刺客に襲撃される事件まで起こると、杉山は年明け早々李容九に東京へ来るよう電報を送ったが、李はこれを拒否した。このとき在韓の菊池忠三郎は密かに杉山に電報を発し、李容九の心情を伝えている。曰く「李の心情を忖度するに、他働的に合併せられなば、会員を無理往生せしむること出来べきも、今上京せば内議に預かりし事となり、自働的地位に立たざる可らざる事となる可しとの感を抱きて、躊躇せるものゝ如し[390]」と。「合併」が一進会の意思を無視して日本側が一方的に実行したものであるなら、李は一進会員に対する責任から逃れることができるであろうが、今東京へいったとすれば、李容九自身が日本側の思惑に加担することになり、一進会員に対する責任を免れることはできないというのである。李は「合邦」運動の帰結するところを察知していたに違いない。「合邦」運動は、李容九の意図した「合邦」とは異なるところへ誘いこまれようとしている。

李容九は進むことも退くこともできない状況に追い込まれていた。杉山茂丸が打った網に雁字搦めになっていることに、李は気付いたのである。彼にできることは、上京の要求を拒絶するというささやかな抵抗だけであった。

二月に杉山が一進会に与えた「覚書」は、あたかも「合邦」運動の成功であったかのように揚言されたが、ここには実質的なものは何もない。主眼は「寸毫モ韓国民ノ容喙ヲ許サズ」という第二条に尽されている。この内容なき覚書に、杉山は桂首相との了解事項四ヶ条のほかに、わざわざ自身の意見四ヶ条を付け加えた。そこには「毫モ保護国民ノ姿ナク」「不謹慎」「不遜ノ言動」「耳ヲ傾クルノ価値ナキ」といった侮蔑的、高圧的な言辞が躍っている。そして杉山の「戒飭」を守れないのであれば「拙者ト関係ヲ断チ自由ノ行動ヲ執ラル、ハ随意」と突き放す。明白な嚇しであった。

李容九は杉山への請書に、いったいどのような感慨をもって「先生四條訓戒。乃是弊会金科玉条」と書いたのであろうか。

「合邦」運動の理想と現実

内田良平は、黒龍会本部の名で大正九（一九二〇）年一月に発行した『朝鮮統治問題』と題する冊子に、「鮮人独立運動の根底」を執筆掲載し、その中で次のように述べた。曰く「一進会が日韓合邦の建議を為すや、日本の新聞紙は多く一進会の挙を悦ばず、『合邦などは生意気なり韓国は日本が焼いて喰ふも煮て喰ふも勝手なり』と云ふが如き暴論を敢てせり。時の首相桂公は之等の為に動かされしか、遂に民族自決の希望を無視し、合邦の名を取らずして併合を宣するに至れり。惜哉」と。この内田の主張は、一進会長李容九がその最晩年、病褥を見舞った内田に語ったとされる「吾々は馬鹿でしたね、欺されましたよ」ということばとともに、今も内田良平や杉山茂丸周辺の言説において、一進会の「合邦」運動が、政府によって一方的に併合にすり替えられたとする言説として語られることがある。すなわち韓国側に李容九、宋秉畯の一進会があり、日本側には内田良平、杉山茂丸、武田範之らが配されて、彼らが日本と韓国との「合邦」を首唱して活動した政治運動が日韓「合邦」運動であったが、日本政府は彼らの「合邦」運動を政治的に利用した挙句、「合邦」運動の理念を切り捨てて韓国を日本の植民地とする併合を断行したのだというのである。

「合邦」運動の始まりは、内田良平と李容九との会見がきっかけであったとされる。伊藤博文に随身して統監府嘱託となった内田は、明治三十九（一九〇六）年秋ごろ、やはり伊藤に勧誘されて韓国に遊んでいた杉山茂丸の門下生星一から、「日韓関係は現在の統監制度を以て満足すべきものにあらず。百尺竿頭更に一歩を進めて恒久的平和の基礎を確立せざるべからず、想ふに其の最後の仕事には唯だ一進会を用ふるに在るのみ（略）一進会を率ゆる者、統監府中君を措て他に其人を見ず。君夫れ奮起せよ」とたきつけられ、一進会長の李容九と面会した。このとき一進会は李容九と並び立つ宋秉畯が投獄され、苦境にあった。内田は宋の救出を話頭にのぼらせ、李がそれを請うと「一旦日韓連邦を作るの日あるに至るも、貴下は会員を挙げて違背の行動なからしむるを保するや」と重ねて問い、李はこれに対し「余の素志亦た丹邦氏（樽井藤吉）の所謂大東合邦（大東合邦論）に在り」と答えた[393]。これが日韓「合邦」運動の端緒とされるエピソードである。

このエピソードから、樽井藤吉が明治二十六（一八九三）年に著した『大東合邦論』が、李や内田の日韓「合邦」運動の理念であるかのようにいわれるのだが、右に挙げた「合邦」運動の主要なアクターたちが、『大東合邦論』に依拠した運動理念を共有していたのかどうかは疑わしい。『大東合邦論』で樽井藤吉が高唱したのは、日本と韓国が合一してひとつの国家を創立し、さらに清国をも合従してアジア人による大連邦を築くことで、西欧列強に抗するという構想であった。その核心は、日韓が合邦して成立する国家を「大東国」と称したところにある。樽井は「けだし名称の前後、位地の階級に因って彼此の感情を損い、もって争い端を啓くは古今その例なしとせず」といい、故に日本と韓国の国号は合邦後の国家には用いるべきではないと主張した。すなわち日韓が全く対等の関係をもって合邦するのが樽井のいう「合邦」論であった[394]。

確かに李容九は『大東合邦論』の理念を自身の信条として「合邦」運動に臨んでいたであろう。『日韓合邦秘史下巻』の記述によれば、李は「皇帝の存置と内閣の継続、即ち政権全部を統監に委任し、重複なる政治機関を撤廃して旧独逸の如き連邦と為」(395)すことを希望していたという。明治四十二（一九〇九）年十二月四日、一進会が合邦請願書を提出した際には、李は自身の名で声明書を発表し、「我皇室ノ万歳尊崇ノ基礎ヲ鞏固ニシ、我人民ヲシテ一等待遇ノ福利ヲ享有セシメ、政府ト社会トヲシテ益々発展セシメンコトヲ首唱シ、一大政治機関ヲ成立セサルヘカラス、即チ我韓ノ保護劣等ニアルノ羞恥ヲ解脱シ、同等政治ノ権利ヲ獲得スヘキ法律上ノ政合邦ト謂フヘキ一問題是レナリ」(396)と、合邦請願の意図を明示した。李は当時の韓国が日本に大きく遅れをとっていることを踏まえ、旧ドイツ連邦やオーストリア・ハンガリー二重帝国の政治体制などを参考にして、外交や軍事の一元化と内政の独立を意味する「政合邦」ということばで『大東合邦論』の現実的な具現化を主張したのである。(397)このように、李が考える「合邦」とは、最後の瞬間まで日本と韓国とが対等の関係で一つの連合国家をつくるということにあった。

李に比べて滞日歴が長く、日本の政軍関係者とも関係が深かった野心家の宋秉畯は、内田良平と李容九の会談を契機とする「合邦」運動の出発点より早い明治三十七（一九〇四）年十二月、日本陸軍の松石大佐に宛てた書翰で「韓国ノ内治外交ヲ日本政府ニ一任シ内治ノ刷新ト外交ノ伸張ヲ図ラレ韓国民ヲシテ日本臣民ト等ク待遇セラレ（略）韓国民ヲシテ自立ノ民タラシメラレン事ヲ期ス」(398)ことが一進会の目的であると述べている。この考えが『大東合邦論』とは異質なものであることはいうまでもない。この書翰が発せられた日は、まさに李容九と宋秉畯が会盟して、いわゆる合同一進会が成立した日である。(399)このとき李容九が、既に『大東合邦論』の構想を自らの活動の到達点に見据えていたとすれば、彼らの思惑には会盟当時から齟齬があったとみなさねばならないが、おそらく李もその時点で日韓の合一ということまでは構想していなかったと考えるのが妥当であろう。しかし活動の進展にともない、両者の考えには齟齬が生じていた。杉山から合邦請願の指示があったのち、宋と李は合邦の形式を巡って頻繁に意見を交換したが、右にみた李の考えに対する宋の主張は、連邦のようなものは将来何らかの紛争を起す可能性があるため、「苟くも合邦を為す以上は、此の機会に於て徹底不離のものと為」すべきであって、「合邦は韓帝の総覧する統治権の全部を挙げて日本天皇陛下に譲渡し参らすべし(400)」というものであった。この主張はのちの韓国併合条約第一条「韓国皇帝陛下ハ韓国全部ニ関スル一切ノ統治権ヲ完全且永久ニ日本国皇帝陛下ニ譲与ス」と同じである。宋は「合邦」運動の結末が近づくにつれ、『大東合邦論』の理念を顧みることなく、何よりも韓国が日本の領土に組み込まれることを優先したのである。

日本側の内田良平は、李容九と投合して間もない時期には日韓連邦を唱えていた。明治四十（一九〇七）年一月十四日付の杉山茂丸宛書翰では「請ふ元老諸公の内より必ず一元老を強ひ、急に起ちて連邦成立の重任を佩ばしめたまへ(401)」などと訴えている。しかし同月末に統監府農商工務総長木内重四郎に宛てた書翰では、日韓連邦には一切言及しないばかりか、韓国の内政を奪ってしまうこと、そのために一進会を使嗾して韓国の宮廷や政府を圧迫することなどを提言している(402)。また明治四十二（一九〇九）年一月に著わして山縣有朋や桂太郎らに呈したという『漢城私研』で、内田は日本と韓国を宗主国と従属国に比定し、伊藤博文の統監政治は徒に従属国たる韓国の人民をして自立独立精神の涵養に導くものだと激しく非難した。内田はいう、「主権者を存在せしめて、君主代理たる統治権を行ふには、三種の要件あり。一には所謂宗主権なるものは、絶対統治権に非ざれば、機を見て其主権者を除き、以て我統治権を完全するを要す。二には、若し之れを除くべからざる事情あれば、主権者をして全然政治関係を脱離せしむるを要す。三には、二者共に不可ならば、国民をして政治上の勢力を作らしめざるを要す(403)」と。内田にいわせれば伊藤の韓国統治は、蒙昧な韓国の人民に韓皇への尊王忠君の思想を教え、韓国皇太子を英明君主に育てようとしている。それらはすべて将来韓国民をして日本への二心を抱かせるものだ、と。また「我は年々千余万の資金を投じて怨を買ひ、以て韓国を独立せしむるの経営に従事せるものと謂ふべし(404)」とも。ここには内田の韓国観がむきだしになっている。彼にとって韓国とは、決して日本と対等の関係に立って相協力して西洋列強に対抗していくべき存在ではない。韓国は日本による統治の対象に過ぎないのだ。「韓国の性情は、陰柔にして勢に附き、理義を以て律すべからざるを知るべし。故に我の勢力を韓国に扶殖するには、商理を以てすべからず、先づ其政権を擁して之を威圧し、而る後商理扶くべく、農工殖すべし[405]」という内田の主張から、李容九が志した日韓の合一による連邦国家建設という理想を見出すことはできない。内田は徹底してショーヴィニズムの視点から韓国を捉え、日本との対等性を否認しているのである。

内田とは天佑俠以来の盟友関係にあった武田範之は、日本側の人物としては「もっとも李容九の側に近く立つ人[406]」といわれるが、その武田にしても『大東合邦論』に対する見解は冷淡であった。明治四十（一九〇七）年五月に一進会が朴斉純内閣の弾劾文を提出すると、武田はこれを邦訳し、評釈を付して黒龍会の機関誌に掲載した。この評釈の中で武田は『大東合邦論』について「日清韓三国、同盟して連邦を作り、以て東洋の大勢を挽回すべしと慷慨したる一種の趙活論兵に過ぎず[407]」と切り捨てている。『大東合邦論』は机上の空論だと冷評したのである。また一進会が合邦請願を行い李容九が合邦声明書を発表した際、武田は声明書の「政合邦」ということばについて「政合邦とせしは、小生に見咎められしとき、人民に目前丈けの安心を与ふるものにて、学理上より出てしに非す。学理を軽蔑せるよりかゝる重大の語を屁とも思はず添入せしものに候」と内田良平宛の書翰[408]に書いている。同じ書翰には「合併（邦も併も同し）」や「合邦にても委任にても、其実質を永久的の契約とし、韓民をして独立の念すら其心に萌すの余地を存せさらしめ、而る上にて我に同化せしめされは、真の同化は覚束なかるへく候」、「合意の合邦は併呑に非すして無条件の合邦なること」といった記述さえある。武田の本音は、これほどに李容九の理想とは乖離していたのである。

オポチュニストたる杉山茂丸は、もとより「合邦」の理念など持ち合わせていない。彼は「合邦」運動の理想を一語たりとも語ってはいないし、「合邦」という文字を使った著述においても、それが樽井藤吉や李容九の使う「合邦」の文字と同義であったことはない。彼にとって「合邦」とは、日本が韓国を「取る」という一事に尽きていたのである。

このように「合邦」運動とは、李容九の理念に対して他のアクターたちが共鳴しているという幻想ないし擬制の上にしか存在していなかった。幻想を抱いていたのは李容九であり、擬制していたのは内田や杉山や武田である。日本側のアクターたちは皆、口に「合邦」を唱えながら、韓国を日本の領土に編入すること、日本の版図を朝鮮半島に拡げることだけを目指していた。内田や杉山の活動は、つまるところ日本政府の意向と何ら変わるところがなかった。『日韓合邦秘史』における内田や杉山の活動の叙述は、あたかも日本政府が彼らの「合邦」運動を承認していたかのような、あるいは彼らが政府をして彼らの「合邦」運動に共鳴させていたかのような印象を与えるが、その内実は、彼らこそが日本政府の意向に沿って「合邦」運動という名の侵略行為を進めていたのである。外務省が桂首相に韓国併合案を提示したのは、併合の一年半も前の明治四十二（一九〇九）年三月末であった。同年七月の閣議決定からおよそ一年、政府は併合を断行すべき「帝国カ内外ノ形勢ニ照ラシ適当ノ時機」[409]を見計らっていたのである。杉山が一進会に合邦請願を指示したのは、まさに政府と結託して「適当ノ時機」を作り出すための世論工作であった。それゆえ、韓国統監の曾禰荒助が請願の受理を拒否せんとしたとき、桂首相は電報を送って「書面ヲ却下シ、反テ反対ノ気勢ヲ高ムルハ施政ノ方針ニ反スルモノナルカ故ニ、却下ヲ止メシムル様取計ハルルヲ望ム」[410]と、請願書の受理を要請したのである。そして韓国の世論が沸騰し紛擾が起こると、今度は桂首相の内訓と称する「覚書」を交付することによって一進会側の運動を抑え、沈静化を図ったのである。韓国の国内情勢が不穏となるのは、西欧諸国との関係上好ましくないという判断が政府に働いた結果であろう。

以上から明らかなように、「合邦」運動の理想が日本政府によって「併合」にすり替えられたという内田らの言説は事実に反する。[411]内田らの主張の本意は、併合の反動としての独立運動や「合邦」運動への怨嗟に対する弁明として用意された自己弁護に過ぎなかったのだ。

一方の韓国側の二人はというと、宋秉畯は野心の赴くまま李容九の理想を日本に売り渡し、李容九も日本側の意図を察知した結果として、「他働的に合併せられなば、会員を無理往生せしむること」ができると諦観し、抵抗の意思を放棄したのである。

間島移住ノ義ニ付嘆訴

併合によって国家存在を失った大韓帝国の版図は、日本によって「朝鮮」と命名され、韓国統監から朝鮮総督に横滑りした寺内正毅による、いわゆる武断政治の時代に入った。朝鮮総督は天皇に直隷し、立法、行政、司法の三権を一手に収め、朝鮮の人民の生殺与奪の権力を手にした。帝国憲法が適用されない朝鮮にあっては、寺内の地位と権限は天皇によって朝鮮半島に封じられた封建領主に等しかった。寺内総督の下で駐箚軍憲兵司令官と総督府警務総長を兼任した明石元二郎によって、武断政治を象徴する憲兵警察制度が運用された。杉山茂丸は九月三日に寺内正毅へ書翰を送り、「時局解決に対しては心中狂喜雀躍の為め、事の善悪工拙等を考ふ脳力を喪失致候。実に二夜計り者寝食を相忘れ候位にて今尚ほ心中動もすれ者躍り、小生の一生涯如此嬉しき事者有之間敷と存候」と手放しで喜びつつ、「流民者昔より不揆の挙を成すに者世界無比の練達にて機を見て事を為す敢て日本人などの及ふ者に無之。小生者断乎として韓国の警戒者事前より事後に於て益厳なるを明石将軍に発電仕置候[412]」と朝鮮の治安強化を進言している。

併合からひと月も経たない九月十二日、一進会は他の諸団体とともに解散を命じられ、十五万円の解散費用を与えられた。宋秉畯は朝鮮貴族令によって子爵に叙せられた。李容九は叙爵の内示を固辞したが、十万円の賜金が与えられた。内田良平には韓国併合記念章が授与されたほか、寺内正毅から五千円が贈られた[413]。武田範之には一進会から一千円が贈られた[414]。杉山に何らかの恩典があったとは聞かないが、韓国との間に交わされた電信料もかなり多額にわたったに違いないから、秘密裡に政府から何らかの報償があったと考えるのが妥当ではなかろうか。もっとも、彼は韓国併合から間もなく、桂太郎や寺内正毅らの便宜を受けて、釜山鎮埋立権を金に換えることに成功している。その実益に比べれば、報償として下賜される金は、杉山にとって雀の涙に等しかったであろう。

「合邦」運動のアクターたちはこうしてそれぞれの道に進む。李容九は併合後間もなく病を得て、翌年三月に須磨へ転地療養したが、明治四十五（一九一二）年五月に病没した。それより先、武田範之は四十四（一九一一）年六月に没した。主役たちが舞台を降りたのち、一進会に集っていた一般会員は、舞台に取り残され進退に窮した。一進会は「合邦」が成ったあかつきには、満韓国境の間島地方に会員を挙げて移住する計画であったというが[415]、解散命令によって移住費用のあてもなくなり、計画は挫折した。会員の怨嗟に押されたのであろうか、宋秉畯は杉山茂丸と連名で、大正四（一九一五）年六月二十三日に外務大臣加藤高明に嘆願書を提出[416]した。

「間島移住ノ義ニ付嘆訴」と題されたこの嘆願書において宋秉畯と杉山茂丸は、日本の韓国併合に際し一進会が「率先自ラ併合ノ議ヲ提唱シ己ヲ捨テ、大局ノ義ニ殉」じたことを述べ、しかし政府が彼らに酬いることがなかったため、生業を失って窮迫するものが二十八万人にものぼると指摘している。そしてこれを救済するには、彼らを間島に移住させるしかないのだと訴える。その具体策として、試験的に一千戸を移住させるため、移住地の土地買収費用や農耕用具調達などに充てるため一戸あたり百円、総額十万円の交付を要望するのが嘆願書の内容である。事業実施に際しては宋が大正社という社団をつくって運営にあたり、杉山がその監督を行うこととされていた。そして「這次ノ日支新協約ニ依リ帝国ハ間島州ニ於テ土地買収ノ権利ヲ得タリ然レハ今此計画ヲ実行スルハ乃チ帝国カ外交上ニ得タル所ノ権利ヲ現実ナラシムル所以ノ一方途ニシテ更ニ一朝有事ノ秋軍事上ノ利便ヲ得ル事モ鮮カ」らずという。大陸における日本の外交軍事政策上も意義のあることだと主張している。ここで「日支新協約」といっているのは、悪名高き対華二十一ケ条要求を中国に突き付けた大正四（一九一五）年の日中交渉による諸条約を指すものと思われるが、このうち間島地方を対象とする「南満洲及東部内蒙古ニ関スル条約」の第二条に定められたのは「日本国臣民ハ南満洲ニ於テ各種商工業上ノ建物ヲ建設スル為又ハ農業ヲ経営スル為必要ナル土地ヲ商租スルコトヲ得」という条文であり、「土地買収ノ権利」が獲得されたわけではなかった。むしろこの条約の解釈をめぐっては日中間に紛議が絶えず、土地商租権も中国側のさまざまな抵抗によって難航することが多かった[417]。

間島地方は古くから満韓人が混在して居住しており、清国と韓国との間の国境線にも紛議があったが、日本が韓国の外交権を握ったのち、豆満江を両国の国境に画定するいわゆる間島協約が締結され、この地方は清国の領土とされた。日本は韓国統監府の派出所を間島に設けていたが、間島協約締結にともない廃止されることとなり、新たに在間島日本総領事館が設置されることとなった。その初代総領事が、南潯鉄道借款問題で杉山茂丸に煮え湯を飲まされた永瀧久吉である。間島在住の韓国人は、明治四十二（一九〇九）年六月時点で五万六千九百十六人であったが、日本の韓国併合後も累増し、日中間に新条約が締結された大正四（一九一五）年には、十万七千四百四十五人に膨れあがっていた[418]。そしてこのころ、日本による韓国併合の影響もあって、間島在住朝鮮人の間には排日の機運がたかまり、「間島ハ全ク排日者輩ノ巣窟[419]」と評されるほどになっていた。間島は、親日派として名を売り韓国併合の手先とみなされた旧一進会員にとって、暖かく迎え入れてもらえるような土地ではなかったのである。

この嘆願書はいうまでもなく握りつぶされたわけだが、たとえ移住資金の交付が認められたとしても、おそらく旧一進会の会員たちは、移住しようとした間島で立往生の憂き目にあったことであろう。

三・一独立運動

一九一四（大正三）年六月二十八日、オーストリア領サラエボで発射された二発の銃弾が、世界を捲き込んだ未曾有の大戦争のきっかけとなった。一九一九（大正八）年六月二十八日にヴェルサイユ宮殿で講和条約の調印が行われて正式に終結を迎えるまでの五年間、のちに第一次世界大戦と呼称されるようになったこの大戦争の間に起こった出来事の数々は、世界の秩序を根底から変えたといわれ、第一次世界大戦こそが近代と現代との分界ともいわれる。欧洲では国家の全資源を戦争に注ぎ込む総力戦が展開され、その結果として四つの帝国が崩壊した。中でもロシアでは、一九一七（大正六）年に二度の革命が起り、世界の歴史上初めての社会主義国家が誕生した。一方でアメリカ合衆国が著しく台頭し、大統領ウッドロウ・ウィルソンが戦争の終結を主導した。ウィルソンの提唱した十四ヶ条の平和原則は、世界が戦後秩序を模索するに当ってのたたき台となり、国際連盟が設立されたほか、ポーランドやチェコスロバキアなど東欧諸国が独立を果した。日本はさしたる犠牲も払うことなく五大国の一員に成り上がり、旧ドイツ領の南洋諸島を委任統治領という名の事実上の植民地に加えたほか、シベリア出兵によって領土拡大欲を剝き出しにした。また中国に対する圧力外交で利権の獲得に邁進した結果、民族感情を刺激して五・四運動の発露を招いた。

こうした世界的な社会変動の影響が、日本と植民地朝鮮に及ばぬはずはなかった。とりわけウィルソンの十四ヶ条に謳われた民族自決の理想は、その意図が旧ドイツやオーストリア＝ハンガリーなど敵国の領土だけを対象としたものであったにせよ、日本の武断統治に喘ぐ朝鮮人たちに曙光を感じさせた。米国在住の朝鮮人は朝鮮独立のためウィルソンへの請願行動を行い、中国在住の朝鮮人たちも独立を目指して大戦の終結を議するパリ講和会議に代表を送ることを決めた。またロシアの政権を握ったレーニンによる民族自決の提唱も、ロシア沿海州などに潜んでいた朝鮮の民族主義者たちを対日独立運動に駆り立てた。

東京では、民族自決主義に触発された朝鮮人留学生たちが独立宣言書を作成し、朝鮮青年独立団の名で発表した。大正八（一九一九）年二月八日の日に因み「二・八独立宣言」と呼ばれる。朝鮮では東学の流れを汲む宗教団体天道教やキリスト教団体が、ウィルソンの十四ヶ条の提唱を受けて独立運動を模索していた。東京での学生の挙が伝わると、両団体と仏教界は共同して独立宣言書を作成し、さらに朝鮮の学生団体も加わって、三月一日にこれを発表した。学生団は京城のパゴダ公園で集会を開いて宣言書を読み上げ、独立万歳を叫んで示威行進を行った。独立万歳の声は次々と市中に伝播し、朝鮮総督府は憲兵を動員して鎮圧した。これが三・一独立運動の始まりであった。独立宣言書は、天道教やキリスト教のネットワークによって、二月の末から三月はじめにかけて朝鮮各地に配布されていた。地方ではこれを複製し、あるいは檄文を作成して大量に配布し、次々と集会や示威運動が起こった。同盟罷業や撤市も各地で実施された。集会や示威行動は数百人から数千人の規模に及び、二万人を数える大規模なものもあった。各地で官公署への襲撃が起り、鎮圧しようとする官憲との間に暴力の応酬があった。とはいえ、民衆に武器や兵器があったわけではない。総督府は朝鮮軍を動員して武力弾圧を行ったが、運動の拡がりに対処するため政府に応援部隊の派遣を要請し、原敬内閣は陸軍の六大隊と憲兵及び補助憲兵約四百名を朝鮮に送った。三月下旬から四月中旬、運動がピークに達したころ、京畿道水原の堤岩里では二十人余りの村民が教会に閉じ込められ虐殺されるという事件も起こった。示威運動は千二百回を超え、参加人数は延べ約百十万人を数えるに至った。総督府の弾圧による死者は七千五百余名ともいわれるが、実態はいまだに分明ではない。

こうした朝鮮独立運動の高揚に対し、原敬首相は現役武官に限定されていた朝鮮総督の任用基準を文武官併用制に改めるとともに、独立運動勃発の責を引いた長谷川好道総督に替え、退役海軍大将の斎藤実を現役復帰させて第三代の朝鮮総督に据えた。斎藤は、原首相が唱える内治延長主義に従い、いわゆる文化政治によって朝鮮の民心を鎮静させつつ、親日派の育成を図った。内治延長主義はのちに内鮮一体化、皇民化に結び付いてゆく。それは同化政策という名の民族文化抹殺政策にほかならなかった。(420)

では朝鮮独立運動を内田良平や杉山茂丸はどのようにみていたのだろうか。内田は三・一独立運動が始まった翌月に「朝鮮暴動ニ関スル愚見」(421)をまとめ、政界当路者に送った。この文書で内田は、朝鮮独立運動を「暴動」と表現し、その原因を韓国併合後の日本の政策、すなわち朝鮮総督府が一進会のような親日団体を冷遇したことにあると断定している。その具体例として内田は、これは彼の著述でしばしば言及されることであるが、一進会に解散命令が出された際の下賜金が十五万円に過ぎなかったと述べる。会員数五千人に過ぎない大韓協会に十万円が下賜されたにもかかわらず、会員数百万の一進会に十五万円の下賜金では、あまりにも親日派を冷遇しているではないか、と。それが親日派朝鮮人たちを、徹底した反日派である孫秉熙が率いる天道教に帰服させる結果を生んだのだと内田は指摘するのである。そして政府が採るべき政策として、朝鮮人に自治権を与えることを提起している。とはいえ、内田は「之レヲ許スニ至ル迄ノ期間ト其道程ニ於テ鮮人ヲ馴致シテ之レニ達セシムル方法ヲ講ズベキ」であり「自治ヲ許スニ当リ其方法時機ノ適否ハ将来ニ於ケル民心ノ服否ニ最モ重大ナル関係アリ」と述べているから、あくまで朝鮮の自治とは朝鮮人の日本政府への服従と同化の進展如何であるという立場であった。それはつまるところ、「見せかけの自治」[422]に過ぎず、朝鮮人の民族性の毀棄によってしか実現しないものであった。

また同年九月、内田は「鮮人授産協会設立趣意書」[423]という文書を作成している。この文書で内田は、同化政策を進めるには「鮮人ヲシテ内地ニ移住セシメ内地人ト雑居セシメ」ることが良策であると主張し、内地人の朝鮮移住の割を喰って満洲やシベリア方面に流亡している朝鮮人を、開拓の担い手や炭坑夫の不足をきたしている北海道や樺太に移住させれば「是レ豈謂ユル一挙両得」と自讃している。内田は東洋拓殖会社による朝鮮の土地買収が朝鮮人の農地収奪を招いたことに言及していながら、その政策の是非には口をつぐんだまま、いわば日本の辺境の開拓に朝鮮人の労働力を差し向けようと考えていたのである。

これに類したことは、併合間もない時期に杉山も構想していた。杉山は東南アジアへの進出を狙う実業家たちに対し、東南アジア開拓の尖兵として台湾人を移住させ、人口の減る台湾には朝鮮人を移住させ、そして朝鮮には内地から日本人が移住するという構想を語っていた[424]。内田も杉山も、朝鮮人を日本の繁栄のための駒として考えていたのである。

杉山茂丸は、管見の限りではあるが、三・一独立運動に関して何の反応も示していない。彼は三月に「帝国現下の内外政治に付緊急建白の事」と題した建白書を原内閣の閣僚に呈するとともに、九州日報紙上でその全文を報じさせたが、[425]朝鮮の独立運動に関しては一言たりとも言及していない。同年九月にも、杉山は建白書を作成し政界要人に呈しているが、[426]そこでも朝鮮の独立運動を黙殺している。彼は自分自身にその余波が及ぶまで、三・一独立運動に関心を示さなかった。

杉山茂丸君貴下謹請貴下之自決焉

三・一独立運動が鎮圧され、運動家たちが地下に潜んでからおよそ一年が過ぎた大正九（一九二〇）年五月の末、杉山茂丸のもとに届けられた一通の書状の冒頭には、「旧一進会員十三道代表者尹定植等齎書遠呈于日東杉山茂丸君貴下謹請貴下之自決焉」と記されていた。読み下すなら「旧一進会員十三道の代表者尹定植らは、書を齎して遠く日東の杉山茂丸君貴下に呈し、謹んで貴下が自決されんことを請う」となろう。すなわちこの書状は、旧一進会員から杉山に突きつけられた「決死状」（建、二五九）であった。署名者は右の尹定植ら朝鮮十三道から各一名と、間島龍井村から一名の計十四名である。左にその全文を掲げる。

旧一進会員十三道代表者尹定植等齎書遠呈于日東杉山茂丸君貴下謹請貴下之自決焉

抑日韓合邦之大義惟我一進会率先提唱者也故会長李容九及現子爵宋秉畯両氏肝胆相照洞察世界之大勢且為東洋平和之維持渾身努力不顧一生之運命排得闔国之羣議代表我会員一百万人与其他六箇団体奏請両国皇帝陛下則此為根源即貴下之最所熟知者也当時李宋両人確信貴下之重望於日本民間有傑士之名且於政府及元老間有非凡勢力故与貴

下深々結托推戴我一進会顧問之席以請指導吾人矣蓋合邦之挙雖云吾人之一致賛同然至於併合後形式的政治機関等当時尚多区々之意見難免疑惑故吾人先由貴下欲知日本政府之真意所在矣貴下以事故不得自来以代理人同志菊池忠三郎氏派遣同菊池氏於会員大会席上以貴下代理資格伝布当時首相桂公及外相小村侯内意曰（一）日韓両国 各依主権者対等協定 合為一国事（二）両国人民於政治上社会上無差別平等権利附与事、以上二大要点説明故於此吾人以表満腔之賛意尤益奮励抗弁国論之反対以完最後之努力矣豈可意哉及併合之実行総督府設立之日其形式及組織反吾予期日鮮両民間設得著大之差別吾人一大失望之歎寔不能禁也時故李会長療病於須磨将瀕危篤貴下偶々訪問於病床之際握貴下之手曰嗚呼我見欺也哉只遺一言而瞑目則但恐此最後一言尚応印存於今日貴下之脳裏矣此誠不可忘之惟一悲劇也爾来吾人生存於総督統治之下受其不公平差別的待遇衷心不堪憤懣会員百万人其七分則去属於他教派漸至排日但吾同志三十万人則尚今持続其精神隠忍持重十年于茲昨年三月有各派独立運動之挙全土衆如乱麻于時吾人現在侍天教大主教宋秉畯氏同志之下毎従其懇諭之深切粛然不動無一人参加於此運動実所中外共認者也然而大詔煥発再示一視同仁之聖旨則深所感激而今回断然局面一転吾人之合邦提唱真目的始可達成故以是信頼而無疑矣爾来又経一年静視当局之施設則至有官制改革総督以下重要官吏只交其人其実地改善未現其効吾人之平等権利之熱望期待毫難是認矣況又一般人民之嗟怨嫉視吾人不啻視之以仇敵目之以人面獣心売国之賊是可忍乎以吾人不明之致見欺於貴下之甘言内受同胞之怨恨外被世人之嘲辱竟不能生存此世則宜以一死謝罪於国家社稷是為良策也聞貴下元来自許国士之典型則貴下抑亦知其人道之重政治道徳之責任何不擲其一身以救我三十万人之生命歟若貴下但知其大言壮語力不能喚起国論又不能使之覚醒政府当局則何不自割其腹以謝吾人及地下李容九之霊兼以発揮其日本男子之本色耶今者吾人決以一死断然謝罪於同胞矣貴下之必与吾人共其一死確信不疑故茲以謹請貴下之快答危言敢多失礼宥恕幸甚　敬白

大正九年五月二十七日

京畿道京城府三清洞一五六番地

尹　定　植　㊞〔建、二五九～二六四〕

（以下省略）

大意は以下のようなものである。

一進会は日韓合邦の提唱者であり、李容九と宋秉畯が肝胆相照らして東洋の平和のため一身を顧みずに努力し、異論を排して日韓両国の皇帝に合邦を奏請したことを、貴下は熟知しているはずだ。李と宋は貴下が日本の民間傑士であることや政府元老に対し影響力のあることを信じ、一進会の顧問に戴き指導を仰ぐこととした。一進会は合邦に賛意を表していたものの、そのありようについては疑義するところもあったので、貴下をして日本政府の真意を探ろうとしたところ、貴下は代理人として菊池忠三郎を派遣し、桂首相及び小村外相の内意を伝達させた。その内容は、㈠日韓両国が対等の協定によってひとつの国になること、㈡両国の人民が政治上社会上無差別平等の権利を付与されること、であった。これに一進会は満腔の賛意を表して反対論を押し切った。しかし併合が実行された結果は、一進会の希望に反し朝鮮人に著しい差別が設けられたため、われらは大きな失望を禁じ得なかった。李容九が須磨で危篤に陥ったとき、病床を見舞った貴下の手を握り「嗚呼我欺かれたるや」と一言して瞑目したことは、今も貴下の脳裏にしるされているであろう。爾来、朝鮮人は総督府の治政下で差別を受け、百万人の一進会員も七割は去って他派に移りいまや排日派となったが、同志三十万人は今も合邦の精神を持続して隠忍自重している。昨年三月に独立運動が激しくなったときも、われらは宋秉畯の懇諭に従い動くことはなかった。その後一視同仁の聖旨が示されたものの状況は改善せず、われらが熱望する平等の権利は期待し難い。しかも一般人民がわれらを仇敵、売国奴とみなすのを忍ばねばならない。われらは不明にして貴下の甘言に欺かれ、同胞の怨恨を受け、世人の嘲辱を被って、もはや生きていくことはできず、一死をもって国家社稷に謝罪せねばならない。貴下は国士を以て自任すると聞く。それならば人道と政治道徳を知る貴下は、一身をなげうたずしてどうしてわれら三十万人の生命を救うことができようか。もし貴下が大言壮語するばかりで政府を動かすことができないのであれば、なぜみずから割腹して、われらと地下の李容九に謝し、日本男子の本懐を発揮しないのか。われらは一死を以て同胞に謝することに決した。貴下も必ずやわれらとともに死することを確信し、謹んで貴下の快答を請う。

尹定植らは「聞貴下元来自許国士之典型」や「若貴下但知其大言壮語力不能喚起国論又不能使之覚醒政府当局則何不自割其腹以謝吾人及地下李容九之霊兼以発揮其日本男子之本色耶」といった身を刺し貫くように鋭利な筆鋒で、杉山の「国士」ぶりを痛烈に批判したのである。

この決死状を受け取った杉山は、ではどのように問責に答えたのだろう。朝鮮に渡って旧一進会の面々に対峙したのだろうか。否、彼は逃げたのである。もっとも、杉山自身には逃げたという意識はなかったかも知れない。道義や徳義を問題にしないのであれば、一進会に対して負うべき責任など彼にはなかった。決死状に記された「推戴我一進会顧問之席」という文言は正しくない。先にみたように、杉山が顧問となったのは李容九及び宋秉畯個人に対してであった。したがって、杉山が決死状から逃げたのは、契約に基づく範囲以外には何ら法的な責任を負う義務がない彼にとって、至極当然のことであっただろう。一進会からの顧問招聘を拒否し、李と宋との間に個人的な顧問契約を締結した杉山の周到さ、狡獪さはここで功を奏するのである。

杉山は内田良平を朝鮮に赴かせ、一進会の懐柔工作に当らせた。内田の出発に先だって、杉山は決死状を山縣有朋にみせた。山縣は陸軍大臣の田中義一に善後策を託し、田中は六月三十日に決死状を持参して原首相を訪ね、閲覧に供した。原の日記には「田中陸相来訪、朝鮮元と一進会の者より杉山茂丸に処決を促がす趣旨（一進会を棄て顧みざるにより）申越せりとて之を杉山が山縣に送りたりとて其書面を持参し、近日内田良平朝鮮に赴き是等の処置もなすべしと云ふ事に付書面も一読し内田にも面会しくれよと云ふに付余之を諾せり」(427)とある。原はその翌日、内田良平を引見した。原の日記によれば、内田は杉山に対する一進会の決死状について「朝鮮人の事なれば一進会の云々は結局は金の問題ならんも只近頃彼等は浦塩其他に居る不逞鮮人と気脈を通じ不良の企をなす疑あれば其辺に注意すべき積なり」と話し、原もそれに同意して「杉山に送りたる来書の趣旨日鮮人間に無差別希望の様なるが是れは表面の口実ならんも其事ならば昨年来無差別を実顕せし事も多く今後も其方針にて進行する筈なり」と答えて「其実況」を内田に伝えた(428)。このようにして杉山は、元老山縣や原首相に状況を通じ、内田による懐柔工作の行方次第で政府の援助を得るための地ならしをした上で、内田を朝鮮に送り出した。同時に、杉山は朝鮮総督の斎藤実に書翰を送り、「今回親友内田良平氏渡韓致候に付ては、事件の真相に付ては首相逓相陸相等と懇に了解疏通の上出張致候次第に候。前回捧書致候小生一身に関する事件の相談開始致候間、第一に閣下へ御願申上候は適当の御保護相願度(429)」と内田の身辺の安全確保を依頼している。

内田良平は七月十四日、当時東洋一とも称された朝鮮ホテルに故李容九の養嗣子(430)李顕奎を招き、来意を告げて尹定植と面会する機会を設けるよう依頼した。翌日、尹定植は李顕奎に伴われて内田と面会したが、内田の説得に対して尹は頑なな態度を崩さず、杉山や内田の責任を問うて「諸公の誠意を以て合邦後の目的を達する能はざりしは命なり。今将た何をか言はんや。唯だ自決して責任を明かにする外道なし」といい放った。李顕奎が間に入り、日を改めて再度面会することを提案し、十六日に旧一進会幹部七名を朝鮮ホテルに招いて小宴を催すこととなった。この席上で幹部らの悪感情を和らげることに成功した内田は、十八日に二十余名の旧一進会員と午餐を共にして六ヶ条の覚書を提示し了解を取り付けた。摘録するなら、以下のような内容であった。

一、日韓合邦に関与せる杉山茂丸、及び菊池忠三郎、内田良平等は、旧一進会並に当時合邦賛成の各団体員は勿論朝鮮人一般に対し、合邦の真目的を達成すべき重大なる責任の存在を認め、決してその責任を回避するものにあらざるを諒解す

二、合邦の目的は鮮人をして日本人と同様資格たるの幸福を享有せしむるに在りたるを以て、其の目的の貫徹に努力すべき事

（略）

五、総督府並に政府に対する交渉は宋秉畯に委任し、杉山茂丸を顧問と為し置く事

六、合邦目的は必ず達成せらるべきものなるを信ずると雖も、万々一其目的を貫徹する能はざる時、初めて自決し各々其責任を天下に明にする事[431]

この覚書によって、杉山は李容九と宋秉畯の個人的顧問という立場から、旧一進会を含めすべての朝鮮人に対して責任を負うこととなったが、しかし第六条の文言の「目的を貫徹する能はざる時」が明示されない以上、実質的には杉山が自決する時が来ないのは明白であった。

内田がこのとき、どのような説得をして尹定植らをなだめたのかは分明ではない。内田は十六日の幹部との面会の際、合邦運動の経緯や事情を説明したときには幹部達から何の発言もなかったが、欧米のアジア侵略の危機が迫っていることを語り、米西戦争でフィリピンが米国に奪われたことなどを例示して初めて幹部連も口を開き、ようやく再び一致団結する機運になったと述べている。しかしフィリピンが米国の植民地になったのはこの時より二十年

も前のことであり、そのようなたとえ話で頑なだった旧一進会幹部が心を開いたとは信じがたい。この顚末書は彼が十一月に作成したパンフレット『朝鮮統治問題に就て先輩知友各位に訴ふ』に収録されたものであるため、表面化できない裏事情が隠蔽されている可能性を考慮する必要があろう。先にみたように内田は、原首相との会見の際に「結局は金の問題」という認識を示しているし、併合当時一進会に下附された解散費が過少であったことへの不満も持ち続けていた。彼が出発前、田中陸相や原首相に面会すべき必然性が那辺にあったのかを考えるなら、そこに金の問題が伏在していたであろうことは容易く推察できよう。そしてそれは公にする文書としての「旧一進会交渉顚末書」には明記できない事柄であったはずだ。[432]

八月十一日に宋秉畯が原首相を訪問し、「近頃杉山茂丸、内田良平が旧一進会員より切腹強要せられたりとて之を利用し、朝鮮連邦など途方もなき案を持出し一進会を利用して金儲けを企て、之を山縣に持込み、田中陸相などを捲込み色々の企てをなし居れり、自分は合併当時彼等は一進会に与ふるとて四十余万円を政府より取出し、少々一進会員にやりて後は着服せしが今回は千四五百万円も一進会に与ふべしとて又々着服を企て居れり、自分に建言書に署名せよとて仲間に入れんとするも、自分は先年の事も知り居り、且つ連邦などは合併最初の意味に非らずとて反対して同意せず、彼等は之を山縣に持込みたるのみならず、大隈、加藤高明、伊東巳代治、後藤新平等にも説示し居れり、決して採用すべき問題にあらず[433]」と何度も述べたという。宋の発言も山師的な趣きがあってどこまで信用できるかわかったものではないが、幾許かの真実はここに仄めかされているに違いない。

杉山の「懺悔」

杉山の『建白』を歴史学の立場から初めて検討したのは西尾陽太郎の論文「日韓合邦運動と杉山茂丸[434]」であろう。西尾はのちにこの論文を、『李容九小伝』の末尾に第十五章「誰が李容九を欺いたのか」と題して収録した。その際西尾は一部を改稿するとともに、六節から成る構成を二節に改め、その第一節に「杉山の「ざんげばなし」」という節題を、第二節に「欺いたのは誰か」という節題を付した。西尾はこの論文で、杉山が韓国併合について語った『建白』の言説を、李容九らに対する「懺悔」とみなすとともに、「合邦」運動に関して杉山が桂に欺されていたことを「証かすために書かれた(435)」ものだとする見解を示したのである。西尾は、『建白』の序文に記された「小生等が殆んど此四十年間に近き努力は（略）其結論は悉く不善不良なりしと断言せざるを得ざる」云々の文章を引用して、これを「かつての杉山が游泳し操縦した政界の星座が日毎に遠く消えてゆくのに、彼ひとりが残されているという心境にあって、いま六十才還暦に当って政界との訣別の辞をこの「建白」に托しようとしているものであろう(436)」と、いささか感傷的な読みを披瀝しているが、論文全体を通じて杉山が『建白』で語った韓国併合過程の「秘話」なるものを、杉山が真情を吐露したものであると肯定的に捉えている。

すでに本書第一章で筆者は、西尾の「杉山茂丸小論」における杉山の言説の受容態度を批判したが、その批判はこの「日韓合邦運動と杉山茂丸」にも同様にあてはまる。西尾が『建白』を杉山の「ざんげばなし」と受け止め、「杉山もまた欺された(437)」と断じるのは、『建白』の言説を真実として受け容れることなしには成立しない。しかし杉山は『建白』において真実を語っているのだろうか。杉山が『建白』に記した内容は、罪を告白してそれを悔い許しを請うという「懺悔」の語義に当てはまるものであったのだろうか。西尾は『建白』を「これ以後発表された杉山の自伝的政界回顧談たる「俗戦国策」（昭和四年）などの原形(438)」とみる認識を表明していて、これは卓見というべき指摘であるが、その「原形」の正体は、杉山の言説における大小無数の虚偽や矛盾、自讃と自己宣伝という、本書第一章で論じた『俗戦国策』の本質そのものであるといわねばならない。

まずわれわれは、『建白』という著作が、どのようなものであるのかを知っておく必要がある。建白書とは通常、一定の範囲の政治家や官僚、政府組織に対して、みずからの意見を開陳して政策実現を請う文書であって、提出を受けた者がその限りにおいて閲読の機会を有するものと考えられよう。これに対して杉山茂丸の『建白』は、不特定多数の国民がたやすく閲読することができたという意味で、建白書という体裁を備えた「出版物」と呼ぶべきものであった。『建白』には、左のとおり四種の版が確認されている。

①大正十一年版『建白』

これは一ページあたり三十字×十二行で組まれた全三百頁の版である。国立国会図書館に所蔵されており、同館の書誌情報においてはタイトルが『我帝国政治向き全体御改革の儀に付建言の次第』と表記されている。本文末の日付は大正十一（一九二二）年である。同館所蔵本は保存のために改装されているが、元版の表紙には「建白」と、背に近い部分には「写（以印刷代筆写）杉山茂丸」と印字されている。本文の前頁に押された収受印などから、戦後の昭和二十九（一九五四）年に元宮内庁長官の田島道治から寄贈された資料であることがわかる。

②九州日報連載版『建白』

これは九州日報に大正十一（一九二二）年八月十二日から九月三十日まで五十回にわたって連載された版[439]で、タイトルは「建白」である。掲載紙には一部欠号があり、四回分は確認できていないが、①と同内容であると推断して間違いない。連載第一回には「東京支社紅鋒生」の署名がされた前文が添えられている。

③台華社版『皇室中心日本改造論』

これは①と同じ組版を用いた『建白』の本文に、後藤新平の題字を掲げ、倉辻白蛇による序文「皇室中心日本改造論の出版に就て」（四頁）及び巻末解説「其日庵主の建白書を読みて」（五十頁）を付した版で、奥付もあり、発行日は大正十一年八月十八日、著者名は「倉辻白蛇編」と表記されている。発行元は杉山の事務所であった台華社で、注目すべきは一円五十銭という定価を付けて市販された点である。この事実は、『建白』が一般的な意味での建白書とは異質な性格を持った「出版物」であることを示しているであろう。

④大正十二年版『建白』

これは一ページあたり三十六字×十五行で組まれた全二〇七ページの版で、本文末の日付が大正十二（一九二三）年になっている。本文一頁の収受印などから同年十一月五日に著者から寄贈されたものと判明する。国立国会図書館の書誌で『建白』のタイトルが付され、同館デジタルコレクションで全文が一般公開されている。平成二十二（二〇一〇）年には、ゆまに書房の「植民地帝国人物叢書」の第三十三巻（朝鮮篇十四）に収録された。西尾陽太郎が前記論文で参照したのはこの版である。内容的には大正十一年版と若干の異同があるものの、ほぼ同一のものである。

以上から、『建白』は①が政界当路者に配布されたものと推定されるが、並行して②が九州日報に連載され、かつ③が台華社から定価を付けて商業出版された。②と③によって、『建白』は多くの国民大衆が閲読できたのである。では、なぜ九州日報は五十日もの長期にわたって紙面を提供し、『建白』を連載したのだろうか。なぜ『建白』は商業出版されたのだろうか。②に添えられた前文と③の序文は、その経緯を記しているので、左にその全文を掲げておく（傍線は筆者による）。

②の前文

左に連載する十数篇の建白書は其日庵主杉山茂丸氏が当今の時勢を達観して多年の経験と蘊蓄とを傾倒して時の総理大臣に向つて進言献策したので多年政界の帷幕に活躍し隠れたる政界の怪勢力として重きを巨頭大官の間に為し政治上の一経典として時代を指導する使命ありとの抱負の下に執筆したものである即ち政治上に於ける多年

の信念典条とする所を告白縷陳せるもので現代日本に対する一派の改造意見の提示である本社は特に其筆写を得て之を一般読者に公開すると共に其日庵主が聞達を求めず一個の処士として終始し永遠ある国利民福に立脚する其忠実其態度其識見其真剣味に多大の敬意を払ふものである（東京支社紅鋒生）(440)

③の序文

改造は欧洲戦後世界を通じての標語となり、世に此問題を論議するもの甚だ多きは顕著の事実である、而も其論ずる所は多く理想上の改造か、机上の再建に止まり、未だ実際に適用して、具体的に改造の如何にすべく、再建の何に依つて遂げらるゝやを訓ゆるもの鮮きは遺憾ならずとせぬ。

本書は杉山其日庵先生が、当今の時勢を達観して多年の経験と薀蓄とを傾倒し、之れを一篇の建白書となし、時の総理大臣に向つて進言献策したるものに属し、先生自身にありては、始めより之れを世に公表するの意思毫もなかりしは勿論である、然るに真理を荊棘の間に没し、瓊玉を土塊に覆はしむるは面白からず、世人改造を求め、再建を望んで未だ之れに応ずるものを見ざるに方り、先生一流の改造意見を提示して研鑽の一助に便するの甚だ有意義なるを認め、即ち強て先生に乞ひ、其筆写を得て之れを印刷に附することゝしたのである。

先生は此建白書を以て、政治上に於ける一種の遺言状なりと云ひ、偶々天来の霊感に促され、僅々三昼夜にして此一篇を成したのであつた、素より一気呵成の作物として、議論推理の根拠たるべき考証材料の蒐集に力を尽すの暇なく、只だ脳裡の記憶をのみ辿りて文を為したりと云へば、此点の疎漏にして若し読者の意に充たざるものあらば、そは出版者より切に諒恕を乞はねばならぬ。

先生が本書を以て政治上の遺言なりとせらるゝ所以は、蓋し本篇が先生の意見若くは議論を羅列したりと云ふよりも、政治上に於ける多年の信念典条とする所を告白縷陳したりとの意なるべく、遺言が神聖にして子孫其他への拘束力を発揮する如く、本書は政治上の一経典として、時代を指導する使命ありとの抱負の下に生れたる真面目の作物なりと解したい、先生多年政界の帷幕に活躍して、其半生を遊説斡旋の間に費し、隠れたる政界の怪勢力として重きを巨頭大流の間に為したるに拘らず、その聞達を求めず、一箇の処士として終始したる結果は、世の人多く其影のみを見て、未だ其内容を見、実質を解せず、中には堅白異同の弁を以て、一時を糊塗する説客策士の亜流となす者もあれど、此等は畢竟其人の一班を知つて全貌を知らざるに坐するもの、志す所は常に永遠なる国利民福にあり、今若し本書を繙いて、静かに其態度、其識見を研究するに於ては、絶へず国利民福に向つて忠実ならんとする其真剣味を発見するであらう。

皇室中心日本改造論の出版に方り、茲に出版の由来と理由を記して大方の諒恕を求むこと爾り。(41)

傍線を付した部分には全く同じフレーズが記述されていることから、この二つの文章は同一の人物が執筆したものであることが強く推定できる。すなわち、東京文社紅鋒生とは倉辻白蛇の別名であろう。そして倉辻とは、森山守次とともに太平洋通信社及び雑誌『サンデー』の運営に携わり、杉山からさまざまな援助を受けてきた人物で、よくいえば杉山の門人、悪しざまにいうなら乾分である。右の二篇が杉山を手放しで讃美しているのには、杉山と倉辻との主従関係が表出しているとみなければならない。これらの文章を杉山と何の利害関係も持たないジャーナリストや批評家が書いたのであれば、傾聴に値するかも知れないが、乾分が親分を口を極めて褒めそやすのを、どれだけ真に受けることができるだろうか。とすれば、倉辻が「先生自身にありては、始めより之れを世に公表するの意思毫もなかりしは勿論」としながら、「強て先生に乞ひ、其筆写を得て之れを印刷に附することゝした」といい、紅鋒生が「特に其筆写を得て之を一般読者に公開する」といっている部分もまた、眉に唾をつけて読む必要があろう。『皇室中心日本改造論』の版元は杉山の個人事務所たる台華社である。もし杉山が心底から「世の中に名を出す事が大の嫌ひ」〔俗、はし書三〕であったなら、建白書に定価をつけて売るような所業は諫めるのが穏当に違いないし、止めさせることは容易だったはずだ。にもかかわらずそれを容認し、自身の事務所から自身の『建白』を売り出していた以上、杉山の意思の在処は明白であろう。九州日報にしても事情は同じで、杉山は明治四十二（一九〇九）年十二月に九州日報社主となって以来、この新聞に対して金銭援助を続けており、実質的なオーナーであった。(442) しかも当時の社長は大原義剛で、大原は九州日報社長となる前、太平洋通信社の経営に当っていたから、(443) これもまた杉山の乾分の一人とみるべき人物である。すなわち杉山は、自分の影響下にある人物やメディアを駆使して、自分のホームタウンである東京と郷里の福岡で、『建白』の宣伝に当らせていたのである。

次に『建白』の韓国併合に関連する部分の言説を検討する。

杉山が京城に乗り込んで伊藤統監に辞職を迫ったエピソードについては、既に論じたように、そのような事実の存在は疑わしいが、それを一旦棚上げにして第一章で試みた『俗戦国策』のナラティヴ分析の枠組みを当てはめてみるなら、このエピソードには杉山が長広舌で伊藤博文に日露開戦に至る経緯を説く部分に**教説**のコードが見出されるし、このエピソードを語った部分全体には**蛮勇**のイメージがシークェンスとして提示されているとみることができよう。また伊藤が杉山の教説に対して「君と数十年の交際甲斐に態々来訪親切の忠言一々感銘せり厚く御礼を申入る」〔建、二一六〕と述べているのは**藉口**のコードが読み取れる。

曾禰荒助が第二代の韓国統監となり、杉山との口約に背いて日韓合邦に反対する意見を表明したという一節では、杉山は曾禰に「朝鮮の事にて偽りを言ふ者は必ず死す」といったことを述べ、さらに杉山に説伏されて統監を辞職した伊藤もまた、合邦不能の論をいいだして間もなくハルビンで暗殺された〔建、二一七～二一九〕と語っている。この部分は、『俗戦国策』のナラティヴ分析では具体例を挙げなかったが、**予言**のコードに該当するディスクールである。一旦は杉山の主張に同意しながら、統監辞任後に曾禰と同意見に回帰した伊藤は、すなわち「朝鮮の事にて偽りを言ふ者」になってしまった。それゆえ伊藤はハルビンで暗殺されることになったのだと、杉山はいいたいのである。杉山が曾禰に向っていったことばは、伊藤の生身によって現実化させられた。この真偽不明のエピソードを挿入することによって、杉山は自身の言表行為に神秘的な力を暗示しようとしたのかも知れないが、もちろんこれは杉山の超能力を裏づけるものではなく、後知恵の産物であることはいうまでもない。

杉山が李容九と宋秉畯の個人的顧問になる契約を結んだ経緯については、自ら内田良平を使嗾したことは隠蔽した上で、一進会側から二度にわたって慫慂されたといい、一度目に拒絶したことを桂首相と小村外相に報告したところ両者から条件次第で顧問になってもよからんとの勧めがあったため、その条件案も両者と相談して決めたことなどを物語っている〔建、二一九〜二二二〕が、これは先にみた事実経過とは異なっており、虚言か**言説事実矛盾**に該当する。またその後の桂及び小村との会見で、一進会から合邦請願をなさせる案を示したエピソード〔建、二二二〜二二五〕は、事実として確認しようがないが、桂も小村も死んだ後で語られたエピソードであることを指摘しておく。それに続いて李容九と宋秉畯を招いて合邦請願を行うよう指示したというエピソードは、先にも言及したとおり事実の捏造がある。

合邦請願については「合邦願書七通を製し七団体の署名捺印を以て」提出したといい、提出先には日本の天皇及び日本政府、同貴族院と衆議院が含まれていたなどと杜撰なことを述べている〔建、二二八〕が、さらに杜撰を極めるのが、曾禰統監が帰国病気療養に入って後の、日本政府の対応を物語った部分である。『建白』で杉山は、合邦請願をうけて政府は陸相を「特派大使」として韓国へ派遣することを決定したが、特派大使が韓国側との合邦請願の取り扱いに関する交渉において、相手方から「弊国の人民共が何事を申出るも日本天皇陛下に於ては一切お取り上なき事を切望す只だ不取締の罪は幾重にもお詫申上ぐ」と躱されたとき、どのように対応すればよいのかという問題で閣議がいき詰まってしまったというのである。そして閣議のあと、桂首相は杉山を招いて状況を物語り、「サア斯る行詰りとなつた時平生難問好きの君否な朝鮮の顧問殿の意見を一応聴くは僕当然の仕事と思ふがドウじや君」と、杉山の意見を求めたのだという。これに対して杉山は「其御心配の事ならば難問でも困難でもないと思ひ升」と解決策を授け、さらに成否を案ずる桂に、自分が宋秉畯と李容九を動かせば「解決は易々たる物と存居申候」と請け合う〔建、二三三〜二三九〕のである。ここには『俗戦国策』のナラティヴ分析でいくつも事例をみてきた**輿望**のシークェンスや**頓知問答**のシークェンスの萌芽がみられる。また**易々事**のコードも明瞭に読み取れる。

この杉山の言説が歴史的事実を無視した内容であることは論を俟たない。簡単にみるなら、曾禰統監は明治四十三（一九一〇）年一月三日に帰国したが、そのまま自邸での療養に入った。以後五月三十日に陸相寺内正毅が後任に任命されるまで、韓国統監は不在の状態が続いていた。寺内は約二ヶ月の間渡韓せず、七月二十日に漸く東京を発し、軍艦八雲に乗船して二十三日に韓国に入った。渡韓後もしばらく沈黙していた寺内は、先にみたとおり八月十六日に李完用首相を招いて併合条約の調印を迫った。杉山がいうような、陸相すなわち寺内を「特派大使」として韓国に派遣するような事実は、もちろんなかった。また閣議紛糾となった「難問」についても、前年に閣議決定された韓国併合に関する大綱には、条約締結による任意の併合を韓国側が受け容れない場合「我か一方の行為に依り、帝国政府に於て韓国に向て併合を宣言することゝな[444]」すという方針が明記されていた。韓国側の手管をめぐって日本政府が対応策に窮するような馬鹿げた事実など、あったはずがないのである。

杉山は『建白』で、併合後の情勢についても次のような物語を展開する。曰く、総督政治に不満を持った親日派朝鮮人や日本側志士に対し、杉山は彼らの不平に対し縷々いい聞かせ、「小生は身自から竊かに両国民の切なる慷慨を酌量して此が代表をなす積にて朝鮮総督には（略）忠言を呈し」ていたのだと。その結果寺内総督も杉山に何かと相談するようになったが、寺内の性格上統治には苦労が絶えず疲労の色がみえたので、内地への転任を勧めたところ、寺内から京城に招待されたので訪問し、晩餐に与りながら「小生は総督が東京へ御転任の事を勧説固く御同意を得」たという。そして「其為にも有之間敷候が同年六月に総督の上京と相成同年十月大命御奉旨の事と相成申候」と続ける〔建、二四四〜二五六〕のは、「有之間敷」といいつつ、寺内が首相になったのは自分が仕掛けたものだと主張しているのだろう。また寺内の首相就任後も朝鮮施政に関して忠告を続けていたともいう〔建、二五六〜二五七〕。彼が京城へいって門下の実業家中村精七郎及び宋秉畯とともに寺内の饗応を受けたのは事実であるが、彼が寺内に朝鮮統治に関する忠告を繰り返していたのかどうかはわからない。寺内は厖大な量の文書を遺し、そこには杉山からの来書四十三通も含まれるが、杉山の朝鮮統治に関する意見が含まれる文書は管見の限り見当らないことを指摘しておく。[445]

杉山に対する旧一進会からの決死状は『建白』で初めて公にされたが、これに関して杉山は、宋秉畯に面会して九項目にわたる反論を「伝言」したのだという。そこで杉山は何を語ったのか。彼は「十三道委員諸士の中条尤千万にて小生は思慮にも不及賛成致申候」と前提しながら、自らの「合邦」運動に対する尽力の結果、朝鮮の施政が併合前に比べて良くなったと述べて、「諸士は小生に死を迫まるならば其以前に何か一言の挨拶をなすべき事を忘却し居られざる哉」「若し人として禮あらば何ぞ一言の挨拶をなして後小生に死を迫まられざるや」と、開き直ってみせる。そして自分が「合邦」運動への援助をしたことは「隠中の隠、秘中の秘事」であるのに、旧一進会員の決死状を容れて自分が死ぬのなら、この秘事が明るみに出ることになり、韓国併合は自分の一進会に対する欺瞞によって成立したことになるが、それは事実を偽ったことになり、事実を偽って死ぬことは志士の死ではない〔建、二六四〜二六九〕のだといったのである。しかし『建白』が名宛人である総理大臣ひとりに届けられたものであるなら、杉山が「隠中の隠、秘中の秘事」といって旧一進会員を牽制したことにも一分の理を認めることもできようが、それを大量に印刷して定価を付けて販売したり、誰でも閲読できる新聞紙上に連載させているのだから、結果的に杉山のいい分には何の説得力もなかろう。杉山が宋秉畯に伝言したとされる内容は、開き直りといい逃れに過ぎなかった。

それに続いて杉山は、朝鮮総督の斎藤実に送ったとされる長文の親展書翰の内容を『建白』に掲げ〔建、二七〇～二七九〕ている。そこには彼の朝鮮統治に関する十ヶ条の提言が含まれているが、その主眼は朝鮮人と日本人の同等待遇を実現させるために、総督府の局長クラスに朝鮮人を任用すべしというものであった。その理由は、「閣下の御命令を執行して強制する主任官は鮮民の出に御座候間鮮民に對する直接なる御責任は根本的に緩和せらるゝ儀」〔建、二七五～二七六〕というものであり、結核の血清療法(446)を例に出して「結核菌の熱を緩和せしむるには結核血清を注入するの必要有之候如く鮮人の熱を治するには鮮人の官吏が最も必要」〔建、二七七〕と説明している。この提案は、民族を分断し優遇した親日派朝鮮人によって朝鮮人一般に権力を振るわせようとする発想であって、典型的な植民地統治手法であった。なお、斎藤実も厖大な文書を遺しているが、杉山の書翰は三通だけで、一通は先に引用した内田良平の朝鮮渡航に際してのもの、他の二通は昭和期のものである。『建白』で引用された書翰が実在したのかどうかは確認できない。

『建白』における朝鮮関係の記述は、斎藤への書翰の引用でほぼ終了する。末尾に「閣下英明の資を以て速かに其根本の御改革に御着手被遊茲に本立道生の実に相就き無辜の蒼生一千八百万が再生の歓びを致し候様の御措置をこそ小生が切に歎願死禱致候」〔建、二八〇〕と付け加えるだけで、それ以上の具体的な建言は何もない。この一章の内容は、杉山の回顧談に終始しており、建白書の名に価するものではない。そしてその回顧談の内容たるや、虚構と矛盾と真偽不明のエピソードの羅列であった。『建白』とは、建白書の名を借りた杉山の自己宣伝の書である。そこに彼の朝鮮問題に対する「懺悔」など、毫末も見出すことはできないのである。

（1）DVD版『後藤新平書翰集』299-10。翻刻は杉山茂丸書翰翻刻会代表佐藤敏彦「〈史料紹介〉後藤新平宛杉山茂丸書翰（一）」に拠った。
（2）『官報』六四九一号附録一頁、明治三十八年二月二十二日。
（3）『官報』五一六九号附録一頁、明治三十三年九月二十二日。
（4）明治三十八年三月三十日付後藤新平宛杉山茂丸書翰、DVD版『後藤新平書翰集』299-11。筆者による翻刻。適宜句読点を加えた。
（5）『東京朝日新聞』明治三十三年六月二十一日。
（6）『東京朝日新聞』明治三十六年九月十七日。
（7）長江銈太郎『東京名古屋　現代人物誌』柳城書院、一九一六年、二一五頁。
（8）鶴見祐輔『後藤新平　第二巻』後藤新平伯伝記編纂会、一九三七年、三一七〜三一八頁。
（9）『東京朝日新聞』明治四十二年一月二十九日。
（10）『第二十五回帝国議会衆議院予算委員会議録（速記）第三回』一三頁。
（11）台湾総督府『台湾事情（第二版）』一九一七年、二四四頁。
（12）『第二十五回帝国議会衆議院予算委員会議録（速記）第三回』一三頁。
（13）同前、一六頁。
（14）『報知新聞』明治四十一年十二月二十日、『新聞集成明治編年史　第十三巻』林泉社、一九四〇年第三版、五二〇頁。
（15）前掲明治三十八年三月三十日付後藤新平宛杉山茂丸書翰。
（16）同前。筆者による翻刻。適宜句読点を加えた。
（17）DVD版『後藤新平書翰集』213-31。筆者による翻刻。適宜句読点を加えた。
（18）前掲『第二十五回帝国議会衆議院予算委員会議録（速記）第三回』一六頁。
（19）『東京日日新聞』明治三十九年六月十二日。前掲『新聞集成明治編年史　第十三巻』一〇五頁。
（20）明治三十八年六月三十日付後藤新平宛杉山茂丸書翰、DVD版『後藤新平書翰集』299-12。筆者による翻刻。
（21）『東京朝日新聞』明治四十一年二月三日。

(22)『東京朝日新聞』明治四十一年二月八日。
(23)DVD版『後藤新平書翰集』470-1。筆者による翻刻。適宜句読点を加えた。
(24)明治四十二年二月一日付の東京朝日新聞記事「阿里山と藤田組」によれば、棲蘭山の森林開発を狙っていたのは三井であるとされている。賀田金三郎が棲蘭山の森林経営に関心を持っていた事実の有無は明らかではない。
(25)前掲鶴見『後藤新平　第二巻』六七三〜六七五頁。
(26)小栗孝三郎『帝国及列国海軍』丸善、一九〇九年、四五一頁。
(27)『東京朝日新聞』明治四十一年十一月二十九日。
(28)鶴見祐輔『後藤新平　第三巻』後藤新平伯伝記編纂会、一九三七年、三一八〜三二一頁。
(29)『第二十五回帝国議会衆議院予算委員第二分科会議録（速記）第五回』五八〜六二頁。
(30)『東京朝日新聞』明治四十一年十一月二十九日。
(31)『第二十五回帝国議会衆議院予算委員会議録（速記）第三回』一三〜二七頁。
(32)『第二十五回帝国議会衆議院予算委員第二分科会議録（速記）第五回』六四〜七三頁。
(33)『東京朝日新聞』明治四十二年二月十三日。
(34)『第二十六回帝国議会衆議院予算委員第二分科会議録（速記）第四回』五七頁。
(35)『第二十六回帝国議会衆議院予算委員第二分科会議録（速記）第四回』五九頁。
(36)『東京朝日新聞』明治四十三年二月五日。
(37)『東京朝日新聞』明治四十二年二月一日。
(38)『第二十六回帝国議会衆議院予算委員第二分科会議録（速記）第四回』五九頁。
(39)『第二十六回帝国議会衆議院予算委員第二分科会議録（速記）第六回』八八頁。
(40)前掲「浪人組の旗頭　杉山茂丸の正体」七頁。
(41)『東京朝日新聞』明治四十五年五月二十四日。
(42)『東京朝日新聞』明治四十五年五月三十日。
(43)中野耕堂『七擒八縱』東亜堂書房、一九一三年、八〇〜八二頁。

(44)『日布時事』大正二年二月十五日。
(45)『読売新聞』明治四十年九月十七日。
(46)明治（四十四）年十二月六日付後藤新平宛桂太郎書翰、前掲『桂太郎発書翰集』二一五〜六頁。
(47)山本四郎編『寺内正毅日記』京都女子大学、一九八〇年、明治四十五年五月三十日条。
(48)堀田璋左右『神野金之助重行』神野金之助翁伝記編纂会、一九四〇年、二六五頁。
(49)前掲『寺内正毅日記』明治四十五年六月十日条。
(50)前掲『神野金之助重行』二六五頁。
(51)同前、二六六頁。
(52)大正十二年九月十三日付後藤新平宛杉山茂丸書翰封筒、ＤＶＤ版『後藤新平書翰集』299-43。
(53)前掲大正十二年九月十三日付後藤新平宛杉山茂丸書翰。筆者による翻刻。適宜句読点を加えた。
(54)大正（十二）年十月七日付後藤新平宛杉山茂丸書翰、ＤＶＤ版『後藤新平書翰集』299-63。
(55)大正十二年十月十五日付後藤新平宛杉山茂丸書翰、ＤＶＤ版『後藤新平書翰集』299-46。
(56)大正十二年十月二十二日付後藤新平宛杉山茂丸書翰、ＤＶＤ版『後藤新平書翰集』299-45。
(57)『後藤新平――大震災と帝都復興』越澤明、ちくま新書、二〇一一。二二二〜二二四頁。
(58)ＤＶＤ版『後藤新平書翰集』299-47。筆者による翻刻。適宜句読点を加えた。
(59)「杉山茂丸提出ノ東京湾築港延払契約ニ関スル件」国立公文書館、纂01679100-021。筆者による翻刻。適宜句読点を加えた。
なお、国立公文書館の文書名は「茂」の字が「虎」と誤表記されている。
(60)杉山の署名押印と契約相手方クライの署名がある契約書は福岡県立図書館杉山文庫「杉山茂丸関係資料№75」に現存し、これが契約書の原本と考えられる。
(61)ウォルター・デリングハム。ハワイの実業家で土木浚渫会社などを経営していた人物である。馬場宏恵「杉山茂丸の外資導入と築港構想」法政大学人文科学研究科修士論文、二〇一二年（未発表）、四〇頁を参照。
(62)杉山が民事上の契約を官公庁との交渉の手段としていたことについては、本章第三節にも例をみることができる。
(63)権藤猛『西日本新聞百年史』西日本新聞社、一九七八年、七九頁。

(64) 同前、八一頁。安場知事の民党圧迫政策によって福陵新報のライバル紙などは業績に大きな打撃を受け、反面福陵新報は躍進したとされる。
(65) 明治三十年九月二十二日付森本武八宛杉山茂丸書翰。前掲浜田ほか「成蹊大学図書館所蔵杉山茂丸関係書簡　翻刻と考察」二九頁。
(66)『逓信省第十二年報』逓信大臣官房、一八九九年、四二〇頁。
(67) 永谷健『富豪の時代　実業エリートと近代日本』新曜社、二〇〇七年、五六頁。
(68) 田畑暁生『メディア・シンドロームと夢野久作の世界』NTT出版、二〇〇五年、一七〜六三頁。
(69)『日本紳士録　第九版』交詢社、一九〇三年、二七八—二七九頁間の三興社広告を参照。
(70) 相馬基編『東日七十年史』東京日日新聞社、一九四一年、一三四〜一三七頁。
(71) DVD版『後藤新平書翰集』299-14。筆者による翻刻。適宜句読点を加えた。同書翰集の目録等では本書翰の発翰年を明治三十八（一九〇五）年としているが、内容から三十七（一九〇四）年のものであることに疑いはない。引用文中、「会長」は朝比奈知泉、「大黒」は桂太郎を指す。
(72) 前掲『日本近代文学館資料叢書［第Ⅰ期］文学者の日記3　池辺三山(3)』明治三十六年七月三日条、同年十二月二十一日条。
(73) 高野孤鹿編『西日本新聞社史』西日本新聞社、一九五一年、三三九頁。
(74) 通信社史刊行会編『通信社史』通信社史刊行会、一九五八年、二一〜二三頁。
(75) 無署名「通信社の内情」『無名通信』一（一九）、一九〇九年、二五頁。
(76) 白雲流水楼主人「『サンデー』の資本主たる後藤男に与ふる書」『サンデー』八七号、一九一〇年、七頁。
(77) 李相哲『満洲における日本人経営新聞の歴史』凱風社、二〇〇〇年、八六〜八八頁。宮武外骨・西田長寿『明治新聞雑誌関係者略伝』みすず書房、一九八五年、二七二頁。
(78) 前掲『西日本新聞百年史』二一七頁。
(79) 倉辻白蛇「一百号を自祝す」『サンデー』一〇〇、一九一〇年、一六頁。
(80)「社告」『サンデー』一九、一九〇九年、一六頁。
(81)「社告」『サンデー』七八、一九一〇年、一五頁。

(82) 明治四十三年五月二十八日付杉山茂丸発後藤新平宛書翰、DVD版『後藤新平書翰集』299-20。筆者による翻刻。適宜句読点を加えた。
(83) 「社告」『サンデー』一一八、一九一一年、四頁。
(84) 「社告」『サンデー』一八〇、一九一二年、一頁。
(85) 「謹で江湖に告白す」『サンデー』二二二、一九一三年、二頁。
(86) 連載時の題は「其日庵訓話　青年処世訓」である。
(87) 三島由紀夫「仮面の告白」『現代文学大系58　三島由紀夫集』筑摩書房、一九六三年、六頁。
(88) 『官報』七四四八号、明治四十一年六月十三日。
(89) 樺太庁編『樺太要覧　大正十五年』樺太庁、一九二六年、一〇～一三頁。
(90) 樺太庁官制第二条。
(91) 『官報』七四四六号、明治四十一年四月二十五日。
(92) 野村胡堂「蘇りたる平岡定太郎氏」『実業之日本』二〇（一九）、一九一七年、五四頁。
(93) 千葉功『桂太郎　外に帝国主義、内に立憲主義』中公新書、二〇一二年、一四三～一四七頁。
(94) DVD版『後藤新平書翰集』299-65。筆者による翻刻。適宜句読点を加えた。
(95) 『第二十六回帝国議会衆議院予算委員第二分科会議録（速記）第一回』一五～一六頁。
(96) 千葉功編『桂太郎関係文書』東京大学出版会、二〇一〇年。三〇七頁。
(97) DVD版『後藤新平書翰集』299-20。筆者による翻刻。適宜句読点を加えた。
(98) 『サンデー』一五二、一九一一年、一七頁。
(99) 『東京朝日新聞』大正五年二月二日。
(100) 夏目漱石「序」高原操『極北日本』政教社、一九一二年、四～五頁。
(101) 前掲野村「蘇りたる平岡定太郎氏」五三頁。
(102) 立命館百年史編纂委員会編『立命館百年史　通史一』学校法人立命館、一九九九年、四六～四八頁。
(103) 同前、四九頁。

(104)大正二年五月十九日付原敬宛中川小十郎書翰。原敬文書研究会編『原敬関係文書　第二巻　書翰篇二』日本放送出版協会、一九八四年、三四八〜三五〇ページ。
(105)吉野鉄拳禅『時勢と人物』大日本雄辯会、一九一五年、一八〇〜一八一頁。
(106)『東京朝日新聞』大正三年六月六日。
(107)花井卓蔵『訟廷論叢　松島事件及樺太事件を論ず』春秋社、一九三〇年、三一九〜三二〇頁。
(108)同前、三六〇頁。
(109)同前、三八七〜三九二頁。
(110)同前、三九〇〜三九一頁。
(111)『東京朝日新聞』大正四年八月四日。
(112)『東京朝日新聞』大正五年二月二日。
(113)『東京朝日新聞』大正九年一〇月七日。
(114)『東京朝日新聞』大正九年一〇月二〇日。
(115)『東京朝日新聞』大正九年一二月一九日。
(116)『東京朝日新聞』大正十年一月二十七日。
(117)『東京朝日新聞』昭和九年五月九日。
(118)前掲花井『訟廷論叢　松島事件及樺太事件を論ず』三九一頁。
(119)本節は、夢野久作と杉山3代研究会会報『民ヲ親ニス』五号、二〇一七年に発表した拙稿「南潯鉄道借款利子不払い事件と杉山茂丸」に若干の修正を加えて再録したものである。
(120)孫本祥『中国鉄路站名詞典』中国鉄道出版社、二〇〇三年、九八、一〇八〜一一一頁。
(121)明治三十七年十二月二十九日付在清臨時代理公使松井慶四郎発外務大臣宛機密第百三十六号「江西全省鉄道敷設ニ関スル商部上奏写送付ノ件」、JACAR；Ref.B10074673000。
(122)「江西全省鉄道布設規則」、JACAR 同前。
(123)東亜同文会調査編纂部『支那開港場誌　第二巻揚子江流域』東亜同文会調査編纂部、一九二四年、七二一頁。

(124) 前掲『支那開港場誌　第二巻揚子江流域』七二三～七二四頁。
(125) 南潯鉄道の建設事業体の名称は、史料によって「江西鉄路公司」「江西鉄道公司」「江西南潯鉄路公司」などさまざまに表記されているが、本稿で「鉄路公司」と表記するのは、史料の表記如何にかかわらず、当該事業体の意である。
(126) 「江西全省鉄路開弁簡明章程」、JACAR 同前。
(127) 堀川哲男「辛亥革命前の利権回収運動」『東洋史研究』二十一（二）、一九六二年、一二二～一三五頁。
(128) 久保田裕次「華中・華南の鉄道利権と「勢力圏」外交――第一次世界大戦期を中心に――」『日本歴史』七九四、二〇一四年、四〇頁。
(129) 前掲臨時代理公使松井慶四郎発外務大臣宛機密第百三十六号。
(130) 明治三十八年四月十七日付在漢口領事永瀧久吉発外務大臣宛送第八十一号「江西鉄道敷設近況」、JACAR 同前。
(131) 永瀧久吉『回顧七十年』私家版、一九三五年、一五九頁。
(132) 明治四十二年二月一日付日本興業銀行総裁発大蔵大臣及び外務大臣宛秘第八十四号「稟請書」、JACAR；Ref. B10074673800。
(133) 明治三十九年十月六日付外務大臣発在上海永瀧総領事宛電信第五十九号、JACAR；Ref.B10074673000。
(134) 明治三十九年十一月二十四日付外務大臣発在上海永瀧総領事宛電信第六十五号、JACAR 同前。
(135) 明治三十九年十一月二十七日付外務大臣発在上海永瀧総領事宛機密送第四十九号添付文書「上海来状抜書十月二日書江西鉄道起債ノ件」、JACAR 同前。
(136) 明治三十九年十一月二十六日付在上海永瀧総領事発外務大臣宛電信第九十四号、JACAR 同前。
(137) 明治四十年一月九日付在漢口水野領事発外務大臣宛電信第二号、JACAR 同前。
(138) 明治四十年一月十日付外務大臣発在漢口水野領事宛電信第二号、JACAR 同前。
(139) 明治四十年一月十日付外務大臣発在上海永瀧総領事宛電信第一号、JACAR 同前。
(140) 明治四十年一月十一日付在上海永瀧総領事発外務大臣宛電信第四号、JACAR 同前。
(141) 明治四十年一月十四日付在上海永瀧総領事発外務大臣宛電信第五号、JACAR 同前。
(142) 明治四十年一月十八日付外務大臣発在上海永瀧総領事宛電信第六号、JACAR 同前。

(143)『東京朝日新聞』明治三十九年六月二十九日。
(144)呉端伯という名は、『俗戦国策』一一七頁に登場する。それは明治二十二(一八八九)年十月ごろ、西郷従道が杉山に対して明治天皇の叡旨を漏らし伝え、「支那朝鮮の事」を「一層注意して貰ひたい」と依頼する場面で、その際西郷が「五田は(清人呉端伯の事)此頃手紙ばヤイませんか」と発言したとされている。あたかも呉端伯が日本政府高官にも知られた密偵か何かのように扱われているが、本節で明らかなように呉はただの商人である。おそらく杉山は、この物語を創るに際して、清国内に秘密ネットワークを持つ国士としての自己像を提示するため、知っている清国人の名を挙げておいたのであろう。
(145)明治四十一年十月一日付小村外務大臣宛加藤浩書翰、JACAR;Ref.B10074673700。
(146)「江西鉄路公司借款ニ関シ日本興業銀行ト大成工商会社間契約」、JACAR;Ref.A03023074900。
(147)明治四十年一月二十四日付在上海永瀧総領事発外務大臣宛機密第四号「江西鉄道借款ニ関スル件続報」、JACAR;Ref.B10074673100。
(148)同前。
(149)明治四十年一月二十二日付在上海永瀧総領事発外務大臣宛電信第十一号、JACAR;Ref.B10074673000。
(150)明治四十年一月二十三日付在上海永瀧総領事発外務大臣宛電信第十二号、JACAR同前。
(151)明治四十年一月二十三日付外務大臣発在上海永瀧総領事宛電信第八号、JACAR同前。
(152)明治四十年二月七日付在上海永瀧総領事発外務大臣宛電信第二十八号、JACAR;Ref.B10074673100。
(153)明治四十年一月三十日付外務大臣発在上海永瀧総領事宛電信第十二号、JACAR;Ref.B10074673000。
(154)明治四十年一月三十一日付外務大臣発在上海永瀧総領事宛電信第十三号。JACAR;Ref.B10074673100。
(155)明治四十年一月三十日付在上海永瀧総領事発外務大臣宛電信第十七号、JACAR;Ref.B10074673000。
(156)明治四十年二月七日付在上海永瀧総領事発外務大臣宛電信第十九号、JACAR;Ref.B10074673100。
(157)明治四十年二月二十八日付在上海永瀧総領事発外務大臣宛機密第十九号「江西鉄道借款ニ関スル件続報附同鉄道技師ニ本邦人傭入之件」、JACAR同前。
(158)明治四十年三月十一日付在上海永瀧総領事発外務大臣宛電信第三十八号、JACAR同前。

(159)明治四十年三月二十一日付外務大臣発大蔵大臣宛機密送第十二号「江西鉄道借款ニ関スル件」、JACAR同前。
(160)明治四十年三月二十一日付日本興業銀行総裁発大蔵大臣宛秘第四十六号、JACAR；Ref.B10074673200。
(161)明治四十年三月二十六日大蔵省理財局長「江西鉄道借款之件」、JACAR；Ref.A03023074900。
(162)明治四十年三月三十日付在上海永瀧総領事発外務大臣宛電信第四十七号、JACAR；Ref.B10074673200。
(163)明治四十年一月二十四日付在上海永瀧総領事発外務大臣宛機密第四号「江西鉄道借款ニ関スル件続報」、JACAR；Ref.B10074673100。
(164)明治四十年五月三十一日付在上海永瀧総領事発外務大臣宛機密第三十四号「江西鉄路公司対中外日報事件ニ関スル報告」、JACAR；Ref.B10074673200。
(165)明治四十年六月二十六日付上海永瀧総領事発外務大臣宛機密第三十七号「江西鉄路公司対中外日報事件ニ関スル続報」、JACAR同前。
(166)明治四十三年四月九日付倉知外務省政務局長宛岡崎平三郎書翰、JACAR；Ref.B10074674900。
(167)明治四十年七月十六日付在漢口水野領事発外務大臣宛電信第八十一号、JACAR；Ref.B10074673300。
(168)明治四十年九月三十日付阿部代理公使発外務大臣宛電信第三百五十七号、JACAR同前。
(169)明治四十年十月二十九日付在上海永瀧総領事発外務大臣宛機密第四十四号「江西鉄道協理選任之件」、JACAR同前。
(170)『官報号外』明治四十一年一月二十四日。
(171)『中央新聞』明治四十一年一月二十六日。
(172)王嵐・船寄俊雄「清末における商業系留日学生の派遣政策と派遣実態に関する研究」『神戸大学発達科学部研究紀要』九（二）、二〇〇二年、一〇一頁。
(173)『東京朝日新聞』明治四十一年二月十三日。
(174)明治四十一年二月十五日付在上海永瀧総領事発外務大臣宛機密第十号「江西鉄道ニ関シ竹越代議士演説並ニ中央新聞記事ノ影響報告ノ件」、JACAR同前。
(175)明治四十一年二月十二日付在上海永瀧総領事発外務大臣宛電信第十六号、JACAR同前。
(176)『東京朝日新聞』明治四十一年二月十五日。

(177) 前掲在上海永瀧総領事発外務大臣宛機密第十号。
(178) 明治四十一年二月十一日付在上海永瀧総領事発外務大臣宛機密第七号「江西鉄道借款ニ関スル件」、JACAR 同前。
(179)「江西鉄道会社ノ経済状況」、JACAR；Ref.B10074673600。
(180) 明治四十一年三月五日付在上海永瀧総領事発外務大臣宛電信第二十一号、JACAR；Ref.B10074673300。
(181) 明治四十一年四月九日付在漢口高橋領事発外務大臣宛機密第十四号「江西鉄道ノ近情報告」、JACAR 同前。
(182) 明治四十一年四月七日付在上海永瀧総領事発外務大臣宛機密第十九号「江西鉄道借款問題ニ関スル件」、JACAR 同前。
(183) 明治四十一年五月二十日付在上海永瀧総領事発外務大臣宛機密第二十五号「江西鉄道工事請負ニ関スル件報告」、JACAR；Ref.B10074673600。
(184) 明治四十一年六月八日付在上海永瀧総領事発外務大臣宛機密第二十九号「江西鉄道借款ニ関スル件答申」、JACAR 同前。
(185)「江西鉄路公司借款ニ関シ日本興業銀行ト大成工商会社間契約」、JACAR；Ref.A03023074900。
(186) 明治四十一年八月一日付日本興業銀行総裁発外務大臣宛秘第五十三号、JACAR；Ref.B10074673600。
(187) 明治四十一年八月三日付在上海永瀧総領事発外務大臣宛電信第六十四号、JACAR 同前。
(188) 明治四十一年八月二十九日付日本興業銀行総裁発外務大臣宛秘第六十号添付文書（明治四十一年八月十八日付横浜正金銀行上海支店発日本興業銀行宛）、JACAR 同前。
(189) 明治四十一年八月十一日付在上海永瀧総領事発外務大臣宛電信第六十七号、JACAR 同前。
(190) 明治四十一年八月二十八日付在上海永瀧総領事発外務大臣宛電信第七十三号、JACAR 同前。
(191) 明治四十一年八月八日付大蔵大臣発外務大臣宛官房秘第六〇九号、JACAR 同前。
(192) 明治四十一年八月十二日付大蔵大臣発外務大臣宛官房秘第六三二号、JACAR 同前。
(193)（明治四十一年）八月二十九日付倉知政務局宛添田書翰。JACAR 同前。
(194)（明治四十一年）八月三十一日付芳沢書記官宛長島書記官書翰添付文書「永瀧総領事電報第七十三号返電案」、JACAR 同前。
(195) 明治四十一年八月三十一日付外務大臣発在上海永瀧総領事宛電信第六十二号、JACAR 同前。
(196) 明治四十一年六月八日付在上海永瀧総領事発外務大臣宛機密第二十九号「江西鉄道借款ニ関スル件答申」、JACAR 同前。
(197) 明治四十一年六月二日付在上海永瀧総領事発外務大臣宛電信第四十八号、JACAR 同前。

(198) 明治四十一年六月四日付外務大臣発在上海永瀧総領事宛電信第三十八号、JACAR 同前。
(199) 前掲在上海永瀧総領事発外務大臣宛機密第二十九号。
(200) 明治四十一年七月二十一日付外務大臣発在上海永瀧総領事宛電信第五十五号、JACAR 同前。明治四十一年十月一日付小村外務大臣宛加藤浩書翰、JACAR；Ref.B10074673700。
(201) 明治四十一年八月十一日付倉知政務局長宛杉山茂丸書翰、筆者による翻刻。JACAR；Ref.B10074673600。
(202) 前掲『寺内正毅日記』明治四十一年八月十五日条。
(203) 明治四十一年八月二十一日付倉知政務局長宛加藤浩書翰、JACAR 同前。
(204) 明治四十一年十一月十一日付永瀧総領事宛岡崎平三郎書翰。JACAR；Ref.B10074673700。
(205)「江西鉄道借款善後策」、JACAR；Ref.B10074673600。
(206)「極秘　倉知私案」、JACAR；Ref.B10074673700。
(207) 明治四十一年九月三日付大蔵大臣発外務大臣宛官房秘乙第七百九十一号、JACAR 同前。
(208) 明治四十一年九月十一日付外務大臣発在上海永瀧総領事宛機密送第二十三号「江西鉄道借款元利受領方法ニ関スル件」、JACAR 同前。
(209) 明治四十一年九月二十八日付在上海永瀧総領事発外務大臣宛機密第三十九号「江西鉄道借款元利受領方法並ニ上半季利子ニ関スル件」、JACAR 同前。
(210) 明治四十一年十月一日付小村外務大臣宛加藤浩書翰、JACAR 同前。
(211) 明治四十一年十月十二日付小村外務大臣宛岡崎平三郎書翰及び添付文書「江西鉄路経営私案」、JACAR 同前。
(212) 明治四十一年十月十六日付在漢口高橋領事発外務大臣宛機密第三十三号「江西鉄道今後ノ方針ニ関シ卑見」、JACAR 同前。
(213) 明治四十一年十一月二日付在上海永瀧総領事発外務大臣宛電信第八十八号、JACAR 同前。
(214) 明治四十一年十一月十二日付在上海永瀧総領事発外務大臣宛機密第四十七号「呉端伯本邦ニ向ケ出発並ニ江西鉄道工事近況ニ関スル件」、JACAR 同前。
(215)「華大勧業　大成工商契約書」、JACAR；Ref.B10074673700。
(216)「華大勧業　大成工商契約書」、JACAR 同前。

(217)大山恵佐『努力と信念の世界人　星一評伝』大空社、一九九七年、一一八～一二三頁。
(218)倉辻白蛇「怪人の怪文を読む」『其日庵叢書第一編』所収、博文館、一九一一年、附録一頁。
(219)高須芳次郎『小池國三伝』私家版、一九二九年、二六一頁。
(220)明治四十一年十二月十四日付在上海永瀧総領事発外務大臣宛機密第五十三号「江西鉄道借款関係者呉端伯ノ義ニ付稟申」、JACAR；Ref.B10074673800。
(221)「明治四十一年十二月十六日上海支店来翰写」、JACAR同前。
(222)明治四十二年一月十三日付在上海永瀧総領事発外務大臣宛電信第三号、JACAR同前。
(223)明治四十二年一月十六日付大蔵大臣発外務大臣宛官房秘乙第五十八号、JACAR同前。
(224)明治四十二年一月十六日付大蔵次官発日本興業銀行総裁宛官房秘乙第五十九号、JACAR同前。
(225)明治四十二年一月二十一日付在上海永瀧総領事発外務大臣宛電信第五号、JACAR同前。
(226)明治四十二年一月二十一日付外務大臣発在上海永瀧総領事宛機密送第三号「江西鉄道借款関係者ニ関スル件」、JACAR同前。
(227)明治四十二年一月二十三日付在上海永瀧総領事発外務大臣宛機密第二号「江西鉄道借款利子払込方ニ関スル件」、JACAR同前。
(228)明治四十二年二月一日付日本興業銀行総裁発大蔵大臣外務大臣宛秘第八十四号「稟請書」、JACAR同前。
(229)明治四十二年二月二三日付在上海永瀧総領事発外務大臣宛機密号外「江西鉄道借款ノ件ニ付卑見開陳」、JACAR；Ref.B10074673900。
(230)「江西鉄道借款ニ関スル善後案」（三月三日永瀧総領事提出）、JACAR同前。
(231)「大蔵省ヘノ交渉基礎案」、JACAR同前。
(232)明治四十二年二月十九日付在上海武者小路事務代理発外務大臣宛電信第十号、JACAR；Ref.B10074673800。
(233)明治四十二年三月一日付日本興業銀行総裁宛呉端伯書翰（邦訳文）、JACAR；Ref.B10074673900。
(234)明治四十二年四月十九日付在上海永瀧総領事発外務大臣宛電信第十八号、JACAR同前。
(235)明治四十二年四月二十二日付在上海永瀧総領事発外務大臣宛電信第十九号、JACAR同前。
(236)明治四十二年四月二十二日付倉知鉄吉宛永瀧久吉書翰、JACAR同前。

(237) 明治四十二年四月二十日付在上海永瀧総領事発外務大臣宛機密第十六号「江西鉄道工事及材料請負ニ関シ呉端伯等ノ運動ニ関スル件報告」、JACAR 同前。
(238) (推定) 加藤浩メモ。JACAR；Ref.B10074673900。このメモは作者不明であるが、明治四十二年六月十三日付倉知鉄吉宛加藤浩書翰と同一の罫紙が使われており筆跡も同一と判断できることから、加藤浩が作成したメモであろうと推定した。
(239) 同前。
(240) 明治四十二年五月八日付在上海永瀧総領事発外務大臣宛電信第二十号、JACAR 同前。
(241) 明治四十二年五月十一日付外務大臣発在上海永瀧総領事宛電信第十六号、JACAR 同前。
(242) 前掲（推定）加藤浩メモ。
(243) 明治四十二年五月十二日付在上海永瀧総領事発外務大臣宛電信第二十一号、JACAR 同前。
(244) 明治四十二年六月五日付在上海永瀧総領事発倉知政務局長宛機密第二十六号「江西鉄道借款ノ善後処理ニ関スル件」別添加藤浩宛成富公三郎書翰写、JACAR；Ref.B10074674200。
(245) 明治四十二年五月二十八日付杉山茂丸宛倉知鉄吉書翰、JACAR；Ref.B10074673900。
(246) 明治四十二年五月二十九日付倉知政務局長宛杉山茂丸書翰、JACAR 同前。
(247) 明治四十二年六月一日付杉山茂丸宛倉知鉄吉書翰、JACAR；Ref.B10074674200。
(248) 明治四十二年五月二十八日付外務大臣発在上海永瀧総領事宛機密送第二十六号「江西鉄道借款善後処理ニ関スル件」本文及び別表、JACAR；Ref.B10074673900。
(249) 前掲外務大臣発永瀧総領事宛機密送第二十六号本文。
(250) 同前。
(251) 明治四十二年六月五日付在上海永瀧総領事発倉知政務局長宛機密第二十六号「江西鉄道借款ノ善後処理ニ関スル件」、JACAR；Ref.B10074674200。
(252)「明治四二年六月四日上海」（加藤浩作成呉端伯書状邦訳文）、JACAR 同前。
(253)「明治四二年六月十五日上海出状」（加藤浩作成呉端伯書状邦訳文等）、JACAR 同前。
(254)「明治四二年六月十日朝」（杉山茂丸宛加藤浩書翰）、JACAR 同前。

(255)「明治四二年六月二〇日」(杉山茂丸宛加藤浩書翰)、JACAR 同前。
(256)明治四十二年六月二十二日付倉知政務局長宛杉山茂丸書翰、JACAR 同前。
(257)「上海明治四十二年六月廿七日　七月七日着信」(加藤浩作成呉端伯来状邦訳文)、JACAR 同前。
(258)明治四十二年七月十日付在上海永瀧総領事発外務大臣宛電信第三十一号、JACAR 同前。
(259)明治四十二年七月十五日付外務大臣発在上海永瀧総領事宛電信第二十七号、JACAR 同前。
(260)明治四十二年七月二十一日付在上海永瀧総領事発外務大臣宛機密第三十三号「江西鉄道借款善後処理ニ関スル件続報」、JACAR 同前。
(261)「上海来電訳文」(加藤浩作成文書)、JACAR 同前。
(262)明治四十二年七月二十日付成富公三郎宛加藤浩書翰、JACAR 同前。
(263)(推定)加藤浩メモ。JACAR；Ref.B10074673900。
(264)明治四十二年七月二十八日付外務大臣発在上海永瀧総領事宛電信第二十九号、JACAR；Ref.B10074674200。
(265)(推定)加藤浩メモ、JACAR；Ref.B10074673900。
(266)「節略ヲ具スル商人呉宝仁」JACAR；Ref.B10074674200。
(267)明治四十二年八月五日付在上海永瀧総領事発外務大臣宛電信第三十八号、JACAR 同前。
(268)明治四十二年八月七日付外務大臣発在上海永瀧総領事宛電信第三十七号、JACAR 同前。
(269)明治四十二年八月十七日付在上海永瀧総領事発外務大臣宛機密第四十号「江西鉄道借款利子払込ニ関スル件」、JACAR 同前。
(270)明治四十二年八月十六日付在上海永瀧総領事発外務大臣宛電信第四十三号、JACAR 同前。
(271)同前。
(272)明治四十二年八月十七日付外務大臣発在上海永瀧総領事宛電信第三十九号、JACAR 同前。
(273)前掲永瀧『回顧七十年』一七二～一七三頁。
(274)同前。
(275)明治四十二年九月七日付在漢口高橋領事発外務大臣宛電信第五十九号、明治四十二年十月二十五日付在上海松岡総領事代理発外務大臣宛電信第五十九号、JACAR 同前。

(276)「東亜興業株式会社定款」、JACAR；Ref. B04011207600。
(277) 河田生「東亜興業会社の成立に就て」『日本経済新誌』五（九）、一九〇九年、一一頁。
(278) 明治四十二年十一月二十一日付在漢口渡辺総領事代理発外務大臣宛機密第四十一号「江西鉄道ニ関スル件」、JACAR；Ref.B10074674300。
(279) 明治四十二年十月二十三日付在上海松岡総領事代理発外務大臣宛公信第四百二十号「江西鉄道株主総会ニ付報告ノ件」、明治四十二年十月二十九日付在上海松岡総領事代理発外務大臣宛機密第五十四号「江西鉄道紛擾ノ真状」、JACAR 同前。
(280) 明治四十二年十一月二十二日付在上海松岡総領事発外務大臣宛機密第七十三号「江西鉄路借款善後案ニ関スル件」、明治四十二年十一月三十日付在漢口渡辺総領事代理発外務大臣宛機密第四十四号「江西鉄道善後策ニ関スル高木陸郎行動ニ付請訓ノ件」別紙「甲号電文」「乙号電文」、JACAR 同前。
(281) 前掲渡辺総領事代理発外務大臣宛機密第四十四号本文及び別紙「甲案」～「乙案」。
(282) 明治四十二年十二月七日付在漢口渡辺総領事代理発外務大臣宛電信第六十九号、JACAR 同前。
(283) 明治四十二年十一月二十二日付在上海松岡総領事発外務大臣宛機密送第七十二号「江西鉄道借款問題ニ関スル件」、JACAR 同前。
(284) 明治四十二年十二月六日付在上海松岡総領事発外務大臣宛機密第八十五号「江西鉄道借款善後策ノ件」、JACAR 同前。
(285) 明治四十二年十二月十五日付在上海有吉総領事発外務大臣宛電信第七十八号、JACAR 同前。
(286) 明治四十二年十二月二十日付在上海有吉総領事発外務大臣宛電信第八十二号、JACAR；Ref.B10074674400。
(287) 明治四十二年十二月二十五日付大蔵大臣発外務大臣宛官房秘第四百四号、JACAR 同前。
(288) 明治四十二年十二月二十八日付外務大臣発在上海有吉総領事宛電信第七十六号、JACAR 同前。
(289) 明治四十二年十二月二十八日付外務大臣発在上海有吉総領事宛電信第七十五号、JACAR 同前。
(290) 明治四十三年一月七日付在上海有吉総領事発外務大臣宛電信第一号、JACAR 同前。
(291)「一月七日杉山氏ニ面議ノ末同氏ノ提出セル意見」、JACAR 同前。
(292) 明治四十三年一月十九日付日本興業銀行総裁発大蔵大臣、外務大臣宛秘第百五十号写、JACAR 同前。
(293)「写　明治四十三年一月二十二日　勝田理財局長」、JACAR 同前。

（294）明治四十三年一月二十五日付佐分利参事官宛田書記官書翰添付文書、JACAR 同前。
（295）明治四十三年四月八日付倉知局長発大蔵省勝田理財局長宛文書、JACAR；Ref.B10074674800。
（296）明治四十三年一月十九日付在上海有吉総領事発外務大臣宛電信第五号、JACAR；Ref.B10074674400。
（297）明治四十三年二月十四日付在上海有吉総領事発外務大臣宛機密第十五号「江西借款利子受取ニ関スル件」、JACAR；Ref. B10074674500。
（298）明治四十三年三月二十五日付倉知政務局長宛後藤猛太郎書翰、JACAR；Ref.B10074674800。
（299）明治四十三年二月五日付外務大臣発在上海有吉総領事宛電信第七号、JACAR；Ref. B10074674500。
（300）明治四十三年四月八日付倉知局長発大蔵省勝田理財局長宛文書、JACAR；Ref.B10074674800。
（301）明治四十三年四月十四日付在上海有吉総領事発外務大臣宛機密第二十六号「江西鉄道借款ニ関スル件」、JACAR；Ref. B10074674900。
（302）明治四十三年五月十八日付倉知政務局長宛後藤猛太郎書翰、JACAR 同前。
（303）尚友倶楽部・広瀬順晧編『田健治郎日記１』芙蓉書房出版、二〇〇八年、明治四十二年三月十六日条。
（304）「江西鉄道借款案」、JACAR；Ref.B10074675600。
（305）明治四十四年八月二日付大蔵省勝田理財局長宛倉知政務局長書翰案、JACAR 同前。
（306）明治四十四年二月三日付在上海有吉総領事発外務大臣宛電信第六号、JACAR；Ref.B10074675500。
（307）明治四十四年七月二十一日付在上海浮田総領事代理発外務大臣宛電信第五十三号、JACAR；Ref.B10074675600。
（308）「江西鉄道借款仮整理案」、JACAR；Ref.B10074676700。
（309）「江西南潯鉄道現況」、JACAR；Ref.B10074675700。
（310）以下、この段落の記述については、個別に補註を加えた部分を除き、村上勝彦「長江流域における日本利権―南潯鉄路借款をめぐる政治経済史」『近代日本と中国―日中関係史論集』、汲古書院、一九八九年、一三六～一四九頁及び川島真『近代国家への模索１８９４～１９２５』岩波新書、二〇一〇年、一二八～一四〇頁を参照。
（311）明治四十五年二月十五日付在上海有吉総領事発外務大臣宛電信第八十六号、JACAR；Ref.B10074675800。
（312）明治四十四年十二月十一日付在上海有吉総領事発外務大臣宛機密第百八号「呉端伯ニ貸付金詮議方稟請ニ関スル件」、

JACAR 同前。

(313) 明治四十四年十月八日付在上海有吉総領事発外務大臣宛機密第七十七号「江西鉄道借款並ニ呉端伯ニ関スル件」、JACAR；Ref.B10074675700。

(314) 「江西鉄道借款仮整理案」、JACAR；Ref.B10074676700。

(315) 大正元年十月二十一日付東亜興業株式会社古市公威発外務省阿部政務局長宛文書、JACAR；Ref.B10074676800。

(316) 大正元年十二月九日付東亜興業株式会社発外務省阿部政務局長宛文書、JACAR 同前。

(317) 大正元年十二月十四日付東亜興業株式会社古市公威発外務省阿部政務局長宛文書別添（一）十二月十二日上海発江崎、河野来電、JACAR 同前。

(318) 大正二年一月十三日付上海門野、白岩宛河野久太郎書翰、JACAR 同前。

(319) 大正二年一月二十一日付在上海有吉総領事発外務大臣宛電信第八号、JACAR；Ref.B10074676900。

(320) 大正二年一月二十九日付在上海有吉総領事発外務大臣宛電信第十三号、JACAR 同前。

(321) 大正二年一月十三日付上海門野、白岩宛河野久太郎書翰、JACAR；Ref.B10074676800。

(322) 大正二年二月三日付在上海有吉総領事発外務大臣宛機密第十三号「江西借款受渡シ結了之件」、JACAR；Ref.B10074676900。

(323) （推定）加藤浩メモ、JACAR；Ref.B10074673900。

(324) 前掲夢野『近世快人伝』四九頁。

(325) 明治四十四年五月一日付東亜興業株式会社発倉知政務局長宛文書、JACAR；Ref.B10074675600。

(326) 「江西鉄道借款案」、JACAR 同前。

(327) 瀧井一博編『伊藤博文演説集』講談社学術文庫、二〇一一年、三八二～六頁。

(328) 前掲伊藤『伊藤博文　近代日本を創った男』五四六頁。

(329) 葛生能久『日韓合邦秘史　上巻』黒龍会出版部、一九三〇年、三七〇頁。

(330) 同前、九八～九九頁。

(331) 同前、五五一～五五二頁。

(332) 同前、五七三～四頁。
(333) 無署名「杉山茂丸八百の丼に狼狽す」『実業之日本』一〇(四)、一九〇七年、六六頁。
(334) 外務省編『日本外交文書　第三十六巻第一冊』日本国際連合協会、一九五七年、二頁。
(335) 金玉均は明治十七(一八八四)年十二月十三日に長崎に到着している。宋秉畯の来日は明治十八(一八八五)年の八月であり、それは金玉均の刺客として朝鮮の李王朝から送り込まれたものであったともいわれている。川上善兵衛著／市井三郎・滝沢誠編『武田範之伝』日本経済評論社、一九八七年、七五四頁。琴秉洞『金玉均と日本――その滞日の軌跡』緑陰書房、一九九一年、一六二～一七六頁、一九八～一九九頁。
(336) 前掲『日韓合邦秘史　上巻』一四六～一四七頁。
(337) 後藤隆之助「杉山直樹に就ての思い出」『夢野久作著作集』月報3、葦書房、一九八〇年。
(338) 『日布時事』大正二年二月十五日。
(339) 内田良平『硬石五十年譜　内田良平自伝』葦書房、一九七八年、一〇五～一〇六頁。
(340) 前掲『日韓合邦秘史　上巻』一二～五三頁。
(341) 同前、一四一～一五二頁。
(342) 同前、一五〇頁。
(343) 前掲『寺内正毅日記』明治四十年三月二十日条。
(344) 前掲『日韓合邦秘史　上巻』一五一～一五二頁。
(345) 同前、一五三頁。
(346) 同前、一九九頁。
(347) 同前、五五四頁。
(348) 同前、五六七～五七三頁。
(349) 同前、五七五～五七八頁。
(350) 同前、六一五頁。
(351) 葛生能久『日韓合邦秘史　下巻』黒龍会出版部、一九三〇年、九一～九四頁。

(352)『読売新聞』明治四十二年八月二十五日。句読点を加えた。
(353)『読売新聞』明治四十二年八月二十六日。
(354)前掲『日韓合邦秘史　下巻』一〇〇～一〇三頁。
(355)「乙秘第二五〇号　一月二十九日　菊池忠三郎ノ行動」JACAR；Ref.B03050610500。前掲『日韓合邦秘史　下巻』一四〇頁。
(356)前掲『日韓合邦秘史　下巻』一一五～一三七頁。内田良平文書研究会編『内田良平関係文書　第一巻』芙蓉書房出版、一九九四年、一七〇頁。
(357)前掲『日韓合邦秘史　下巻』一五四頁。
(358)同前、一五五頁。
(359)川上善兵衛『武田範之伝　興亜前提史』日本経済評論社、一九八七年、三七三～三七四頁。
(360)「内田良平日記」、前掲『内田良平関係文書　第一巻』二七一頁。
(361)前掲『日韓合邦秘史　下巻』二〇二～二〇五頁。
(362)同前、二〇八頁。
(363)同前、二一八～二一九頁。
(364)同前、二二〇～二三三頁。
(365)前掲『内田良平関係文書　第一巻』一七五頁。
(366)『都新聞』明治四十二年十二月二十一日。新聞集成明治編年史編纂会編『新聞集成明治編年史　第十四巻　日韓合邦期』林泉社、一九四〇（第三版）、一八二頁。
(367)合邦請願書を提出した十二月四日から、杉山が内田に一時帰国を命じた十二月二十一日までの間に、両者が交わした電信は計五十二通に及ぶ。前掲『内田良平関係文書　第一巻』一七五～一八六頁。
(368)明治四十二年十二月九日付内田良平宛杉山茂丸電信（原文片仮名書き）。同前、一八一頁。
(369)明治四十二年十二月十七日付内田良平宛杉山茂丸電信（原文片仮名書き）。同前、一八五頁。
(370)明治四十二年十二月八日付寺内正毅宛杉山茂丸書翰、前掲『桂太郎関係文書』二六五頁。同十二月七日付山縣有朋宛杉山茂丸書翰、尚友倶楽部山縣有朋関係文書編纂委員会編『山縣有朋関係文書　二』山川出版社、二〇〇六年、二四三頁。

(371) 明治四十三年十二月八日付桂太郎宛寺内正毅書翰、前掲『桂太郎関係文書』二六五頁。
(372) 明治四十二年十一月三十日付山縣有朋宛内田良平書翰、前掲『日韓合邦秘史　下巻』二七四頁。
(373) 前掲『日韓合邦秘史　下巻』四〇八～四〇九頁。
(374) 明治四十二年十二月二十二日付杉山茂丸宛宋秉畯書翰、前掲『日韓合邦秘史　下巻』四二三～四二六頁。
(375) 明治四十三年一月九日付宋秉畯宛杉山電信、前掲『内田良平関係文書　第一巻』一九二頁。
(376) 前掲『日韓合邦秘史　下巻』四九四～四九六頁。
(377) 同前、六一六～六一九頁。
(378) 同前、五〇七～五五九頁。
(379) 明治四十三年一月三十日付杉山茂丸宛山縣有朋書翰、前掲『日韓合邦秘史　下巻』五六七頁。
(380) 明治四十三年二月一日付山縣有朋宛杉山茂丸書翰、前掲『山縣有朋関係文書　二』二四三～二四五頁。
(381) 明治四十三年一月五日付桂太郎宛山縣有朋書翰、前掲『桂太郎関係文書』四三一頁。
(382) 「覚書」、前掲『内田良平関係文書　第一巻』二七九～二八〇頁。
(383) 前掲『日韓合邦秘史　下巻』五七一頁
(384) 同前、五八一～五八六頁。
(385) 同前、五八八頁。
(386) 明治四十三年二月二十一日付山縣有朋宛杉山茂丸書翰、前掲『山縣有朋関係文書　二』二四五～二四六頁。
(387) 前掲『日韓合邦秘史　下巻』六二三頁。
(388) 前掲『寺内正毅日記』明治四十三年四月十一日条。以下出典同じ。
(389) 前掲『内田良平関係文書　第一巻』二三九～二四〇頁。
(390) 明治四十三年一月十一日付杉山茂丸宛菊池忠三郎電信、前掲『内田良平関係文書　第一巻』一九二～一九三頁。
(391) 内田良平「鮮人独立運動の根底」『朝鮮統治問題』黒龍会本部、一九二〇年、九～一〇頁。
(392) 夢野久作「日韓合併思ひ出話」、前掲『近世快人伝』三一九頁。
(393) 前掲『日韓合邦秘史　上巻』三八～四一頁。

(394)樽井藤吉（竹内好訳）「大東合邦論」『現代思想大系9　アジア主義』筑摩書房、一九六三年、一〇六～一二九頁。
(395)前掲『日韓合邦秘史　下巻』一五六頁。
(396)「一進会声明書」『外交史料　韓国併合　下』不二出版、二〇〇三年、六五一～六五二頁。
(397)金東明「一進会と日本」『朝鮮史研究会論文集第三十一集』朝鮮史研究会、一九九三年、一〇八～一一〇頁。
(398)明治三十七年十二月二日付松石大佐宛宋秉畯書翰、『日韓外交資料集成第五巻』巖南堂書店、一九六七年、三六一頁。
(399)前掲「一進会と日本」一〇〇頁。
(400)前掲『日韓合邦秘史　下巻』一五七頁。
(401)前掲『日韓合邦秘史　上巻』九五頁。
(402)同前、九八～九九頁。
(403)前掲『日韓合邦秘史　下巻』一九～二〇頁。
(404)同前、三七頁。
(405)同前、一〇頁。
(406)西尾陽太郎「李容九の嘆き」『日本歴史』二四八、一九六九年、一一五頁。
(407)前掲『日韓合邦秘史　上巻』二二五頁。
(408)明治四十三年一月十一日付内田良平宛武田範之書翰、前掲『内田良平関係文書　第一巻』一二〇～一二二頁。
(409)「対韓政策確定ノ件」『日本外交文書第四二巻第一冊』一七九頁。
(410)明治四十二年十二月八日付桂総理大臣発曾禰統監宛電信、海野福寿編『外交史料　韓国併合　下』不二出版、二〇〇三年、六五六～六五七頁。
(411)なお、一進会の「合邦」運動と日本政府の意向との関係については、以下のように見解の異なる研究がある。森山茂徳は「日本政府が一進会を操縦して併合の機運を醸成しようとした」（『近代日韓関係史研究』東京大学出版会、一九八七年、二四八～二四九頁）としているが、桜井良樹は「日本政府は（略）一進会の合邦運動を黙認していたとはいえるが、それを積極的に利用してまで併合を進める意図も必要性もなかった」（「日韓合邦建議と日本政府の対応」『麗澤大学紀要』五五、一九九二年、二七二頁）と主張している。近年の研究では、姜昌一が森山の見解を支持している（『近代日本の朝鮮侵略と大アジア

主義』明石書店、二〇二二年、二七四頁)。

(412) 明治四十三年九月三日付寺内正毅宛杉山茂丸書翰、国立国会図書館憲政資料室所蔵「寺内正毅関係文書」二九五―一。翻刻は長井純市・馬場宏恵「寺内正毅宛杉山茂丸書翰紹介」『法政大学文学部紀要』六八、二〇一三年に拠った。

(413) 前掲『日韓合邦秘史 下巻』七〇九～七一〇、七三五頁。

(414) 西尾陽太郎『李容九小伝』二一六～二一七頁。

(415) 前掲『日韓合邦秘史 下巻』七一二頁。

(416)「間島移住ノ義ニ付嘆訴」JACAR；Ref.B03030231800。

(417) 臼井勝美「欧州大戦と日本の対満政策」『国際政治』一九六三巻二三、一九六三年、二一～二三頁。

(418) 外務省通商局『在支那本邦人進勢概覧』一九一五年、満洲ノ部一～二頁。

(419) 東洋拓殖株式会社京城支店『間島事情』一九一八年、四五頁。

(420) 以上の叙述は次の各資料を参照した。山上正太郎『第一次世界大戦』講談社学術文庫、二〇一〇年。朴慶植『朝鮮三・一独立運動』平凡社選書、一九七六年。長田彰文『日本の朝鮮統治と国際関係』平凡社、二〇〇五年。趙景達『植民地朝鮮と日本』岩波新書、二〇一三年。

(421) 内田良平関係文書研究会編『内田良平関係文書 第五巻』芙蓉書房出版、一九九四年、七九～八六頁。

(422) 初瀬龍平『伝統的右翼内田良平の研究』九州大学出版会、一九八〇年、二二九頁。

(423) 前掲『内田良平関係文書 第五巻』一三四～一三六頁。

(424) 岡成志『依岡省三伝』日沙商会、一九三六年、四〇～四一頁。

(425) 杉山茂丸「帝国現下の内外政治に付緊急建白の事」『九州日報』大正八年三月二十九日～四月四日連載。

(426) 杉山茂丸『政治上改革の儀に付建言の事』国立国会図書館憲政資料室所蔵「斎藤実関係文書」一一六―一一。

(427) 原奎一郎編『原敬日記 第八巻』乾元社、一九五〇年、大正九年六月三十日条。

(428) 同前、大正九年七月一日条。

(429) 大正(九)年七月七日付斎藤実宛杉山茂丸書翰、国立国会図書館憲政資料室所蔵「斎藤実関係文書」九二三―三。引用部から、杉山がこの書翰より前に一進会の決死状について斎藤に通報していたことも知られる。

(430) 宋秉畯撰「海山李容九墓誌銘」に依る。大東国男『李容九の生涯』時事新書、一九六〇年、一六一～一六二頁。
(431) 内田良平「旧一進会交渉顛末書」『内田良平関係文書　第五巻』一九〇～一九一頁。
(432) この点について初瀬龍平は「内田と原首相とは、旧一進会員の不満が朝鮮外の独立運動、およびその支持勢力と組んで独立運動に発展しようとするのを金で買収し、彼らを抱き込み、彼らをカイライ勢力として再び利用することで、合意をした」と断じている。初瀬前掲書、二三一頁を参照。
(433) 原奎一郎編『原敬日記　第九巻』乾元社、一九五〇年、大正九年八月十一日条。
(434) 西尾陽太郎「日韓合邦運動と杉山茂丸」『日本思想史学』五、一九七三年、一～一二頁。
(435) 同前、九頁。
(436) 同前、二～三頁。
(437) 同前、九頁。
(438) 同前、三頁。
(439) 掲載紙上では最終回が第五十一回とされているが、連載第四十回目が錯誤により第四十一回と表示されているため、全五十回が正しい。
(440)『九州日報』大正十一年八月十二日。
(441) 倉辻白蛇「皇室中心日本改造論の出版に就て」『皇室中心日本改造論』台華社、一九二三年、序文一～四頁。
(442) 杉山茂丸「九州日報に対する余の告白」『九州日報』大正六年八月十七日。
(443) 戸山銃聲『人物評論奇人正人』活人社、一九一二年、六〇頁。
(444) 徳富猪一郎『公爵桂太郎伝　坤巻』故桂公爵記念事業会、一九一七年、四六〇頁。
(445) 前掲『寺内正毅日記』大正五年三月十五日条。ただし同十二日条には「杉山茂丸氏台湾ヨリ打電ス、来ル十五日来京スルト云フ」とあり、寺内が招いたのではなく、杉山の発意によっての訪問であったことが示唆される。
(446) 結核の血清療法は明治三十年代半ばごろに実現が期待されていたが、大正期には既に断念されていた。中瀬安清「北里柴三郎博士のライフワーク結核の予防・撲滅」『The Kitasato』四九、二〇〇六年、七頁。

第五章　著述三昧

第一節　雑誌『黒白』創刊と建白書の濫発

デモクラシーの時代の杉山茂丸

十四年余りの大正期は、杉山にとって著述活動に明け暮れた時代であったといっても過言ではなかろう。彼の著書のほとんどはこの時期に刊行されたものであるし、新聞や雑誌に発表されたまま単行本には未収録の著述も膨大な量にのぼる。

代表作の『百魔』正続二巻や『浄瑠璃素人講釈』は大正六（一九一七）年創刊の月刊雑誌『黒白』に毎月のように連載されたもの[1]を大正末年に出版したものであるし、児玉源太郎に始まり山縣有朋に至る四篇の長州閥陸軍官僚政治家の伝記もこの時期に書かれた。英国人作家J・エリス・バーカーの著作を杉山が「盲訳」したと称されている二篇の著書[2]も大正期に出版されたものである。また雑誌『黒白』や地方新聞『九州日報』を舞台として、政論、回顧談、随想などを数多く公けにしており、そのなかには『九州日報』に太宰隠士名義で断続的に連載された「其日庵過去帳」に代表されるような、談話筆記形式のものも相当数含まれる。これら以外にも、多くの意見書、建白書を著してときどきの政界当路者に呈しており、その多くは新聞雑誌で公表されている。

本書でこれまでに何度も言及してきたとおり、杉山の回顧談には事実の捏造や歪曲がしばしばみられ、その内容は軽々に信用することができない代物であるが、ときどきの時事を踏まえて語られる政論の類には、注目すべきものがある。後知恵を働かせて語られる回顧談とは違い、時事談には杉山の政治的主張がリアルタイムで表出されているからである。ことに大正期は内外に激動があった時代である。内政においては、いわゆる大正政変と直後の憲政擁護運動によってデモクラシーの気運が高まり、藩閥の力の衰えとともに政党が政治のヘゲモニーを握るようになったことが挙げられるし、外政においては第一次世界大戦の勃発とその最中のロシア革命が国際社会の構図全体を描き直し、日本帝国も否応なくそこに捲き込まれていった。杉山個人にとっても、桂太郎と山縣有朋が世を去り、杉山の接近を受容しない政治家たちが国家運営の主役に躍り出てきたことは、激動というべき状況であっただろう。

筆者のみるところでは、こうした社会の変動と杉山の著述活動の活発化とは無関係ではない。長く続いた桂園時代に、山縣・桂系の策士として杉山の名は政官界に知らぬ者がないほど広まっていたであろう。桂が新党結成を決意したとき、杉山がその手足となって働いたこともよく知られていたはずだ。その桂が世を去って、杉山は政官界への重要な足がかりを失った。政友会を背景とした山本内閣にせよ、杉山とは不和の加藤高明が率いる立憲同志会を与党とした大隈内閣にせよ、山縣・桂系の色につま先まで染まっている杉山には喰い入る隙がなかった。そのような状況下でも彼は自己の存在をアピールし続ける必要があった。詳しくは次章で論じるが、利権を求めて築地台華社を訪れるさまざまな人士の要求に応じ、政官界との関係を媒介し、そのことによって彼自身もなにがしかの利得にありつくためには、ひたすら自己を誇大に宣伝し続けねばならない。奢侈を顕示する行為と同様に、著述はその手段であった。加えて内政外政の大変動は、彼が得意とする虚実曖昧な大言壮語を交えた自己アピールのための素材を次々と提供した。彼はわけ知り顔で世界情勢を語り、ロシア革命を論じ、外交軍事を評する。経済財政に関する蘊蓄を披歴し、軟弱な世相を一刀両断にしてみせる。彼はこうした著述活動のかたわら政権への接近工作を繰り返していたが、結果的に大正という時代には、杉山茂丸という存在を重宝に使う政権はほとんど存在しなかったため、杉山の大正時代は政治的事績として語るべきものはなく、著述三昧に終始することになったのである(3)。

とはいえ、杉山の政論はさほど広い視野を持っているわけではない。国体に関すること、教育と学問に関すること、経済財政に関すること、外交と軍事に関すること、この四つの領域がその大半を占める。建白書や意見書の類では司法や地方行政などにも言及しているが、それは例外的といってよい。本章では大正期の杉山の著述活動のうち、建白書・意見書や政論における彼の主張について検証していくこととする。

月刊雑誌『黒白』

杉山は大正二（一九一三）年四月に週刊雑誌『サンデー』の経営から手を引いた。とはいえ同年七月から十二月まで同誌上に「其日庵訓話　青年処世訓」を連載しているから、直ちに関係が解消されたわけではなかったが、杉山は『サンデー』に代わる新しい雑誌の創刊を企図していた。

この雑誌は『ステート』と題され、杉山が『サンデー』に呼び寄せた松井柏軒や朝比奈知泉を起用して同年六月には発行するはずで、発行予定の五千部の印刷も終わっていたが、何か杉山の意に沿わぬことがあったらしく、急遽発売中止となった。この間の事情については、早速雑誌メディアのゴシップネタに採り上げられ、「例の杉山法螺丸が松井柏軒をして穢多雑誌Stateを創刊すると云ふ事は前号の本誌にも一寸乗つて居たが、実は此の六月から出る処を、拵らへ上げて見ると、如何に不出来だと云つても余りに大箆棒なので、遉がの法螺丸もヒヤーと胆を潰して遂々出す事を中止して折角出来上つた五千部は其儘になつて居る」[4]と揶揄され、「『苦心惨憺大汗で、五月五日に作り上げ、献上なすステートを、一と目見るより法螺丸は、頬脹らして怒鳴るやう、此の体裁は何事ぞ、汝と知泉に今一度、花咲かす為め二つには、吾も得意の七五調、久しぶりにて大法螺を、一吹き吹かん為なるぞ。五千部刷れば兎も角も、千円以上かゝるぞや。斯る雑誌で杉山の、七五の法螺の吹き栄が、すると思ふか大タワケ』、一部も売る事相成らずと、その儘台華社の物置へ封じ込んで了つた」[5]と嘲笑される始末であった。

この失敗に懲りずに、杉山は引き続き雑誌発行に執着していた。その創刊資金を得るため、杉山は植民地官衙の機密費を狙った。彼は翌年一月に、朝鮮総督寺内正毅に次のような書翰を送っている。

若い者共始末の為め憲法の解釈を主義とする小雑誌発刊の計画致し罷在候て此者従来と違ひ今度は補償金壱千円に毎月壱百二、三十円費用にて安々継続する事に相成居申候間、若し御都合宜敷時も御座候はゝ御傾助奉仰候。此事は既に朝鮮総督にでも願出んかと児玉伯に願出置候も今に御回示を蒙らず候間、一応御願試申候。御一声奉仰候（大正（三）年一月六日付寺内正毅宛杉山茂丸書翰[6]）

杉山は総督府総務長官であった児玉秀雄に金の無心をし、児玉がこれを黙殺したので寺内に直接縋ったということであろう。杉山は同月十五日にも寺内に宛てた書翰で金を無心し、寺内は機密費から五千円を与えるよう児玉に指示した[7]。六日の書翰による金の無心と、十五日の書翰とが無関係であったとは考えがたいから、この五千円は杉山の雑誌創刊に対する援助と考えてよかろう。しかし実際に杉山が新しい雑誌を創刊するのは三年後になる。杉山自身の著述活動は、その間九州日報紙上で継続されたほか、門下生の星一が創業した出版社新報知社の雑誌『新報知』も、「百魔」の連載など杉山の著作発表の舞台になっていたとみられる[8]。

大正六（一九一七）年三月、杉山の新雑誌『黒白』が創刊された。A5版、本文は僅々四十八頁で、以後頁数の増減はあったが、百頁を超えたことはない。我国のグラフィックデザイナーの草分けである杉浦非水によるモダンな表紙デザインは、この雑誌の存続期間中、変わることなく使用され続けた[9]。『サンデー』のような通俗性は稀薄であったが、政論あり、講談あり、健康法ありと、内容は種々雑多であった。

発行元の黒白発行所は台華社と同住所であり、発行兼編集人は杉山と苦楽を共にしてきた廣崎栄太郎である。『サンデー』誌上に掲載されていた築地刀剣会の記録記事は『黒白』に移されて創刊号から連載された。また杉山の長男泰道はいくつかの筆名を用いながら創刊号から不定期に随筆を発表し、さらに小説作品も『黒白』誌上に発表することになる。『黒白』には杉山の係累知己が多く関わっていた。

杉山は創刊号から「百魔」の連載を始め、現存が確認できる最終号の第十二巻第九号（百三十一号）まで連載を続けた。[10] また大正九（一九二〇）年からは「義太夫虎の巻」の連載も開始したほか、不定期に政論や談話記事、漢詩などを発表した。このため、たとえば大正九（一九二〇）年六月の第四巻第六号では、連載二本のほかに談話記事、新作義太夫、漢詩と五点の杉山の著作が誌面を賑わせている。

杉山は創刊号に寄稿した「発刊の辞」で、「今や庵門幾多の壮輩は再び議を決して復た一雑誌を刊せんとす。庵主之を抑止せんとするも肯かず。遂に制を排して月刊黒白の発行を見るに至る」[11] と、あたかも彼自身は雑誌創刊に反対していたかのようなことを述べているが、周辺状況や杉山の執筆実態をみれば、それが杉山の本心であったとは了得し難い。これは杉山が自己を韜晦的な人物であるとみせかけ、著作や出版は周囲の者の懇請によって止むなく行っているものだと主張したがるときによく用いられるレトリック[12] に過ぎず、『黒白』はあくまで杉山の機関誌であったとみなされるのである。

建白書の濫発

杉山茂丸の著述活動は明治末期に始まり、大正中期以後にその全盛期を迎える。彼は『九州日報』と『黒白』の二つのメディアを駆使して、毎月のように何らかの著述を発表し続けた。それらマスメディアにおける活動と併せ、閑却してはならないのが、この時期に杉山が編んだ多くの意見書・建白書の類である。

杉山が大正十一（一九二二）年に著わした『建白』については既に前章で、韓国併合に関連した部分を中心に検討したが、これ以外にも多くの建白書を、彼は大正期に著わしている。『建白』のように印刷製本したものもあれば、時の権力者に書翰の形式で呈したものもある。管見の限りで、それは『建白』を含めて十篇に及んでいる。

この時期の建白書で最も早いのは大正三（一九一四）年七月の「呈大隈首相書」〔肩、二七一～三二五〕である。

大隈に対して書翰の形で呈されたものと推定されるが、大隈重信文書には残存していない。杉山の著書『屑籠』に収録されたものは、一部の項目が削除された抄録版とみられる。教育問題や財政政策について自らの意見を提案しており、それらの内容については本章で別に検討を行う。

大隈内閣に対してはもう一篇、大正四（一九一五）年二月十五日の日付がある「比律賓買収ニ関スル上書[13]」が呈されている。この建白書は海軍省が接受し、大臣まで供覧されたようで、末葉に当時海軍省軍務局長であった秋山真之によるものと思われる書き込みがある。この建白書についてはのちに検討を行う。

大正五（一九一六）年十月に寺内正毅が首相になると、杉山は早速十二月二十日に寺内内閣がとるべき対中国政策について意見書[14]を送った。書翰の体裁をとったもので、罫紙十四葉にわたっている。この意見書で杉山は、段祺瑞と徐世昌を中国側のみるべき人物として挙げ、彼らを日本側に帰服させれば黎元洪や馮玉祥との関係もよくなるだろうと述べて、あたかも彼らの人物を知悉しているかのように自身の「中国通」ぶりをアピールしている。さらに中国に対しては「決して支那の主権を傷く可からず」「利害関係にて決して支那を威圧すべからず」「決して寸毫の欺罔を作すべからず」「我帝国の誠意を了解せしむる為には何等の犠牲をも払ふべし」と主張し、中国に三年間一億五千万円を供与し軍備の増強を図らしめることを提案している。杉山によればその軍備は日本とともに「東洋の軍備」となるべきもので、中国がそれに従わなければ「峻烈の威圧を加へて可なるべし[15]」と、「主権を傷く可からず」などの主張とは根本的に矛盾することを論じている。そして日本が中国の軍備拡張に財政支援することは、世界に対して「決して之を秘密にせず誠意誠心公表して内外に周知せしめ明白に興亡を決するの外なし[16]」という。これらの主張は、日本が中国を属国の地位におとしめることと、それを世界に向って知らしめよというものに外ならなかった。こうした杉山の中国観についても本章でのちに論じる。

翌大正六（一九一七）年四月には、「大冶鉄山之一班[17]」と題した建白書を寺内に呈している。この建白書で杉山が主張していることは、中国湖北省の大冶鉄山の利権を日本が確実に手中に収めよというものである。右の意見書と同様に、中国への経済的侵略を勧説する内容である。

寺内内閣期に杉山はもう一篇の建白書を著わしている。「軍備の儀に付建言の次第[18]」と題されたこの建白書は、名宛人が記載されていないので、誰に対して提出されたものなのかは判らない。日付は大正七（一九一八）年七月七日で、寺内内閣の退陣が目前に迫っている時期であるから、寺内に呈されたとは考えがたい。孔版印刷されたと思われるものが後藤新平文書に残存していることから、後藤とも近しい関係にある官僚系の有力な複数の政治家に配布されたと推定されよう。

原敬内閣が発足しておよそ半年が経過した大正八（一九一九）年三月に著わしたのは「帝国現下の内外政治に付緊急建白の事[19]」である。主として中国をめぐる外交問題に特化した内容で、第一次世界大戦終結を受けて、杉山の存念を建白書にまとめたものであろう。ここでの杉山の主張は、のちに『百魔』など彼の著作の中で虚実不明のエピソードに加工されて転用されている。

その半年後にも、杉山は一篇の建白書を著わした。冊子形式で、表紙には「建言の事[20]」とあり、本文冒頭には「政治上改革の儀に付建言の事」と記されている。日付は大正八（一九一九）年九月四日である。この建白書は、大正十一（一九二二）年の『建白』の祖型とみられるもので、各省庁の改革や自治制改革、経済財政政策など内政全般についての改革提案を行っている。「呈大隈首相書」の内容と類似の記述がみられることから、大隈宛の建白書も全容はこの建白書と同様のものであった可能性がある。

大正十一（一九二二）年、加藤友三郎内閣のときに著わされたのが、いわゆる『建白』である。この建白書は、実に本文三百頁、四百字詰め原稿用紙にして二百五十枚を超える大部の著作である。ただし、全十二章のうち、「第五、外務省改革の事」、「第六、大蔵省改革の事」、「第十一、台湾朝鮮の政治改革の事」の三章だけで三分の二を占めているから、それ以外の章は平均すれば十頁ほど、四百字詰め原稿用紙で九枚あまりに過ぎない。「帝国政治向き全体御改革の儀に付建言の次第」と大きく構えてはいるが、内容にはかなり偏りがある。一頁から四頁までは、この建白書の趣意を記している。第一次世界大戦後の国際環境の大変動への危機感を表明した上で、杉山は「従来政治の変遷に相潜む裏面の事情等を竊かに言上」すると述べて、自身が政界の裏面に深く通じていることを、まず印象づけようとしている。続いて自身が明治十八（一八八五）年以来「帝国政治の前面に立脚して是非を朝野と相争」ったと述べ、さらに黒田清隆から桂太郎まで、明治政界の巨頭たち十九人の名を挙げて、それらの人物と関係が深かったことを印象づける。『俗戦国策』のナラティヴ分析で多くみられた**栄光浴**のコードの表出である。続いて四十年近くに及ぶ自身の政治上の努力は「悉く不善不良なりしと断言せざるを得」ないと述べるが、それを「帝国の現状が疑ひもなく其証拠」といい、「小生は少なくも小生等に従来より関係ありし人々を代表して其行為の不善不良なりし事を自白し且つ謝罪せんと致候」と続けているのは、責任を回避しない誠実な人物であることを印象づける**清廉**のコードと読むことができる。同時にこの言説は、あたかも自らが従来の施政に対する全責任を負うべき立場であるかのように自己を誇大化し、それによって逆説的に従来の施政に真の責任を負っていた政界巨頭たちの失政を強調するレトリックである。それゆえ、末尾に「遺憾なく遣り損んじたる小生等に十分の自覚と悔恨との経験を有し居候間克く其要点を陳言し得ると自信罷在候」と、臆面もなく書くことができるのである。『建白』を著わした杉山の真の意図は、この短い趣意文にありありと浮かび上がっている。また本文中には杉山の回顧談が多く含まれており、それは総頁数のうちほぼ半分を占めている。その回顧談には捏造であることを既に論証した桂内閣誕生秘話のエピソードが含まれているほか、既発表の『百魔』の記事を丸写しにしたもの[21]もある。また回顧談を中心に、第一章で『俗戦国策』のナラティヴ分析をした際に析出されたシークェンスやコードが数多く見出される。その際指摘したとおり、シークェンスもコードも、杉山の人物像を操作する機能を担うディスクールであった。これらのことを考慮するなら、またこの著作が定価をつけて販売されていた事実をも勘案するなら、『建白』とは一篇の建白書の体裁を装った杉山茂丸の自己宣伝の書であるとみなさねばならない。ここで語られた彼の回顧談の多くは、『山縣元帥』の「追録」でさらに培養され、最終的に『俗戦国策』の徹底した自己英雄化につながっていく。『建白』は『俗戦国策』の揺籃期の姿であった。これが大正十二(一九二三)年に再刊されたのは、国立国会図書館所蔵本に刻された寄贈日からみて、杉山を相手にしようとしない山本権兵衛首相に対し、あらためて自己をアピールする意図であったものと考えられよう。

大正十三(一九二四)年六月には加藤高明に意見書[22]を呈している。十行罫紙八頁に手書きしたもので、全十二項目から成る。各項目とも『建白』のような長々しい提言理由は省略されており、杉山が要求する省庁改革の内容が端的に示されているが、選挙制度と学制の改革についてはやや詳細である。末尾には「以上の如き精神は譬へ全国の騒乱を見るも此際是非遂行するの覚悟を以て上奏御允許を蒙るに非れば大命の拝受は致され難き危機かと存申候事」とあるから、加藤高明が組閣の命を受ける前につくられたものと考えられる。どのような経緯があってこの意見書を加藤に呈したのかはわからないが、贅言が尽くされていないこともあって威圧的な印象を受ける。

加藤高明内閣のときに、杉山はもう一篇の建白書を著わした。牧野伸顕宮内大臣に宛てた「皇威御顕揚の儀に付竊かに言上の次第[23]」である。この建白書については次節で論じる。

以上のように、杉山は大正三(一九一四)年からの十年間に十篇の建白書や意見書を著わし、時々の政界要人に呈していた。大隈から加藤高明まで、八つの内閣のうち六つの内閣に杉山は建白書を提出した。杉山が建白書を提出しなかったのは、原敬暗殺の後を受けた高橋是清内閣と清浦奎吾内閣である。どちらも在任期間が一年に満たない短命の内閣であった。杉山がこのようにたびたび建白書を著わしたのは、もちろん当時の政治情勢と密接な関係がある。桂太郎が病没したことによって、杉山は政界への大きな足がかりを失った。立憲同志会の創設に深く関わっていた杉山は、政友会を背景とした山本権兵衛の第一次内閣には手も足も出ない状態であっただろう。

　杉山が第二次大隈内閣以後の多くの内閣に、頻々と建白書を呈し続けたのは、政界における足がかりを確保するための権力接近工作であったとみるべきである。この時期の首相就任者には、従来から杉山と関係が深い寺内正毅のような人物もいたが、原敬が杉山を嫌っていたことは彼の日記に明らか[24]であるし、大隈重信とは十数年の疎隔があった[25]とみられる。加藤友三郎は長年海軍大臣を務めていたから杉山と無関係ではなかったと想像できるが、具体的な関わりがあったことを示す史料は管見の限りで見当らない。加藤高明に対しては、杉山の方が嫌っていた[26]とみられるし、加藤もまた藩閥権力に密着してきた杉山に好意的であったとは考えがたい。このように関係性はさまざまであっても、利権媒介者《フィクサー》たる杉山にとって、政治権力との結びつきが彼のレゾンデートルに関わる以上、権力者交替のたびに自己の存在をアピールしなければならなかったのである。

　建白書による自己のアピールは、政治権力の座にある者に対してだけ行われたのではない。杉山は上記十点の建白書のうち少なくとも半数を、著書に収録したり自身が関係する新聞雑誌に掲載させていた。すなわちメディアによって一般大衆向けの自己宣伝に努めていたのである。その代表が定価を付けて販売までした『建白』であった。杉山が濫発した建白書は、一挙両得の自己宣伝ツールとして活用されていたのである。

第二節　国体観と天皇親政

杉山茂丸の国体観

杉山茂丸が死ぬ半年ほど前の昭和十（一九三五）年二月、貴族院における菊池武夫の質疑が発端となっていわゆる天皇機関説事件が起こり、軍部及び在郷軍人会や国家主義団体などによる国体明徴運動が繰りひろげられたことは、翌年の二・二六事件につながる近代史上の大きな画期であった。すでに老弱していた杉山自身が、こうした動きと直接関わることはなかったが、病床から金子堅太郎に対して天皇機関説を排撃する趣旨の書翰を送っていたとみられる(27)。

杉山が国体という観念について言及した著作はいくつもあるが、彼の国体観を示しているものの一例として、「有史以来三千年、万世一系の皇統は連綿として、上に允文允武の聖天子を奉戴し其の人民は克く忠に克く孝に億兆心を一にして世々其美を済せる宇内に卓越した国体である」〔青、三四〕という一文を掲げることができる。この見解は、杉山の死後の昭和十二（一九三七）年三月に文部省が公式見解として発行した『国体の本義』の本文冒頭に書かれた文章と照らしても、趣意の上で何もかわるところはない。また杉山がさまざまな著作において繰り返し主張していた勤王主義をめぐる言説が、『国体の本義』の内容と親和的であることも容易に読み取れる。すなわち杉山は典型的な天皇制信奉者であり、『乞食の勤王』や『青年訓』といった著作の存在に鑑みても、その唱道者たることを自覚して著作に励んでいたことに疑いを差し挟む余地はないようにみえる。

しかしことはそう単純なものではない。杉山の言説に表出された国体観には、定見の存在に疑問を抱かざるを得ないほど大きな揺らぎがあるし、また彼は『国体の本義』が重要な立脚点としている記紀の肇国神話を信奉していなかったとみられるのである。

まず、『青年訓』所収「浮世講談」の次の一節を引いてみよう。

太古吾々の先祖が、野ッ原に裸で生れ出て、大勢ゾロ〳〵と致して居ました時は国と云ふ名も何も無かったに違ひ御座りませぬ、併し夫では強い者が弱い者を酷遇《いじ》め、智慧のある者が阿房を誤魔化す許りで、生存と云ふものが困難で御座ります、即ち働き溜めて物を貯蓄して居ても、強い奴が来て殴倒して奪て往きます、又美女の女房を持って居ましても智慧の有る奴が来て誘拐かして連れて往きます、ソコで喧嘩争論が絶えませぬ処から是では年中紛乱事許りで、少しの間も油断が出来ないのみならず各々生業と云ふものを定めて安心に働いて居る事が出来ませぬ、ソコで始めて人間の最大幸福は平和の外にないといふ事になりますが扨て此平和を得るの手段は如何に工夫をしても、統一と云ふものが付かねば、平和は得られませぬ、此人間を統一するには、智仁勇の三徳が無くては駄目で御座ります。（略）此丈けの三つの徳の有る人を、頼んで皆の者が服従するやうに、統一をして貰はなければ、人間仲間の、平和を保つ事が出来ませぬが、平和が保たれねば各々働いて幸福を得る事が出来ませぬから、此裸坊の吾々の祖先が、一人の徳者を頼んで天皇様とか、國王様とか、大統領とか、酋長とかを拵へまして、先づ喧嘩口論闘争略奪の乱暴を取鎮めて貰ひましてヤッと統一が付ました、扨て統一がつきますと段々物事の順序を運びまして、平和になります夫から相互ひに乱暴や無茶の出来ぬやうに法律や規則てなものを拵へまして、生活上の安全を計りました、其中に追々吾々御互ひ様のやうな子孫が生れて来まして、今日ある訳で御座ります〔青、二〇八～二一一〕

引用の前段で杉山がいう「太古の先祖」の状況というのは、明らかにトマス・ホッブズが剔抉した自然状態における「万人の万人に対する闘争」である。また後段で「一人の徳者を頼んで」「統一が付」いたというのが、社会契約を意味することも論を俟たない。すなわちここでの杉山の論は、社会契約によって主権を行使する主体として「天皇様」が措定されているのであり、それは紛れもなく天皇を国家の一機関とみなすものであって、統治権の根源は一人ひとりの人間＝臣民からの委任契約に存するという認識であることも、「天皇様（略）を拵へまして」という記述から明白である。杉山は自身の回想において、若き日ルソーの『民約論』を行李に入れて諸国を漫遊したと語っている〔其、一三六〕が、この言説をみる限り、おそらくホッブズの思想にも触れたことがあったに違いない。ホッブズの主著『リヴァイアサン』の邦訳は、昭和四十一（一九六六）年に初めて全訳版が刊行されたが、抄訳版は明治十六（一八八三）年七月に文部省編輯局から発刊されていた。[28] またそれに先んじて中村正直（敬宇）が、『明六雑誌』に寄せた「西学一斑」において、自然状態における闘争や社会契約による国家統治というホッブズ思想の核心を紹介しているから、[29] 杉山が何らかの方法でホッブズの思想に接することは可能であった。とはいえ、杉山がホッブズの思想を理解していたというのではあるまい。天皇と大統領などを同列に並べているあたりをみると、おそらく聞きかじりの知識を、その含意されるところを深く考えることもなく、面白おかしく語ってみせたというところであろう。それかあらぬか、彼はこの見解を把持することなく、以後これとは異質な国体観を披瀝していくのである。

杉山が大正五（一九一六）年に出版した雑文集『屑籠』所収の「萬歳」には次のような一節がある。

> 国体論でも理窟で説明し様とすると飛んでも無い事になって了ふ。例へば或は天皇は政治の最高機関であるとか。或は大権を有して居らるるから到底一個一人の小権力を以て抵抗する事が出来ないものであるとか。之を認めて崇拝服従する時は国内が統一するから人民が皆安全幸福であるとか。土地最初の発見者で國土の優先所有権

を持つて居るものであるとか。習慣だから改めてはいけないとかあらん限りの理窟をひねり出して之を解釈し様としてゐる。若し此中一ツでも人が信じたならば吾国の現在及将来は如何になるであらうか。機関であるならば取り換へる事が出来る。大権があるから従ふならば大権が無ければ反抗しても宜しい。安全幸福の為に崇拝するのは菓子を見て尻尾をふる犬と同じ事で。土地の所有者即ち地主ならば其小作人たる吾々は鍬を荷いでもつと租税の安い外国へ行けば。地主に借財の無い限り赤の他人となつて了ふ。曰く何曰く何。権利だ義務だといくら呶鳴つても騒いでも皆空論で。陛下と吾人に向つて無類飛切の凌辱と損害とを与へる許り。正に泥草鞋を以て吾人の面を踏みつぶすものと云つてよからう。論者自身も亦鬚を生やしたまゝ洋服を着た儘国賊に成り下る許りで。学識があればある程益々悪い事になるのである〔屑、九八～一〇〇〕

この随筆では、杉山はひたすらに天皇への崇敬を呼号して、「浮世講談」で自分自身が天皇を「酋長」と並列させて社会契約による国家統一を語ったことなどどこへやら、「皇室は宇宙間ありとあらゆるものゝ起原根元中心正統にまします」〔屑、一〇九～一一〇〕とまで揚言しているが、注目すべきは「土地最初の発見者で」云々の部分である。もちろん杉山はここで、天皇をそのような存在として認識することを罵倒しているわけだが、のちに彼はそのことを忘れたように、こんなことを書いている。

先づ此日本と云ふ島は、太平洋中に浮鷗の如く、波瀾澎湃の間に出没して居た島嶼を、我皇室の御祖先が御発見に成って、建国の地と定められ種々困難なる試験を為された、何様寒潮と暖流との交叉接近点にあって、気候が中温であった故に、到る処に生い茂った物は蘆斗りであった、之を刈り除いて色々の播種をせられたら、何の植物でも能く登《みの》るので、豊葦原瑞穂国と命名せられた、夫で先づ建国の基礎を開墾農事と定められた、夫から吾

人の祖先に対しては此国に居住する事を許された[30]

これは、単行本未収録[31]の「百魔」の一節である。これによるなら、まさしく杉山は、天皇を「土地最初の発見者」であると主張しているのであるから、**自己言説矛盾**の極みといわねばならない。杉山は自分自身で「泥草鞋を以て吾人の面を踏みつぶ」していることを、自分自身で「国賊に成り下」っていることを、はたして自覚していたであろうか。

天皇機関説問題から国体明徴運動を経て、政府が公式見解としたのは、あくまで『古事記』と『日本書紀』が描いた神代の物語を事実と捉える肇国の歴史であったが、杉山茂丸が国体を語るにあたって記紀の国産み神話を前提としたことは、管見の限りでは一度たりともない。彼は日本という国の来歴を語るに際し、記紀神話に依拠することなく、英国人ホッブズの思想を援用した社会契約説を唱えてみたり、当時有力であった渡来説[32]に傾斜してみたり、あるいは抽象的・観念的な言説でそれらの論を自ら否認してみたりしていたのである。

杉山は自分自身の過去の言説との整合を顧みることなどつゆも考慮せず、その時々に脳裏に浮かんだことを、思いつくままに書いている。言説相互に天地が転倒するほどの振幅があることは、そうした彼の著述態度を浮かび上がらせるであろう。それは同時に、杉山茂丸という人物の思考の限界を示すものといえる。体系的な教育や学問に接したことがない杉山には、観念的な天皇崇拝論を叫ぶことはできても、学智に裏付けられた見識を一貫して提起することができない。彼にできることは、聞きかじった知識を自分流に解釈して、無知な大衆にひけらかすことに過ぎなかったのである。

デモクラシーと欽定憲法

大正七（一九一八）年十一月、内務省警保局は同局事務官安武直夫の「私稿」と記された論考『我国に於けるデモクラシーの思潮』を秘密裡に印刷発行した。警保局は発行の趣意として「世界は今や全くデモクラシーの思想を中心として回転しつゝあるの観あり。我国に於ても亦新聞雑誌等の之に関して論議せざるものなき状況にして殆ど現代思潮の中心を為し一般人心も之が影響を被ること漸く著しからんとするものゝ如し」という認識を示し、多義的に解釈されているデモクラシーの議論の参考資料として印刷したものであると述べている。かように、大正中期はデモクラシーという言葉が一世を風靡した。その背景には多くの要素が重層しているが、米国大統領ウッドロウ・ウィルソンが大正六（一九一七）年四月二日に議会に対し、対独宣戦布告を求める演説の中で、民主主義《デモクラシー》と自由のために戦うと宣言したことは、その中でも重要な要素であった。ドイツの軍国主義・帝国主義と、英米などの民主主義・自由主義との戦争という枠組みを与えられた戦争において後者が勝利を収め、その過程でロシアに共産主義革命が起こったことは、単にデモクラシーという語の持つ意味のみならず、帝国日本の政治体制＝国体とデモクラシーとの関係性や、デモクラシーと共産主義との関係性など、さまざまな視点から議論を沸騰させた。そのような社会風潮を前にして、すでに政論を活発化させつつあった杉山茂丸が黙しているはずがなかった。

杉山茂丸は雑誌『黒白』大正八（一九一九）年一月号に「デモクラシー」と題した論説を発表した。四百字詰め原稿用紙で十枚ほどの短いものである。ここで杉山はまず「デモクラシーと云ふ語は、当今青年の心裡に対し毒とも薬ともなる物であるが故に能く其訳を知って居らねばならぬ、元来此語は西と云ふから東と云ひ、白と云ふから黒と云ふたような詞で、アリストクラシー（Aristocracy）貴族政治と云ふからデモクラシー（Democracy）と云ふのである」と述べる。次いで「デモクラシーなる単独の語即ち之れが治国の要道で、換言すれば王道、王政である、故に此語は決して西洋で発明した専売特許的の語ではない、西洋では被治者が治者を脅迫して此デモクラシーを得たが、日本では治者の方で先に此デモクラシーを会得して被治者を誘掖した、即ち政治の要道である」という奇怪な論理を披瀝し、その根拠として古代王朝の時代から、日本の天皇は「日夜忡々民生家庭の細微にまで御軫念あらせられたる大御心」をもってこの国を統治してきたと、日本書紀の仁徳紀に記された逸話を援用しながら主張し、さらに「朝倉の宮の旧記」という正体不明の文献に言及して古代の天皇の質素と民草との親昵を語り「此が即ち日本皇室のデモクラシー主義で」あり、明治天皇は古代からの「デモクラシー主義」に回帰するため王政復古を呼号したのだと結論づけている。[33]

デモクラシーを王政といいくるめるあたりは奇説怪説といわねばならないが、主眼はいわゆる民本主義に立脚した主張であり、古代王朝以来の国家統治が民本主義を基礎としていたという説自体が、すでに井上哲次郎が大正二（一九一三）年に発表した「国民思想の矛盾」にその例を認めることができるから、[34]杉山独自のものではない。すなわちこの論説は、古代ギリシアに淵源する政治思想史のほんの断片に言及して**衒学**のコードを呼び出した上で、既に世上で学者が語っている説に、奇怪な自説や出典不明の言説を絡めつけて構成されたものとみることができる。こうした構成は杉山の言説の特徴のひとつとみなされるが、[35]同時代に多くの学者や批評家などによって論じられたデモクラシーに関する概説や見解、論評などと比較すると、いかにも蕪雑という感を免れることはできない。それでも杉山は、この論説の主意に沿った言説を、何度も語り続けた。国民の政治意識が昂まり、デモクラシーへの正しい理解が進むことは、杉山にとって憂慮すべき事態であった。それは政党勢力の伸長を促し、彼が二十年余りにわたって食い込んできた官僚政治家の牙城を崩壊させずにはおかないであろう。その兆しはすでに原敬内閣の出現によって現実化しつつある。デモクラシーを藩閥政治体制と同質のものであるといいくるめる杉山の言説は、それが彼にとって死活問題であったことを示しているのである。

杉山の言説において、このデモクラシーに関する主張と不即不離の関係にあるのが憲法論である。杉山の主張するところによれば、「日本と云ふ島嶼を発見した国祖」が、「其皇嗣に治国の大憲法を表示せられた曰く、民は国の本なり、又曰く、民の富は朕が富なり、又曰く、民安うして後朕初めて安しと、是は国祖が此国開拓の第一歩に着手するに先だって確定せられた方針」〔デ、一二〕なのだという。すなわち建国以来、歴代の天皇はデモクラシーを国是とし、それを「大憲法」としてきたが、「殆ど一千年計りも継続したる関白政治や、将軍統治の所謂委託政治の積弊」を一掃するため、「御歳十五」の明治天皇が「王政を復古して天子親政を回復し、斯の赤子の人民に直接の政教を布き、万機公論に決し、人才を登庸して、デモクラシーの本旨を貫き、智識を海外に覓めて旺んに皇道治国の経綸を進め、以て人民の安寧幸福を増進せんとし給ふた。是を明治維新の御誓文と云ふのであ」〔デ、一二〕り、それを具現化したのが明治天皇が「親しき聖鑑に依って之を御祖先の御霊に誓はせ玉ひ、万世不磨の大典として臣民に宣り示させ玉ふた欽定憲法[36]」であって、「陛下が我国を保有して御統一遊ばさるゝに付其大権発動の章条を明かにして君民率由の道を明かに示し玉ふた国憲にして、他邦の憲法の如く人民本位の憲法ではない[37]」のであると。

このように、杉山が主張するデモクラシー論と憲法論とは、ほとんど一体のものであった。

杉山はデモクラシー論と一体化したこの憲法論を、あたかも彼自身が憲法学の大家であるかのように、自著において繰り返し語り続けた。その中には憲法起草者である伊藤博文にこの憲法論を説示したのだという馬鹿馬鹿しいものもある〔俗、三〇八〜三一二〕が、それも含めてしばしば政党を批判する言説として語られた。

政党への悪罵

杉山が政党を批判した言説は枚挙にいとまがないほど数多くある。むしろ何かにかこつけては政党を批判する言説を繰り広げたという方が当たっているし、その言説の内容も批判というよりは悪口罵言という方が適当である。たとえば『俗戦国策』では「藩閥が竊盗ならば、政党は強盗」〔俗、八六〕といっているが、これなどはまだ穏便な方で、明治大正期には「政党と云ふ鮪の腐ったやうな汚物」〔其、二一四〜二一五〕、「悪臭の親玉恰も糞車が自動車と衝突した様な、手の付けようのない政党と云ふ人間だか獣だか見分けの付かぬ動物」〔青、二四九〕、「政党と云ふものは、低脳なる小僧、理窟を云ふ慰安場[38]」などと、口を極めて罵っている。

杉山ははじめ、藩閥打倒という目的をもって上京したが、政党の悪行を目にしてまず政党を撲滅しなければならないと考え、そのために藩閥の力を利用して政党を撲滅するという「毒を以て毒を制するの考案を定めた[39]」のだという。これは後知恵の産物に違いないが、少なくとも彼が早くから政党を批判的にみていたことは、明治二十四(一八九一)年三月の随筆「春感」において、当時の政党の興廃に言及して「愛国公党の疑勢に屈日の間に滅するや、総て名利之れを得べくんば肩を□つて兄弟を約し、得べからずんば袂を揮ふて讐視す。叛心夜盗の業国家の為めに非ずして、名利の為めに仮弄す[40]」と論じていることから窺知できる。

杉山にとって政党とは、私利私欲、党利党略によってのみ行動し、国家を顧みることのない集団であった。もっとも、これは杉山だけがそう思っていたのではなく、政党に拠って議員となることを、私欲を満たすための手段としていた者が現にあったことは、のちに自由党系の代議士となる利光鶴松が、「嘗テ山梨県下ニ於テ数十名ノ有志家カ金員ヲ借ルノ際我々カ早晩期ス可キ目的ヲ達セハ相当ノ官位ヲ授ク可シトノ口調ヲ以テ而モ其意味ヲ以テ契約証書ニ登載シタリ[41]」と述べているように、当時通有の認識であった。

もちろん政党の存在が話題となるのは、明治二十三(一八九〇)年十一月二十九日の憲法施行と帝国議会設立に由縁するから、杉山が政党批判の言説に憲法を引き合いに出すのは不自然なことではなかった。ただそれは、杉山らしい専断と奇説によって修飾されている。杉山は次のようにいう。

政党内閣の出来る憲法は内閣が議会に対して責任を持つ条項がなければ駄目である、然るに日本の憲法は議会に対して無責任である、ドンドン議会を解散してズン〲総選挙をして矢張り同一内閣が政治を行ふてよい憲法である。伊藤公之を行ひ桂公之を行ふ、夫が非立憲でも何でもない憲政の大義にも決して背かない寧ろ日本の立憲的である。日本国憲法に内閣の責任を明記して曰く（国務大臣は　天皇を補弼して其責に任ず）（第三章五十五条）と若し政党内閣を行ふ憲法ならば（国務各大臣は　天皇を補弼し議会に対し責任を有す」と書いてなければならぬ。今では政党内閣論が非立憲である、憲政の大義に背くのである。(42)

この認識の下、杉山はいわゆる第一次護憲運動の際に、桂太郎首相が議会を解散せず辞職を選んだことや、大衆の暴動を厳しく取り締まらなかったことを「憲法無視」と批判している。それは明治憲法が天皇大権により国家を統治するための欽定憲法であり、「他邦の憲法の如く人民本位の憲法ではない、故に発憲の詔勅にある通り必ず遵行せねばならぬ」ものだからであった。(43)そして政党と憲法との関係について杉山は、「政党と云ふものは、以上の公規成法に何等の関係もない、即ち憲法に何の明文もない私団であって、勝手な物である、夫で少々計り諸外国の理窟を囓った小僧共が、勝手に集って勝手を云ふて居る、云はゞ囲碁集会所と少しも違ひはない」(44)といい、さらに進んで「日本の憲法七十六条の中更に政党を認めたる条章一ヶ条も無之以上は政党をして民意に密接の交渉あらしむるは一問題に対する期成同盟会的の政党の外日本の憲法に対しては違憲の問題と断定し得べく存候」(45)とまでいい募っている。

しかしそのように政党に悪罵を浴びせ続けた杉山が、政党と没交渉であったのかというと、もちろん否である。真偽が疑わしい彼自身の言説によるなら、伊藤博文が立憲政友会を組織するに際して十万円もの大金を差し出して援助したのだという〔俗、三二四～三二八〕し、大正末期に加藤高明が政権を握るに際しては政友会との和解を仲介したのだと語っている〔俗、六五三～六六六〕。日向輝武のような星亨系の政党人と結んで利権に関わっていたこ(46)ともあれば、桂太郎が立憲同志会を設立するに際して杉山が奔走していたことは当時周知のことであった。(47)大正末期から昭和はじめにかけて政権獲得に執着していた床次竹二郎を煽り立てて迷走させたこともある。すなわち政党への悪罵はただのポーズであり、杉山は藩閥のみならず政党も大好きだったのだ。否、より正確にいうなら、藩閥であれ政党であれ、政治権力を握って杉山の介在を受容してくれる者でありさえすれば、彼にとっては誰でも構わなかった。政党批判は杉山の**言動矛盾**を知るための格好の材料である。

ちなみに、松岡洋右が昭和八（一九三三）年の暮れに政党解消運動を始めた際、杉山は松岡を呼びつけ、「政党組織は日本の立憲政治を発展させる意味で、絶対必要であるとして畏くも明治大帝の御言葉の御趣旨などをも説いて散々に叱りつけ[49]」たのだという。変通自在といえば聞こえはよかろうが、無定見ここに極まれるをみるべし。

杉山の憲法理解

杉山は多くの言説で憲法を語った。あたかも自らが憲法の守護神であるかのように。しかし彼は、口ほどには憲法を理解していなかったに違いない。

杉山は大正八（一九一九）年九月に政界当路者に呈したとみられる『建言の事』において、「我国政治上の全責任は総理大臣一人にて負担すべき事」という提言を行い、その理由として「已に内閣の官制上にも有りし如く「総理大臣は各大臣を董督し其責に任ず」即ち総理大臣は先づ内閣組織の大命を奉じ自から各大臣を撰定して之を上奏し親任を乞ふ訳に御座候間其各省の政務に対する全責任は無論総理大臣にある事当然と存候」と論じている。[50]

杉山はこの主張を、大正十（一九二一）年に彼が「盲訳」したと称する『デモクラシーと寡頭政治』においては、提言から一歩進んで既定のこととして論じている。杉山は、原著者が本文において「総理大臣は戦時中各省の政務に付き一人にて全責任を負ひ、各省大臣は其所管の政務に付いてのみ総理大臣に対して責任を負ひ、而して議会に対して責任を負ふ者は総理大臣一人と定めたいのである」と述べている箇所に割注を付し、「庵主曰く、英国はヤッと今頃ソンナ事を言ふて居るが、我国にては疾ふに夫が憲法上チャンと極つて居る。其五十五条に（国務各大臣は天皇を補弼し其の責に任ず）と昭々日月の如く輝いて居る。又官制の上にも（内閣総理大臣は各大臣の首班として機務を奏宣し旨を承けて行政各部の統一を保持す）と叫んである。夫をグチヤ々々々にするのが衆愚の崇拝者である」〔デ、二九五〕と主張しているのである。

しかし「内閣官制」（明治二十二年勅令第百三十五号）には、『建言の事』で杉山が述べたような規定はなく、第二条に杉山が『デモクラシーと寡頭政治』で」引用したとおりの規定があるものの、それは彼が主張するような総理大臣の単独責任制を定めたものではない。憲法制定以前の明治十八（一八八五）年に太政官を廃止して内閣制度を創設した際に定められた「内閣職権」には、第一条に「内閣総理大臣ハ各大臣ノ首班トシテ機務ヲ奏宣シ旨ヲ承テ大政ノ方向ヲ指示シ行政各部ヲ統督ス」と定められていたが、憲法制定により「内閣官制」に改められた。杉山は「内閣職権」と「内閣官制」とを誤認しているか、あるいは曲解している。

明治憲法の第五十五条第一項は、それぞれの国務大臣が単独で天皇を輔弼する規定である。明治憲法下の内閣は、総理大臣が強い権限を持つ連帯責任制の内閣ではなかった。そもそも憲法に内閣の規定がなく、さらに「内閣職権」が廃止され「内閣官制」に改められたのは、英国型の連帯責任制内閣を政党内閣と同一視する井上毅の強硬な反対によるものであった[51]。すなわち総理大臣単独責任制という杉山の主張は、泉下の井上毅からみれば、政党内閣制を敷けという主張に他ならなかった。

杉山は政党内閣を「非立憲」と罵りながら、憲法五十五条一項の条文が国務大臣単独責任制を明瞭に規定しているにもかかわらず、憲法施行とともに廃止された「内閣職権」を持ち出してまで、その政党内閣を退ける意味を持つ憲法五十五条一項を捻じ曲げようとしている。思うに杉山は、憲法五十五条一項の規定を正しく理解できていなかったのだろうし[52]、理解できていたとしても「内閣職権」の規定からして総理大臣単独責任制の主張には理があると考えていたのだろう。もしそうであれば、彼は上位法と下位法の優劣の弁別すらできないほど無知であったと考えざるを得ない。法令相互間の優劣は法学をかじった者であれば知らぬはずもない基本の中の基本であるが、杉山は法学の基本的知識を持たないまま、ききかじりの浅知恵で憲法を論じていたということになる。

また見方を変えるなら、杉山の主張は改憲要求であるという解釈もできる。五十五条一項が「国務各大臣ハ」と明記している以上、総理大臣単独責任制を実現するためには、「内閣総理大臣ハ」と改めなければならない。下位法たる「内閣官制」をいかに改正したとしても、憲法の規定を超越することはできない。しかし、もし改憲を要求しているのであれば、彼は明治憲法を「万世不磨」[53]「金甌無欠」〔俗、六二一〕と讃美し、「必ず遵行せねばならぬ」[54]と主張していることと**自己言説矛盾**を惹き起こしてしまうのである。

ここにも杉山の思考の限界が露呈しているとみるべきであろう。

天皇親政論

井上毅は天皇親政論者であり、その立場から一貫して英国型の立憲体制を排除しようとした。[55]憲法第五十五条第一項を国務大臣単独責任制としたのも、その主義を貫徹したものであった。

杉山茂丸もまた、天皇親政論者を標榜していた。標榜していたとあえて迂遠な表現をするのは、杉山の天皇親政論が彼の著作にあらわれた主張のみを前提にしているからである。杉山が心底からの天皇親政論者であったかどうかは、彼の著作における主張とは別次元の問題である。それは、彼の著作にしばしば虚言が語られ、錯誤や歪曲があり、矛盾が露呈している事例をいくつもみてきたわれわれにとって自明のことであろう。

では、杉山はどのような天皇親政論を主張していたのだろうか。管見の限りで、杉山がそれを主張した著作は五篇存在する。最も早いのは大正六（一九一七）年八月初出の『百魔』第六話「品川弥二郎の勤王主義」である。ここで杉山は佐々友房と思われる「熊本の友人」に対し、藩閥政治家を「政権の詐欺師」と罵る。杉山の主張は、「今上陛下は、維新の初に於て、王政復古を詔示させ玉ひ、天子親政の大御心を宣し玉うた」のであり、その大詔の主意を蔑ろにしている藩閥は、徳川幕府よりも悪辣な政権の詐欺師だというのである。杉山は、「俺の云ふ王政とは、古《いにしへ》に復る王政である」と宣言する。ここで杉山が古代の王政の例として持ち出すのが、「朝倉の宮の旧記」なる文献の記述と称する天智天皇の故事である。

それによれば「天智天皇の木の丸殿」は、「宮室三椽と云うて、皇居は三棟」で「皮の付いた丸木柱」を「藁の苫で葺」き、「苫が荒かつた為めに」天皇の袖が夜露に濡れ、そこで「秋の田の刈穂の庵のとまを荒らみ我衣手は露に濡れつゝ」と詠まれたのだという。また「宮垣胸に上らずで、木の丸殿の御垣は胸よりも高くなかつた」ため、道ゆく農民たちは垣の外から天皇に挨拶をし、天皇も親しくこれに接していたことから「朝倉や木の丸殿に我居れば名のりをしつゝ行くは誰が子ぞ」の歌が詠まれたとも。杉山によれば「斯様に古《いにしへ》の王政の天皇は、人民稼穡の事を思召して、屢々皇居を遷し賜ひ、丸柱、荒蓆の皇居に在しまして、直接八兵衛も杢兵衛も御懇意であった」のだという。故に、「君民の間には、勤王家も、忠義者も、社会党も、無政府党も、虚無党もない」のがあるべき王政の姿だというのである〔百、三四〜三七〕。

これは極めて観念的な主張で、具体的な施政の姿は想像もつかないが、杉山はこの朝倉宮にまつわる物語が気に入っていたのだろう。これ以後、「其日庵過去帳」の「香月恕経（中）」[56]、「デモクラシー」、『建白』の第一章、『俗戦国策』の「帝国憲法発布」の章で、繰り返しこの物語を語っている。

ただし、杉山のいう「朝倉の宮の旧記」なるものがいったい何の文献なのか、そこにこのような物語が本当に書かれているのかは、これまで検討されたことがない。「朝倉の宮」とは、現在の福岡県朝倉市にあったといわれる朝倉橘広庭宮のことであろう。元陸軍軍医監で福岡の郷土史家である武谷水城は、朝倉橘広庭宮址など朝倉の遺跡に関する論考の中で、いくつかの重要な文献について検討を加えている。武谷が採り上げた文献中、杉山が言及した「朝倉の宮の旧記」に該当すると考えられるのは、元禄七年に福岡上座郡の古賀高重が編んだ『朝倉紀聞』である。そう考えるのは、木の丸殿の造作の描写が『百魔』の記述と相似であることに加え、杉山が引用した二首の天智天皇御製を、木の丸殿と強く関連づけて叙述していることに拠る。[58]

とはいえ、『朝倉紀聞』に杉山がいう「宮室三椽」や「宮垣胸に上らず」などという記述があるわけではない。そもそも「宮室三椽」とは実に奇妙な語で、およそこんなことばは日本語にはない。[59] また『朝倉紀聞』が、天皇と民人との親しい交流について叙述しているわけでもない。杉山は天皇が「人民稼穡の事を思召して、屢々皇居を遷し」たというが、朝倉橘広庭宮は朝鮮の三韓の乱への備えとして斉明帝が筑紫へ赴いた際の行宮であるし、木の丸殿は武谷によれば橘広庭宮とは別に、[60] 斉明帝没後に皇太子（天智天皇）が物忌みのために急ごしらえをした御所とされる。行宮などであれば滞在期間も限られるから、質素なものであったに違いない。杉山はそれを、古代天皇の宮殿造営に一般化し、皇室が質素であることを強調し「民を厚うする事計りに努力せられて、皇室御自身の利害関係は殆んど忘却の姿」〔デ、六〕であったというのである。しかし斉明帝が飛鳥に造営した後飛鳥岡本宮が大規模なものであったことは近年の発掘調査で明らかになってきているし、[61] 既に日本書紀には、斉明帝の大規模な土木工事を「狂心」と批判する声が当時からあったことが記録されている。[62]

一方、杉山が引用した天智天皇御製といわれる和歌の解釈も、歴史的に確立されてきた評釈とはかけ離れた無稽なものである。「刈穂の庵」は皇居を指すものではないし、「名のり」は農民たちから天皇への挨拶などではない。[63]

こうしたことから、杉山の言説は政治的意図を持ったプロパガンダであり、「朝倉の宮の旧記」に基づくとされる故事は『朝倉紀聞』の記述を都合よく語り変えたものに過ぎないと考えられる。[64]

杉山が天皇親政論の根拠として語った例が、たとえ杉山によって脚色された絵空事であったとしても、彼が天皇親政論を主張していた事実は揺るぎない。しかし百歩譲って杉山の主張を是認したとしても、近代的国民国家を確立させた明治以後の帝国日本において、杉山がいうような天皇親政など幻想にすぎないし、それを信じる心性があったのなら、それはもはやファナティシズムであろう。杉山は現実主義者であり狂信家ではない。天皇親政を唱えたとしても、それは建前に過ぎなかった。

前節で杉山が大正期に著わした建白書を通覧したが、杉山は加藤高明や牧野伸顕に呈した建白書の中で、彼らが天皇に対し、杉山の意に沿うような発言をさせるよう働きかけることを求めていた。

まず加藤高明への建白書をみよう。杉山はこの建白書の冒頭の項目に、「大命降下の際特に陛下の思召丈けとして総理大臣の任期は政務に大過ある時を別として大凡五ヶ年を一期として勤続すべき旨の御諚を蒙らるべき事」と書いている。短命の内閣が続いたことを受けての提言であろうが、天皇にそのような発言をさせよという趣旨の内容であり、注目に値する。臣下の意志によって天皇の勅諚を動かすことができるのであれば、それは杉山が主張する天皇親政とは対極の姿であろう。そしてここでは加藤高明に対してそう提言しているが、いったい大命を受ける加藤が、天皇に向かって「五ヶ年を一期として勤続すべき旨の御諚を」要求することができたであろうか。もし杉山の意に沿わない誰かが大命を受けた際にそれを要求したなら、彼は僭上の沙汰と罵るのではないだろうか。

牧野伸顕に対する建白書では、歴代の内閣が天皇の統治権をないがしろにしてきたこと、杉山自身は国会開設当初から歴代内閣にあるべき輔弼の姿を建言してきたが容れられなかったことを例によって長々と述べているが、眼目はただひとつである。それは当時の台湾総督内田嘉吉に対し、加藤首相の命を受けた江木翼書記官長が辞職を勧奨したことについて、天皇から「台湾総督の辞表は自発的なりしや否や」と下問があるよう牧野に要請することであった。[65]杉山は加藤に対し「天皇の御親任ありし大官を何等上奏の事も無之属官をして其辞職を迫られたるは天皇を補弼せらるゝ長官として御奉公の根本を誤られたる言語道断の御行為と存じ併せて皇威の御為めに決して傍観し得ざる儀」という内容の書翰を送ったといい、「此等が最も皇威の衰退に相関し候最大の事柄」との思いから、牧野に対し、何らかの上奏を行った上で、天皇から右の下問があるよう取り計らってほしいと求めているのである。ここでもまた、杉山は自己の意志を天皇の発言として現実化させようと意図していたのである。とはいえ、この建白書が出された九月十三日の時点で、すでに内田嘉吉は辞職し伊沢多喜男が台湾総督に任命されていたから、杉山の意見が実現する可能性はなかった。それを承知の上で杉山が牧野伸顕にこうしたはたらきかけを行った目的は、末尾にある「若し此種の御用に相関り候儀御座候はば何時にても斧鉞鼎鑊を不辞御奉公可仕候」という一文にあったのではなかろうか。牧野伸顕の日記をみるかぎり、杉山が牧野に接近するのはこれ以後のことである。[66]

それればかりか、杉山は自分の意に沿う人物に組閣が命じられるよう、関屋貞三郎を通じて牧野伸顕に働きかけていた。杉山は大正十四（一九二五）年七月二十四日に関屋を訪ね、その年三月に内大臣に就いていた牧野に面会したいと申し入れた。目的は首相選考に関する要望を伝えることで、杉山の考えでは、加藤高明首相には種々不満はあるが、田中義一は首相の器ではないので、加藤の留任を希望するというものであった。[67]杉山はその翌日にも関屋を訪ね、加藤高明に組閣の命が下る際には、床次竹二郎と共に組閣するよう天皇に発言させてほしいと要望[68]している。

杉山は回顧録の中で、さまざまな政府の人事に関与したことを自慢気に述べているが、事実として検証できるものはほとんどなく、加藤高明がこの年八月に第二次内閣を組閣したのも、杉山の牧野に対する働きかけの実現であったという証拠はどこにもないのだが、問題は杉山の意向が首相人事を左右したのか否かではなく、彼が天皇の大権に属する首相選考に対し、天皇側近を通じて自己の意志をそこに介在させようとしていたところにある。杉山は、天皇親政を唱えながら、天皇親政論と対立するはずの側近政治に対して働きかけているのである。これは杉山の**言動矛盾**の典型といえる。たとえ天皇大権の実質が元老による選考であることが既知の事実であったとしても、それは天皇の意志に基づき彼らが元老という立場、それはすなわち重要な政治的意志決定に関与する正当性を与えられているがゆえであった。しかし政治への関与に何ら正当性を持たない一国民に過ぎない杉山が、首相選考を云々するのは大権私議そのものである。よって杉山は、正当性を持つ元老や天皇側近に働きかけることによって、みずからの大権私議を糊塗しようとしているのである。この事実から、天皇の自発的意志如何にかかわらず側近官僚の上奏によって天皇の行動は左右され得ると、杉山が認識していることは明らかである。[69]

このような杉山の建て前と本音、すなわち天皇の直接統治による国家経営＝天皇親政という著作上における主張と、側近政治による国家経営という裏面的政治行動における策謀との使い分けは、久野収と鶴見俊輔によって「顕教と密教」という表現で剔抉された明治日本の国家統治システムと、まったく同じ構造を持っている。また安丸良夫は幕末に尊王攘夷を唱えた平野国臣の言説を「天皇の名において状況を操作しようとしていた」と指摘し、平野ら尊攘家が描くカリスマ的天皇像を「見えすいた虚構性がほとんど自覚されたイデオロギー的作品」であると断じているが、杉山の牧野伸顕に対する働きかけもまた、「天皇の名において状況を操作しようと」する意図に出たものであることは明らかである。内田嘉吉台湾総督の辞職問題に関して大権私議を批判している杉山が、同時に自己の意志によって天皇を動かそうとするその矛盾、その自家撞着に杉山はまったく無自覚であった。[70][71]

否、それを自覚することは杉山にとって、自己を否定することであったに違いない。天皇を輔弼してその政治大権を実行する政治と官僚のシステムが存在するが故に、杉山のような存在も政治と行政に食い込むことができる。天皇親政の眩い光の下では、「モグラ」が生きていけないのは自明である。天皇親政を唱えたところで、それが実現するはずがないことなど、杉山は百も承知だ。建前として天皇親政をいいつつ、本音では政治や官僚機構とのなれあいを画策し続ける。それが杉山の手法であったのだ。[72]

第三節　教育を罵る、学者を誹る

杉山の著書『青年訓』に「教育亡国論」〔青、三一～四九〕と題した一章がある。ここで杉山は、当時の日本の教育制度を批判して「殺人教育」と罵った。人を殺すことを教える教育だというのではなく、教育が人を殺すというのである。

教育亡国論

杉山の主張は要約すれば以下のような内容である。曰く、明治政府は西洋文明に伍していくためには国民の教育が不可欠と考え、教育勅語まで発してその普及に努めた。その結果山間僻陬まで小学校が建てられ初等教育は普く拡がったが、小学校を終えた者は次いで上級の学校へ進むことを望む。それは教育の普及によって政府がそう仕向けたものだ。しかし中学校以上の中高等教育機関を小学校ほど多くはつくれないから、厳しい入学試験によって学生を淘汰する。首尾よく入学試験を突破しても、学業において試験に次ぐ試験で、青年は学問中毒にさせられ病人同様になってしまう。しかも卒業免状をもらっても、それは就職につながる切符ではなく、無職のまま親に寄食する高等遊民になるばかりだ。政府は教育制度によって学問奴隷、免状乞食をつくっている。しかも高等教育機関が東京に集中するため、青年はこぞって上京するが、そこで「帝都病」になって郷里へ戻ろうとせず、地方は衰退荒廃している一方、東京には高等遊民と入学試験に合格しないまま不良となった青少年が溢れているのだ、と。これをして杉山は「殺人教育」と称したのである。

杉山の論は、当時の学制における諸般の課題を極端に一般化している。初出時期に直近の明治四十五（一九一二）年度をみるなら、前年度末に全国の尋常小学校を卒業した生徒数約八十二万人に対し、中学校への入学者は官公私あわせて約三万三千人弱で、中学校進学率は四パーセントに過ぎない。中学校本科への入学志願者数は官公私あわせて約六万八千人で、尋常小学校卒業生に対する割合は約八パーセントであった[73]。このように大雑把にみても、尋常小学校卒業者の九割以上は中学校へ進学することを選んでいない。進学するか否かは、出身階層や出身地、資産の状況などさまざまな条件に規定されるから、杉山がいうように「小学校を終れば十三四歳親は勿論の事本人も頻りに中学校へ入りたがる。これは當然の事で、小学読本の中には立志編中の人物や其他幼い心を昂奮させる記事が澤山にある、白痴のやうな低能児でない限り、何とかして進んで高級の学校に入りたい、ゆく〳〵は東京へ出て大いに勉強して一廉の学者になりたいと思ふのは理の当然」〔青、三五〕であったとしても、そこから進学という行動に結びつく者はごく限られていた。それを杉山は、あたかもすべての青年が「殺人教育」の犠牲になっているかのように事象を過剰に一般化して語っているのである。

とはいえ、杉山が指摘した高等遊民などの存在が、当時社会問題になっていたのは事実であり、杉山の言説もそうした社会情勢を前提として語られたものには違いない。

当時の報道などを博捜して高等遊民問題を詳細に分析した町田祐一によれば、高等遊民とは「高等の教育を受けながら一定の職にない人物」で、高等の教育とは中学校卒業以上を指すものとされる[74]。ことば自体はすでに明治三十六（一九〇三）年に読売新聞紙上にみることができるというが[75]、それが社会問題としてクローズアップされ、解決すべき政治課題と認識されたのは明治四十四（一九一一）年であった[76]。町田は高等遊民が生み出される原因として、入学難、就職難、半途退学の三点を指摘し、明治末期には年間およそ二万人の高等遊民が生まれていたと推計している[77]。

これら高等遊民の存在がメディアに大きく取り上げられて社会問題化した原因は、まず「この一両年間に於て驚くべき勢力を得来つた斯の所謂社会主義的又は無政府主義的危険思想に対する政府当局者の防圧方針[78]」にあったことが当時指摘されている。すなわち、その前年五月に長野県下で社会主義者宮下太吉が逮捕されたことに始まるいわゆる大逆事件において、死刑に処せられた幸徳秋水らの「一味」に、高等遊民と目される高学歴で確たる正業に就いていない人物があったことが、社会主義、無政府主義など「危険思想」と高等遊民とを結びつける言説の登場を促したのである。

政府は社会主義者などに対する弾圧政策を進めるかたわら、学制改革による入学難の緩和、専門学校増設などによる実業教育の奨励を図った。一方メディアにおいては実業界での独立自営や、地方回帰、海外への移住などを奨励することにより、就職難に対応する高等遊民対策が説かれていたが、いずれも実効性には乏しい状況にあった[79]。

高等遊民問題は、社会構造や経済環境に深く根ざしており、容易に解決できるものではなかったが、大正三(一九一四)年に欧洲で大戦争が始まると、日本国内には軍需品輸出の飛躍的な拡大などによる「大戦景気」が到来し、学生の就職状況は大幅に改善[80]されることとなったことなどから、高等遊民問題に対する世上の関心はやや薄らいだ。

高等教育の排斥

杉山の主張の狙いは、高等遊民問題に対する解決策を模索しようとするものではなく、高等教育そのものを排斥することにあった。

杉山は「教育亡国論」の中で、「元来国家の制度によって建設せられた小学校の程度を終わった者は当然無試験で中学へ入学する権利がある筈である。既に小学校を終わった此児童を収容する丈け次の中学校を政府が設備して居ない為め更に中学への入学試験すると云ふのは甚だ不合理な話である即ち学生排済法である。中学を終えたものは高等学校へ高等学校を卒へたものは大学へ無試験を以て入学のできるのが当然である、なぜなれば国法で定めた科程を卒業して居るではないか。然るに学業を卒つてる的確な証拠があるにも拘はらず、更に試験をせねばならぬと云ふのは薬を飲ませて首を斬るやうなものである」〔青、三七〕と指摘する。入学試験をめぐってはすでに明治四十五（一九一二）年五月に、第一次桂太郎内閣の文部大臣で当時は京都大学総長であった菊池大麓が中学校における試験廃止を提起して以来、教育界でさまざまな議論がなされて、新聞紙上をも賑わしていた[81]から、杉山の指摘は詭弁めいてはいても的外れのものではない。しかし杉山は、試験制度をいかに改善できるのかという議論を闘わせていた当時の教育界とは異なり、それを指摘はしても改善策を提案するわけではない。彼の議論は別の方向に向かうのである。

杉山は政府の教育政策を「今日の日本の教育制度は第二の国民たる青少年の手を執って陥穽に突落し、偶々陥穽に陥らざるものは、試験と称する金槌を以て其脳天を打砕き、学問と云ふ劇薬を与へて健康を破壊し、神経を過敏にし、殆んど半病人の体となして更に其の揚句、食物を与へずに乾し殺すも一般である」〔青、四八〕と罵った上で、「親が子を産んで常識を検査するのは二十年までとして貰ひたい。夫から一二年兵隊に遣って鉄砲の台尻で打敲かれて来ると、其青年の体は首が肩にメリ込む様になつて帰って来る。夫を追ひ廻して活世界を縦横させると、土を担いでも学問上常識ある土方が出来るのである。此が真正なる国家の福利である、夫以上専門の技芸を得たいものはドンナ高尚な学校に入るも随意である。三十歳まで短艇を漕ぎ球を抛げて暮さねば返して呉れぬ学校の存在は疑ひもなく亡国である」〔青、四九〕と結んでいる。杉山にとって教育の必要性とはただ「常識」を身につけることであり、それ以上の教育は「学問奴隷、免状乞食」を生み出すだけの「殺人教育」に過ぎないのである。しかし杉山のいう「常識」が、何の基準にもなっていないことはいうまでもなく、ここでも杉山の主張は茫漠としていて観念的である。中学校卒業程度を意識していることは別の著述から判読できる〔屑、二九一〜二九二〕が、現に尋常小学校卒業者の九割以上が中学校にすら進学できない状況でかかる主張をするのは、高等教育そのものの否定であるといわざるを得まい。この考えは杉山の心骨に刻されたものであったとおぼしく、彼はこの主張を以後何度も繰り返すのである。

高等教育が国民の飢餓と犯罪を招く

杉山の教育政策批判、高等教育排斥論は、新聞や雑誌に発表された随筆や政談のほか、大正期にいくつも作成された政権当路者への意見書、建白書においても繰り返し主張されている。

大正三（一九一四）年七月に作成され大隈重信首相に呈されたとみられる意見書〔肩、二七一～三一五〕では、「教育亡国論」と同様に、維新以後の教育政策が青年を学問中毒に陥れたことを述べ、それは国家が兵役免除や高給偸安を宣伝して学問を奨励した結果であることを主張し、さらに次のように論じている。

一方国家国民は。此学校を修築せしむるために。有利なる家穡耕耘の田地を惜気もなく。数百坪若くは数千坪を濫用し。是に木柵を結廻し。遊戯玉投げの場所と為すことを流行せしめたる結果。全国の作付反別を減少することの第一位は。即ち学校の建築敷地に御座候。市町村道路の改築。鉄道若くは官衙の新築等は第二第三に位し。遂に此作付反別減少の爲めに。米麦の減収を来し。国民の食物欠乏となり。一方法律衛生教育等整備の結果人口の増殖は一ヶ年五六十万以上を計上せられ。今より普通算法に拠るも。六十年の後には一億数千万の人口を見るに至るべく候。故に生活の困難は。日に其度を昂めて。襤褸を纏ふも寒を凌ぐ能はず。粗糲を食ふも飢を免かるゝ能はず。遂に適当の社会的秩序を保持することを得ざるより。破廉恥罪は日に生活の困難に比例して多く租税の滞納や強姦。私通。野合。棄児。殺人等の統計は此人口の増殖と作付反別の減少に伴うて駸々停止せざる状況に相成申し候。〔肩、二九三～二九五〕

大風呂敷と綽名された大隈首相への建白書とあってか、杉山の所論も大風呂敷を通り越して大広間の絨毯並みといわねばなるまい。高等教育を充実させれば、「遊戯玉投げの場所」に過ぎない学校建設用地のために農地が減少し、人口増加と相俟って国民の飢餓を招き、延いては凶悪な犯罪が増加するというのである。日本の為政者とて、農地がなくなるまで学校を建て続けるほど愚かではなかろうが、杉山はそうは思わなかったようだ。そして「先づ斯の如き国家の設備を。国家の現状に伴ふ程度に止め。一般教育の制度を革新して国民の大多数を常識程度に置き。篤志勤学の青年をして最も優等なる学業に就かしむるの制度と為さば。国家及び父兄の間に投ぜらるゝ二億円以上の学費は。多大なる減少を見るを得べくと存じ申し候」（屑、一二九五〜一二九六）と結ぶ。国民の大部分には高等教育を授ける必要はない、高等教育はごく一部のエリートだけのものにせよ、と。そういいながら、先に試験制度を批判した杉山が、エリートたるべき「篤志勤学の青年」をどのように見出すのかを提起せず観念的主張にとどまるのは、彼の政策提起能力の限界であろう。

大正七（一九一八）年の「軍備の儀に付建言の次第」では、欧洲大戦を踏まえた軍備増強に関する建白書であるにもかかわらず、わざわざ高等教育批判の言説を盛り込んでいる。曰く「我帝国の有様を見るに其学制の根源より教育施行の現実に至るまで実に悲惨の極を演じ恰も国民の子弟を挙げて活字となし之を学校と云ふ印刷機械に掛け学科と云ふインキを擦りグワチヤンと押圧して同一模型の免状を刷出し校門と云ふ土管の口より毎年排泄するかのように見受けられ申候」[82]と。この「印刷機」云々のいい回しは、どうやら杉山のお気に入りになったらしく、これ以後三度にわたって彼の著述の中で繰り返されている。[83]

大正十三（一九二四）年、大命降下直前の加藤高明に呈したと思われる意見書では、「九、学制を改め高等小学の制を常識試験程度とし中学程度を以て普通大学となし学士の学位を与へ大学程度を高科大学となし高学士の学位を与ふる事」という一条が掲げられている。中学校を大学と読み替えて学士の学位を与えよという主張はいったいなんであろうか。杉山はこれによって大学進学熱、学士熱を鎮静させることができると考えたのかも知れないが、学位と学力の国際水準を無視した暴論というべきであるし、学位のインフレーションを惹き起こすだけの意味しか持たない浅知恵というべきであろう。杉山は機略縦横などと褒めそやされることがある[84]が、その機略なるものが安ピカのメッキに過ぎないことを物語る主張である。

この条には四つの細目が付加され、「(1)試験を悉く常識試験とし卒業試験を論文試験とする事」「(2)各学科ともに全部兵式操練を以て体操科に代ゆる事[85]」「(3)普通、高科両大学の入校には兵役終了を以て一の条件とする事」「(4)忠君愛国倫理学を正科とし他の智識技芸学を別科とし正科を優尚と認めざれば免状を下附せざる事」という主張がなされている。この(2)から(4)までは、昭和期に昂揚する軍国主義教育に棹さす主張で、高等教育に対する排斥論と併せてみるなら、杉山の主張が愚民政策による全体主義的国家の実現を目指すものであったことは疑い得ない。加藤高明内閣が成立すると、同年十二月の文政審議会に現役将校を中学校以上の諸学校に配置して軍事教練を実施しようとする案が諮問[86]され、翌年四月には「陸軍現役将校学校配属令」(大正十四年四月十三日勅令第百三十五号)が公布されているが、その事実が杉山の意見を加藤首相が採用した結果であるのかどうかは不明である。

学問は世界大戦争の根源

高等教育の排斥とともに杉山が繰り返していたのが、青少年への教育の基盤である学問そのものへの讒説と学者への誹謗である。

学問が青年を中毒に陥れるという主張については、高等教育に対する排斥論ですでに言及しておいたが、第一次世界大戦の最中に杉山は、福岡の玄洋社で開かれた講演会で次のようなことを述べている。曰く「今や何うしても世界の戦争を免れない運命になったかと云ふと学問科学の進歩即ち科学の中毒と云ふ事が戦争の原因となって居る。即ち学問の発達が其度を超へて中毒患者になって、それから戦争が起る」[87]のだと。ついで寺内正毅内閣の末期に作成されたものと推定される建白書においては、この考えがさらに拡張されている。

一、熟々世界大戦争の根元を相考申候に種々の動機も可有之各自の唱道も頗る多岐に被聞込候も小生を以て之を要言致候得ば総て学問即ち科学的中毒の結果かと存上候

一、元来人類の生存に善用すべき学問を悪用致候より開闢以来無比の惨禍を来し候は争はれぬ事実にて其悪用の方向は日一日と劇甚の程度に傾向致来り候有様に御座候

（略）

一、此故に其憎むべき精神は英、独共に差別は無之何れも科学中毒の患者たるには相違無之と存申候

一、而して其戦争を遂行するの状態は製艦、銃砲、弾薬、造船、汽車、汽船、航空、其他攻城、守塁、後方、兵站の勤務に至るまで悉く基礎を科学的に置いて之を競争悪用したるものに外ならずと存申候

一、露国は空漠たる学理に中毒して国民の統一を失ひ無政府共産等の迷路を辿りて終に其国を亡ぼし米国は自衛的に学問上の人道を唱へて戦禍の中心に驀入し列国又競ふて此等空虚の問題に喚嗎して其及ばざらん事を恐るゝの有様に御座候

一、之を要するに世界死命の時期は科学悪用の中毒によりて漸次接近可致かと存申候[88]

ここで杉山は、学問を科学といい換えた上で、第一次世界大戦の原因から前線での戦術、ロシア革命の勃発に至るまで、あらゆることを学問＝科学がもたらした悪であると論じている。とはいうものの、杉山はそこから学問をどうせよともこうせよともいわず、「少なくも数十億の国債を起」し、「国力の全部を挙げて軍備の拡充に尽瘁」せ

よと主張しているのだから、前段の学問に対する指摘は、建白書の趣旨目的に対して何の意味も持たない。彼が悪態をつく学問＝科学の「競争悪用」によらなければ、軍備の拡充を実現することはできないのだから。

すなわち杉山が学問への讒説を繰り返すのは、ただ学問を排斥したい、非難したいという妄執が書き留められたものに過ぎないのである。ではなぜ彼はかくも学問を排斥したいのだろうか。

杉山はいう、「学者に云はせれば、祖先の位牌も、畢竟木片に墨を以て文字を塗抹したものに過ぎぬ。成程位牌の容器は経具屋の手に作られ、位牌は大工なぞの板を削り細めたのに僧侶が文字を記した丈けである。――が、木片と墨汁だからそれに小便を垂れ懸けても一向差支ないと云ふ事になったらどうだらう、位牌を拝まない奴は数多くあるだらう。併し巡査の前で小便を垂れる奴はあつても位牌に小便を垂れ懸ける奴は一人もあるまい迷信の貴いと云ふのは即ちこゝの事だ。然るに今日の学者は構はぬから小便を垂れろ、罰は当らぬと斯う唱へる」と。さらに「位牌に小便する程の奴なら親にも不孝である、兄弟にも冷酷である。況んや他人に対してをや。即ち其一家は亡ぶに相違ない、親に不孝兄弟に冷酷、他人に無情な奴なら一天万乗の大君に対しても不忠であるに相違ない、即ち反謀人であり国賊である」〔青、一〇五～一〇六〕と続ける。位牌に小便をかけるというのは、杉山自身がいい出したたとえ話であるが、あたかも学者が実際にそう唱えているかのようにいいなして、それを謀反人、国賊に結びつけていく論法は、いわゆるストローマンの詭弁そのものである。この詭弁術は、先にみた大隈首相宛意見書の引用箇所でも応用されており、杉山の得意な論法であったことが推認されるが、詭弁を弄してまでも彼は学問の主導者たる学者を、伝統的な文化や思想、道徳などを破壊する無道な存在として規定している。

また曰く「学者と云ふ者は字の書いた処許りを読んで、大きな顔をして無駄死をする低脳児ばかりである」[90]と。

さらに曰く「学問と云ふものは、第一に智識を博むる物であって、実際に間違があっても、損害賠償をする物ではない。夫を学んで具体化させて、責任を以て人民の安寧幸福を実現させる人を政治家と云ふのである。夫には文を正ふする丈けの、人格的の力量がなくてはならぬ。又水の如き人民の帰向を指導する丈けの徳望と、親切が無くてはならぬ。百般の法律規則も、徳望と親切と云ふ実際力が之を施行せねば、直に狂瀾になったり、渦流になったりするのである其時に政治当局が辞表を出しても、政治学は決して損害賠償をせぬのである。左すれば人民は、狂瀾と渦流に成り損にて、国家は其狂瀾渦流の底に沈淪し去る丈けにて、地球表面には一の泡沫を止むるのみである。予は茲に絶叫する、露西亜は学問の淵叢である、今世界の人民をして、狂瀾渦流の底に沈めつゝある議論は、露国の無政府主義、共産主義、虚無主義である。今理想政治に存分到達して、謳歌しつゝある者は、露国のレーニン、トロツキーである」(91)とも。

こうした主張は彼の晩年まで続き、次のような言説に集約される。曰く「日本には、学者と云ふ特殊なる低脳児が、善を棄て悪に就き、光栄を棄てゝ劣等に随ふ的の講義をなして、著しく国家の基礎を攪乱して夫が西洋著書の理論にさへ合致すれば、得意とするやうな愚説を、斯国民が謹聴するとは、全く黒白を弁ぜざるの所作である（略）学問は進歩すべき人類の貴重な誇りであるから、決して捨てずに之を研究するのが、人類の品位を高うするのである、併しマダ研究の道途にある、未製品の儘之を人類の実際に、無理に当嵌めんとするのが、今の馬鹿学者である、即ち今世界に現存する「ソシヤリスト」「アナキスト」「ニヒリスト」「ボルセビーキ」又今日の各政党なる物の思想の如きが、疑もなく学問中毒の夫である」（俗、一一三〜一一四）と。

これらの言説から、杉山の意図は明らかであろう。つまるところ、杉山が高等教育を排撃し、学問を讒誣し、学者に悪罵するのは、社会主義や無政府主義などを危険思想と捉える政府の危機意識と軌を一にしていたのである。杉山は学問全般を讒誣していても、その実、彼が嫌忌していたのは社会主義思想や、自由主義、平等主義などの西欧思想(92)であった。杉山にとって、学者はそうした危険思想を青年に植え付け国家の将来を危うくさせている存在であり、高等教育とは学者によって青年たちが危険思想に染め上げられる場であった。それゆえに、ほとんどの国民を高等教育＝危険思想から保護隔離する愚民政策が必要であり、高等教育は忠君愛国思想を十分身につけたエリートを養成する場でなければならず、危険思想を鼓吹する「馬鹿学者」〔デ、一八四〕は排撃されなければならなかったのである。

第四節　ホラ丸経済学

経済通の策士

杉山茂丸は経済通をもって自任していた。彼の自慢話の集成である『俗戦国策』には、経済通ぶりが余すところなく語られている。杉山は「庵主が帝国の政治を論ずるには常に先づ財政経済の事を基礎として立論せざる事なく、則ち明治二十六年の頃は庵主が三十歳の時にて、第二次伊藤内閣の下に渡辺国武、松方正義の両大蔵大臣等の時から、庵主一流の政治経済論を説き始めたのである」〔俗、三八八〕といい、「庵主は（略）相場を仕ようと思うたら、百発百中、勝つて儲けるに、極つて居る事を知つて居るのである。夫は「金利の上下」から「公債の償還期及其多寡」から「外債の成立、不成立」から、日本に有とあらゆる経済上の大勢は、大体庵主の前知せぬ事はない位の時であるから、何でもないのである」〔俗、五九三〕と豪語する。もちろん『俗戦国策』における彼の大活躍がほとんど信用ならない物語であることはこれまでに論証してきたとおりであり、右に引用した言説も眉に唾をつけねばならない類のものに違いないが、それにしてもこうした杉山の自信の源泉は、日本興業銀行設立運動におけるJ・P・モルガンからの借款の成功という実績――と彼が主張しているもの――であったに違いない。

杉山は政財界の要人が集った日本興業銀行期成同盟会において政府交渉委員の一人に選ばれ、銀行設立の必要性や設立計画についてさまざまな機会に講演し、あるいはメディアのインタビューに応じていた。その内容は小冊子に印刷して当路者に配布され、あるいは朝比奈知泉のはからいによって東京日日新聞に掲載されていた。これらは概ね興業銀行設立計画に限った言説であるが、同行が開業したのちには、国家経済、世界経済にまで及ぶ経済論[93]を展開し、また日露戦争が始まると「軍事貯金法案」を策定して発表[94]している。このように明治三十年代の杉山の言説は、彼が自身を経済通と自任するのもむべならんと思わせる活躍ぶりであった。

そのような経歴を持つ杉山であるから、著述三昧の日々を過ごした大正期に、経済財政に関する文章を数多く著したのは当然であった。彼がこの分野のトピックに言及した著作は枚挙にいとまがないほどであるが、その主張の内容は概ね彼が政界当路者に呈し、同時にメディアに公表した意見書、建白書類に反映されている。ここでは彼の建白書中最大のボリュームを誇る大正十一（一九二二）年の『建白』を主たる検討材料として、関連する著作にも触れながら杉山茂丸の経済財政に関する主張を検証していく。

『建白』における経済財政問題は、主に同書本文全体の四分の一を占める「第六、大蔵省改革の事」と題した章にまとめられ、更に八項目の小見出しが付されている。またこれ以外の章にも経済財政問題に関連する記述がある。議論は広汎であるが、概ね公債政策、預金部資金、金融制度、官民合同事業及びその他の五分野に集約される。

公債膨張主義

公債政策に関する杉山の主張は、公債発行の対象事業に関することと、公債償還政策に関することに分類される。

前者について杉山は、国の事業を不生産事業と生産事業とに分け、軍事、道路、教育、警察、衛生などを前者に分類して国税によってその事業財源を賄うものとし、後者についてはすべて公債によって財源を賄うべきものと主張している。杉山はすでに「呈大隈首相書」においてロシアの蔵相であったウィッテの言として「国家の不生産的事業計画は成る可く国税を以て支弁し。利益的計画は成る可く公債支弁を以て計画するの二法を基礎とせざるべからず」（肩、三〇九）と記しており、これが彼のアイデアのベースになったものとみられる。大正八（一九一九）年の小冊子『建言の事』でも、大蔵省改革を提言した項目中に「鉄道、電話、電気、煙草、食糧、塩、阿片、樟脳等の諸専売其他保険業の国有特殊銀行の買収及船舶会社の併合国有等は悉く公債支弁とするを必要と存申候[95]」という主張がなされている。

『建白』においては公債支弁事業として、鉄道、電車、船舶、ガス、電気、銀行、保険、水力、取引所、酒、煙草、薬剤、紙、絹布、砂糖、塩、米、鉄鋼、遊興を挙げており、これら国有事業あるいは専売事業として実施される公債支弁の生産事業は、公債償還後に大きな間接税の税源になると主張している。しかしその主張を例証しようとして、煙草専売を採り上げた公債支弁事業による国家財政の利益試算は、実にお粗末といわざるを得ない。杉山によれば、年利五パーセント二年後満期償還という条件で六千万円の起債を行い、年間純利益四千万円を想定する。単純化して起債額だけを創業時総資産と考えるなら、総資産利益率は六十七パーセントという荒唐無稽なものが前提とされるのである。この前提で、二年間の純利益が八千万円に対し、公債利払いが六百万円であるから、公債元本償還後の残余利益が千四百万円となる。そして「三ケ年目よりは其全部の公債を償却しての純益即ち四千万円利益の丸取と可相成」といい、そこから飛躍して四千万円を利払いに充てると仮定すれば八億円の資本で事業ができ、それであれば「三年目より正さに五億円以上」の利益を国庫に回収できるのだという（建、七三～七六）のである。

しかしそもその想定に立つなら、公債元本償還後の手許資産は千四百万円しかないから、四千万円の利益を出すには改めて六千万円の資本を調達するための起債が不可欠である。毎年六十七パーセントの利益率を挙げ続けたとしても、三年目から四千万円の利益を「丸取」にできるはずがない。杉山は自己の主張を正当化するために数字をごまかそうとしたのか、それともまともな試算をする知恵がなかったのか。加うるに煙草専売は生産農家によるタバコの栽培が大前提であるから、いかに専売事業として資本額を増加させようとしても、耕作面積や従事戸数などが制約となって、杉山が机上で算盤をはじいたように事業拡大ができようはずがない。たとえ話に過ぎないとしても、資本を十倍以上に増やすなど馬鹿げた妄想である。

杉山が掲げた公債支弁事業には、莫大な投資が必要なインフラ整備を伴うものが多く含まれているが、このような粗慢極まる試算を盲信して公債を発行し続けたなら、国家財政はたちまちにして崩壊してしまうに違いない。もっともそれ以前に、天文学的数字になるであろう公債を消化するだけの国内資本があったとも思えない。外資好きの杉山であるが、これらの事業を外国資本に握られてしまったら、事業の利益が国家財政に寄与するどころではなく、日本が清国の二の舞になってしまうことくらいは理解できただろう。すなわちこの主張は絵に描いた餅に過ぎない。杉山は大蔵省を「常に其職責を忘れ一度も財政を解せず経済を思はざる」〈建、六九〉省庁であると罵るが、彼が「財政を解し経済を思う」レベルはこの程度のものであったのだ。すでに大蔵省の牛耳を執る帝大出のエリート官僚たちは、この建白書をみて冷笑したのか、あるいは失笑したのだろうか。

公債償還政策についての、「呈大隈首相書」で提言された内容が『建言の事』と『建白』でも繰り返されている。杉山の主張は「英国ピット氏の重利計算法に依る基金制度」〈屑、二七八〉の創設というただ一点である。これは十八世紀の昔、英国の宰相であったウィリアム・ピット（小ピット）が一七八六年に導入した減債基金の制度を指す。英国の減債基金制度そのものは、早く一七一七年にロバート・ウォルポールが設立しているが、ピットは非国教徒牧師で道徳哲学者、財政批評家など多彩な活躍をしたリチャード・プライスが提唱した制度改革案を採用した。その内容は、減債基金に対して一般会計から毎年一定額を繰り入れ、それによって償却された公債の解放利子を基金に積み立てて複利運用していくことにより、基金を指数関数的に増やして公債償却を容易に行うことが可能となるというものである。その一方、各年度における財政需要の増嵩や一般財源の状況の変動によって、減債基金への定額繰入が困難となる状況も生じ得る。実際にピット政権におけるこの冒険は七年後の一七九三年、ナポレオン率いるフランスとの開戦によって正常な運用は不可能となった。[96] このような経緯から、我国においてもすでに明治末期には、東京銀行集会所がその特別調査において「此制度ハ単ニプライス氏ノ紙上ノ計算ニ止マリテ実際氏ノ説ノ如キ効益ナキノミナラズ却テ諸国ヲ禍シ近時ニ於テハロツシエル氏外二三ノ徒ノ弁護スルヲ除キテハ一般ニ財政学者ノ非難ヲ受クルニ至レリ」[97] と否定的に評価しているものであった。杉山がどこからピットの減債基金制度を聞きつけたのか、なぜ既に一定の評価がなされた過去の遺物のような制度を、あたかも万能の秘薬であるかのように囃したてたのかはわからないが、自身が財政通であることを宣伝するための材料として、例によってききかじりの知識をひけらかしている可能性は十分あるだろう。

杉山は桂内閣のときに進言して減債基金を創設させたようなこともいい〔屑、二七八～二七九〕、また時期は明言せずに「小生往年帝国が公債政策に苦みし時当局に慫慂致し英国の経済策を相勧め申候（略）コンソル法に御座候小生等の之を我国に採用せしめたる物が即整理公債発行に御座候」〔建、七九〕ともいっている。これらを彼の自己誇大化言説のひとつとみることには何の違和感もない。ことに後者の言説は、明治十九（一八八六）年に公債償却政策として導入された整理公債の発行を、自分が政府に勧めて導入させたものだと自己宣伝しているわけだが、当時の杉山は頭山満に拾われたばかり青二才、もちろんそんな事実はなかったに違いない。また整理公債は有期債であって永久債ではないから、杉山が言及したコンソル債とは性格が異なるものである。ここにも彼の浅知恵が透けてみえよう。

こうした公債償却法の提案の一方で、先にみたように、杉山は銀行や電力など民間の事業を国有化して公債支弁事業として実施せよという、いわば公債発行を膨張させる政策をも主張しているわけだが、さらにひとつの奇天烈な提案を公表している。大正七（一九一八）年七月七日の日付がある「軍備の儀に付建言の次第」という建白書と、同年に新聞に発表した意見「公債百億円募集の権能を与へよ[98]」である。この二篇は発表時期が近いだけでなく、趣旨や展開されている論旨もほぼ共通しており、事実上文言を変えただけの同じものとみなされる。杉山はここで何を主張したのだろうか。「軍備の儀に付建言の次第」でみていくなら、彼は第一次世界大戦における兵器の飛躍的な進歩を「悉く基礎を科学的に置いて之を競争悪用したるもの」であり、「世界死命の時期は科学悪用の中毒によりて漸次接近可致[99]」く、英米は「必ずや世界平和維持と云ふ美名の元に此軍備を背景としたる外交を発揮す」るに違いないから、「我帝国は（略）国力の全部を挙げて軍備の拡充に尽瘁[100]」せねばならないというのである。そうした英米と同水準の軍事力を確保するためには、「我国は列国同様欧洲の戦場に参加したる積にて少なくも数十億円以上の国債を起すべき」で、「八幡製鉄所を陸海軍の所轄として軍器専門の製造所[101]」にせよなどというのが杉山の主張である。この数十億円という数字が、二ヶ月後には百億円に騰貴したのが九月の「公債百億円募集の権能を与へよ」であった。杉山の財政論の主眼が、公債の際限もない発行による放漫財政主義にあることはもはや明白だが、それにしても欧洲戦争に直接参戦したつもりになって百億円もの公債を発行せよという主張には恐れ入る。杉山は饒舌を弄してその公債償還はたやすいといい募るが、彼のいう公債償還政策がどこまで信頼できるものであるかは、既にみたとおりである。

しかしそれにもまして注目しておかなければならないのは、百億円の公債で軍備拡張をせよと主張している点である。この項の冒頭でみたように、杉山は国の事業を生産事業と不生産事業とに分類し、不生産事業には税を充てよと主張しており、そこには軍事が含まれていた。にもかかわらず、ここでは莫大な公債を発行して軍備を充実せよと主張しているのである。これは彼の言説の通弊である**自己言説矛盾**の域を超え、もはや無定見、オポチュニズムというべきであろう。因みに、大正七年度の国の一般会計予算は総額七億二千百九十四万千四百六円[102]である。その十数倍にのぼる巨額の公債などと、実現するはずもないことを敢えて主張するところに、杉山の言説の本質がみえる。強烈な自己宣伝のためには、途方もないことを主張して世人の耳目を驚かせることほど効果的なものはないのである。

預金部資金廃止論

大蔵省預金部の成り立ちはいささか複雑だが、明治十八（一八八五）年五月に制定された「預金規則」と、これを受けて大蔵省内に預金局が設置されたことをもって、この制度が確立されたものとみなされる。同規則第一条において、取り扱われる資金は「駅逓局貯金」すなわちのちの郵便貯金のほか、「各官庁ノ成規ニ従ヒタル積立金」及び「社寺教会会社其他人民ノ共有ニ係ル積立金ニシテ其請願ニ據ルモノ」が規定された。大宗を占めるのは郵便貯金であり、大蔵省預金局がこれらの資金を「預リ之ヲ保管利殖」して、国の資金需要を満たしつつ国民の貨殖を図る制度であった[103]。

杉山茂丸が大蔵省預金部資金を批判した言説はいくつかあるが、その端緒は「呈大隈首相書」であろう。杉山は預金部を「国家の信用と国家の財政経済を破壊するの一大魔窟」とまで呼んで、この制度を批判している。彼は、預金部が全国の細民の貯金を集めたものであるにもかかわらず、これを政府が「非募債等の言質に苦み。此資金を繰廻はして鉄道資金等に使用するときは。取りも直さず細民に対する強制的募債」であると断じている〔屑、三一一〜三一二〕。『建白』ではより具体的に「預金部なる物は郵便貯金其他国民（略）に奨励したる預金故真に是国民の絞血に御座候然るを其当局が不徹底なる財政計画の結果自己の公債に応募者の寡少なるを見るや直ちに之を預金部に応募せしむると称して公債を此役所の弗箱に入れて其現金の方を引出して之を使用し平然として歳入の計画を立て毫も耻づる事なき有様に有之候」〔建、一一一〕とされている。すなわち杉山は、政府公債の購入という預金部資金の運用方法を批判しているのである。政府がその資金需要に応じて、恣意的に預金部資金で公債を消化しているという杉山の批判は、それだけを捉えるなら一分の理なしとはいえないまでも、国民の貯金であるからこそ、最も堅実な運用が可能な公債の購入が選択されているのであるし、それは制度発足時からほぼ変わりなく続けられてきたものであった。(104)

「呈大隈首相書」では自身の主張を正当化するため、さらに「一朝政府が信用を墜すときは直に引出取付の気運に逢ふべく。此場合には引出さるゝことの辛きが為め貯金利子の引上を為さゞるべからず。是れが引上を為して権衡を一般市場の金利の上に失ふときは。国民は直に銀行預金等を引出して郵便貯金等に入るゝのことなしと断言する能はざる理由に御座候。此場合は一般財政経済の監督の任に在る政府は。商工業の機関とする銀行と預金の競争を為さゞるべからざるに立至り。銀行業者は一般の金融に対して偉大の打撃を被むるが為。忽ちにして商工業に対する資金の融通に苦み。立所に商工業の市場は不況の底に沈淪し。遂に屢々見る所の経済界の恐慌を見るに立至り申す可く」〔屑、三一二～三一三〕と続け、風が吹けば桶屋が儲かる式の、因果連鎖をこじつける杉山得意の論法で預金部批判を繰り広げ、『建白』では「小生は昔より此預金部の廃止を絶叫して声を絶たざる次第に御座候」〔建、一一二〕と結んでいる。しかし政府公債に信用リスクが生じる事態となれば、預金部資金による公債購入のみならず、あらゆる金融システムに不安が生じるのだから、ここで杉山が主張していることは預金部批判の理由としては成立していないし、預金部廃止を要求する理由にもなっていない。

このように、杉山の主張は的外れといわざるを得ない。彼は果たして預金部制度を正しく理解した上で批判しているのであろうか。当時の預金部が抱えていた真の問題点は、政府公債を購入するという堅実な運用方法を逸脱して、対外投資や貸付金に預金部資金が投入され、その多くが不良債権化していたことであった。

たとえば明治四十一（一九〇八）年度において、預金部の総資産二億千二百三十万三千円の内訳は、国債証券が一億二千百六万千円、外国国債証券が三千五百万七千円、特殊銀行会社社債券が二千三百五十万九千円、現金が三千二百七十二万五千円という構成で、構成比はそれぞれ五十七パーセント、十六パーセント、十一パーセント、十五パーセントとなっていた。しかし大正十（一九二一）年度には、総資産十二億八千九百八十八万二千円に対し、国債証券は一億六千八百五十七万五千円でわずか十三パーセントに止まる一方、外国国債証券が三億五千三十五万六千円で二十七パーセント、地方債証券が八千三百六十四万四千円で六パーセント、特殊銀行社債券が三億二千五百八十八万三千円で二十五パーセント、貸付金が一億七千百七十四万七千円で十三パーセント、日本銀行預金が千六百万円で一パーセント、在外預金が二千七百十九万四千円で二パーセント、現金が一億四千六百四十八万円で十一パーセントという構成[105]に変化している。預金部資金が著しく膨張するとともに、運用先も大きく変化した。その過程では、ときどきの政権によって預金部資金の極めて政治的で乱脈な使い方がなされていた。そちらこそが問題なのであり、杉山が声高に指弾する国債の買い入れには何の問題もないのである。

大蔵省預金部を「魔窟」ならぬ「伏魔殿」と呼んだのは、鐘淵紡績の武藤山治が結成した政党の実業同志会である。武藤は預金部資金について「不良貸付となつて元利共回収の見込ない金が（略）二億一千三百四十万円に達している」[106]と指摘し、それ以外にも不良債権化しているものがあるのではないかと疑念を呈している。実業同志会の調査によれば、貸付金のうち朝鮮銀行貸付金、台湾銀行貸付金、正金銀行貸付金の一億六千万円余りと、特殊銀行会社社債券に含まれる興業債券（日本興業銀行社債券）のうち国際汽船会社貸付金、日本紙業会社貸付金、合同油脂グリセリン会社貸付金、東亜興業会社貸付金、江西借款資金貸付金の五千百九十万円が「悉く不良貸付であつて、所謂焦付として、殆んど元利共回収の見込無く早晩国民の負担とみなすべきもの」[107]だという。ここで名前が挙がっている江西借款資金貸付金とは第四章第三節で論じた江西南潯鉄道そのものであり、東亜興業会社とは清国における日本の利権獲得のために設立された国策会社で、同社が南潯鉄道借款の最終的な始末をつけたこともすでに論じた。台湾銀行貸付金は関東大震災の影響で経営破綻の危機に直面した同行を救済するためのものであるし、朝鮮銀行貸付金も教育銀行救済資金や満洲及西比利亜投資資金などを含んでいる[108]。横浜正金銀行貸付金は中国武漢の製鉄会社漢冶萍公司に対する貸付金の原資である[109]。また実業同志会のレポートでは言及されていないが、外国国債証券に含まれる支那政府国庫証券[110]は、寺内内閣時代のいわゆる西原借款として知られるもののひとつ[111]である。このように、預金部資金は日本の中国大陸における帝国主義的膨張政策のため、極めて便利に使われ、不良債権化していたのである。そして杉山茂丸は、そうした政府の膨張政策に左袒する立場であった。南潯鉄道借款に対する杉山の関与は改めていうまでもないが、彼は漢冶萍公司を日本の掌中に収めるため、預金部資金を使うよう主張していたのである。

杉山茂丸は大正六（一九一七）年四月に、「大冶鉄山之一班」と題した意見書を寺内正毅首相に呈している。この意見書で杉山が主張していることは、漢冶萍公司が経営する大冶鉄山の利権を日本が確実に手中に収めようというものである。この鉱山の利権については、悪名高き大隈内閣の対華二十一カ条要求において日中合弁化の要求がなされたが、中国側の強い抵抗によって、同公司と日本側資本家との間に合弁契約が締結されれば中国政府は承認するという内容に修正されたもの[112]であった。杉山はこの結論を不満として、是非とも日本政府による合弁が必要であると主張している。彼によれば大冶鉄山を合弁化して日本政府が利権を握ることは、第一次世界大戦の「戦後鉄ニ飢エタル諸外国ノ要求ニ対スル予防策ニシテ、又東洋ノ平和ヲ自営スル当然ノ処置」であり、「支那ニ於テモ又之ヲ認領ス」るに違いなく、「此ニ於テカ東洋ノ平和ハ保障セラレ、日支ノ親善ハ維持セラレ、対支政策ノ根本義即チ之ニ由リテ解決スヘ」きものであるという[113]。ここでの杉山の中国側の意思に対する認識は、反日感情に無念慮な、驚くべき楽観主義といわざるを得ない。さすがに杉山もこの主張の成否には自信がなかったのか、「支那ニ於ケル利権回収熱等ノ為メ妨害ヲ蒙ル虞アリ」と述べ、「裏面ヨリシテ合弁ノ実ヲ挙クルニ如カス」と、別の提案を並記している。この提案では、漢冶萍公司の株式を密かに買収し過半数の株式を手中に収めよといい、実施主体には台湾総督府を使い、その資金は大蔵省預金部から台湾銀行に貸し付けるのだという。株式取得に際しては台湾の漢族系住民の名義を使う必要があろうことも提起している。[114]杉山はこうした手法を「是レ固ヨリ陰密ノ間ニ行フヲ要シ、至難ノ業タルヘキモ、其人ヲ得テ之ヲ断行セシメハ必スシモ不能ニ非サルヘシ」と述べている。[115]ここでも杉山のスタンスは根拠なき楽観論に過ぎないものであった。

このように杉山は、すでに「呈大隈首相書」で預金部資金を「魔窟」と批判しているにもかかわらず、また預金部資金が注入された南潯鉄道への貸し付けで利子不払いが大きな問題となったことは彼自身が熟知しているにもかかわらず、素知らぬ顔で預金部資金を秘密裡にリスクの高い外国投資に使えと主張していたのである。ここにも杉山の無定見、オポチュニズムは歴然としているであろう。

金融制度の破壊者日本銀行

杉山茂丸が建白書などで金融制度について提言するのは、ほとんどが日本銀行の業務に関するものであり、しかもそれは建言、建策などというものではなく、日本銀行に対する憎悪とさえ呼びたくなるような罵言である。杉山は日本銀行を「日本の財政経済をして今日の如く困難ならしむるもの」といい、「株式会社即ち営利会社」である日本銀行が担う紙幣の発行を「盗人に鍵を与ふる」〔肩、三〇二～三〇三〕と罵っているのである。

杉山の主張を『建白』によってみるなら、彼は政府が「兌換制度を布き日本銀行法を制定」したのは「自己の責任を回避する為めに此大法を一の営利会社を基とし」たのだといい、続いて十一項目に及ぶ難点を挙げている。第一に「⑴国家経済の中枢を把握する事」が掲げられ、続いて⑵から⑹までの項目は「呈大隈首相書」と共通する内容で、紙幣発行によって日本銀行が暴利を貪っていると主張している。例えば「⑵正貨を準備すれば何程にても紙幣を発行し夫を七分八分九分の利子にて九十日叩きに手形を折返して再割引をなして利益を得る事」、「⑶制限発行として権利証書即ち公債証券壱億二千万円までを見返として無利子で紙幣を発行し其紙幣を又七分八分九分にて貸付くる事」「⑹其以外は制限外発行として五分の利息さへ政府に払へば又公債を見返りとして何程でも紙幣を出して七分八分九分の利息を取つて貸付け其利鞘と公債の利札は取つて宜敷事」という具合である。⑺から⑼の項目も「呈大隈首相書」と共通する内容で、株券を担保とする割引制度を悪用し金利調整によって担保に取った株券の相場を操作して高く売り抜けていると指摘している。⑽もまた「呈大隈首相書」と共通で、日本銀行は公的性格を持つにも関わらず政府発行の公債を担保に取る際に市場価格の八掛けで評価しているのは怪しからぬと憤慨している。⑾は『建白』だけの主張で、毀損紙幣に関する情報の公表が不透明だと指摘している。そして杉山は「此国家の大権丈は何程の代償を為すも早く買収して其権力を国家に復帰」させることが急務であるといい、日本銀行を国営化することを主張している。さらに続けて日本銀行以外のすべての金融機関についても「何程にても彼等の承認する価格にて其の営業の全部を買収」せよとまで主張している〔建、一二六～一三〇〕のである。

こうした杉山の主張は当を得たものであったのだろうか。

まず、日本銀行が株式会社として設立されたことを「自己の責任回避」と罵るのは、おそらく杉山の松方正義に対する悪感情が露呈したものとみてよかろう。[116] 続く⑴は、国家の中央銀行たる日本銀行の本質を、杉山が理解していなかったのではないかと疑わしめる言説である。この点については、『建白』の中で披瀝されている真偽不明の回顧談とあわせて検討する。杉山は右にみた日本銀行に関する国有化の建言に続いて、彼が日本銀行総裁と対決したという回顧談を、『建白』のこの項の後半を費やして語っている。杉山によれば「小生は往年時の当局と相談致し帝国の財政策編制の必要上日本銀行の内部を調査致すことを許可せられ即ち日本銀行総裁に対し懇篤なる添書を与へられ」て日本銀行総裁と面会したのだという。このとき雑談のなかで総裁が、輸入超過の現状に鑑み金利引上げを意図していることを口にしたのを捉えて、杉山は「貴下は何時内閣総理大臣以上の権力を天皇より御委任に相成升たか」と喧嘩を売る。いぶかる総裁に対して杉山は、金利操作によって政府が許可した輸入を牽制し事業活動を不可能にするのは総理大臣以上の権力だと長広舌を繰りひろげ、激昂した総裁に対して徐ろに来意である日本銀行の内部調査を申し入れる。即座に断った総裁に、杉山は大蔵大臣の添書を突き付けて一喝し、たじろいだ総裁を伴って蔵相に面会するが、その総裁は間もなく辞職したのだという。しかし杉山が構想していた日本銀行買収案は、その蔵相もまた「大変な困難な問題に遭遇せられて」辞職することになったため、棚上げになってしまったというのが、この物語の流れ〔建、一三〇〜一三六〕である。杉山と総裁との対決場面に、**アノミー**のシークェンスを見出すことはいともたやすかろう。この物語にはいくつかの検証材料が提示されてはいるが、歴代総裁の誰にこの物語での悪代官役を演じさせるべきかという結論を出すのは難しい。もとより自己宣伝の表徴著しいシークェンスが形づくられている言説であり、信用すべき何の理由もないことはいうまでもない。ここで注目すべきは、金利引上げを総理大臣以上の権力と称して日本銀行批判の矢面に立たせている点[117]である。これは「国家経済の中枢を把握」云々と同一地平にある批判言説であるが、貿易収支の状況を踏まえた政策金利の上下操作は、「正貨準備の最後の保有者」で「正貨の貯蔵池[118]」である中央銀行本来の責務であるし、輸入超過が続く状況下で正貨流出を防ぐために金利を上昇させるのは金融のセオリーである。またそうした金融政策を株式会社である日本銀行に担わせるのは、政府の恣意的な財政政策による経済への悪影響を防ぐために、政府の統制力を弱めて独立した金融政策を実行させせんがため[119]であった。杉山はそうした中央銀行の存在意義や組織形態の根拠に全く無知といわざるを得ないのである。

紙幣発行に関連した利益貪食という批判はどうだろうか。杉山は日本銀行の営業種別を弁別せず、十把一絡げに批判の対象としているが、(2)で言及されている手形割引に関してみるなら、日本銀行の商業手形割引歩合は杉山が主張する「七分八分九分」というような高利が常に適用されていたわけではない。むしろ八パーセントを超えていた時期はわずかである。杉山が『建白』を著したころは確かに八パーセントを超えてはいたが、大正十（一九二一）年末までの大正期の平均割引歩合は六・七パーセント程度、大正の全期間を通じても平均七パーセントほどにとどまっていた[120]。また日本銀行の商業手形割引歩合は、市中銀行のそれに比して低率[121]であった。このことから、杉山は日本銀行を批判せんがために同行の割引歩合を誇大に吹聴していた疑いがある。ただし(6)の項目については、一毫の真理を穿っている面がある。日本銀行の紙幣発行高は兌換銀行券条例によって制限がかけられていたが、「市場ノ景況ニ由リ流通貨幣ノ増加ヲ必要ト認ムルトキ[122]」に大蔵大臣の許可の下、保証準備を前提として制限を超えた発行が認められており、この場合に発行高の五パーセント以上の発行税が課されることと定められていた。すなわち制限外発行は金融の非常時に対処するために設けられた制度であったが、明治三十年代以後には頻繁に発行されるようになり、ことに明治三十七（一九〇四）年からは制限外発行がなされない年はない状態[123]が続いていた。こうした状況を生み出したのは、「政府が歳計収支の関係より、常に中央銀行に引受けしむるに多額の大蔵省証券を以ってし[124]」ていたことに原因の一端があり、それは「兌換券発行法の運用に大なる過誤あるを認めざる可からず[125]」と批判されていた。政府から独立した金融政策を執るべき日本銀行が、政府の御用銀行化していることが問題視されていたのである。したがって、利息に固執した杉山の指摘は的外れであったが、制限外発行を問題視していたことだけは、一毫の真理と評してよかろう。

　株券を担保とする割引制度とは、明治三十（一八九七）年に創設された見返品付手形割引制度を指す。もとは明治二十三（一八九〇）年の恐慌の際、市中銀行界からの強い要望を受けて創設した担保品付手形割引制度を端緒とする制度である。鉄道会社など特定の会社の株券を担保として銀行が発行する約束手形の割引に応じるもので、「株券ヲ抵当トシテ貸金ヲ為ス事」を禁止していた日本銀行条例第十二条の抜け道であった[126]。杉山は『建白』でこの制度を「(7)元来が「ノート」の「ジスカウント、バンク」であるのに何時の間にやら其法に但書を付けて動産株券を抵当に取つて宜敷事」と批判しており、この批判は当を得たものである。しかしそれに続いて「⑻夫で其株券を安価に取上げて置いて高い時に売放つて利益を得ても宜敷事」といい、「⑼其株券価格の高下は大抵此銀行金利の高下と金融の緩急に伴ふ物であるのに其金融金利は勝手に之を緩急上げ下げして其株券価格の上下に投ずる丈の便利を把持し居る事」と続けているのはいかがなものであろう。杉山のいうところは、担保たる株券を安い評価で手にいれた日本銀行が、自らの権限に属する金利調整によって株価の変動を誘発させ、株価を釣り上げて売り抜けるということであるが、このようなことが実際にあったとは考えられない。自由処分権付担保でもない限り、そもそも担保品は預かり品であって、担保の目的たる金員の回収に伴って返却されるべきものである。このあたりは杉山も「利益を得ても宜敷事」「便利を把持し居る事」という表現で、可能性の問題として扱っているとみることができる[127]。とすれば、これもまた批判する口実を作るための揚言、讒言のひとつと考えることが妥当であろう。

⑽の主張はほとんどいいがかりのようなものである。公債といえど市場価格が変動するリスクがあるものを担保とする場合に、保証品価格が時価よりも低くなるのは当たり前のことであろう。

⑾は「其他水火の難及遺失毀損等に因る消滅紙幣等の公表最も不透明に被思候其無引換紙幣は斯る低級の国民には最も多額なるもの故夫を一営利会社の利益とするやの疑あるは国家に対して罪悪なる事」という内容である。損傷紙幣の交換は「損傷兌換銀行券引換規則」に取扱い方法が定められており[128]、毎年度の「日本銀行営業報告」でそれぞれの年度の損傷兌換銀行券の高が公表されている。損傷の程度によっては銀行券の真偽が判断できず交換不能となるものがあり、それを問題にしているものと推察されるが具体性を持った提案ではなく、趣旨は判然としない。

日本銀行及び市中銀行のすべてを買収して国有化せよという最後の主張については、沙汰の限りというしかない。杉山が銀行の買収を公債発行によって実施せよと主張していることはすでに彼の「①公債政策」の項でみた。その公債はいったい誰が引き受けるのであろうか。国が発行する公債を、国有銀行に引き受けさせるのであろうか。

杉山の主張する公債政策や金融制度が実現したならば、確実にマネタイゼーションが惹き起こされ、日本経済は収拾のつかないインフレーションに見舞われたことであろう。

官民合同事業という矛盾

右にみた銀行国有論の主張において、杉山は国有化された銀行について「国家国民を基礎と致たる理法を編制致度候而して其中枢は純正なる官民合同にて組織可致」〔建、一二九〕と主張している。「純正なる官民合同」とはいったい何だろうか。「国家国民を基礎と致たる理法」という言葉も意味不明である。この言説からは国有銀行の組織や事業に関するイメージはほとんど何も湧いてこない。官民合同ということばは、杉山の常套句である。彼はあたかも改革を実現するための呪文のように官民合同ということばを掲げていたが、彼のいう官民合同なるもののイメージは、不明瞭なものであった。

杉山の数ある自慢話の中で、日露戦争終結の直前に山縣有朋に随行して満洲に渡り、そこで満洲軍総参謀長児玉源太郎から戦争終結後の鉄道経営方策の立案を託され、帰国して南満洲鉄道株式会社（以下、満鉄と表記）設立案をまとめたという物語は、『俗戦国策』で吹聴され杉山の事績としてよく知られているが、管見の限りでこの物語が最初に杉山によって語られたのは『建白』においてであった。杉山は『建白』第六章の「大蔵省改革の事」の八番目に「盛んに官民合同の事業を起すが宜敷と存申候」と題した項目を掲げ、その冒頭にこの真偽不明の物語をはめ込んだ。満鉄は彼が主張する官民合同事業の象徴として扱われたのである。『俗戦国策』において、満鉄のスキームは次のように語られている。曰く「従来の煙草や塩の如く官業の一方に偏する時は、民の業を奪ふの形となり、民の利を網みする事ともなり、利息の付かぬ資本を使うて、腹一杯利益を計上し、腹一杯係り員が月給を取って、利益かと思うて居る。国家として救ふ可からざる弊害を醸す事となる故、先づ国家的の大事業から始めて、其資本半額以上を政府で持ち、人民をして其半額以下の資本を提供せしめ、其民資には、優先の利益配当を保証し、夫以上に利益が上る事となった時は、政府も其利益配当を収めて之を歳入として他の租税を軽減する事となすが好いとの考へを付けたので、扨こそ此南満洲鉄道の組織をも、官民合同会社として、先づ政府をして其占領したる土地財産を二億円として出資し凡そ之と同額の民資を株式にて募集」〔俗、五四七〕するものであると。杉山の論は例によって後知恵臭が芬々としているが、それはともかくとして、ここで杉山が示した政府と民間との共同出資による株式会社組織というスキームに加え、会社設立後には民間出身者が理事として経営陣に加わっていた(129)から、満鉄の経営形態は官民共同事業のイメージを描くにふさわしいものであったといえる。

しかし、そもそも日本銀行は官民共同出資による株式会社であった。組織上も、総裁と副総裁は政府による任命であったが、他の理事は株主総会において選挙された者を大蔵大臣が任命した。すなわち杉山が満鉄で描いた官民合同事業の形態を体現していたのである。それを国有化せよと主張しつつ、「中枢は純正なる官民合同にて組織」というのでは意味不明というしかない。

杉山は『建白』において、官民合同事業のメリットを九項目にわたって列挙した。その中には精神論のような具体性のないものも含まれているが、大要は大規模な事業として実施できること、政府の保護政策により商人は安全に利益を収められること、優秀な技術者などを従事させ得ること、物価の調節をはかり得ること、軍事上のメリットなどが挙げられている。その中で注目すべきは(6)の項目で、ここには「此法に依りて総ての国有事業即ち銀行、保険、各取引所、船舶、鉄道、電車、水力、電灯、電話、瓦斯、酒、煙草、紙、絹布、諸遊興、其他の大事業に対し安全の資本を得るに比較的容易なる事」と述べられている〔建、一三八～一三九〕。この主張に接するとき、われわれはまたしても杉山の救いようのない**自己言説矛盾**に逢着する。

すなわちこれらの事業は、すでに国有事業、専売事業として実施すべきものとして、杉山自身が列挙していたもの〔建、七四〕である。満鉄の事業スキームたる官民共同出資会社と、国有事業や専売事業とでは全く性格を異にする。官民合同の国有会社など想像も及ばないし、官民合同といったその瞬間から専売事業は専売事業ではなくなる。煙草を例にとるなら、杉山はすでに専売事業である煙草を公債支弁で拡大すれば政府に巨額の歳入が転がり込むという「妄想」を披瀝していたはずであるが、専売をやめて官民合同事業にして利益の半分を民間に還元しろというのであろうか。

一篇の著作の同じ章の中で、ある箇所ではこれらの事業を国有にせよ、専売にせよとぶち上げていながら、また別の箇所では官民合同事業にせよと主張する。杉山はいったいこれらの事業をどうしたいのだろうか。ここでもまた、われわれは杉山の無定見に唖然たらざるを得ない。

杉山自身もこの矛盾に気づいていたようだ。彼は大正十一年版の『建白』で公債支弁対象事業を列挙した際に「国有事業若くは専売業又は印紙税等」（七四頁）と表記していた箇所を、大正十二年版の『建白』では「国有若くは官民合同事業若くは専売業又は印紙税等」（五一頁）と書き換えている。しかし日本銀行国有化の主張という矛盾がそのまま残っている以上、一部の文言の書き換えもまた杉山の無定見ぶりの証でしかないのである。

国有地開放と米本位制

杉山の経済財政に関する言説は以上のほかにも多くを数えるが、その他として二つの主張を採り上げておく。

第一はあらゆる国有地を民間移譲せよという主張である。杉山が最初にこれを主張したのは大正八（一九一九）年の『建言の事』で、そこでは「国有の林野等一切の土地を全部民有に帰せしむるを宜敷事」といい、「地表の開拓と産業とは之を国民に計画させてこそ深遠の意義あるもの」であって、国有林野の現状は「無地租の儘財産として空しく抱擁し尤も不完全なる不真面目なる官憲の作業に一任し置」いた状態で、「国中に多大の陥穽を穿ちて民を陥るゝの嫌ひ有之」ため、政府の監視のもとに国民に私有地として開墾植林させれば租税収入が得られ「此狭小の国家に寸尺の無税地も無之事」になるのだと主張している[130]のである。

これをより極端な意見に発展させたのが『建白』の第四章にあたる宮内省に関する建議である。ここで杉山が主張しているのは、皇室の財産である山林などの土地を国民に無償で譲り渡せというものである。杉山によれば皇室が必要とする「用度」はすべて国家国民の「用度」であるから、どれほど多額であっても国の予算として計上し、皇室の財産は美術工芸品と宝物だけを残して「土地山林株券等の如き国民の産業に関係ある物は悉く其関係の者共若くば其地方民に御下賜被遊真に帝室は無財産に被為成御祖先以来の如く君徳のみを以て政治に臨み給ふ」〔建、三〇～三二〕べきだというのである。

この主張は杉山のオリジナルではない。満洲の大連に振東学社を興して青年の育成にあたったことで知られる金子雪斎が、杉山より早く皇室財産の処分を提起し、頭山満をはじめ元老の山縣有朋や首相在任時の原敬らに働きかけていた[131]。金子と杉山の主張の違いは、金子は土地を「皇有ノ名ヲ以テ之ヲ国家ノ永久管理ニ帰ス、現在ノ皇室土地然リ[132]」と捉え、この信念に基づき国民の私有財産の制限まで主張しているのに対し、杉山の場合は銭勘定に主眼が置かれている点である。杉山は日本の国土の三分の二が無税地で、その中には皇室の御料や各省庁の官有地があることを指摘〔建、三一～三二〕した上で、皇室財産は三億五千万円にのぼるといい、その租税額を一パーセントとみても三百五十万円となるから、この金を使って下賜した林野の開墾事業をすれば「全国を通じて無税地は尺寸を余さゞるに至」〔建、三四～三五〕るといい、おそらく聞きかじりであろうが南米の森林開墾で使われているという機械を使用する開墾方法まで盛り込んで力説している。すなわち杉山がいう皇室財産の開放論は、『建言の事』における国有無税地を有税地に変えよという主張を、金子雪斎の論に便乗して皇室財産にまで拡張させたものとみなされるのである。さらに杉山は「陸、海軍や内務、農商務等が官有地なる物」の価格が十一億円以上もあると指摘し、有事の際には徴発する法律があるにもかかわらず「無税地として永久に国家の面積を塡充するの道理更に無之此等全部政府の措置を相禁じ国民に下附して有税地と致」〔建、三五〜三六〕すべきと主張しているのである。

しかし皇室財産にせよ国有財産にせよ、現に建築物が存在し、あるいは特定の用途に供されている土地を、何かも民間に移譲できるはずがないのは自明である。天皇を皇居から追い出せるはずがないし、常時使用していないからといって京都皇宮（京都御所）を廃止できるはずもない。陸軍の演習場や射撃場は広大な面積を有しているが、それを民間に移譲して演習の際のみ徴発できるなどと考えるのは妄想であろう。杉山茂丸がそんなことを真剣に主張するほど愚かであったとは思えないから、これらは意図的に不可能なことを主張しているに違いない。すなわち百億円の公債を起こせという提起と同じ文脈のもとにある自己顕示のための主張であって、建言としての実質性は度外視されているのである。

そうすると、実現可能性があるのはほぼ国有林野に限定される。では杉山のいうように国有林野のすべてを民間に移譲して有税地にした場合、国家の歳入にどれほどのメリットがあるのだろうか。得失を考えると、地租が得られることに加え、払い下げを受けて林業を営む事業者の所得税が国の新たな歳入として想定される。その一方で、国有林野の経営によって得られる事業収入が失われることになる。もとより所得税が利益に対して一定の税率を乗じて得られるものである以上、林野事業収入が逸失した場合に国庫に大きなデメリットが生じるのは自明であるが、杉山の主張の妥当性を評価するため、あえてこの三点について各種統計から判明するデータを用いて試算をしてみよう。基準年度は大正十（一九二一）年に設定する。

〈地租〉

・国内の地租が課されている土地のうち山林は八百九万余町歩であり、地租の額は百四十五万七千余円である。(133)

山林一町歩あたりの地租の額は〇・一八円と算出される。

・国有林野の面積は七百二十七万七千余町歩[134]であり、これに右で得た一町歩あたりの地租額を乗ずると、百三十一万余円と算出される。すなわちこの額が、国有林野をすべて払い下げた場合に新たに歳入となる地租の試算額である。

〈所得税〉

・山林経営にかかる所得税の額を明示した統計が見当たらないため、山林経営を含む第三種所得の統計データからの推計を行う。

・大正十年度の第三種所得の金額は二十五億千六百四十三万二千余円で、これに対する所得税額は九千四百三十五万六千余円[135]である。

・第三種所得のうち、山林経営にかかる所得は七千五百八十二万余円[136]であり、第三種所得の総額に対する割合は三パーセントと算出される。これを第三種所得に対する所得税額に乗ずると、山林経営にかかる所得税の推計額は二百八十四万二千余円と算出される。

・右の所得税額が有税地の山林八百九万余町歩の経営によってもたらされたものと仮定した場合、払い下げられるべき国有林野七百二十七万七千余町歩からもたらされると推定される所得税の額は、比例計算によって二百五十五万七千余円と算出される。この額が、国有林野をすべて払い下げた場合に新たに歳入となる所得税の試算額である。

〈林野事業収支〉

・大正十年度の国有林収入総額は三千五百七十七万千余円、経費総額は千八百七十万六千余円[137]であり、収入から経費を差し引いた残額千七百六万五千余円が純利益として国庫の歳入に繰り入れられる金額と試算される。

よって、国有林野の民間移譲によって新たに得られる租税は地租と所得税の合計額三百八十六万七千余円であるのに対し、それによって失われる林野事業収入は千七百六万五千余円であり、差し引き千三百十九万八千余円が国庫からの逸失になるものと試算される。もとより大摑みの試算であって誤差が存在することは免れないが、試算結果は誤差によって償える範囲を超えていると考えられるから、国有地を民間に移譲して無税地を有税地に変えようという杉山の主張は、国庫収入の観点から失当であると結論づけられる。杉山は常に数値を根拠とした合理的な主張をしているように装っていたが、実態は伴っていなかったのである。

第二として、いかにも珍妙な杉山の主張をみておく。『建白』の大蔵省改革に関する章の二番目の項目で、杉山はこのように主張している。曰く「農事上の意見としては我国四五世紀間の大習慣ある穀札発行の事等尤も宜敷く即ち議会開会の始めに於て其穀物の公定価格を極め米穀全部を封建時代の如く買上げて専売とし農家が納税をなし衣食をなし相当貯蓄を為す丈けの意を斟酌したる公定相場を国家が定めたる夫を買上る紙幣を其米を見返り品とも内国丈けに発行する時は其紙幣は封建時代の如く立派な見返り品のある紙幣故十分の信用ある物となり候間一方金貨紙幣の方は全部貿易用専門に使用する事が出来て国民は食料の安定をも併せ得る事が出来ると存申候封建時代の此習慣は実に好習慣にて候と存申候」（建、八四〜八五）と。すなわち二重通貨制を採って、金本位の兌換紙幣は外国との貿易に限って使用し、国内においては米本位の兌換紙幣を通用させせよというのである。

もちろん通貨の価値基準を何におくかは社会の受容によるから、徳川幕藩体制の時代に戻って米本位制を採ることができないわけではない。しかし農作物である米＝水稲は天候に豊凶が左右されるから、それによって紙幣発行高が変化して物価の安定性を損なうリスクを常に抱えているし、新米と古米の間には価値の差が生じるから紙幣発行の保証としての備蓄にも自ずと限界がある。杉山は米本位の制度を「尤も宜敷」「実に好習慣」と褒め称えるが、徳川政権下でも米が万能であったわけではなく、それは金銀から鋳造された貨幣による経済が確立していたからこそ成立していたものであった。世界の国々が金を本位貨幣に採用したのは、その価値の安定性を普遍的なものとみなした結果であるが、米を本位とした場合の価値の安定性は金とは比べようがないほど低かろう。

まして貿易通貨と内国通貨を分離する二重通貨制度では、双方の通貨が名目上等価であっても実質的に価値の差が生まれるのは避け難い。輸入品の市価は暴騰するであろうし、貿易通貨がアンダーグラウンドで流通して内国通貨を駆逐する事態も想像に難くない。いき着くところは幣制の崩壊であろう。杉山が何を考えてこのような主張をしたのか、理解に苦しむとしかいいようがない。

以上のように、杉山茂丸は大正期に数多くの経済論、財政論を繰り広げてきたが、その内容には前後矛盾あり、違算あり、浅知恵あり、失当ありで、到底政策論として成り立つようなものではなかった。ある程度の一貫性を感じられるのは、無節操に公債を発行して国の予算をばら撒けという主張くらいのもので、個々の議論を全体としてみたときにはほとんど相互の整合性や一貫性がなく、支離滅裂といわざるを得ないものであった。西欧の先進的な経済学理論を身につけた大蔵官僚や経済官僚たちにとって、杉山の主張は一顧する値打ちさえなかったであろう。彼が経済通、財政通を自讃できるのは、彼の著作の中の世界だけであった。杉山はそこで繰り返し口を極めて大蔵省の無能を詰り、その政策を罵倒していたが、結局のところそれは彼の主張が無視され続けることへの腹いせ以上の意味は持たなかったのである。

第五節　外交と軍事

フィリピン買収論

一九一四（大正三）年六月、サラエボにおいてオーストリア帝国の帝位継承者が暗殺されたことを発端に、欧洲全体を巻き込んだ大戦争が勃発すると、欧洲戦線から遠く離れた日本も、ドイツ、オーストリアと戦火を交えるイギリス、フランス、ロシアなど連合国側に立って八月にドイツに宣戦、年末までにドイツ領南洋群島や中国山東半島のドイツ租借地を攻め落として占領した。日本の対独戦闘が一段落した翌年二月に、杉山茂丸は『比利賓買収ニ関スル上書』を著し、首相大隈重信に呈した。第一次世界大戦が勃発して以後、杉山がこの大戦争に言及した著作は数多いが、これはその中でも最も早い時期に著された一篇である。

杉山はこの建白書で、欧洲戦線の帰趨は予知できないものの、ドイツの勢力を東洋から一掃したことによって、今後中国をめぐって日本と対抗し得るのは米国以外にないという認識を示し、日本が南洋群島を押さえたことにより、フィリピンなどを領有する米国側にも将来の日米衝突を予見する言論があることを指摘している。さらに従来日米間には、米国太平洋沿岸における日本人移民の排斥問題が懸案となっていることに加え、日本の対中国政策に対する米国の動向によっては、両国が衝突する事態となる可能性があると警告している[138]。

こうした日米間の摩擦を解消するため、杉山は米国太平洋沿岸への新たな移民を完全に阻止するという条件の下にフィリピンを買収せよと提案する。杉山のいうところは以下のような根拠に基づいている。まず、米国は歴史的にモンロー主義を国策としているが、フィリピンの領有はその国策と齟齬していることから、同国にはその放棄を主張する者が少なくない。現大統領は民主党のウィルソンで、モンロー主義者である。また米国の生産力は旺盛であり、過剰生産の市場を中国大陸に求めるとしても、そのためにフィリピンの領有が必要なわけではない。日本が中国の領土保全、機会均等を守る以上、フィリピンを放棄したとしても米国の平和的な発展には何の影響もない。寧ろフィリピンの領有を続けることは、米国の真の意図は平和的発展にはないのではないかという猜疑を惹起する。事理を解する米国人の多数は、フィリピン放棄が米国にとって得策であるという道理を理解するであろう。まして日本が適当な償金を以て買収するのであれば、それが国益にかなうことは論を俟たない[139]、と。これを杉山は「日米両国間ノ危惧的動機ハ全然氷解釈決シテ両国ノ前途再ヒ利害ノ衝突、意思ノ疏隔ヲ見ズ、東洋平和ノ為メニモ、将タ両国和親ノ為メニモ、一挙両得ノ策、比利賓譲渡ノ右ニ出ヅルモノヲ見ザル也[140]」と自讃している。

これに続けて杉山は「比利賓ノ我ガ台湾ヲ距ルハ弐十三哩ニ過ギズ、単ニ地理的関係ヨリ見ルモ、早晩我手ノ上ニ及ブベキハ殆ント先天的ノ宿命ナルガ如ク、殊ニ南洋カロラインノ独領諸島我掌裡ニ墜テヨリ、我レハ南進ノ壮図ヲ自抑セントスルモ得ベカラザル地位ニアリ[141]」と論じる。フィリピンが日本の領土となるのは「先天的ノ宿命」で、日本は南進の欲望を抑えることはできないのだ、と。また台湾統治の実績がある日本にとってフィリピン統治は易々たるものであり、買収のためのコストはたちまち回収できると主張する。そうなれば日本は、北は千島樺太から南は台湾フィリピンまで、「縦ニ半球ノ北部ヲ貫キ、太平洋ト亜細亜大陸トノ間ニ介在シテ、儼トシテ大陸ノ藩壁」となって中国の領土保全を全うすることができるのだ[142]、と。もし現状のまま米国が日本に戦争を仕掛けて来た場合、米国がフィリピンを防衛することは難しいし、日本が戦勝してもフィリピン以外に得るものはないのだから、四億円ほどで買収できるのであれば、米国には売るメリットがあり、日本には買うメリットがあるというのが杉山の主張である[143]。

これらは、杉山の主張の宿弊ともいえる根拠なき楽観主義に終始している。それは一国の首相に対して「外交ノ妙諦ハ[144]」云々と説諭して外交通を気取る杉山の、日米関係の深層への理解が口ほどにもなく薄っぺらなものであることを物語っている。杉山は日米間の摩擦の原因として、カリフォルニア州など太平洋沿岸地域の日本人移民問題を挙げるのみだが、中国市場をめぐる日米の角逐はすでに日露戦争直後から始まっていたし、日露戦後には日仏協約や日露協商が成立し、米国が求める中国の門戸開放は日本の策動によって有名無実化していた。カリフォルニアの日本人移民問題には、こうした中国大陸での経済的覇権争いが背景にあったのである[145]。杉山がどのような主張をしようとも、日本の機会均等政策なるものが羊頭狗肉に過ぎないことは米国に見透かされている。しかも杉山がこの建白書を大隈内閣に呈したときは、すでに日本は中国に対し悪名高き二十一ヶ条要求を突きつけており、日本の野心に対し諸外国の猜疑が集まっていたときであった。一月十八日に日置公使から袁世凱に提出されたその内容を、中国政府は欧米のメディアなどにリークして対抗した。同月二十三日には米国公使のラインシュからブライアン国務長官に報告されていたし、日本国内でも同日付で日本が中国に対し二十数ヶ条の要求を突きつけていることが報道されていた。その後、中国国内のみならず米国や英国でもその事実が報道されるようになる。二月初旬には日本が米国などに秘匿し続けていた第五号要求の存在も明らかになり、日本の要求は中国の主権を侵し機会均等、門戸開放をないがしろにするものだという批判が中国や欧米で高まっていたのである[146]。

一方、日露戦争の結果は、日本が米国にとって太平洋における安全上の脅威となったことを意味していた。明治四十（一九〇七）年に米国の大西洋艦隊が世界一周の回航を実施したのは、日本に対する示威行動の意味があったことはよく知られているが、日本が新たにミクロネシアのドイツ領を占領したことによって、米国はフィリピン、グアムばかりかハワイの安全保障にもより脅威を感じねばならない。杉山は、米国がフィリピン領有を続けることはその帝国主義的野望を疑われるものだというが、日本がフィリピンの領有を口の端にのぼらせたとすれば、直ちに日本の露骨な膨張主義とみられることは火をみるよりも明らかである。それは米国のみならず、フィリピンとは南シナ海を挟んだインドシナを領有するフランスや、東インド諸島を領有するオランダをも刺激せずにはいないであろうし、オセアニアを支配する日本の同盟国イギリスにとっても脅威となるに違いない。杉山は太平洋地域で日本と対抗し得る戦力は米国だけだと主張するが、こうした彼我の状況を考慮するなら、米国がフィリピンを放棄する可能性など想像も及ばないことであったに違いない。杉山の主張は国際情勢を知らぬ「大言壮語[147]」と評するしかあるまい。

もちろん、杉山のこのような建白書が大隈首相や加藤外相に容れられるわけがなかった。しかし杉山は、この建白書を自らの息がかかった九州日報に掲載させ、のちには彼の雑文集『屑籠』に収録することによって、自己宣伝のために活用している。この建白書の荒唐無稽さは、杉山の外交オンチの所以であったのか、それとも鬼面人を驚かす宣伝効果を狙ったものであったのだろうか。

火事場泥棒

ヨーロッパで大戦争が勃発したとき、元老の井上馨がそれを「天祐」と称したことはあまりにも有名である。井上は「此天佑ヲ享受」するため、英仏露三国と「一致団結シテ、茲ニ東洋ニ対スル日本ノ利権ヲ確立セザルベカラズ[148]」と論じて大隈首相を督励したのであった。「東洋」が中国を指すことはいうまでもなく、それは井上のみならず当時多くの日本人の想起したことであったに違いない。このとき参謀次長であった明石元二郎は、朝鮮総督の寺内正毅に宛てた書翰に「抑も今日の時機は、国家千載一遇之好時機に有之。欧州之大乱は実に支那問題解決之為、無此上好機会[149]」と記した。山縣有朋もその意見書において「帝国か其の対支政策を確立し従来の怠慢と誤謬とを矯正して更始一新を策するの好機[150]」と主張している。対独宣戦した日本が青島を攻め落として占領すると、その占領地の中国への還付をめぐる議論とともに、利権の拡大を求める声が大きくなった。内田良平や大井憲太郎らによって結成された対支連合会は、十一月二十七日に対支問題意見交換会を開き、衆議院議員なども参加して、中国をめぐる諸問題を討議した。この場で立憲同志会の長島隆二は、対独戦闘で日本が占領した膠州湾を永続的に勢力下に置くことや、いわゆる満蒙問題の早急な解決を主張し、「世間は之を以て火事場泥棒といふかも知れぬ」といいつつ、英仏が東洋で安全を確保できているのは日本の陸海軍がドイツを駆逐したからであり「戦後相当の代償を得るといふのは当然の要求[151]」といい放っている。こうした官民上下の声が、翌年の対華二十一ヶ条要求に結びついているのだが、一方で欧州の戦乱に乗じて中国での利権獲得に血道をあげる動きを、まさしく「火事場泥棒」と批判する意見[152]も存在した。

　杉山茂丸もこの時期、「火事場泥棒」を主張していた。彼は大正四（一九一五）年三月の随筆「一ツ目の大入道」〔屑、一七〜四四〕において、世界人口の半数を占める国々が大戦争の渦中にあって、列強の海軍が東洋に進出できる状況にはないことを指摘し、一方日本は陸海軍ともに無傷であるから、その軍事力を活用するのは「今が最良の時機」と主張して、日中関係の転換を呼号している。杉山は中国が欧米列強に蚕食されようとしている状況に対し「支那領土保全の為に。日本は何時でも狂気になって。国力を挙げて戦ふのである」という。「支那領土保全」とは他の論者も頻繁に使用することばであるが、この美辞麗句の裏にはパターナリスティックな大国意識と、それと表裏をなす差別意識がむき出しになっている。その延長線上に、日本による中国の属国化が含意されることはいうまでもない。しかし中国側には清朝末期の辰丸事件を端緒とする排日運動が広がっている。それゆえ杉山は、中国に対する日本の家父長的《パターナル》善意を「支那が理解《わか》つても理解らぬでも。無理往生にでも理解らせて。是非。仲好して相互の生存の正当防衛として。永久仲違ひせぬ螺旋釘を捩じり込まねばならぬ」といい、「死なば一処、潰ぶれるなら両国共。人種の尽きるまで離れぬ関係を無理にでも拵へ。一塊になって東洋の天地に踏反り返らねばならぬ」と強調するのである。理解しようがしまいが、無理押しにしてでも、中国が日本に全面的に依存する関係を作れ、そのためには無傷の帝国陸海軍が控えていて、欧米列強が大戦争で東洋に手を出す暇がない今が絶好の機会だ。それがこの随筆での杉山の主張であった。杉山のこの主張は、まだ日本がドイツに宣戦していなかった時点での彼の言動と一致している。大正三（一九一四）年八月八日、対独開戦を諮る元老会議の当日朝、杉山は小田原古稀庵に山縣有朋を訪問し、以下のようなことを語った。曰く、「帝国の覇権を東洋に確立するには、今日に優れるの機会」はないと考え「過日来大隈首相に逢ふて、此際膠州湾を我が手に収め、以て東洋より独逸の勢力を駆逐すべしと進言」し、さらに「陸海軍の少壮有力者は勿論、外務省の局長輩をも勧説した」結果、大隈首相はもとより誰からも賛意を得ている、加藤外相までも今では積極的に出兵論を唱えるようになった[153]、と。杉山は、政府や軍部を出兵論に導いたのは、自分の説得の成果であると山縣に自慢していたのである。

しかし右の随筆の翌月に、杉山は「日華交渉」〔肩、一一～一四〕という短い随筆で、大隈内閣の対華二十一ヶ条要求について「我当局は民国の困憊に乗じ我利主義二十余条を羅列して其全部を提撕し厳促追及虎の如く急にして」いると非難がましいことを記している。杉山は「只だ帝国の利益若くば権利なりと云ふを主として案件を突付け。水火の急を以て彼れを責め。強硬の名聞を内外に誇らんとするが如きあらば。帝国東洋政策の大事を誤る蓋し是に超ゆるものなからん」と、あたかも中国に同情的であるかのような姿勢をみせるが、ここでの杉山の趣意は加藤高明外相の外交手腕に対する批判にあり、中国の主権を脅かす要求の内容には無頓着である。そのことは中国に対し「相互の平和と利益とを増進するの主義を懇爾知承せしめ。一度其交渉案件を交付するや。半は彼より促進するの姿勢を執らざる可からず」という主張に明らかであろう。「懇爾知承せしめ」よという部分が、前出の随筆における「理解つても理解らぬでも」や「無理にでも捺へ」という言説と同根であることに疑いはない。

さらに翌五月の随筆「外相を責むるの勇を以て先づ支那を責めよ」〔肩、二三九～二五六〕では、杉山茂丸が日中関係をどのように捉えていたのかが明瞭に理解できる。杉山は「日本現在の能力から見れば。支那は到底片腕にも足りぬ弱者である」と断じ、中国は列強のパワーバランスの下でかろうじて独立国の姿を維持しているに過ぎないという認識を示す。ゆえに、西欧列強が大戦によって中国に軍事力を行使できない現状においては、中国の立場は「何を措ても先づ誠を我日本に容れて彼れより進んで我が好感を迎へ。日支相提携して東洋将来の福祉を計るべき筈」で、「支那政治家如何に頑冥固陋なりとも。日本と提携する以外。別に良途のない位は充分理解すべき筈」であって、日本の対中外交が巧みであったならば「今次提出した協約條件の如きは。苦もなく喜んで承諾したであろう」と、ここでも例のごとく根拠なき楽観論を唱えるのである。杉山は加藤外相の対中外交を失敗であったと断じる一方、それを難詰する野党政友会などに対しても「彼らは大隈内閣の存続を呪詛するが為めに。此国家的大問題を共に政争の具に供しようとする」と批判している。そして二十一ヶ条要求という問題はすでに「外交の手を離れて処理すべき時機に達した」のであり「国家国民が相協力して事に当るべき重大の機会」となったのだから「外相を責むるの勇を以て先づ支那を責むるの急務なるを知らしめ。此千載一遇の機会に於て東洋永遠の福祉を進むるのが何よりの必要」と主張しているのである。「外交の手を離れ」た「国家的大問題」に「国民が相協力して事に当る」というのが、軍事力行使を含意していると読むのは、穿ちすぎた見方ではあるまい。交渉にいき詰まった日本が中国に対し、武力を背景にした最後通牒を発したのは五月七日のことであった。

欧洲戦線と亜細亜モンロー主義

袁世凱政権が日本の要求を受諾した五月九日は、いわゆる国恥記念日として歴史に刻み込まれているほどに、中国国民に激しい対日憎悪の感情を沸騰させた。欧米諸国も日中交渉の成行きを憂慮し、ことに米国は英仏露の三国に対して日中両国に対する共同勧告を提起(154)するほど、この交渉の行方に強い関心を示していた。さらに米国は交渉妥結後の五月十三日、在京のウィーラー代理大使が加藤外務大臣に面会し、日中の交渉結果に対する政府の見解を通告したが、その内容は「日本政府と中国政府との間で締結され、または締結の可能性があるいかなる協定または条約も承認することができない[155]」という厳しいものであった。しかし欧洲大戦の最中とあってか、米国の態度はそれ以上に硬化することなく、日米関係は中国をめぐるわだかまりを抱えたまま推移する。それがやや緩和に向かったのは、日本の政治体制が寺内正毅政権に移り、米国も欧洲大戦に参戦することになった大正六（一九一七）年、いわゆる石井・ランシング協定が締結されたことによる。これにより、中国の領土保全と門戸開放・機会均等主義の尊重に加え、日本の中国に対する特殊利益の承認を盛り込んだ日米協同宣言が発表されたのは十一月のことである。

それに先立って、日本の特使として訪米した石井菊次郎前外相は、九月二十九日夜、ニューヨーク市長主催の歓迎晩餐会において一場の演説を行った。この演説で石井は、日本には中国の領土を侵略する意図など毛頭ないことを強調し、「吾人は常に我隣国支那の忠実なる友人且扶助者たらんことを希ふや切なり（略）吾人は独り支那の保全若くは主権を犯さんと試みざるのみならず侵襲者に対しては結局支那の保全と独立とを防衛するの方法を怠る能はざるべし何となれば吾人の国境は支那に対する海外より侵入若くは干渉に依りて脅かさるべきを知ればなり」と述べた。この演説はニューヨークの新聞において、「支那独立の保護者たる役目を行ふ為に日本が極東にモンロー主義の公式宣言を為したるもの」と受け止められた[156]。

このことが日本でも報道されると、それに杉山茂丸が反応した。杉山は九州日報に寄稿して、石井特使のこの演説に対し大仰にも「我国民の声を代表するものとして」讃意を表明したのである。杉山は「亜細亜モンロー主義は実に明治大帝が、世界に対する新日本の国是として、之を中外に宣明し給ひし所に属す」といい、「日本の軍備の基礎は、徒に領土侵略の為にするに非らず。且つ他の擾乱に参加せんが為に非らず。其之れを為す所以のものは、実に亜細亜モンロー主義の樹立に在」るもので、日英同盟も日露戦争も、亜細亜モンロー主義から起こったものであり、今次のドイツへの宣戦と青島制圧も「日英同盟の義に従ふ所なりと雖も、之れ素より亜細亜モンロー主義の発現に非ずして何ぞや」という認識を示す。そして「青島戦後更らに同盟の義を名として、我国を欧洲戦乱の渦中に捲き込まんとするものあるは、之れ実に亜細亜モンロー主義の破壊なり。即ち我国是の破壊なり。吾人は断じて之に賛す能はざるなり」と宣言したのである。[157]日本軍が欧洲の大戦争に参戦するという議論は、早くも戦争が勃発して間もない大正三（一九一四）年八月末に、イギリス及びフランスを通じてロシアから要請があったこと[158]を嚆矢とし、九月三日には英国からも日本海軍の地中海派遣について内談[159]があった。いずれの要請についても日本政府は謝絶したが、これ以後も連合各国からは再三出兵要請が繰り返された。日本国内においても、黒岩周六（涙香）や松下軍治らが欧洲出兵期成会という団体を作って演説会を繰り返していた。[160]黒岩らの運動はさほど盛り上がらなかった[161]ようだが、米国が参戦したこの時期には、日本軍の欧洲出兵論が再燃[162]しており、杉山の主張はそれに対する反論であったと解される。

しかしこのとき、既に日本海軍は巡洋艦、駆逐艦などで編成された第二特務艦隊を地中海に派遣していた。艦隊は二月七日に編成され、佐藤司令官以下は同二十二日に佐世保を発し[163]、シンガポールを経て[164]四月四日にスエズ運河を通過、地中海に入りポートサイドに投錨[165]している。派遣当初この事実は秘匿されていたが、五月二十四日に海軍省から発表され新聞報道もなされた[166]から、杉山がそれを知らぬはずがない。とすれば、杉山は海軍の地中海派遣に反対していたと理解せねばならないのだが、彼の真意を疑わしめる言説が、それからおよそ半年後に発表されるのである。杉山は大正七（一九一八）年五月の論説「出兵は既定の問題なり」[167]において、次のようにいう。

> 日本に於ては宣戦の詔勅にも明かなるが如く、日英同盟の誼を重んじ東洋平和の為に剣を執って起ったのである。（略）日本が連合与国と戦時同盟をして共に兵馬の事に従ふ範囲は東洋諸国及び東洋民族の平和安寧を維持保全する限度に於てのみ実行せらるべきものであって、換言すれば此限度を超越した行動は参戦詔勅の理由以外に奔逸して兵を弄ぶことに成り、又た国家政体の大本から論じて濫りに小策を用ゐたことに成るのである。勿論

斯く言へばとて我輩は決して現に艦隊の地中海派遣や浦塩派遣を非なりと言ふものでない。否な大に賛成するものである。何となれば地中海や印度洋や南洋や浦塩に艦隊を派遣せざれば、東洋の平和と安寧を維持することが出来ないからである。即ち参戦目的の拡大又は変更に非らずして、実は当初より確乎不抜の目的たる東洋平和の維持を達成する戦術上の一方便に過ぎないのである。

この言説は杉山らしい欺瞞に満ちている。半年前には欧洲戦線への参加を「断じて之に賛す能はざる」と高らかに宣言しておきながら、ここでは口を拭って「大に賛成する」というのは何事であろう。杉山はその理由を、地中海などに艦隊を派遣しなければ東洋の平和を維持できないからだというのだが、この言説に続けて「既に東洋平和の禍根たる青島及南洋諸島にして我手に帰しスエス以東の海洋波静かなるに至った以上は、我は再び参戦目的の本領に立還って須臾く自重し、今後は苟も東洋平和を基礎に置いた条件があるに非らざれば、仮令一兵たりとも動かしてはならない理由に復帰すべきである」というのだから、瞞着も甚だしいといわねばなるまい。「波静か」になったのは艦隊の地中海派遣の成果ではない。日本が南洋群島を占領し、ドイツ海軍の東洋戦隊が壊滅した三年も前のことではないか。杉山は欧洲への戦力派遣を否定すべき要素を語った上で、それを捻じ曲げて肯定に転じ、さらに否定すべき要素を付け加えているのだが、前後の否定すべき要素は全く同じことを繰り返して述べただけであって、両者の間に肯定の要素が介在する余地はない。ここには論理的な一貫性は皆無である。

そもそも「日英同盟の誼」によって参戦した以上、その同盟協約で定められたインドよりも西方に派兵することには疑義があったが[168]、杉山はそれすら知らぬふりをし、「東洋の平和と安寧を維持する」ためと称すれば、世界中のどこに派兵しても不都合はないかのような主張を繰り広げたのがこの論説である。おそらくそれは、亜細亜モンロー主義に賛した言説との前後矛盾というよりも、杉山のオポチュニズムの産物とみるのが正しい。彼には日本軍を更に海外出兵に駆りたてたいという意図があった。そのために亜細亜モンロー主義という羈絆を切り裂いておかなければならなかったのだ。

シベリア出兵である。

シベリア出兵問題とホルヴァート将軍

十月革命によってレーニンの率いるボルシェヴィキがロシアの政権を握ったのは一九一七（大正六）年十一月七日、翌日にはドイツとの戦争を終結させる方針を決定したため、いわゆる西部戦線で独墺軍と対峙する英仏軍には強い危機感が生まれていた。連合国側の再三にわたる出兵要請を拒み続けていた日本に対しては、連合国の国民の間に、日本は自国の利益を追求するばかりだという反感が生じていた[169]。十一月末にパリで開催された連合国会議においても、フランスのフォッシュ将軍から日米の二国の軍によってシベリア鉄道を占領する干渉出兵が提起[170]された。日本国内においてもそのころから各種メディアにおいてシベリア出兵が囁かれるようになる[171]。

年明け間もなく、日本政府は邦人保護を主たる目的として、軍艦二隻をウラジオストクへ派遣することを決定し、戦艦石見と朝日がそれぞれ一月中旬までに現地に到着した。一方、陸軍参謀本部は積極的出兵論者の田中義一参謀次長が主導して満洲北部やシベリア各地に諜報のための将校を派遣し、親日傀儡政権の樹立を含め出兵に向けた現地工作に従事させていた。傀儡政権を担わせる人物として想定されていたのは、帝政ロシアの陸軍中将で中東鉄道の管理局長に任命されて長年ハルビンを統治していたホルヴァートや、満洲里を根拠地とするコサックのセミョーノフ大尉らであった。とはいえ、このころまだ寺内首相はシベリア出兵には慎重な態度であり、陸軍の大御所山縣有朋も同意見であった。政府部内では外相の本野一郎が突出した出兵論を唱えていたものの、外交調査会や閣議で出兵論が容れられず、四月二十二日に外相を辞任、後任には後藤新平が内務大臣から横滑りした[172]。しかし後藤もまた積極的出兵論者であった。後藤は、ドイツがシベリア鉄道によって潜航艇を太平洋沿岸に運搬した場合、日本の安全に対する脅威であるとの観点から、黒龍江からウラジオストクに至る鉄道沿線を占領すること、そのためにはイルクーツクやバイカル地方まで日本軍を派遣することが必要だと考えていたのである。[173]

杉山が「出兵は既定の問題なり」を発表したのは、後藤新平の外相就任とほぼ同じ時期である。杉山は右の論説において、政府が「西比利亜出兵に関しても連合与国と周到なる交渉を重ねつゝあることは頗る吾輩の意を得たりとして衷心より慴ぶ所である。殊に内閣が此大戦の現在及将来、並に大戦後の世界列強の興亡盛衰、連衡合従に付いて抱く所の方針が暗々裡に我輩の有する理解と共通点を見出し得」たと賞賛している。この言説は努めて曖昧な表現を採っているが、杉山の賛意がシベリア出兵構想に向けられているのは間違いなかろう。とすれば、この論説が後藤の外相就任の事実と響き合っていると考えるのは、さほど無理なことではない。

このころ、杉山はシベリアに親日政権を作らんとして何らかの策謀を巡らせていたとみられる。後藤新平系の人物でロシア通として知られる夏秋亀一[174]や衆議院議員の臼井哲夫がそれに関与していた。杉山の回想によれば、彼は山縣有朋とともにホルヴァートを擁立してシベリアを独立国家に仕立て上げる計画を立て、夏秋亀一を派遣してホルヴァートを日本に入国させようとした。杉山は下関の山陽ホテルに陣取り、「事端の発生と同時に、山縣公は参内して上奏する覚悟であった」が、「佐藤領事からホルワット〔ホルヴァート。筆者註。〕に関する情報が後藤外相の手許へ到達すると、後藤外相は直ちに寺内首相に報告し、協議の結果、ホルワットの入国を禁止した」ため失敗に終わったのだという。夏秋亀一も臼井哲夫とハルビンへ赴いた際に「白軍のホルワット将軍を日本へ連れ出すことゝし、私と臼井氏は長春へ、杉山茂丸氏は馬関へ出張した」といい、しかし佐藤領事がホルヴァートに査証を与えなかったので失敗したのだといっている。[175]

ホルヴァートの来日が画策されていたことは事実である。ホルヴァートは六月二十二日にハルビンで開かれた反ボルシェヴィキ団体の会合における連合国への軍事的支援要請決議[176]を伝えるため、訪日することを望んでいた。そこに介在したのが臼井哲夫である。臼井は六月の中葉、「一旅客」としてハルビン方面に赴き、ホルヴァートやコルチャークといった反革命勢力の有力者と会談してその内容を後藤新平に報じている[177]が、六月十九日には長春から以下の内容の電報を後藤に送信した。曰く「ホルワット日本政府ニ請願ノ次第アリ極東委員会代表者数名ヲ帯同シ上京セントス余等ハ同行ノ為メ長春ニテ待受クルコトヲ約シ昨夜当地ニ来レリ日程確定セバ電報スベシ御含ヲ請フ[178]」と。一方、二十二日の反革命派の会議のあと、ホルヴァートが訪日を希望しているという情報を把握したハルビン駐在総領事の佐藤尚武は、同日に後藤に宛てた電信でその旨を報告し、連合国間での出兵協議の状況によっては「無益ノ誤解若ハ猜疑ヲ惹起スル愚有ル」ことなどから訪日を見合わせる方が適当との意見を述べ、「閣下ノ御意見次第ニ依リ夫レトナク本官ヨリ同将軍ノ旅行ヲ中止スル様勧告致スベク」と請訓[179]した。これに対し後藤は、佐藤の意見を肯定し「同将軍ニ対シテハ種々ノ事情ニ顧ミ目下ノ処日本ニ赴クハ其時機ニアラサル旨ヲ説示シ暫ク之ヲ見合ハサシムル様然ルヘク御措置アリタシ[180]」と訓電を発した。ホルヴァートは二十五日に長春を発って日本に向かう予定[181]であったが、前日になって臼井哲夫に面会したいとの電報を発し、臼井は夏秋亀一をハルビンに向かわせるとともに、後藤新平に宛てて電報を発して状況を報告し、助力を求めた。曰く「明日出発ノ予定ナリシニ更ニ協議ヲ要スル事発生シタルハ思フニ何物カ邪魔ヲ容レタルナランン（略）閣下ガ全部内外ノ事情ヲ詳査ノ上内外官司ヲシテ故障ナク「ホルワット」ノ希望ヲ遂ゲシム可ク訓電アラン事ヲ切望ス[182]」と。しかしこれが後の祭りであったことはいうまでもない。

以上の事実経過をみると、杉山の回想は俄然怪しくなるであろう。いかに老耄していたとしても何事にも慎重を期す山縣が、政治的な裏付けのない山師的策謀に加担していたとは信じられないし、山縣が「参内して上奏する覚悟」などという芝居がかった状況設定はいかにも杉山好みで、これらは杉山が例によって虚言を弄しているものと判断してよかろう。ホルヴァートが杉山らの画策に乗って訪日しようとしていたのではなく、自発的意思によってそう希望していたのであり、その実現を臼井哲夫の斡旋に期待していたということは史料から明らかである。杉山がどのようにしてホルヴァート訪日に関わっていたのかは想像するしかないが、おそらく夏秋亀一[183]あたりから情報を得て、ホルヴァート来日が実現した暁には政府への働きかけを引き受ける旨の口約くらいは与えていたのではないだろうか。しかしそれは実現しなかった。外務大臣たる後藤新平は、あくまで寺内首相や山縣有朋と同様に、米国をはじめとする連合国の意思如何を重視して突出した行動を抑制したのであり、それは現実に国際政治に携わる責任者として必然の行動であったはずである。しかし杉山にとって後藤の行動は裏切りと映ったようだ。彼は右の回想で「後藤伯は、山縣公と自分とで計画した西比利亜経営案の実現を、寺内首相と協力して打ちこはしてしまつた」と恨みごとをいっているのである。[184]

明治天皇御治定の国是

本書第一章において杉山の言説における**言説事実矛盾**を論じた際、『俗戦国策』の最終章「寺内、原、加藤、田中」で語られたシベリア出兵をめぐる〈庵主〉と寺内首相との意見対立に、事実と異なる点があることを指摘した。そこではシベリア出兵にまつわる出来事の経過も併せて語られているが、日本軍による北樺太の占領を寺内内閣のときの出来事として語るなど杜撰極まりないもので、その内容には到底信を置くことはできない。ただ注目しておきたいのは、杉山が寺内にシベリアへの大規模出兵を要求したという、その理由である。杉山の主張を引用する。

西比利亜出兵は明治天皇が明治二十二年に御治定になった日本の国是、(百二十度?「今日となっては百十度か?」以東の西比利亜民族に永久意義ある援助をなす事)即ち(日本海の主権を保つ為め、「イルクーック」以東に新露国を建設し、其新露国と保護条約を締契して、極東に於ける日本の位置を安全ならしむる事）而して夫が完全したらば（支那領土保全を世界に高唱して、日本が東洋に於ける対世界的の立場を明かに示す事）と云ふ聖意を基礎として出兵せよと云ふのである。所謂日本の東洋に於ける根本的の問題を、解決する意義に正々堂々と露国政府を相手として出兵して、西比利亜の問題を片付けて置かねば、将来露支の両国に発生せる事件にて、日本は不断常住の脅威を受けねばならぬからと云ふのである。〔俗、六三七〕

ここで重視すべきは、シベリアに日本の傀儡国家をつくるという構想が、シベリア出兵が議論された時代より三十年も前に、明治天皇が定めた国是であったという部分である。これは取るに足りぬホラ話として打ち捨ててもよいようなものかも知れないが、杉山は執拗にこの主張に拘泥していたのである。

杉山が最初にこれを主張したのは、大正十四（一九二五）年出版の『山縣元帥』の追録である。杉山はまず明治四十二（一九〇九）年十月に時代設定された場面で、山縣有朋の発言として、「帝国の国是たる支那領土保全に伴ふ、百二十度以北〔ママ〕の西比利亜関係を鞏固にする」という方針が日清戦争前に治定されていた、といわせている。続いて同じ日に杉山が寺内正毅に対し、亜細亜領土保全という「帝国の国是」のため「西比利亜の百二十度以北〔ママ〕の問題を解決せねば、此国是は立たぬのでムい升、即ち支那、満洲、日本と云ふ問題は西比利亜と云ふ背大陸《ヒンターランド》の盆の上に飾つた、装飾的陳列物でムい升」と**教説**する場面が用意されている〔山、四九二～四九四〕。ここではまだ、右の引用のように「新露国を建設」するという具体的な言説は成立していない。

これに続くのは『俗戦国策』の「東亜の大経綸と大官の密議」で、昭和二（一九二七）年八月の初出である。ここでは明治二十二（一八八九）年十月という設定で、杉山が海軍大臣の西郷従道から明治天皇の叡旨を伝えられる。曰く「日本帝国は、露領『シベリヤ』に能く注意をして、百二十度以東の露国民に、常に意義ある援助をバして置かンと、日本海の安全は保てぬ……夫が出来たら、支那の領土保全を世界に公表せねば、日本の立場が明白にならぬと思ふから、能く評議をして見よ」〈俗、一一七〉と。この回想では東部シベリアのロシア人に「意義ある援助」をするという曖昧なことしか書かれていないが、これに続けて杉山はシベリアの資源価値を滔々と述べた上で、「西比利亜新露国の建設に援助をして、新露国民の幸福を図り、其新政府と保護条約をする」ことを主張し、「新露国が独立し得るまでは、彼の朝鮮に為したやうに、永久に之れが保護を為す事」〈俗、一二五〉とまでいい募る。「意義ある援助」は、ここで保護国＝傀儡国家建設という目標にまで飛躍させられたのである。

そして右に引用した『俗戦国策』の最終章が続く。この章は雑誌掲載されたものではなく、単行本発刊に際して書き下ろされたものであり、昭和四（一九二九）年の言説である。ここではイルクーツクという地名が書き込まれることによって、杉山が考える「新露国」の領域が具体的に提示されている。

このようにひとつの出来事について語りを繰り返すたびに、内容が少しずつ変化し新たな要素が付け加えられるのは、杉山のフィクショナルな回想談の特徴であり、そのことは第二章第一節でもみたとおりである。さらにいうなら、杉山のこうした回想の真偽を判じ得る当事者が存在しなくなった時点で初めて語られるのも、彼の回想談の特徴であった。「今や其国是を親しく拝承したる人々は、殆んど全部黄土に帰して仕舞うて只だ一人之を西郷、川上の両氏から、又聞きした庵主のみが生き残つて居るから、之を慥かに青年諸士に申伝へて置くのである」〈俗、一二〇〉という杉山の述懐は語るに落ちている。それが真実か嘘かを知る人は誰もいないのである。

しかし杉山がこれを事実として主張したのは、なにも彼の著作の中の世界だけにとどまってはいなかった。

昭和九（一九三四）年十一月二十一日といえば、もちろんそんなことは当時誰も知らなかったが、もう杉山の余命は残り八ヶ月ほどしかない。その日の夕、杉山は義太夫を介した知己で日印協会理事であった副島八十六の屋敷で、陸軍教育総監の真崎甚三郎と面会した。(185) 同席したのは前陸軍大臣で軍事参議官の荒木貞夫と予備陸軍少将の安井義之助で、この三者はいずれも陸士九期の同期生である。真崎との面会は杉山が望んだものであった。杉山はその半年も前の五月上旬、副島八十六を通じて真崎を会食に誘ったが、真崎はこの申し出を拒否[186]している。山縣有朋や桂太郎が存命のころであれば、杉山から宴席に誘われて断るような軍人はいなかったに違いない。この事実は杉山の政治力の衰退ぶりを物語っていようし、同時に猜疑心の強い真崎の性格をも示している。しかし杉山は諦めず、九月、十月と副島を通じて真崎に面会を求め[187]、ようやく十一月の面会が実現したのである。杉山が副島八十六を真崎との媒介者にしたのは、両者が佐賀出身で旧知の関係にあったことによるのであろう。荒木貞夫と杉山とは、昭和六（一九三一）年八月に荒木が教育総監部本部長に就任して間もないころからの知己である。荒木に対しても杉山の方から面会を求めたもので、それを媒介したのは陸軍のクーデター未遂事件として有名な三月事件や十月事件の首謀者橋本欣五郎であった[188]。安井と杉山との関係は詳らかにしない[189]。この日の会合で杉山が語った内容を、真崎は当日の日記に書き留めた。曰く「翁ハ明治二十二年明治天皇ノ密勅ト称シ日本海ヲ内海トスベク仰アリテ伊藤、山県等モ其ノ為ニ倒レタレド寺内ガ之ヲ理解セズシテ満洲ニ手ヲツケタル為世界ノ問題トナリテ失敗セリナド称シ居リシモ明ナラズ。予ハ其ノ書類アルヲ問ヒシモ斯ルモノハナシト云フ」と。これが『俗戦国策』などで語られた「明治天皇の国是」であることに疑いはない。杉山は陸軍最高首脳の一人に対してもこの真偽不明の主張をしていた。もちろん真崎にとっては初耳であるから勅書の存在を訊ねる。「斯ルモノハナシト云フ」という素っ気ない記述は、真崎の感想の表明であろう。

ソヴィエト連邦への敵意

東部シベリアの保護国化などという、おそらく杉山の心の中にしか存在していなかった「明治天皇の国是」を、彼がこのように最晩年まで主張し続けたのはなぜだろうか。そこには共産主義思想の浸透への恐怖とソヴィエト連邦に対する敵意の表出、失敗に終わったシベリア出兵への妄執とホルヴァート入国を阻止された寺内内閣への自身の遺恨などがあるとみられる。

杉山はいわゆる尼港事件から間もない大正九（一九二〇）年六月に語った談話[190]を、翌月の『黒白』に掲載した。そこで杉山は「世界の国際連盟は今回尼港に於て同胞六百名を惨殺したる露国のパルチサンの如きものを討滅するの意思を持たぬであらふか、此残虐を無視するやうな非人道的国際連盟が何の用になるか、今や英米仏とも此残虐を流し目に見て不問に置かんとする有様で却て露の過激派の窮境に必要なる物資貿易の交通を図らんとする国もあるではないか」と切り出し、シベリア撤兵を求める国内世論に対しても「金が惜いと云ふて軍事行動をせぬならば、国家的軍備は根本に意義を為さぬのである、果して攻撃者の言ふ通りにすればどうする積りか、同胞は殺され放しにして何等の復讐をもせず、其残虐者は世界列国の政府と媾和を為さんとして居るのである」と批判し、「今や五億や六億の金を費やして国家の根本たる物質以上の思想の破壊を防ぐのに何の申分があるか能く考へねばならぬ」と結んで、共産主義思想の浸透を防遏するためにシベリアでの軍事力の行使を主張している。しかし首相が原敬とあっては、杉山の批判など鱓の歯軋りに過ぎない。尼港事件のあと、原は北部サハリンの保障占領に踏み切ったものの、総じて抑制的な対応にとどめた。シベリア出兵当時の参謀次長で傀儡政権樹立を目論んでいた田中義一も、原内閣の陸軍大臣として順次撤兵の方針を堅持した。原が暗殺されると、高橋是清内閣を経て海軍大将の加藤友三郎内閣によって、大正十一（一九二二）年十月に北サハリンを除き撤兵が実施された。同年末にはソヴィエト連邦が成立する。杉山の歯軋りを尻目に、加藤友三郎内閣は新生ソヴィエト連邦との国交を模索した。それを媒介したのは後藤新平である。大正十二（一九二三）年一月、後藤は私的な立場でソ連の駐華全権公使ヨッフェを日本に招いて非公式の会談を行い、それを政府間の交渉に格上げさせた。結果としてこの交渉は決裂し、日ソ間の国交回復は大正十四（一九二五）年一月、加藤高明内閣の日ソ基本条約締結まで二年の歳月を費やすこととなったが[191]、かつてシベリア出兵に前のめりであった後藤が、共産主義国家ソ連との国交回復の端緒を開いたことに、杉山はどのような感慨を持ったであろうか。彼が後藤新平伝記編纂会に対し、日本のシベリア経営を後藤と寺内が「打ちこはしてしまつた」とネガティブな感情をむき出しにした回想を語ったのは、まさしく後藤の裏切りに対する意趣であったと理解すべきであろう。

杉山が「国是」としてのシベリア問題に言及した『山縣元帥』の上梓は、日ソ基本条約締結から間もない大正十四（一九二五）年二月である。日ソ間の交渉を外務省内で取り仕切ったのは欧米局長の広田弘毅であった。広田は若いころから杉山や頭山満らに引き立てられてきた[192]人物であるから、杉山に求められれば、機密にわたることは別として、ある程度の状況を伝えることはあったとみてよい[193]。杉山は日ソの関係改善によって、シベリア保護国化というかつての夢想が雲散霧消することに危機感を抱き、『山縣元帥』で初めて「明治二十二年治定の国是」の存在を明らかにした。『俗戦国策』の雑誌連載が始まるとさらに一歩を進め、その「国是」治定になる過程を直接西郷従道や川上操六から聞いたのだという秘話をも打ち明けて信憑性を高め、シベリアを日本の勢力圏に取り込むことが偉大な明治天皇の遺志であると読者を扇動した。その狙いは将来のシベリア再出兵の正当化ではなかっただろうか。

昭和三（一九二八）年三月十五日、千六百人に及ぶ共産党員が一斉検挙されたいわゆる三・一五事件も、杉山を強く刺激した。杉山は時の首相田中義一に書翰を送り、日ソの国交回復は共産主義の宣伝をしないという条件であったにもかかわらず、中国各地で宣伝文書が押収されており、かつ国内にも「不良の徒」が数多く存在するような状況であると指摘して、ソ連との国交を断絶せよと迫ったのである[194]。さらに杉山は九月にも田中に書翰を発して、十一月に挙行される昭和天皇の即位礼に駐日ソ連大使を参列させるなと要求している。いかに兵隊を動員して警備しても、何が起こるかわからないというのである[195]。これらの書翰は、杉山がいかにソ連を敵視していたかを証明して余りある。もしもソ連との国交断絶がなされたとするなら、日本がそれまでソ連領内に獲得してきた利権は水泡に帰す。シベリア出兵によって獲得した唯一の成果たる北サハリンの炭田、油田開発は、資源に乏しい日本にとって極めて重要なものであったから、国交を断絶してもその権益を確保しようとするなら兵力に訴えるしかない。すなわち杉山の主張は、ソ連との開戦を要求することと代わらないものであった。

そして昭和四（一九二九）年の『俗戦国策』最終章において、杉山はシベリア出兵の失敗を、すべて寺内正毅の失政と誣言して「明治天皇の国是」という自己の主張を正当化した。ここには後藤新平に対するものと同旨の意趣を読み取ることができよう。

このように杉山は、シベリアの分割と保護国化を夢見続けていた。陸軍のロシア通として知られる荒木貞夫に接近したことも、ホルヴァートからの書翰を小冊子にして当路者に配布宣伝したことも、荒木失脚後にはその盟友たる真崎甚三郎に接近を図ったことも、すべてその文脈から理解することができるのである。

変化する国際秩序への抗い――軍国主義と民主主義との争い

第一次世界大戦は一九一八（大正七）年十一月十一日に連合国とドイツが休戦協定を結んだことによってほぼ終熄した。世界は連合諸国とりわけ米国の大きな影響力の下に、新しい国際秩序の構築に向かう。しかし杉山茂丸はその前後から英米に対する敵意をむき出しにした言説を発表し続けている。以下では、杉山の反英米言説を時系列に沿って検討していく。

杉山が英米に対する自身の不信を表明したのは、まだ第一次世界大戦の帰趨が混沌としていた同年六月である。杉山は福岡の玄洋社で講演を行い、その中で概ね次のようなことを発言した。曰く、ロシア革命の混乱によってドイツがインド方面に進出してくる恐れがある、そうなれば日本はインドの危機を救うために出兵することになるかもしれない、日本は日英同盟の誼によって参戦したが英米はドイツの帝国主義・軍国主義を倒し民主主義を守るための戦争だといっている、しかし日本はドイツと同じ帝国主義・軍国主義の国であるから戦争の目的を英米と同じだとは決していえない、もしドイツが連合国に勝利したら日本は直接ドイツと戦わねばならない、そのときドイツが日本の国是たる東洋平和の主義を認めるといったら日本はドイツと戦争ができなくなる、自分は目下政府に対してそれを警告しているのだ[196]、と。杉山はこれより以前にも、連合国の勝利を望むといいつつドイツへのシンパシーを表明したことがあるが[197]、この講演でもドイツが日本と同主義の国であることを指摘し、日本と英米とは異質の国家であることを強調している。

翌月には、寺内首相の「アウトルック事件[198]」に関連した談話で、現在日本が連合国の一員であるとはいっても、戦後の講和談判や経済政策ではどのような扱いを受けるかわからないと指摘し、帝国主義国家である日本が東洋の平和を守る責任をないがしろにされてまで、英米の主張する帝国主義打倒、民主主義擁護のために戦わねばならないことに疑問を呈している。さらに「今や軍国主義叩き潰しを標榜する国が、世界無比の軍国的主義の設備を為し、世界民主主義を絶叫する国が、又宇内無双の大々的軍備を為しつゝあるのを見て、日本は将来斯る場合には斯の如くすると云ふ覚悟を持たずに一日でも暮らすことが出来るであらうか」と、将来の英米との角逐への備えを訴えて[199]いる。

杉山はこうした観点から、既に彼の公債政策を検討した際に明らかにしたとおり、「軍備の儀に付建言の次第」や「公債百億円募集の権能を与へよ」で、将来の英米の軍事力に対抗できるだけの軍備拡張を図るため、多額の公債を発行するよう主張したのである。

ドイツが連合国と停戦協定を結び、第一次世界大戦が事実上終わったそのころ、杉山は海事協会の大会で講演し、日英同盟をめぐって英国を非難するとともに、将来英米と対決する場合のために海軍の拡張が急務であり、それが国民に護国の精神を喚起させるのだと主張[200]している。杉山は日露戦争当時を回顧して、日英同盟は攻守同盟であったのに英国は中立を宣言して「盟邦日本に向って一兵一船を貸さなかった」といい、日本に対して二十七億の資金援助はしたもののロシアにも三十一億の資金を融通していたと主張した。また改定された日英同盟が、攻守同盟の対象から米国を除外していることについても、排日問題などで日本が米国と紛争を起こせば英国は米国の味方をするのだと非難した。そして中国の内訌に関して、広東政府に対して英米が援助しているため福建省で広東派が勢力を伸ばしており、もし福建省が独立したなら対岸の台湾に脅威が及ぶと主張して、英米の動向に強い警戒心を示しているのである。なお杉山はこのとき、日本の国内世論が対独参戦の是非に沸騰していたころの自身の行動について驚くべきことを述べている。曰く「最初日本が膠州湾を討伐する時予は時の首相及内相を数回訪問し日本は断じて膠州湾を撃つ可らずと力説した」と。先にみたように、彼は大隈首相ら政界有力者を膠州湾出兵に賛成するよう説伏したと山縣有朋に自慢していたはずだ。しかも杉山はさらに続けて「此際独逸を当面の敵として戦ふのは英米の圧迫牽制上頗る考ふべき問題だと主張した、ならば進んで南洋東西カロライン六百の島を日本に占領せねばならぬと叫んだのである」といっている。海軍の南洋群島占領を、自身の発案によるものと揚言したのである。ここには、『俗戦国策』などで披瀝されている杉山の事績が、どのように形作られているのかを推察する手がかりが示されているであろう。

原敬内閣が発足しておよそ半年が経過した大正八（一九一九）年三月に著わしたのは「帝国現下の内外政治に付緊急建白の事」である。この建白書はかなり長文であるが、大半は第一次世界大戦の終結により当時の日本を取り巻く国内外の政治状況に対する杉山の認識の叙述に費やされている。彼は国内情勢として、デモクラシーという「欧米の新思想」が「我国民の幼稚なる政治思想を攪乱し」ているため、「国民の生活問題は（略）世界通有的貧富の懸隔を呪詛する社会的悪性の重要問題と変化」して内政が不安定になったと述べる。また東洋における日本の地位は対華二十一カ条条約やシベリア出兵などで欧米の猜疑を招き、将来の発展が困難になっているという認識を示している。世界的な観点からも日本の地位は危うくなっており、米国が中国に接近していることから、日本が世界的に孤立するおそれがあると指摘している。こうした認識に立って杉山は、「亜細亜開放、民族維持、秩序保障」の三カ条から成る「国是」を「天皇陛下の御前に於て御治定に可相成時機」だと主張している。「亜細亜開放」は、中国だけをとってもその富源開発は日本一国でなし得るものではなく、世界に開放しなければならないというのが杉山の主張である。「民族維持」は真意不明であるが、西欧列強がアジアを侵略する場合、日本は全滅する覚悟で抵抗することをあらかじめ内外に宣明せよという趣旨と考えられる。「秩序保障」はアジアの利源開発は世界に開放し、日本はアジアの平和、安全の「サーバント」の役割を担うべきであるという主張である。敷衍するなら、欧洲の大戦が終わって列強がアジアへ進出してくるに際し、猜疑を受けている日本は、孤立を防ぎ列強と協調する政策に撤せよというのがこの建白書の主眼である。これまでにみてきた列強に対抗するための軍備拡張の主張や、欧米に先駆けて中国における日本の利権を確保せよといった主張から明白な変化があったように読める。しかし「秩序維持」についての言説を仔細にみるなら、「軍備は日本に一任すべし」という一文が杉山の主張の根幹であることは疑いない。杉山は、世界に対して中国の門戸開放を宣言すると同時に、中国の軍事的保護は日本が単独で担うことをも宣言せよと主張し、世界がそれを受容せず自国の軍を中国に配備するというのであれば「其時こそ我国家存在は無視せられた時に御座候左すれば之に依つて発生する葛藤は責世界にあるものにして我国の安んじて存亡を賭し得る問題に御座候」というのである。そして西欧の資本が中国に投下されたとしても、その資本の六割二分は現地で固定化するから、秩序保障者すなわち日本がこれを「調理善導」するなら西欧資本の流入を恐れる必要はないと主張している。これは日本の軍事的監視下においてのみ世界の中国投資を認めようという主張にほかならない。アジア開放ということばはただのお題目である。すなわち杉山がこの建白書でアジアの市場開放や国際協調を表面に押し出したのは、発足間もない原敬の内閣への接近を図るため、真意をオブラートに包み込み、原の歓心を買おうとしたものとみなされるのである。[201]なお、日本がアジアの平和と安全のサーバントになるべしという主張が、『百魔』の第五十三章で、杉山が実弟の龍造寺隆邦を戒めたときに語って聞かせたという「支那政策」と同じ内容であることに留意しておこう。彼は第一次世界大戦の終結を受けて提起したこの「支那政策」を、龍造寺隆邦の癌発病の前の出来事に作りかえて『百魔』の一挿話に仕立てたのである。[202]このことは、『百魔』という著作の性格が本質的に読み物=創作物であって、史実を語ったものとは違うということを証明するであろう。

同年の六月と七月に、杉山はパリ講和会議に関連した言説を続けて発表している。杉山はまず、講和会議の日本側全権の行動を激しく罵った。彼は、日本の全権委員が人種差別撤廃を提案したことを、被差別部落出身者に対する梟悪な蔑称を用いながら「沙汰の限り」と批判[203]している。しかし翌月には素知らぬ顔で「我国民が講和会議の醜を挙げて、日本の講和委員斗りを攻撃するのは間違である」といい、「先づ第一に彼れが如き人道の実際に対し、思想の低級なる、公理の劣悪なる、連合列国と同盟したる事を悔ひ、且つ耻ねばならぬ」と続けて、連合各国はいずれも種々の問題を抱えており、世界の大乱は戦後に増大することを自分は予言していたと主張する。そして講和委員を攻撃するより、世界の状況を憂慮して国策を定めねばならない[204]と結んでいる。

明治三十五（一九〇二）年の締約以来日本外交の基軸であった日英同盟は、第三次改訂条約の期限が大正十（一九二一）年七月十三日に終了することになっていたが、条約の更新について英国内では賛否両論があった。周知のとおりこの条約は、同年六月に当面の措置として三ヶ月間延長され、間もなく米国から提起されたワシントン会議において日英米仏の四カ国によるいわゆる「太平洋に関する四国条約」が締結されたことにより、その役割を終えて破棄された。杉山は条約の期限延長が決まる前の五月二十七日、山縣有朋に面会して、英国と米国を離反させて日英同盟を継続するための大運動をやると大言壮語した。曰く「日英同盟は此儘で捨置く時には駄目となる、同期限は七月十一日なるも、一ケ月の延期を申越して来て居る、現内閣の者共は知らずに居るだらうが、七月中に英領殖民地会議を開き、日英同盟の不必要を決議させ置き、而して同盟を断絶する積りである、今日の場合、英国は英米同盟を希望して居る故、現在の儘に捨て置く時は将来大なる間違を生じ、帝國は噬臍の悔を見るであらう、故に此際五百万許りの金を用意し、自分等主となつて金子堅太郎等を率い、渡米して大運動を試み、米国を騒せて英米同盟の出来ないやうな方策を執らねばならぬ[205]」と。杉山に五百万円という巨額の資金が用意できるとは思えないし、反日機運の強い米国でなにほどの運動ができるのかという疑問もある。実現性は皆無であっただろう。山縣のお墨付きをもらったと称してどこかから金を引き出そうという魂胆であったと解釈することもできそうな、荒唐無稽な主張である。

ワシントン会議の開催が決まると、杉山は会議の目的をこう評した[206]。曰く「米国其他今度の太平洋会議に列すべき欧洲列強は、徒党を組んで日本をいぢめ付け、ギューの音も出ない様にしやうと巧んでゐるのである。言葉を換へて云へば、日本を被告扱にして、軍備制限を命じ、若し云ふ事を聴かなければ日本の軍備制限を承知しない為に此世界の平和の源泉となるべき会議が不調に終った。日本は世界人道の敵である。平和の破壊者であると怒鳴り立てゝ日本を最も不利な孤立の地位に陥れ、英国と引き離すは勿論、世界の公敵として取り扱はうと目論んで居るものに相違無いのである」と。英米に対する敵意がむき出しになった主張である。杉山はこの会議に臨む日本政府がとるべき態度として二点を挙げる。ひとつは日本の「支那領土保全、東洋の平和擁護」に対して欧米列国が容喙するのであれば、日本も英国や米国が抱える対外諸問題に対して干渉する自由を主張せよというものである。いまひとつは、軍備制限は拒否し逆に軍備撤廃を主張せよというもので、各国に対し領土沿岸警備のための艦船以外の大規模海軍力を永久に全廃させ、潜航艇や航空機も廃止するよう要求せよというのである。それができないなら日本は人類平和のためと称して会議から引き上げよ、そうすればワシントン会議など意味がなくなるというのが杉山の主張であった。杉山はワシントン会議開会からおよそ一年が過ぎたころ、ワシントン会議開会中に日本側委員に対して電報を発し、右の内容の意見を伝えたのだと回顧[207]している。もちろんそれが事実であるかどうかはわからない。事実であったとしても、かかる放言まがいの主張を、海軍大臣加藤友三郎を首席全権に据えた政府が取り合うはずがない。杉山とて、取り合ってもらえると考えるほど愚かではあるまい。日本は軍縮に応じる必要はないというただそれだけの意見を、杉山らしく「智謀」をめぐらせて芝居仕立てに粉飾すれば、このような言説が生まれてくるのであろう。しかし現実の外交の舞台では、杉山の自己礼讃物語のように**アノミー**が生じて相手が怯むことなどありはしないのである。

大正十二(一九二三)年八月にも、米国政府要人のふたつの発言を捉えて、反米言説を展開[208]している。ひとつはその前年末の米国予備将校会発足の際の同国参謀次長の発言で、杉山によれば「米国の世界的発達を妨害する海を隔てたる東洋の敵国(日本)と開戦する動員準備をするのだと叫ん」だのだという。[209]もうひとつはハーディング大統領がアーリントン国立墓地で「米国は国家の体面を維持する為め他の一国と共同して何時でも戟を執って起つ」と演説したというもので、[210]杉山はこれらの発言を根拠に、ワシントン会議で日本に海軍軍縮を要求したのは米国の策謀であるとの認識を示した。杉山は「世界の大平和を交渉した華盛頓会議の発起人等は其反対の大戦争を俄然として気構へ遂に夫を実際に発表する様な虚偽の人であった」と米国を罵り、「此上は我国の覚悟を改めねばならぬと云ふ事を国民に発表し我国の実際に於ける相当の準備に取掛る方法を定め」よと主張したのである。日米両国に開戦論がくすぶる状況下で、それに棹さす意図がありありと読み取れよう。

このように英米に対する反感を煽り立てるような言説を繰り広げていた杉山は、関東大震災の発生を受けて米国が直ちに日本支援に動くと、例によって手のひらを返し口を拭って、米国や英国に感謝の意を評するため皇族を派遣せよ、公使館へ提灯行列をせよなどと後藤新平を煽り立てている。しかも彼は、日露戦争後のポーツマス講和会議に米国が介在したことについて、当時山縣有朋や桂太郎に対し、米国への感謝の意を表明するよう何度も説き、米国に感謝しておかなければ将来の日米関係には「鉄火の地獄」が待っていると警告したが容れられず、結果として今日の日米関係が出来したのだといっている。[211]震災によって台華社を失ってもなお、杉山は他者に対して自己を盛大にアピールする意思だけは失わなかったのである。

「支那領土保全」の侵略性

ここまでみてきたように、杉山茂丸は「支那領土保全」という美名の下、中国を日本の支配下に置くことを主張していた。シベリアの保護国化という迷夢も、英米に対するむき出しの敵意も、すべては「支那領土保全」を根底にした主張であった。「東洋の平和」ということばを用いているときも、東アジアや東南アジアの地図の上から欧米の殖民地を除いていけば中国とタイしか残らないのだから、それは「支那領土保全」と意味において異なることはなかった。

これらの言説から、杉山の考える日中及び欧米の関係を描くと次のような図式となる。

中国は日本を信頼し、なにごとも日本に倚藉する。日本は中国の領土の安全と国内の治安の維持を全面的に担う。中国の市場は世界に門戸開放され、機会均等が保障される。日本は中国の門戸開放機会均等政策に反し、あるいはその領土を侵す国家があれば、国の滅亡を賭しても戦う。そのため日本は、自国と中国の国防を全うできることを限度として陸海の軍備を充実させる。

これらは、使用した語句は別として、すべて本節で引用してきた杉山の著作に書かれていることである。杉山の言説は場当たり的で前後矛盾は日常茶飯事といってよいほどであるが、中国に対するこうした見方は一貫していた。彼は大正二（一九一三）年の時点で既にこうした中国観に近い意見を、当時朝鮮総督であった寺内正毅に宛てた書翰で表明していたが[212]、それを国際情勢の劇的な変化に応じてアップデートしていった結果、右の図式に至ったということになる。

つまるところ杉山がいう「支那領土保全」とは、中国を日本の属国にしてしまうこと以外のなにものでもなかった。いまさらマックス・ウェーバーの所説を引くまでもなく、国防権と警察権という暴力装置を他国に委ねてしまった国家を国家と呼べるはずがない。杉山が思い描いているのは、大韓帝国の外交権を剥ぎ取り、軍を解散させ、内政権まで掌握してしまった明治末日本の「栄光」の再現であろう。同様に、日本軍の大砲と銃剣による監視下でのみ許容される門戸開放や機会均等に、その実質を期待できようはずがない。杉山が本音を実に露骨に語った談話[213]がある。

もっとうまい話がある。仮へば支那に諸外国がドシ〳〵乗込んで、腐れ草鞋に腐れ菌がたかつたやうに各種の製造工場を起し、支那の富源を開発するとする。誰でも知つて居る通り、凡て製造工場を起すには其総資本の平均六割五分は固定させねばならぬ。斯様して起した事業の純利平均一割丈けが外国へ行くので、差引些くとも総資本の二割五分の現ナマは上は役員から下は職工に到る迄のポケットにチヤラ〳〵落ち込む。奴等はそれで日用品や贅沢品を買ふ。又は発展したり旅行したりする。其金を捲き上げるのに最も便利な地位に居るのは何処だ。更に其金を捲き上げるには、どんな悪辣手段でも講じ得る粗製濫造の本家本元は何処だ。軍費なぞはいくら払つても構はない。税源は湧く程出て来る。

若し又此支那の列強の中で最も幅を利かす奴が国際公法上捨て置けぬ位暴れたら、お役目柄真向に振りかざして取つて押へる。「あなたはいけません。此処は門戸開放共同管理領土保全機会均等の所です。それをあなたは破つたのだから、文明の法則を知らぬ野蛮国です。これから貴方は何ケ年の間これこれの事をしてはいけませぬ。これは条約の上から命じます。」とピタリと押へ付ける。斯様してボツ〳〵勢力を制限して行く。いやだと云つても仕方が無い。日本が一番近いのだから。

　更に一旦事ある時、此等支那在留人が逃げ出すとすると、其投じた資本の六割五分は何と云つても持つて行く訳に行かぬ。又其保護を頼むのは、何と云つても日本でなければならぬ。も一歩進めていへば、アツト云ふ間に此等の富源を押へる事が出来るのは、支那よりも寧ろ日本では無いか。つまり日本のものなのだ。有り難い事では無いか。


おそらく、中国をめぐる杉山の数々の言説の中で、これほど本音があからさまにされたものは類をみない。ここには中国という国家の意思や中国国民の意思はまったく顧慮されていない。あたかも中国の国土や資源は日本が自由に処分できるものであって、門戸開放は欧米の資本が無防備のまま投下されるという条件の下で、日本が欧米諸国に許容するものであるかのようだ。「一旦事ある時」が、軍事力を独占している主体がいつでも謀略的に作り出せるものであることはいうまでもない。日本がそうした施政を実現するためには、中国に日本に従順な政権を作らねばならない。日本を妨害する可能性が大きい米英と近い関係にある孫文らの広東政府の存在は、もっとも排斥されるべきものである。ゆえに杉山は右で言及した寺内正毅宛書翰の中で孫文を排斥した(214)ように、決して孫文とは関わろうとしなかった(215)。

　北はベーリング海からオホーツク海に至る極東シベリアを支配下に収め、中国全土を従属させ、あわよくばフィリピンをも領有して太平洋で米国と対峙する。杉山の夢想は際限なく広がっていた。その夢想が実現したときに、大日本帝国がどのようなカタストロフィを迎えることになるのか、杉山は幸いにしてそれをみることなく死んだのである。

（1）前者は創刊当初から、後者は大正八（一九一九）年から連載。拙稿「杉山茂丸〈百魔〉の書誌と著作年譜」を参照。
（2）英国ゼー・エリス・バーカー氏原著・杉山其日庵主人盲訳『英国経綸上の大問題』民友社、一九一九年。同『デモクラシーと寡頭政治』台華社、一九二一年。「盲訳」とは杉山の著書のひとつである『盲目の翻訳』（国光印刷株式会社出版部、一九一一年）に由来する語で、英語を読めない杉山が、知人から聞かされて記憶していた小説の筋書を基礎として、台華社員喜多川楚山に読ませた原著（The Illustrious Prince, by E. Phillips Oppenheim, 1910）と照合しながら一篇の著作にまとめあげたとされている。バーカーの著書（The Great problems of British statesmanship, by J. Ellis Barker, 1917）もそうやって「盲訳」したと称されているのだが、内容はほぼ逐語的に訳出されているから、実際には喜多川楚山が翻訳したもので、杉山は感想めいた割注を付加したに過ぎないとみるべきであろう。『盲目の翻訳』もまた、原著と照合するなら喜多川楚山翻訳、杉山茂丸潤色と称するのが正確であろうと考えられる。なお、杉山はバーカーを「大学者」「碩学」などと呼んでいるが、この人物は学者ではなく、英国に帰化したドイツ出身のユダヤ人ジャーナリストで、ホメオパスとしても知られている。"https://en.wikipedia.org/wiki/J._Ellis_Barker", 2023/07/19 閲覧。
（3）杉山の『俗戦国策』が、大正時代の事績についてごくわずかなことしか語っていないのも、彼の大正期における政治力学的な衰退状況を示しているとみることができよう。
（4）與太郎「文壇八面鋒」『大国民』六〇、一九一三年、九三頁。なお、本引用中には被差別部落に対する悪質な蔑称が記述されているが、時代背景等に鑑み、原文のまま引用した。
（5）無署名「七五調雑誌の鑵詰」『ダイヤモンド』一（三）、一九一三年、五七頁。
（6）国立国会図書館憲政資料室所蔵「寺内正毅関係文書」二九五－三。翻刻は前掲長井ほか「寺内正毅宛杉山茂丸書翰紹介」に拠った。
（7）大正三年一月十五日付寺内正毅宛杉山茂丸書翰、『児玉秀雄関係文書』同成社、二〇一〇年、四二頁。同日付児玉秀雄宛寺内正毅書翰、同書、四一頁。
（8）拙稿「杉山茂丸〈百魔〉の書誌と著作年譜」七四頁、八九～九一頁。
（9）創刊当初は裏表紙にも杉浦のデザインとおぼしき黒白発行所のロゴマークが印刷されていたが、大正八（一九一九）年ごろから裏表紙は広告に使われるようになっている。

（10）拙稿「杉山茂丸〈百魔〉の書誌と著作年譜」では、第十二巻第七号を現存確認できる最終号とし、「百魔」の連載回数を百二十八回と推定しているが、その後同巻第八号と第九号の現存が確認できたため、杉山が『黒白』に連載した「百魔」は全部で百三十回と推定される。

（11）杉山茂丸「発刊の辞」『黒白』一（一）、一九一七年、二頁。

（12）この種のレトリックの事例は、早くも「法螺の説　第一吹」に「世の中にサンデーと云ふ雑誌屋程五月蠅く、押の強いものはない。一寸物の云い様に付け込まれて初めて義太夫論を書かされたが、運の儘にて、（略）ヤツトの事で済んだかと思ふ間もなく出し抜けに勝手な社告を振り舞し、今度は刀剣譚だ、今度は借金譚だと次から次に追懸けて煽立」云々とあるのをはじめとして、『黒白』掲載の「百魔」第一回でも「今回門生共が厄介な雑誌道楽を初むるとの事で、先年の百魔を書けと云ふ」と前文（単行本には未収録）に記されているし、『俗戦国策』の「はし書」にも「幾多の先輩や知人より（汝の記憶にある事を、書いて置け〳〵）と、慫慂せられるので」云々と書かれている。また杉山の『建白』の市販版である『皇室中心日本改造論』の倉辻白蛇による序文「皇室中心日本改造論の出版に就て」に、「先生自身にありては、始めより之れを世に公表するの意思毫もなかりしは勿論である、然るに（略）強て先生に乞ひ、其筆写を得て之れを印刷に附することゝした」とあるのは、このレトリックの変形版といえよう。

（13）「比律賓買収に関する件」JACAR；Ref.C08020710400。山本四郎編『第二次大隈内閣関係史料』京都女子大学、一九七九年、二四八～二五四頁に所収。『九州日報』大正四年二月十九日～二十日に分割掲載。前掲杉山『屑籠』六七～九一頁に平仮名表記のものが所収。

（14）「杉山茂丸意見書　寺内内閣対支態度」国立国会図書館憲政資料室所蔵寺内正毅関係文書四四八－二七。山本四郎編『寺内正毅内閣関係史料　上』京都女子大学、一九八五年、二九〇～二九三頁に所収。『後藤新平文書デジタル版』48005。

（15）前掲『寺内正毅内閣関係史料　上』二九二頁。

（16）同前、二九三頁。

（17）国立国会図書館憲政資料室所蔵寺内正毅関係文書四四八－三六。前掲『寺内正毅内閣関係史料　上』六三一～六四四頁に所収。

（18）『後藤新平文書デジタル版』48006。『黒白』二（八）、一九一八年、一四～二三頁に所収。

(19)『九州日報』大正八年三月二十九日～四月四日に分割掲載。ただし四月一日掲載分はマイクロフィルムの状態が悪く判読できない部分がある。
(20) 国立国会図書館憲政資料室所蔵「斎藤実関係文書」一一六‐一一。
(21)『建白』の四十八頁十一行目「第一、一国が」から六十九頁七行目までの記述は、既に雑誌『黒白』に掲載済みの『百魔』四百四十八頁六行目から四百六十一頁一行目「発表するのでございます」までの記述を、文体を候文に修正して使い回したものである。ただし、一部の文言や数字に修正が加えられている。
(22)「杉山茂丸氏が加藤高明氏に示せる意見書」『内田良平関係文書　第七巻』芙蓉書房出版、一九九四年、五九～六一頁に所収。
(23) 国立国会図書館憲政資料室所蔵「関屋貞三郎関係文書」六五三‐五。『後藤新平文書デジタル版』60031（ただし文書題名は「皇威御顕揚の儀に付宮内大臣へ言上の次第」となっている）。
(24) たとえば大正三年九月十日条では、「杉山茂丸が小美田利義を以て屢々面会を求むるに因り本日面会せしに、彼は策士の常として伊藤、山縣、故児玉、桂等との関係及び彼との談話を縷述し、支那問題に付根本的解決を要すとて旧皇室を迎へて奉天にて建国するとか、袁世凱をして之を助けしむると云ふが如き空漠たる議論のみにて聞くに堪へず、但時局に付外交方針を誤るものとして之を排斥する事は強硬なりき、山縣、大隈に種々の議論をなしたりと云ふも如何のものにや、其所謂策も陳腐なるもの〻如し、今の策士おおむね此類なり」と冷評している。原奎一郎編『原敬日記第六巻　野党総裁時代篇』乾元社、一九五一年、一二六～一二七頁。
(25) 現存する大隈宛杉山書翰のうち発翰年月日の推定が可能なものをみると、明治三十一（一八九八）年十一月以後は大正四（一九一五）年一月まで空白期間になっているから、彼は大隈内閣出現を受けて、興行銀行設立運動以来の関係を取り戻すべく、大隈に接近したとみられる。早稲田大学大学史資料センター編『大隈重信関係文書第六巻』みすず書房、二〇一〇年、三六三～三七四頁。
(26) 大正十年六月十六日の松本剛吉の日記には、安達謙蔵が杉山に対し「政変も近づきたる如く見ゆるが此際加藤子に大命が下らぬにもせよ、一応加藤子に相当の挨拶があるやう心配して貰ひたい」と頼み込んだが、杉山は「前後七回も子に忠告をしたが、子は少しも之を容れる様子が見えぬ（略）到底子とは相容れず、貴意には応じ難し」とはねつけたことが書かれている。岡義武・林茂校訂『大正デモクラシー期の政治―松本剛吉政治日誌―』岩波書店、一九五九年、一〇一頁。

(27) 前掲金子「杉山茂丸を語る」二六七～二六八頁。
(28) 山下重一「ホッブズ『リヴァイアサン』の本邦初訳」『英学史研究』一三、一九八〇年、七五～七七頁。
(29) 髙橋眞司『ホッブズ哲学と近代日本』未來社、一九九一年、六七～七一頁。
(30) 杉山茂丸「百魔　第七十三回」『黒白』七（七）、一九二三年、四五～四六頁。この初出誌の連載回数の表記は誤りで、正しくは第七十六回である。なお、これに先立って、大正十（一九二一）年刊行の『デモクラシーと寡頭政治』でも、杉山はほぼ同様のことを述べている。前掲『デモクラシーと寡頭政治』二頁。
(31) ただし『俗戦国策』出版に際し、引用した部分も含め、この「百魔」の一部がほぼそのまま同書の「背汗三斗」の章として流用されている。
(32) 人類学者の鳥居龍蔵が大正七（一九一八）年に上梓した『有史以前乃日本』は、当時のベストセラーになるほど読まれていた。小熊英二『単一民族神話の起源　〈日本人〉の自画像の系譜』新曜社、一九九五年、一五七頁。
(33) 杉山茂丸「デモクラシー」『黒白』三（一）、一九一九年、四～八頁。
(34) 井上哲次郎「国民思想の矛盾」『東亜の光』八（三）、一九一三年、一〇～一二頁。
(35) 杉山茂丸が、聞きかじりに過ぎない知識をでまかせに脚色して、あたかも熟知しているかのように語りたがる人物であったことは、彼の長男夢野久作が『近世快人伝』に活写している。前掲夢野『近世快人伝』四二～四六頁を参照。
(36) 杉山茂丸「我思想界の危機(二)」『九州日報』大正三年二月三日。
(37) 同前。
(38) 杉山茂丸「其日雑譚五　政事と政府」『九州日報』大正五年九月三十日。
(39) 杉山茂丸「座談の雄弁家杉山其日庵翁縦談横議」『雄弁』一六（一二）、一九二五年、二九七～二九八頁。
(40) 杉山茂丸「春感　第二稿」『福陵新報』明治二十四年三月十五日。
(41) 利光鶴松『政党評判記』文昌堂、一八九〇年、三三頁。
(42) 杉山茂丸「其日雑譚　仙気膏を頭に張る（下）」『九州日報』大正五年十一月八日。
(43) 前掲杉山「我思想界の危機（二）」。
(44) 前掲杉山「其日雑譚五　政事と政府」。

(45)杉山茂丸「或人の問に対し其日庵主人の返束」『黒白』二（三）、一九一八年。傍点は引用者が付加。
(46)本書第三章第三節を参照。
(47)一例として「新政党組織事務」『東京朝日新聞』大正二年一月二十八日。
(48)馬場恒吾『現代人物評論』中央公論社、一九三〇年、八九頁。
(49)北山米吉『財人研究此の人を見よ』協同出版社、一九三六年、二二一頁。
(50)前掲杉山『建言の事』二頁。
(51)西川誠『明治天皇の大日本帝国』講談社学術文庫、二〇一八年、一八二～一八五頁。
(52)杉山は大正五（一九一六）年に発表した随筆で、「日本の憲法により天皇より大命の出たる内閣はドノ内閣でも帝室内閣でないのは一度もない、故に内閣に過誤のある時は何時でも総辞職をして居る、彼の松方内閣の時高島、樺山両大臣がグズ〳〵云ふて居残りて威張つたのは此事を知らぬからである」と述べている。憲法上は総辞職が義務付けられているわけではないということを、彼は理解していなかったのである。前掲杉山「其日雑譚　仙気膏を頭に張る（下）」。
(53)前掲杉山「其日雑譚　政事と政府」。
(54)前掲杉山「我思想界の危機（二）」。
(55)坂田吉雄『天皇親政　明治期の天皇観』思文閣出版、一九八四年、八〇～八五頁。
(56)『九州日報』大正六年十一月二日。
(57)武谷水城「筑前朝倉の三聖蹟（上）」『筑紫史談　第十三集』筑紫史談会、一九一七年、一～一〇頁。
(58)『朝倉紀聞』昭和八年井上恒三郎筆写本、三～四葉。武谷の論考に採り上げられたその他の文献は、『鎮西要略』『筑前国続風土記』『筑前国続風土記拾遺』『太宰管内志』である。『鎮西要略』と『太宰管内志』は「朝倉や」の和歌について朝倉宮と関連づけているが、「秋の田の」の和歌については言及していない。『筑前国続風土記』は二首に言及しているものの、「秋の田の」の和歌については斉明天皇御陵に関連して「其説たしかならず」と懐疑的に言及しているにとどまる。『筑前国続風土記拾遺』には和歌への言及はない。
(59)「椽」の字の訓は「たるき」で、建物の屋根を支える構造物の名である。垂木とも表記される。「椽」にそれ以外の字義はないから、助数詞の「棟」を意味するという解釈はできない。

(60)『鎮西要略』や『筑前国続風土記』は木の丸殿を朝倉橘広庭宮の異名とする。
(61)鶴見泰寿『古代国家形成の舞台　飛鳥宮』新泉社、二〇一五年、二一～三〇頁。
(62)『日本書紀』巻第二十六、斉明紀二年条。
(63)「刈穂の庵」とは「農事などのためにかりに作った粗末な小屋」と解釈されている。鈴木知太郎『小倉百人一首』さるびあ出版、一九六六年、四五～四八頁。また「名のり」は十二世紀に成立した「俊頼髄脳」以来、用心のために出入りする者に名乗らせたものと解釈されている。福島尚「朝倉の伝承と詠歌―『十訓抄』一ノ二から三への話題展開の文学史的背景」『高知大国文』二九、一九九九年、一～五頁。
(64)杉山のいう「朝倉の宮の旧記」が『朝倉紀聞』であったとするなら、『百魔』第六話の杉山と佐々の対話は捏造されたものと結論づけられる。『百魔』第六話の物語現在は明治二十五（一八九二）年の選挙干渉事件後間もないころに設定されているが、『朝倉紀聞』は大正四（一九一五）年に発見された文書である。前掲武谷「筑前朝倉の三聖蹟（上）」四頁を参照。なお大正二（一九一三）年に創設された筑紫史談会には、杉山茂丸も入会している。杉山がこの会を通じて『朝倉紀聞』の存在を知り、『百魔』の物語に取り込んだ可能性は十分考えられる。日比野利明「筑紫史談会の成立と活動」『太宰府市史通史編別編』第三章第二節、太宰府市、二〇〇四年、二四九～二五四頁を参照。
(65)杉山はその経緯について、後藤新平に送った牧野宛建白書写しに「台湾総督更迭の真相」と題する文書を添付し、詳細に報告している。前掲『後藤新平文書デジタル版』60031。
(66)牧野伸顕の日記に杉山の名が登場するのは、大正十四年五月四日条が最初である。伊藤隆・広瀬順晧編『牧野伸顕日記』中央公論社、一九九〇年、二〇六頁。
(67)前掲『牧野伸顕日記』大正十四年七月二十四日条。
(68)同前、大正十四年七月二十五日条。
(69)元老が高齢の西園寺公望ただ一人になったことから、内大臣にのぼった牧野伸顕は、ポスト元老として首相選考に関与していた。伊藤之雄『元老―近代日本の真の指導者たち』中公新書、二〇一六年、二一四～二一六頁。
(70)久野収・鶴見俊輔『現代日本の思想』岩波新書、一九五六年、一三二頁。
(71)安丸良夫『近代天皇像の形成』岩波現代文庫、二〇〇七年、一五〇頁。

(72) なお、西原和海も杉山の天皇観について「茂丸にしては恐らく、天皇という存在の何たるかを十分にわきまえていたであろう。天皇が明治国家の必需品のひとつでしかないことを、腹の底では明確に認識していた。だから、彼の尊皇思想も、息子に与えた尊皇教育も、実にタテマエにしか過ぎなかった」と指摘している。西原和海「夢野久作の貴種幻想」『夜想』三、一九八一年、六六頁。

(73) 尋常小学校卒業生数については、文部省大臣官房文書課『日本帝国文部省第三十九年報　下巻』一九一三年、三三一～三四頁の「第二二表」を、中学校入学者数及び入学志願者数については、同『同第四十年報　下巻』一九一四年の一四六頁及び一四九頁の「第四五表」を使用して計算。

(74) 町田祐一『近代日本と高等遊民　――社会問題化する知識青年層――』吉川弘文館、二〇一〇年、一頁。

(75) 同前、一八頁。

(76) 同前、二八頁。

(77) 同前、二八～三六頁。

(78) 無署名「教学界」『早稲田文学』七三、一九一一年、五七頁。

(79) 前掲町田『近代日本と高等遊民』五七～九二頁。

(80) 同前、一四三頁。

(81) 吉野剛弘「大正前期における旧制高等学校入試―入学試験をめぐる議論と入試制度改革」『慶應義塾大学大学院社会学研究科紀要』五三、二〇〇一年、二一～二三頁。

(82) 前掲杉山「軍備の儀に付建言の次第」一七頁。

(83) 発表順に、「青年諸氏に与ふ」『黒白』五（三）、一九二一年、四五頁、『建白』一九二二年、一五七頁、「思想の悪化とは」『雄弁』二〇（一）、一九二九年、一六七頁。

(84) 一例として、川崎三郎「国士の面影」『文藝春秋』一〇（七）、一九三二年、一三八頁。

(85) 同様の主張は、すでに大正の中ごろに予備陸軍中将の佐藤鋼次郎によって提起されている。佐藤鋼次郎『平和の青年』博文館、一九一九年、二二三～二四五頁。

(86) 「諮詢第四号（学校ニ於ケル教練ノ振作ニ関スル件）一」国立公文書館、委 00387100。

(87)杉山茂丸「欧洲戦乱の吾帝国に及ぼす関係(一)」『九州日報』大正七年六月二十日。
(88)前掲杉山「軍備の儀に付建言の次第」一四～一七頁。
(89)同前、二〇～二一頁。
(90)杉山茂丸「法螺坊先生談話」『黒白』一(三)、一九一七年、二六頁。
(91)杉山茂丸「法螺坊先生の日曜講談(政治論)」『黒白』四(六)、一九二〇年、一〇～一一頁。
(92)たとえば杉山は「世の中に尤も憐れむべきものは、常にこの社会を羨み呪って、貧乏人の代表者になりたがる連中である。彼等が唱ふる制度の平等とは何か仏蘭西革命は歴史の上に何を教へ何を物語ったか⁉　夢想の裡にのみ築き上げらるゝ平等は、遂に地上のものでないと云ふ事を確実に実証して居る(略)然るに平等とか、自由とか、平和とか、中学生あたりの好き相な文字を諸所に配置して、馬脚を露はさないまでに修飾して博士が唱へる議論が或は社会主義と銘打って喜んで居る。片輪者はこれによって不平等に高価に自己の名を賣り、胃袋を満たさんとするのである」と主張する。杉山『青年訓』六二～六三頁。
(93)杉山茂丸「実業の消長」『英国商業雑誌』四一～四二、一九〇二年。杉山茂丸「国家経済の要義を論して我国経済の現状に及ぶ」『英国商業雑誌』四三～四四、一九〇二年。
(94)杉山茂丸「軍事貯金法案」『経済評論』四(五)、一九〇四年、九～一一頁。この法案は利息や償還の規定がなく、「終生引出すことの出来ない名誉貯金」とされているから、実質は軍事献金法案である。貯金者にはその多寡に応じて記章や選挙権などを与えることとしているが、その名誉だけで「最下等の細民」までが応募するだろうと主張する荒唐無稽な内容である。
(95)杉山「建言の事」本文四頁目。
(96)仙田左千夫「リチャード・プライスの減債基金論」『財政学研究』二、一九七九年。板倉孝信「小ピット政権初期(1783年～92年)における財政改革の再検討」『早稲田政治公法研究』一〇三、二〇一三年。
(97)東京銀行集会所『国債ノ償還並整理ニ関スル調査』東京銀行集会所、一九〇八年、一五頁。
(98)杉山茂丸「公債百億円募集の権能を与へよ(一～六)」『報知新聞』大正七年九月二十七日～十月二日。
(99)杉山茂丸「軍備の儀に付建言の次第」『黒白』二(八)、一六～一七頁。

(100) 同前、二〇頁。
(101) 同前、二一頁。
(102) 大蔵省編『明治大正財政史　第四巻』財政経済学会、一九三七年、六一頁。
(103) 大蔵省編『明治大正財政史　第十三巻』財政経済学会、一九三九年、五六六～五六七頁。
(104) 前掲『明治大正財政史　第十三巻』八〇二～八〇八頁。なお「預金規則」制定時の大蔵卿松方正義は、国民の零細な貯金を集めた金の運用であることを重視して「国債以外に決して運用してはいけない」という方針を示していたといわれる。中津海知方『預金部秘史』東洋経済新報出版部、一九二八年、九～一〇頁を参照。
(105) 前掲『明治大正財政史　第十三巻』一〇五七～一〇五九頁。
(106) 実業同志会調査部編『大蔵省の伏魔殿預金部内容』実業同志会、一九二七年、はしがき二～三頁。
(107) 同前、本文六～七頁。
(108) 前掲『明治大正財政史　第十三巻』一〇三六～一〇四一頁。
(109) 同前、一〇二七～一〇三二頁。
(110) 同前、八一六頁。
(111) 前掲中津海『預金部秘史』八八頁。
(112) 奈良岡聰智『対華二十一ヵ条要求とは何だったのか』名古屋大学出版会、二〇一五年、四一七頁。
(113) 前掲『寺内正毅内閣関係史料　上』六四一頁。
(114) 漢族系台湾人をダミーとして使い預金部資金を迂回融資するというアイデアが、呉端伯をダミーに使った南潯鉄道借款のスキームを借用したものと推察するのは困難ではなかろう。
(115) 前掲『寺内正毅内閣関係史料　上』六四三～六四四頁。
(116) 日本銀行の組織や業務は、松方正義大蔵卿が明治十五（一八八二）年三月に建議した『日本銀行創立ノ議』が採用されて具体化したものであって、松方こそが日本銀行の設立者であり延いては明治政府の財政的基礎を築いた立役者であることに疑いはないが、『俗戦国策』における杉山の物語には大蔵大臣たる松方と対峙した真偽不明の言説がいくつもあり、そこで松方をしきりに腐しあるいは戯画化していることを考えれば、杉山が松方に悪感情を抱いていたことは容易に読み取ることができる。『俗戦国策』における松方批判の一例として、「権力主義に拠りて財政の要枢を把握していた松方、井上の策略は常に国家百年の政治に其禍害を遺し終に今日の窮境に陥ったのである」という一文を挙げておく。杉山『俗戦国策』三八八頁。

(117)この点についても「呈大隈首相書」で同様の批判が繰り広げられている。前掲杉山『屑籠』三〇六〜三一〇頁。

(118)堀江帰一『中央銀行と金融市場』巌松堂書店、一九一二年、六七頁。

(119)もっとも日本銀行と政府との関係については、総裁及び副総裁の任免権をはじめとするさまざまな足枷が嵌められており、このことは常に日本銀行の業務の独立性に対する懸念として指摘されていた。前掲堀江『中央銀行と金融市場』四八〇〜四八八頁。

(120)日本銀行百年史編纂委員会編『日本銀行百年史　資料編』日本銀行、一九八六年、三七四頁の資料より算定。

(121)同前、四二五〜四二六頁。

(122)同前、一九八頁。

(123)山崎覚二郎『貨幣銀行問題一班　第五版』有斐閣、一九四〇年、四一一〜四一三頁。

(124)前掲堀江『中央銀行と金融市場』五一九頁。

(125)同前、五二〇〜五二一頁。

(126)日本銀行百年史編纂委員会編『日本銀行百年史　第一巻』日本銀行、一九八二年、四二八〜四三八頁。

(127)杉山は「呈大隈首相書」においては「金利を引上ぐれば直に株券下落し。低価の株券が担保として日本銀行に流入すれば。又或時金利引下の場合に直に株券の高を現はし。此時に売放ちて利益を得る等殆ど日本の事業界に生殺与奪を私すること茲に年久しく」と述べており、あたかも日本銀行がこれを常習的に実施しているかのように表現している。前掲杉山『屑籠』三〇五〜三〇六頁。

(128)大蔵省編『明治大正財政史　第十三巻』財政経済学会、一九三九年、三七六〜三七九頁。

(129)加藤聖文『満鉄全史「国策会社」の全貌』講談社、二〇〇六年、三三頁。

(130)前掲杉山『建言の事』五頁。

(131)渡辺龍策『大陸浪人　明治ロマンチシズムの栄光と挫折』番町書房、一九六七年、二三四〜二三五頁。なお、渡辺は金子が原に面会した日を大正九（一九二〇）年二月二十五日と記しているが、正しくは同年一月二十五日である。『原敬日記』の同日条を参照。
(132) 前掲渡辺『大陸浪人』二三四頁。
(133) 大蔵省編『明治大正財政史　第六巻』財政経済学会、一九三七年、九四三頁。
(134) 農商務大臣官房統計課『大正十一年　第三十九次農商務統計表　第二編』東京統計協会、一九二四年、一頁。
(135) 前掲『明治大正財政史　第六巻』一二二三頁。
(136) 同前、一二三五頁。
(137) 前掲『大正十一年　第三十九次農商務統計表　第二編』二三二〜二三三頁。なおこの統計には北海道における事業収入は計上されていない。
(138) 前掲山本編『第二次大隈内閣関係史料』二四八〜二四九頁。
(139) 同前、二五〇〜二五一頁。
(140) 同前、二五〇頁。
(141) 同前、二五二頁。
(142) 同前、二五二〜二五三頁。
(143) 同前、二五三頁。
(144) 同前、二五〇頁。
(145) 日露戦争後の日米関係については、波多野善大「日露戦後における国際関係の動因——日米関係を中心とする——」『国際政治』一九五七（三）、一五三〜一八二頁を参照。
(146) 前掲奈良岡『対華二十一ヶ条要求とは何だったのか』二〇〇〜二二四頁。
(147) 前掲山本編『第二次大隈内閣関係史料』二五四頁。
(148) 井上馨侯伝記編纂会『世外井上公伝　第五巻』内外書籍、一九三四年、三六七頁。
(149) 大正（三）年八月二十日付寺内正毅宛明石元二郎書翰、尚友倶楽部編『寺内正毅宛明石元二郎書翰』芙蓉書房出版、二〇一四年、五四頁。

(150) 大山梓編『山縣有朋意見書』原書房、一九六六年、三四二頁。
(151) 国民外交同盟会『対支問題意見交換会演説筆記』一九一四年、六一〜六四頁。
(152) 秋元興朝「中以下の成績」『経済時報』一五〇、一九一五年、一四頁。
(153) 伊藤隆編『大正初期山縣有朋談話筆記・政変思出草』山川出版社、一九八一年、五八頁。
(154) 「日中両国ヘノ友誼的勧告ニ協同方ニ付英仏露各国政府ニ照会中ナル旨国務長官談話ノ件」『日本外交文書　大正四年第三冊上巻』七六五頁。
(155) 「日中交渉ニ関スル米国政府ノ見解通告ノ口上書手交ノ件」前掲『日本外交文書』七九二〜七九三頁。英文邦訳は筆者による。
(156) 『新聞集成大正編年史　六年下巻』明治大正昭和新聞研究会、一九八一年、五九九頁。
(157) 杉山茂丸「亜細亜モンロー主義と大使の言説」『九州日報』大正六年十月七日。
(158) 「露国外務大臣ガ日本軍ノ欧洲派遣方ニ関シ英仏両政府ニ提議シタル旨在露英仏両国大使来談ニ付請訓ノ件」『日本外交文書　大正三年第三冊』六三〇頁。
(159) 「英国外務大臣日本艦隊地中海派遣ノ希望ヲ内話ノ件」同前、六三一頁。
(160) 『外交危局急言』国民外交同盟会、一九一四年、三頁。
(161) 「無駄ツ言」『トヤマ』一五四、一九一五年、六頁。
(162) 鉄木真「欧洲出兵の愚論」『新公論』三二（一一）、一九一七年、三八〜三九頁。
(163) 「第2特務艦隊開戦前誌　大正6年2月7日〜28日（1）」JACAR；Ref.C10080646400。
(164) 「第2特務艦隊戦時日誌　大正6年3月分」JACAR；Ref.C10080646600。
(165) 「第2特務艦隊戦時日誌　大正6年4月分」JACAR；Ref.C10080647100。
(166) 『新聞集成大正編年史　六年上巻』明治大正昭和新聞研究会、一九七九年、七六七頁。
(167) 杉山茂丸「出兵は既定の問題なり」『黒白』二（五）、一九一八年、一〜六頁。
(168) この点については、第二特務艦隊の地中海派遣を報道した東京朝日新聞の記事が既に指摘している。前掲『新聞集成大正編年史　六年上巻』の記事を参照。

(169)『日本外交文書　大正六年第三冊』一八〇～一八二頁。
(170)同前、二一三頁。
(171)『婦人週報』三（四八）、大正六年十一月三十日号の十八頁には「漸く我国では邦人保護の為め、西比利亜出兵を促す声が起つて来ました」とある。また「西比利亜出兵果シテ真カ」という記事を掲載した大正六年十二月十七日の東京毎日新聞は新聞紙法による発禁処分を受けている。帝国図書館文書『出版物検閲通牒綴　大正五年～七年』を参照。
(172)前掲麻田『シベリア出兵　近代日本の忘れられた七年戦争』一七～五〇頁。
(173)鶴見祐輔『後藤新平　第三巻』後藤新平伯伝記編纂会、一九三七年、八八三～八八八頁。
(174)夏秋亀一の経歴は詳らかにしないが、明治四十二（一九〇九）年以来ハルビンにおいて南満洲鉄道株式会社の代理店である日満商会を経営し、その他さまざまな企業の経営に関与していた。明治四十五（一九一二）年に桂太郎がロシアを訪問した際には、ハルビンから随員に加わっている。
(175)前掲鶴見『後藤新平　第三巻』九三八～九三九頁。
(176)『日本外交文書　大正七年第一冊』五五三～五五四頁。
(177)大正七年六月十三日発後藤外務大臣宛臼井哲夫電信、JACAR；Ref.B03051269500。
(178)大正七年六月十九日発後藤外務大臣宛臼井哲夫電信、JACAR 同前。
(179)大正七年六月二十二日受電後藤外務大臣宛佐藤総領事発電信第三三三号、JACAR 同前。
(180)大正七年六月二十二日発佐藤総領事宛後藤外務大臣電信第一五七号、JACAR 同前。
(181)大正七年六月二十二日発後藤外務大臣宛臼井哲夫電信、JACAR 同前。
(182)大正七年六月二十四日発後藤外務大臣宛臼井哲夫電信、JACAR 同前。
(183)杉山と夏秋亀一の関係の詳細は不明だが、杉山の長男泰道が死去した際、夏秋は通夜に供物を献じているから、相応の親密な関係があったと推測される。
(184)ホルヴァートはその後、全ロシア臨時政府を立ち上げるなどボリシェヴィキに対抗しようとしたが果たせず、北京に亡命して余生を送った。杉山とホルヴァートは全く面識がないが、何らかのコンタクトはあったとみられる。昭和九（一九三四）年十月に杉山は、ホルヴァートからの援助を求める来翰を邦訳して小冊子にまとめ政界当路者に配布した（杉山茂丸『旧露国ドミトリー・ホルワット将軍よりの来書』台華社、一九三四年）が、杉山の自己宣伝以上の意味は持たなかったであろう。
(185)伊藤隆・佐々木隆・季武嘉也・照沼康孝編『真崎甚三郎日記　昭和七・八・九年一月～昭和十年二月』山川出版社、一九八一年、昭和九年十一月二十一日条。
(186)同前、昭和九年五月十一日条。
(187)同前、昭和九年九月二十三日条及び同年十月二十八日条。
(188)中野雅夫『橋本大佐の手記』みすず書房、二〇〇〇年、九七～九八頁。杉山と橋本を引き合わせたのは、杉山の妻幾茂の従妹の長男にあたる高畠義彦である。
(189)杉山が人を介して陸軍の首脳に面会しようとした例は外にもあり、杉山が昭和期には陸軍にほとんど足がかりを持っていなかったことを裏付ける。昭和五（一九三〇）年二月に、宮内次官の関屋貞三郎に対し金谷範三参謀総長との面会を頼んでいる。昭和五年二月二十七日付関屋貞三郎宛杉山茂丸書翰、国立国会図書館憲政資料室所蔵「関屋貞三郎関係文書」六五三－六。
(190)杉山茂丸「其日庵先生一夕話」『黒白』四（七）、一九二〇年、一八～二〇頁。
(191)北部サハリン保障占領以後の歴史記述については前掲麻田『シベリア出兵』一六七～二三二頁を参照。
(192)広田弘毅伝記刊行会編『広田弘毅』広田弘毅伝記刊行会、一九六六年、三二～三三頁。
(193)広田が杉山に便宜を図った例として、駐オランダ公使としてハーグ在勤中の昭和三（一九二八）年十月、日英同盟当時在英ドイツ大使館参事官であったヘルマン・フォン・エッカードシュタインの回顧談の一部を書記官に邦訳させ、杉山に送ったことが挙げられる。福岡県立図書館杉山文庫「杉山茂丸関係資料№74」。
(194)（昭和三年）四月十七日付田中義一宛杉山茂丸書翰、国立国会図書館憲政資料室所蔵「田中義一関係文書」六二。
(195)昭和三年九月十六日付田中義一宛杉山茂丸書翰、同前、六〇。
(196)杉山茂丸「欧洲戦乱の吾帝国に及ぼす関係（五）」『九州日報』大正七年六月二十四日。
(197)杉山茂丸「其日雑譚　独逸魂」『九州日報』大正五年十月八日。
(198)大正七（一九一八）年三月に寺内首相が米国の雑誌『アウトルック』記者のインタビューに答えた記事に、将来日本がドイツと提携する可能性に言及したと報道された事件。前掲鶴見『後藤新平　第三巻』八二六～八二七頁。

(199) 杉山茂丸「寺内首相の仮定的談話に関する世論に就いて」『黒白』二(七)、一九一八年、八~一三頁。
(200) 杉山茂丸「海軍防備問題」『黒白』二(一二)、三~八頁。
(201) ここで国際協調を主張した杉山が、翌年には日本が世界で孤立する覚悟が必要だと主張していることからも、杉山の国際協調路線が表面的なものに過ぎないことを裏付けるであろう。杉山茂丸「現下の外交焦点と国民の大覚悟(七)」『九州日報』大正九年十月十八日を参照。
(202) 『百魔』ではエピソードの時期は明示されていないが、龍造寺隆邦の発病は明治四十五(一九一二)年ごろとみられる。北川由之助『日本之精華』毎日通信社、一九一四年、福岡県之部二五頁を参照。『百魔』同章の初出は大正十一(一九二二)年四月号(推定)で、この建白書から三年後である。
(203) 杉山茂丸「講和会議の醜」『黒白』三(六)、一九一九年、二~四頁。
(204) 杉山茂丸「再び講和会議の醜を論ず」『黒白』三(七)、一九一九年、八~一〇頁。
(205) 前掲『大正デモクラシー期の政治　松本剛吉政治日誌』大正十年五月三十一日条。
(206) 杉山茂丸「太平洋会議は日本の立場を宣明する絶好の機会」『九州日報』大正十年八月九日~十日。
(207) 杉山茂丸「国際連盟会議員の略奪性」『黒白』六(一二)、一九二二年、一〇~一四頁。
(208) 杉山茂丸「其日庵先生日曜講和の抜萃」『黒白』七(八)、一九二三年、八頁。
(209) 杉山が引用した参謀次長の発言が正確なものかどうかは疑問であるが、米国の軍縮が「東洋の競争者が為めにせる計略である」という発言があったとする説があるから、趣旨として日本の軍事的脅威に関する言説であったことは事実のようだ。西鴻城「米国に於ける国防観念養成の実況」『自由評論』一一(七)、一九二三年、三一頁を参照。
(210) おそらくハーディングの演説中 "In our fuller understanding of today, in that exalted consciousness that every citizen has his duty to perform and that his means, his honor and his life are his country's in a time of national peril, in the next war, if conflict ever comes again, we will not alone call to service the youth of the land, which has, in the main, fought all our wars, but we will draft every resource, every activity, all of wealth, and make common cause of the nation's preservation." という部分を捉えたものと考えられるが、これは戦没将校追悼記念日の演説であって、全体に平和を祈念する趣旨であるから、日本に対する好戦的言辞とみるのは杉山の意図的曲解であろう。英文引用は

https://www.presidency.ucsb.edu/documents/memorial-day-address-arlington-national-cemetery-2, 2023-11-27 閲覧。

(211) 大正十二年九月十三日付後藤新平宛杉山茂丸書翰、ＤＶＤ版『後藤新平書簡集』299-43。

(212) 拙稿「杉山茂丸の対中国観　寺内正毅宛て書翰を手がかりとして」『福岡地方史研究』五八、二〇二〇年、七一～八三頁。

(213) 杉山茂丸（腐軒隠士名義）「特殊地位を発揮せよ（八）」『九州日報』大正十年八月二十四日。

(214) 前掲拙稿「杉山茂丸の対中国観」七六～七七頁。

(215) 管見の限りでは、杉山が著作の中で孫文の名を掲げたことはただの一度もない。また杉山と孫文との間に何らかの関係があったことが論証されたこともない。

第六章　ホラ丸の身上書

第一節　家庭のうちそと

出自と家族

杉山茂丸は福岡藩士の家に出生した。杉山家は馬廻組で百三十石の知行取であるから、藩士としての家格は高い家柄である。杉山家の祖は、戦国時代九州に覇を唱えた龍造寺隆信であるとされているが、これは杉山家で語り継がれた伝承に過ぎず、元禄期に福岡藩の支藩であった直方藩に仕えていた杉山三郎平という人物が、福岡藩士としての杉山家の祖と考えられる(1)。

杉山茂丸の祖父は福岡藩で歌人としても知られた杉山啓之進であり、父は啓之進の娘重喜の婿として青木家から入って家督を継いだ人物である。入婿に際して祖先の名を継いで三郎平と名乗った。この人物が杉山家に婿入りした経緯については、杉山茂丸による作り物めいた言説がある一方、杉山の孫である杉山龍丸及び曾孫の杉山満丸によって、慶応元年のいわゆる福岡藩の乙丑の獄に啓之進が連座したためであるという説が流布されているが、この説は事実を捏造している(2)。杉山の実母重喜は早世し、三郎平の後添えには林家からトモという女性が入った。

杉山茂丸には同母の弟が二人、母を異にする妹が一人あった。長弟五百枝は慶応二年生、鉱山師をはじめさまざまな実業に携わり、後年には龍造寺隆邦と名乗った人物で、大正六（一九一七）年に五十二歳で没した(3)。次弟駒生は明治三（一八七〇）年生、親戚の林家の養子となり、朝鮮で水産業に従事し、朝鮮総督府にも勤務した人物である。昭和六（一九三一）年に六十二歳で没した(4)。妹は薫といい、安田氏に嫁した。

杉山の長男である直樹は明治二十二（一八八九）年一月四日に出生した。直樹の生母ホトリは、杉山龍丸によれば福岡藩で馬廻組二百石の知行取であった大島家の長女で、のちに高橋都稲という人物に再嫁して高橋姓となったという[5]。杉山龍丸は、祖父茂丸が「七人も八人も妻をかえた[6]」といい、「ホトリなる人が、茂丸の何度目の妻であったか、妻として、嫁として来たのか、どうかも詳細でない[7]」ともいっているが、ことホトリに関しては「西の幻想作家」で縁組から離縁の経緯まで説明しているので、正式に妻として迎えた女性であったに違いなかろう。ただ、その結婚時期については特定できていない。直樹の出生日から推測するなら、おそらく杉山が頭山満に拾われて福岡に戻って、さほど時をおかずに縁談がまとまったのであろう。離縁の時期も不明で、杉山龍丸は直樹が「生れて間もなくのこと[8]」といってみたり、「明治二十四年、直樹が、数え年三歳の折[9]」といったりしている。また、杉山が生涯において、何人もの女性と結婚離婚を繰り返したという杉山龍丸の言説の信憑性には疑問なしとしない。関係をもったとみられる女性は何人か数えられる。

後妻に入った幾茂との縁組みは、杉山自身の言によれば明治二十四（一八九一）年のことであった（俗、二一九）。一方杉山龍丸は「杉山茂丸の生涯」の中で、「茂丸は、今度の幾茂との結婚と同時に隠居して、戸主を直樹に譲っている[10]」と述べている。杉山の隠居については別項で検討を行うが、幾茂との結婚と隠居が同時に行われたのだとすれば、それは明治二十七（一八九四）年のことと理解される。生涯を連れ添うこととなるこの妻との間には二男三女をもうけたが、男子二人はともに早世した。長女瑞枝は明治二十八（一八九五）年出生である。二男峻は生年不明、没したのは直樹が八歳のときというから[11]、明治二十九（一八九六）年と推定されるが、杉山龍丸は峻の逝去を明治二十八（一八九五）年六月二十五日としており[12]、これによるなら数え年で直樹七歳のときということになる。三男五郎は明治三十一（一八九八）年出生、四十五（一九一二）年に亡くなっている。

長女瑞枝は、東京慈恵会医科大学初代学長である金杉英五郎の甥にあたる金杉進に嫁いだ。明治三十七（一九〇四）年生まれの次女多美子（本名高峯）は石井俊次に、三十九（一九〇六）年生まれの三女栄美子（本名ヒデ）は戸田健にそれぞれ嫁いだ。多美子の夫の耳鼻咽喉科医石井俊次は直樹の親友となり、石井瞬耳の筆名でいくつかの回想を残しており、多美子にも父や兄についての回想がある。戸田健については詳らかにしないが、東京鑵詰同業組合の書記長を務めた人物である。

もう一人、杉山は森まつという女性との間に、あやという娘をもうけている。この母娘については別項で詳しく述べる。

杉山には以上の実子のほか、何人もの養子がいた。杉山千俊という人物と杉山一幹という人物の名は、杉山龍丸によって明らかにされているが、[13]筆者の知る限り、ほかに数人の養子がいたとみられる。杉山が多くの養子縁組をしたことについて、彼の嫡孫龍丸はふたつのことを述べている。ひとつは政界要人の不始末の尻ぬぐいである。龍丸によれば「一体何人、これらの人々の私生児を、茂丸は自分の子供として戸籍に入れて、養育したかわからない」[14]のだという。この点については検討すべき材料があるので、別項で論じる。もうひとつは茂丸の妻幾茂の画策である。幾茂は自身が産んだ二人の男子を相次いで亡くしたことから、「彼女に味方すると思われる人を、養子にして、その人を茂丸の後継者とすること」[15]を望んで養子を迎えたのだという。こうした杉山龍丸の見解の真偽については、材料が乏しく評価することは困難である。

女性関係

杉山が生前に関係した女性としては、外に六人の名が知られている。

烏森の芸妓おふみと、新橋の芸妓おしゅんの二人は、それぞれ「其日庵過去帳」の「芸妓ふみ」と「丸本のしゅん」において、杉山自身が若いころに関係を持った女性として語られている。しかしこのふたつの物語は、杉山の他の自己言及の例に洩れず、話のつじつまがまったく合っていない。

杉山によれば、彼は二十二歳のときにおしゅんと知り合い、その後関係を持つようになった。[16]関係を持ったのは

「丸本のしゅん」によるなら、杉山が二十七歳のときであり、それは彼が妻帯して以後、初めて妻以外の女性と関係を持った相手であったという。[17] 暦年でいうなら、おしゅんと知り合ったのは明治十八（一八八五）年、関係を持ったのは明治二十五（一八九二）年ということになろう。おしゅんには木許という名の旦那があったが、この旦那が烏森のおふみに横取りされてしまったため、両者の間に悶着があり、おふみの方にその遺恨が残った。おふみは遺恨を晴らそうとして、おしゅんの情夫である杉山を誘惑し、「春期発動の旺盛期であつた」杉山は、誘われるままおふみとも関係を持ったのだという。そして「おしゅんの旦那である木許某の目を盗んでおしゅんと密会するさへ大抵の骨折でないのに、更らに又おしゅんの目を盗んでおふみと嬌曳するのであるから庵主の苦心は並大抵の事ではなかつた」と、艶福ぶりを盛大に自慢してみせている。[18]

ところが、芸妓ふみが没したのは明治十九（一八八六）年十月十六日のことで、それは「箱屋の横恋慕」によって殺害されたものだと、杉山自身が述べている。[19] とするなら、おしゅんとは明治二十五（一八九二）年に初めて関係を持ったという杉山が、おふみとの関係をも掛け持ちできたはずがない。二人の女性との関係を掛け持ちしたという話が嘘なのか、二十七歳のときにおしゅんと関係を持ったとするいい分が嘘なのか、あるいはどちらも嘘なのか、いずれであるにせよ、いかにも杉山らしいその場の思いつきで語られた物語とみなさねばなるまい。

杉山茂丸が昭和十（一九三五）年七月十九日に没したのち、債権債務などの整理のため、関係の深かった実業家などから構成される委員会が組織された。委員になったのは当時外相の地位にあった広田弘毅のほか、松永安左衛門、益田孝、中村精七郎、真藤慎太郎、福島行信、下郷伝平、太田清蔵、中島徳松という面々であった。そして八月十二日に東京会館で開かれた委員会の場で、右の委員に加わったと思われる窪井義道からなされた報告の中に、「河原花本素女等の件」という一箇条があった。[20] これは杉山の女性関係の整理に関する事項であり、長男泰道は「花本の負債は土地家屋にて大体整理つく見込の旨福島氏より話ありたり。素女のことは福島、下郷、千葉等御相談下さる。河原のことは追って相談のこと[21]」と当日の日記に記し、さらに九月四日の日記には「河原、花本、素女は余片付ける事に話決定[22]」と追記されている。また九月二十三日の日記には、在米の友人奈良原牛之助に宛てた書翰に「父の生前に関係して居りました三人の女性が皆僕を信頼して、つまらぬ事を云はずに我慢して呉れて居ります[23]」と記している。この三人の女性は、杉山龍丸による同書の註解では「河原は河原阿栗、花本は料亭花本の女将、素女は竹本素女、女義太夫の師匠[24]」とされている。

杉山龍丸が河原阿栗と表記した女性は、片仮名でアグリと表記されることもあるが、戸籍上は阿具里という。慶応二（一八六六）年生まれで、杉山より二歳年下であった[25]。築地の待合柏屋の女将で、杉山が若いころから関係を持っていた女性とみられている。河原阿具里の待合柏屋は、東京日日新聞主筆で伊藤博文、伊東巳代治系のジャーナリストであった朝比奈知泉が、明治の中葉に杉山茂丸や後藤新平、加藤正義といった人物を集めて開いていた暢気倶楽部という会合によく使われていた[26]。その時代の著名な批評家鵜崎鷺城は「当時アグリと呼ぶ新橋有名の老妓に待合を開業させ、杉山が旦那で朝比奈知泉を顧問のやうにしていろ〳〵な人を引寄せる算段をした[27]」と書いており、杉山と河原阿具里との関係はよく知られていたもののようだ。杉山の次女石井多美子は、後年室井廣一のインタビューに答えて「父が若い時分、逃げ回っている時匿ってくれた人で母よりも古いつきあいでした。父も母も粗末には扱わず、盆暮れには顔をみせていました。父はアグリの一家を大事にしていて、自分の子供の結婚式の時は仏様にお辞儀をするくらいの事でしたが、アグリの養女の結婚式の時はしかるべき所でしたようです[28]」などと述べている。

竹本素女は大阪出身の女流義太夫語りで本名は正井のぶ、竹本長広に入門後、三味線の鶴沢友松（のちの道八）や三代竹本越路太夫らに稽古をつけてもらって実力を蓄え、大正三（一九一四）年に東京へ上って看板を揚げた。もと広枝と名乗っていたが、鶴沢友松と懇意であった小美田隆義から素女という名をもらったといい、上京に際して小美田から杉山茂丸を紹介された。[29] 素女の生前の半生記では、杉山との関係は男女の交わりではなかったとされているが、[30]これは割り引いて考える必要があろう。大正三（一九一四）年六月一日の東京朝日新聞には、早くも「素女も此頃変な後楯が出来て毎晩持席へ自動車を横附け」と書かれており、杉山が素女のために自家用車で送迎させていたことが知られる。また杉山は、頻繁に宴席へ素女を招いて政財界の大物たちに引き合わせたり、[31]関西へ旅行する際に素女を伴ったりしていた形跡もあるから、[32]相当な肩入れぶりであった。かつて週刊雑誌『サンデー』に「義太夫論」を連載したとき、杉山は義太夫節の修業を武士が武術を修業することに喩え「此修業は彼の嬌容繊弱なる婦女子の敢て一音節だも伺ひ知り得べきの事にあらざるなり」といい、女流が弾き語りで義太夫を語ることを「角力を一人にて取り撃剣を一人にて遣ふと一般なり何ぞ其の巧拙を論ずるの価値あらんや」と酷評したが、[33]昭和九（一九三四）年に台華社から私家版として発行された『義太夫論』では、女流義太夫への酷評は全面的に削除され、右の引用部は当今の義太夫界一般への苦言に書き改められている。素女の芸を知ることによって見解を新にしたのか、それとも旧著に恨み言をいわれて鼻の下をのばした結果か。

花本の女将という女性のことは断片的にしかわかっていない。杉山龍丸のいう「料亭花本」は正確ではなく、花本はいわゆる待合であった。室井廣一による石井多美子へのインタビューでは「年月は明確でないが、台華社の前には、「花本」という待合があり、ここの女将、星野セツは、台華社にきたお客等の接待等も、台華社内で取り仕切っており、茂丸も、ここに、よく出入りしていた。この星野という人は、前述の河原よりは若い人で、以前は「雪本」という待合の仲居頭をしていた」[34]と述べられている。雑誌『サンデー』七十七号（明治四十三年五月二十二日）掲載の「当世待合評判記」によれば、花本の女将はお梅という名で、新橋の待合花谷の女中勤めをしていたが、外濠鉄道の社長であった浜政弘の後援で独立して、築地に花本を開いたという。また、大正十二年度版の『料理待合芸妓屋三業名鑑』によれば、花本の所在地は築地五ノ十五で、経営者の名は星野有米となっているから、[35]おそらく女将の名はセツではなく、梅又は有米が正しいのだろう。大正年間には、杉山が後藤新平を花本での宴席に招いた書翰が三通、後藤の文書中に遺されている。また杉山の秘書であった喜多川楚山は、堀内文次郎陸軍中将へのインタビューの中で、杉山がはじめ柏屋を使い、後に花本を使うようになったことを述べているし[36]、医師の稲垣長太郎という人物も大正十（一九二一）年に花本で杉山と面会したことを述べている[37]。思うに、柏屋が店を畳んで以後、杉山は花本を使い始め、星野有米の世話をするようになったのであろう。

もう一人はこれまで杉山に関連して言及されたことはない。福岡市内に住んでいた加藤てるという女性で、長唄の師匠であったらしい。大正九（一九二〇）年か十（一九二一）年ごろに杉山の妾になったというが、十年十二月に、二十歳の若さで自ら命を絶ったことが報じられている[38]。

手紙は残さず破つてしまへ——まつへの手紙

東京に本拠を構えた杉山は、門司に滞在する際、定宿として石田屋という旅館を使っていたとおぼしく、そこで働いていたのが旅館の主人の親戚にあたる森まつという女性であった[39]。杉山とまつはここで知り合い、やがて深い仲となったようだ。杉山は明治二十八（一八九五）年二月に妻幾茂との間に長女瑞枝をもうけているが、翌二十九（一八九六）年十月にはまつとの間にも女子が生まれた。これがあやである。まつは父森武八のもとに身を寄せ、そこであやを育てた。杉山はあやが自分の娘であることは認めていたが入籍させることはなく、この母娘の存在をひたすら隠し続けた。杉山がまつとあやに宛てて発した書翰のほとんどは、まつの父親である武八を封筒の名宛人にしており、かつ発翰元の住所も三興社など事務所の名称と住所を表記して、彼の妻子が住む居宅の住所は一切明らかにしないという用心ぶりであった。母娘の存在を知っていたのは、杉山が貿易を始めたころからその配下として働いていた廣崎栄太郎ら一部の者と、のちにあやの存在を打ち明けられた長男泰道しかいなかった。

杉山茂丸がこの母娘に宛てた書翰は、廣崎らに代筆させたものも含め、百三十余通にのぼる。森あやの子孫によって保存されてきたこれらの書翰は、現在成蹊大学図書館が所蔵しており、同大学文学部の浜田雄介らのグループによって翻刻が進められて、現在までに百二通が公表されている。[40] 翻刻未公表の書翰と併せて読めば、杉山がまつという愛人と、まつに生ませた実の娘あやに対して、どのような態度で接していたのかが、あからさまに読み取れる。それはひとことでいうなら、不実極まりないものであった。杉山はこの母娘に対し、盆暮れに五十円ずつの送金[41]をしてはいたものの、一度として訪ねていこうとはしなかった。会いたいというまつやあやの哀訴に対して、言を左右にして会おうとせず、剰え会いたいという願いに対し、彼女らを「隠し者」といい捨て、杉山自身の立場を危うくさせるのかと叱責さえして、福岡の辺陬に押し込め続けたのである。この書翰群から読み取れる限りでは、杉山が実の娘あやに初めて会ったのは、大正元（一九一二）年のことで、実にあやが十六歳の誕生日を迎えたのちであった。そしてあやが生まれて以後に、杉山がまつに会った形跡はない。

以下に順次、杉山の書翰をみていくが、名宛のあとに特記のないものは、すべて上記浜田らのグループによって翻刻公表されているものである。また、母娘に宛てた杉山の書翰は概ね平仮名ばかりで書かれているが、読みやすいよう便宜的に漢字仮名交じりに修正し、必要に応じて句点を読点に改めていることを断っておく。例外的に原文のまま引用したものはその旨を特記している。

明治三十（一八九七）年七月二日　まつ宛

貴様たち親子の行く末につき、俺は片時も忘れる事ないが、漸う工夫が少しついたから、よくお父さんやなどに相談して、返事せよ。それは、二千円がとばかり、安いのを見つけ次第、田地をそろそろ買うたがよいと思ふ。（略）そうしておかねば、貴様たちは俺が生きておる間は、世間に隠さねば顔出しのでけぬ隠し子の出来たおなごゆへ、もしも死んだ後では、誰も構う人なし。ゆへに早く用意をしてやりたい。（略）俺の顔を汚さぬ決心をせねばならぬ。しかしあやは確かな俺の子ゆへ、俺が死んだ後で肩身の狭くないよふに、確かな証拠の書付を遣っておくつもり。その代り、これまで俺が遣った手紙は、残しておけば俺の恥ゆへ、少しも残さず破ってしまへ。決して背くことはならぬぞ。そんなことをよく片付けて、しんから安心して暮すよふになれば、俺もどこかで会いにゆくことも出来る。俺が胸の内の色々と心配の安くなるよふ、よく相談して返事せよ

発翰年不明十二月二十二日　まつ宛　（未公表、成蹊大学図書館所蔵一二七a番書翰、筆者による翻刻）

手紙見た。色々心配察する。俺も色々心配して、そちたちの事忘れたことなし。しかし俺の心得違いから、そちたちにも心配させることゆへ、人に話す訳にも行かず、ただそちもあやも達者にして、俺の恥にならぬよふにしてくれるのが、なによりの嬉しき事なり。あやもおひ〳〵成長してくる事ゆへ、一度は必ず会ふて後々の心得筋等よく言うて聞かす積りゆへ、必ず心配するな。俺のからだは今、会社にくくられて自由にならぬけれど、後々は自分の自由になるよふする積り。今は急に勝手なことはでけぬ

（明治三十二（一八九九）年？）三月十一日　まつ宛　（未公表、成蹊大学図書館所蔵〇一七番書翰、筆者による翻刻）

手紙見た。これまでの心配苦労尤もの事に存じ候。然るに予てくれぐれも言うて聞かせた通り、俺のからだは俺で自由になるからだでないと言うことが判らぬか。殊に、俺を不実者などの手紙を出すよふでは、俺の心を知らぬと見へ候。俺は実の父が、大病にて福岡に寝付いておるのに、側について介抱もされぬくらいゆへ、俺が行こうと思ふ処に行かれぬゆへ、残念で堪らぬ。（略）東京に来るのも良いが、今来ると難儀する。俺が知らするまで、

待つ方がよかろふと思ふ。俺もなるだけ、都合して、四五月頃までに、行橋までなりとも行き、貴様に会いてよく話をし、あやにも会ふてやろふと思ふておる。その時は、前もって手紙出す

明治三十二（一八九九）年七月十九日　まつ宛

俺が九州に行くとき、門司の石田に寄りたとき、そっちに知らせぬを色々恨みの由なれども、兼ねても言ふて聞かせたとふり、俺は明治二十八年の大損のため、多くの人に迷惑をかけて、一生に終へぬほどの借財を、大勢の人の世話にて大抵片付くよふになりてきておるところにて、もふあと三万円許りになりておるから、それを今年中に片付けねば、元の男になりて世間に出られぬから、夜も昼も一生懸命にて、西洋に行くやら支那に行くやら働きよるところゆへ、博多にも四年も五年も帰らず、帰れば門司やら博多にやら沢山金を持って行かねばならぬから、俺の奥さんでさゑ口にも言われぬ難儀して、会はずにいたところ、俺のとゝさんが東京より帰りて、博多で卒中といふ病気に罹り、難しいと言ふて、電信が掛りたから、行かれぬ博多に二度も三度も、一夜泊り又は二夜泊りにて見に行き、それも門司より夜汽車にて人に知られぬよふに行くくらいゆへ、どふして貴様たちへ会ふておることはでけぬ。俺も子の可愛いことは知つておるゆへ、早く一度会いたいと思へども、男の意地として会うことはでけぬ。俺の顔が元のごとくなりたら、俺が貴様のうちに行きて、積もる話をする、それを楽しみに、是非今年中に片付けんと、夜も寝ずに働きよるところ。俺の心は、どのよふのことがありても変ることはないから、この後、誰がどのよふのことを言ふても、疑いの心を出すことはならぬぞ（略）俺がこのよふに詳しき手紙を遣ることは滅多にないから、決してつまらぬことを疑うことはならぬぞ

明治三十五（一九〇二）年十二十五日　まつ宛

俺が会いに行かぬのは、色々訳がある。何とか貴様たちの後々の道を付ける見込みが立たねば、会わぬつもり。俺も貴様やあやに会いたくないことはないぞ。会いたいのが人間の道理じゃ。しかしどふなりとして、早く安心ずるよふにしてやりたいと思ふておる。俺が直筆の手紙を遣らぬと言ふてやるが、それは忙しき時は仕方がない。俺の忙しき時は、夜も寝ぬ時がある。そんなときは、貴様も知っておる廣崎に書かせて、手紙を出す。俺は貴様どものことばかり考へておっては何もでけぬぞ。決して不足を言ふことはならぬぞ。あやにもよく言ふて聞かせておけ

明治三十六（一九〇三）年一月二十六日　まつ宛

お前病気の由、どんな病気か。俺は実に心配になってたまらぬ。今是非俺に会いたいなどと言ふてくれては、俺は実に困る。お前に俺がたゞ会ふばかり出来るものか、考へて見よ。お前は体を大事に、家内中無事に暮しておるうち、俺が何となどして、身を立て安心するよふにしよふと思ふて、苦労しておる

右の六通の書翰からは、まつがしきりに杉山に会いたいといい、時には不実者となじり、門司の石田屋にまで来ておきながら連絡もしないことを恨んだ様子が歴然とうかがえる。それに対して杉山は、「そちたちの事忘れたことなし」「会いたいのが人間の道理じゃ」といい、自分の心は決して変わらないといいながらも、母娘の将来の生計の道を講じる必要や、負債の返済のための奔走や、父の病気などをいい立てて、会いたいというまつの懇願を斥け続けている。そして「俺の顔を汚」すな、「俺の恥にならぬ」ようにせよと、行動を掣肘するための釘を刺すことも忘れないのである。こうした杉山の言説は、あたかも歌舞伎の色悪が情婦に不実を責められていい抜けしようとする際の口説を思わせよう。

そして杉山がまつに書き送ったさまざまないいわけが、ただの遁辞に過ぎなかった疑いもある。たとえば杉山は、福岡や門司の人々に多額の負債があるため父親の看病に帰郷するのさえ困難を伴うことを述べているが、夢野久作の回想では「その時にお祖父様は中風に罹られたが父は度々帰省してお祖父様を見舞ひ、その都度に、大工を呼んで板塀や、窓の模様を変え右半身の麻痺硬直したお祖父様に適合する便器を作らせ(42)」たとされている。これは到底、債権者の目を盗んで窃かに帰省している者の行動ではなかろう。杉山の負債については、別項で検討する。

明治三十（一八九七）年七月の書翰にある二千円は実際に送ったものとみられる(43)が、その後も母娘の「後々の道」に言及しているところをみると、実際には田地を買うことはなかったものと推定される。この金はいったいどのような目的を持った金だったのだろうか。杉山は、自分が「もしも死んだ後では、誰も構う人なし。ゆへに早く用意をしてやりたい」と書いているが、ここには杉山とこの母娘との関係が絶たれることを想定して、予め金を贈るということが含意されている。そしてまつの方もその含意に気付いたのではないだろうか。二千円の金で手切れをしようとしている――そうまつが考えたとしても不思議ではなかろう。しかし手切れということにはならず、といって杉山と母娘が会うこともないまま歳月が過ぎる。そして右の明治三十六（一九〇三）年一月の書翰が発せられてすぐ、杉山配下の廣崎栄太郎は次の書翰をまつに宛てて発した。

明治三十六（一九〇三）年一月二十八日　廣崎栄太郎発　まつ宛　（原文のまま引用）

お目にかかる前には何とかはつきりしたるきまりをつけねば、杉山主人より御面会はいたさぬかとおもひます。其きまりとは、一　御前様の身上の始末、たとへば外に嫁にゆきて生がいをかためたしとの事なるか、又は養子を入れたしとの事か、或は又今のまゝにてむすめの子をそだてあげ年頃になりたら婿養子をするとか、夫等の事につき御前様の存念を篤と相きめたるうへ私にまで御あかし被下度。手紙のさきにてはくわしき事もいわれまいが、あらまし心持だけを御しらせ被下度。さすればくわしき事はいづれ御面会の上御相談至度候。右様篤と御かんこうの上御返事可被下候

おそらく杉山は、自身ではいいにくいことを、廣崎に命じていわせたのであろう。まつの態度がはっきりしない限り杉山が会うことはないといい切り、まつが杉山以外の男に嫁すか、養子を迎えるか、今のまま女手一つであやを育て上げるのか、いずれかを選べというのである。「養子を入れ」るという部分は真意を量りかねるが、筆者はまつが婿養子を迎えるという意味に理解(44)している。杉山とまつとが関係を解消するという点では、まつが他の男に嫁すのと同じことである。すなわち杉山は、まつと縁を切るということを具体的に提示したのである。しかしこの廣崎の書翰では、仮にまつの身の振り方が、別の男との縁組みに傾いたとしても、既に満七才になったあやを、誰がどのように養育するのかという重要な問題には触れられていない。まつがこの書翰に対してどのような返事をしたのかは判らないものの、その後の経緯からみれば、杉山との関係解消など、まつは寸毫も考えなかったに違いない。

明治三十六（一九〇三）年三月十八日　まつ宛
十五日の書面《てがみ》見た。あやに会わずしてどふするものか。かならず一度は会いに行く。しかし、会わるゝ時節が来ねば会われるゆへ、よくゆふて聞かせておけ

明治三十七（一九〇四）年五月十日　まつ宛
あやの手紙、方々廻りて来て、今日みた（略）あやが会いたいと言へども、俺が表向き会われる時節が来れば、俺の方から会いに行く。今、貴様と俺の仲が世間に知れては、俺は何事もでけぬよふになる。貴様たちがこと、

決して忘れてはおらぬ。この道理を良く言ふて聞かせておけ

右の二通の書翰からは、既に学齢期に入ったあやが、父に会いたいと訴えている様子がうかがえる。それに対して杉山は、もはや多忙のいいわけすら放棄し、時節を待てというばかりで、何かが片付けば会えるという希望さえ与えなくなっている。

明治三十七（一九〇四）年七月末、杉山のもとにあやから、まつが病気であるとの手紙が届いた。七月二十九日付けの杉山の返信には「母の病気は一体どんな容態か。医者に診せて、詳しく診断書に容態書いてもらい、送れ。よき薬送りてやる」[45]とある。しかし医師の診断書は届かなかったのであろう。杉山は九月六日付のまつ宛書翰に「病気の容態なぜ詳しく言ふて遣らぬか。医者様に書き付けして貰ふて報せよ」[46]と書いた。そして、実質的にこれが杉山からまつに宛てた最後の書翰になったとみられる。これより後、大正四（一九一五）年十月十一日付で杉山はまつ宛の書翰を発しているが[47]、その後付の宛名には、まつと「外人々様」と書かれており、文面もまつ宛の他の書翰とは異なり格式張った候文で書かれているから、むしろ森武八に宛てた書翰とみてよかろう。

明治三十七（一九〇四）年九月以後、杉山とまつの間に書翰の往復は絶えた。そこには何らかの理由があったに違いない。まつはあやを生んでから、否、おそらく懐妊が判明して以後、幾度も杉山に会いたいといい、出産後はあやの顔をみに来てほしいと訴え続けたであろう。しかし既にみてきたとおり、杉山は常に世間体と多忙とを理由に、まつの願いを拒み続けた。子を生んで八年もの間、その子の顔をみることさえ拒み、剰え己の体面ばかりをいい立て、まつとあやの存在を隠し者といい捨てて憚らぬ杉山に対して、まつには何らかの心的な変化があったのだろう。あくまで推測にすぎないが、まつは杉山からの抑圧や冷淡さに耐えきれず、身心に変調を来たし手紙をしたためることができなくなったのか、あるいは遂に愛想づかしをして杉山への発翰を拒んだのではなかろうか。身心

の変調という見方は、明治四十四（一九一一）年六月十日付けのあや宛書翰中「おまつの病気は永田から詳しく聞いたが、半分は神経から起るゆへ、自分で考へても役に立たぬ事を考へぬよふにして、一寸でも気を晴らすごとせねばならぬ[48]」という部分や、翻刻未公表の年代不明（記述内容からは明治四十四（一九一一）年のものと推定できる）五月五日付けで杉山があやに発した書翰に「母の病気は俺が昔いじめたから出た病気ゆへ、俺は毎日済まぬと思ふておる。俺のために殺されたと諦めてくれと言ふてくれ[49]」とあることなどから示唆される。

貴様たちのよふなる隠し者——あやへの手紙

まつとの書翰の往来が途絶えて以後は、杉山とあやとの間に書翰が交わされることになる。しかしそれは、杉山からの抑圧の対象が、まつからあやに替ったに過ぎなかった。

発翰年不明三月三十日　あや宛　（未公表、成蹊大学図書館所蔵〇七〇番書翰、筆者による翻刻）

貴様たち親子は実に聞き分けなき者なり。俺は今、日本の真ん中で、名誉ばかりにて働いておるのに、貴様たちのよふなる隠し者があるということ、世間に知るれば一日も立っておることでけぬ。それゆへ幾度もよく言ふて聞かせておいたでないか。親子ともそふ言う根性では、もし俺が死んだ後では、きっと俺に恥をかかせるならん。貴様の母は、立派な侍の種を生んだのだから、一生会わぬでも、この子を立派に育てゝ見せる、世間の義理で会わんでもよいと決心し、貴様は俺は卑しい者の種ではないから、立派に身を立てねばならぬゆへ、たとへ会わぬでも、二人とも父の名を汚しさへせねば、恥ずかしいことはないと、決心しておらねばならぬ。二人の者に会うてやることは、俺も貴様たちより会いたい。ただ世間の義理があるから、俺が会うてよい時でなければ、会いに行けぬ。よく親子相談しておけ

発翰年不明九月三日　あや宛　（未公表、成蹊大学図書館所蔵〇八四番書翰、筆者による翻刻）
おれが若気の心得違ひから、母に一生苦労をさせ、何の罪もないおまへにさびしく暮させ、祖父さんや伯父さんや伯母さんにめいわくをかけるのも、此も因縁と諦め、どうか俺の家の名と俺の男のすたらぬよふにして、さすがは侍の子じゃと後ろ指を指されぬよふにしてくれ

明治四十四（一九一一）年六月十日　あや宛
お前は今の心懸けが一番大事である。成長して俺や母の恥まで隠すほどのよき人にならねばならぬぞ。世に不幸せの人はたくさんあるから、自分より下の人のことをよく見て、自分はあの人よりはまだ良いと思へ。お前は俺の目から見れば実に不幸せの子であるが、まだ会いはせぬが確かな両親がある。俺が十年も前に死んでおったらどふする

大正元（一九一二）年十月九日　あや宛　（原文のまま引用）
兼ても、暮れ〳〵云ふて聞かす通り、おれは昔から考があつて、月給を取らず、金もーけをせず、財産もなにもない、かわりに、顔を売って、世の中に立つて、天下に名を知られて居る、男である、若し顔がつぶれると、直に、世に立てぬよふになる、其おれが、大勢の人の上を、しかつて居る身分で、不心得をして、隠し子があると云ふ事が、知れたら、直に日本国中の、新聞に出る、其時は、おれも、お前も、一時に人に指さゝれて、人中に出られぬよふになる、夫故かくして置のである（略）お前も母も、只だ顔を見る、顔を見ると云ふて、若しおれの顔がつぶれたら、ドーする積か、おれが、愛した、お前の母、其中に出来た、お前が、おれの為にならぬことをして心持がよいか（略）如何に親しき人でも、人の上京するのに付いて、娘が上京するのは、何か訳がなくて

はならぬ、もし実のお父とつさんに、内所であいにゆくのだと云ふことが、知れて、其親は、おれと云ふ事が、お前等の方から、分かつたら、おれはドーして、かくすことが出来ると思ふか（略）何の為に、何事も知らぬ人の、上京するのに付いて、上るか、もし上つて来ても、お母様の御病気などで、あわれぬときは、ドーするか（略）おれは、お前等親子を、只だの百姓の、たいぐうで、世間に、だしたくないから、六かしいのである

右にあやに宛てた四通の書翰を引いた。これ以外にも同旨の書翰は何通かある。まつに対して言を左右にしていたころとの、会われぬ理由の変化に注目する必要がある。あやに対して杉山は、父権を剝き出しにして抑圧し、忍従を強いている。父に恥をかかせるな、俺の名に傷をつけるなといい、あややまつを隠し子、隠し者と呼んで自分自身の不実な行動の責をあやになすりつけようとしている。一方で「立派な侍の種」「侍の子」といい、自分より不幸な者がいることを思えと、差別意識と表裏一体の矜恃をかき立てようとしている。しかし杉山はこの娘に対して、いったいいかほどの父親らしいことをしていたであろうか。明治の末ごろには杉山の羽振りは良くなったから、ある程度の金銭的な手当はしていたかも知れないが、しかし生まれて十数年、あやはまだ一度も父の顔をみたことがないのである。まして、杉山は自身の娘と認めてはいても庶子として届け出た形跡はないから、あやは戸籍上まつの私生児であったはずだ。侍の子といったところで、杉山はあやの出生より前に家督を長男直樹に譲り、みずからは分家して別家を立てていたから、族籍上は平民である。もし杉山があやを入籍させたとしても、彼女はどこまでも士族にはなり得ない。何の矜恃がそこに生まれようか。

大正元（一九一二）年十月の書翰は、あやが知り合いの上京に随いて東京へいき杉山に会いたいと連絡したことへの返翰であろう。杉山は類がないほど長文の書翰をしたため、あやが軽挙に及ばないよう叱責している。自身の偉大さを誇示し、その偉大な父の面子を潰したらあや自身も人に指をさされる身になるのだと脅し、そしてあたか

もあやの身を慮っているかのような言辞をつけ足して懐柔しようとしている。そしてこの書翰の末尾には「自分、及父母の罪深きを、わび」よとさえ記している。このような書翰を突きつけられたあやの心中は察するに余りある。あやにいったい何の罪があろう。これらは杉山が、あやに対して弄した狡猾な遁辞にすぎなかった。

ただ、さすがに杉山もあやが実力行使することを恐れたのかも知れない。実際にかつて、福岡に見捨てたような状態に置いていた長男直樹が、突如上京して来て杉山の酷薄をなじったことがあった[50]から、それを思い出したことも考えられよう。翌月、杉山は継母トモの死去に伴う葬儀のため福岡に帰った際、初めてあやに会う覚悟を決めた。杉山は十一月二十日に電報を発して[51]、翌朝七時にあやを小倉駅に呼び出した。あや十六歳と一か月。

大正四（一九一五）年十二月、森まつは死去した。杉山はまつの臨終に立ち合うこともしなければ、その葬儀に参列することもしなかった。あやに対して一通の書翰を送り、まつのために石塔を建て、碑銘の揮毫をしてやると書いている[52]。また、まつの父森武八にこれまでの母娘の世話に対する謝意をあらわした書翰を送っている[53]。しかし一連の書翰群をみる限り、上述したように、杉山があやの生まれたのちに、まつに会った形跡はない。杉山は子を生ませた愛人を捨てたのではないのか。

杉山の書翰を翻刻した浜田雄介は、西原和海や川崎賢子との対談の中で「茂丸の手紙というのは本当に明治の男という感じで、娘のあややその母のまつに対する愛情と責任感にあふれている[54]」と述べているが、筆者のみるところでは、これまで本項で紹介してきたように、むしろ杉山の母娘に対する態度は不実極まりないものであった。ただ浜田の見解は、まつが死去して以後の杉山からあやに対する書翰の内容に対しては、妥当するといえる。まつ死去後の書翰には、これまでにみたあや宛書翰のような抑圧や叱責はほとんどなくなり、むしろあやをまさしく実の娘として気遣うような文言がみられるようになる。そうした杉山の態度の変化には、ふたつの要因が指摘できよう。

ひとつは、杉山が長男泰道にあやの存在を明かしたことである。まつの死の翌年、大正五（一九一六）年の春ごろには、杉山は泰道にあやの存在を打ち明けた[55]。泰道はその年の暮れに初めてあやに書翰を送り[56]、およそ一年ほどの文通の期間を経て、大正六（一九一七）年十二月二十七日に初めてあやと対面したようだ[57]。大正七（一九一八）年一月二日付で泰道があやへ宛てた書翰には「お前は今日まで森家と杉山家の陰に生きて居る人間であつた。兄さんは杉山家と高橋家の陰に生きて居る人間であつた[58]」と、杉山茂丸の家庭において、泰道もあやも母を異にする存在であることにシンパシーを表明している。そして以後泰道は、あたかも父の不実の埋め合わせをするかのように、あやと家族ぐるみの付き合いをすることになる。

もうひとつは、あやが結婚したことである。大正七（一九一八）年末か八（一九一九）年初頭に、あやは渡辺安雄という人物と結婚した。この夫婦は一時渡辺の姓を名乗ったが、のち安雄が森家の養子に入ったため森姓に戻っている[59]。杉山はあやの結婚に際し千円の金を贈り[60]、夫婦に長男が生まれた際には順一と名づけて命名書を与えている[61]。実直な泰道にあやの存在を打ち明け対応を任せたことによって、杉山はあやが求める肉親の情を、泰道に転嫁することに成功したであろう。そしてあやが結婚し子をなしたことにより、杉山に対するあやの激しい家族愛の欲求は終熄していったに違いない。

ここでは杉山茂丸が森まつという女性と、その女性に生ませたあやという娘に宛てた書翰を、煩瑣を厭わず詳細にみてきた。あえてそうしたのは、この二人に宛てた書翰には、杉山茂丸という人物の素顔を知るための重要な材料が含まれていると考えたからである。杉山は多くの著作において青年に対する訓誡を垂れ、剰え『青年訓』という著書まで世に問うて、道徳の頽廃、人情の衰退を慨歎しているが、彼がそうした垂訓をなすに価するほど高潔な人格の持ち主であったのかを、これらの書翰群は問い直すであろう。また、国士を自任し豪傑を気取る杉山が、まつとあやの存在によって自分自身の世間体あるいは社会的地位が脅かされることを恐れ、彼女らを抑圧する姿は、その口ほどにもない小心翼々とした俗物性を露見させているであろう。

世に知られる杉山の人物像とは、彼自身と彼の周辺にある人々によって粉飾されたものに過ぎないのである。

桂公のお鯉さん

杉山が親交を結んだ桂太郎には、ひとりの弟がいた。ドイツに留学して日本にワイン醸造技術を持ち帰ったといわれる桂二郎である。桂二郎は実業界に入ってさまざまな企業に関わった人物で、杉山茂丸とも因縁の深い間柄であったが、一方で「箸にも棒にもかゝらぬヤクザもの[62]」や「桂太郎の不肖の実弟[63]」といった芳しくない評判もあった。大正八（一九一九）年発行の『大日本実業家名鑑』では、永同金鉱と若松炭礦の取締役、日本煉炭、天塩炭礦の監査役という肩書になっているから、このころは鉱山に関わっていたものとみられる。この名鑑に掲げられた桂二郎の家族の中に、注目すべき記述がある。妻、長男、長女に続いて「養女津由子（神奈川県杉山直樹妹明治三七年）」〔傍点は筆者による〕と記載されているのである[64]。いうまでもなく杉山直樹とは杉山茂丸の長男、のちの夢野久作である。しかし管見の限りで、夢野久作に津由子という名の妹がいたという事実は、これまでまったく知られていない。杉山直樹の妹とは、すなわち杉山茂丸の娘であることを意味する。先に杉山龍丸の言説を引用しておいたが、これは杉山茂丸が政界要人の「私生児」を「自分の子供として戸籍に入れ」た実例である。この人物は、桂太郎の婚外子であった。桂二郎は実兄が妻以外の女性に産ませた子を養女に迎えたのである。しかしこの女性はなぜ、杉山茂丸の娘ではなく杉山直樹の妹としてこの名鑑に記載されたのであろうか。

その経緯を以下にみておこう。

桂太郎は大正二（一九一三）年十月十日に没した。天皇は勅使を遣わし、誄詞を与えた。十九日には芝増上寺で葬儀が営まれ、数千人という弔問客が訪れた[65]。従一位公爵を送る盛儀に、杉山茂丸のような人物の出る幕はなかったであろう。彼の本領は、公爵家の威儀正しき営みに隠れた裏面の、桂生前の所業が澱のように凝ったところで発揮される。桂の妾であった元新橋芸妓のお鯉の処遇、そしてお鯉が引き取って育てていたという桂の婚外子の処遇がそれである。

お鯉が桂太郎を旦那にしたのは明治三十七（一九〇四）年五月ごろのことであるが[66]、杉山茂丸とはそれ以前から芸妓と客として面識はあった。旦那持ちのまま芸妓を続けていたお鯉であったが、やがて落籍されて首相官邸にほど近い赤坂榎坂町の妾宅に入った[67]。この家はポーツマス講和条約のあとのいわゆる日比谷焼き討ち事件の際、狂瀾する群衆によって襲撃され、お鯉は命からがら崖伝いに隣家に逃れたという[68]。この事件ののち、桂は一旦お鯉に暇を出した。広尾に転じて閑居していたお鯉を、再び桂の側に侍するよう斡旋したのは杉山茂丸である。杉山は自ら桂夫人可那子を説得して、お鯉を再び桂の妾として迎えることに同意させたという[69]。お鯉との間にそうした因縁を持つ杉山であるから、桂太郎が没したのち種々の面倒を抱えていたお鯉に手を差し伸べるのは、いき掛かりからも当然のことであっただろう。しかしそれは、ただの義侠であったのだろうか。

桂没後の遺産分けに際し、元老井上馨が要らぬ世話を焼こうとしてお鯉と衝突したエピソードは、お鯉という江戸っ子芸者の意地と意気を示すものとして、長谷川時雨の『近代美人伝』でも採り上げられている。井上は桂がお鯉のために遺した六万五千円という大金を自分が保管し、お鯉に月々二百円の手当を与えるといい、その条件として貞操を守れ、桂の遺児の教育はいちいち自分に相談して指図を受けよなど、十数箇条を記した書き付けに捺印せよと迫った。お鯉はその申し出を蹴り、雷公と呼ばれた癇癪持ちの井上に向かって「面倒くさうございますから、なにもかもみんな御前に差上げます[70]」と啖呵を切ったのだという。このことを聞いた杉山は、お鯉のために井上との交渉にあたり、井上に書き付けの条件を撤回させて遺産をお鯉の手に取り戻すことに成功したのである[71]。

お鯉は桂太郎の婚外子二人を手許に引き取って養育していた。どちらも女子で、露子と勝子という名であったという。先にお鯉が引き取ったのは露子で、日露戦争直前のころ、神戸の著名な料亭常盤華壇で仲居の見習いをしていたきく子[72]という女性が、来訪した桂太郎の夜伽をさせられて身ごもった子で、桂はきく子の懐妊を兵庫県知事の服部一三から知らされ、「女の子ならば金で始末をして呉れ」といって、生まれた子に露子と名を与えて二千円の金を送って始末を付けさせたのであった。お鯉は故あって四歳の露子を引き取り、養育していたのである。[73]勝子という娘は、桂が第三師団長のころ、東京での定宿にしていた旅館の女中勤めをしていた女性に生ませた子で、長じて柳橋で芸妓になっていたが、明治四十五（一九一二）年桂の外遊のころにそのことが発覚し、お鯉が引き取ることになったもの[74]であるという。この二人の遺児のうち、杉山が処遇に関与したのは露子である。

桂が世を去って間もなく、お鯉が養育してきた露子を、桂家が引き取りたいと申し出てきた。お鯉はこれを拒否したが、そのあと先に述べたように遺産贈与の問題が出来し、杉山が斡旋に乗りだした。このとき、井上馨がお鯉への遺産引き渡しを承諾するに当たって、唯一条件を付しお鯉も受け入れたのが、露子と勝子にそれぞれ遺産の中から一万円ずつを分与するというものであった。とはいえ、これはもともと露子にだけ二万円を分与せよという条件を、お鯉が抵抗して露子と勝子それぞれに分与することで落着したという経緯があった。露子に二万円を分与させよという主張の背景には、このころ既に、桂太郎の実弟である二郎に、露子を引き取らせるという計画が持ち上がっていたのだという。[75]いわば露子を桂の遺産二万円もろとも桂家に回収しようという企みであった。大正三（一九一四）年の晩秋ごろ、杉山はお鯉を訪ねて、桂二郎がその子息に露子を娶せたいと望んでいることを伝えた。露子はまだ十一歳であった。杉山は、桂二郎は「一日も速く引取つて、家風に合ふやうに、手許で教育したい」という意向であり、それは「至当の事であ」って、井上馨の意見もそうであるとお鯉を説得したという。[76]お鯉も従来の経緯から、杉山の説得を拒否し続けることはできなかったのであろう。この年の末には、露子は桂二郎の養子に迎えられることになる。ここまでお鯉本人の回顧録に従って露子と表記してきたが、本名は津由子であった。

津由子が桂二郎に引き取られるに際しては、杉山茂丸による奇妙な戸籍操作がなされた。先に述べたように、杉山は早くに隠居して家督を長男直樹に譲り、自身は分家して一家をたてていたのだが、杉山は津由子をみずからの養女にした上で、自家を廃家して杉山の本家たる子息直樹の戸籍に入家したのである。それは大正三（一九一四）年十二月十七日のことであり[77]、津由子も養父茂丸とともに直樹の戸籍に入家した。これにより津由子は、杉山家の戸主たる直樹の妹となった。しかし入家からわずか十日ほどで、津由子は桂二郎と養子縁組を行う。この戸籍操作により、津由子は杉山直樹の妹として桂二郎の養子になったのである。

杉山はなぜ津由子を養女にする必要があったのだろうか。それにもまして、杉山がこの時期に廃家して直樹の戸籍に入らねばならなかった理由がなにかあったのだろうか。杉山は分家と廃家を繰り返していた形跡[78]があり、何らかの必要に応じて、意図的に戸籍を操作していた可能性があるのだが、このときの廃家は、津由子に士族の族籍を与えるための戸籍操作ではないかと筆者は考えている。杉山茂丸は隠居分家したことによって族籍が平民になっていたから、族籍を士族にするためには直樹の戸籍に入家する必要があったのである。縁組の際、家柄や族籍を取り繕うために、一旦然るべき人物の養子に入った上で縁組するという行為が、決して奇異なものではなかった時代である。桂二郎側の要請によって、杉山がその然るべき人物の役目を引き受け、士族の族籍を得るために直樹の戸籍に入家した可能性は否定できない。もちろんこれは穿ちすぎた見解かも知れないが、少なくともこの事実は、杉山のお鯉に対するはたらきかけが、桂太郎の遺児の将来やお鯉の身上を案じるものというより、杉山にとってさまざまな経済活動のパートナーの一人として深い関係にあった桂二郎の要請に応え、利害調停者《フィクサー》として桂太郎の遺産の一部とその遺児を桂家に回収する手助けをしたものであったことは示唆されるであろう。

隠居分家

杉山茂丸は明治二十七（一八九四）年三月二十一日に隠居を届け出、長男直樹に家督を譲ると同時に、自らは分家して別に家を立てた[79]。実に杉山は三十歳の男盛り、直樹は満五歳二ヶ月の幼児に過ぎなかった。これは極めて不可解な行動といわねばならない。ひとつの「家」の当主が、それも戦国大名龍造寺氏の末裔を自認しそれを誇りにしてきた一家の当主が、突然世を去ったというのならともかくも、その地位を自ら去り、しかもおよそ行為能力を持たない幼児に家を継がせるなどということは、常識的に理解できるものではない。明治二十七（一八九四）年の時点では、杉山のこのような行動も違法ではなかったが、明治三十一（一八九八）年に制定された民法（旧民法）では、戸主の隠居は二つの条件を満たさなければならないことと規定された。すなわち、戸主が「満六十歳以上ナルコト」（旧民法第七五二条第一号）と、「完全ノ能力ヲ有スル家督相続人カ相続ノ単純承認ヲ為スコト」（同条第二号）である。杉山はこの二つの条件の、いずれをも満たしていなかった。また穂積重遠の『親族法』によれば「明治十二年までは士族の隠居は出願許可を要するものであ」り、しかも明治三（一八七〇）年閏十月七日太政官布告第七百四十二号で「士族之輩年五十歳ヨリ隠居願之儀可為勝手事[80]」とされていた。すなわち杉山の隠居は、民法制定以前の旧慣においても異例の行動とみなされるべきものであった。

　杉山はいったいなぜ、三十歳の若さで隠居する必要があったのだろうか。

　夢野久作の語るところによれば、杉山が父三郎平から家督を継いだのは、十六歳のときであった。そのとき杉山は、父に対して「日本を救ひ、この東洋を白禍の惨毒から救ひ出す為には、渺たる杉山家の一軒ぐらゐ潰すのは当然の代償と覚悟しなければなりませぬ。私は天下の為にこの家を潰す積りです[81]」といって説得したのだという。これは夢野が杉山からそう聞いたということであり、真偽は不明の言説である。

　杉山自身は『俗戦国策』で、幾茂との婚礼の際に双方の親戚の前で「此杉山の家は、拙者一代で滅家させるのである、妻を迎えるのは、父母を定省する為めである、子が出来たら、男子は坊主になす事、女子は他に嫁せしむる事、拙者は朝鮮が日本の有になつた時に死ぬるのである、妻は祖先と、父母と、拙者の墓を守つて、其墓畔で死ぬるのである、此杉山の家名も、祭祀の礼も、廃滅するのである」と宣言し、列席の一同も「満場一致に大賛成をしたという〔俗、二一九〜二二〇〕。

一方杉山龍丸は、杉山が幾茂と結婚した際のこととして「式が終るや、彼は親類縁者を集め、杉山家は茂丸一代で終るべきことを宣言し」、その理由として龍丸自身の推測するところを、当時の日本を取り巻く国際環境、国家独立の保持、アジアの救済などといった事柄を引き合いに出して、「そのためには、彼自身はもちろん、杉山家も、また全ての家族も、世の中の全ての批判・圧迫に抗して、犠牲にならねばならぬと決意したようである」と述べている。[82] そしてこの後に、先にも引用したが、幾茂との結婚と同時に杉山が隠居して直樹に家督を譲ったと述べるのである。

これらの言説は、杉山が自らの家を国事のために潰してしまっても構わないという覚悟をしていたこと、それを彼の父母や親戚なども容認していたことを強調する。しかし、杉山家を潰してでも国事に邁進しようと覚悟した自称国士が、なにゆえ三十歳の若さで隠居して家督を幼児に譲るのだろうか。ことに杉山の『俗戦国策』の言説は、この一文が書かれた時点より三十年以上前に、既に彼自身の隠居と直樹による家督相続が行われていたことを故意に隠蔽している。これは明白な**言説事実矛盾**であり、同時に**言動矛盾**でもある。家督をゆずってしまえば、その時点から杉山家は杉山茂丸の次の世代への継承がなされる。さらに杉山は、隠居と同時に分家しているから、たとえ杉山自身が国事に斃れたとしても、それは杉山家のひとつの分家の問題に過ぎず、直樹が継いだ杉山の本家が潰れることはあり得ない。違う観点からみれば、杉山茂丸は杉山家という家を未来に向けて存続させるため、早々に家督を譲って家の存続を安泰なものにしたとみることができる。すなわち、彼らがいうような、家を潰してでも国家のために働くなどという言説とは到底相容れないのが、杉山の隠居という事実なのである。

しかし杉山が隠居と分家を明治二十七（一八九四）年に行ったのは厳然たる事実であり、このような異風の行動には何か特別の理由があったに違いない。それを考える前提として、旧民法における戸主の権利義務について簡単にみておきたい。それによって隠居にともなう杉山の得喪を明らかにすることができるはずである。穂積重遠は戸主権として九項目を挙げる。㈠その家の氏を称する権利、㈡居所指定権並びにこれにともなう離籍権、㈢家族の入籍又は去家に対する同意権、㈣家族の婚姻又は養子縁組に対する同意権とこれにともなう離籍権及び復籍拒絶権、㈤家族の婚姻又は養子縁組を取り消す権利、㈥家族たる養子が養親の死亡後離縁をする場合の同意権、㈦家族の禁治産・準禁治産に関する権利、㈧家族の後見人又は保佐人となる権利義務、㈨親族会に関する権利、である。敷衍するなら、戸主権とは家族を統制する権利である。そして戸主には家族を扶養する義務があった。[83] 杉山は隠居によってこれらを失うこととなったわけだが、多くは具体的な法律行為が発生して初めて行使される権利に過ぎないから、実質的な影響は少なかったであろうし、幼児が後継戸主であったのだから、事実上彼がその後も戸主としてふるまったであろう。

ただ、彼が隠居によって失ったものや得たものは、戸主権として旧民法の諸条項に規定されたものだけではない。隠居は家督相続の発生原因であるから、家督相続によってどのような効果が生じるのかをもみておく必要がある。旧民法第九八六条には「家督相続人ハ相続開始ノ時ヨリ前戸主ノ有セシ権利義務ヲ承継ス但前戸主ノ一身ニ専属セルモノハ此限ニ在ラス」と定められており、「前戸主ノ有セシ権利義務」とは、奥田義人によれば「物件、債権、専用権等私法上一切ノ権利義務ヲイフ。例ヘハ土地建物ノ所有権ノ如キ、或ハ売買貸借ニ関スル権利義務ノ如キ、版権、特許権、商標権、意匠権興行権ノ如キ是ナリ」とされている。[84] これは重要な規定であろう。すなわち前戸主は隠居することによって、債権債務の全てを家督相続人に承継させることができるのである。いい換えれば、債務を抱える者は隠居して債務を新戸主に押し付けてしまえば、借金返済の義務から逃れることができるということである。そのような意図を持った隠居を防止し、債権者の利益を保護するため、旧民法は先に引用した第七五二条第二号において、行為能力を有する家督相続人の単純承認という規定を設けたのであった。

旧民法の起草者の一人である穂積陳重は、同号の規定を設けた理由を「民法制定以前に於ては、往々にして負債ある者が隠居を為し、幼者其他殆ど傀儡に等しき者に家督相続人の名義を附して、之に権利義務を継承せしめ、之に依りて事実上債権者の利益を害し、自己は裏面に潜みて利欲を擅にしたるが如き場合尠からざりしを以て、民法は此弊害を禁止して、債権者を保護せんが為めに、独り家督相続人が完全なる能力を有するのみならず、其家督相続人が単純承認を為すことを要件としたるなり[85]」と解説している。穂積陳重は、債務逃れのために幼児に家督を譲るようなケースの少なくないことが、この条項を設けるに際しての立法事実だと述べているのである。

このことは、まさしく旧民法制定以前の明治二十七（一八九四）年に、杉山が三十歳で隠居し五歳の直樹に家督を譲った事実の背景を考える上で、ひとつの示唆を与えるものといえよう。なぜなら、杉山は自身が借金まみれであることを、自慢話として何度も語っているからである。

香港貿易の失敗と負債

杉山茂丸にとって借金自慢は、自己言及におけるひとつの特徴とみることができる。彼は多くの著作で自身の借金に言及しているし、それが自身の人生の要諦であるかのようにさえいっている。ただ、商業的著作に現われたそれらの言説は、彼自身の経済的基盤が安定した明治末期から大正期にかけてのものであり、杉山が政府高官や大富豪といった当時の日本のエスタブリッシュメントと、対等に交際し得る財力を持っていたという事実を韜晦する意味もあったはずだ。そうした点については別に検討することとし、ここでは明治二十年代後半における杉山の負債について若干の検討を行う。

杉山には明治四十二（一九〇九）年十二月から翌年二月にかけて『サンデー』に連載し、のちに『其日庵叢書第一編』に収録された「借金譚」と題する全十話の著作がある。その「第七席」で杉山は、実に奇妙なことを語っている。曰く、杉山家は家政豊かであったが、杉山はそれを領民から搾取した「汚らはしき財産」であると考え、「人の為と世の為に」蕩尽し、彼が二十歳のときにはすっかり貧乏になったのだ、と。そして、それが杉山の借金人生の始まりであって、以後は「門司港から肥後の熊本まで」の鉄道沿線に、彼が金を借りた家が、「無慮百七十六軒、夫が一円五十銭から三千円止まり位迄」という状態であったのだという〔其、一三一～一三三〕。その「人の為と世の為」が、杉山が三郎平から家督を譲られて以後国事に鞅掌したことを指すのだとしたら、それまでは比較的裕福な生活をしていたことになるが、それは遠賀郡芦屋村で「村黌を開いて、附近の子女に素読習字を授け又漁を業として其日を送らねばならぬ程侘しい生活」であったという回想[86]と**自己言説矛盾**を生じているし、山家へ移住した際には加島家に寄寓し、また杉山自身が酢醤油販売業を出願していた事実などとも整合しない。よってこの物語は例によって杉山が、自分自身を国家のために財産を抛った国士と印象づける目的を含意させて語った作り物とみるべきであるが、「門司港から肥後の熊本まで」云々は、後に『俗戦国策』で語り直されることになるので注目する必要がある。

次に『百魔』第五章をみると、明治二十五（一八九二）年の選挙干渉事件について語った上で、「此競争の為めに家を焼く事数軒、人を殺害する事十数人、又負傷せしむる事数百人であつた。此後始末にはたうとう六七万の金と、七八年の年月を、費やしたのである」〔百、三〇〕と述べている。この一文では「六七万の金」が、誰の責任においてて後始末のために費やされたのかが分明ではないが、おそらく選挙干渉に関与したことによって自身が借財を抱えることになったといいたいのであろう。それは次の『俗戦国策』の記述から判断できる。なお、選挙干渉事件の福岡県内での被害状況については、杉山の言説は随分誇張されており、福岡日日新聞によるなら死者四名、負傷者八十九名であった[87]。

『俗戦国策』の「一億三千万弗借款事件」では「明治二十五年には松方内閣の選挙干渉事件に友達共が関係して、庵主引受分の負債が山程出来て居て、門司の「ステーション」から汽車に乗ると、熊本の終点までの村落に、白壁の見える家には、百円から五千円止まり位までの借銭で、十一万余円と計上され、幾年経つても門司の海峡を越して帰郷する事も出来ぬと云ふ有様である」〔俗、二四七～二四八〕と記している。ここで、「借金譚」の記述と『百魔』五章の記述とが結び付いて、杉山が選挙干渉の後始末のために多額の負債を抱えたという物語が、完全な姿で読者の前に提出されたのである。ただ、『百魔』において「六七万」であった後始末のための費用は、ここでは「十一万余円」と大幅な高騰振りである。一軒あたりの借金単価も、「借金譚」での記述から随分増えている。繰り返し語られる杉山の逸話は、あとになるほど時間経過とともに物価もきちんと上昇するのか、あるいはその間の利息が積み上がるのであろう。

しかしこの『俗戦国策』の記述は、読めば読むほど奇妙な内容である。負債とは何のために生じた負債だったのだろうか。干渉に関わった玄洋社員の活動費なのか、事件のために損害、被害を受けた住民への補償の費用なのか。また、なぜ杉山が選挙干渉の後始末のために負債を抱えねばならないのだろうか。杉山が弁明的に述べているような、捲き込まれて止むなく選挙干渉に関わったのであれば、彼が巨額の負債を抱え込まねばならない筋合いはないはずだ。「庵主引受分」という記述は、他にも負債を引き受けた者がいるように読めるが、頭山満の伝記などをみても、頭山らが選挙干渉に関与したために負債を抱えたなどという記述にはお目にかかれない。六七万円ないし十一万余円というのは、現在価値にして約二億円から三億円という巨額であり、杉山がそれだけの負債を選挙干渉事件の後始末のために抱えたという主張は、いかにも不自然である。選挙干渉が松方内閣の意に出たものであり、それぞれの地方の現場においては知事の指揮の下に実行されたものである以上、そのことによって何らかの金銭支出の必要が生じたのであれば、大っぴらに金を動かすことは困難であったとしても、政府がそれに目を閉ざすことはできなかっただろうし、もし政府が逃げれば頭山満が黙ってはいなかったであろう。

右の「借金譚」から半年後に、やはり『サンデー』に発表された「辛棒録　第九棒」〔其、七二〜八四〕では、阪神間で香港貿易に携わっていた杉山がふと出かけた京都で禅三昧に耽っていた三ヶ月ほどの間に、「借りて居た独逸船が五島沖で沈没し、海上保険に不完全な事があって、多年の商運一時に崩潰し、銀行の取付けには遭ふ借金には責めらるゝ」こととなったと語っている。この物語は、全体としては杉山らしい自己顕示に満ちていてあまり信用ならないものであるが、香港貿易に関して彼が負債を抱えたという点については、それを示唆する史料がある。杉山が森まつに宛てた一通の書翰である。

お前又手紙をやり候由、私昨夜仙台より帰り話聞き候。私香港以来商売の事非常に困ることになり、その尻の用事にて非常に心配して居るところにて、博多にも用事でき一日も早く帰りたく候へどもまだ帰られず、何か急な用ならばおもとにでも手紙を出し話させんと思ひ候得共、おもと家は西町とのみにては分からず、いかがやと頻りに心配致し居り候。私も一生懸命にて非常に駆け回り居り候故、すべて手紙は東京芝区南佐久間丁信濃屋方に何とか男名にて手紙出されたく候。取り敢えず此手紙を出し申候[88]

この書翰は発翰年が明らかではないが、「信濃屋」という記述からある程度時期を絞り込むことができる。星新一の『明治・父・アメリカ』によれば、星の父親である星一は、渡米を志して英語を学んでいた明治二十六（一八九三）年、安田作也という友人に伴われ、芝佐久間町の旅館信濃屋に杉山茂丸を訪ねたことがあるとされる[89]。金子堅太郎の後年の回想では、明治二十七（一八九四）年に杉山が八丁堀に事務所を構えていたとされ[90]、それによるなら右の書翰は明治二十七（一八九四）年以前に発せられたものと考えることが可能である。ただし、杉山の事務所として本八丁堀の住所が史料で裏付けられるのは、杉山が初めて渡米する直前の明治三十（一八九七）年九月の書翰[91]である。また玄洋社の月成勲は、明治二十九（一八九六）年から同三十年にかけて約一年間、佐久間町の信濃屋で杉山と同宿していたと語っている[92]。以上のことから右の書翰の発翰時期は、明治二十六（一八九三）年から同三十（一八九七）年以前のものと推定され、これより以前に杉山は香港貿易に関して商業上の問題を抱えていたことが知られよう。右の書翰に名前が登場するおもとという人物に宛てた書翰では、「人なら一生かかっても取り返しのつかぬ大損を、僅か半年か一年で取り返そうとして居る[93]」と書いており、この当時杉山が抱えていた負債がかなり大きな額であったことを示唆している。

これらを総合するなら、明治二十年代のなかば以後に杉山が香港貿易で失敗して負債を抱えていたことは、ほぼ事実とみて間違いない。このことは杉山が明治二十七（一八九四）年にわずか五歳の直樹に家督を譲って隠居した理由に、負債からの逃亡というひとつの仮説を導いているのである[94]。なお、杉山の回顧録で語られた物語は、彼が福岡県内で多くの債権者に取り巻かれていた事実の真相をカムフラージュするために、選挙干渉事件を引き合いに出して創作されたものと考えられるが、もしも明治二十五（一八九二）年のこの事件によって杉山が負債を抱えたことが事実であるなら、それは右の仮説を補強する材料になるであろう。

借金自慢の実相と「向島別荘」

前項で杉山の負債について、いくつか彼の自己言及をみてきた。彼は選挙干渉事件で負債を抱えたという一方で、香港貿易に失敗して負債を抱えた[95]といったり、その香港貿易で海難事故に遭い保険手続きに不備があった（其、八二）ともいうなど、あたかも債鬼に追われる債務者が次々に弁解の口実をひねり出すような、一向に実相がわからず信用ならない物語を書き散らしている。

そうした借金自慢の中で、負債額のレコードを記録しているのが『百魔』第三十二章の「噫稀世の英才後藤小伯」である。この物語は維新の元勲に数えられる土佐の後藤象二郎の跡継で、放蕩息子の猛太郎をめぐる全八章の物語の末尾であり、いわゆる杉山の向島別荘に「妾付借金三十六万円付の居候」〔百、二二三〕となった後藤猛太郎が、杉山に託された十二年間の収支の状況を報告する場面で、その時点での杉山の負債総額が「債務金総額が八十二万四千六百四十円余」〔百、二五五〕であったとされている。しかしこの物語は、前半の後藤猛太郎の放蕩無頼ぶりを語った部分の真偽はともかくとしても、少なくとも猛太郎が杉山の向島別荘で居候になって以後については、ずいぶんウソ臭いといわざるを得ない。というのも、杉山が小美田隆義の口利きで後藤猛太郎の居候を引き受けることになったのは、「明治三十二三年の頃」であった〔百、二二四〕というが、そんなころに杉山が向島に別荘など構えてはいなかったからである。

杉山はこの物語の中で、毎日後藤猛太郎と一緒に「一銭蒸汽に乗つて吾妻橋に来る、電車に転乗して天下の梁山泊、築地の台華社に着く」〔百、二二九〕という通勤風景であったことを語っているが、もちろん明治三十二三年ごろに台華社はなかった。次項で詳しく検討するが、まだ南鍋町の三興社があったかどうかも曖昧なころであり、確実なのは本八丁堀の事務所である。

杉山の住居はどこにあっただろうか。夢野久作が九歳で東京に呼び寄せられたときに住んだ家は、麻布笄町の「相当立派な家だった」[96]という。夢野は明治二十二（一八八九）年出生であるから、数え年九歳は明治三十（一八九七）年のことである。明治三十四（一九〇一）年版の『日本紳士録』に掲載された杉山のプロファイルでは、本八丁堀の住所と併せて麻布区芝森元町二丁目十二という住所[97]も記されており、こちらがそのころの杉山の住居であったとみられる。明治三十六（一九〇三）年の第九版になると、芝区高輪南町四三という住所だけが記載[98]されている。この高輪南町の住所は杉山の次女多美子の出生地[99]でもあり、明治三十八（一九〇五）年まで杉山が住んでいた家であった。杉山は三十年に福岡から家族を呼び寄せ、一年ほどで父母と長男直樹は福岡へ帰したが、妻幾茂や長女瑞枝と同居していたはずだ。彼がこのころに向島に別荘を持って独居していたというのは作り話である。

杉山が向島に住むようになったのは、明治三十八（一九〇五）年三月のことである。その事情を記した書翰を左に掲げる。

兼て御内話仕居り候身代処分の義直に決行、高輪家屋も程能く買《(ママ)》却致し、其他種々なる方法を以て金九千八百斗りは窮劇負債中に入金致し候。残負債五万円内外と相成、此内二万四千円斗りは本年六月頃迄に是非償却の心算に有之。左すれば弥残り二万五六千円斗りと相成、甚勝手を得べしと人知れず勉強仕居候。而して小生住宅を俄然相失ひ、後藤伯台湾に移転為致候はば其迹に住居の心組なるも、是も至急に不相定、当分の間花月華壇別荘を三拾円にて借受、即時引越候。而して田畑健三に申付正直なる者一人家来に撰定致し、五十才斗りの高田某と申金三郎幼少より召使たる者を送り来り申候間、唯今にては主従二人にて花月より毎日弁当を取りて三食致し、実に明治十七年以来の呑気閑人と相成、月光の夜林間を逍遙して転た感興に不堪候（明治三十八年三月二十二日付後藤新平宛杉山茂丸書翰[100]）。

この書翰が封入されていた封筒の差出人住所は、東京都芝区高輪南町四十三番地というスタンプの刻印を墨線で消し、東京向島花月華壇と筆書されている。この書翰によって、いわゆる向島別荘なるものの由来も明らかになるであろうし、杉山の借財の規模の実相も知ることができるし、かつ後藤猛太郎が杉山の向島別荘で居候になったという『百魔』での物語が作り話であることも露見するであろう。杉山は六万円ほどあった借金の一部を返済するため高輪南町の屋敷を売却し、妻子は郷里福岡に帰した。[101]住む場所がなくなった杉山は、当時向島の名所であった花月華壇の別荘を借り、一人で移り住んだ。それが向島別荘の始まりである。後藤猛太郎が台湾に移り住めば、その屋敷に移るつもりでいたこともわかる。『百魔』では猛太郎が居候して三年経ったころに、金が尽きたので猛太郎を台湾総督の児玉源太郎と民政長官の後藤新平に添書一本で押しつけた〔百、二三〇～二三二〕ように語っているが、これも作り話である。猛太郎が台湾へ渡ったのはこの三十八年のことで、それは先にみた台華殖民合資会社の事業のためであった。

引用中、田畑健三とあるのは田畑健造であろう。金三郎は賀田金三郎に違いない。杉山が向島別荘と呼んだ家で同居していたのは後藤猛太郎ではなく、田畑健造に頼んで雇った、賀田金三郎が幼少のころから召し使っていた高田という従僕だったのである。賀田は台湾で後藤新平の庇護を受けてのし上がった実業家の一人で、田畑は賀田とともに日本皮革株式会社の経営に携わったのち、日本の映画館経営の草分けとなる福宝堂を創業した人物である。賀田と田畑は叔父甥の関係であったともいう[102]が詳らかにしない。

ところで、杉山の向島別荘が日本活動フイルム株式会社（現在の日活株式会社。以下日活と表記する）に売却され、そこへ日本映画史に一時代を築くことになる日活向島撮影所が建設された[103]ことはよく知られているが、日活の初代社長は杉山と因縁深い後藤猛太郎であった。日活は、中国革命の父と呼ばれた孫文の支援者として知られる梅屋庄吉の主唱により、当時の有力な映画商社四社が合併して成立したものであるが、後藤猛太郎が社長に就任するに際しては、杉山茂丸が後藤と縁戚の三菱財閥からの出資をほのめかして押し込んだ経緯があった。そして大正元（一九一二）年九月に発足した日活の経営陣には、社長の後藤猛太郎を筆頭に、取締役に桂二郎、林謙吉郎、後藤勝造、田畑建造らが、監査役に賀田金三郎や横田千之助らが就任[104]しており、杉山茂丸と後藤新平をめぐる人脈が網羅されていた。これらの陣容をみると、杉山の向島別荘が日活に売却されたことと、後藤猛太郎の社長就任をめぐる杉山の暗躍との関係には、何となくきな臭さが漂っているといわねばなるまい。向島別荘は明治四十三（一九一〇）

年の東京大洪水で壊滅状態[105]となり、杉山にとって不良資産化していたに違いないから、これをただの偶然とみるのは難しかろう。

因みに、杉山が家を借りた花月華壇は明治四十（一九〇七）年前後に売却され、成金として有名な鈴木久五郎が手に入れたが、鈴木の没落によってさらに転売されたらしく[106]、この別荘はそうした所有者の移転過程で杉山の所有に帰し、さらに日活へ売却されることになったのであろう。

実業家としての杉山茂丸——杉山事務所・巴石油・三興社

玄洋社を去って東京に出た杉山の活動がどのようなものであったのかは、明治三十（一八九七）年ごろから史料の中にみえてくる。とはいえ、三十年代のはじめごろは、それはまだ断片的なものでしかない。彼が東京を拠点として神戸や門司などを往来していたことは、先にみた成蹊大学図書館所蔵森家旧蔵杉山茂丸書翰群の内容から推察できるが、どのような事業に従事していたのかは明らかではない。同書翰群の翻刻に携わった鈴木優作によれば、明治三十（一八九七）年九月時点で京橋区本八丁堀五丁目六番地に杉山事務所というものが存在していたことが明らかになっている[107]。杉山事務所と称される組織が、いったい何の活動をしていたのかはほとんど明らかになっていないが、杉山が本八丁堀に何らかの拠点を持っていたことは間違いない。伊藤博文の明治憲法起草に際してその幕僚として働き、のちに農商務大臣や司法大臣などを歴任した金子堅太郎は、昭和十六（一九四一）年に杉山のことを回想した談話での中で、農商務次官在任中の明治二十七（一八九四）年に杉山と知り合い、「どんな所に居るかと思って私が突然杉山を訪ねた。すると、八丁堀の河岸の、片側の方に薪や炭を運河から持って来て積んである、其の向ふの方の小さな西洋館に杉山茂丸といふ札が懸って居った。入口にドアーがあって、表は西洋館でペンキ塗りだけれども、応接間も何もありはしない、入った所を事務所のやうにして、奥の方に家内などが居ったのでせう」

と語っている。[108] 父親不在のまま福岡で育った夢野久作は、九歳のときに東京に呼寄せられて麻布笄町に住んだとい い、「父は京橋の本八丁堀に事務所を構へ」ていた[109]と回想している。

八丁堀の事務所でどのような活動がなされていたのかに言及しているのは、玄洋社の月成勲である。月成は明治二十九（一八九六）年から三十年にかけてのこととして、杉山とともに信濃屋という旅館に寄宿し、台湾に民営の鉄道会社を設立するための活動をしていたという。そして「杉山先生は毎日八丁堀の会社の事務所へ出向き出資者を求める為め奔走」していたと語っている。[110] これは元福岡県知事の安場保和や旧岸和田藩主で貴族院議員の岡部長職らが発起人となった台湾鉄道会社を指すのであろう。この会社は台北から打狗を結ぶ台湾縦貫鉄道などの建設を目指し、明治二十九（一八九六）年十月に台湾総督から設立が許可された。翌年には政府によって極めて手厚い保護政策が決定されたが、思うように出資者が増えず、民営鉄道計画が放棄される結果に終わった事業である。[111] 月成が「八丁堀の会社の事務所」というのは、あたかも台湾鉄道会社の事務所が八丁堀の杉山事務所とイコールであったかのように読めるが、台湾鉄道会社の本社事務所は麹町有楽町一丁目五番地に置かれていたから、[112] 杉山は八丁堀の自身の事務所で台湾鉄道に関する活動に従事していたということであろう。彼がなぜ台湾鉄道に関与したのかは判らないが、安場保和との関係が存在していたことは推察できよう。

明治三十年代に杉山茂丸が経営にかかわった企業は、確認できた範囲で三社存在する。巴石油株式会社、三興合資会社、台華殖民合資会社がそれである。

巴石油は新潟の油田で採掘や精製などを行う会社で、明治三十三（一九〇〇）年四月二十五日に設立された。取締役は六名、日下義雄、杉山茂丸、川上淳一郎、小林伝作、根津嘉一郎、山口俊太郎である。[113] 日下は会津出身、官界から実業界に入った渋沢栄一系の人物である。川上淳一郎は古志郡の出身、地元の政官界で活躍し代議士にもなった人物で、さまざまな企業にもかかわっていた。実弟の川上浩二郎は台湾総督府の土木技師などを務め、大正期には博多湾築港株式会社の専務となった人物で、杉山茂丸との関わりが深い。[114]小林伝作は長岡の人で、早くから石油業にかかわっており、所有する石油鉱区を巴石油に譲渡した人物である。[115]鉄道王の異名があるほど著名な根津嘉一郎については言及する必要はなかろう。山口俊太郎については審らかにしない。会長には日下が就き、専務取締役が山口である。杉山はいわゆるヒラ取締役であったが、創業前からかなり深いかかわりを持っていた。巴石油は、鉱山師として国内各地で鉱脈探索に従事していた杉山の実弟五百枝が、新潟に永住してその基礎を築いたといわれ、杉山茂丸が発起人のひとりとなって創業したものであった。[116]本店所在地は東京市京橋区南鍋町二丁目十五番地[117]で、創業事務所もこの住所であった。[118]この住所は次に述べる三興合資会社と全く同じであるから、杉山はヒラ取締役とはいえ、巴石油という会社は杉山の実業と不可分の関係にあったものと推定される。明治三十六（一九〇三）年四月刊行の『人事興信録』に、杉山が「巴石油株式会社取締役として人に知らる」と記載されていることも、[119]その裏づけになるであろう。ただ百万円の資本金を謳ったが新潟の石油業としては後発で、寡占化が進む業界内で独立して存続するのは困難であった。同社は、群小の石油会社を次々に買収して巨大化する宝田石油会社に買収され、[120]明治四十（一九〇七）年七月十九日に解散した。[121]杉山はその前年十月に、先んじて取締役を辞任[122]している。

三興合資会社は、明治三十三（一九〇〇）年九月十日に東京市京橋区南鍋町二丁目十五番地に設立された。創業目的は「諸器械販売及委托販売業」を営むことである。出資総額は一万円で、杉山が七千円を出資して無限責任社員となり、他には多田豊吉、廣崎栄太郎、[123]藤村雄二の三名が各一千円を出資して有限責任社員となった。[124]出資額や責任範囲からみて、この会社は実質的に杉山の会社であり、廣崎や藤村も杉山を「主人」[125]と呼んでいた。社名は三興社、合資会社三興社などと表記されることもあるが、正式には三興合資会社である。主として写真機材の輸入販売を行っており、欧米諸国の同業者の代理店になっていた。[126]なお、鈴木優作は「明治三十年七月時点で、既に南鍋町二丁目に三興社が存在していた」と指摘[127]している。ただ、鈴木の指摘の根拠となった書翰の封筒は、発翰者の住所に番地の記載がない毛筆手書きのものであり、後の書翰で使用される三興合資会社のスタンプは使用されていないため、若干の注意を要するであろう。合資会社として設立される以前に、個人営業としての三興社が存在した可能性も含め、更に検討が必要である。

杉山の会社とはいえ、杉山自身は明治三十年代を通じて前章までに論じたとおり、さまざまな利権活動で飛び回っていたものと考えられ、三興合資会社の事業の中心を担っていたのは藤村雄二であっただろう。藤村は長崎の出身で旧姓を伊勢村という。藤村家の養嗣子となって貿易業に従事したのち、韓国で商業を営んでいたが、日清戦争の勃発によって香港へ移り、その地で杉山茂丸と知己となって共に帰朝し、以後杉山の事業に従うこととなった。杉山を介して後藤新平の知遇を得、明治三十五（一九〇二）年に後藤が欧米を周遊した際には秘書として同行している。一説には欧米周遊から帰朝した藤村が三興合資会社を設立したとされる[128]が、これは藤村が帰朝後、三興合資会社で新聞掲載用の写真製版の開発を試みたことを誤解したものであろう。また藤村は、台湾茶を米国に売り込むため、ポートランド博覧会、ジェームスタウン博覧会、シアトル博覧会に赴いて活動したという[129]。先に明治三十四年外債事件の節で言及したように、杉山茂丸は後藤新平に宛てた書翰で台湾の茶業に強い関心を示しており、その背景には藤村雄二の存在があったものと推定される。杉山は明治三十八（一九〇五）年二月に出資額の全額を藤村雄二に譲渡して三興合資会社を退社し、藤村が無限責任社員となった。このとき事情は審らかにしないが、児玉源太郎の甥にあたる児玉文太郎が、出資金一万円の有限責任社員として入社している[130]。児玉文太郎は明治三十四（一九〇一）年九月、杉山茂丸の渡米に同行して秘書的な役割を担ったことがあるから、その関係で入社したものであろうか。しかし三興社は明治四十（一九〇七）年七月に解散[131]している。

なお野田美鴻は、三興合資会社が南鍋町から築地三丁目に移転して台華社と改名したと述べている[132]が、右でみたとおり三興合資会社と台華社に連続性はない。

明治三十七（一九〇四）年に設立された台華殖民合資会社については、第三章第三節で詳細に論じたのでここでは割愛する。

第二節　奢侈と社交

刀剣趣味

明治大正の政財界には、日本刀の愛好家が数多くいた。犬養毅が有数の愛刀家であったことは当時周知のことであったし、伊東巳代治も数多くの刀剣を所蔵していた。晩年の伊藤博文が刀剣趣味に耽ったこともよく知られていよう。田中光顕や寺内正毅、一木喜徳郎なども刀剣愛好家であった。財界では益田孝や団琢磨といった面々、村山龍平や本山彦一のようなジャーナリズムの世界の人物も愛刀家として知られていた。そうした当時の刀剣界にあっても、愛刀家の雄として杉山茂丸の名は鳴り響いていた。

杉山がいつごろから刀剣蒐集を始めたのかはよくわからない。「刀剣譚」第五話には、「明治の癸卯なる、正月初旬」に「本阿弥氏」が守家の太刀を持参したのを買い取った云々の記述（其、二九一～二九二）があり、これが事実なら明治三十六（一九〇三）年には既に由緒ある刀剣鑑定家の本阿弥と交際があったことになるが、杉山の回顧録中の記事であるから、その信憑性には留保が必要である。管見では明治三十九（一九〇六）年二月に、刀剣研究家中島玩球が発行していた雑誌『刀剣』に杉山の名がみられるのが最も古い史料である[133]。明治四十一（一九〇八）年には、中島玩球が向島に杉山を訪ね、十数口の杉山所蔵刀剣を鑑定した旨、同誌に記事があり、中島が杉山から

「古今を通じた完全なる刀剣書を大成し給へ、出版費はいくらでも僕が尽く引受けて上げるから」と激励されたことまで書かれているから[134]、このころまでにはひとかどの刀剣愛好家として世に知られていたに違いない。

杉山は自身の刀剣趣味について「一度も満足に在銘物抔を当てたる事なし」といい、「一向に刀剣鑑定の方を学ばざりし為め、今日まで一度も刀剣会などにも行か」なかったと述べる〔其、二七二〜二七三〕。これは杉山の衒いとも読めそうだが、案外に正直なところを吐露しているようだ。杉山と同時代の刀剣研究家である原田道寛によれば「愛刀家必ずしも鑑識家ではな[135]」く、杉山の鑑識眼については「氏の鑑識は未だ愛刀熱と伴はないやうであるが、黙して多くを語らない[136]」と評している。杉山は愛刀家ではあっても、刀剣鑑定に長じた人物とはみられていなかった[137]。とはいえ原田は杉山の刀剣界に対する肩入れぶりを高く評価し「築地倶楽部に毎月刀剣会を催して同好の為めに研究や発達に便してゐた（略）その費用も蓋し少くはないであらうが、それを氏一人の自前で斯道の為めに尽してゐるのだから、珍しい奇特な愛刀家と言はねばならぬ[138]」と賞賛している。

原田が指摘した「刀剣会」とは、築地刀剣会のことである。築地刀剣会は杉山茂丸が提唱し、刀剣商網屋主人の小倉惣右衛門を名義上の会主として、明治四十四（一九一一）年十一月二十六日に発足した日本刀の研究会である[139]。例会は、はじめ築地二丁目の築地倶楽部で、のち杉山の台華社と同番地である築地三丁目十五番地の同気倶楽部で催され、関東大震災で同気倶楽部が被災した後は主に上野の梅川亭で開催された。参加者が刀剣の作者鑑定の力量を競う鑑定入札会の判者は本阿弥琳雅、本阿弥家は織豊時代から続く刀剣鑑定の一族で、琳雅はこの時代の本阿弥一族を代表する鑑定の大家であった[140]。会主の小倉惣右衛門は杉山が贔屓にした刀剣商である。

築地刀剣会

築地刀剣会には著名無名多士済々の参加者があった。大正二（一九一三）年五月十八日に開催された第十八回例会に出席している神津伯[141]、小此木忠七郎、大藪久雄といった面々は、刀剣界で名を知られた鑑定家[142]で、内田良平[143]や相生由太郎[144]のような玄洋社関係の愛刀家が参加することもあった。

築地刀剣会の例会における鑑定入札の結果は、『サンデー』誌上に不定期で掲載され、雑誌『黒白』が創刊されてからは同誌に、ほぼ毎号「築地刀剣会」の題で白虹剣仙が執筆した鑑定評が掲載された。白虹剣仙とは、本名を清水潔という退役陸軍少佐で、退役後杉山の台華社に入ったが、台華社で具体的にどのような仕事に従事していたのかはわからない。小倉惣右衛門は清水の役割を「杉山先生の刀剣の守[145]」と述べているが、杉山自身は清水を自身の「機密秘書」と呼んで、寺内正毅宛の書翰の代筆をさせたり[146]、清水から直接寺内に書翰を送らせたり[147]しているから、ただの刀剣世話係ではなかったであろう。築地刀剣会の初期の例会には清水潔も入札者として参加しているが[148]、清水潔は鑑識眼に優れ、当時の名高い鑑定家のひとりに数えられていた[149]。本阿弥琳雅が死去した後は、築地刀剣会の判者を務めている。本阿弥琳雅と清水潔は、杉山茂丸の刀剣趣味の顧問といわれ、彼らの鑑定眼があってこそ杉山はまがい物を摑まされることなく、名刀を手に入れることができたという[150]。本阿弥と清水に刀剣商小倉惣右衛門を加えた三者が、杉山の刀剣蒐集を支えていたのである。

大正十三（一九二四）年九月の築地刀剣会に初めて参加した二十一歳の大学生は、その日の出席者十一人中最高点を挙げた[151]。この青年が、のちに古刀研究の一大権威となる本間順治（薫山）であった。杉山はこの青年を引き立て、育成した。本間は往時を回顧して「学生時代には（略）いろいろ惜しみなくものを見せてくださったり、しらずしらずの間に人柄をきたえてくださったりしたお人がおりますが、そういう意味において、私がいちばんお世話になった気持ちのするのは、やっぱり杉山茂丸先生です[152]」と語っている。杉山は本間を自家用車に同乗させ、行先も決めずただ市中を走らせて、そのあいだ本間と刀剣談を交わすようなこともあったという[153]。本間は国学院大学卒業後、昭和三（一九二八）年に国宝調査嘱託として文部省に入り、国宝や重要美術品指定の原案づくりに携わるようになる[154]。後に述べる杉山茂丸所蔵刀剣の国宝指定や重要美術品認定にも、本間が深く関わっていたであろう。

杉山は、築地刀剣会の例会に毎月出席したが、鑑定入札に参加することはなかった。彼は鑑定入札に用いる刀の出品者であった。小倉惣右衛門によれば、鑑定入札会に使う七口の刀はすべて杉山が所蔵するもので、杉山はそれを世を去る直前まで、都合二百六十回の例会で続けたのだという[155]。これを鵜呑みにするなら累計で二千口近い膨大な数の刀を杉山が提供したことになり、にわかには信じ難いが、本間順治が「おそらく鑑定会に出すために網屋その他の刀屋からも買われたでしょう[156]」と述べているから、長く所蔵していたものばかりではなく、出品するため網屋のような出入りの刀剣商に用意させたものが多くあったのだろう。杉山は刀剣会に出品する刀を白鞘のまま出すことは決してせず、名人と呼ばれた研ぎ師平井千葉に研がせた上で、柄も鞘も新調し、鐔を付け、美しく拵えをした上で出品したという[157]。また杉山は、築地刀剣会での鑑定入札で最高得点を挙げた参加者に、賞品として鐔や目貫などを与えていた[158]。鞘や鐔、目貫、縁頭などは明治初期の廃刀令以後おそらく需用が衰え、それら工芸品を製作する職人の技術継承も危機に瀕していたに違いない。「研師、鞘師、柄巻師、白銀師、鞘塗師等の専門工を遺す[159]」上で杉山が果した功績を讃える声は少なくない[160]。

一方で本間順治はこんな逸話を語っている。曰く「杉山先生はいたずらが好きなんだね。銘のない、そう見えるものに額銘をする[161]」と。すなわち、無銘だができのよい刀に、別の在銘の刀の銘の部分だけを切り取って、茎（なかご）の部分に嵌め込んで額銘入の刀に偽装したというのである。本間が語った実例のうちひとつは、無銘の名刀に杉山が国宗の額銘を入れさせた[162]というものである。国宗は国宝に指定されたものもある鎌倉時代の名工である。杉山はこのような細工をした刀を刀剣会の場に持ち込み、目利き自慢の参加者が首をひねるのをみて悦に入っていたのである。本間は杉山のこうした行為を「他意のない大いたずら」といい「しかし後味がわるくなかったですわ、先生のお人柄のせいですよ[163]」と擁護している。もちろん杉山は銘刀を偽造して金儲けをしようとしたわけではなかろう。しかし本間のこの認識は、国宝指定に携わった刀剣研究者としては、あまりに杉山の行為に対して寛容に過ぎよう。この額銘国宗を偽装された刀は、杉山の死後蔵刀の処分を託された網屋も始末に困り、本間が斡旋してその背景を物語る杉山の書翰とともに東急電鉄の篠原三千郎に引き取ってもらったが、篠原の死後その刀がどうなったのかは本間も知らない[164]といい、いまもどこかで額銘国宗の名刀として通用しているかも知れない[165]のだから。

国宝と杉山茂丸

昭和十（一九三五）年七月に杉山が世を去ると、生前関係の深かった財界人を中心に債権債務整理のための委員会が設けられたが、その際の報告として、杉山の財産は「主として刀剣、この換価は未定なるも六七十本として四五万円のもの也[166]」と記録されている。この蔵刀数は、多数とはいえない。たとえば愛刀家として知られた伊東巳代治の所蔵刀剣数は四五百もあったといわれるから[167]、それに比較するなら僅かなものといわねばならない。この程度の蔵刀数で、築地刀剣会に毎回鑑定刀を七口出品できたはずがない。

杉山の所蔵刀がさして多数ではなかったことには、三つの要因が推察できる。

ひとつは、大正十二（一九二三）年九月の関東大震災である。台華社があった京橋区はほぼ全域が火災に襲われ、焼失面積は同区の八十六パーセントに及んだとされる[168]。地震の揺れでは倒壊しなかった台華社もこのときの火災で全焼した[169]。このとき台華社にどれだけの刀剣が保管されていたのかはわからないが、愛刀家たる杉山にとって最も打撃になったのは、同区木挽町にあった刀剣商網屋の罹災であった。網屋は火災によって、所蔵刀剣と顧客から預っていた刀剣を合せておよそ三百刀を失った。そのうち杉山が預けていた刀剣は百刀ほどもあったが、すべて灰燼に帰した。杉山が失った刀の中には有名な正宗の短刀や村正の大小などが含まれていた。関東大震災は諸家に所蔵されていた美術品を多数焼亡させたが、杉山の損失は「愛刀家中での被害の甚大なるものである」と評されるほどであった[170]。

第二に、昭和九（一九三四）年に刀剣の一部を処分したとみられることである。このころ杉山は体調を崩し、療養生活を余儀なくされていた。そのため金に困り銘刀を手放したのである。昭和八（一九三三）年一月に国宝に指定された「銘長光」の太刀[171]がそれで、この刀は昭和九（一九三四）年三月八日[172]に、川口陟と思われる人物の斡旋によって建設業者で愛刀家の中野喜咲に代価二万円で売り渡された[173]。確証はないが、おそらくこのとき、長光だけではなくいくつかの銘刀が処分されたのであろう。たとえば昭和八（一九三三）年七月に重要美術品に認定された[174]杉山所蔵の「金象嵌銘本多安房守所持長光磨上光徳花押」の太刀は、昭和十一（一九三六）年に国宝指定を受けたが[175]、このとき所有者は既に侯爵細川護立に移っていた。また同じ時期に、杉山はもうひとつの国宝指定された刀剣、「銘守次」の太刀を網屋の小倉惣右衛門に譲渡している。この刀は昭和六（一九三一）年に国宝指定された[176]杉山の愛蔵刀であったが、九年四月に杉山が小倉に贈与[177]した。本間順治によれば、杉山は長年網屋に刀剣を預けて手入れなどをさせていたことに対し、褒美だといってこの銘刀を与えたのだという[178]。これらのことから、杉山はこの時期に所蔵刀剣の一部を処分する決断を行ったものと考えられる。

第三には、そもそも杉山は常時多数の刀を所有していたわけではなかったと考えられることである。本間順治がいくつか示唆的な回想を述べている。曰く、「杉山先生の刀好きなことはたいへんなものでした。ただし浪人ですからお金がしょっちゅうあるわけじゃなし、お金があるときは刀を買うのですが、買った刀を処分しないで、保存しておったらそうとうなコレクションになりましたね[179]」と。また杉山が築地刀剣会に出品するため網屋など刀剣商に用意させた刀について、「平井に研がせて拵をつけて、鑑定会に出した後は、買った刀屋に引きとらせることがあった[180]」と。これらから、杉山が刀をコレクションするのではなく、頻繁に売買を繰り返していたことが推察できよう。杉山は金ができれば刀を買い、金が必要になれば刀を売った[181]。蔵刀数はときどきの杉山の資金状況に応じて飽和したのであろう。彼が刀剣会に二十年あまりも毎月鑑定刀を出品できたからくりもここにある。刀剣商に用意させた刀に拵えを付けて刀剣会に出品し、刀剣会が終わったらその刀剣商に引き取らせる。これであれば実際の所蔵刀を増やすことなく、継続して出品することができたに違いない。本間は杉山のそうした行為を「杉山先生に網屋が刀を売るでしょう。そうすると杉山先生は平井に研がせるでしょう。研代を杉山先生が平井に払うでしょう。それから拵もつけるでしょう。それをまた網屋に引き取らせるときは、網屋が売った値段で引き取れというわけだから、研ぎ賃や拵の分は、杉山先生が払っていることになりますよ」といい、「刀屋はみんなもうけさせてもらっているんだ、先生はそれによってなんにも、もうけるどころではない、損をされている」と述べている。[182] 本間はあくまで杉山に好意的だが、刀剣商にすれば売った額で買い戻すことを要求されているのだから、そこには何の利益も生まれておらず、むしろ機会損失を蒙っている。返ってきた刀は名人によって研がれ、拵えもついてはいるが、それが直ちに刀剣商の利益の実現を保障するものではないことを、本間は度外視している。杉山は研ぎや拵えの代価を払うことによって、刀剣蒐集家としての名望や刀装工たちのパトロンとしての威勢を高め、刀剣会の実質的オーナーとしての虚栄を満たしているのだから、それを杉山の損と呼ぶのは短絡といえよう。

とはいっても、刀剣だけで四五万円、現在価値に換算するなら六千万円から七千万円ほどの遺産を杉山は遺した。右に杉山の所蔵刀のうち、国宝指定されたものを三点挙げたが、国宝となったものは外に二点あった。「銘備前国長船住左近将監長光造」の太刀は杉山が所蔵していた昭和八（一九三三）年七月に重要美術品の認定がなされ、[183] のち実業家の長尾欽弥所有となっていた昭和十七（一九四二）年六月に国宝指定されている。[184] また「無銘（伝光忠）高麗鶴と金象嵌」の太刀は杉山所蔵の昭和九（一九三四）年七月に重要美術品の認定を受け、[185] 昭和十六（一九四一）年七月に国宝指定されたが、このときの所有者は森栄一という人物である。[186] これら国宝となった刀剣の外にも、杉山所蔵刀剣で重要美術品の認定を受けたものは太刀が一口、短刀が四口確認できる。重要美術品に認定されるような名刀であれば、おのずと購入価格も高額であっただろう。無職無業を公言する杉山が、関東大震災で多くの刀剣を失ったにも関わらず、それ以後の十年あまりの間に、どのようにしてこれだけの名刀を入手できたのか、なぜこれだけの資産を築き上げ得たのか、その資金源はどこにあったのか、それらの点は杉山を研究する際、常に問われ続けなければならない。

社交資源としての刀剣

杉山が晩年の伊藤博文に村正の大小を献上したという話は、杉山の「刀剣譚　第十話」〔其、三一七～三二〇〕のみならず伊藤の秘書官であった古谷久綱によっても語られているから[187]、細部の経緯はともかく、事実の存在は信用することができるものである。古谷によれば、元来刀剣に関心がなかった伊藤を刀剣趣味に引き込むきっかけを作ったのも杉山であった。明治四十（一九〇七）年、杉山が大磯に伊藤を訪ねた際に、伊藤が所蔵の刀剣を杉山にみせてその価値を質したところ、杉山は本阿弥琳雅を紹介して詳細に鑑定することを勧めた。伊藤が本阿弥を知って刀剣に関心を寄せるようになったのはそれ以来であったという[188]。杉山が村正を伊藤に譲ったとき、杉山の「刀剣譚」によれば、伊藤は貴重な画幅に千五百円の金を添えて杉山に贈り、杉山はその金の受領を辞退したため、伊藤はそれを自分の身辺警護を務める者たちに分け与えた〔其、三一八～三一九〕という。一方古谷久綱は、伊藤が杉山に小切手を送ったが杉山は固辞し、伊藤も「一旦差出したるものなればとて容易に引込めず、之が為に小切手は暫く空中に迷ひたるが如き珍談もあり[189]」とだけ記している。この話は、読売新聞が以下のようなゴシップ記事に仕立てた。曰く「刀剣に対しても多少の趣味と眼識を持つてをる伊藤公は例の杉山茂丸氏から所謂天下の逸品なるものを屢々無心してゐるので扨代価？はと此程聞きにやつた▲茂丸得たりと例の調子で此茂丸も未だ刀剣の売喰は仕らぬ所存だと空嘯いたので春畝公早速それでは、と故小松宮殿下より拝領の純金巻莨入と更に韓皇より嘗て賜はつた同じく黄金作りの煙草入とを彼に送つた▲すると茂丸すかさず、右二品は公に取つて万金代へ難き宝物ならんも自分は生来癖の良くない性質だから何時一六銀行へ担保に入れるかも知れない何卒お啣《ふく》みおきを願ひ度いと断つておいて其翌日早速それで大枚五百円を借り何喰はぬ顔でゐるさうだ[190]」と。伊藤が韓国皇帝から拝領した煙草入が杉山の手に移ったのは事実らしく、この話にはさらに後日譚がある。杉山は明治四十四（一九一一年）年にこの煙草入を朝鮮総督の寺内正毅に贈ったのである。杉山は、伊藤が韓国皇帝から賜った煙草入であることを言明して「斯る高貴の遺宝を一日たりとも家中に止め置を恐れ申候（略）茲に聊か閣下の御知遇を配するの象として今回謹て靴下に捧呈仕度（略）故公爵御遺品として尊邸に御保存被為下候はゝ小生の霽心無此上難有奉存上候」と寺内に宛てた書翰[191]にしたためている。すなわち杉山が刀剣商から購入した村正の刀は、まず伊藤博文の歓心を買うために活用されて煙草入に姿を変え、さらに煙草入は寺内正毅の歓心を買うために活用されたのである。しかしそれによって杉山が得たのは寺内の歓心だけではない。杉山は大正三（一九一四）年一月、寺内に金の無心をし、寺内はそれに応えて朝鮮総督府の機密費から五千円を与えている[192]。杉山が刀剣商に支払った村正の代価がいかほどであったのかはわからないが、伊藤が贈ろうとしたという千五百円を代価に仮定するなら、その金はあたかも資本が回転するように利益を生み、五千円の現金として杉山の懐に戻ってきたのである。

杉山は政財界人との交際の場に刀剣を活用した。右にみた伊藤博文のみならず、杉山はさまざまな人物に刀を贈っている。

大正四（一九一五）年三月二十九日夕、杉山は団琢磨の招きで山谷八百善での晩餐会へ赴いた。下条正雄、和田維四郎、郷誠之助、有賀長文、根津嘉一郎、高橋義雄などが来会した。杉山はこの席へ一口の脇差を持ち込み、団に贈った。「相模守正弘即ち正宗一流にて文安年中の作なりと云ふ。中身一尺二、三寸」というこの脇差を、杉山は黒田家からの拝領物だと語った[193]らしいが、それが真実であったかどうかはわからない。名の通った刀工[194]の手になるものであるから、拝領物というのが杉山流のホラで実は購ったものであったとしたら、なかなかの出費[195]であっただろう。この座で杉山は日本刀に関する蘊蓄の長広舌を披露した。高橋箒庵はこれを「杉山氏は（略）座談に長じ法螺丸の綽名あれども、今夜の談話は中々面白く根拠ある者の如し[196]」と評した。

田健治郎は杉山から「日露戦役中大連近傍にて露人七人を斬りし利器」とされる関兼元の刀剣を贈られた[197]。関兼元を名乗った刀工は何代かにわたるが、二代は関の孫六と通称されて名高い名匠で、仮にその作であったなら現在価値にして百万円を下ることはあるまい[198]。

極めつけは杉山の同郷の実業家安川敬一郎に贈られた刀である。安川は大正九（一九二〇）年一月十三日に男爵に叙せられたが、叙爵祝いとして杉山が安川に贈ったのが備前長船光忠の刀であった[199]。光忠の刀はかつて織田信長が二十五口も愛蔵した[200]と伝えられる名刀で、極めて高価[201]なものであった。安川は光忠の刀が高価であることを部下の石渡信太郎から聞くと、その返礼に絶妙な品物を選んだ。一箇の大きな法螺貝である[202]。安川がかつて洞海湾で漁をしたときの獲物で、これに添えるに「惟ふに吾兄資性倜儻機略縦横又物に拘束せらるゝことなし蓋し宝螺の真味を咀嚼して之を活用するの技能に至ては方今天下其右に出づる者なし余や力乏しく材足らず之を持して吹揚呼吼の能あらず如かず吾兄に付して大に其機能を発揮せしめむ」云々と記した書翰を以てした[203]。

ほかにも杉山は、後藤新平に備前忠光の太刀と則光の匕首を譲ったこともある[204]。このように杉山は、刀剣を政財界要人たちとの社交のツールにしていたのである。社交が互酬関係によって成り立つものである以上、杉山が誰かに高価な刀剣を贈与すれば、おのずと同等以上の返礼を伴わずにはいない。安川敬一郎のような富豪が極めて高価な刀剣を贈られて、一箇の法螺貝を返礼にして澄まし返っていたはずがない。必ずや同等以上の価値ある何かを杉山は手に入れたであろう。

刀剣は杉山にとって、趣味であると同時に、社交資源のひとつでもあったのだ。

義太夫趣味

杉山の趣味は刀剣と義太夫であった。彼は『俗戦国策』において借金をすることを自己の「処世の秘法」といい、その借金は他者への「親切事項」に費やし、家屋敷、株券、公債を決して買わないのだというが、これには「刀剣を少し買ふのと、義太夫を時々語るの外は」〔俗、八~九〕という留保が付いているから、借金をしてでも刀剣と義太夫には金を注ぎ込んできたということを白状していることになろう。借金を「処世の秘法」などというのは、彼が政財界の裏面でやってきたことをカムフラージュするためのホラ話に過ぎないし、彼が刀剣に注ぎ込んでいた金が「少し」という副詞で表現されるような慎ましやかなものでなかったことは、右にみてきた刀剣に関する彼の趣味生活の実情から、明白に読み取ることができる。

それは義太夫も同じことで、彼の義太夫愛好に「時々」という副詞はとうていそぐわない。ただ、刀剣が換金性を持ち資本として活用し得たことに比べると、義太夫は聞かされる者の迷惑にはなっても金にはならない分だけ、純粋な趣味と呼ぶことができよう。とはいっても、杉山の義太夫趣味は、庶民が十銭ほどの木戸銭を払って寄席に通うようなものとは、天と地ほどの開きがあった。それは、ひとつには彼の義太夫に対する深い識見であり、いまひとつには太夫など芸人に対する杉山の旦那ぶりに見出すことができる。

後者を先に検討しておこう。義太夫趣味は、高価な物品の蒐集を伴わない分、刀剣ほど多くの金を費やすことはなかったであろうが、かといってそれが慎ましやかな趣味であったとは到底いえない。杉山は義太夫界の旦那、パトロンとして振る舞い、玄人の芸人たる太夫や三味線弾たちも、杉山をそのような存在として受け容れていたとみられる。芸人のパトロンたる立場が、経済的に慎ましい振る舞いによっては成り立ち得ないことは論ずるまでもなかろう。芸人に対し経済的なメリットを与えて初めて、彼らから旦那様と呼ばれる立場が贏ち得られるのである。

義太夫の本場は大阪であり、一流の芸人たちの本拠も大阪にある。杉山は文楽座などの人形浄瑠璃公演を鑑賞するため、たびたび大阪まで足を運び、中之島の銀水楼という宿を定宿として、そこへ気に入りの太夫たちを呼び寄せて義太夫を語らせたり、夜を徹して義太夫について語り合ったりしていた。[205] それが太夫たちから杉山に対する無償のサービスであったはずがない。「浄瑠璃は船場の旦那衆のたしなみ」[206] といわれるほど義太夫が盛んであった大阪では、富豪たちが自宅に本職の太夫を招いて稽古を受けることは当り前に行われていたし、[207] それは芸人たちにとっても生活の糧のひとつに織り込まれていたのである。[208] 芸人たちは贔屓筋に招かれて芸を披露し、伝授し、祝儀を受け取る。祝儀の多寡は芸人たちが旦那衆に示す敬意を上下させたであろう。杉山だけが特別扱いされるわけがないし、宿に呼び寄せた芸人を杉山が手ぶらで帰らせることなどできたはずがない。ましてや杉山が呼び寄せたというのは、竹本摂津大掾や竹本大隅太夫ら当代の名人たちであったのだから。杉山は太夫らに対して「褒美」を与えたということも『浄瑠璃素人講釈』の中で何度か語っている。鶴澤仲助（五世）には「庵主が大事の金に松の高彫した矢立」〔浄、七四～七五〕を良い演奏の褒美に与え、竹本越路太夫（三世）には「羽織一枚と、庵主が大事の印籠を出来のよかった語りの褒美に与えた〔浄、八八〕という。これらは別途なにがしかの祝儀を与えたことに加えて、と理解すべきであろう。女義太夫の第一人者として大正から昭和期に活躍した竹本素女は、初めて大阪から東京へ出て来て間もないころ、杉山に呼び出されて義太夫を一段語らせられ、祝儀として三越誂えの紋付と丸帯、さらに五円の金を与えられたという。[209] まだ東京では無名の女義太夫が寄席の高座で語ったときの割り前など、せいぜい五十銭から一円というところであっただろうから、[210] これは破格の祝儀とみられる。先に言及したように、杉山は後に竹本素女と特別な関係を結ぶことになるから、破格の祝儀には別の思惑もあったのかも知れないが、ここから名人級の太夫に対して杉山がどれほどの祝儀をはずんでいたかを想像することは可能であろう。

無職無業を自称する杉山は、あたかも紳商富豪のように、義太夫の芸人たちに大尽風を吹かせていたのである。

浄瑠璃素人講釈

とはいえ、太夫らが杉山を畏敬し御旦那様と呼んだのを[211]、金銭的な旦那ぶりにのみ還元することはできない。太夫たちは杉山が身につけた義太夫語りの技術論を受け入れたからこそ、彼に敬意をもって接したのである。杉山の技術論は、著書『浄瑠璃素人講釈』に凝集されている。

杉山の継続的な著作活動は明治四十二（一九〇九）年に始まったが、その劈頭に彼が選んだのは「義太夫論」であった。また大正九（一九二〇）年からは彼の機関誌というべき雑誌『黒白』に、胴摺帽人の名で「義太夫虎の巻」の連載を開始し、大正十五（一九二六）年に『浄瑠璃素人講釈』の名で単行本化して以後も、ほぼ毎月連載を続けた。浄瑠璃の改作や補筆なども試みたほか、単行本化されていない義太夫に関する著述も遺している。[212]すなわち『浄瑠璃素人講釈』を頂点とする彼の義太夫関連の著作は、いわば『百魔』と並ぶ彼の代表作であり、ライフワークであったとみることができる。杉山は義太夫の歴史や技術を深く学び、明治期の義太夫界で名人の名をほしいままにした竹本摂津大掾や三世竹本大隅太夫、三味線の二世豊沢団平らから直かに稽古を受けて[213]、彼らから義太夫の語りにおいて重要な「風」をたたき込まれていた。「風」とは、武智鉄二によれば「義太夫節の各段の書き下ろしの時の太夫（初演の太夫）の芸風、あるいはその一段を工夫して完成した太夫の芸風を指し、その「風」を目標に後世の太夫は各段を修業する」もので、「義太夫節口伝の本体を成すもの」とされる。[214]杉山は明治の大名人たちから口伝された「風」を、彼らとの交遊の回想をまじえて「義太夫虎の巻」に書き綴ったのであった。

この点について、昭和戦後期を代表する太夫の豊竹山城少掾は「杉山先生は（略）語りの「風」ということを熱心に研究されていまして『浄瑠璃素人講釈』は先生の名著です。実のところわたしが「風」についてやかましくいうようになりましたのも杉山先生の影響によるところが多いのです[215]」と語っている。同書の各章は、杉山生前から既に義太夫関係の雑誌に再録[216]され、死後もそれは繰り返され[217]、今も国立劇場で文楽が上演された際には、上演された外題についての資料として『国立劇場上演資料集』に頻繁に再録されている[218]。これらのことは『浄瑠璃素人講釈』という著作が義太夫愛好家のみならず、書名に冠された「素人」とは裏腹に、研究者や義太夫節の太夫たちさえ無視できない重要な資料として、初出から百年という長年月を経てもなお、その価値を保ち続けていることを意味するであろう。

『浄瑠璃素人講釈』は杉山の回顧録という一面を持つため、杉山が他者との応接を叙述した部分などには、『俗戦国策』のナラティヴ分析で析出したようなコード化され得るディスクールも含まれる。よってその受容には慎重さが必要であることはいうまでもないが、彼と太夫たちとの関係性については、同書の叙述を事実と推認させる史料が存在する。杉山が三世越路太夫に宛てた書翰をみると、彼は年もほとんど変わらない越路太夫を「お前」と呼び、芸を批評し、語りの技術を細々と指図している[219]。これは『浄瑠璃素人講釈』の中で「越路に庵主は忠告した」〔浄、六八〕などと書いていることと照応しているであろう。また豊竹山城少掾が杉山に発した書翰からは、この両者が語りの技術に関してたびたび意見を交わしていたことが読み取れる[220]。義太夫の語りという太夫たちの専門分野に対しても、杉山が影響力を有していたことは疑いのない事実である。

鶴澤道八によれば、明治のはじめごろ大阪の商人の中には玄人を凌駕する素人義太夫の旦那衆が大勢いて、「語り物によつては玄人が旦那方のところへお稽古に行つた[221]」のだという。杉山もそうした境地にあったということであろう。

自家用自動車を駆る

前出の女義太夫の竹本素女が東京に出てきたのは、大正三（一九一四）年の二月[222]のことであった。初めて杉山の前で義太夫を語って以来、素女は毎日のように杉山のもとへ通って義太夫を語らせられ、さまざまに語りようを直されたのだが、素女が杉山のところへ通うために、杉山は自動車を素女のもとへ差し回したのだという。[223]さらに杉山は、素女が寄席へ通うためにもその自動車を使わせ、それは新聞紙上でゴシップ記事の恰好の材料になった。曰く「素女も此頃変な後楯が出来て毎晩持席へ自動車を横附けの鼻息が頗る荒い」[224]と。すなわち、杉山は大正三（一九一四）年という時期に、既に自家用自動車を持っていたのである。[225]

これがどれほど驚くべきことかは、同年に国内で登録されていた乗用自動車の数が、全国でわずか六百八十一台[226]に過ぎないということを提示するだけで十分ではなかろうか。この数字は、大正二（一九一三）年末の我国の現住戸数九百七十二万余[227]に対し、わずか〇・〇〇七パーセントに過ぎない。東京市内に限定すると、登録自動車台数は二百六十九台[228]であり、大正二（一九一三）年の東京市の現住戸数五十一万九千七百余[229]に対して〇・〇五パーセントとなる。その中には会社名義で登録されているものもあるから、個人で自動車を所有している割合はさらに低かろう。現代において超富裕層と呼ばれる世帯が全世帯の〇・一パーセントあまりであること[230]と比較すれば、その稀少性はより浮き彫りになる。杉山が大正三（一九一四）年当時に自家用車を持っていたことは、現代の超富裕層の中でも更に限られた層の存在に比定できるのである。

とはいえ、杉山がそのような超富裕層であったというのではない。大正から昭和初期にかけての自動車所有者の名簿[231]には、杉山の名を見出だすことができないから、杉山が自身で自家用車を所有していたのかどうかは立証できない。杉山のお抱え運転手であった下川義春は、福岡の炭鉱主である中島鉱業の中島徳松から給料をもらっていたというから、[232]自動車もあるいは誰か他者の名義のものであったかも知れない。しかしそれを「借り物」[233]と断定することにも慎重であらねばならないだろう。単に名義だけを他者のものとしていた可能性を捨てることはできないからである。ここで重要なのは、杉山が極めて稀少な自家用車を、名義の如何にかかわらず事実上所有していたという事実だけである[234]。

杉山はなにゆえに自動車を必要としたのであろうか。価格が「極く廉くも、四千五百円はする」といい、維持費に「月に三十七円余りはかゝる、之は運転手の給料は加へてない純粋の運転費用ばかり」という[235]、いわば金食い虫のごとき自動車を、何のために所有せねばならなかったのだろうか。杉山は大正期には、すでに実業から遠ざかっているから、それが商用を目的としたものでなかったことは疑いない。そもそも企業の事業活動に自動車の利用が不可欠な時代であったわけでもない。

当時自動車を持つことがどのようなイメージで語られていたのかは、次のような言説から知ることができる。曰く「宏壮なる邸宅に起臥し、大道狭しと自動車を駆り金ピカ尽めに身を飾り、フランス料理を三食し居る者[236]」、「実業家となりて私財を積み、邸宅を美にし、自動車を駆り、阿嬌を金屋に蓄へ[237]」、「甘き物も食ふべし、大廈にも坐すべし、自動車にも乗るべし[238]」、「今に僕が大臣になつたら、黙つて居ても自動車に乗せてやる、宴会へも連れて行つてやる[239]」等々。これらの言説は、自動車が富貴や名声の象徴であったことを示しているであろう。一方で「近頃は自働車も少しは盛んになつて来たが、其とて一富豪の娯楽や見栄に使用される位で、実用と来ては誠に少ない[240]」、「左程急がしくもなく必要もないに自働車で街路を疾駆する事業家風の虚栄心[241]」といった自動車利用の実情を指摘する言説をみると、自動車を持つことは富を象徴しつつ、同時に金満家の薄っぺらな虚栄心の表象とみられていたと理解されよう。すなわち、大正のはじめという時代に自動車を所有するということは、ソースティン・ヴェブレンによって「顕示的消費[242]」と名づけられた、富の見せびらかし行為の意味合いが極めて強かったのである。

鵜崎鷺城は、杉山が自動車に乗って東京市内を走り回る様子を、戯画的に描いた。曰く「格別急な用向がなくとも毎朝必ず自動車に乗つて家を出で、漸く途中で訪問先を案出し初めて運転手に行先きを命ずる[243]」と。杉山が虚栄という誘惑から超然としていたわけではない。

待合政略

明治四十（一九〇七）年四月十四日は日曜日で、東京はちょうど桜が満開であった。この日、杉山茂丸は向島の別荘に人を招いて観桜会を催すはずであったが、晴天にもかかわらず朝来激しい風が吹き荒れた。杉山は観桜会を中止し、急遽築地の料亭瓢屋に席を設けて招待者に午餐を振る舞った。招待者の顔触れは井上馨、桂太郎、寺内正毅など数十名にのぼった[244]。築地瓢屋は政財界の巨頭たちが頻繁に利用する高級料亭である。多数の招待者がある以上、芸妓なども数多く呼ばれていたであろうし、杉山のことだから座興に義太夫節の太夫なども呼んでいたかも知れない[245]。この日、主人役たる杉山の入費はいったい如何ほどであったのだろうか。彼が一度の招宴に費やした金で、庶民家庭が何ヶ月のあいだ生活していけたのだろうか。

鶉崎鷺城は、杉山が東京の政財界に足がかりを築いた際の手法を「待合政略[246]」と呼んだ。杉山が河原阿具里に待合を開業させ、そこへ朝野の名士たちを招いて饗応することによって、政財界の巨頭連に食い込んでいったというのである。それは何も鶉崎の想像などではない。杉山が政官財の要人たちを料亭などに招いて饗応していた事実は、さまざまな史料にみることができる。その例として、寺内正毅の日記と田健治郎の日記から、明治四十一（一九〇八）年の記述を引いておこう。

〈田健治郎日記　二月十五日条〉

四時杉山茂丸氏の招きにより、浜野屋の小宴に赴き、林、松元、横田の諸氏と小清の義太夫節を聴く。頗る感動を与ふ。十時辞し帰る。

〈寺内正毅日記　三月十一日条〉
杉山氏ノ招ニ依リ瓢屋ニ至リ晩餐ノ饗ヲ受ク
〈田健治郎日記　五月十六日条〉
夕、杉山茂丸、桂、林、佐分利諸氏と、和田維四郎氏を新喜楽に招飲。
〈寺内正毅日記　六月十一日条〉
本日午后五時ヨリ杉山子ノ招待ニテ両国常盤家ニ招カル。列席者山井桂ノ諸公侯其他数十名ナリシ
〈田健治郎日記　十二月二十三日条〉
午後五時杉山氏の招により、浜野屋忘年会に赴く。来賓馬越、郷、岩原、岩下、長谷川、其他十余名。里恵、志保、以下東京老妓悉く集る。主客男女二十余名、積算其年齢一千百八十三歳、而して男子平均年齢四十七歳、芸妓すなわち五十一歳、其老物や知るべき也。談笑湧くが如く、午後十時歓を尽くして散ず。

このように、二者の日記の一年分をみるだけでも、杉山が屢々誰かを料亭でもてなしている事実が知られる。小規模なものもあれば、六月十一日や十二月二十三日のように大勢を招いたものもある。寺内の日記は記録がない期間が比較的長期間存在するが[247]、杉山から招待を受けた宴席のことは五ヶ所に記されている。田健治郎の日記では記録期間が長期にわたることもあろうが、十五ヶ所にそれがみられる。これらに対する多寡の価値判断は読む者によってさまざまであろうが、杉山の交際範囲はもとより極めて広汎であるから、彼が饗応していた相手が寺内と田の二

人だけではなかったことは自明である。
たとえば後藤新平と杉山との関係は、田や寺内と杉山との関係よりはるかに深かったから、後藤が杉山の饗応の対象でなかったことなどあるはずがない。右の引用中には後藤新平の名は出てこないが、後藤が遺した文書には杉山が発した書翰が八十通現存し、その中には招宴の案内が八通含まれているし、後藤の日記にはしばしば築地柏屋で杉山と会食したことが記載され、ときに後藤はそのまま柏屋に泊ることさえあったのである。[248]
原敬が遺した文書中には、大正二（一九一三）年八月から十月にかけて、東京都内の料亭などで会合を持った政官財の人物たちに関する密偵の報告書[249]がある。この史料は岡本利一郎という人物が内務省警保局長であった岡喜七郎に提出した秘密文書とみられ、当時内務大臣であった原敬に回付されて、そのまま文字通り筐底に秘められていたものと考えられる。正確な月日が記されていないという難点があるが、どの日にどの料亭などで誰が会合したかが、呼ばれた芸妓の芸名や人数まで含めて記録されている。この史料に杉山茂丸の名は七回記録されている。三ヶ月の間に七回であるから、決して少ないわけではなかろう。同席者の顔触れも多彩で、高田商会の高田慎蔵と三回、日本郵船の加藤正義と二回、寺内正毅とも二回同席しているが、ほかには三井系の岩原謙三、高橋義雄、益田孝、朝吹英二、団琢磨、サルベージ業の山科禮蔵、代議士の岡崎邦輔、官僚系の中村是公らの名がみられる。この記録に記された宴席のすべてが杉山の主催したものとはいえないだろうが、杉山が招かれた側であったとしても、こうした人物らが催す宴席への招待が何の前提もなく生じるはずはない。招宴には何らかの返礼が伴うであろうから、招かれた分だけは招かねば、あるいは招かれた分だけは利益をもたらさねば、彼らとの交際は継続できないだろう。先にみたように、杉山が団琢磨の招宴に刀剣を持参して贈ったのは、そうした返礼のひとつであった。
大正十（一九二一）年に山縣有朋が世を去り、以後西園寺公望が首班選考の重責を担うようになると、杉山が勢力を仮構してきた官僚系の人物が政権の座に就く機会は激減した。西園寺によって政党政治の道が確立されるころから、杉山は宮廷官僚に接近するようになった。足がかりにしたのは、児玉・後藤時代の台湾総督府で要職にあり、大正十（一九二一）年から宮内次官に就いていた関屋貞三郎である。ここでも彼は宴席を設けて、関屋や宮内大臣の牧野伸顕を招待している[250]。

杉山が死の直前にも品川の料亭に松岡洋右を招いていた[251]ことをも踏まえれば、これら記録に残ったものが、文字通り氷山の一角に過ぎないことは疑う余地がない。先に引用した「浪人組の旗頭　杉山茂丸の正体」が、杉山の日常生活に関して「昼、晩は殆んど毎日料理屋、茶屋の飯を食ひ」といっているのはいささか誇張されているだろうが、しばしば料亭などに現われ、富豪や顕官と宴席を共にしていたことは事実とみてよい。杉山の『待合政略』は、彼の骨身に染みついた習性のようなものであった。

大富豪たちの茶会

右に示したさまざまな宴席で、杉山茂丸は多くの財界人と同席していた。財界人といっても大小はあろうが、益田孝や郷誠之助などは当時の日本を代表する大富豪であった。実業界で成功して巨富を築いた彼ら大富豪たちが、金に飽かせて買いあさったのがさまざまな古美術品、工芸品である。旧大名家や公家に伝来の名器名品の売り立て入札があれば、彼らは奪い合うように札を投じた。殊に大正期には「日本開闢以来空前の大盛況[252]」と評されるほど多くの名品が売り立てられ、第一次世界大戦下の好景気で巨万の富を摑んだ成金たちも参入[253]して、国宝級の美術工芸品の争奪戦が繰りひろげられた。現在大阪の藤田美術館が所蔵する国宝曜変天目茶碗は、水戸徳川家伝来の名宝であったが、大正七（一九一八）年に藤田伝三郎の後継者である平太郎が手に入れたもの[254]である。秋田の久保田藩二十万石の大大名であった佐竹家が手放したいわゆる佐竹本三十六歌仙絵巻は、三十五万円という高価であったため買い手がなく、一旦札元全員が連合して落札したのち、いわゆる船成金の山本唯三郎の手に落ちたが、大戦後不況で山本が没落して再び売りに出された。しかしやはり一括して買う者がなく、古美術商からの相談を受けた益田孝の決断により、遂に一枚ずつに分割して売却される[255]という悲運を辿ることになった。

分割された三十六歌仙絵巻のうち、益田孝は最高傑作ともいわれる「斎宮女御」を手に入れた。益田はこれを表装し、披露目の茶会を大正九（一九二〇）年三月二十四日に開いた。招かれたのは野崎広太（幻庵）、高橋義雄（箒庵）ら五人[256]である。彼らはいずれも大富豪であり、頻繁に茶会を開いて、所蔵する古美術品、古道具を互いに賞翫することに余生の楽しみを見出した数寄者であった。野崎幻庵や高橋箒庵は膨大な量の茶会記を執筆し、そこに大富豪や政官界巨頭が集う様子を描いた。彼らの茶会記は、いわば当時の日本を支配するエスタブリッシュメントの社交の記録であった。

庶民が、すなわち当時の日本国民のほとんど全てが、一歩たりとも足を踏み入れることができず、おそらくその場を想像することさえ困難であっただろう大富豪たちの茶会に、杉山茂丸は堂々と列していた。彼の名が高橋箒庵の茶会記に登場するのは、大正二（一九一三）年五月二十五日の出来事を記した「月豆会（上）[257]」を嚆矢として、昭和初期に至るまで十数度を数える。彼の待合政略は、大富豪たちの茶会と地続きであったのだ。

杉山茂丸は顕官富豪華族が集う社交界の一員であった。国士浪人と呼ばれた人々は数多あるなかで、高橋箒庵の記録に茶会の客として名が出ているのは杉山のほか、ただの一人もいない。「宗湛贈位祭」の記事には玄洋社の平岡浩太郎とその子息平岡良助の名がみえるが、これは同茶会に平岡良助所蔵の茶道具などが貸し出されたことを記述したもの[258]であり、彼らが茶客として招かれたわけではない。しかし杉山はまさしく茶客として、エスタブリッシュメントの一員として、遇されていたのである。

では、杉山は茶会への招待に対し、どのように互酬の責任を果していたのだろうか。この点については信頼できる記録がないものの、高橋箒庵の著作の中に、杉山自身が座談の場で語ったものがある。曰く、「先般僕が益田鈍翁と岩原謙庵とを自宅に呼んで杉山一流の茶会を催し、先づ福岡式の雑煮餅を振舞ひ、廊下に茶釜を掛けて置いて、濃茶は自分で点てゝ飲まれよと遣つ付けた。此破天荒の茶略が鈍翁、謙庵の荒胆を挫き、夫れより鈍翁が杉山は天下の大茶人であると吹聴した[259]」と。これが事実とすれば、われわれはそこに『俗戦国策』のナラティヴ分析で析出した**蛮勇**のコードの類型を見出すことができよう。杉山はここで、茶会の作法を意識的に破壊し、粗野であることを売り物にしている。これはディスクールではなく行動によってコード化された彼の蛮勇ぶりとみなされるのである。ただし『俗戦国策』のコード化されたディスクールが、読者大衆をオーディエンスとする彼の自己宣伝であったことに対し、この茶会における杉山の行動はむしろ自らの蛮勇振りを戯画化する意味合いが強く感じられる。そこに大富豪たちとの社交にいそしむ杉山の限界をみることができよう。

益田孝はいわずと知れた大富豪で、古美術への識見も豊か、近代茶道の中心人物といっても過言ではない。岩原謙三も実業界の大物で、高橋箒庵の茶会記では数々の椿事の主役として素骨庵の異名を呈されているが、財力と眼識に疑いはない。杉山は財力において彼らの足元にも及ばないし、刀剣には通じていても、古美術、古道具にどれだけ造詣があったかは疑わしい。一片の歌仙図や一箇の茶碗に数万円を投じることは、どうあがいても杉山には不可能であっただろう。精一杯背伸びをしてエスタブリッシュメントの一員に遇されてはいても、益田や岩原のような人物から嘆賞を受けるような茶会を催せるはずがない。料亭に招いて饗応することと、茶会を催して人を招くのとでは、舞台のしつらえはおのずと異なる。大富豪の目には貧弱としか映らない道具立てで作法通りの茶会を開いたところで、嘲笑を受けるのが関の山であろう。とすれば、彼は茶会の作法など無視して、自分が粗野であること、野卑であることを戯画化し、茶会を一場の戯れ事にしてしまうしかなかったのである。

杉山と茶道といえば、彼が松永安左ヱ門を茶の湯の道に引きずり込んだエピソードはよく知られている。松永は壱岐出身で、福岡で福博電気軌道株式会社の設立に加わって以来、電力業界を席巻してきた新進の実業家であった。

杉山とは福博電気軌道の設立に際し助力を得たことから知遇を得たとみられる[260]。杉山は昭和九（一九三四）年の十二月末に、茶道をまったく知らない松永に茶道具一式を贈り、松永はその道具を用いて翌年一月に初めての茶会を開いた[261]。その道具一式は松永自身の回想に記録されている。それらの価値は筆者には窺知不能であるが、既に実業界に盛名を轟かせている松永に対して、粗末なものを贈ったとは考えられない。杉山が松永に茶道具を贈った動機はわからないが[262]、彼が政財界の名士に対して刀剣を贈与していた行為との間に、等質性をみることはできる。実業界の駿馬を自身の影響範囲に取り込もうとする意図があったのだろう。

然らば彼何者ぞ

本節では杉山茂丸の私生活のうち、主として趣味と社交について検討してきた。趣味と社交とは別々に存在しているのではなく、同一地平にある。刀剣は社交の場において互酬の資源として利用されていたし、顕官富豪に愛好者の多かった義太夫[263]は杉山の人脈開拓に一役買ったであろう[264]。こうした杉山の趣味と社交には、いったいどれほどの金が投じられたのだろうか。そしてその金はどこからどうやって捻出されていたのだろうか。

杉山の私生活は奢侈ということばで表現するしかない。奢侈はすなわち浪費であり、過剰な贅沢であり、分限身上を逸脱する営みである。そして杉山は自身の奢侈を、自動車を乗り廻すという行為によって東京中の市民に強く印象づけていたのである。ここまでくれば、彼が世間に名を出すことが大嫌いな「モグラ」だという自己評を、鵜呑みにするほど愚かな者はいるまい。むしろ彼は世間の注目を集めることに、常に意を用いていたのである。

しかし杉山は、明治の終わりごろには既に三興社を手放し、巴石油の役員から退き、大正初めには台華殖民からも手を引いていた。台華社は杉山の拠点であるが、一年たらずのあいだ雑誌『サンデー』発行を行った以外には、何をしていた団体なのかわからない。台華社の藤村雄二は、明治四十一（一九〇八）年三月に陸軍省に対し、戦利品の薬莢の払下げを出願し許されている。薬莢といってもカノン砲に使用するもので十五珊速加（十五センチ速射カノン砲）の薬莢が六千三百五十八個など三種類合計七千四百三十一個と大量で、総重量は百トン近くに及んでいた。払下げ価格は総額で二万円近い。出願に際し、陸軍省高級副官立花小一郎から兵器本廠長へ機密指令が下されていることから、藤村名義とはいえ杉山から寺内陸相に手回しがなされていたものと推察される。[265] このようなものの払下げを受けていったい何をしようとしていたのか、およそ想像もつかない胡乱な事実といえよう。もちろん、台華社の本業が戦利品の転売屋だったわけではなかろう。そもそも台華社と呼ばれていたのは、なんらかの団体なのか、あるいは施設ないし場所の呼称なのか、それさえ判然としていない。にもかかわらず杉山は、奢侈に溺れた私生活のかたわら、九州日報に多額の金銭援助を続け、[266] どれほど売れたのか甚だ疑問とせざるを得ない月刊雑誌『黒白』を発行し続けていたのである。

この時期の杉山はもう、職業によって表現できるような社会的地位を持っていない。社会階層が職業を主たる要素とする社会的地位によって構造化されているとすれば、杉山はその埒外に立っている。しかし第二次桂内閣の三年間の間に、杉山は雑誌『サンデー』を創刊させ、九州日報の社主におさまり、中国本土の鉄道事業で外務省を攪乱し、韓国併合に暗躍し、樺太や朝鮮で利権を獲得した。彼と桂太郎や後藤新平との親密な関係は、もはや政財界に知らぬ者はない。このころが杉山の威勢の絶頂期であった。この摩訶不思議な存在に、ジャーナリストたちが注目しないはずがなかった。

万朝報などで活躍したジャーナリストの久津見息忠（暮村隠士）は、明治四十四（一九一一）年一月に「幇間政治家杉山茂丸論」と題した人物評を発表し、そこで批判を交えつつ杉山を「旭日昇天的」「満潮の人」と評した。[267] 時を同じくして、倉辻白蛇は「怪人物論」を『サンデー』に発表した。倉辻は杉山を「先生」と呼び、「面を包みて帝都の中央に蟠踞し、時に土蜘蛛の如く地下に潜み、時に土窟を出でゝ羅を八方に張り、天下大事ある毎に、常に舞台の背面に隠れて巧みに傀儡を操る」人物と評して、「先生は当代の達人」と絶賛した。[268] この一文は数ヵ月後、杉山最初の商業出版である『其日庵叢書第一編』の巻末に、倉辻の「怪人の怪文を読む」の冒頭の章として収録される。[269] 蓋し杉山を、自己を韜晦しつつ国事に奔走する覆面の国士として人物造型したのは、この倉辻の文章をもって嚆矢とする。[270] 倉辻の「怪人物論」は、杉山の影響下にある雑誌に、杉山の影響下にある人物が、杉山の礼讃記事を発表したという意味で、のちの杉山自身による自己宣伝に先駆けた意図的プロパガンダであった。しかし杉山は倉辻による阿諛を気に入ったものとみえて、大正期以後の著作における彼の回顧録は、倉辻が仮構した人物像へ接近していったのである。

雑誌『日本及日本人』誌上に「八百八街一町二人」を連載していた黙洲は、倉辻のこの記事に強く反撥し、翌月に同誌上で激しい杉山批判を行った。曰く「サンデーは杉山の経営に係る機関雑誌にして、一篇の怪人物論は畢竟我仏尊しとの観念を以て、痘痕を笑靨視し、恋せる女の立小便の姿を嬋妍なりと形容し盲断するが如し」と。また「彼れにして真に怪傑たり達人たらんか、其のサンデーとの関係を秘密にするは勿論、一切自慢話鬼昔を掲載せず、たとへ乾児等が阿諛の為め之を為さんとするも、固く抑制して禁止せしむるを妥当なりとす、然るに得々として鬼昔自慢話を掲載し、又乾児をして頌徳表を奉らしめ、而して其日庵叢書を発行するに至りては、宛然野依秀一の亜流に過ぎず、吾人が耐へ難き嘔吐を忍びて借金譚法螺の説を読過せる所以は、斯の如く自家広告に汲々たる彼には余程苦しき事情あるべしと推察し一片の同情を寄与したればなり、想ふに彼は社会に自己を広告して俗人を欺罔し、拠りて以て何等か利する処あるに非ずんば、則ち墳墓に逝けるものは過去を語るの譬に洩れず」と。そして「彼は頭山を売り之を喰物にして藩閥政治家に取入れり、既に藩閥政治家に親むや、彼は著しく幇間的才能を発揮して、芸妓の周旋より愛妾の保管に至るまで、為さゞるなく尽さゞるなく、最も伊藤児玉に善く、夤縁して寺内後藤等と結び、其黒幕の謀士を以て任じ、今や後藤寺内等は余の指呼に動き、桂も亦手紙一本にて数万金を融通する間柄なりと、世間を憚らず大法螺を吹き、世人も亦之を信ずるに至れり」と、彼の来歴を暴き、その言動を指弾した(271)のである。

黙洲による杉山批判が引き金になったというわけではなかろうが、これ以後、杉山を批判的に論じる人物評が続けて発表されている。彼らが注目したのは、当然ながら杉山の派手な生活ぶりであった。当時の批評家たちは杉山を「政治家か、否。実業家か、否、浪人か、否、豪傑か、否、然らば彼何者ぞ(272)」、「政治家にもあらず、実業家にもあらず、操觚者にもあらず、禅僧にもあらず、極めて不得要領の代物(273)」などと、あたかも鵺の正体を窺うように注視した。彼らの目を引いたのは、杉山のもとを訪れる多くの政治家や実業家たちの姿であった。台華社を日々訪れる者は、「政治家にしては後藤新平男、芳川顕正伯、寺内正毅伯等、実業家にしては後藤勝造、林謙吉郎、室田義文、鈴木商店の金子直次郎、三井の岩原謙造、賀田金三郎等、新聞記者にしては池辺三山、朝比奈知泉、松居柏軒等、官公吏にしては、満鉄の幹部、台湾総督府の高官、樺太政庁の首脳者等であって、刀剣屋、骨董屋、待合のおかみ、諸芸人の輩に到るまで、来往引きも切らず、車馬門前に市をなすと云ふ有様(274)」であった。こうした様子を目の当たりにした批評家たちは、それを手がかりに、杉山の金脈の在処を探ったのである。いくつか引いておこう。

生業と云ひ得るか否かは別として、兎に角或る仕事によつて衣食して居る。其仕事は人事周旋、悪く云へば千三ツ屋である。或る事業家が政府の保護を得んとする時、或る会社が或る特権を得んとするとき、其関係者は杉山の門に走つて予め政府の意向を叩く。南満鉄道、関東都督府、台湾総督府、樺太政庁等が其施設計画に対する政府の意向を知らんとする時、彼等は杉山に其脈を診て貰ふ。又政府筋の大官が、何等かの交換条件を提げて実業家と結ばんとする時、杉山に其間を斡旋させる。斯る時、杉山は其得意の手腕を揮ふのである。（略）又一例を云へば、電車市営問題の如き利光鶴松一派と政府との間に立つて、斡旋奔走した。而して杉山は二万円の謝金を収めた。又当時に某株屋と結托して少なからず儲けたなどは彼の副業である。[275]

或人は、彼を指して硬派の幇間と云ふ、表面甚だ口強きかの如くなれども、人心の機微に投じて物事を運びつける手腕に至つては、其右に出づる者稀也。彼は之を以て元老の間に勢力を得、時に元老連が彼の手を通じて事を為す場合もあれば、又彼が元老連に勢力あるを知つて事を懇請に来る事業家も少からざるが如し。之を以て観れば、彼の事務所なる台華社は、恰も中央電信局の如く、右より受けて左へ伝へ、左より取りて右に移すと言ふ一種の高等周旋屋と言はば言ふ可し。[276]

弾薬に窮する時は、会社、銀行、其他富者を捉へて金を借る、其借様が尋常でない、証文も入れなければ頭も下げない（略）而して帰る時には一封の小切手なり現ナマが袂から転つて来る（略）此袂のお土産を得る為には、彼も相手方に一種の貢献をなし、又何程かの欠陥を捉へてからの会談なれば、贅語を要せずして彼の来意は直に対手方に了解さるゝ。是等は借金の妙なるもので、彼にあらざれば他のものには出来ない芸当である。一言にして彼を評すれば幇間と威嚇《おどかし》の妙を極め、社会の暗渠を最も巧みに辿りゆく癖ものである。[277]

氏が政治を談ずる時は、必ず財閥の権力者を誘惑せんとする時也、氏が経済を論ずる時は、富豪巨商をして其の政治的野心を挑発せんとする時也。氏が桂公や、寺内伯や、後藤男の急処を握り、南満鉄道、関東都督府、台湾総督府、樺太殖民地に、施政計画より来る御用商人、其他実業家との接触交渉は、自ら之れ任じて、如何に多くのコンミツシヨンを得たりしか。氏の得たる報酬は独り南満鉄道より頂戴したる露西亜式自動車のみに非ざる也、独り台湾殖民を目的とする台華社の利権のみに非らざる也。氏は金子直吉、賀田金三郎、後藤勝造、岩原謙三氏等の後藤系の実業家と結び、青年時代に恩顧を受けたる、後藤伯の息猛太郎氏を煽て、井上侯の乾分室田義文氏を率い、政界と財界の接合点に潜り込んで、或時は政治家の如く、或時は財政家の如く、腐敗政治家を財閥に結び付ける事と、財閥をして政権に接近せしむることに其力を尽くしたる也。阿里山問題の時、如何に暗中の飛躍をなしたるか、台湾の富豪、林家の富を啖はんとして、如何に佞弁を逞うしたるか、或は藤田組の依托を受けて、釜山附近に宏大の地面を買収せんとし、電車会社に依頼を受けて市営問題の時は、財界の油虫小泉三申氏等と、如何に都下の新聞記者を買収するに力めたるか。(278)

これらの言説には、臆断もあて推量も含まれているだろうが、杉山が官僚政治家と結んで利権獲得に腐心していた事実は、第三章と第四章で既に明らかにした。阿里山、釜山、樺太といった地名が躍っているのは、彼ら批評家たちにとって、杉山がどこで利権を貪っていたのかは周知の事実であったことが示唆されている。電車市営問題への言及は、杉山自身が『俗戦国策』で利権斡旋を智謀自慢としてアピールしていた〔俗、五九二〜六〇六〕ことを想起させよう。彼らは杉山茂丸の正体が、政官財の間に利権を斡旋し、そこから報酬を得る利権媒介業《フィクサー》であると見抜いていたのである。

とするなら、杉山がたびたび招宴を催し、そこへ政官財の要人たちを招いて社交に精を出していた理由もおのずと明らかである。招宴とは杉山の営業活動に外ならなかったのだ。

自転車操業

杉山が過剰なほどに自己をアピールし、奢侈を顕示することもまた、彼の商売に必要な広報活動の一環であったとみなすことができる。彼の顧客は、金満家でありながらなお莫大な利権の獲得を願望する実業家たちであり、彼が働きかける相手は巨大な権力を握る政府の高官たちであった。そうした人物と対等に交際し続けなければ、彼の商売は成り立たない。そして社交が互酬の原則によって成立している人間関係である以上、杉山は富豪たちと対等であるかのようにみえるだけの浪費を続け、そして露骨にそれを世間にみせつけなければならなかった。たとえそれが張りぼての奢侈にすぎなかったとしても。

ソースティン・ヴェブレンは次のようにいう。「個人の生活水準がどのようなものになるかをおおよそ決定するのは、個々人が所属している社会や階級内部でお墨つきを得ている支出の基準である[279]」と。杉山が利権媒介業を営むために顕官富豪と親しく交わろうとするのであれば、彼の生活はそれら社会の上層階級の生活水準に否応なく付き従うしかない。彼が粗末な着物を着て破れ草履を引きずっていたとすれば、いったい益田孝のような人物が自宅の茶室に招き入れただろうか。権力を握る政府の高級官吏が、裏通りの飯屋の安酒の饗応を受けいれたであろうか。否。益田孝の茶室に入る杉山は、他の茶客たちと同様に絹の着物を身につけ技巧をこらした根付を帯に下げておく必要があったし、口の奢った高級官吏を饗応する杉山は、瓢屋や新喜楽に席を用意しなければならなかったのである。目の肥えた富豪に贈る刀剣は、名の通った銘刀でなければならなかったのである。

同様に、みすぼらしい上に何の仕事をしているのかもわからないような人物に、誰が利権獲得のための斡旋を頼もうとするだろうか。ここでもヴェブレンの洞察は有効であろう。「人々の尊敬を勝ちとって保持しつづけるためには、たんに富や力を所有しているだけでは十分ではない。富や力は、証拠をもって示される必要がある[280]」と。杉山は自動車や刀剣や高級料亭という「証拠」を呈示し続けることによって、財と力をアピールしなければならなかったのである。

アーヴィング・ゴッフマンの指摘も、杉山の奢侈を理解する上で重要である。ゴッフマンはいう。「社会階層に結合しているもっとも重要な記号-装備は、物質的富が表出される場合に用いられるいくつかの地位の象徴からなっている[281]」と。杉山の奢侈は、すなわちゴッフマンが指摘する「記号‐装備」であり、利権を漁る亡者たちを、台華社に呼び寄せるために不可欠な舞台装置でもあった。舞台裏にまわれば薄っぺらな板囲いにすぎなかったかも知れないが、「現代に於ける最高度の宣伝上手[282]」と彼自身の息子に評された腕前で、杉山はその「記号‐装備」を張りぼてとは見抜かせなかったのである。

室井廣一は杉山の奢侈について「大邸宅や高級外車はほとんどが「借り物」だったようだ。要するに杉山流草莽政治行動の大道具、小道具だったのだ[283]」と評した。それは彼が晩年を過ごした三年町の家が窪井義道名義であった[284]ことや、杉山の運転手が中島徳松から給料をもらっていたことなどを踏まえた指摘であるが、「借り物」という指摘には同意できても、それが「草莽政治行動」の表象であったという見解には首肯できない。「およそ権力からは極端に離れたところに位する[285]」とされる草莽という生きざまとは、隔絶したところに位していたのが杉山茂丸という人物であったに違いない。

しかし杉山は生業と呼べるような職を持っていないから定収がない。利権獲得に成功すれば揚がりは大きいが、利権がどこにでも転がっているわけではない。そのためにはさまざまな仕掛けも必要であっただろう。「千三ツ屋」とはいい得て妙と評さねばなるまい。金がなくなったとき、杉山は「処世の秘法」を使うのである。

たとえば、杉山が伊東巳代治に送った書翰は二通が現存しているが、それがどちらも借金を申し込んだ書翰である。一通目は大正三（一九一四）年のもので、発熱に苦しんでいると書いた上で「若し閣下に於て二三千円の下熱剤御所置も被為有一時御恩借相叶候はば亜生起死可仕候」と続けている。二三千円の解熱剤などあろうはずもないから、発熱はただの諧謔に過ぎないのだろう。ここには、臆面もなく自己を戯画化することによって、相手の警戒を緩めようとする意図が読み取れる。そして「小生が決して踏倒さざる事の証」として、抵当に「数口の祐永」を預けてもよいと述べているが、さらに「本件は成否に不拘浪客の名誉御保護の思召を以て他漏無之様奉嘆願候」と付け加えている。[286] 自身の名誉のため借銭の申し込みを他言しないように頼み込んでいるあたり、『俗戦国策』など で借金自慢を繰り返している杉山の言とは思えないような小心ぶりがみてとれよう。もう一通は大正十一（一九二二）年のものと考えられるが、ここでも杉山は病気を口実に千五百円の借用を申し込んでいる。[287] また明治四十四（一九一一）年の田健治郎の日記には、杉山が桂二郎を介して田に金を借りたことが記録されている。[288] ゴシップめいたところでは、後藤猛太郎が死んだ際、杉山が三井の早川千吉郎や岩原謙三らに対し、後藤猛太郎の借金の尻拭いをした結果不如意になったからと称して数千円の借金を申し込んだという話がある。岩原は後藤新平に相談し、後藤新平から杉山が猛太郎の借金で迷惑したはずがないといわれたため、杉山の申し入れを断ったのだが、このことを岩原は後藤猛太郎の愛妾の清香という芸妓に話したところ、仏を借金の口実にするのはひど過ぎるといって、清香は以後杉山とはろくに口もきかなくなった[289]のだという。

しかし一方で借金を繰り返し、また一方で奢侈に流れていたのでは、いかに利権を漁り斡旋したところで、檻の中で際限なく回転梯子を駆け上ろうとする飼い鼠と違うところがない。杉山の利権媒介業には、資本の循環によって剰余価値を生み出すような思想は欠落していた。中野正剛は鋭くこの実情を剔抉している。

彼等は政治家の面を被りて商賈の利を計る者なり。権力者と結びて博奕を営む者なり。商賈を誘ひて権力者に接せしめ、商賈よりは金銭の報酬を取り、権力者よりは勢威の報酬を取る者なり。而して商賈より取りたる金銭は再び政治屋と政権家とを購ふの資本となり、権力者より取りたる勢威は再び商賈と富豪とを釣るの針となる（略）贅沢の散財なるもの、彼等に取ては実に其資本を下すなり。既に労苦なくして得たる悪銭を、更に悪銭を攫むの資本に投ず、是を以て彼等は貴重なる黄金を湯水の如く散じて吝まざるなり。彼等の自動車を駆る、彼等の絹衣を着する、彼等の待合に飲む、彼等の公侯伯子の門に出入する、彼等の高談雄弁する、彼等の怒号し或は諂諛する、彼等

の政治を是非し若くは天下を云々する、皆彼等が利益を射んとして、其の資本を投ずるなり。(290)

すなわち、利権獲得と奢侈の自転車操業。それが杉山の商売の実態であったとみなければなるまい。杉山茂丸は、まさしくその日暮しの其日庵(291)であったのだ。

(1)拙稿「福岡藩馬廻組百三十石杉山家の仕官時期の検討」『民ヲ親ニス』三、二〇一五年、二〇〜三八頁。
(2)拙稿「福岡藩馬廻組百三十石杉山家の幕末維新」『福岡地方史研究』五七、二〇一九年、一〇八〜一二四頁。
(3)「龍造寺隆邦氏逝く」『黒白』七、一九一七年、二七頁。
(4)黒龍会編『東亜先覚志士記伝　下巻』黒龍会、一九三六年、列伝六七〜六八頁。
(5)杉山龍丸「西の幻想作家——夢野久作のこと　(1)生誕地の秘密」『九州文学（第五期）』三九六、一九七八年、二二頁。
(6)杉山龍丸『わが父、夢野久作』三一書房、一九七六年、三八頁。
(7)前掲杉山龍丸「夢野久作の生涯」二一四頁。
(8)前掲杉山龍丸「西の幻想作家——夢野久作のこと　(1)生誕地の秘密」、二〇頁。
(9)前掲杉山龍丸「夢野久作の生涯」二一七頁。
(10)杉山龍丸「杉山茂丸の生涯」『思想の科学』第五次、一一〇、一九七〇年、七〇頁。
(11)夢野久作「父杉山茂丸を語る」、前掲夢野『近世快人伝』二三八頁。
(12)「年譜」前掲『夢野久作の日記』四六四頁。
(13)前掲『夢野久作の日記』四四三頁、四四七頁。

(14) 前掲杉山龍丸「杉山茂丸の生涯」七五頁。
(15) 前掲杉山龍丸『わが父・夢野久作』一六〇頁。
(16) 太宰隠士「其日庵過去帳　芸妓ふみ」『九州日報』大正六年十月二十五日。
(17) 太宰隠士「其日庵過去帳　丸本のしゅん（丙）」『九州日報』大正六年十一月七日
(18) 前掲太宰「其日庵過去帳　芸妓ふみ」。
(19) 同前。
(20) 前掲『夢野久作の日記』昭和十年八月十二日条。
(21) 同前。
(22) 同前、昭和十年九月四日条。
(23) 同前、昭和十年九月二十三日条。
(24) 同前、四六二頁。
(25) 拙稿「杉山茂丸と河原阿具里、河原信一」『民ヲ親ニス』五、二〇一七年、二五一〜二六二頁。
(26) 朝比奈知泉『老記者の思い出』中央公論社、一九三八年、二五五頁。
(27) 前掲鵜崎『当世策士伝』二六二頁。
(28) 前掲室井「杉山茂丸論ノート⒂」九頁。
(29) 守美雄『素女物語』蒼林社、一九五四年、一〇六〜一二〇頁。
(30) 同前、一三二〜一三三頁。
(31) 同前、一五七頁。
(32) 鴻池幸武編『道八芸談』私家版、一九四四年、二〇九頁。
(33) 前掲杉山『其日庵叢書第一編』二五五〜二五六頁。
(34) 室井廣一「杉山茂丸論ノート⑹」『研究紀要』（東筑紫短期大学）一五、一九八四年、四九頁。
(35) 『大正十二年度　料理待合芸妓屋三業名鑑』日本実業社、一九二三年、八頁。
(36) 「陸軍中将堀内文次郎閣下訪問記」福岡県立図書館杉山文庫「杉山茂丸関係資料№.80」。

(37)「稲垣博士訪問速記」福岡県立図書館杉山文庫「杉山茂丸関係資料No.81」。
(38)『日刊新世界』大正十一年一月九日。
(39)浜田雄介・日本文学専攻大学院有志「成蹊大学図書館所蔵夢野久作書簡翻刻」『成蹊國文』四六、二〇一三年。
(40)前掲浜田ほか「成蹊大学図書館所蔵杉山茂丸関係書簡　翻刻と考察」。
(41)森家の書翰群によってこの事実が確認できるのは明治三十六（一九〇三）年から三十九（一九〇六）年ごろであるが、明治三十九（一九〇六）年の巡査の初任給が十二円（週刊朝日編『値段史年表　明治・大正・昭和』朝日新聞社、一九八八年、九一頁。）であったから、送金額の多寡が知られよう。なお明治四十五（一九一二）年一月から杉山の援助を受けて明治大学に学んで弁護士になった鈴木明は、杉山からもらう学資が毎月十五円であったといい、同じころに杉山から援助を受けていた学生は五十名を下らなかっただろうと語っている（福田祥男編著『弁護士鈴木明回顧録』私家版、一九七四年、五九頁、一三一頁。）。五十人の学生に援助していたというのが事実かどうかはわからないが、杉山の母娘に対する態度は、赤の他人の若者に対する援助との比較においても、冷淡であったといえよう。
(42)前掲夢野『近世快人伝』二二九〜二三〇頁。
(43)発翰年月日不明森まつ宛杉山茂丸書翰、成蹊大学図書館所蔵杉山茂丸書翰〇二二番。
(44)あやを他家の養子に出すという趣旨に理解することもできそうだが、そうであれば「養子に出す」と表現されるはずである。
(45)明治三十七年七月二十九日付森あや宛杉山茂丸書翰、前掲浜田ほか「成蹊大学図書館所蔵杉山茂丸関係書簡　翻刻と考察」。
(46)明治三十七年九月六日付森まつ宛杉山茂丸書翰、同前。
(47)大正四年十月十一日付森まつ宛杉山茂丸書翰、同前。
(48)明治四十四年六月十日付森あや宛杉山茂丸書翰、同前。
(49)明治（四十四）年五月五日付森あや宛杉山茂丸書翰、成蹊大学図書館所蔵杉山茂丸書翰〇七三番、筆者による翻刻。
(50)前掲夢野『近世快人伝』二三四頁。
(51)大正元年十一月二十日付森武八宛杉山茂丸電信、前掲浜田ほか「成蹊大学図書館所蔵杉山茂丸関係書簡　翻刻と考察」。
(52)大正四年十二月十五日付森あや宛杉山茂丸書翰、同前。
(53)大正四年十二月十九日付森武八宛杉山茂丸書翰、同前。

(54) 西原和海・川崎賢子・浜田雄介「入門鼎談夢野久作の読み方」『KAWADE 夢ムック文藝別冊　夢野久作あらたなる夢』河出書房新社、二〇一四年、五四～五五頁。
(55) 大正五年四月六日付森あや宛杉山茂丸書翰、前掲浜田ほか「成蹊大学図書館所蔵杉山茂丸関係書簡　翻刻と考察」。
(56) 大正五年十二月十二日付森あや宛杉山泰道書翰、前掲浜田ほか「成蹊大学図書館所蔵夢野久作書簡翻刻」。
(57) 大正六年十二月二十六日付森あや宛杉山泰道電信控、同前。
(58) 大正七年一月二日付森あや宛杉山泰道書翰、同前。
(59) 前掲浜田ほか「成蹊大学図書館所蔵夢野久作書簡翻刻」、三二一頁。
(60) 大正七年十二月二十九日付森あや宛杉山茂丸書翰、前掲浜田ほか「成蹊大学図書館所蔵杉山茂丸関係書簡　翻刻と考察」。
(61) 大正八年十一月二十六日付渡辺安雄宛杉山茂丸書翰、同前。
(62) 白柳秀湖『続財界太平記』日本評論社、一九三〇年、二七三頁。
(63) 小川功「〝虚業家〟による外地取引所・証券会社構想の瓦解」『彦根論叢』三六七、二〇〇七年、一〇三頁。
(64) 『大日本実業家名鑑　上巻』実業之世界社、一九一九年、（か）一九頁。
(65) 小林道彦『桂太郎　予が生命は政治である』ミネルヴァ書房、二〇〇六年、三一三～三一四頁。
(66) 安藤照『お鯉物語』福永書店、一九二七年、三九二～三九五頁。
(67) 同前、四五〇～四五一頁。
(68) 同前、五〇二～五一一頁。
(69) 安藤照『続お鯉物語』福永書店、一九二八年、一〇～二〇頁。
(70) 長谷川時雨『近代美人伝』サイレン社、一九三六年、三五三頁。
(71) 前掲安藤照『続お鯉物語』四三五～四四三頁。
(72) 祖田浩一によれば、本名は山田きくという。祖田浩一『お鯉の生涯』筑摩書房、一九八二年、二〇三頁。
(73) 前掲安藤照『続お鯉物語』、六五～七九頁。
(74) 同前、三一五～三二二頁。
(75) 同前、四四一～四四三頁。

(76)同前、四五六頁。
(77)前掲拙稿「杉山家をめぐる通説の謎を考える」一一～一四頁。
(78)同前、一五頁。
(79)同前、一三頁。
(80)穂積重遠『親族法』岩波書店、一九三三年、一七九～一八一頁。
(81)前掲夢野『近世快人伝』二一八頁。
(82)前掲杉山龍丸「杉山茂丸の生涯」七〇頁。
(83)前掲穂積『親族法』一四三～一六三頁。
(84)奥田義人『民法相続法論』有斐閣書房、一八九八年、一三四頁。
(85)穂積陳重『隠居論』有斐閣書房、一九一五年、二三八～二三九頁。
(86)太宰隠士「其日庵過去帳　塩田久右衛門」『九州日報』大正六年十月二十一日。
(87)『福岡日日新聞』大正四年二月十日。
(88)明治（　）年十一月二十七日付森まつ宛杉山茂丸書翰、成蹊大学図書館所蔵杉山茂丸書翰一四一b番。筆者による翻刻。平仮名表記を適宜漢字に改めた。
(89)星新一『明治・父・アメリカ』筑摩書房、一九七五年、六七～七五頁。
(90)前掲金子「杉山茂丸を語る」二五七～二五八頁。
(91)明治三十年九月二十二日付森武八宛杉山茂丸書翰。前掲浜田ほか「成蹊大学図書館所蔵杉山茂丸書簡　翻刻と考察」。
(92)『玄洋』三、一九三五年。
(93)明治（　）年六月二十六日付おもと宛杉山茂丸書翰。成蹊大学図書館所蔵杉山茂丸書翰〇一二b番。筆者による翻刻。平仮名を適宜漢字に改めた。
(94)ただし、明治三十二年七月十九日付森まつ宛杉山茂丸書翰には「明治二十八年の大損のため、多くの人に迷惑をかけて、一生に仕舞へぬほどの借財」（平仮名を適宜漢字に改めた）があったと述べており、これが本文中でみた香港貿易の失敗を指すのだとすれば、この仮説は否定されることになるであろう。前掲浜田ほか「成蹊大学図書館所蔵杉山茂丸書簡　翻刻と考察」。
(95)前掲太宰「其日庵過去帳　丸本のしゅん（丙）」。
(96)前掲夢野『近世快人伝』二二八頁。
(97)日本紳士録編纂事務所編『第七版日本紳士録』日本紳士録編纂事務所、一九〇一年、七五〇頁。
(98)対馬健之助『第九版日本紳士録』交詢社、一九〇三年、六五三頁。
(99)前掲室井「杉山茂丸論ノート(6)」四九頁。
(100)DVD版『後藤新平書翰集』299-10。筆者による翻刻。適宜句読点を加えた。
(101)（明治三十八年）四月十八日付森まつ・あや宛杉山茂丸書翰、成蹊大学図書館所蔵杉山茂丸書翰〇二五番。
(102)田中純一郎『日本映画発達史Ⅰ』中央公論社、一九五七年、一五三頁。
(103)坂本正編『日活四十年史』日活株式会社、一九五二年、四一頁。
(104)梅屋庄吉「日活の創立事情」『社史で見る日本経済史　第八十巻』ゆまに書房、二〇一五年、一～一七頁。
(105)前掲明治四十三年九月三日付寺内正毅宛杉山茂丸書翰。
(106)小川功「明治期近郊リバーサイドリゾート経営のリスクと観光資本家――墨東・向島の鉱泉宿・有馬温泉と遊園・花月華壇の興亡を中心に」『跡見学園女子大学マネジメント学部紀要』一二、二〇一一年。
(107)鈴木優作「杉山書翰における本文及び印章に関する考察」『成蹊人文研究』二八、二〇二〇年、八〇頁。
(108)前掲金子「杉山茂丸を語る」二五八頁。
(109)前掲夢野『近世快人伝』二二九頁。
(110)『玄洋』三、昭和十年八月一日。
(111)高橋泰隆「台湾鉄道の成立」『経営史学』一三（二）、一九七八年、二五～二七頁。
(112)台湾総督府鉄道部『台湾鉄道史　上巻』一九一〇年、四四七頁。
(113)『官報』五〇五一、明治三十三年五月七日。
(114)三神正僚『新潟県人物誌』越後会、一九一八年、一五六～一六〇頁。
(115)由岐一『本邦石油史』日本公論社、一九三五年、一八一頁。

(116)「石油採取企業の諸会社」『工業雑誌』一九一、一九〇〇年、二八頁。
(117)前掲『官報』五〇五一。
(118)「巴石油株式会社創立事務所広告」『東京朝日新聞』明治三十三年三月二十七日。
(119)『人事興信録』人事興信所、一九〇三年、一一五七〜一一五八頁。
(120)門馬延陵『増補北越石油業発達史』鑛報社、一九〇九年、二七三〜二七八頁。
(121)『官報』七二三一、明治四十年八月六日。
(122)『官報』六九四四、明治三十九年十月二十日。
(123)出典史料では「栄三郎」と表記されているが、同人の書翰の署名に従い「栄太郎」が正しいと判断した。
(124)『官報』五一六九、明治三十三年九月二十二日。
(125)前掲浜田ほか「成蹊大学図書館所蔵杉山茂丸関係書簡　翻刻と考察」三一〜三二頁を参照。
(126)後藤一郎『新式写真術』内外出版協会、一九〇三年、巻末広告。
(127)前掲鈴木「杉山書翰における本文及び印章に関する考察」八〇頁。
(128)無署名「藤村雄二君小伝」『サンデー』二二三、一九一三年、三九頁。谷口徳次郎「新聞写真に就いて」『総合ジャーナリズム講座第四巻』内外社、一九三一年、二二二頁。
(129)前掲「藤村雄二君小伝」。
(130)『官報』六四九一、明治三十八年二月二十二日。
(131)『官報』七二三六、明治四十年八月十二日。
(132)野田美鴻『杉山茂丸伝』島津書房、一九九二年、三四五頁。
(133)『刀剣』丙午第二集、一九〇六年、三二頁。
(134)玩球「重ねて其日庵に刀を観る記」『刀剣』戊申第九集、一九〇八年、一四二〜一四三頁。
(135)原田道寛『日本刀私談』春秋社、一九三四年、一一三頁。
(136)同前、一二六〜一二七頁。
(137)一方、築地刀剣会に頻繁に出席していた川口陟は、杉山を刀剣鑑定に長じた人物の一人に挙げている。川口陟『刀の手引』

南人社、一九三三年、九一頁を参照。
(138) 前掲原田『日本刀私談』一二六頁。
(139) 葆光漫評「築地刀剣会〔第百七十七回〕」『黒白』一二（三）、一九二八年、二九頁。なお発足月については『サンデー』一五六号一四頁所載の「刀剣鑑定投札一覧表」に「明治四十四年十一月二十六日於築地倶楽部」とあることから判断。
(140) 前掲原田『日本刀私談』一〇七〜一一四頁。
(141) 「刀剣鑑定入札一覧表」『サンデー』一二九、一九一三年、五四頁。
(142) 前掲原田『日本刀私談』一九頁、一二〇頁。
(143) 「第十二回刀剣鑑定投札一覧表」『サンデー』二〇七号、一九一二年、二〇頁。
(144) 「刀剣鑑定投札一覧表」『サンデー』二一七号、一九一三年、一九頁。
(145) 小倉惣右衛門「名士と刀剣」『日本刀講座第九巻』雄山閣、一九三四年、一七九頁。
(146) 大正三年八月一日付寺内正毅宛杉山茂丸書翰、国立国会図書館憲政資料室所蔵「寺内正毅関係文書」二九五-五。
(147) 大正三年八月十一日付寺内正毅宛清水潔書翰、同前二八四-一。
(148) 「第九回刀剣鑑定投札一覧表」『サンデー』一八八号、一九一二年、二〇頁。
(149) 前掲原田『日本刀私談』一二〇頁。川口陟『刀の手引』南人社、一九三三年、九〇頁。
(150) 前掲原田『日本刀私談』一二六頁。
(151) 白虹剣仙「築地刀剣会」『黒白』八（九）、一九二四年、四二〜四三頁。
(152) 本間順治『薫山刀話』東京出版、一九七二年、一二四頁。
(153) 前掲本間『薫山刀話』一三一頁。本間順治「思い出の刀剣人」『日本刀全集第九巻』徳間書店、一九六八年、二五三頁。
(154) 前掲本間『薫山刀話』八頁。
(155) 小倉惣右衛門「杉山先生を憶ふ」『日本刀及日本趣味』一、一九三六年、五六頁。
(156) 前掲本間『薫山刀話』一三三頁。
(157) 前掲小倉「杉山先生を憶ふ」五六頁。
(158) 前掲原田『日本刀私談』一二六頁。

(159) 前掲小倉「杉山先生を憶ふ」五六頁。
(160) 前掲本間『薫山刀話』によれば、愛刀家の中で杉山と伊東巳代治は刀に必ず拵えを施したという。本間は「杉山先生と伊東さんは職人連中の大恩人」と語っている。同書一三六頁。
(161) 前掲本間『薫山刀話』一二八頁。
(162) 同前、一二九～一三〇頁。
(163) 同前、一三一頁。
(164) 同前、一二九～一三〇頁。
(165) なお、石渡信太郎も杉山が築地刀剣会に国広銘を偽造した刀を鑑定刀として出品したエピソードを語っている。石渡信太郎『信翁刀剣随筆』私家版、一九五六年、一一三頁。
(166) 前掲『夢野久作の日記』昭和十年八月十二日条。
(167) 本間順治「思い出の刀剣人」『日本刀全集第九巻』徳間書店、一九六八年、二五四頁。
(168) 内務省社会局『大正震災志　上巻』一九二六年、三三二頁。
(169) 杉山茂丸「同郷の諸氏に告ぐ㈠～㈣」『九州日報』大正十二年十月十三日～十六日。
(170) 内務省社会局『大正震災志　下巻』一九二六年、七二二～七二三頁。
(171) 昭和八年一月二十三日文部省告示第十五号、『官報』一八一七、昭和八年一月二十三日。
(172) 昭和九年四月五日文部省告示第百三十五号、『官報』二一七五、昭和九年四月五日。
(173) 「ABC問答 ⑻」『刀剣史料』五七、一九六三年、三五頁。
(174) 昭和八年七月二十五日文部省告示第二百七十四号、『官報』一九六九、昭和八年七月二十五日。
(175) 昭和十一年九月十八日文部省告示第三百二十六号、『官報』二九一六、昭和十一年九月十八日。
(176) 昭和六年一月十九日文部省告示第九号、『官報』一二一四、昭和六年一月十九日。
(177) 昭和九年四月二十五日文部省告示第百七十一号、『官報』二一九二、昭和九年四月二十五日。小倉惣右衛門の名は、本名の小倉陽吉と表記されている。
(178) 前掲本間『薫山刀話』一二六～一二七頁。

(179)同前、一二四頁。
(180)同前、一三二頁。
(181)杉山は大正八(一九一九)年三月、東京美術倶楽部で蔵刀を入札処分している。このとき杉山が処分したのは美濃兼吉の刀など七口で、入札価額は二千二百九十六円であった。前掲川口『刀の手引』三三～三四頁。
(182)前掲本間『薫山刀話』一三二頁。
(183)前掲昭和八年七月二十五日文部省告示第二百七十四号。
(184)昭和十七年六月二十六日文部省告示第五百十九号、『官報』四六三七、昭和十七年六月二十六日。
(185)昭和九年七月三十一日文部省告示第二百三十二号、『官報』二二七四、昭和九年七月三十一日。
(186)昭和十六年七月三日文部省告示第七百二十二号、『官報』四三四五、昭和十六年七月三日。
(187)古谷久綱『藤公餘影』民友社、一九一〇年、二六一～二六二頁。
(188)同前、二五八頁。
(189)同前、二六一～二六二頁。
(190)「隣の噂」『読売新聞』明治四十二年九月二十日。
(191)明治(四十四)年十月二十七日付寺内正毅宛杉山茂丸書翰。国立国会図書館憲政資料室所蔵「寺内正毅関係文書」二九五－二。翻刻は前掲長井ほか「寺内正毅宛杉山茂丸書翰紹介」による。
(192)大正三年一月十五日付寺内正毅宛杉山茂丸書翰、『児玉秀雄関係文書』同成社、二〇一〇年、四二頁。同日付児玉秀雄宛寺内正毅書翰、同書、四一頁。
(193)高橋義雄『萬象録　高橋箒庵日記　巻三』、思文閣出版、一九八七年、大正四年三月二十九日条。
(194)正弘と表記されているが正広の誤りであろう。文安年中の作というのが正しければ三代正広と推定される。加島勲『刀剣価格帳』大阪刀剣会、一九三六年、二九九～三〇二頁。
(195)右の『刀剣価格帳』によれば、室町時代の正広の太刀は五百円程度で、一尺あまりの脇差であればその四分の一程度の価格とされる。現在価格に換算すれば二十万円前後になろう。前掲加島『刀剣価格帳』二九～三〇頁、二九九頁。
(196)前掲高橋『萬象録　高橋箒庵日記　巻三』大正四年三月二十九日条。

(197)『田健治郎日記』明治四十年十一月十二日条。
(198)前掲加島『刀剣価格帳』九八頁。
(199)前掲石渡『信翁刀剣随筆』一一二～一一三頁。
(200)横井時冬『工芸鏡　巻一』六合館、一八九四年、四頁。
(201)前掲『刀剣価格帳』では一万円の値が付けられている。現在価格に換算しておよそ千五百万円前後と推定される。前掲加島『刀剣価格帳』三七二頁。
(202)前掲石渡『信翁刀剣随筆』一一二～一一三頁。
(203)「稀世の法螺貝」『大正公論』四（四）、一九一四年、六〇頁。
(204)大正二年霜月下旬付後藤新平宛杉山茂丸書翰、DVD版『後藤新平書翰集』299-24。
(205)太夫らを宿に呼んだという言説は杉山の『浄瑠璃素人講釈』（黒白発行所、一九二六年）にいくつもみられる。一例として、明治三十二（一八九九）年の春に宿へ竹本摂津大掾を呼んだという記述が同書一四二頁にある。また徹宵語りあったということは鶴澤道八の回顧録にある。鴻池幸武編『道八芸談』私家版、一九四四年、二〇九頁を参照。
(206)香村菊雄『船場物語　大阪慕情』神戸新聞出版センター、一九七六年、一一八頁。
(207)篠崎昌美『浪華夜ばなし　大阪文化の足あと』朝日新聞社、一九五四年、一四一頁。
(208)北岸佑吉「文楽の将来」『日本の古典芸能　第七巻　浄瑠璃』平凡社、一九七〇年、三一四頁。
(209)前掲守『素女物語』一二七～一二九頁。
(210)原霞外「寄席芸人は幾許の収入ありや」『新公論』二二（五）、一九〇七年、三〇頁。
(211)この表現は、豊竹山城少掾（二世豊竹古靱太夫）や四世竹本大隅太夫らが杉山に発した書翰に頻繁にみられる。福岡県立図書館杉山文庫所蔵の書翰群のほか、早稲田大学演劇博物館編『豊竹山城少掾展』（早稲田大学演劇博物館、二〇一三年、三八～四五頁）を参照。
(212)前掲拙稿「杉山茂丸〈百魔〉の書誌と著作年譜」を参照。
(213)このことは杉山自身の著作で何度も語られているほか、豊竹山城少掾の回顧録でも言及されている。豊竹山城少掾「山城少掾自伝」『日本の芸談3：能　狂言　文楽』九藝出版、一九七八年、二二四～二二五頁。

(214) 武智鉄二「『風』の倫理」『武智鉄二全集第三巻』、三一書房、一九七九年、一六九〜一七七頁。
(215) 前掲豊竹「山城少掾自伝」二二五頁。
(216) 管見では『浪花名物浄瑠璃雑誌』が昭和三（一九二八）年十月発行の第二百七十四号以来、少なくとも十四回再録を行っている。
(217) 雑誌『文楽』は昭和十三（一九三八）年四月号以後、少なくとも十二回にわたって『浄瑠璃素人講釈』からの再録を行っている。
(218) 前掲拙稿「杉山茂丸〈百魔〉の書誌と著作年譜」一二四〜一三〇頁を参照。
(219) 三世越路太夫に宛てた杉山茂丸の書翰は、巻子本に仕立てられたもの四巻を国立文楽劇場が所蔵している。所収の書翰は計十四通で、うち一通は竹本摂津大掾に宛てたものである。越路太夫宛書翰のうち四通は『国立劇場上演資料集』の四八一と四九八に、二通ずつ翻刻されている。
(220) 前掲『豊竹山城少掾展』三八〜四五頁。
(221) 前掲鴻池『道八芸談』一〇〇頁。
(222)「演芸風聞録」『東京朝日新聞』大正三年二月二日。
(223) 前掲守『素女物語』一二九〜一三〇頁。
(224)「演芸風聞録」『東京朝日新聞』大正三年六月一日。
(225) 中野正剛は大正二（一九一三）年二月に、実名を掲げてはいないものの杉山を指すと考えられる「政商」が、自動車を駆って桂太郎や後藤新平の屋敷に出入りしていると指摘しているから、杉山は明治の終わるころにはもう自動車を所有していたことが示唆される。前掲中野『七擒八縦』五七〜五九頁。
(226)『明治大正国勢総覧』東洋経済新報社、一九二七年、六二二頁。
(227) 内閣統計局『日本帝国人口静態統計　大正二年十二月三十一日』一九一六年、五頁。なお、当時の世帯数＝戸数の統計は五年ごとに実施された。
(228) 東京商工会議所『東京商工会議所統計年報　大正十五昭和元年・昭和二年』一九二九年、二一九頁。
(229) 前掲『日本帝国人口静態統計』二一頁。

(230) 野村総合研究所の二〇一八年十二月十八日付け『News Release』では、純金融資産保有額五億円以上の世帯を超富裕層と定義し、二〇一七年におけるその世帯数を約八万四千世帯と推計している。同年における日本の世帯数は、総務省の「住民基本台帳に基づく人口、人口動態及び世帯数調査」によれば約五千七百四十万世帯であるから、その百分比は〇・一四パーセント程度である。

(231) 国立国会図書館所蔵の以下の四種の名簿を参照した。『全国自動車所有者名鑑：大正四年四月一日現在』東京輪界新聞社、一九一五年。『全国自動車所有者名簿』帝国自動車保護協会出版部、一九二三年。『自動車所有者名簿：東京府自家用之部』日本自動車興信所、一九三〇年。『自動車所有者名簿』日本自動車興信所出版部、一九三四年。

(232) 前掲室井「杉山茂丸論ノート(4)」一〇六頁。

(233) 室井廣一「杉山茂丸論ノート(17)」『東筑紫短期大学研究紀要』二六、一九九五年、九一頁。

(234) なお、杉山が大正初期に所有していた自動車は、南満洲鉄道株式会社から贈与されたロシア製の自動車であったという指摘がある。前掲「浪人組の旗頭杉山茂丸の正体」六頁。無署名「財閥政治　政治を毒する金権横暴の実例を見よ」『廿世紀』二(二)、一九一五年、一一頁。

(235) 「自動車の費用」『東京薬業新報』一五八、一九一二年、一四頁。なお、大正二（一九一三）年の銀行員の初任給が四十円（前掲週刊朝日編『値段史年表』五一頁）であったから、維持費はこれとほぼ同額にあたる。

(236) 大月隆編『拳骨百話』東京滑稽社、一九一一年、二八〜二九頁。

(237) 鵜崎鷺城『此筆二十年』新興社、一九一二年、二頁。

(238) 松村介石『天地人』警醒社書店、一九一二年、五九頁。

(239) 久保三滑『此臍百話』東京滑稽社、一九一二年、一四二頁。

(240) 玉木虎市「商業界未墾の領域」『成功』二六(四)、一九一四年、一四四頁。

(241) 元田肇「拓殖政策の将来と拓殖教育」『東西時報』一三、一九一二年、一二頁。

(242) T・ヴェブレン『有閑階級の理論　増補新訂版』高哲男訳、講談社学術文庫、二〇一五年、七五頁。

(243) 前掲鵜崎『当世策士伝』二六七頁。

(244) 前掲『寺内正毅日記』明治四十年四月十四日条。

(245)杉山茂丸が催す宴席に義太夫節の太夫などが呼ばれて語りを披露した例は、田健治郎の日記に何度も記載されている。一例として前掲『田健治郎日記1』明治四十年二月十五日条。
(246)前掲鵜崎『当世策士伝』二六二頁。
(247)たとえば引用した明治四十一（一九〇八）年であれば、九月二十四日までしか記録されていない。
(248)一例として「明治四十年当用日記」一月八日条の記述を参照。『デジタル版後藤新平文書』77002。
(249)「待合探偵報告」、原敬文書研究会編『原敬関係文書第十巻』日本放送出版協会、一九八八年、三三六～三五〇頁。
(250)茶谷誠一編『関屋貞三郎日記　第一巻』昭和四年二月二十八日条、国書刊行会、二〇一八年、二七四頁。伊藤隆・広瀬順皓編『牧野伸顕日記』大正十四年五月四日条、中央公論社、一九九〇年、二〇六頁。
(251)夢野久作「父・杉山茂丸」『夢野久作著作集5』葦書房、一九九五年、二一三頁。
(252)高橋箒庵『近世道具移動史』慶文堂書店、一九二九年、一六二頁。
(253)同前、一八二～一八三頁。
(254)同前、二五七頁。
(255)同前、二三六頁。
(256)高橋箒庵『大正庚申茶道記　上巻』箒文社、一九二一年、六七～六八頁。
(257)高橋箒庵『東都茶会記　第一輯下巻』箒文社、一九一四年、二三～二五頁。日付については高橋箒庵『萬象録　高橋箒庵日記第一巻』思文閣出版、一九八六年、三一〇頁を参照。
(258)高橋箒庵『東都茶会記　第五輯上巻』慶文堂書店、一九一八年、八～二九頁。なお平岡浩太郎は炭鉱業で財をなし、平岡良助は侯爵西郷従道の娘を娶って華族と縁戚関係を結んでいたから、富豪クラスターの一員とみなすことができる。
(259)高橋箒庵『昭和茶道記　第一巻』淡交社、二〇〇二年、八五九頁。
(260)宇佐美省吾『松永安左エ門伝』東洋書館、一九五四年、一一九頁。
(261)松永安左エ門『茶道三年　上巻』私家版、一九三八年、一二～一七頁。
(262)松永自身の回想では、彼を茶道に引き込むために、益田孝と杉山が練った策略であったことが示唆されている。同前、一六頁。

(263)雑誌『東京エコー』創刊号（一九〇八年）所収の「紳士間の義太夫熱」には、義太夫に熱心な著名人として華族の柳原義光、実業家の山科礼蔵、田中平八、開業医の谷泉、そして杉山の名を挙げている。
(264)例えば、時事新報や中外商業時報で政治記者として活躍し、多くの政界人物評論を著わした荒木武行は、杉山の知遇を得たのは義太夫趣味を通じたものであったと語っている。荒木武行「杉山其日庵風雲録」『食味評論』一三（一〇）、一九五九年、二二頁。
(265)「藤村雄次 戦利砲薬夾払下の件」JACAR（アジア歴史資料センター）Ref.C03022905300。
(266)杉山茂丸「九州日報に対する余の告白」『九州日報』大正六年八月十七日。この記事によれば杉山が九州日報社主に就任した明治四十二（一九〇九）年以後、彼が九州日報に投じた資金は十数万円にのぼるという。
(267)暮村隠士「幇間政治家杉山茂丸論」『新公論』二六（一）、一九一一年、五五～五九頁。
(268)倉辻白蛇「怪人物論」『サンデー』一〇八、一九一一年、一九頁。
(269)倉辻白蛇「怪人の怪文を読む」、前掲杉山『其日庵叢書第一編』附録一～三五頁。
(270)杉山を人物評論の対象とした著作は、既に明治四十二（一九〇九）年に水谷古剣による「元老諸公の出没変幻しつゝある政界の怪物杉山茂丸」（『商工世界太平洋』八（一七）、七一～七九頁）がある。この論評は、杉山の青少年期からのさまざまな事績に言及している。それらの事績は、のちに杉山によって自己宣伝のためのコードを含んだディスクールとともに語られるものを多数含んでいるが、水谷の論評が発表された時点では、まだ杉山自身の著述としては世に現われていないものである。このことからこの論評は、水谷が杉山から直接聞いた真偽不明の自慢話を無批判に盛り込んで執筆した提灯記事であるとみられる。
(271)黙洲「杉山茂丸と八束可海（築地三丁目）八百八街一町二人（十九）」『日本及日本人』五五一、一九一一年、三四～三六頁。
(272)前掲「浪人組の旗頭　杉山茂丸の正体」六頁。
(273)黒法師「当世疑問の五人男」『実業之世界』八（三）、一九一一年、二五頁。
(274)前掲「浪人組の旗頭　杉山茂丸の正体」六頁。
(275)同前、六～七頁。
(276)前掲黒法師「当世疑問の五人男」二五～二六頁。

(277)小崎都也野『当世名士化の皮』万巻堂、一九一五年、一五四〜一五五頁。
(278)無署名「財閥政治　政治を毒する金権横暴の実例を見よ」『廿世紀』二(二)、一九一五年、一一頁。
(279)前掲ヴェブレン『有閑階級の理論』一一五頁。
(280)同前、四五頁。
(281)前掲ゴッフマン『行為と演技』四一頁。
(282)前掲夢野『近世快人伝』三七頁。
(283)前掲室井「杉山茂丸論ノート(17)」九一頁。
(284)前掲『夢野久作の日記』昭和十年八月十二日条。
(285)村上一郎『草莽論』ちくま学芸文庫、二〇一八年、二四頁。
(286)大正三年八月二日付伊東巳代治宛杉山茂丸書翰。国立国会図書館憲政資料室所蔵「伊東巳代治関係文書」書翰の部八一の一。筆者による翻刻。
(287)(大正十一)年十二月二十五日付伊東巳代治宛杉山茂丸書翰。同前、八一の二。
(288)前掲『田健治郎日記2』明治四十四年四月二十日、二十一日条。
(289)無署名「はなしの種」『ダイヤモンド』一九一四年、六二頁。
(290)前掲中野『七擒八縦』六一〜六二頁。
(291)杉山の雅号である其日庵の由来については室井廣一の考察があるが、その中で杉山の次女石井多美子が「その日暮らしじゃから其日庵たい、と父から聞いた」と語っていることが紹介されている。室井廣一「杉山茂丸論ノート(18)」『東筑紫短期大学研究紀要』二七、一九九六年、八七頁。

終章　「国土」の実像

座談《オーラル》の魔力

杉山茂丸は朝比奈知泉と知り合って中央政界への足がかりを得てからわずか十年ほどの間に、天皇の名代として満洲へ赴く元老山縣有朋に同行を許される[1]ほど、政界中枢に喰い込んでいた。これは端倪すべからざる手腕といわねばなるまい。たとえ頭山満の存在を借景として権力者と対面し得たとしても、そこから先は徒手空拳で運命を切り開かざるを得ない。そのとき杉山が持っていた唯一の武器は弁舌であった。彼は滔々たる弁舌の力によって——悪しざまにいうなら舌先三寸で——政治権力の頂点にある人々を惹きつけ、自家薬籠中のものとしたのである。

実際に杉山の弁舌に接した人々は、誰もがその巧みさに賛嘆している。そうした証言は枚挙にいとまがないほど存在している。いくつか引用してみよう。横山健堂は「彼は頗る付きの弁士也。其の弁には一種の魔力あり。何とも言はれぬ、面白くて、而して愛嬌あり。彼と語れば、何人も引入れらるゝ心地すべし。杉山の演説は、吾輩之を知らず、然れども其の坐談に至つては、優に一代の才たるを失はず[2]」と評する。下村海南は杉山が死んだとき、その追悼文の中で「庵主の口舌は座談においてまさしく蘇秦張儀そこのけで、六尺近い巨軀を擁し、堂々人を威圧する魁偉なる容貌と、どこまでも相手を魅了し説服せねばやまぬ長広舌は、硬軟とりまぜ千紫万紅談論風発底止するところを知らず。しかもその中へ数字を入れる外国語を交へる。配当がどうの、日歩がいくらの、コールが何厘だのと、国家百年の大計をソロバンからもはじき出す。聴く者はいつの間にか庵主の煙幕の中に巻き込まれてしまふのである」と評し、あるとき夜の八時から深夜一時まで杉山の長広舌に圧倒された思い出[3]を語っている。また鶴見祐輔は戦後「このごろの人々はもうその名もご存じないであろうが、明治から大正にかけて杉山茂丸という人がいた。これはあまり話が面白くて、どこからどこまでが本当かウソかわからないので、天下呼んでホラ丸といった。そのくらいうまかった。私の岳父の後藤新平の親友であったので、私も二度この人の話をきいたことがある。その時分はもう老境で、壮年時代のような活気はなかったが、しかし全く眼に見るように、いろいろの光景を描写した。

あんな坐談の名人には、めったに会ったことがない[4]」と語っている。横山と鶴見が面白いと評した杉山の座談の特徴については、福沢桃介も「現今、東京に於る座談の雄は、何んと云つても杉山茂丸と島田俊雄の両者であるが、此両者は、談話中にチヤリ滑稽が混るから真面目の談判には不向きだ[5]」と指摘しており、杉山が一座を爆笑させるようなチャリ＝滑稽話で人心を摑む巧みな話術の持ち主であったことが知られる。

そうした杉山の座談の真髄を穿ったのは、彼の長男夢野久作である。夢野の『近世快人伝』の「杉山茂丸」の項には、この父親の語りの断片がいくつも書き留められているが、就中後藤新平に対しサンジカリズムを講釈した逸話からは、杉山茂丸の話術の本質をうかがい知ることができる。曰く「デモクラシーと社会主義の華やかなりし頃、法螺丸の処に居る秘書役みたいな書生さんが、或る時雑誌を買つて来て、その中に書いてあるサンヂカリズムの項を、先生の法螺丸氏に読んで聞かせた。すると其の翌る日のこと、東京市長をやつてゐた親友の後藤新平氏が遣つて来たので、法螺丸は早速引つ捉えて講釈を始めた（略）昨日聞いたばかりのホヤ〳〵のサンヂカリズムの話を、その雑誌丸出しの内容に輪をかけたケレンやヨタ交りに、面白をかしく講釈すること約二時間、流石の後藤新平氏も言句も出ずに傾聴すると『シンペイ』するなとも何とも云はずに、大急ぎで帰つて行つた。アトに昨日雑誌を読んで聞かせた書生さんが手に汗を握つたままオロ〳〵している[6]」と。この夢野の文章にも誇張はあるだろうが、杉山の座談の様子が活写された貴重な証言に違いない。

すなわち杉山茂丸は、聞きかじりに過ぎない知識に即興で尾ひれをつけて、淀むこともなく延々と弁じ立てる才能の持ち主であった。座談の場で盛り込まれる尾ひれには、おそらく杉山の話術の聞き手になった人々の関心を惹く話題が機宜縦横に選ばれ、滑稽談を交えながら長時間飽きさせない談話を展開したのであろう。これは類まれな才といわねばならない。そして杉山の座談が滑稽話に終止したのではないことは、下村海南の証言からうかがえよう。杉山は滑稽談で聞き手の関心を惹きつけた上で、経済論や政策論を吹きかける。彼の議論の中には細かい数字がちりばめられ、あるいはすでに世を去った偉大な政治家たちと自分との交友や対立の思い出が盛り込まれる。杉山が繰り出す数字や秘事逸事の奔流は、聞き手にその真偽を考える暇さえ与えず、話題はどんどん拡散し、語りは容易に底止することがない。かくして聞き手は、かつて山縣有朋の副官であった堀内文次郎が語ったごとき状態に導かれるのである。曰く「あの用心深い、慎重な山縣元帥も、杉山さんに摑まると、一種の電気に掛けられたやうな――魅《チャーム》せられるといふのでせうか、さういふ様子は傍で見て居っても感ずるのです(7)」と。杉山の座談《オーラル》には魔力が潜んでいたのである。

著述《エクリ》のほころび

もちろん、こんにちわれわれが杉山茂丸の座談を耳にすることはできない。ただ、それがどのようなものであったのかは、彼の著作から推察することはできる。夢野久作が活写したような、杉山の座談における「ケレンやヨタ交り」の面白おかしい講釈を再現したかのごとき著述の例として、『俗戦国策』の二十一番目の章として配置された「日露開戦」を挙げよう。

ここで杉山は、一八〇三年に勃発した英仏戦争の話から語り始める。まず国交断絶の場面を描いた上で、直ちに一八〇五年のトラファルガー海戦の経緯を語った杉山は、一転して明治三十六（一九〇三）年の京都に場面を移し、日露の交渉をめぐるいわゆる無隣庵会議に自身が別室で待機していたという「本当かウソかわからない」出来事を語り、その会議で「日本が朝鮮を、完全に領有する事を、露国が承諾するなら」という交渉条件が確認されたという「ヨタ」を交えた上で、「夫から庵主は、児玉と相談をして、向島に其日園と云ふ、庵主の別荘を拵へて、此処にて、一切の泄漏を防ぐ為め、例の秘密結社の、桂、児玉、庵主とは、総ての事を、此処にて、密談斗りして居たのであるが、後には、山縣、伊藤、井上、桂、小村、児玉等も、総て此処に集る事となって来たので、号して此処を、鹿ヶ谷と、仮称する事となった」とありもしないことをサラリと語ってみせる。続いて小村外相の日露交渉に話が移り、さらに栗野駐露公使がロシア側から侮辱的扱いを受けたという、これまたありもしないエピソードを付け加えてロシアの悪玉ぶりを強調した上で、いよいよ章題にもなった日露開戦の物語に移るのかと思いきや、伏線回収とばかりに英仏戦争と日露戦争とが百年の歳月を隔てながらいかに相似であるかを語った上で、わずか数行だけを費やして日露戦争の経過とポーツマス講和条約まで一息に語り下して、日本の戦勝の理由は国民がこぞって戦争に協力したからだと熱弁をふるうのである。しかし日露戦争についての語りが終わったにもかかわらず、この章はまだ全体の半分にも至っていない。続いて明治四十四（一九一一）年、第二次桂内閣における日英同盟改定に話題が飛び、桂首相と小村外相が同盟の範囲から米国を除外するという英国側の要求に苦悩している場面で、杉山が智謀の冴えをみせる**頓知問答**のシークェンスが展開され、第三次日英同盟締約に関する内外の喜びようと桂、小村への讃美を展開したかと思いきや、その同盟を「骨抜き」「お目出たい物」と腐して、日英同盟が第一次世界大戦への日本参戦の理由とされたことを自身は批判していたのだと主張する。しかしこれでもまだこの章は終わらず、続いて杉山のロシア観なるものが披瀝され、ロシア革命を激しく罵り、学問を罵るという、本書第五章で詳細に分析した言説を再現してみせ、さらにロシア人の性質を偏奇と讒言し、文豪トルストイの作品をその例として採り上げる。杉山が言及したのは、その内容からみて『復活』第二編十九章の冒頭の場面に違いないが、彼はトルストイが小説中に描写していないようなことまで尾ひれを付けて語り、『復活』の物語全体からみればさして重要でもないこの場面を、トルストイが帝政ロシアの非道さを暴いて読者民衆を扇動していると主張し、それを「偏奇なる反抗心を挑発」したものと断じて、ロシアの共産主義革命の原因に結びつけている。そしてその主張は改めて彼の言説の学問批判に直結する。さらにこの章は続く。ロシア革命に言及したからであろうが、杉山はこれもまた彼の言説の十八番というべき、明治二十二（一八八九）年の明治天皇の国是という言説を持ち出し、東部シベリアへの援助と

「支那領土保全」を解説してみせる。山縣や桂、杉山自身らと伊藤博文との立場の違いに言及し、伊藤のハルビン客死を讃美した上で、自分は大正期の歴代総理に対してこの問題の重要性を説き続け、今も田中義一首相に説いているところだと主張する。いよいよお終いには、昔インドの尊者が魔軍の攻撃を寂滅して浄化した物語を引き合いに出して、日露戦争の勝利をこの物語の結構になぞらえて章を閉じている。

このように目まぐるしく話題が変転し脱線していく語りは、主題を構想し、素材を吟味し、構成を検討して首尾一貫した言説をつくりあげる著述行為とは全く相を異にしている。これは座談《オーラル》で語られるものを著述《エクリ》に置き換えただけのものと考えても何ら不思議ではない。もちろんこれは極端な例を採り上げたのだが、程度の多少はあれ、杉山の著述には本論から逸脱していく語りは日常茶飯[8]である。すなわち杉山は座談と著述との境界域に無頓着であった。ごく限られた少数の聞き手を相手に、嘘も誇張も厭わず関心を惹きさえすればよいという感覚そのままに、紙とインクで不特定多数の読者に座談を試みたのが杉山の著述行為であったのだ。

杉山は国家の最高権力者たちを籠絡したおのれの弁舌の魔力を自負していたのかもしれないが、しかし杉山がのし上がっていく上で最大の武器であった座談は、両刃の剣でもあった。彼の座談が著述という営みに転生したとき、魔力によって秘匿されていたほころびが露呈する。録音などという手段がなかった時代、一回性という特徴を持った座談で披瀝される「どこからどこまでが本当かウソかわからない」話は、わからない状態のまま印象だけが聞き手に内在化される。しかし文字は、はじめから再現性が前提である。座談の場では「騙り」が「語り」として通用しても、文字の世界では「騙り」は永遠に「騙り」として存在し続ける。杉山が著述の中でトルストイに言及したとき、それが座談であれば聞き手はトルストイが読者を扇動したのだという印象だけを固定化させたであろうが、著述はそれがトルストイのどの作品に言及したのかを追求するための痕跡を残し、杉山の主張の正当性を揺るがせる。杉山が日露戦争開戦前には存在しなかった向島の別荘なるものを、あたかも存在したかのようにいいなしても、座談であればそれを嘘だと論証する聞き手はいないだろうが、著述は他の著述との矛盾を暴き、嘘を白日のもとにさらけ出す。彼が数字を示して煙草の専売で莫大な利益を挙げられると論じたとき、それが座談であれば数字の嘘は聞き過ごされても、建白書に印字されたときには違算の存在がすべての信用を失わせる。著述《エクリ》は杉山の言説のほころびである。

嘘も矛盾も誇張も歪曲も、杉山の言説の信憑性を失わせるすべては、彼の著述行為が座談の延長線上にしかないこと、著述の再現性を無視していたことから生まれたものである。舌先三寸で聞き手を煙に巻いて、面白い男、頼もしい男、豪傑、国士と印象付けた彼の座談の才能は、著述においては逆に彼の実像をあばく刃となった。弁舌巧みな杉山茂丸は、語る行為に対してアモラルな人物であることを、著述によって露呈してしまったのである。

神話の再興

杉山にとって幸いなことに、彼の著述における嘘も誇張も歪曲も、彼の生前には、そしてその死後も、仔細に検証されることはなかった。それを疑い、怪しんだ者はいても、深く掘り下げられることはなかった。その一方で、杉山を国士として崇め、彼が著作の中で言及した真偽不明の事績や、座談の場で吹いたホラ話を、あたかも真実事実であるかのように再生産する言説は、昭和期あたりから少しずつ増えてくる。その要因としてふたつのことが考えられよう。

ひとつは、昭和四（一九二九）年四月に世上を騒がせた島徳事件と呼ばれる事件である。ソ連極東カムチャツカ半島沿岸オホーツク海やベーリング海でのサケ、マス、カニ漁業の漁区入札をめぐり、日魯漁業株式会社が独占してきた優良漁区を、大阪の実業家で元日魯漁業社長の島徳蔵が掻っさらった事件は、田中義一首相や久原房之助逓相、山本悌二郎農相らを巻き込んだ大事件となった。玄洋社出身で日魯漁業取締役であった真藤慎太郎の依頼を受けた杉山茂丸と、財界の重鎮郷誠之助の介入斡旋によって、事件は約二ヶ月後にほぼ終熄したが[9]、その間新聞は斡旋交渉の状況を逐一報道し、杉山の名は連日紙面を飾った。この事件は杉山茂丸という存在を改めて世に知らしめ、この利害調停者《フィクサー》の素性に注目が集まるようになったのである。

もうひとつは、大正末年から杉山の著書の発刊が続いたことである。彼の代表作たる『百魔』と『百魔続篇』はいずれも大正十五（一九二六）年に上梓され、さらに翌昭和二（一九二七）年四月からは大日本雄辯会の月刊雑誌『現代』に「俗戦国策」の連載が始まった。翌年八月まで続いた連載が終わり、十章分を加筆して単行本『俗戦国策』が出版されたのは、まさに日魯漁業問題が火を吹く直前の昭和四（一九二九）年二月末であった。島徳事件で杉山に注目した人々が、その来歴を彼の著作に求めたであろうことは想像に難くない。

昭和初期に杉山茂丸を論じた雑誌などの記事をいくつかみてみよう。

まだ島徳事件が完全には終熄していない昭和四（一九二九）年五月に発行された雑誌『実業之日本』には、紺屋町人の署名がある「日魯漁業仲裁の立役者　謎の人物杉山茂丸一代記」と題した記事がいちはやく掲載されている。この記事では、杉山が結婚に際して、自分は朝鮮が日本のものとなったときに死ぬ、杉山家は自分の代で絶家させると宣言したというエピソードに始まり、佐々友房愛蔵の軸物を破り捨てて金を借りたこと、某大官暗殺をこころざしたが逆に説伏されたこと、北海道に逃げて林矩一と身元証明を交換したこと、来島恒喜の大隈重信襲撃事件で捕縛されたこと、韓国統監伊藤博文に短刀を突きつけて自決を促したこと、加藤高明と野田卯太郎を会見させて連合内閣を組織させたこと等々のエピソードが紹介されており[10]、『百魔』や『俗戦国策』に取材して書かれたものであることは明白である。

昭和六（一九三一）年には鍵屋谷七という人物が「百魔王・杉山其日庵」という記事を雑誌『人の噂』に連載している。この記事では直接杉山に取材したと思われる内容もあるが、龍造寺氏を祖とする杉山家の来歴や、実弟五百枝が龍造寺姓を名乗ったときのエピソード、来島恒喜に自決の方法を教えたエピソードなどは、杉山の著作から引いているに違いない。[11]

昭和七（一九三二）年には黒龍会創設メンバーのひとりである川崎三郎が「国士の面影」という記事の中で、『俗戦国策』から板垣退助への恩賜をめぐる杉山と山縣有朋のやりとりのエピソードを採り上げている。[12]

杉山が死んだ直後の昭和十（一九三五）年八月に出版された『日露戦役三十周年記念銘鑑』に掲載された中牟田翠坡の「日露戦役と国士　其日庵杉山茂丸氏」は、ほとんどが杉山の『俗戦国策』をリライトしたもので、桂内閣誕生秘話から始まって、日英同盟をめぐる杉山の智謀、伊藤博文が「日露戦争の戦死者第一号」になったエピソードなどが紹介されている。[13]

こうした傾向は杉山の死後に発表された数々の追悼文にもみられる。諏訪三郎の「野人杉山茂丸翁」では伊藤暗殺未遂事件や、満洲軍総司令部の児玉源太郎の宿舎に同宿したエピソードなどが語られている。[14]また新屋茂樹は「怪人杉山茂丸」で、『其日庵叢書第一編』のエピソードを紹介している。[15]菊池寛が監修した『日本英雄伝第五巻』の「杉山茂丸」の項では、十六歳で父を説得して家督を継いだこと、東京で新聞売りをしたこと、頭山満との出会い、選挙干渉事件のあと品川弥二郎の入福を阻んだことなどが紹介されており、[16]これも杉山の『俗戦国策』などに拠っていることは疑いない。

戦中戦後を通じて杉山の名は、彼の生前を知る人々の回想談の中で断片的に語り継がれてきた。昭和三十年代始めには、杉山から雑誌『黒白』経営を譲られたことがあるジャーナリストの深海豊二が、いくつかの随筆で杉山の事績を詳しく語っているが、そのほとんどは『百魔』や『俗戦国策』の記事をリライトしたものであった。[17]

このようにして杉山の言説は再生産され続けたが、時の流れとともに彼の存在を直接知る者も少なくなり、世の中から杉山茂丸は忘却されていったであろう。しかし日本が高度成長期の只中にあった時代、転機が訪れた。昭和三十七（一九六二）年に哲学者の鶴見俊輔が、夢野久作の代表作を論じた「ドグラ・マグラの世界」を発表して注目を浴びて以後、夢野久作再評価の機運の高まりとともに、その父たる杉山茂丸へも関心が集まった。そして昭和四十（一九六五）年四月、森秀人が論文「杉山茂丸」を発表し、管見の限りでは戦後始めて杉山茂丸が真正面から論じられたのである。(18) そこで森が論じるための材料は杉山の回顧録に求められたのであり、彼が杉山に冠したのは「国士・杉山茂丸」という呼称であった。今に続く杉山茂丸神話の再興は、このときに始まったのである。

国士のロマン

しかし杉山が国士という名に値する人物であったのか否かは、すでに明らかであろう。

彼はあるとき、多額の負債を抱えた商売人であった。借金取りに追われ、隠居して五歳の幼児に負債を押し付け、東京に逃げたことが疑われる商売人であった。しかも郷里で両親妻子が赤貧に喘いでいるにもかかわらず、別の女性に子を産ませて、その母子からも逃げようとした疑いが持たれる男であった。杉山茂丸とは、逃げる男ではなかったか――その当時も、それ以後も。杉山がかつて経営していた三興社が日露戦争の煽りを喰らって不振に陥ったとき、彼は出資持分を藤村雄二に譲って会社から離れた。これは近い将来に見込まれる経営破綻という事態に備え、債権者に対峙すべき無限責任社員としての自己の立場から逃げたとみなさざるを得ない。清国人呉端伯が南潯鉄道借款の利子を着服した事件に介入した杉山は、事件を攪乱させた挙げ句、呉を制御できなくなって事件から逃げたのではなかったか。杉山が合邦と称して韓国を日本の支配下に置こうとした行為は、あるいは彼が国士たる自負のもとになしたものであるのかも知れないが、しかしその過程で利用した一進会から、のちに自決するよう要求されたとき、彼はどのような行動をとっただろうか――内田良平に収拾を託して逃げたのではなかったか。

杉山はその生涯において、さまざまな事業に手をつけた。しかし満足にそれをなしおおせたことはほとんどない。

彼は始末がつけられない男ではなかったか。たとえば杉山は『俗戦国策』で自身が生涯に手掛けた事業として外資輸入や博多築港を挙げている〔俗、九〕が、外資輸入についてみるなら、日本興業銀行設立運動の過程で米国から外資を導入しようとして成功しなかったことを皮切りに、明治三十四年外債事件でも外資導入に失敗し、関東大震災直後には外資を導入した東京湾築港を目論んで失敗し、続いて博多湾築港にも外資導入を試みたがこれも失敗している。彼が外資導入に成功したことは一度もない[19]。杉山の大きな業績としてよく言及される博多湾築港とて、築港会社創立から四年足らずで事業資金にいき詰まって工事は休止に追い込まれ、外資導入に失敗した結果、杉山は持ち株を譲って飛島建設の飛嶋文吉に後事を託す[20]結果となっている。彼は巴石油から離脱し、台華殖民からも離脱した。週刊雑誌『サンデー』からも手を引き、月刊誌『黒白』でさえ名目をつけて門下の人物に押し付けた。小崎都也野は杉山のこのような行動を「釜山の築港だの、阿里山材の払下だの、博多湾築港だの種々雑多の事業に手を出しては見たが、元々金さへ摑めば、其業の成否は問ふ所でないので、何程か摑むと同時に、颯々《さつく》と次なる芸当に取かゝる[21]」と評した。この評は当を得たものなのかどうか、結論を導くのは難しいことではない。

そして杉山は日和見主義者《オポチユニスト》であった。この点については本書で繰り返し論じてきたから、杉山を日和見主義とみなす所以を改めて述べる必要もなかろうが、ひとつ付け加えるなら、政党嫌いを標榜してきた杉山が、政友会総裁に就いた犬養毅に接近しようとしたエピソードが面白い。もとより徹底した反藩閥主義、反官僚主義を旗幟としてきた犬養であるから、その藩閥官僚派の走狗である杉山とは到底相容れない。犬養は接近を試みた杉山に対し「山縣や桂の睾丸は握つても此の犬養の睾丸は握らさぬ」と一蹴した。嚙みつかれた杉山は「歯の抜けた狼の皺睾丸を誰が握つてやるか」と逆襲したものの、頭山満に仲介を頼みこんだ[22]のだという。このエピソードは昭和期の杉山がいかに政界への足がかりを失っていたかを示しているし、足がかりを得るためには相手を選ばないオポチュニスト杉山茂丸の面目躍如たるものがある。

また杉山は虚栄家《スノッブ》でもあった。このこともまた、本書で繰り返し指摘してきた。奢侈を顕示する行為はもちろんのこと、彼の言説から析出される**衒学**や**栄光浴**のコードもその証といえる。そもそも二十年余にわたる著述生活のはじめから終わりまで、自慢話をたっぷりと盛り込んだ回顧談を、飽くことなく語り続けたことこそが、杉山の虚栄家《スノッブ》たる所以であろう。

もちろん、国士ということばに絶対的な定義を与えることはできないから、日和見主義者の国士の存在を認めてもよかろうし、ややこしい話からは逃げると決めている国士もいるかも知れない。国士の魂を秘めた俗物《スノッブ》がいても構わない。あるいは升味準之輔が「国士や浪人は、弱きを挫く侵略の爪牙であった。名義がなんであれ、動機がなんであれ、彼らは、弱者を欺罔し脅迫した」[23]と断じたように、所詮国士などはその程度のものだと身も蓋もなくいい切ってしまうこともできよう。しかし杉山が自己を国士と呼んだとき、そこに含意されていたのがそのような国士像であったはずはない。必ずやそこには、浪漫主義的《ロマンティック》な英雄としての国士像が重ねられていたに違いない。では浪漫主義的な国士とはどのようなものか。

大杉誠太郎という人物が著した「国士論」[24]という論考の冒頭は、次のように始まる。曰く「国士とは何ぞや、天下の利を計り万世の名を求むるの大志を懐き、経世の念鬱勃湧くが如く、憂国の情焔々烈火の如く、義を重んずること泰華よりも重く、身を捨つること鴻毛よりも軽し、正を踏んで懼れず身を殺し仁を成す者即ち是なり、去れは吾所謂国士なる者は、猛志剛胆天下の重きを荷ひ、徳隆く行潔く万民の望を繋ぐに足るべき大人豪傑の別名なり、正義道徳の大路を歩み、慈愛同情の熱涙に富める高士偉人の総称なりと知るべし」と。ここには、天下、万世、大志、経世、憂国、さらに猛志剛胆、正義道徳、慈愛同情といったことばで理想化された浪漫主義的な英雄像が凝縮されている。この極めて観念的な国士像を具現する存在として、大杉は何人か実在した人物を挙げているが、その筆頭に「南洲甲東松菊」、すなわち維新三傑と呼ばれる西郷、大久保、木戸を挙げ「所謂国士の好標本なり、最も偉大なる国士の代表者なり」と称揚している。彼らは天下国家を憂い、維新動乱の時代に何度も死生の淵に立ち、白刃の下をくぐり抜けた。しかし志なかばにして、木戸は病を得て齢四十三で世を去り、西郷と大久保は非業の死を遂げた。彼らの生涯には、理想化された国士のロマンが充溢している。

おそらく杉山が考える国士像も、この大杉のイメージと大差なかったであろう。しかし生まれるのが遅すぎた杉山には、憂国の志士として死地に赴く機会はなかった。彼が回顧録で繰り返し自己をテロリスト志願者であったと語り、元老大官と真っ向から対峙して一歩も引かない杉山茂丸像を描き続けたのは、そうした国士のイメージを自身の幻像として印画紙の上に定着させようとする藻掻き、足掻きであった。

然り而して理想化せんとした杉山の実態や如何。

大杉誠太郎の論考では、国士たらんとして零落した者が、次のように評されている。曰く「彼等の或者は功名利達の念に駆られ、風雲騰蒸の機変を待つ能はす、負債窮乏の厄に悩められ、零丁落托の逆境を守る能はす、危言壮語の政客と為り、権変狡智の策士と為り、僥倖の門戸に出入し、一時の顕栄を貪る者あり（略）一朝蹉跌して藩閥児の膝下に跪伏し、名を瀆し節を売り、終生拭ふに由なき不義の面皮を蔽ひつゝ、表裏反覆靦然愧るの色なく、白日公然猶ほ政界の衢に跳梁する者あり」と。これはもちろん杉山を指して論じられたものではない。しかしこの「反国士」像と杉山の実像との間には、どれほどの乖離が実在していたであろうか。

素描——杉山茂丸の生涯

杉山茂丸の生涯を、ある程度の根拠となる資料をベースにして再構成するなら、以下のようなものであっただろう。

幕末の福岡城下に藩士杉山三郎平の長男として出生した杉山茂丸は、没落士族への道をたどる父にしたがい、芦屋や山家など県内を転々としながら青年期を迎え、政治的覚醒を経て、彼の言を信ずるなら一命を賭して藩閥政権の巨頭を斃さんとの覚悟で上京したが、何らなすところなく窮迫し、旧知の熊本人佐々友房や八重野範三郎の斡旋を受け、同郷人の頭山満に拾われて郷里へ帰った。

この敗残の青年は、玄洋社の重鎮であった頭山の庇護のもと、のちに九州日報となる日刊新聞福陵新報の創刊やその経営事務に携わるとともに、頭山に炭鉱経営を進言し、炭鉱取得資金の調達や、採掘した石炭の貿易などに才覚を発揮して、玄洋社の財政基盤確立に貢献した。その一方、弁舌巧みで利に敏く、才気走った彼の性格は、遠く明治十（一八七七）年の福岡の変にルーツを持つ古参の玄洋社員との間に溝を作ることもあった。明治二十五（一八九二）年、松方内閣の選挙干渉事件の際には、頭山満とともに筑後柳川方面でいわゆる民党側に対する激しい干渉に従事したが、事件後に頭山が政界との関係を断つと、杉山は玄洋社とは一線を画し、貿易商として身を立てようとした。貿易業は一時期成功を収めたが、やがて負債を抱えるに至ると、杉山はわずか五歳の長男に家督を譲り隠居することによって負債から逃れ、両親妻子を福岡に残したまま、ひとり上京して再起を期すことになる。

東京に出た杉山は、やはり同じころ東京に拠点を移した頭山満のもとへ出入りするうち、政府系新聞の主筆を務めていたジャーナリストの朝比奈知泉と相識の間柄となった。朝比奈は玄洋社懐柔の底意を秘めて、頭山満と近しい関係にある杉山を引き立て、多くの政財界人と相知る機会をもたらした。杉山は青年期に関係があった女性に築地で待合を開かせ、そこを拠点に朝比奈とともに暢気倶楽部と称する親睦の場を設け、要人たちをもてなした。とりわけ台湾総督府民政長官の後藤新平と昵近の関係を結んだことは、杉山の生涯において大きな財産となった。

同じころ杉山は、農商務省次官の地位にあった同郷の先輩金子堅太郎と知り合った。杉山は金子の眷遇を受けて、日本興業銀行設立運動に関わる機会を得た。日本興業銀行設立のために外資導入を構想する金子の意を受け、杉山は米国に渡り、有数の資本家として知られるＪ・Ｐ・モルガンとの面会に成功した。帰国した杉山は、この実績を引っ提げて日本興業銀行設立運動の先頭に立った。結果として外資導入には至らなかったものの、杉山の名は経済界に広く知れ渡り、その人的ネットワークは拡大した。藤田伝三郎のような富豪はもとより、伊藤博文や山縣有朋といった明治政界の頂点を極める元勲たちとも面会できるほど、杉山の地歩は高まったのである。

日本興業銀行設立運動に関わった明治三十（一八九七）年ごろから、大正期に入るころまでの十五年あまりが、杉山茂丸の絶頂期である。杉山は児玉源太郎台湾総督と後藤民政長官の殊遇を受けて、台湾を舞台に利権を獲得した。また台湾事業公債を米国で募債することを託され二度にわたって渡米し、その過程で桂太郎首相の知遇を得ると、政府の外債募集にも関わって桂の懐深く喰い込んだ。日露戦争の終末期には、講和の方針を満洲軍に伝達するため奉天に派遣された山縣有朋参謀総長に同行を許されるほど、杉山は政界首脳の信を獲得するに至っていた。杉山は「桂首相の懐刀」と呼ばれ、また第二次桂内閣期には韓国併合過程の裏面で暗躍して、「政界の黒幕」と目されるに至った。明治の末には、杉山は九州日報の社主となり、また麾下のジャーナリストに週刊雑誌を発行させるなどメディアを掌握し、そこで自ら筆をとって自己をアピールするようになった。杉山の利権獲得の舞台は朝鮮から樺太へも拡がる一方、政界の頂点を極めた桂との親交は、政治との繋がりを求めて自らを益せんとする多くの事業家たちによって、杉山を利権媒介者《フィクサー》たらしめずには置かなかった。彼の事務所である築地の台華社には、政界上層への口利きを求める実業家や政治家、官吏などが門前に列をなすほどであった。

杉山が紅灯の巷で政界要人や大富豪たちと交わり、東京市中を自動車で疾駆する姿に、新聞雑誌を舞台に権力と対峙していたジャーナリストたちが黙止しているはずがなかった。彼らは杉山の来歴を探り、現状を凝視し、一般国民が想像することもできないような奢侈に浸る杉山の財力の源泉を疑った。中野正剛ら気鋭のジャーナリストは、その源泉の一端に爪をかけたが、杉山は決して全貌を露見させなかった。逆に自分が支配するメディアを活用して、借金自慢、貧乏自慢を繰り返し、倉辻白蛇のような配下のジャーナリストを使嗾して無欲無私の国士たる杉山茂丸像を喧伝させた。

転換点は大正時代に入って間もなくやってきた。第三次内閣を短期間で投げ出した桂太郎が新党の結成に向かうと、杉山はその帷幄に参じてこれを援けた。しかしほどなく桂は病床につき、再起することなく世を去った。桂新党と呼ばれた立憲同志会は、桂系の有力政治家に成り上がっていた後藤新平が脱退し、加藤高明が総裁となったため杉山がこの新党に喰い込む余地はなくなった。政権は山本権兵衛、大隈重信という元老級政治家の手に落ちたが、それを支えたのは立憲政友会、立憲同志会という政党組織であり、世は政党政治家が実権を握る大正デモクラシーの時代に移っていた。山縣有朋は健在であっても、政府の実質的運営に関与するわけではない。後藤新平が野に下ってしまうと、杉山にとって最も重要な行政府への足がかりは失われた。山縣・桂系官僚閥に飼われた策士というイメージに染め上がった杉山を、政党政治の時代に敢えて重用しようという政権はなかった。最後の藩閥官僚政権というべき寺内正毅内閣でさえ、杉山に暗躍の場をもたらすことはなかった。

この時期、杉山は中央政界で失った活動の場を郷里に求めて博多湾築港事業に手を染める一方、新たに月刊雑誌を創刊し、著述活動を通じて自己を国士として宣伝し続けた。ときどきの政権に対し、盛んに建白書、意見書を提出し、それを新聞雑誌に転載させて国士杉山茂丸像を世間にアピールした。しかしその建白書や意見書の内容は、到底政策として採用できるような水準のものではなかった。政治家たちは杉山を敬して遠ざけ、誰も政権中枢には接近させようとしなかった。彼は著作において罵倒を繰り返してきた政党への接近を図り、政権欲にかられた床次竹二郎の尻押しをして政界を攪乱させることも試みたが、遂に床次が首相の印綬を帯びることはなかった。杉山は晩年、陸軍皇道派の将帥にも接近を図ったが、その皇道派も杉山の死後一年もたたず失脚する運命にあった。もはや杉山に神通力は残っていなかった。

ゆえに大正昭和期を通じて、杉山は語るべき政治的事績を何一つ残すことがなかった。博多築港や相撲協会設立、日魯漁業事件など、個別には世上の話題となり、また今日まで伝えられる事績を残しはしたが、それらは彼が回顧録で盛大に自慢する明治政界裏面での真偽不明の暗躍に比べれば、政権中枢からは遠く離れた位相での出来事でしかなかったのである。

その一方で、彼が大正期以来著作を通じて宣伝に努めてきた国士杉山茂丸像は、晩年にはそれなりに世の中に定着していた。杉山を国士と呼ぶ言説は、彼の生前にすでに散見されるようになっていたから、嘘と誇張と歪曲に満ちた彼の著述活動にも、一定の成果があったのだ。明治末期には幇間政治家などと腐されていた杉山が死んだとき、『国民年鑑』の物故者名簿の杉山の項には、その肩書が「老国士[25]」と記された。

杉山茂丸、以て瞑すべきや。

（了）

(1) 堀内文次郎「堀内信水将軍の投書（天下の秘密、法螺丸物語）」『黒白』九（三）、一九二五年、一三～一八頁。
(2) 横山健堂『現代人物管見』易風社、一九一〇年、一二二頁。
(3) 下村海南『プリズム』四条書房、一九三五年、八八～八九頁。
(4) 鶴見祐輔『若き日のともし灯』実業之日本社、一九六〇年、六七頁。
(5) 福沢桃介『財界人物我観』ダイヤモンド社、一九三〇年、二二四頁。
(6) 前掲夢野『近世快人伝』四五～四六頁。
(7) 前掲「陸軍中将堀内文次郎閣下訪問記」。
(8) 一例として、『俗戦国策』の「生首抵当事件」では、本筋の物語から派生して、星亨と京浜銀行の不正事件から京阪鉄道の許可まで延々と脱線していく。『建白』でも、政策提言から逸脱して懐旧的自慢話になだれ込む例はいくつもみられる。

(9) 岡本信男編『日魯漁業経営史第一巻』水産社、一九七一年、一五六〜一八三頁。

(10) 紺屋町人「日魯漁業仲裁の立役者謎の人物杉山茂丸一代記」『実業之日本』三二（一〇）、一九二九年、六五〜六七頁。

(11) 鍵屋谷七「百魔王・杉山其日庵（二）」『人の噂』二（三）、一九三一年、六二〜六六頁。鍵屋谷七「百魔王・杉山其日庵（三）」『人の噂』二（四）、一九三一年、一〇六〜一一〇頁。

(12) 川崎三郎「国士の面影　三　杉山茂丸君」『文藝春秋』一〇（七）、一九三二年、一三八〜一四一頁。

(13) 中牟田翠坡「日露戦役と国士　其日庵杉山茂丸氏」『日露戦役三十周年記念名鑑』一九三五年、三三〜四一頁。

(14) 諏訪三郎「野人杉山茂丸翁」『伝記』二（九）、一九三五年、九七頁。

(15) 新屋茂樹「怪人杉山茂丸」『政界往来』六（九）、一九三五年、二四五頁。

(16) 菊池寛監修『日本英雄伝第五巻』非凡閣、一九三六年、四六四〜四六九頁。

(17) 深海豊二「明治政界を操る怪物杉山茂丸」『人物往来』五（一二）、一九五六年、四四〜五〇頁。深海豊二「日清戦争の放火者・杉山茂丸」『特集人物往来』二（二）一九五七年、七〇〜七七頁。

(18) 森秀人「杉山茂丸」『思想の科学』第五次三七、一九六五年、一六〜二三頁。

(19) 明治三十年代なかばごろ秋田県の八郎潟を干拓するため杉山が関与して外資を導入しようとしていたこともあったとされる。近江谷井堂「秋田港の大延長」『港湾』一八（八）、一九四〇年、一七頁。

(20) なお、その後博多湾築港会社は埋立免許権を福岡市に譲渡し、博多湾築港は同市の事業として竣工するに至った。坂本敏彦編『博多湾築港史』博多港湾振興協会、一九七二年、一〜二〇頁。

(21) 前掲小崎『当世名士化の皮』一五三頁。

(22) 伊坂誠之進『僕の見たる山本悌二郎先生』私家版、一九三九年、五〇〜五一頁。

(23) 升味準之輔『日本政治史2』東京大学出版会、一九八八年、一九五頁。

(24) 大杉誠太郎「国士論」『大日本』一（三二）、一八九七年、一二〜一六頁。

(25)『国民年鑑　昭和十一年』国民新聞社、一九三五年、六四九頁。

坂上知之（さかうえ・ともゆき）

昭和31年大阪府岸和田市生まれ。放送大学卒。

大阪府に入庁、健康医療部保健医療室長、同部次長、大阪府立成人病センター事務局長、大阪府立中央図書館長などを歴任し平成28年３月退職。

ウェブサイト「夢野久作をめぐる人々」、ブログ「杉山茂丸研究所」を運営するとともに、「夢野久作と杉山三代研究会」や「福岡地方史研究会」で杉山茂丸に関する論考を発表。

ほかに査読付き論文「指定管理者制度下における公立図書館の資料購入に関する考察」（日本図書館協会『現代の図書館』54(1)、2016年）がある。

杉山茂丸論
「国士」の自画像と実像

2024（令和６）年12月６日　初版第一刷発行

著　　者　坂上 知之

発行・発売　株式会社 三省堂書店／創英社
〒101-0051　東京都千代田区神田神保町 1-1
TEL：03-3291-2295　FAX：03-3292-7687

印刷・製本　株式会社 丸井工文社

ISBN 978-4-87923-280-9　C0023